Shot Shell Databook

By

John E. Parnell

ISBN 978-1625129994

© 2013 Tutor Turtle Press, LLC

Tutor Turtle Press, LLC

1027 S. Pendleton St., Suite B-10, Easley, SC 29642

info@TutorTurtlePress.com

(864) 553 - 1533

ALL RIGHTS RESERVED. This book contains material protected under International and Federal Copyright Laws and Treaties. Any unauthorized reprint or use of this material is prohibited. No part of this book may be reproduced or transmitted in any form or by any means, electronic or mechanical, including photocopying, recording, or by any information storage and retrieval system without express written permission from the author / publisher.

SMOKELESS POWDER PROPERTIES AND STORAGE

S A A M I

**SPORTING ARMS AND AMMUNITION MANUFACTURERS' INSTITUTE, INC. 555 DANBURY RD.
WILTON, CT 06897**

Ammunition handloading has become increasingly popular in recent years. This article discusses properties of smokeless powder and offers recommendations for its storage.

This article is intended to increase the knowledge of all concerned individuals and groups regarding smokeless powder. The statements and recommendations made are not intended to supersede local, state or Federal regulations. Proper authorities should be consulted on regulations for storage and use of smokeless powder in each specific community. A second leaflet entitled *"SPORTING AMMUNITION PRIMERS: PROPERTIES, HANDLING & STORAGE FOR HANDLOADING"* supplements this leaflet on smokeless powder.

PROPERTIES OF SMOKELESS POWDER

Smokeless powders, or propellants, are essentially mixtures of chemicals designed to burn under controlled conditions at the proper rate to propel a projectile from a gun. Smokeless powders are made in three forms:

1. Thin, circular flakes or wafers
2. Small cylinders
3. Small spheres

Single-base smokeless powders derive their main source of energy from nitrocellulose. The energy released from double-base smokeless powders is derived from both nitrocellulose and nitroglycerin.

All smokeless powders are extremely flammable; by design, they are intended to burn rapidly and vigorously when ignited.

Oxygen from the air is not necessary for the combustion of smokeless powders since they contain sufficient built-in oxygen to burn completely, even in an enclosed space such as the chamber of a firearm.

In effect, ignition occurs when the powder granules are heated above their ignition temperature. This can occur by exposing powder to:

1. A flame such as a match or primer flash.

2. An electrical spark or the sparks from welding, grinding, etc.

3. Heat from an electric hot plate or a fire directed against or near a closed container even if the powder itself is not exposed to the flame. When smokeless powder burns, a great deal of gas at high temperature is formed. If the powder is confined, this gas will create pressure in the surrounding structure. The rate of gas generation is such, however, that the pressure can be kept at a low level if sufficient space is available, or if the gas can escape.

In this respect smokeless powder differs from blasting agents or high explosives such as dynamite or blasting gelatin, although smokeless powder may contain chemical ingredients common to some of these products.

High explosives such as dynamite are made to detonate, that is, to change from solid state to gaseous state with evolution of intense heat at such a rapid rate that shock waves are propagated through any medium in contact with them. Such shock waves exert pressure on anything they contact, and, as a matter of practical consideration, it is almost impossible to satisfactorily vent away the effects of a detonation involving any appreciable quantity of dynamite.

Smokeless powder differs considerably in its burning characteristics from common "black powder."

Black powder burns essentially at the same rate out in the open (unconfined) as when in a gun. When ignited in an unconfined state, smokeless powder burns inefficiently with an orange-colored flame. It produces a considerable amount of light brown noxious smelling smoke. It leaves a residue of ash and partially burned powder. The flame is hot enough to cause severe burns.

The opposite is true when it burns under pressure as in a cartridge fired in a gun. Then it produces very little smoke, a small glow, and leaves very little or no residue. The burning rate of smokeless powder increases with increased pressure.

If burning smokeless powder is confined, gas pressure will rise and eventually can cause the container to burst. Under such circumstances, the bursting of a strong container creates effects similar to an explosion.

For this reason, the Department of Transportation (formerly Interstate Commerce Commission) sets specifications for shipping containers for propellants and requires tests of loaded containers - under actual fire conditions - before approving them for use. When smokeless powder in D.O.T.-approved containers is ignited during such tests, container seams split open or lids pop off - to release gases and powder from confinement at low pressure.

HOW TO CHECK SMOKELESS POWDER FOR DETERIORATION

Although modern smokeless powders are basically free from deterioration under proper storage conditions, safe practices require a recognition of the signs of deterioration and its possible effects.

Powder deterioration can be checked by opening the cap on the container and smelling the contents. Powder undergoing deterioration has an irritating acidic odor. (Don't confuse this with common solvent odors such as alcohol, ether and acetone.)

Check to make certain that powder is not exposed to extreme heat as this may cause deterioration. Such exposure produces an acidity which accelerates further reaction and has been known, because of the heat generated by the reaction, to cause spontaneous combustion. Never salvage powder from old cartridges and do not attempt to blend salvaged powder with new powder. Don't accumulate old powder stocks.

The best way to dispose of deteriorated smokeless powder is to burn it out in the open at an isolated location in small shallow piles (not over 1" deep). The quantity burned in any one pile should never exceed one pound. Use an ignition train of slow burning combustible material so that the person may retreat to a safe distance before powder is ignited.

CONSIDERATIONS FOR STORAGE OF SMOKELESS POWDER

Smokeless powder is intended to function by burning, so it must be protected against accidental exposure to flame, sparks or high temperatures.

For these reasons, it is desirable that storage enclosures be made of insulating materials to protect the powder from external heat sources.

Once smokeless powder begins to burn, it will normally continue to burn (and generate gas pressure) until it is consumed.

D.O.T.-approved containers are constructed to open up at low internal pressures to avoid the effects normally produced by the rupture or bursting of a strong container.

Storage enclosures for smokeless powder should be constructed in a similar manner:

1. Of fire-resistant and heat-insulating materials to protect contents from external heat.

2. Sufficiently large to satisfactorily vent the gaseous products of combustion which would result if the quantity of smokeless powder within the enclosure accidentally ignited.

If a small, tightly enclosed storage enclosure is loaded to capacity with containers of smokeless powder, the walls of the enclosure will expand to move outwards to release the gas pressure - if the powder in storage is accidentally ignited. Under such conditions, the effects of the release of gas pressure are similar or identical to the effects produced by an explosion. Hence, only the smallest practical quantities of smokeless powder should be kept in storage, and then in strict compliance with all applicable regulations and recommendations of the National Fire Protection Association (reprinted at end of article).

RECOMMENDATIONS FOR STORAGE OF SMOKELESS POWDER

STORE IN A COOL, DRY PLACE. Be sure the storage area selected is free from any possible sources of excess heat and is isolated from open flame, furnaces, hot water heaters, etc. Do not store smokeless powder where it will be exposed to the sun's rays. Avoid storage in areas where mechanical or electrical equipment is in operation. Restrict from the storage areas heat or sparks which may result from improper, defective or overloaded electrical circuits.

DO NOT STORE SMOKELESS POWDER IN THE SAME AREA WITH SOLVENTS, FLAMMABLE GASES OR HIGHLY COMBUSTIBLE MATERIALS.

STORE ONLY IN DEPARTMENT OF TRANSPORTATION APPROVED CONTAINERS. Do not transfer the powder from an approved container into one which is not approved.

DO NOT SMOKE IN AREAS WHERE POWDER IS STORED OR USED. Place appropriate "No Smoking" signs in these areas.

DO NOT SUBJECT THE STORAGE CABINETS TO CLOSE CONFINEMENT.

STORAGE CABINETS SHOULD BE CONSTRUCTED OF INSULATING MATERIALS AND WITH A WEAK WALL, SEAMS OR JOINTS TO PROVIDE AN EASY MEANS OF SELF-VENTING.

DO NOT KEEP OLD OR SALVAGED POWDERS. Check old powders for deterioration regularly. Destroy deteriorated powders immediately.

OBEY ALL REGULATIONS REGARDING QUANTITY AND METHODS OF STORING. Do not store all your powders in one place. If you can, maintain separate storage locations. Many small containers are safer than one or more large containers.

KEEP YOUR STORAGE AND USE AREA CLEAN. Clean up spilled powder promptly. Make sure the surrounding area is free of trash or other readily combustible materials.

KNOWING THE FOLLOWING RECOMMENDATIONS ON STORAGE AND HANDLING ISSUED BY THE NATIONAL FIRE PROTECTION ASSOCIATION

BATTERY MARCH PARK QUINCY, MA 02269 AND REPRINTED WITH THEIR PERMISSION:

NFPA 495 Code for the Manufacture, Transportation , Storage and Use of Explosive Materials 1985 Edition

This edition of NFPA 495, Code for the Manufacture, Transportation, Storage, and Use of Explosive Materials, was prepared by the Technical Committee on Explosives, released by the Correlating Committee on Chemicals and Explosives, and acted on by the National Fire Protection Association, Inc. at its Annual Meeting held May 13-17, 1985, in Chicago, Illinois. It was issued by the Standards Council on June 6, 1985, with an effective date of June 26, 1985, and supersedes all previous editions.

The 1985 edition of this standard has been approved by the American National Standards Institute.

Changes other than editorial are indicated by a vertical rule in the margin of the pages on which they appear. These lines are included as an aid to the user in identifying changes from the previous edition.

Origin and Development of NFPA 495

This Code, originally developed by the Committee on Hazardous Chemicals and Explosives, was first adopted by the NFPA in 1959. Following reorganization of the Committee in 1960, NFPA 495 was assigned to the Technical Committee on Explosives. Amendments were adopted in 1963, 1965, 1967, 1968, 1969, and 1970. A complete revision was adopted in 1972, and this complete revision was amended in 1973.

In 1976, the Technical Committee on Explosives began a detailed review of the 1973 edition, primarily to amend its requirements so that there were no conflicts with the regulations promulgated by the various federal agencies concerned with explosive materials (U.S. Bureau of Alcohol, Tobacco, and Firearms, U.S. Mine Safety and Health Administration, U.S. Department of Transportation, etc.) This review, plus editorial and minor technical amendments, resulted in this 1982 edition of NFPA 495.

Chapter 10. Small Arms Ammunition and Primers, Smokeless Propellants, and Black Powder Propellants

10-1   Basic Requirements.

    10-1.1   In addition to all other applicable requirements of this Code, intrastate transportation of small arms ammunition, small arms primers, smokeless propellants, and black powder shall comply with U.S. Department of Transportation Hazardous Materials Regulations.

    10-1.2   This chapter applies to channels of distribution of and to the users of small arms ammunition, small arms primers, smokeless propellants, and black powder.

    10-1.3   This chapter does not apply to in-process storage and intra-plant transportation during manufacture.

    10-1.4   This chapter applies to the transportation and storage of small arms ammunition and components.

    10-1.5   This chapter does not apply to safety procedures in the use of small arms ammunition and components.

10-3   Smokeless Propellants

    10-3.1   Quantities of smokeless propellants not exceeding 25 lb. (11.3 kg), in shipping containers approved by the U.S. Department of Transportation, may be transported in a private vehicle.

10-3.2 Quantities of smokeless propellants exceeding 25 lb (11.3 kg) but not exceeding 50 lb. (22.5 kg), transported in a private vehicle, shall be transported in a portable magazine having wood walls of at least 1-in. (25.4 mm) nominal thickness.

10-3.3 Transportation of more than 50 lb. (22.7 kg) of smokeless propellants in a private vehicle is prohibited.

10-3.4 Commercial shipments of smokeless propellants in quantities not exceeding 100 lb. (45.4 kg) are classified for transportation purposes as flammable solids when packaged according to U.S. Department of Transportation Hazardous Materials Regulations (Title 49, Code of Federal Regulations, Part 173.197a) and shall be transported accordingly.

10-3.5 Commercial shipments of smokeless propellants exceeding 100 lb. (45.4 kg) or not packaged in accordance with the regulations cited in 10-3.4 shall be transported according to U.S. Department of Transportation regulations for Class B propellant explosives.

10-3.6 Smokeless propellants shall be stored in shipping containers specified by U.S. Department of Transportation Hazardous Materials Regulations.

10-3.7 Smokeless propellants intended for personal use in quantities not exceeding 20 lb. (9.1 kg) may be stored in original containers in residences. Quantities exceeding 20 lb. (9.1 kg), but not exceeding 50 lb. (22.7 kg), may be stored in residences if kept in a wooden box or cabinet having walls of at least 1-in. (25.4 mm) nominal thickness.

10-3.8 Not more than 20 lb. (9.1 kg) of smokeless propellants, in containers of 1-lb. (0.45 kg) maximum capacity, shall be displayed in commercial establishments.

10-3.9 Commercial stocks of smokeless propellants shall be stored as follows:

(a)   Quantities exceeding 20 lb. (9.1 kg), but not exceeding 100 lb. (45.4 kg), shall be stored in potable wooden boxes having walls of at least 1-in. (25.4 mm) thickness.

(b)   Quantities exceeding 100 lb (45.4 kg), but not exceeding 900 lb. (363 kg), shall be stored in nonportable storage cabinets having walls of at least 1-in. (25.4 mm) thickness. Not more than 400 lb. (181 kg) may be stored in any one cabinet and cabinets shall be separated by a distance of at least 25 ft. (7.63 m) or by a fire partition having a fire endurance of at least 1 hour.

(c)   Quantities exceeding 800 lb. (363 kg), but not exceeding 5,000 lb. (2268 kg), may be stored in a building if the following requirements are met:

1.   The warehouse or storage room shall not be accessible to unauthorized personnel.

2. Smokeless propellant shall be stored in nonportable storage cabinets having wood walls at least 1 in. (25.4 mm) thick and having shelves with no less than 3 ft. (0.92 m) separation between shelves.

3. No more than 400 lb. (181 kg) shall be stored in any one cabinet.

4. Cabinets shall be located against walls of the storage room or warehouse with at least 40 ft. (12.2 m) between cabinets.

5. Separation between cabinets may be reduced to 20 ft. (6.1 m) if barricades twice the height of the cabinets are attached to the wall, midway between each cabinet. The barricades shall extend at least 10 ft. (3 m) outward, shall be firmly attached to the wall, and shall be constructed of 1/2 in. (6.4 mm) boiler plate, 2-in. (55 mm) thick wood, brick or concrete block.

6. Smokeless propellant shall be separated from materials classified by the US Department of Transportation as flammable liquids, flammable solids, and oxidizing materials by a distance of 25 ft. (7.63 m) or by a fire partition having a fire endurance of at least 1 hour.

7. The building shall be protected by an automatic sprinkler system installed according to NFPA 13, Standard for the Installation of Sprinkler Systems.

(d) Smokeless propellants not stored according to (a), (b) and (c) above shall be stored in a Type 4 magazine constructed and located according to Chapter 6. Reprinted with permission from MFPA 495-1985, Code for the Manufacture, Transportation, Storage and Use of Explosive Materials, Copyright © 1985, National Fire Protection Association, Quincy, MA 02269. This reprinted material is not the complete and official position of the NFPA on the referenced subject which is represented only by the standard in its entirety.

x

Table of Contents

10 Gauge Shot Shell

Shell: 3 ½ " Remington Plastic Shell With Yellow Plastic Basewad 1
Shell: 3 ½ " Winchester Polyformed Plastic Shell W/Plastic Basewad 1
Shell: 3 ½ " Remington Plastic Shell With Yellow Plastic Base Wad (Hevi-Shot) 1
Shell: 3 ½ " Winchester Polyformed Plastic Shells W/Plastic Basewad (Bismuth Shot) 2
Shell: 3 ½ " Remington Plastic Shells With Yellow Plastic Basewad (Bismuth Shot) 2
Shell: 3 ½ " Federal Plastic Shells With Paper Base Wad (Hevi-Shot) 3
Shell: 3 ½ " Federal Plastic Shells With Paper Basewad (Bismuth Shot) 3
Shell: 3 ½ " Federal Plastic Shells With Paper Basewad 4

12 Gauge Shot Shell

Shell: 3 ½ " Winchester Steel Shotshells (Bismuth Shot) 4
Shell: 2" Winchester Compression-Formed AA Type Shells 5
Shell: 2 ¾ " Federal Gold Medal Plastic Shells 5
Shell: 3 ½ " Remington Steel Shot Shells (Hevi-Shot) 59
Shell: 2 ½ " Remington Premier Or Nitro 27 Or STS Plastic Shells 60
Shell: 3" Fiocchi Plastic Shells 60
Shell: 3 ½ " Remington Steel Shot Shells (Lead Shot Loads) 60
Shell: 3" Winchester Compression-Formed Super-X Type Shells 61
Shell: 2" Remington Premier Or Nitro 27 Or STS Plastic Shells 62
Shell: 3" Fiocchi Plastic Shells (Bismuth Shot) 62
Shell: 3" Federal Plastic Shell, 7/16" Base Wad (Hevi-Shot) 62
Shell: 2 ¾ " Cheddite Plastic Shells 63
Shell: 2 ¾ " Federal Hi-Power Plastic Shells W/Fiber Base Wads 66
Shell: 2 ¾ " Federal Plastic Shells W/.090 Base Wad (Bismuth Shot) 66
Shell: 2 ¾ " Nobel Sport Paper Shells 67
Shell: 3" Federal Plastic Shell, 7/16" Basewad 70
Shell: 2 ¾ " Cheddite Plastic Shells (Bismuth Shot) 71
Shell: 3 ½ " Federal Steel Shot Shells (Hevi-Shot) 72
Shell: 2 ½ " Winchester Compression-Formed AA Type Shells 73
Shell: 3" Winchester Super-X Plastic Shell W/Paper Base Wad 73

Shell: 3" Federal Plastic Shells W/.090 Base Wad (Bismuth Shot) 73
Shell: 2 ¾ " Winchester Polyformed Plastic Game Shells (Plastic Basewad) 75
Shell: 2 ¾ " Winchester Compression - Formed AA & HS Type Plastic Shells 75
Shell: 2 ¾ " Federal Steel Shot Shells .090" Base Wad 146
Shell: 3" Winchester Polyformed Plastic Game Shells (Plastic Base Wad) (Bismuth Shot) 147
Shell: 2 ¾ " Remington Premier Or Nitro 27 Or STS Plastic Shells (Bismuth Shot) 148
Shell: 3" Winchester Polyformed Plastic Game Shells (Plastic Basewad) 149
Shell: 3" Remington-Peters Plastic Game Shells 150
Shell: 3 ½ " Winchester Steel Shot Shells (Lead Shot Loads) 151
Shell: 2 ¾ " Remington Sts, Nitro 27, Or Gun Club Plastic Shells 152
Shell: 2 ¾ " Cheddite Plastic Shells (Hevi-Shot) 226
Shell: 2 ¾ " Federal Gold Medal Plastic Shells (Hevi-Shot) 226
Shell: 3" Federal Hi-Power Plastic Steel Shot Shells 227
Shell: 2 ¾ " Fiocchi, Victory, PMC And Nobel Sport Plastic Shells (Low Basewad) 228
Shell: 3" Remington-Peters Plastic Game Shells (Bismuth Shot) 245
Shell: 3 ½ " Federal Steel Shotshells (Bismuth Shot) 246
Shell: 2 ½ " Federal Gold Medal Plastic Shells 247
Shell: 2 ¾ " Federal Plastic Target Shells 247
Shell: 2 ¾ " Bashieri & Pellagri Plastic Shells 247
Shell: 2 ¾ " Federal Paper Shells 258
Shell: 3" Remington Steel Shot Plastic Shells 270
Shell: 2 ¾ " Fiocchi Plastic Shells (Bismuth Shot) 270
Shell: 2 ¾ " Winchester Compression-Formed AA Type Shells (Bismuth Shot) 270
Shell: 3" Winchester Polyformed Plastic Game Shells (Plastic Base Wad) (Hevi-Shot) 271
Shell: 3 ½ " Remington Steel Shotshells (Bismuth Shot) 272
Shell: 3 ½ " Federal Steel Shot Shells (Lead Shot Loads) 272

16 Gauge Shot Shell

Shell: 2 ¾ " Winchester Plastic Shells (Plastic Basewad) (Bismuth Shot) 273
Shell: 2 ¾ " Remington SP Plastic Shells (Bismuth Shot) 274
Shell: 2 ¾ " Federal Hi-Power Plastic Paper Basewad Shells 274
Shell: 2 ¾ " Remington SP Plastic Shells 276
Shell: 2 ¾ " Cheddite Plastic Shells 279
Shell: 2 ½ " Cheddite Plastic Shells 280
Shell: 2 ¾ " Winchester X-Pert Plastic Shells 280

Shell: 2 ¾ " Federal Hi Power Plastic Paper Base Wad Shells (Bismuth Shot) 281
Shell: 2 ¾ " Winchester Polyformed Plastic Game Shells (Plastic Basewad) 281
Shell: 2 ¾ " Winchester Compression - Formed AA & HS Type Plastic Shells 283
Shell: 2 ¾ " Fiocchi Plastic Shells (Bismuth Shot) 283

20 Gauge Shot Shell

Shell: 2 ¾ " Fiocchi And PMC Plastic Shells (Bismuth Shot) 284
Shell: 3" Remington Nitro Steel Plastic Shells (Lead Shot) 284
Shell: 3" Winchester Compression-Formed Super-X Type Shells 285
Shell: 2 ¾ " Fiocchi And PMC Plastic Target Shells (Low Base Wad) 285
Shell: 2 ¾ " Cheddite Plastic Shells 287
Shell: 2 ¾ " Winchester Compression Formed AA Type Shells (Bismuth Shot) 288
Shell: 3" Remington Premier Plastic Shells 288
Shell: 2 ¾ " Cheddite Plastic Shells (Bismuth Shot) 289
Shell: 2 ¾ " Winchester Polyformed Plastic Game Shells (Plastic Basewad) 289
Shell: 2 ¾ " Winchester Compression - Formed AA & HS Type Plastic Shells 290
Shell: 3" Federal Plastic Shells 295
Shell: 3" Winchester Compression-Formed Super-X Type Shells (Bismuth Shot) 297
Shell: 2 ¾ " Remington RXP, Premier And STS Plastic Shells (Bismuth Shot) 298
Shell: 2 ¾ " Federal Plastic Target Shells (Bismuth Shot) 298
Shell: 2 ¾ " Remington RXP, Premier And STS Plastic Shells 298
Shell: 2 ¾ " Federal Plastic Target Shells 305
Shell: 3" Winchester Plastic Shells With Plastic Basewad (Bismuth Shot) 312
Shell: 3" Federal Plastic Shells (Bismuth Shot) 313
Shell: 3" Remington Nitro Magnum Plastic Shells (Bismuth Shot) 314

28 Gauge Shot Shell

Shell: 2 ¾ " Remington Premier Unibody Shells 314
Shell: 2 ¾ " Cheddite Plastic Shells 314
Shell: 2 ¾ " Remington Sts Plastic Shells (Bismuth Shot) 316
Shell: 2 ¾ " Winchester AAHS And Super-X HS Plastic Shells 316
Shell: 2 ¾ " Cheddite Plastic Shells (Bismuth Shot) 322
Shell: 2 ¾ " Fiocchi Plastic Target Shells 323
Shell: 2 ¾ " Remington Plastic Target Shells 325

Shell: 2 ¾ " Remington STS Plastic Shells 325
Shell: 2 ¾ " Federal Plastic Target Shells 327
Shell: 2 ¾ " Federal Plastic Shells (Bismuth Shot) 330
Shell: 2 ¾ " Fiocchi Plastic Shells (Bismuth Shot) 331
Shell: 2 ¾ " Winchester AA Plastic Shells 331

410 Shot Shell

Shell: 3" Winchester Compression-Formed Plastic Shells 333
Shell: 3" Federal Plastic Game Shells 333
Shell: 2 ½ " Federal Target Shells 334
Shell: 2 ½ " Winchester AA HS Plastic Shells 335
Shell: 2 ½ " Remington-Peters "SP" Plastic Shells 337
Shell: 2 ½ " Cheddite Plastic Shells 338
Shell: 3" Winchester Super-X HS Plastic Shells 338
Shell: 2 ½ " Winchester Compression-Formed AA Type Shells 340
Shell: 3" Remington "SP" Plastic Shells 341
Shell: 2 ½ " Remington-Peters "STS" Plastic Shells 341
Shell: 3" Winchester Plastic Shells (Bismuth Shot) 343
Shell: 3" Federal Plastic Shells (Bismuth Shot) 343
Shell: 3" Remington Plastic Shells (Bismuth Shot) 343

There are four books in the Reloading Series:

Reloading Logbook .... (ISBN 978-1625124395) $9.95
Handgun Cartridge Databook .... (ISBN 978-1625129970) $9.95
Rifle Cartridge Databook .... (ISBN 978-1625129987) $14.95
Shot Shell Databook .... (ISBN 978-1625129994) $19.95

The books are available from your favorite online or brick-and-mortar bookstore, your favorite gun shop, or directly from the publisher:

Tutor Turtle Press, LLC
1027 S. Pendleton St., Suite B-10
Easley, SC 29642

www.TutorTurtlePress.com

10 Gauge Shot Shell

Shell: 3 1/2" REMINGTON PLASTIC SHELL WITH YELLOW PLASTIC BASEWAD

Load Type	Gauge	Shot Wt.	Powder	Primer	Wad	Powder Wt. (Gr.)	Pressure	Vel. (ft/s)
Lead Shot	10	2 oz.	HS-6	CCI 209M	Rem. SP10 + 3-20 Ga. .135" Card	40	11,000 PSI	1165
Lead Shot	10	2 oz.	HS-7	CCI 209M	Rem. SP10 + 3-20 Ga. .135" Card	43	11,000 PSI	1165
Lead Shot	10	2 oz.	SR 4756	Rem. 209P	Rem. SP10 + 2-20 Ga. .125" Card	39.5	10,800 PSI	1200
Lead Shot	10	2 oz.	800-X	Rem. 209P	Rem. SP10 + 4-20 ga. .125" Card	30	20,900 PSI	1150
Lead Shot	10	2 oz.	Longshot	Fed. 209A	Rem. SP10 + 2-20 Ga. .135" Card	36.5	11,000 PSI	1200
Lead Shot	10	2 oz.	Longshot	Rem. 209P	Rem. SP10 + 2-20 Ga. .135" Card	37.5	11,000 PSI	1200
Lead Shot	10	2 oz.	Longshot	Win. 209	Rem. SP10 + 2-20 Ga. .135" Card	38	10,700 PSI	1200
Lead Shot	10	2 1/4 oz.	HS-7	Win. 209	Rem. SP10 + 2-20 Ga. .135" Card	40	10,800 PSI	1165
Lead Shot	10	2 1/4 oz.	Longshot	CCI 209M	Rem. SP10 + 1-20 Ga. .135" Card	33	11,000 PSI	1250
Lead Shot	10	2 1/4 oz.	Longshot	Fed. 209A	Rem. SP10 + 1-20 Ga. .135" Card	32	11,000 PSI	1250
Lead Shot	10	2 1/4 oz.	Longshot	Rem. 209P	Rem. SP10 + 1-20 Ga. .135" Card	33.5	10,800 PSI	1250

Shell: 3 1/2" WINCHESTER POLYFORMED PLASTIC SHELL W/PLASTIC BASEWAD

Load Type	Gauge	Shot Wt.	Powder	Primer	Wad	Powder Wt. (Gr.)	Pressure	Vel. (ft/s)
Lead Shot	10	2 oz.	HS-6	CCI 209M	Rem. SP10 + 2-20 Ga. .135" Card	40	10,700 PSI	1165
Lead Shot	10	2 oz.	HS-7	CCI 209M	Rem. SP10 + 2-20 Ga. .135" Card	42.5	10,600 PSI	1165
Lead Shot	10	2 oz.	SR 4756	Win. 209	Rem. SP10 + 1-20 ga. .125" Card	42	10,700 PSI	1250
Lead Shot	10	2 oz.	800-X	Win. 209	Rem. SP10 + 2-20 Ga. .125" Card	35	10,800 PSI	1250
Lead Shot	10	2 oz.	Longshot	CCI 209M	Rem. SP10 + 2-20 Ga. .135" Card	37	10,900 PSI	1250
Lead Shot	10	2 oz.	Longshot	Fed. 209A	Rem. SP10 + 2-20 Ga. .135" Card	37	11,000 PSI	1250
Lead Shot	10	2 oz.	Longshot	Win. 209	Rem. SP10 + 2-20 Ga. .135" Card	38.6	10,200 PSI	1250
Lead Shot	10	2 1/4 oz.	HS-7	CCI 209M	Rem. SP10 + 1-20 Ga. .135" Card	40	11,000 PSI	1165
Lead Shot	10	2 1/4 oz.	SR 4756	Win. 209	Rem. SP10	37	11,000 PSI	1150
Lead Shot	10	2 1/4 oz.	800-X	Win. 209	Rem. SP10	32	10,900 PSI	1150
Lead Shot	10	2 1/4 oz.	Longshot	CCI 209M	Rem. SP10	33.5	11,000 PSI	1200
Lead Shot	10	2 1/4 oz.	Longshot	Fed. 209A	Rem. SP10	31.5	10,800 PSI	1200
Lead Shot	10	2 1/4 oz.	Longshot	Win. 209	Rem. SP10	37.5	10,900 PSI	1200

Shell: 3 1/2" REMINGTON PLASTIC SHELL WITH YELLOW PLASTIC BASE WAD (HEVI-SHOT)

Load Type	Gauge	Shot Wt.	Powder	Primer	Wad	Powder Wt. (Gr.)	Pressure	Vel. (ft/s)
Hevi-Shot	10	1 5/8 oz. #4, #2, #BB	Longshot	Fed. 209A	TPS 322-7704 + 1-20ga 1/4" felt + 1-12ga 3/8" felt + 20gr #47 buffer + O.C.	28.5	10,400 PSI	1175
Hevi-	10	1 5/8 oz. #4,	Longshot	Rem.	TPS 322-7704 + 1-20ga 1/4" felt + 1-12ga 3/8" felt +	28.8	10,000	1175

Load Type	Gauge	Shot Wt.	Powder	Primer	Wad	Powder Wt. (Gr.)	Pressure	Vel. (ft/s)
Shot		#2, #BB		209P	20gr #47 buffer + O.C.		PSI	
Hevi-Shot	10	1 3/4 oz. #4, #2, #BB	Longshot	Fed. 209A	TPS 322-7704 + 1-20ga 1/4" felt + 1-12ga 1/4" felt + 20gr #47 buffer + O.C.	27	10,800 PSI	1150
Hevi-Shot	10	1 3/4 oz. #4, #2, #BB	Longshot	Rem. 209P	TPS 322 7704 + 1-20ga 1/4" felt + 1-12ga 1/4" felt + 20gr #47 buffer + O.C.	27.5	10,000 PSI	1150

Shell: 3 1/2" WINCHESTER POLYFORMED PLASTIC SHELLS W/PLASTIC BASEWAD (BISMUTH SHOT

Load Type	Gauge	Shot Wt.	Powder	Primer	Wad	Powder Wt. (Gr.)	Pressure	Vel. (ft/s)
Bismuth	10	1 7/8 oz.	HS-7	Win. 209	Rem. SP10	45	11,000 PSI	1275
Bismuth	10	1 7/8 oz.	Longshot	CCI 209M	Rem. SP10	33.5	10,600 PSI	1225
Bismuth	10	1 7/8 oz.	Longshot	CCI 209M	Rem. SP10	34.8	10,700 PSI	1250
Bismuth	10	1 7/8 oz.	Longshot	Fed. 209A	Rem. SP10	34	10,500 PSI	1225
Bismuth	10	1 7/8 oz.	Longshot	Fed. 209A	Rem. SP10	35	10,700 PSI	1250
Bismuth	10	1 7/8 oz.	Longshot	Fed. 209A	Rem. SP10	36	11,000 PSI	1275
Bismuth	10	1 7/8 oz.	Longshot	Rem. 209P	Rem. SP10	34.1	10,200 PSI	1225
Bismuth	10	1 7/8 oz.	Longshot	Rem. 209P	Rem. SP10	35.2	10,500 PSI	1250
Bismuth	10	1 7/8 oz.	Longshot	Rem. 209P	Rem. SP10	36.4	10,800 PSI	1275
Bismuth	10	1 7/8 oz.	Longshot	Win. 209	Rem. SP10	36.1	8,800 PSI	1225
Bismuth	10	1 7/8 oz.	Longshot	Win. 209	Rem. SP10	36.8	9,600 PSI	1250
Bismuth	10	1 7/8 oz.	Longshot	Win. 209	Rem. SP10	37.4	10,200 PSI	1275
Bismuth	10	1 7/8 oz.	Longshot	Win. 209	Rem. SP10	38	10,900 PSI	1300

Shell: 3 1/2" REMINGTON PLASTIC SHELLS WITH YELLOW PLASTIC BASEWAD (BISMUTH SHOT)

Load Type	Gauge	Shot Wt.	Powder	Primer	Wad	Powder Wt. (Gr.)	Pressure	Vel. (ft/s)
Bismuth	10	1 7/8 oz.	Longshot	CCI 209M	Rem. SP10 + 3/16" Felt Wad	33.3	11,000 PSI	1225
Bismuth	10	1 7/8 oz.	Longshot	Rem. 209P	Rem. SP10 + 3/16" Felt Wad	33.4	10,400 PSI	1225
Bismuth	10	1 7/8 oz.	Longshot	Win. 209	Rem. SP10 + 3/16" Felt Wad	35	10,100 PSI	1225
Bismuth	10	1 7/8 oz.	Longshot	Win. 209	Rem. SP10 + 3/16" Felt Wad	35.5	10,800 PSI	1250
Bismuth	10	2 oz.	HS-7	Fed. 209A	Rem. SP10	40.8	10,900 PSI	1200
Bismuth	10	2 oz.	HS-7	Win. 209	Rem. SP10	41	10,500 PSI	1200
Bismuth	10	2 oz.	Longshot	CCI 209M	Rem. SP10 + .070" Card	31.5	11,000 PSI	1175
Bismuth	10	2 oz.	Longshot	Fed. 209A	Rem. SP10 + .070" Card	31	11,000 PSI	1175
Bismuth	10	2 oz.	Longshot	Rem. 209P	Rem. SP10 + .070" Card	30.5	9,700 PSI	1175
Bismuth	10	2 oz.	Longshot	Win. 209	Rem. SP10 + .070" Card	32.5	10,000 PSI	1175
Bismuth	10	2 oz.	Longshot	Win. 209	Rem. SP10 + .070" Card	33.5	10,800 PSI	1200

Shell: 3 1/2" FEDERAL PLASTIC SHELLS WITH PAPER BASE WAD (HEVI-SHOT)

Load Type	Gauge	Shot Wt.	Powder	Primer	Wad	Powder Wt. (Gr.)	Pressure	Vel. (ft/s)
Hevi-Shot	10	1 5/8 oz. #4, #2, #BB	Longshot	Fed. 209A	TPS 322-7704 + 1-20ga 1/4" felt + 1-12ga 3/8" felt + 20gr #47 buffer + O.C.	33	7,400 PSI	1200
Hevi-Shot	10	1 5/8 oz. #4, #2, #BB	Longshot	Fed. 209A	TPS 322-7704 + 1-20ga 1/4" felt + 1-12ga 3/8" felt + 20gr #47 buffer + O.C.	34.5	8,500 PSI	1250
Hevi-Shot	10	1 5/8 oz. #4, #2, #BB	Longshot	Fed. 209A	TPS 322-7704 + 1-20ga 1/4" felt + 1-12ga 3/8" felt + 20gr #47 buffer + O.C.	36	9,600 PSI	1300
Hevi-Shot	10	1 5/8 oz. #4, #2, #BB	Longshot	Rem. 209P	TPS 322-7704 + 1-20ga 1/4" felt + 1-12ga 3/8" felt + 20gr #47 buffer + O.C.	31.9	8,400 PSI	1200
Hevi-Shot	10	1 5/8 oz. #4, #2, #BB	Longshot	Rem. 209P	TPS 322-7704 + 1-20ga 1/4" felt + 1-12ga 3/8" felt + 20gr #47 buffer + O.C.	34	9,100 PSI	1250
Hevi-Shot	10	1 5/8 oz. #4, #2, #BB	Longshot	Rem. 209P	TPS 322-7704 + 1-20ga 1/4" felt + 1-12ga 3/8" felt + 20gr #47 buffer + O.C.	36	9,800 PSI	1300
Hevi-Shot	10	1 5/8 oz. #4, #2, #BB	Longshot	Rem. 209P	TPS 322-7704 + 1-20ga 1/4" felt + 1-12ga 3/8" felt + 20gr #47 buffer + O.C.	38	10,500 PSI	1350
Hevi-Shot	10	1 3/4 oz. #4, #2, #BB	Longshot	Fed. 209A	TPS 322-7704 + 1-20ga 1/4" felt + 1-12ga 1/4" felt + 20gr #47 buffer + O.C.	32.8	9,200 PSI	1200
Hevi-Shot	10	1 3/4 oz. #4, #2, #BB	Longshot	Fed. 209A	TPS 322-7704 + 1-20ga 1/4" felt + 1-12ga 1/4" felt + 20gr #47 buffer + O.C.	34	10,600 PSI	1250
Hevi-Shot	10	1 3/4 oz. #4, #2, #BB	Longshot	Rem. 209P	TPS 322-7704 + 1-20ga 1/4" felt + 1-12ga 1/4" felt + 20gr #47 buffer + O.C.	31.8	8,900 PSI	1200
Hevi-Shot	10	1 3/4 oz. #4, #2, #BB	Longshot	Rem. 209P	TPS 322-7704 + 1-20ga 1/4" felt + 1-12ga 1/4" felt + 20gr #47 buffer + O.C.	33.8	10,800 PSI	1250

Shell: 3 1/2" FEDERAL PLASTIC SHELLS WITH PAPER BASEWAD (BISMUTH SHOT)

Load Type	Gauge	Shot Wt.	Powder	Primer	Wad	Powder Wt. (Gr.)	Pressure	Vel. (ft/s)
Bismuth	10	1 7/8 oz.	HS-7	Fed. 209A	Rem. SP10	42	10,900 PSI	1225
Bismuth	10	1 7/8 oz.	Longshot	CCI 209M	Rem. SP10	35	9,500 PSI	1225
Bismuth	10	1 7/8 oz.	Longshot	CCI 209M	Rem. SP10	35.6	9,900 PSI	1250
Bismuth	10	1 7/8 oz.	Longshot	CCI 209M	Rem. SP10	36.2	10,300 PSI	1275
Bismuth	10	1 7/8 oz.	Longshot	Fed. 209A	Rem. SP10	35.2	9,400 PSI	1225
Bismuth	10	1 7/8 oz.	Longshot	Fed. 209A	Rem. SP10	35.8	9,900 PSI	1250
Bismuth	10	1 7/8 oz.	Longshot	Fed. 209A	Rem. SP10	36.5	10,600 PSI	1275
Bismuth	10	1 7/8 oz.	Longshot	Rem. 209P	Rem. SP10	35.6	8,600 PSI	1225
Bismuth	10	1 7/8 oz.	Longshot	Rem. 209P	Rem. SP10	36.2	9,500 PSI	1250
Bismuth	10	1 7/8 oz.	Longshot	Rem. 209P	Rem. SP10	36.8	10,300 PSI	1275
Bismuth	10	1 7/8 oz.	Longshot	Rem. 209P	Rem. SP10	37.4	11,000 PSI	1300

Bismuth	10	1 7/8 oz.	Longshot	Win. 209	Rem. SP10	36.2	8,200 PSI	1225
Bismuth	10	1 7/8 oz.	Longshot	Win. 209	Rem. SP10	36.8	8,900 PSI	1250
Bismuth	10	1 7/8 oz	Longshot	Win. 209	Rem. SP10	37.5	9,700 PSI	1275
Bismuth	10	1 7/8 oz.	Longshot	Win. 209	Rem. SP10	38	10,700 PSI	1300
Bismuth	10	2 oz.	HS-7	Fed. 209A	Rem. SP10	41.5	10,200 PSI	1175

Shell: 3 1/2" FEDERAL PLASTIC SHELLS WITH PAPER BASEWAD

Load Type	Gauge	Shot Wt.	Powder	Primer	Wad	Powder Wt. (Gr.)	Pressure	Vel. (ft/s)
Lead Shot	10	2 oz.	HS-6	CCI 209M	Rem. SP10 + 2-20 Ga. .135" Card	40	9,900 PSI	1165
Lead Shot	10	2 oz.	HS-7	CCI 209M	Rem. SP10 + 2-20 Ga. .135" Card	43	10,200 PSI	1165
Lead Shot	10	2 oz.	SR 4756	Fed. 209A	Rem. SP10 + 2-20 Ga. .125" Card	37	10,800 PSI	1175
Lead Shot	10	2 oz.	SR 4756	Rem. 209P	Rem. SP10 + 2-20 Ga. .125" Card	41.5	10,800 PSI	1225
Lead Shot	10	2 oz.	800-X	Fed. 209A	Rem. SP10 + 4-20 ga. .125" Card	32	10,900 PSI	1175
Lead Shot	10	2 oz.	Longshot	CCI 209M	Rem. SP10 + 1-20 Ga. .135" Card	39.4	9,600 PSI	1250
Lead Shot	10	2 oz.	Longshot	Fed. 209A	Rem. SP10 + 1-20 Ga. .135" Card	40.5	9,900 PSI	1250
Lead Shot	10	2 oz.	Longshot	Fed. 209A	Rem. SP10 + 1-20 Ga. .135" Card	41.2	11,000 PSI	1300
Lead Shot	10	2 1/4 oz.	HS-7	Win. 209	Rem. SP10 + 1-20 Ga. .135" Card	40	10,300 PSI	1165
Lead Shot	10	2 1/4 oz.	Longshot	CCI 209M	Rem. SP10 + 1-20 Ga. .135" Card	33	10,800 PSI	1250
Lead Shot	10	2 1/4 oz.	Longshot	Fed. 209A	Rem. SP10 + 1-20 Ga. .135" Card	33	10,500 PSI	1250
Lead Shot	10	2 1/4 oz.	Longshot	Rem. 209P	Rem. SP10 + 1-20 Ga. .135" Card	34	10,300 PSI	1250

12 Gauge Shot Shell

Shell: 3 1/2" WINCHESTER STEEL SHOTSHELLS (BISMUTH SHOT)

Load Type	Gauge	Shot Wt.	Powder	Primer	Wad	Powder Wt. (Gr.)	Pressure	Vel. (ft/s)
Bismuth	12	1 7/8 oz.	Longshot	CCI 209M	Fed. 12S3	32.2	13,000 PSI	1200
Bismuth	12	1 7/8 oz.	Longshot	CCI 209M	WAA12	32	12,400 PSI	1200
Bismuth	12	1 7/8 oz.	Longshot	CCI 209M	WAA12	33	13,700 PSI	1225
Bismuth	12	1 7/8 oz.	Longshot	Fed. 209A	Fed. 12S3	33	12,700 PSI	1200
Bismuth	12	1 7/8 oz.	Longshot	Fed. 209A	Fed. 12S3	34	13,300 PSI	1225
Bismuth	12	1 7/8 oz.	Longshot	Fed. 209A	WAA12	32.2	12,400 PSI	1200
Bismuth	12	1 7/8 oz.	Longshot	Fed. 209A	WAA12	33.4	13,100 PSI	1225
Bismuth	12	1 7/8 oz.	Longshot	Fed. 209A	WAA12	34.5	13,200 PSI	1250
Bismuth	12	1 7/8 oz.	Longshot	Rem. 209P	Fed. 12S3	33.2	12,200 PSI	1200
Bismuth	12	1 7/8 oz.	Longshot	Rem. 209P	Fed. 12S3	33.8	12,800 PSI	1225
Bismuth	12	1 7/8 oz.	Longshot	Rem. 209P	Fed. 12S3	34.5	13,600 PSI	1250
Bismuth	12	1 7/8 oz.	Longshot	Rem. 209P	WAA12	33	12,000 PSI	1200
Bismuth	12	1 7/8 oz.	Longshot	Rem. 209P	WAA12	33.7	12,800 PSI	1225

Load Type	Gauge	Shot Wt.	Powder	Primer	Wad	Powder Wt. (Gr.)	Pressure	Vel. (ft/s)
Bismuth	12	1 7/8 oz.	Longshot	Rem. 209P	WAA12	34.4	13,500 PSI	1250
Bismuth	12	1 7/8 oz.	Longshot	Win. 209	Fed. 12S3	33.6	12,000 PSI	1200
Bismuth	12	1 7/8 oz.	Longshot	Win. 209	Fed. 12S3	34.5	12,400 PSI	1225
Bismuth	12	1 7/8 oz.	Longshot	Win. 209	Fed. 12S3	36	12,800 PSI	1250
Bismuth	12	1 7/8 oz.	Longshot	Win. 209	WAA12	34.3	11,100 PSI	1200
Bismuth	12	1 7/8 oz.	Longshot	Win. 209	WAA12	35.2	11,600 PSI	1225
Bismuth	12	1 7/8 oz.	Longshot	Win. 209	WAA12	36	12,100 PSI	1250
Bismuth	12	2 oz.	Longshot	Win. 209	WAA12F114	32.5	12,800 PSI	1175
Bismuth	12	2 oz.	Longshot	Win. 209	WAA12R + 2-.135" Card	32.5	12,400 PSI	1175

Shell: 2" WINCHESTER COMPRESSION-FORMED AA TYPE SHELLS

Load Type	Gauge	Shot Wt.	Powder	Primer	Wad	Powder Wt. (Gr.)	Pressure	Vel. (ft/s)
Lead Shot	12	7/8 oz.	Internat'l	Win. 209	BP Compact Euro.	16	8,400 PSI	1180

Shell: 2 3/4" FEDERAL GOLD MEDAL PLASTIC SHELLS

Load Type	Gauge	Shot Wt.	Powder	Primer	Wad	Powder Wt. (Gr.)	Pressure	Vel. (ft/s)
Bismuth	12	1 1/4 oz.	Longshot	CCI 209M	Rem. RP12	28.2	8,000 PSI	1300
Bismuth	12	1 1/4 oz.	Longshot	CCI 209M	Rem. RP12	29.3	9,400 PSI	1350
Bismuth	12	1 1/4 oz.	Longshot	CCI 209M	Rem. RP12	30.4	10,800 PSI	1400
Bismuth	12	1 1/4 oz.	Longshot	CCI 209M	WAA12R	27.3	8,800 PSI	1300
Bismuth	12	1 1/4 oz.	Longshot	CCI 209M	WAA12R	28.9	9,800 PSI	1350
Bismuth	12	1 1/4 oz.	Longshot	CCI 209M	WAA12R	30.5	10,900 PSI	1400
Bismuth	12	1 1/4 oz.	Longshot	Fed. 209A	Rem. SP12	27.2	8,600 PSI	1300
Bismuth	12	1 1/4 oz.	Longshot	Fed. 209A	Rem. SP12	28.7	9,600 PSI	1350
Bismuth	12	1 1/4 oz.	Longshot	Fed. 209A	Rem. SP12	30.3	10,600 PSI	1400
Bismuth	12	1 1/4 oz.	Longshot	Fed. 209A	WAA12R	27.6	8,400 PSI	1300
Bismuth	12	1 1/4 oz.	Longshot	Fed. 209A	WAA12R	29	9,400 PSI	1350
Bismuth	12	1 1/4 oz.	Longshot	Fed. 209A	WAA12R	30.4	10,400 PSI	1400
Bismuth	12	1 1/4 oz.	Longshot	Fed. 209A	WAA12R	31.8	11,400 PSI	1450
Bismuth	12	1 1/4 oz.	Longshot	Rem. 209P	Rem. SP12	28.2	8,200 PSI	1300
Bismuth	12	1 1/4 oz.	Longshot	Rem. 209P	Rem. SP12	29.5	9,200 PSI	1350
Bismuth	12	1 1/4 oz.	Longshot	Rem. 209P	Rem. SP12	30.8	10,300 PSI	1400
Bismuth	12	1 1/4 oz.	Longshot	Rem. 209P	WAA12R	27.6	7,600 PSI	1300
Bismuth	12	1 1/4 oz.	Longshot	Rem. 209P	WAA12R	29.4	8,900 PSI	1350
Bismuth	12	1 1/4 oz.	Longshot	Rem. 209P	WAA12R	31.2	10,200 PSI	1400
Bismuth	12	1 1/4 oz.	Longshot	Win. 209	Rem. RP12	29	8,000 PSI	1300

Bismuth	12	1 1/4 oz.	Longshot	Win. 209	Rem. RP12	30.3	8,500 PSI	1350
Bismuth	12	1 1/4 oz.	Longshot	Win. 209	Rem. RP12	32	9,600 PSI	1400
Bismuth	12	1 1/4 oz.	Longshot	Win. 209	Rem. RP12	33.7	10,700 PSI	1450
Bismuth	12	1 1/4 oz.	Longshot	Win. 209	WAA12R	31.2	8,000 PSI	1350
Bismuth	12	1 1/4 oz.	Longshot	Win. 209	WAA12R	32.3	9,100 PSI	1400
Bismuth	12	1 1/4 oz.	Longshot	Win. 209	WAA12R	34	10,600 PSI	1450
Bismuth	12	1 3/8 oz.	Longshot	CCI 209M	Rem. RP12	25.6	8,500 PSI	1225
Bismuth	12	1 3/8 oz.	Longshot	CCI 209M	Rem. RP12	27.2	9,800 PSI	1275
Bismuth	12	1 3/8 oz.	Longshot	CCI 209M	Rem. RP12	28.7	10,900 PSI	1325
Bismuth	12	1 3/8 oz.	Longshot	CCI 209M	WAA12R	25.4	8,600 PSI	1225
Bismuth	12	1 3/8 oz.	Longshot	CCI 209M	WAA12R	27	9,700 PSI	1275
Bismuth	12	1 3/8 oz.	Longshot	CCI 209M	WAA12R	28.6	11,200 PSI	1325
Bismuth	12	1 3/8 oz.	Longshot	Fed. 209A	Rem. RP12	25.5	9,000 PSI	1225
Bismuth	12	1 3/8 oz.	Longshot	Fed. 209A	Rem. RP12	27	10,200 PSI	1275
Bismuth	12	1 3/8 oz.	Longshot	Fed. 209A	Rem. RP12	28.4	11,400 PSI	1325
Bismuth	12	1 3/8 oz.	Longshot	Fed. 209A	WAA12R	25.2	9,000 PSI	1225
Bismuth	12	1 3/8 oz.	Longshot	Fed. 209A	WAA12R	27.1	10,200 PSI	1275
Bismuth	12	1 3/8 oz.	Longshot	Fed. 209A	WAA12R	29	11,300 PSI	1325
Bismuth	12	1 3/8 oz.	Longshot	Rem. 209P	Rem. RP12	26.3	8,700 PSI	1225
Bismuth	12	1 3/8 oz.	Longshot	Rem. 209P	Rem. RP12	27.5	9,700 PSI	1275
Bismuth	12	1 3/8 oz.	Longshot	Rem. 209P	Rem. RP12	28.7	10,800 PSI	1325
Bismuth	12	1 3/8 oz.	Longshot	Rem. 209P	WAA12R	26.4	8,500 PSI	1225
Bismuth	12	1 3/8 oz.	Longshot	Rem. 209P	WAA12R	27.7	9,700 PSI	1275
Bismuth	12	1 3/8 oz.	Longshot	Rem. 209P	WAA12R	29.9	10,800 PSI	1325
Bismuth	12	1 3/8 oz.	Longshot	Win. 209	Rem. RP12	26.8	8,000 PSI	1225
Bismuth	12	1 3/8 oz.	Longshot	Win. 209	Rem. RP12	28	8,900 PSI	1275
Bismuth	12	1 3/8 oz.	Longshot	Win. 209	Rem. RP12	29.7	10,500 PSI	1325
Bismuth	12	1 3/8 oz.	Longshot	Win. 209	Rem. RP12	31.8	11,500 PSI	1375
Bismuth	12	1 3/8 oz.	Longshot	Win. 209	WAA12R	27.8	7,900 PSI	1225
Bismuth	12	1 3/8 oz.	Longshot	Win. 209	WAA12R	28.8	8,600 PSI	1275
Bismuth	12	1 3/8 oz.	Longshot	Win. 209	WAA12R	30	10,200 PSI	1325
Bismuth	12	1 3/8 oz.	Longshot	Win. 209	WAA12R	31.8	11,500 PSI	1375
Lead Shot	12	24 gm	700-X	Fed. 209A	CB 1100-12	15.5	4,800 PSI	1150
Lead Shot	12	24 gm	700-X	Fed. 209A	CB 1100-12	16.5	5,500 PSI	1200
Lead Shot	12	24 gm	700-X	Fed. 209A	CB 1100-12	17.5	6,200 PSI	1250
Lead Shot	12	24 gm	700-X	Fed. 209A	CB 1100-12	19.5	7,400 PSI	1300
Lead Shot	12	24 gm	700-X	Fed. 209A	CB 2100-12	16	5,300 PSI	1150
Lead Shot	12	24 gm	700-X	Fed. 209A	CB 2100-12	17	6,000 PSI	1200

Shot	Gauge	Load	Powder	Primer	Wad	Charge	Pressure	Velocity
Lead Shot	12	24 gm	700-X	Fed. 209A	CB 2100-12	18	6,600 PSI	1250
Lead Shot	12	24 gm	700-X	Fed. 209A	CB 2100-12	19.5	7,500 PSI	1300
Lead Shot	12	24 gm	700-X	Fed. 209A	Fed. 12SO	16	5,500 PSI	1150
Lead Shot	12	24 gm	700-X	Fed. 209A	Fed. 12SO	17	6,200 PSI	1200
Lead Shot	12	24 gm	700-X	Fed. 209A	Fed. 12SO	18	6,800 PSI	1250
Lead Shot	12	24 gm	700-X	Fed. 209A	Fed. 12SO	19.5	7,800 PSI	1300
Lead Shot	12	24 gm	700-X	Fed. 209A	Rem. TGT12	15.5	5,000 PSI	1150
Lead Shot	12	24 gm	700-X	Fed. 209A	Rem. TGT12	16.5	5,700 PSI	1200
Lead Shot	12	24 gm	700-X	Fed. 209A	Rem. TGT12	17.5	6,200 PSI	1250
Lead Shot	12	24 gm	700-X	Fed. 209A	Rem. TGT12	19.5	7,100 PSI	1300
Lead Shot	12	24 gm	700-X	Fed. 209A	WAA12SL	15.5	5,300 PSI	1150
Lead Shot	12	24 gm	700-X	Fed. 209A	WAA12SL	16.5	5,900 PSI	1200
Lead Shot	12	24 gm	700-X	Fed. 209A	WAA12SL	17.5	6,600 PSI	1250
Lead Shot	12	24 gm	700-X	Fed. 209A	WAA12SL	19	7,800 PSI	1300
Lead Shot	12	24 gm	700-X	Rem. 209P	CB 1100-12	16	4,000 PSI	1150
Lead Shot	12	24 gm	700-X	Rem. 209P	CB 1100-12	17.5	4,600 PSI	1200
Lead Shot	12	24 gm	700-X	Rem. 209P	CB 1100-12	19	5,300 PSI	1250
Lead Shot	12	24 gm	700-X	Rem. 209P	CB 1100-12	21	5,800 PSI	1325
Lead Shot	12	24 gm	700-X	Rem. 209P	CB 2100-12	16.5	4,000 PSI	1150
Lead Shot	12	24 gm	700-X	Rem. 209P	CB 2100-12	18	4,500 PSI	1200
Lead Shot	12	24 gm	700-X	Rem. 209P	CB 2100-12	19.5	5,200 PSI	1250
Lead Shot	12	24 gm	700-X	Rem. 209P	CB 2100-12	21	6,300 PSI	1325
Lead Shot	12	24 gm	700-X	Rem. 209P	Fed. 12SO	16.5	4,800 PSI	1150
Lead Shot	12	24 gm	700-X	Rem. 209P	Fed. 12SO	17.5	5,300 PSI	1200
Lead Shot	12	24 gm	700-X	Rem. 209P	Fed. 12SO	18.5	6,000 PSI	1250
Lead Shot	12	24 gm	700-X	Rem. 209P	Fed. 12SO	20.5	7,300 PSI	1325
Lead Shot	12	24 gm	700-X	Rem. 209P	Rem. TGT12	16	4,200 PSI	1150
Lead Shot	12	24 gm	700-X	Rem. 209P	Rem. TGT12	17	4,800 PSI	1200
Lead Shot	12	24 gm	700-X	Rem. 209P	Rem. TGT12	18.5	5,700 PSI	1250
Lead Shot	12	24 gm	700-X	Rem. 209P	Rem. TGT12	21	6,500 PSI	1325
Lead Shot	12	24 gm	700-X	Rem. 209P	WAA12SL	16	4,700 PSI	1150
Lead Shot	12	24 gm	700-X	Rem. 209P	WAA12SL	17	5,400 PSI	1200
Lead Shot	12	24 gm	700-X	Rem. 209P	WAA12SL	18	5,900 PSI	1250
Lead Shot	12	24 gm	700-X	Rem. 209P	WAA12SL	20.5	6,600 PSI	1325
Lead Shot	12	24 gm	700-X	Win. 209	CB 1100-12	16	4,900 PSI	1150
Lead Shot	12	24 gm	700-X	Win. 209	CB 1100-12	17	5,500 PSI	1200
Lead Shot	12	24 gm	700-X	Win. 209	CB 1100-12	18	6,200 PSI	1250
Lead Shot	12	24 gm	700-X	Win. 209	CB 1100-12	19.5	7,300 PSI	1325

Lead Shot	12	24 gm	700-X	Win. 209	CB 2100-12	16	5,300 PSI	1150
Lead Shot	12	24 gm	700-X	Win. 209	CB 2100-12	17	5,900 PSI	1200
Lead Shot	12	24 gm	700-X	Win. 209	CB 2100-12	18	6,500 PSI	1250
Lead Shot	12	24 gm	700-X	Win. 209	CB 2100-12	19.5	7,400 PSI	1325
Lead Shot	12	24 gm	700-X	Win. 209	Fed. 12SO	15.5	5,400 PSI	1150
Lead Shot	12	24 gm	700-X	Win. 209	Fed. 12SO	16.5	6,100 PSI	1200
Lead Shot	12	24 gm	700-X	Win. 209	Fed. 12SO	17.5	6,700 PSI	1250
Lead Shot	12	24 gm	700-X	Win. 209	Fed. 12SO	19.5	7,800 PSI	1325
Lead Shot	12	24 gm	700-X	Win. 209	Rem. TGT12	15.5	5,200 PSI	1150
Lead Shot	12	24 gm	700-X	Win. 209	Rem. TGT12	16.5	5,800 PSI	1200
Lead Shot	12	24 gm	700-X	Win. 209	Rem. TGT12	17.5	6,400 PSI	1250
Lead Shot	12	24 gm	700-X	Win. 209	Rem. TGT12	19.5	7,800 PSI	1325
Lead Shot	12	24 gm	700-X	Win. 209	WAA12SL	15.5	5,100 PSI	1150
Lead Shot	12	24 gm	700-X	Win. 209	WAA12SL	16.5	5,700 PSI	1200
Lead Shot	12	24 gm	700-X	Win. 209	WAA12SL	17.5	6,400 PSI	1250
Lead Shot	12	24 gm	700-X	Win. 209	WAA12SL	19	7,500 PSI	1325
Lead Shot	12	24 gm	PB	Fed. 209A	CB 2118-12	20	4,900 PSI	1150
Lead Shot	12	24 gm	PB	Fed. 209A	CB 2118-12	21	5,400 PSI	1200
Lead Shot	12	24 gm	PB	Fed. 209A	CB 2118-12	22.5	6,000 PSI	1250
Lead Shot	12	24 gm	PB	Fed. 209A	CB 2118-12	24.5	6,900 PSI	1325
Lead Shot	12	24 gm	PB	Fed. 209A	Fed. 12S3	20	5,200 PSI	1150
Lead Shot	12	24 gm	PB	Fed. 209A	Fed. 12S3	21	5,600 PSI	1200
Lead Shot	12	24 gm	PB	Fed. 209A	Fed. 12S3	22.5	6,300 PSI	1250
Lead Shot	12	24 gm	PB	Fed. 209A	Fed. 12S3	24	7,000 PSI	1325
Lead Shot	12	24 gm	PB	Fed. 209A	Rem. TGT12	20	4,700 PSI	1150
Lead Shot	12	24 gm	PB	Fed. 209A	Rem. TGT12	21.5	5,300 PSI	1200
Lead Shot	12	24 gm	PB	Fed. 209A	Rem. TGT12	23	6,000 PSI	1250
Lead Shot	12	24 gm	PB	Fed. 209A	Rem. TGT12	24.5	6,700 PSI	1325
Lead Shot	12	24 gm	PB	Fed. 209A	WAA12SL	20	5,000 PSI	1150
Lead Shot	12	24 gm	PB	Fed. 209A	WAA12SL	21	5,300 PSI	1200
Lead Shot	12	24 gm	PB	Fed. 209A	WAA12SL	22.5	5,900 PSI	1250
Lead Shot	12	24 gm	PB	Fed. 209A	WAA12SL	24.5	6,600 PSI	1325
Lead Shot	12	24 gm	PB	Rem. 209P	CB 2118-12	21	4,300 PSI	1150
Lead Shot	12	24 gm	PB	Rem. 209P	CB 2118-12	22.5	4,700 PSI	1200
Lead Shot	12	24 gm	PB	Rem. 209P	CB 2118-12	24	5,300 PSI	1250
Lead Shot	12	24 gm	PB	Rem. 209P	CB 2118-12	25.5	6,100 PSI	1300
Lead Shot	12	24 gm	PB	Rem. 209P	Fed. 12S3	21	4,700 PSI	1150
Lead Shot	12	24 gm	PB	Rem. 209P	Fed. 12S3	22	5,100 PSI	1200

Lead Shot	12	24 gm	PB	Rem. 209P	Fed. 12S3	23	5,600 PSI	1250
Lead Shot	12	24 gm	PB	Rem. 209P	Fed. 12S3	25	6,600 PSI	1300
Lead Shot	12	24 gm	PB	Rem. 209P	Rem. TGT12	21	3,900 PSI	1150
Lead Shot	12	24 gm	PB	Rem. 209P	Rem. TGT12	22.5	4,500 PSI	1200
Lead Shot	12	24 gm	PB	Rem. 209P	Rem. TGT12	24	5,200 PSI	1250
Lead Shot	12	24 gm	PB	Rem. 209P	Rem. TGT12	25.5	6,000 PSI	1325
Lead Shot	12	24 gm	PB	Rem. 209P	WAA12SL	21	3,900 PSI	1150
Lead Shot	12	24 gm	PB	Rem. 209P	WAA12SL	22.5	4,400 PSI	1200
Lead Shot	12	24 gm	PB	Rem. 209P	WAA12SL	24	5,100 PSI	1250
Lead Shot	12	24 gm	PB	Rem. 209P	WAA12SL	25.5	5,700 PSI	1325
Lead Shot	12	24 gm	PB	Win. 209	CB 2118-12	20.5	4,800 PSI	1150
Lead Shot	12	24 gm	PB	Win. 209	CB 2118-12	21.5	5,300 PSI	1200
Lead Shot	12	24 gm	PB	Win. 209	CB 2118-12	23	6,000 PSI	1250
Lead Shot	12	24 gm	PB	Win. 209	CB 2118-12	24.5	6,600 PSI	1325
Lead Shot	12	24 gm	PB	Win. 209	Fed. 12S3	20.5	4,800 PSI	1150
Lead Shot	12	24 gm	PB	Win. 209	Fed. 12S3	22	5,600 PSI	1200
Lead Shot	12	24 gm	PB	Win. 209	Fed. 12S3	23	6,100 PSI	1250
Lead Shot	12	24 gm	PB	Win. 209	Fed. 12S3	24.5	6,900 PSI	1325
Lead Shot	12	24 gm	PB	Win. 209	Rem. TGT12	20.5	4,500 PSI	1150
Lead Shot	12	24 gm	PB	Win. 209	Rem. TGT12	22	5,000 PSI	1200
Lead Shot	12	24 gm	PB	Win. 209	Rem. TGT12	23.5	5,700 PSI	1250
Lead Shot	12	24 gm	PB	Win. 209	Rem. TGT12	25	6,300 PSI	1325
Lead Shot	12	24 gm	PB	Win. 209	WAA12SL	20.5	4,300 PSI	1150
Lead Shot	12	24 gm	PB	Win. 209	WAA12SL	21.5	4,800 PSI	1200
Lead Shot	12	24 gm	PB	Win. 209	WAA12SL	23	5,400 PSI	1250
Lead Shot	12	24 gm	PB	Win. 209	WAA12SL	25	6,200 PSI	1325
Lead Shot	12	24 gm	SR 7625	Fed. 209A	CB 2100-12	24	3,400 PSI	1150
Lead Shot	12	24 gm	SR 7625	Fed. 209A	CB 2100-12	25.5	3,900 PSI	1200
Lead Shot	12	24 gm	SR 7625	Fed. 209A	CB 2100-12	26.5	4,300 PSI	1250
Lead Shot	12	24 gm	SR 7625	Fed. 209A	CB 2100-12	28.5	5,000 PSI	1325
Lead Shot	12	24 gm	SR 7625	Fed. 209A	Fed. 12SO	23.5	3,800 PSI	1150
Lead Shot	12	24 gm	SR 7625	Fed. 209A	Fed. 12SO	25	4,300 PSI	1200
Lead Shot	12	24 gm	SR 7625	Fed. 209A	Fed. 12SO	26.5	4,900 PSI	1250
Lead Shot	12	24 gm	SR 7625	Fed. 209A	Fed. 12SO	28	5,400 PSI	1325
Lead Shot	12	24 gm	SR 7625	Fed. 209A	Rem. TGT12	24	3,700 PSI	1150
Lead Shot	12	24 gm	SR 7625	Fed. 209A	Rem. TGT12	25	4,000 PSI	1200
Lead Shot	12	24 gm	SR 7625	Fed. 209A	Rem. TGT12	26.5	4,600 PSI	1250
Lead Shot	12	24 gm	SR 7625	Fed. 209A	Rem. TGT12	28.5	5,400 PSI	1325

Lead Shot	12	24 gm	SR 7625	Fed. 209A	WAA12SL	23.5	3,800 PSI	1150
Lead Shot	12	24 gm	SR 7625	Fed. 209A	WAA12SL	24.5	4,200 PSI	1200
Lead Shot	12	24 gm	SR 7625	Fed. 209A	WAA12SL	25.5	4,800 PSI	1250
Lead Shot	12	24 gm	SR 7625	Fed. 209A	WAA12SL	27	5,600 PSI	1325
Lead Shot	12	24 gm	SR 7625	Win. 209	CB 2100-12	25	3,300 PSI	1150
Lead Shot	12	24 gm	SR 7625	Win. 209	CB 2100-12	26	3,600 PSI	1200
Lead Shot	12	24 gm	SR 7625	Win. 209	CB 2100-12	27.5	4,000 PSI	1250
Lead Shot	12	24 gm	SR 7625	Win. 209	CB 2100-12	29.5	4,600 PSI	1325
Lead Shot	12	24 gm	SR 7625	Win. 209	Fed. 12SO	24.5	3,700 PSI	1150
Lead Shot	12	24 gm	SR 7625	Win. 209	Fed. 12SO	25.5	4,000 PSI	1200
Lead Shot	12	24 gm	SR 7625	Win. 209	Fed. 12SO	27	4,500 PSI	1250
Lead Shot	12	24 gm	SR 7625	Win. 209	Fed. 12SO	29	5,200 PSI	1325
Lead Shot	12	24 gm	SR 7625	Win. 209	Rem. TGT12	24.5	3,500 PSI	1150
Lead Shot	12	24 gm	SR 7625	Win. 209	Rem. TGT12	25.5	3,700 PSI	1200
Lead Shot	12	24 gm	SR 7625	Win. 209	Rem. TGT12	27	4,200 PSI	1250
Lead Shot	12	24 gm	SR 7625	Win. 209	Rem. TGT12	29	4,900 PSI	1325
Lead Shot	12	24 gm	SR 7625	Win. 209	WAA12SL	24.5	3,500 PSI	1150
Lead Shot	12	24 gm	SR 7625	Win. 209	WAA12SL	25.5	3,800 PSI	1200
Lead Shot	12	24 gm	SR 7625	Win. 209	WAA12SL	27	4,600 PSI	1250
Lead Shot	12	24 gm	SR 7625	Win. 209	WAA12SL	28.5	5,400 PSI	1325
Lead Shot	12	7/8 oz.	Titewad	CCI 209	Fed. 12SO	18.8	7,400 PSI	1275
Lead Shot	12	7/8 oz.	Titewad	CCI 209	Fed. 12SO	20.6	8,900 PSI	1350
Lead Shot	12	7/8 oz.	Titewad	CCI 209	Fed. 12SO	22.4	10,400 PSI	1425
Lead Shot	12	7/8 oz.	Titewad	CCI 209	G/BP EML	17.5	9,500 PSI	1275
Lead Shot	12	7/8 oz.	Titewad	CCI 209	G/BP EML	19.2	11,200 PSI	1350
Lead Shot	12	7/8 oz.	Titewad	CCI 209	WAA12L	18.5	7,100 PSI	1275
Lead Shot	12	7/8 oz.	Titewad	CCI 209	WAA12L	20.5	8,600 PSI	1350
Lead Shot	12	7/8 oz.	Titewad	CCI 209	WAA12L	22.5	10,000 PSI	1425
Lead Shot	12	7/8 oz.	Titewad	CCI 209	WAA12L	24.6	11,500 PSI	1500
Lead Shot	12	7/8 oz.	Titewad	CCI 209SC	WAA12L	18.1	7,100 PSI	1250
Lead Shot	12	7/8 oz.	Titewad	CCI 209SC	WAA12L	19	8,100 PSI	1300
Lead Shot	12	7/8 oz.	Titewad	CCI 209SC	WAA12L	20.3	8,700 PSI	1350
Lead Shot	12	7/8 oz.	Titewad	CCI 209SC	WAA12L	21.4	9,900 PSI	1400
Lead Shot	12	7/8 oz.	Titewad	Fed. 209A	Fed. 12SO	19.5	6,400 PSI	1250

Shot	Gauge	Load	Powder	Primer	Wad	Charge	Pressure	Velocity
Lead Shot	12	7/8 oz.	Titewad	Fed. 209A	Fed. 12SO	20.5	7,500 PSI	1300
Lead Shot	12	7/8 oz.	Titewad	Fed. 209A	Fed. 12SO	21.6	8,800 PSI	1350
Lead Shot	12	7/8 oz.	Titewad	Fed. 209A	Fed. 12SO	22.7	9,800 PSI	1400
Lead Shot	12	7/8 oz.	Titewad	Fio. 616	Fed. 12SO	19.1	7,300 PSI	1275
Lead Shot	12	7/8 oz.	Titewad	Fio. 616	Fed. 12SO	20.8	9,100 PSI	1350
Lead Shot	12	7/8 oz.	Titewad	Fio. 616	Fed. 12SO	22.4	10,300 PSI	1425
Lead Shot	12	7/8 oz.	Titewad	Fio. 616	WAA12L	18.5	7,500 PSI	1275
Lead Shot	12	7/8 oz.	Titewad	Fio. 616	WAA12L	20.7	9,500 PSI	1350
Lead Shot	12	7/8 oz.	Titewad	Fio. 616	WAA12L	22.8	11,400 PSI	1425
Lead Shot	12	7/8 oz.	Titewad	Rem. 209P	Fed. 12SO	19	7,400 PSI	1275
Lead Shot	12	7/8 oz.	Titewad	Rem. 209P	Fed. 12SO	20.6	9,300 PSI	1350
Lead Shot	12	7/8 oz.	Titewad	Rem. 209P	Fed. 12SO	22.1	11,100 PSI	1425
Lead Shot	12	7/8 oz.	Titewad	Rem. 209P	G/BP SPK	17.4	8,700 PSI	1275
Lead Shot	12	7/8 oz.	Titewad	Rem. 209P	G/BP SPK	19.3	10,300 PSI	1350
Lead Shot	12	7/8 oz.	Titewad	Rem. 209P	WAA12L	18.5	7,700 PSI	1275
Lead Shot	12	7/8 oz.	Titewad	Rem. 209P	WAA12L	20.2	9,300 PSI	1350
Lead Shot	12	7/8 oz.	Titewad	Rem. 209P	WAA12L	21.8	10,800 PSI	1425
Lead Shot	12	7/8 oz.	Titewad	Win. 209	Fed. 12SO	20	7,000 PSI	1275
Lead Shot	12	7/8 oz.	Titewad	Win. 209	Fed. 12SO	21.7	8,200 PSI	1350
Lead Shot	12	7/8 oz.	Titewad	Win. 209	Fed. 12SO	23.4	10,100 PSI	1425
Lead Shot	12	7/8 oz.	Titewad	Win. 209	WAA12L	19.1	7,000 PSI	1275
Lead Shot	12	7/8 oz.	Titewad	Win. 209	WAA12L	21	8,300 PSI	1350
Lead Shot	12	7/8 oz.	Titewad	Win. 209	WAA12L	22.8	9,900 PSI	1425
Lead Shot	12	7/8 oz.	Clays	CCI 209	Fed. 12SO	19.7	7,300 PSI	1275
Lead Shot	12	7/8 oz.	Clays	CCI 209	Fed. 12SO	21.4	8,900 PSI	1350
Lead Shot	12	7/8 oz.	Clays	CCI 209	Fed. 12SO	23	10,400 PSI	1425
Lead Shot	12	7/8 oz.	Clays	CCI 209	WAA12L	20	7,100 PSI	1275
Lead Shot	12	7/8 oz.	Clays	CCI 209	WAA12L	21.5	8,700 PSI	1350
Lead Shot	12	7/8 oz.	Clays	CCI 209	WAA12L	22.9	10,200 PSI	1425
Lead Shot	12	7/8 oz.	Clays	CCI 209SC	WAA12L	19	6,700 PSI	1250
Lead Shot	12	7/8 oz.	Clays	CCI 209SC	WAA12L	20.5	8,000 PSI	1300
Lead Shot	12	7/8 oz.	Clays	CCI 209SC	WAA12L	21.7	9,400 PSI	1350
Lead Shot	12	7/8 oz.	Clays	CCI 209SC	WAA12L	22.5	11,300 PSI	1400
Lead Shot	12	7/8 oz.	Clays	Fed. 209A	Fed. 12SO	19.5	8,000 PSI	1275

Lead Shot	12	7/8 oz.	Clays	Fed. 209A	Fed. 12SO	20.9	9,700 PSI	1350
Lead Shot	12	7/8 oz.	Clays	Fed. 209A	G/BP 078	18.4	8,300 PSI	1275
Lead Shot	12	7/8 oz.	Clays	Fed. 209A	G/BP 078	20.2	10,200 PSI	1350
Lead Shot	12	7/8 oz.	Clays	Fed. 209A	WAA12L	19.2	7,400 PSI	1250
Lead Shot	12	7/8 oz.	Clays	Fed. 209A	WAA12L	20	8,000 PSI	1300
Lead Shot	12	7/8 oz.	Clays	Fed. 209A	WAA12L	21.5	9,700 PSI	1350
Lead Shot	12	7/8 oz.	Clays	Fed. 209A	WAA12L	22.5	11,500 PSI	1400
Lead Shot	12	7/8 oz.	Clays	Fio. 616	Fed. 12SO	20	7,100 PSI	1275
Lead Shot	12	7/8 oz.	Clays	Fio. 616	Fed. 12SO	21.4	9,100 PSI	1350
Lead Shot	12	7/8 oz.	Clays	Fio. 616	Fed. 12SO	22.7	10,900 PSI	1425
Lead Shot	12	7/8 oz.	Clays	Fio. 616	WAA12L	19.4	7,500 PSI	1275
Lead Shot	12	7/8 oz.	Clays	Fio. 616	WAA12L	21	8,800 PSI	1350
Lead Shot	12	7/8 oz.	Clays	Fio. 616	WAA12L	22.7	10,300 PSI	1425
Lead Shot	12	7/8 oz.	Clays	Rem. 209P	Fed. 12SO	20.2	7,000 PSI	1275
Lead Shot	12	7/8 oz.	Clays	Rem. 209P	Fed. 12SO	21.5	8,800 PSI	1350
Lead Shot	12	7/8 oz.	Clays	Rem. 209P	Fed. 12SO	22.8	10,500 PSI	1425
Lead Shot	12	7/8 oz.	Clays	Rem. 209P	WAA12L	19.8	7,200 PSI	1275
Lead Shot	12	7/8 oz.	Clays	Rem. 209P	WAA12L	21.4	8,800 PSI	1350
Lead Shot	12	7/8 oz.	Clays	Rem. 209P	WAA12L	22.9	10,300 PSI	1425
Lead Shot	12	7/8 oz.	Clays	Win. 209	Fed. 12SO	20.5	7,200 PSI	1275
Lead Shot	12	7/8 oz.	Clays	Win. 209	Fed. 12SO	22	8,500 PSI	1350
Lead Shot	12	7/8 oz.	Clays	Win. 209	Fed. 12SO	23.5	9,800 PSI	1425
Lead Shot	12	7/8 oz.	Clays	Win. 209	G/BP Rex	19.2	8,200 PSI	1275
Lead Shot	12	7/8 oz.	Clays	Win. 209	G/BP Rex	20.8	9,900 PSI	1350
Lead Shot	12	7/8 oz.	Clays	Win. 209	WAA12L	19	7,000 PSI	1250
Lead Shot	12	7/8 oz.	Clays	Win. 209	WAA12L	20.3	8,000 PSI	1300
Lead Shot	12	7/8 oz.	Clays	Win. 209	WAA12L	22	8,800 PSI	1350
Lead Shot	12	7/8 oz.	Clays	Win. 209	WAA12L	23	10,500 PSI	1400
Lead Shot	12	7/8 oz.	Internat'l	CCI 209	Fed. 12SO	21.5	7,000 PSI	1275
Lead Shot	12	7/8 oz.	Internat'l	CCI 209	Fed. 12SO	23	8,000 PSI	1350
Lead Shot	12	7/8 oz.	Internat'l	CCI 209	Fed. 12SO	24.6	9,400 PSI	1425
Lead Shot	12	7/8 oz.	Internat'l	CCI 209	Fed. 12SO	26	10,600 PSI	1500
Lead Shot	12	7/8 oz.	Internat'l	CCI 209	WAA12L	23.3	7,600 PSI	1350
Lead Shot	12	7/8 oz.	Internat'l	CCI 209	WAA12L	24.8	9,200 PSI	1425
Lead Shot	12	7/8 oz.	Internat'l	CCI 209	WAA12L	26.2	10,700 PSI	1500
Lead Shot	12	7/8 oz.	Internat'l	CCI 209SC	WAA12L	22.7	7,300 PSI	1300
Lead Shot	12	7/8 oz.	Internat'l	CCI	WAA12L	24	8,200 PSI	1350

Shot	Gauge	Load	Powder	Primer	Wad	Charge (gr)	Pressure	Velocity
Lead Shot	12	7/8 oz.	Internat'l	CCI 209SC	WAA12L	25	9,400 PSI	1400
Lead Shot	12	7/8 oz.	Internat'l	CCI 209SC	WAA12L	25.5	10,200 PSI	1450
Lead Shot	12	7/8 oz.	Internat'l	Fed. 209A	Fed. 12SO	20.3	7,500 PSI	1275
Lead Shot	12	7/8 oz.	Internat'l	Fed. 209A	Fed. 12SO	21.9	9,000 PSI	1350
Lead Shot	12	7/8 oz.	Internat'l	Fed. 209A	Fed. 12SO	23.4	10,300 PSI	1425
Lead Shot	12	7/8 oz.	Internat'l	Fed. 209A	WAA12L	22.3	7,500 PSI	1300
Lead Shot	12	7/8 oz.	Internat'l	Fed. 209A	WAA12L	23.2	8,300 PSI	1350
Lead Shot	12	7/8 oz.	Internat'l	Fed. 209A	WAA12L	24.5	9,300 PSI	1400
Lead Shot	12	7/8 oz.	Internat'l	Fed. 209A	WAA12L	25.7	10,000 PSI	1450
Lead Shot	12	7/8 oz.	Internat'l	Fio. 616	Fed. 12SO	21	7,000 PSI	1275
Lead Shot	12	7/8 oz.	Internat'l	Fio. 616	Fed. 12SO	22.5	8,500 PSI	1350
Lead Shot	12	7/8 oz.	Internat'l	Fio. 616	Fed. 12SO	24	10,300 PSI	1425
Lead Shot	12	7/8 oz.	Internat'l	Fio. 616	Fed. 12SO	25.5	11,400 PSI	1500
Lead Shot	12	7/8 oz.	Internat'l	Fio. 616	WAA12L	20.8	7,000 PSI	1275
Lead Shot	12	7/8 oz.	Internat'l	Fio. 616	WAA12L	22.4	8,100 PSI	1350
Lead Shot	12	7/8 oz.	Internat'l	Fio. 616	WAA12L	24	9,600 PSI	1425
Lead Shot	12	7/8 oz.	Internat'l	Fio. 616	WAA12L	25.8	11,300 PSI	1500
Lead Shot	12	7/8 oz.	Internat'l	Rem. 209P	Fed. 12SO	22.5	7,400 PSI	1350
Lead Shot	12	7/8 oz.	Internat'l	Rem. 209P	Fed. 12SO	24.2	8,300 PSI	1425
Lead Shot	12	7/8 oz.	Internat'l	Rem. 209P	Fed. 12SO	25.9	10,100 PSI	1500
Lead Shot	12	7/8 oz.	Internat'l	Rem. 209P	WAA12L	24.5	8,000 PSI	1425
Lead Shot	12	7/8 oz.	Internat'l	Rem. 209P	WAA12L	26	9,700 PSI	1500
Lead Shot	12	7/8 oz.	Internat'l	Win. 209	Fed. 12SO	23	7,900 PSI	1350
Lead Shot	12	7/8 oz.	Internat'l	Win. 209	Fed. 12SO	24.6	9,500 PSI	1425
Lead Shot	12	7/8 oz.	Internat'l	Win. 209	Fed. 12SO	26.2	11,100 PSI	1500
Lead Shot	12	7/8 oz.	Internat'l	Win. 209	WAA12L	23.5	7,500 PSI	1300
Lead Shot	12	7/8 oz.	Internat'l	Win. 209	WAA12L	24.3	7,900 PSI	1350
Lead Shot	12	7/8 oz.	Internat'l	Win. 209	WAA12L	25.5	9,100 PSI	1400
Lead Shot	12	7/8 oz.	Internat'l	Win. 209	WAA12L	27	10,600 PSI	1450
Lead Shot	12	1 oz.	WAALite	Ched. 209	Fed. 12SO	14.3	5,400 PSI	1025
Lead Shot	12	1 oz.	WAALite	Ched. 209	Fed. 12SO	14.9	6,100 PSI	1070
Lead Shot	12	1 oz.	WAALite	Ched. 209	Fed. 12SO	15.7	6,900 PSI	1125
Lead Shot	12	1 oz.	WAALite	Ched. 209	WAA12L	13.9	5,400 PSI	1025
Lead Shot	12	1 oz.	WAALite	Ched. 209	WAA12L	14.8	6,100 PSI	1070
Lead Shot	12	1 oz.	WAALite	Ched. 209	WAA12L	15.7	6,800 PSI	1125

Lead Shot	12	1 oz.	WAALite	Fed. 209A	Fed. 12SO	13.2	4,800 PSI	970
Lead Shot	12	1 oz.	WAALite	Fed. 209A	Fed. 12SO	14.2	5,900 PSI	1025
Lead Shot	12	1 oz.	WAALite	Fed. 209A	Fed. 12SO	14.9	6,600 PSI	1070
Lead Shot	12	1 oz.	WAALite	Fed. 209A	Fed. 12SO	15.8	7,500 PSI	1125
Lead Shot	12	1 oz.	WAALite	Fed. 209A	WAA12L	12.9	4,800 PSI	970
Lead Shot	12	1 oz.	WAALite	Fed. 209A	WAA12L	13.8	5,900 PSI	1025
Lead Shot	12	1 oz.	WAALite	Fed. 209A	WAA12L	14.5	6,700 PSI	1070
Lead Shot	12	1 oz.	WAALite	Fed. 209A	WAA12L	15.3	7,700 PSI	1125
Lead Shot	12	1 oz.	WAALite	Rem. 209P	Fed. 12SO	13.2	5,300 PSI	1025
Lead Shot	12	1 oz.	WAALite	Rem. 209P	Fed. 12SO	15.1	6,100 PSI	1070
Lead Shot	12	1 oz.	WAALite	Rem. 209P	Fed. 12SO	16.3	6,900 PSI	1125
Lead Shot	12	1 oz.	WAALite	Rem. 209P	WAA12L	14.7	4,900 PSI	1025
Lead Shot	12	1 oz.	WAALite	Rem. 209P	WAA12L	15.4	5,600 PSI	1070
Lead Shot	12	1 oz.	WAALite	Rem. 209P	WAA12L	16.2	6,500 PSI	1125
Lead Shot	12	1 oz.	WAALite	Win. 209	Fed. 12SO	14.9	5,200 PSI	1025
Lead Shot	12	1 oz.	WAALite	Win. 209	Fed. 12SO	15.7	6,000 PSI	1070
Lead Shot	12	1 oz.	WAALite	Win. 209	Fed. 12SO	16.5	6,800 PSI	1125
Lead Shot	12	1 oz.	WAALite	Win. 209	WAA12L	14.6	4,600 PSI	1025
Lead Shot	12	1 oz.	WAALite	Win. 209	WAA12L	15.1	5,300 PSI	1070
Lead Shot	12	1 oz.	WAALite	Win. 209	WAA12L	15.8	6,200 PSI	1125
Lead Shot	12	1 oz.	Titewad	CCI 209	Fed. 12SO	17.6	8,400 PSI	1180
Lead Shot	12	1 oz.	Titewad	CCI 209	Fed. 12SO	18.6	9,700 PSI	1235
Lead Shot	12	1 oz.	Titewad	CCI 209	Fed. 12SO	19.6	11,000 PSI	1290
Lead Shot	12	1 oz.	Titewad	CCI 209	G/BP SF12	16.3	9,200 PSI	1180
Lead Shot	12	1 oz.	Titewad	CCI 209	G/BP SF12	17.7	10,600 PSI	1235
Lead Shot	12	1 oz.	Titewad	CCI 209	Purple PC	17.8	7,000 PSI	1180
Lead Shot	12	1 oz.	Titewad	CCI 209	Purple PC	19.1	8,100 PSI	1235
Lead Shot	12	1 oz.	Titewad	CCI 209	Purple PC	20.5	9,300 PSI	1290
Lead Shot	12	1 oz.	Titewad	CCI 209	Purple PC	21.9	10,500 PSI	1345
Lead Shot	12	1 oz.	Titewad	CCI 209	Rem. TGT12	16.9	7,700 PSI	1180
Lead Shot	12	1 oz.	Titewad	CCI 209	Rem. TGT12	18.4	8,900 PSI	1235
Lead Shot	12	1 oz.	Titewad	CCI 209	Rem. TGT12	19.8	10,200 PSI	1290
Lead Shot	12	1 oz.	Titewad	CCI 209	Rem. TGT12	21.2	11,400 PSI	1345
Lead Shot	12	1 oz.	Titewad	CCI 209	WAA12L	17.2	7,900 PSI	1180
Lead Shot	12	1 oz.	Titewad	CCI 209	WAA12L	18.5	9,200 PSI	1235
Lead Shot	12	1 oz.	Titewad	CCI 209	WAA12L	19.8	10,400 PSI	1290
Lead Shot	12	1 oz.	Titewad	CCI 209	WAA12L	21.1	11,300 PSI	1345
Lead Shot	12	1 oz.	Titewad	CCI	Purple PC	18.7	8,100 PSI	1235

Shot	Gauge	Load	Powder	Primer	Wad	Charge	Pressure	Velocity
Lead Shot	12	1 oz.	Titewad	209SC CCI 209SC	Purple PC	20.2	9,200 PSI	1290
Lead Shot	12	1 oz.	Titewad	CCI 209SC	Purple PC	21.7	10,500 PSI	1345
Lead Shot	12	1 oz.	Titewad	Fed. 209A	Fed. 12SO	17.8	7,100 PSI	1180
Lead Shot	12	1 oz.	Titewad	Fed. 209A	Fed. 12SO	19.3	8,500 PSI	1235
Lead Shot	12	1 oz.	Titewad	Fed. 209A	Fed. 12SO	20.8	9,600 PSI	1290
Lead Shot	12	1 oz.	Titewad	Fed. 209A	Fed. 12SO	21.7	11,300 PSI	1345
Lead Shot	12	1 oz.	Titewad	Fed. 209A	Purple PC	19.3	7,400 PSI	1235
Lead Shot	12	1 oz.	Titewad	Fed. 209A	Purple PC	20.8	8,700 PSI	1290
Lead Shot	12	1 oz.	Titewad	Fed. 209A	Purple PC	22.2	10,000 PSI	1345
Lead Shot	12	1 oz.	Titewad	Fed. 209A	Rem. TGT12	17	7,500 PSI	1180
Lead Shot	12	1 oz.	Titewad	Fed. 209A	Rem. TGT12	18.4	8,700 PSI	1235
Lead Shot	12	1 oz.	Titewad	Fed. 209A	Rem. TGT12	19.7	9,800 PSI	1290
Lead Shot	12	1 oz.	Titewad	Fed. 209A	Rem. TGT12	21	11,000 PSI	1345
Lead Shot	12	1 oz.	Titewad	Fed. 209A	WAA12L	17	7,400 PSI	1180
Lead Shot	12	1 oz.	Titewad	Fed. 209A	WAA12L	18.4	9,000 PSI	1235
Lead Shot	12	1 oz.	Titewad	Fed. 209A	WAA12L	19.9	10,700 PSI	1290
Lead Shot	12	1 oz.	Titewad	Fio. 616	Fed. 12SO	17.6	8,100 PSI	1180
Lead Shot	12	1 oz.	Titewad	Fio. 616	Fed. 12SO	18.8	9,400 PSI	1235
Lead Shot	12	1 oz.	Titewad	Fio. 616	Fed. 12SO	20	10,600 PSI	1290
Lead Shot	12	1 oz.	Titewad	Fio. 616	Rem. TGT12	16.9	7,700 PSI	1180
Lead Shot	12	1 oz.	Titewad	Fio. 616	Rem. TGT12	18.2	8,900 PSI	1235
Lead Shot	12	1 oz.	Titewad	Fio. 616	Rem. TGT12	19.6	10,100 PSI	1290
Lead Shot	12	1 oz.	Titewad	Fio. 616	Rem. TGT12	20.9	11,300 PSI	1345
Lead Shot	12	1 oz.	Titewad	Fio. 616	WAA12L	17.2	7,200 PSI	1180
Lead Shot	12	1 oz.	Titewad	Fio. 616	WAA12L	18.5	8,700 PSI	1235
Lead Shot	12	1 oz.	Titewad	Fio. 616	WAA12L	19.8	10,200 PSI	1290
Lead Shot	12	1 oz.	Titewad	Fio. 616	WAA12L	21	11,400 PSI	1345
Lead Shot	12	1 oz.	Titewad	Fio. 617	Fed. 12SO	18.1	7,600 PSI	1180
Lead Shot	12	1 oz.	Titewad	Fio. 617	Fed. 12SO	19.2	9,400 PSI	1235
Lead Shot	12	1 oz.	Titewad	Fio. 617	Fed. 12SO	20.4	11,200 PSI	1290
Lead Shot	12	1 oz.	Titewad	Fio. 617	Rem. TGT 12	17.6	7,600 PSI	1180
Lead Shot	12	1 oz.	Titewad	Fio. 617	Rem. TGT 12	18.9	9,000 PSI	1235
Lead Shot	12	1 oz.	Titewad	Fio. 617	Rem. TGT 12	20.2	10,400 PSI	1290
Lead Shot	12	1 oz.	Titewad	Fio. 617	WAA12SL	17.6	7,300 PSI	1180
Lead Shot	12	1 oz.	Titewad	Fio. 617	WAA12SL	18.9	8,600 PSI	1235

Lead Shot	12	1 oz.	Titewad	Fio. 617	WAA12SL	20.2	10,000 PSI	1290
Lead Shot	12	1 oz.	Titewad	Rem. 209P	Fed. 12SO	17.3	8,400 PSI	1180
Lead Shot	12	1 oz.	Titewad	Rem. 209P	Fed. 12SO	18.5	9,800 PSI	1235
Lead Shot	12	1 oz.	Titewad	Rem. 209P	Fed. 12SO	19.6	11,200 PSI	1290
Lead Shot	12	1 oz.	Titewad	Rem. 209P	Purple PC	19	7,900 PSI	1235
Lead Shot	12	1 oz.	Titewad	Rem. 209P	Purple PC	20.3	9,200 PSI	1290
Lead Shot	12	1 oz.	Titewad	Rem. 209P	Purple PC	21.5	10,500 PSI	1345
Lead Shot	12	1 oz.	Titewad	Rem. 209P	Rem. TGT12	16.7	8,000 PSI	1180
Lead Shot	12	1 oz.	Titewad	Rem. 209P	Rem. TGT12	18	9,100 PSI	1235
Lead Shot	12	1 oz.	Titewad	Rem. 209P	Rem. TGT12	19.4	10,300 PSI	1290
Lead Shot	12	1 oz.	Titewad	Rem. 209P	Rem. TGT12	20.6	11,400 PSI	1345
Lead Shot	12	1 oz.	Titewad	Rem. 209P	WAA12L	16.9	7,400 PSI	1180
Lead Shot	12	1 oz.	Titewad	Rem. 209P	WAA12L	18.3	9,000 PSI	1235
Lead Shot	12	1 oz.	Titewad	Rem. 209P	WAA12L	19.6	10,400 PSI	1290
Lead Shot	12	1 oz.	Titewad	Rio G-600	Fed. 12SO	17.7	7,900 PSI	1180
Lead Shot	12	1 oz.	Titewad	Rio G-600	Fed. 12SO	19	9,800 PSI	1235
Lead Shot	12	1 oz.	Titewad	Rio G-600	Rem. TGT 12	17.7	7,300 PSI	1180
Lead Shot	12	1 oz	Titewad	Rio G-600	Rem. TGT 12	19	9,000 PSI	1235
Lead Shot	12	1 oz.	Titewad	Rio G-600	Rem. TGT 12	20.2	10,500 PSI	1290
Lead Shot	12	1 oz.	Titewad	Rio G-600	WAA12SL	17.7	7,200 PSI	1180
Lead Shot	12	1 oz.	Titewad	Rio G-600	WAA12SL	18.9	8,900 PSI	1235
Lead Shot	12	1 oz.	Titewad	Rio G-600	WAA12SL	20	10,500 PSI	1290
Lead Shot	12	1 oz.	Titewad	Win. 209	Fed. 12SO	18	7,100 PSI	1180
Lead Shot	12	1 oz.	Titewad	Win. 209	Fed. 12SO	19.1	8,600 PSI	1235
Lead Shot	12	1 oz.	Titewad	Win. 209	Fed. 12SO	20.3	10,300 PSI	1290
Lead Shot	12	1 oz.	Titewad	Win. 209	Fed. 12SO	22	11,300 PSI	1345
Lead Shot	12	1 oz.	Titewad	Win. 209	Purple PC	20	7,300 PSI	1235
Lead Shot	12	1 oz.	Titewad	Win. 209	Purple PC	21.2	8,300 PSI	1290
Lead Shot	12	1 oz.	Titewad	Win. 209	Purple PC	22.5	9,500 PSI	1345
Lead Shot	12	1 oz.	Titewad	Win. 209	Rem. TGT12	17.3	7,100 PSI	1180
Lead Shot	12	1 oz.	Titewad	Win. 209	Rem. TGT12	18.7	8,500 PSI	1235
Lead Shot	12	1 oz.	Titewad	Win. 209	Rem. TGT12	20	9,700 PSI	1290
Lead Shot	12	1 oz.	Titewad	Win. 209	Rem. TGT12	21.3	11,000 PSI	1345
Lead Shot	12	1 oz.	Titewad	Win. 209	WAA12L	17.4	6,900 PSI	1180
Lead Shot	12	1 oz.	Titewad	Win. 209	WAA12L	18.8	8,300 PSI	1235
Lead Shot	12	1 oz.	Titewad	Win. 209	WAA12L	20.3	9,800 PSI	1290
Lead Shot	12	1 oz.	Titewad	Win. 209	WAA12L	21.7	11,200 PSI	1345
Lead Shot	12	1 oz.	Clays	CCI 209	Fed. 12SO	18.1	7,300 PSI	1180

Lead Shot	12	1 oz.	Clays	CCI 209	Fed. 12SO	19.6	8,900 PSI	1235
Lead Shot	12	1 oz.	Clays	CCI 209	Fed. 12SO	21	10,500 PSI	1290
Lead Shot	12	1 oz.	Clays	CCI 209	Purple PC	18.4	5,300 LUP	1125
Lead Shot	12	1 oz.	Clays	CCI 209	Purple PC	19.6	5,900 LUP	1180
Lead Shot	12	1 oz.	Clays	CCI 209	Purple PC	20.7	6,400 LUP	1235
Lead Shot	12	1 oz.	Clays	CCI 209	Purple PC	21.8	7,000 LUP	1290
Lead Shot	12	1 oz.	Clays	CCI 209	Rem. TGT12	19.7	7,600 PSI	1235
Lead Shot	12	1 oz.	Clays	CCI 209	Rem. TGT12	20.9	8,800 PSI	1290
Lead Shot	12	1 oz.	Clays	CCI 209	Rem. TGT12	22.2	10,100 PSI	1345
Lead Shot	12	1 oz.	Clays	CCI 209	WAA12SL	19.6	7,100 PSI	1180
Lead Shot	12	1 oz.	Clays	CCI 209	WAA12SL	20.2	8,100 PSI	1235
Lead Shot	12	1 oz.	Clays	CCI 209	WAA12SL	20.9	9,200 PSI	1290
Lead Shot	12	1 oz.	Clays	CCI 209	WAA12SL	22	10,200 PSI	1345
Lead Shot	12	1 oz.	Clays	CCI 209SC	Purple PC	18	6,600 PSI	1180
Lead Shot	12	1 oz.	Clays	CCI 209SC	Purple PC	19	8,000 PSI	1235
Lead Shot	12	1 oz.	Clays	CCI 209SC	Purple PC	20	9,300 PSI	1290
Lead Shot	12	1 oz.	Clays	Fed. 209A	Fed. 12SO	16.8	6,700 PSI	1125
Lead Shot	12	1 oz.	Clays	Fed. 209A	Fed. 12SO	17.9	7,700 PSI	1180
Lead Shot	12	1 oz.	Clays	Fed. 209A	Fed. 12SO	19.3	9,200 PSI	1235
Lead Shot	12	1 oz.	Clays	Fed. 209A	Fed. 12SO	20.3	10,800 PSI	1290
Lead Shot	12	1 oz.	Clays	Fed. 209A	Purple PC	17.8	7,000 PSI	1180
Lead Shot	12	1 oz.	Clays	Fed. 209A	Purple PC	18.9	8,300 PSI	1235
Lead Shot	12	1 oz.	Clays	Fed. 209A	Purple PC	20.3	10,000 PSI	1290
Lead Shot	12	1 oz.	Clays	Fed. 209A	Rem. TGT12	17.2	7,400 PSI	1180
Lead Shot	12	1 oz.	Clays	Fed. 209A	Rem. TGT12	18.7	8,900 PSI	1235
Lead Shot	12	1 oz.	Clays	Fed. 209A	Rem. TGT12	20	10,200 PSI	1290
Lead Shot	12	1 oz.	Clays	Fed. 209A	WAA12SL	17.2	7,700 PSI	1180
Lead Shot	12	1 oz.	Clays	Fed. 209A	WAA12SL	18.6	9,200 PSI	1235
Lead Shot	12	1 oz.	Clays	Fed. 209A	WAA12SL	19.9	10,500 PSI	1290
Lead Shot	12	1 oz.	Clays	Fio. 616	Fed. 12SO	18	7,700 PSI	1180
Lead Shot	12	1 oz.	Clays	Fio. 616	Fed. 12SO	19.1	9,200 PSI	1235
Lead Shot	12	1 oz.	Clays	Fio. 616	Fed. 12SO	20.3	10,800 PSI	1290
Lead Shot	12	1 oz.	Clays	Fio. 616	Rem. TGT12	17.9	7,100 PSI	1180
Lead Shot	12	1 oz.	Clays	Fio. 616	Rem. TGT12	19.1	8,500 PSI	1235
Lead Shot	12	1 oz.	Clays	Fio. 616	Rem. TGT12	20.4	10,000 PSI	1290

Lead Shot	12	1 oz.	Clays	Fio. 616	Rem. TGT12	21.7	11,300 PSI	1345
Lead Shot	12	1 oz.	Clays	Fio. 616	WAA12SL	18	7,000 PSI	1180
Lead Shot	12	1 oz.	Clays	Fio. 616	WAA12SL	19	8,300 PSI	1235
Lead Shot	12	1 oz.	Clays	Fio. 616	WAA12SL	20.3	10,000 PSI	1290
Lead Shot	12	1 oz.	Clays	Fio. 617	Fed. 12SO	17.9	8,100 PSI	1180
Lead Shot	12	1 oz.	Clays	Fio. 617	Fed. 12SO	19.4	10,400 PSI	1235
Lead Shot	12	1 oz.	Clays	Fio. 617	Rem. TGT 12	18.3	6,200 PSI	1180
Lead Shot	12	1 oz.	Clays	Fio. 617	Rem. TGT 12	19.6	8,300 PSI	1235
Lead Shot	12	1 oz.	Clays	Fio. 617	Rem. TGT 12	20.9	10,400 PSI	1290
Lead Shot	12	1 oz.	Clays	Fio. 617	WAA12SL	18.2	6,000 PSI	1180
Lead Shot	12	1 oz.	Clays	Fio. 617	WAA12SL	19.5	8,500 PSI	1235
Lead Shot	12	1 oz.	Clays	Fio. 617	WAA12SL	20.8	11,000 PSI	1290
Lead Shot	12	1 oz.	Clays	Rem. 209P	Fed. 12SO	18.1	7,900 PSI	1180
Lead Shot	12	1 oz.	Clays	Rem. 209P	Fed. 12SO	19.2	9,200 PSI	1235
Lead Shot	12	1 oz.	Clays	Rem. 209P	Fed. 12SO	20.3	10,400 PSI	1290
Lead Shot	12	1 oz.	Clays	Rem. 209P	Purple PC	19.9	7,400 PSI	1235
Lead Shot	12	1 oz.	Clays	Rem. 209P	Purple PC	21.1	8,800 PSI	1290
Lead Shot	12	1 oz.	Clays	Rem. 209P	Purple PC	22.3	10,200 PSI	1345
Lead Shot	12	1 oz.	Clays	Rem. 209P	Rem. TGT 12	18.2	5,900 LUP	1125
Lead Shot	12	1 oz.	Clays	Rem. 209P	Rem. TGT 12	19.2	6,300 LUP	1180
Lead Shot	12	1 oz.	Clays	Rem. 209P	Rem. TGT 12	20.2	6,800 LUP	1235
Lead Shot	12	1 oz.	Clays	Rem. 209P	Rem. TGT 12	21.2	7,300 LUP	1290
Lead Shot	12	1 oz.	Clays	Rem. 209P	WAA12SL	19.3	7,900 PSI	1235
Lead Shot	12	1 oz.	Clays	Rem. 209P	WAA12SL	20.1	8,700 PSI	1290
Lead Shot	12	1 oz.	Clays	Rem. 209P	WAA12SL	21.9	10,600 PSI	1345
Lead Shot	12	1 oz.	Clays	Rio G-600	Fed. 12SO	18.3	7,500 PSI	1180
Lead Shot	12	1 oz.	Clays	Rio G-600	Fed. 12SO	19.7	9,900 PSI	1235
Lead Shot	12	1 oz.	Clays	Rio G-600	Fed. 12SO	21	11,300 PSI	1290
Lead Shot	12	1 oz.	Clays	Rio G-600	Rem. TGT 12	18.4	6,300 PSI	1180
Lead Shot	12	1 oz.	Clays	Rio G-600	Rem. TGT 12	19.6	8,300 PSI	1235
Lead Shot	12	1 oz.	Clays	Rio G-600	Rem. TGT 12	20.8	10,400 PSI	1290
Lead Shot	12	1 oz.	Clays	Rio G-600	WAA12SL	18.4	6,200 PSI	1180
Lead Shot	12	1 oz.	Clays	Rio G-600	WAA12SL	19.8	8,600 PSI	1235
Lead Shot	12	1 oz.	Clays	Rio G-600	WAA12SL	21.2	11,000 PSI	1290
Lead Shot	12	1 oz.	Clays	Win. 209	Fed. 12SO	18.5	7,900 PSI	1180
Lead Shot	12	1 oz.	Clays	Win. 209	Fed. 12SO	19.7	9,100 PSI	1235
Lead Shot	12	1 oz.	Clays	Win. 209	Fed. 12SO	21	10,400 PSI	1290
Lead Shot	12	1 oz.	Clays	Win. 209	G/BP SF12	18.2	7,200 PSI	1180

Shot	Gauge	Load	Powder	Primer	Wad	Charge	Pressure	Velocity
Lead Shot	12	1 oz.	Clays	Win. 209	G/BP SF12	19.4	8,800 PSI	1235
Lead Shot	12	1 oz.	Clays	Win. 209	G/BP SF12	20.1	9,700 PSI	1290
Lead Shot	12	1 oz.	Clays	Win. 209	Purple PC	20.2	7,300 PSI	1235
Lead Shot	12	1 oz.	Clays	Win. 209	Purple PC	21.5	8,600 PSI	1290
Lead Shot	12	1 oz.	Clays	Win. 209	Purple PC	22.8	9,900 PSI	1345
Lead Shot	12	1 oz.	Clays	Win. 209	Rem. TGT12	19.5	7,600 PSI	1235
Lead Shot	12	1 oz.	Clays	Win. 209	Rem. TGT12	20.9	9,000 PSI	1290
Lead Shot	12	1 oz.	Clays	Win. 209	Rem. TGT12	22.2	10,300 PSI	1345
Lead Shot	12	1 oz.	Clays	Win. 209	WAA12SL	17.2	6,200 LUP	1125
Lead Shot	12	1 oz.	Clays	Win. 209	WAA12SL	18.2	7,000 LUP	1180
Lead Shot	12	1 oz.	Clays	Win. 209	WAA12SL	19.1	7,600 LUP	1235
Lead Shot	12	1 oz.	Clays	Win. 209	WAA12SL	20	8,300 LUP	1290
Lead Shot	12	1 oz.	700-X	Fed. 209A	CB 2100-12	15	6,000 PSI	1100
Lead Shot	12	1 oz.	700-X	Fed. 209A	CB 2100-12	16	6,700 PSI	1150
Lead Shot	12	1 oz.	700-X	Fed. 209A	CB 2100-12	17	7,300 PSI	1200
Lead Shot	12	1 oz.	700-X	Fed. 209A	CB 2100-12	18	7,900 PSI	1250
Lead Shot	12	1 oz.	700-X	Fed. 209A	Fed. 12SO	15	6,100 PSI	1100
Lead Shot	12	1 oz.	700-X	Fed. 209A	Fed. 12SO	16	6,700 PSI	1150
Lead Shot	12	1 oz.	700-X	Fed. 209A	Fed. 12SO	17	7,300 PSI	1200
Lead Shot	12	1 oz.	700-X	Fed. 209A	Fed. 12SO	18.5	8,200 PSI	1250
Lead Shot	12	1 oz.	700-X	Fed. 209A	Rem. TGT12	15	5,900 PSI	1100
Lead Shot	12	1 oz.	700-X	Fed. 209A	Rem. TGT12	16	6,500 PSI	1150
Lead Shot	12	1 oz.	700-X	Fed. 209A	Rem. TGT12	17	7,100 PSI	1200
Lead Shot	12	1 oz.	700-X	Fed. 209A	Rem. TGT12	18.5	8,100 PSI	1250
Lead Shot	12	1 oz.	700-X	Fed. 209A	WAA12SL	15	6,000 PSI	1100
Lead Shot	12	1 oz.	700-X	Fed. 209A	WAA12SL	16	6,900 PSI	1150
Lead Shot	12	1 oz.	700-X	Fed. 209A	WAA12SL	17	7,600 PSI	1200
Lead Shot	12	1 oz.	700-X	Fed. 209A	WAA12SL	18.5	8,500 PSI	1250
Lead Shot	12	1 oz.	700-X	Fio. 617	Fed. 12SO	15.9	6,300 PSI	1100
Lead Shot	12	1 oz.	700-X	Fio. 617	Fed. 12SO	17	7,200 PSI	1150
Lead Shot	12	1 oz.	700-X	Fio. 617	Fed. 12SO	18.2	8,200 PSI	1200
Lead Shot	12	1 oz.	700-X	Fio. 617	Fed. 12SO	19.6	9,400 PSI	1250
Lead Shot	12	1 oz.	700-X	Fio. 617	Rem. TGT 12	16	5,600 PSI	1100
Lead Shot	12	1 oz.	700-X	Fio. 617	Rem. TGT 12	17.1	6,400 PSI	1150
Lead Shot	12	1 oz.	700-X	Fio. 617	Rem. TGT 12	18.3	7,200 PSI	1200
Lead Shot	12	1 oz.	700-X	Fio. 617	Rem. TGT 12	19.5	8,100 PSI	1250
Lead Shot	12	1 oz.	700-X	Fio. 617	WAA12SL	15.8	5,600 PSI	1100
Lead Shot	12	1 oz.	700-X	Fio. 617	WAA12SL	17	6,700 PSI	1150

Lead Shot	12	1 oz.	700-X	Fio. 617	WAA12SL	18.1	7,500 PSI	1200
Lead Shot	12	1 oz.	700-X	Fio. 617	WAA12SL	19.3	8,400 PSI	1250
Lead Shot	12	1 oz.	700-X	Rem. 209P	CB 2100-12	15.5	5,300 PSI	1100
Lead Shot	12	1 oz.	700-X	Rem. 209P	CB 2100-12	16.5	5,800 PSI	1150
Lead Shot	12	1 oz.	700-X	Rem. 209P	CB 2100-12	18	6,600 PSI	1200
Lead Shot	12	1 oz.	700-X	Rem. 209P	CB 2100-12	19.5	7,400 PSI	1250
Lead Shot	12	1 oz.	700-X	Rem. 209P	Fed. 12SO	15	5,700 PSI	1100
Lead Shot	12	1 oz.	700-X	Rem. 209P	Fed. 12SO	16	6,300 PSI	1150
Lead Shot	12	1 oz.	700-X	Rem. 209P	Fed. 12SO	18	7,300 PSI	1200
Lead Shot	12	1 oz.	700-X	Rem. 209P	Fed. 12SO	19.5	8,000 PSI	1250
Lead Shot	12	1 oz.	700-X	Rem. 209P	Rem. TGT12	16	5,700 PSI	1100
Lead Shot	12	1 oz.	700-X	Rem. 209P	Rem. TGT12	17	6,200 PSI	1150
Lead Shot	12	1 oz.	700-X	Rem. 209P	Rem. TGT12	18	6,600 PSI	1200
Lead Shot	12	1 oz.	700-X	Rem. 209P	Rem. TGT12	19.5	7,300 PSI	1250
Lead Shot	12	1 oz.	700-X	Rem. 209P	WAA12SL	15.5	5,800 PSI	1100
Lead Shot	12	1 oz.	700-X	Rem. 209P	WAA12SL	16.5	6,600 PSI	1150
Lead Shot	12	1 oz.	700-X	Rem. 209P	WAA12SL	17.5	7,300 PSI	1200
Lead Shot	12	1 oz.	700-X	Rem. 209P	WAA12SL	19	8,400 PSI	1250
Lead Shot	12	1 oz.	700-X	Rio G-600	Fed. 12SO	15.8	6,100 PSI	1100
Lead Shot	12	1 oz.	700-X	Rio G-600	Fed. 12SO	17	7,000 PSI	1150
Lead Shot	12	1 oz.	700-X	Rio G-600	Fed. 12SO	18.2	7,900 PSI	1200
Lead Shot	12	1 oz.	700-X	Rio G-600	Fed. 12SO	19.5	9,000 PSI	1250
Lead Shot	12	1 oz.	700-X	Rio G-600	Rem. TGT 12	16	5,900 PSI	1100
Lead Shot	12	1 oz.	700-X	Rio G-600	Rem. TGT 12	17	6,600 PSI	1150
Lead Shot	12	1 oz.	700-X	Rio G-600	Rem. TGT 12	18	7,300 PSI	1200
Lead Shot	12	1 oz.	700-X	Rio G-600	Rem. TGT 12	19.1	8,100 PSI	1250
Lead Shot	12	1 oz.	700-X	Rio G-600	WAA12SL	15.9	5,800 PSI	1100
Lead Shot	12	1 oz.	700-X	Rio G-600	WAA12SL	17	6,500 PSI	1150
Lead Shot	12	1 oz.	700-X	Rio G-600	WAA12SL	18.1	7,100 PSI	1200
Lead Shot	12	1 oz.	700-X	Rio G-600	WAA12SL	19.3	8,000 PSI	1250
Lead Shot	12	1 oz.	700-X	Win. 209	CB 2100-12	15.5	5,700 PSI	1100
Lead Shot	12	1 oz.	700-X	Win. 209	CB 2100-12	16.5	6,400 PSI	1150
Lead Shot	12	1 oz.	700-X	Win. 209	CB 2100-12	17.5	7,000 PSI	1200
Lead Shot	12	1 oz.	700-X	Win. 209	CB 2100-12	19	8,100 PSI	1250
Lead Shot	12	1 oz.	700-X	Win. 209	Fed. 12SO	15.5	5,900 PSI	1100
Lead Shot	12	1 oz.	700-X	Win. 209	Fed. 12SO	16.5	6,700 PSI	1150
Lead Shot	12	1 oz.	700-X	Win. 209	Fed. 12SO	17.5	7,300 PSI	1200
Lead Shot	12	1 oz.	700-X	Win. 209	Fed. 12SO	18.5	7,800 PSI	1250

Lead Shot	12	1 oz.	700-X	Win. 209	Rem. TGT12	15.5	5,900 PSI	1100
Lead Shot	12	1 oz.	700-X	Win. 209	Rem. TGT12	16.5	6,600 PSI	1150
Lead Shot	12	1 oz.	700-X	Win. 209	Rem. TGT12	17.5	7,200 PSI	1200
Lead Shot	12	1 oz.	700-X	Win. 209	Rem. TGT12	18.5	7,800 PSI	1250
Lead Shot	12	1 oz.	700-X	Win. 209	WAA12SL	15.5	6,000 PSI	1100
Lead Shot	12	1 oz.	700-X	Win. 209	WAA12SL	16.5	6,700 PSI	1150
Lead Shot	12	1 oz.	700-X	Win. 209	WAA12SL	17.5	7,600 PSI	1200
Lead Shot	12	1 oz.	700-X	Win. 209	WAA12SL	18.5	8,500 PSI	1250
Lead Shot	12	1 oz.	WST	CCI 209	Fed. 12SO	21	8,500 PSI	1235
Lead Shot	12	1 oz.	WST	CCI 209	Fed. 12SO	22.5	9,500 PSI	1290
Lead Shot	12	1 oz.	WST	Fio. 617	Fed. 12SO	20.7	6,000 PSI	1180
Lead Shot	12	1 oz.	WST	Fio. 617	Fed. 12SO	22.2	8,300 PSI	1235
Lead Shot	12	1 oz.	WST	Fio. 617	Fed. 12SO	23.7	10,600 PSI	1290
Lead Shot	12	1 oz.	WST	Rio G-600	Fed. 12SO	20.7	6,200 PSI	1180
Lead Shot	12	1 oz.	WST	Rio G-600	Fed. 12SO	22	8,100 PSI	1235
Lead Shot	12	1 oz.	WST	Rio G-600	Fed. 12SO	23.4	10,200 PSI	1290
Lead Shot	12	1 oz.	WST	Win. 209	Fed. 12SO	20.5	7,400 PSI	1180
Lead Shot	12	1 oz.	WST	Win. 209	Fed. 12SO	22	8,500 PSI	1235
Lead Shot	12	1 oz.	WST	Win. 209	Fed. 12SO	23	9,300 PSI	1290
Lead Shot	12	1 oz.	Internat'l	CCI 209	Fed. 12SO	21	7,600 PSI	1235
Lead Shot	12	1 oz.	Internat'l	CCI 209	Fed. 12SO	22.2	9,000 PSI	1290
Lead Shot	12	1 oz.	Internat'l	CCI 209	Fed. 12SO	23.3	10,300 PSI	1345
Lead Shot	12	1 oz.	Internat'l	CCI 209	Rem. TGT12	21.2	6,800 PSI	1235
Lead Shot	12	1 oz.	Internat'l	CCI 209	Rem. TGT12	22.5	7,800 PSI	1290
Lead Shot	12	1 oz.	Internat'l	CCI 209	Rem. TGT12	23.8	8,800 PSI	1345
Lead Shot	12	1 oz.	Internat'l	CCI 209	Rem. TGT12	25.1	9,800 PSI	1400
Lead Shot	12	1 oz.	Internat'l	CCI 209	WAA12SL	21.5	7,300 PSI	1235
Lead Shot	12	1 oz.	Internat'l	CCI 209	WAA12SL	22.3	8,000 PSI	1290
Lead Shot	12	1 oz.	Internat'l	CCI 209	WAA12SL	23.5	9,100 PSI	1345
Lead Shot	12	1 oz.	Internat'l	CCI 209	WAA12SL	24.7	10,200 PSI	1400
Lead Shot	12	1 oz.	Internat'l	Fed. 209A	Fed. 12SO	19.9	8,300 PSI	1235
Lead Shot	12	1 oz.	Internat'l	Fed. 209A	Fed. 12SO	21.3	9,900 PSI	1290
Lead Shot	12	1 oz.	Internat'l	Fed. 209A	Fed. 12SO	22.5	11,200 PSI	1345
Lead Shot	12	1 oz.	Internat'l	Fed. 209A	Purple PC	20	7,400 PSI	1235
Lead Shot	12	1 oz.	Internat'l	Fed. 209A	Purple PC	21.4	8,600 PSI	1290
Lead Shot	12	1 oz.	Internat'l	Fed. 209A	Purple PC	22.7	9,700 PSI	1345
Lead Shot	12	1 oz.	Internat'l	Fed. 209A	Purple PC	24.1	10,800 PSI	1400
Lead Shot	12	1 oz.	Internat'l	Fed. 209A	Rem. TGT12	19.9	7,400 PSI	1235

Lead Shot	12	1 oz.	Internat'l	Fed. 209A	Rem. TGT12	21.4	9,000 PSI	1290
Lead Shot	12	1 oz.	Internat'l	Fed. 209A	Rem. TGT12	22.6	10,200 PSI	1345
Lead Shot	12	1 oz.	Internat'l	Fed. 209A	Rem. TGT12	23.5	11,200 PSI	1400
Lead Shot	12	1 oz.	Internat'l	Fed. 209A	WAA12SL	19.7	7,700 PSI	1235
Lead Shot	12	1 oz.	Internat'l	Fed. 209A	WAA12SL	21	9,100 PSI	1290
Lead Shot	12	1 oz.	Internat'l	Fed. 209A	WAA12SL	22.3	10,500 PSI	1345
Lead Shot	12	1 oz.	Internat'l	Fio. 616	Fed. 12SO	20.3	7,900 PSI	1235
Lead Shot	12	1 oz.	Internat'l	Fio. 616	Fed. 12SO	21.8	9,400 PSI	1290
Lead Shot	12	1 oz.	Internat'l	Fio. 616	Fed. 12SO	23	10,600 PSI	1345
Lead Shot	12	1 oz.	Internat'l	Fio. 616	Rem. TGT12	20.1	7,300 PSI	1235
Lead Shot	12	1 oz.	Internat'l	Fio. 616	Rem. TGT12	21.7	8,600 PSI	1290
Lead Shot	12	1 oz.	Internat'l	Fio. 616	Rem. TGT12	22.9	9,600 PSI	1345
Lead Shot	12	1 oz.	Internat'l	Fio. 616	Rem. TGT12	24.2	10,700 PSI	1400
Lead Shot	12	1 oz.	Internat'l	Fio. 616	WAA12SL	20.3	7,000 PSI	1235
Lead Shot	12	1 oz.	Internat'l	Fio. 616	WAA12SL	21.7	8,600 PSI	1290
Lead Shot	12	1 oz.	Internat'l	Fio. 616	WAA12SL	22.9	10,000 PSI	1345
Lead Shot	12	1 oz.	Internat'l	Fio. 616	WAA12SL	24.1	11,400 PSI	1400
Lead Shot	12	1 oz.	Internat'l	Fio. 617	Fed. 12SO	21	7,100 PSI	1235
Lead Shot	12	1 oz.	Internat'l	Fio. 617	Fed. 12SO	22.3	8,600 PSI	1290
Lead Shot	12	1 oz.	Internat'l	Fio. 617	Fed. 12SO	23.6	10,200 PSI	1345
Lead Shot	12	1 oz.	Internat'l	Fio. 617	Fed. 12SO	25	11,400 PSI	1400
Lead Shot	12	1 oz.	Internat'l	Fio. 617	Rem. TGT 12	21.5	7,100 PSI	1235
Lead Shot	12	1 oz.	Internat'l	Fio. 617	Rem. TGT 12	22.5	8,200 PSI	1290
Lead Shot	12	1 oz.	Internat'l	Fio. 617	Rem. TGT 12	23.6	9,300 PSI	1345
Lead Shot	12	1 oz.	Internat'l	Fio. 617	Rem. TGT 12	24.7	10,500 PSI	1400
Lead Shot	12	1 oz.	Internat'l	Fio. 617	WAA12SL	20.9	6,700 PSI	1235
Lead Shot	12	1 oz.	Internat'l	Fio. 617	WAA12SL	22.4	8,100 PSI	1290
Lead Shot	12	1 oz.	Internat'l	Fio. 617	WAA12SL	23.8	9,300 PSI	1345
Lead Shot	12	1 oz.	Internat'l	Fio. 617	WAA12SL	25.2	10,600 PSI	1400
Lead Shot	12	1 oz.	Internat'l	Rem. 209P	Fed. 12SO	19.3	6,800 PSI	1235
Lead Shot	12	1 oz.	Internat'l	Rem. 209P	Fed. 12SO	21.4	8,900 PSI	1290
Lead Shot	12	1 oz.	Internat'l	Rem. 209P	Fed. 12SO	23.2	10,700 PSI	1345
Lead Shot	12	1 oz.	Internat'l	Rem. 209P	Rem. TGT12	20.8	7,200 PSI	1235
Lead Shot	12	1 oz.	Internat'l	Rem. 209P	Rem. TGT12	21.2	7,500 PSI	1290
Lead Shot	12	1 oz.	Internat'l	Rem. 209P	Rem. TGT12	23.3	9,400 PSI	1345
Lead Shot	12	1 oz.	Internat'l	Rem. 209P	Rem. TGT12	24.5	10,400 PSI	1400
Lead Shot	12	1 oz.	Internat'l	Rem. 209P	WAA12SL	20.5	7,300 PSI	1235
Lead Shot	12	1 oz.	Internat'l	Rem. 209P	WAA12SL	21.8	8,700 PSI	1290

Lead Shot	12	1 oz.	Internat'l	Rem. 209P	WAA12SL	22.9	9,800 PSI	1345
Lead Shot	12	1 oz.	Internat'l	Rem. 209P	WAA12SL	24	10,900 PSI	1400
Lead Shot	12	1 oz.	Internat'l	Rio G-600	Fed. 12SO	21	7,400 PSI	1235
Lead Shot	12	1 oz.	Internat'l	Rio G-600	Fed. 12SO	22.3	8,700 PSI	1290
Lead Shot	12	1 oz.	Internat'l	Rio G-600	Fed. 12SO	23.7	10,000 PSI	1345
Lead Shot	12	1 oz.	Internat'l	Rio G-600	Fed. 12SO	25	11,400 PSI	1400
Lead Shot	12	1 oz.	Internat'l	Rio G-600	Rem. TGT 12	21.6	6,400 PSI	1235
Lead Shot	12	1 oz.	Internat'l	Rio G-600	Rem. TGT 12	19.6	8,300 PSI	1235
Lead Shot	12	1 oz.	Internat'l	Rio G-600	Rem. TGT 12	22.8	7,600 PSI	1290
Lead Shot	12	1 oz.	Internat'l	Rio G-600	Rem. TGT 12	24	8,700 PSI	1345
Lead Shot	12	1 oz.	Internat'l	Rio G-600	Rem. TGT 12	25.3	10,000 PSI	1400
Lead Shot	12	1 oz.	Internat'l	Rio G-600	WAA12SL	21.7	6,400 PSI	1235
Lead Shot	12	1 oz.	Internat'l	Rio G-600	WAA12SL	22.8	7,600 PSI	1290
Lead Shot	12	1 oz.	Internat'l	Rio G-600	WAA12SL	23.9	8,800 PSI	1345
Lead Shot	12	1 oz.	Internat'l	Rio G-600	WAA12SL	25.2	10,200 PSI	1400
Lead Shot	12	1 oz.	Internat'l	Win. 209	Fed. 12SO	20.7	8,000 PSI	1235
Lead Shot	12	1 oz.	Internat'l	Win. 209	Fed. 12SO	22	9,200 PSI	1290
Lead Shot	12	1 oz.	Internat'l	Win. 209	Fed. 12SO	23.2	10,200 PSI	1345
Lead Shot	12	1 oz.	Internat'l	Win. 209	Rem. TGT12	20.8	7,000 PSI	1235
Lead Shot	12	1 oz.	Internat'l	Win. 209	Rem. TGT12	22.3	8,200 PSI	1290
Lead Shot	12	1 oz.	Internat'l	Win. 209	Rem. TGT12	23.5	9,200 PSI	1345
Lead Shot	12	1 oz.	Internat'l	Win. 209	Rem. TGT12	24.7	10,200 PSI	1400
Lead Shot	12	1 oz.	Internat'l	Win. 209	WAA12SL	20.5	7,200 PSI	1235
Lead Shot	12	1 oz.	Internat'l	Win. 209	WAA12SL	22	8,400 PSI	1290
Lead Shot	12	1 oz.	Internat'l	Win. 209	WAA12SL	23.4	9,400 PSI	1345
Lead Shot	12	1 oz.	Internat'l	Win. 209	WAA12SL	24.7	10,400 PSI	1400
Lead Shot	12	1 oz.	Super Hcp	Ched. 209	WAA12L	19.6	5,500 PSI	1180
Lead Shot	12	1 oz.	Super Hcp	Ched. 209	WAA12L	20.8	6,500 PSI	1235
Lead Shot	12	1 oz.	Super Hcp	Ched. 209	WAA12L	22	7,500 PSI	1290
Lead Shot	12	1 oz.	Super Hcp	Ched. 209	WAA12L	23.3	8,500 PSI	1345
Lead Shot	12	1 oz.	Super Hcp	Fed. 209A	WAA12L	19.5	5,700 PSI	1180
Lead Shot	12	1 oz.	Super Hcp	Fed. 209A	WAA12L	20.9	6,600 PSI	1235

Lead Shot	12	1 oz.	Super Hcp	Fed. 209A	WAA12L	22.3	7,500 PSI	1290
Lead Shot	12	1 oz.	Super Hcp	Fed. 209A	WAA12L	23.8	8,600 PSI	1345
Lead Shot	12	1 oz.	Super Hcp	Fio. 617	Fed. 12SO	22.2	6,500 PSI	1235
Lead Shot	12	1 oz.	Super Hcp	Fio. 617	Fed. 12SO	23.3	7,800 PSI	1290
Lead Shot	12	1 oz.	Super Hcp	Fio. 617	Fed. 12SO	24.3	9,100 PSI	1345
Lead Shot	12	1 oz.	Super Hcp	Rem. 209P	WAA12L	20.4	5,200 PSI	1180
Lead Shot	12	1 oz.	Super Hcp	Rem. 209P	WAA12L	21.6	6,100 PSI	1235
Lead Shot	12	1 oz.	Super Hcp	Rem. 209P	WAA12L	22.8	7,100 PSI	1290
Lead Shot	12	1 oz.	Super Hcp	Rem. 209P	WAA12L	24	8,000 PSI	1345
Lead Shot	12	1 oz.	Super Hcp	Rio G-600	Fed. 12SO	22	6,000 PSI	1235
Lead Shot	12	1 oz.	Super Hcp	Rio G-600	Fed. 12SO	23	7,600 PSI	1290
Lead Shot	12	1 oz.	Super Hcp	Rio G-600	Fed. 12SO	24	9,200 PSI	1345
Lead Shot	12	1 oz.	Super Hcp	Win. 209	WAA12L	20.6	4,800 PSI	1180
Lead Shot	12	1 oz.	Super Hcp	Win. 209	WAA12L	21.7	5,900 PSI	1235
Lead Shot	12	1 oz.	Super Hcp	Win. 209	WAA12L	22.8	7,000 PSI	1290
Lead Shot	12	1 oz.	Super Hcp	Win. 209	WAA12L	23.9	8,100 PSI	1345
Lead Shot	12	1 oz.	PB	Fed. 209A	CB 1100-12	20	4,600 PSI	1100
Lead Shot	12	1 oz.	PB	Fed. 209A	CB 1100-12	21.5	5,100 PSI	1150
Lead Shot	12	1 oz.	PB	Fed. 209A	CB 1100-12	23	5,700 PSI	1200
Lead Shot	12	1 oz.	PB	Fed. 209A	CB 1100-12	24	6,300 PSI	1250
Lead Shot	12	1 oz.	PB	Fed. 209A	Fed. 12S3	19.5	5,400 PSI	1100
Lead Shot	12	1 oz.	PB	Fed. 209A	Fed. 12S3	20.5	5,900 PSI	1150

Lead Shot	12	1 oz.	PB	Fed. 209A	Fed. 12S3	22	6,700 PSI	1200
Lead Shot	12	1 oz.	PB	Fed. 209A	Fed. 12S3	23	7,100 PSI	1250
Lead Shot	12	1 oz.	PB	Fed. 209A	Rem. TGT12	19.5	5,100 PSI	1100
Lead Shot	12	1 oz.	PB	Fed. 209A	Rem. TGT12	20.5	5,500 PSI	1150
Lead Shot	12	1 oz.	PB	Fed. 209A	Rem. TGT12	22	6,200 PSI	1200
Lead Shot	12	1 oz.	PB	Fed. 209A	Rem. TGT12	24	6,800 PSI	1250
Lead Shot	12	1 oz.	PB	Fed. 209A	WAA12SL	18	6,000 PSI	1100
Lead Shot	12	1 oz.	PB	Fed. 209A	WAA12SL	19.5	6,600 PSI	1150
Lead Shot	12	1 oz.	PB	Fed. 209A	WAA12SL	21	7,100 PSI	1200
Lead Shot	12	1 oz.	PB	Fed. 209A	WAA12SL	22.5	7,600 PSI	1250
Lead Shot	12	1 oz.	PB	Fio. 617	Fed. 12S3	21.6	5,200 PSI	1100
Lead Shot	12	1 oz.	PB	Fio. 617	Fed. 12S3	22.7	5,900 PSI	1150
Lead Shot	12	1 oz.	PB	Fio. 617	Fed. 12S3	23.9	6,700 PSI	1200
Lead Shot	12	1 oz.	PB	Fio. 617	Fed. 12S3	25.1	7,400 PSI	1250
Lead Shot	12	1 oz.	PB	Fio. 617	Rem. TGT 12	21.5	4,800 PSI	1100
Lead Shot	12	1 oz.	PB	Fio. 617	Rem. TGT 12	22.8	5,500 PSI	1150
Lead Shot	12	1 oz.	PB	Fio. 617	Rem. TGT 12	24	6,100 PSI	1200
Lead Shot	12	1 oz.	PB	Fio. 617	Rem. TGT 12	25.2	6,700 PSI	1250
Lead Shot	12	1 oz.	PB	Fio. 617	WAA12SL	22.2	4,900 PSI	1100
Lead Shot	12	1 oz.	PB	Fio. 617	WAA12SL	23.3	5,500 PSI	1150
Lead Shot	12	1 oz.	PB	Fio. 617	WAA12SL	25.5	6,800 PSI	1250
Lead Shot	12	1 oz.	PB	Rem. 209P	CB 1100-12	21	3,800 PSI	1100
Lead Shot	12	1 oz.	PB	Rem. 209P	CB 1100-12	22	4,300 PSI	1150
Lead Shot	12	1 oz.	PB	Rem. 209P	CB 1100-12	23.5	5,000 PSI	1200
Lead Shot	12	1 oz.	PB	Rem. 209P	CB 1100-12	25	5,600 PSI	1250
Lead Shot	12	1 oz.	PB	Rem. 209P	Fed. 12S3	20	5,200 PSI	1100
Lead Shot	12	1 oz.	PB	Rem. 209P	Fed. 12S3	21	5,700 PSI	1150
Lead Shot	12	1 oz.	PB	Rem. 209P	Fed. 12S3	22.5	6,600 PSI	1200
Lead Shot	12	1 oz.	PB	Rem. 209P	Fed. 12S3	23.5	7,200 PSI	1250
Lead Shot	12	1 oz.	PB	Rem. 209P	Rem. TGT12	20.5	4,300 PSI	1100
Lead Shot	12	1 oz.	PB	Rem. 209P	Rem. TGT12	22	5,200 PSI	1150
Lead Shot	12	1 oz.	PB	Rem. 209P	Rem. TGT12	23	5,700 PSI	1200
Lead Shot	12	1 oz.	PB	Rem. 209P	Rem. TGT12	24	6,300 PSI	1250
Lead Shot	12	1 oz.	PB	Rem. 209P	WAA12SL	20	4,700 PSI	1100
Lead Shot	12	1 oz.	PB	Rem. 209P	WAA12SL	21.5	5,300 PSI	1150
Lead Shot	12	1 oz.	PB	Rem. 209P	WAA12SL	22.5	5,800 PSI	1200
Lead Shot	12	1 oz.	PB	Rem. 209P	WAA12SL	24	6,600 PSI	1250
Lead Shot	12	1 oz.	PB	Rio G-600	Fed. 12S3	21.3	5,100 PSI	1100

Lead Shot	12	1 oz.	PB	Rio G-600	Fed. 12S3	22.6	5,800 PSI	1150
Lead Shot	12	1 oz.	PB	Rio G-600	Fed. 12S3	23.8	6,500 PSI	1200
Lead Shot	12	1 oz.	PB	Rio G-600	Fed. 12S3	25.2	7,200 PSI	1250
Lead Shot	12	1 oz.	PB	Rio G-600	Rem. TGT 12	21.7	4,800 PSI	1100
Lead Shot	12	1 oz.	PB	Rio G-600	Rem. TGT 12	22.9	5,400 PSI	1150
Lead Shot	12	1 oz.	PB	Rio G-600	Rem. TGT 12	24.1	5,900 PSI	1200
Lead Shot	12	1 oz.	PB	Rio G-600	Rem. TGT 12	25.4	6,600 PSI	1250
Lead Shot	12	1 oz.	PB	Rio G-600	WAA12SL	21.9	4,700 PSI	1100
Lead Shot	12	1 oz.	PB	Rio G-600	WAA12SL	23.3	5,200 PSI	1150
Lead Shot	12	1 oz.	PB	Rio G-600	WAA12SL	24.7	5,800 PSI	1200
Lead Shot	12	1 oz.	PB	Rio G-600	WAA12SL	26	6,500 PSI	1250
Lead Shot	12	1 oz.	PB	Win. 209	CB 1100-12	20.5	4,300 PSI	1100
Lead Shot	12	1 oz.	PB	Win. 209	CB 1100-12	21.5	4,800 PSI	1150
Lead Shot	12	1 oz.	PB	Win. 209	CB 1100-12	23	5,400 PSI	1200
Lead Shot	12	1 oz.	PB	Win. 209	CB 1100-12	24.5	6,100 PSI	1250
Lead Shot	12	1 oz.	PB	Win. 209	Fed. 12S3	19.5	5,100 PSI	1100
Lead Shot	12	1 oz.	PB	Win. 209	Fed. 12S3	21	5,800 PSI	1150
Lead Shot	12	1 oz.	PB	Win. 209	Fed. 12S3	22.5	6,500 PSI	1200
Lead Shot	12	1 oz.	PB	Win. 209	Fed. 12S3	23.5	6,900 PSI	1250
Lead Shot	12	1 oz.	PB	Win. 209	Rem. TGT12	20	5,300 PSI	1100
Lead Shot	12	1 oz.	PB	Win. 209	Rem. TGT12	21	5,900 PSI	1150
Lead Shot	12	1 oz.	PB	Win. 209	Rem. TGT12	22	6,500 PSI	1200
Lead Shot	12	1 oz.	PB	Win. 209	Rem. TGT12	23.5	7,000 PSI	1250
Lead Shot	12	1 oz.	PB	Win. 209	WAA12SL	19.5	4,900 PSI	1100
Lead Shot	12	1 oz.	PB	Win. 209	WAA12SL	21	5,400 PSI	1150
Lead Shot	12	1 oz.	PB	Win. 209	WAA12SL	22.5	6,000 PSI	1200
Lead Shot	12	1 oz.	PB	Win. 209	WAA12SL	24	6,700 PSI	1250
Lead Shot	12	1 oz.	SR 7625	Fed. 209A	CB 2100-12	22.5	4,200 PSI	1100
Lead Shot	12	1 oz.	SR 7625	Fed. 209A	CB 2100-12	23.5	4,700 PSI	1150
Lead Shot	12	1 oz.	SR 7625	Fed. 209A	CB 2100-12	25	5,300 PSI	1200
Lead Shot	12	1 oz.	SR 7625	Fed. 209A	CB 2100-12	26	5,800 PSI	1250
Lead Shot	12	1 oz.	SR 7625	Fed. 209A	Fed. 12S3	22	4,500 PSI	1100
Lead Shot	12	1 oz.	SR 7625	Fed. 209A	Fed. 12S3	23.5	5,400 PSI	1150
Lead Shot	12	1 oz.	SR 7625	Fed. 209A	Fed. 12S3	24.5	6,000 PSI	1200
Lead Shot	12	1 oz.	SR 7625	Fed. 209A	Fed. 12S3	25.5	6,600 PSI	1250
Lead Shot	12	1 oz.	SR 7625	Fed. 209A	Rem. TGT12	22	4,200 PSI	1100
Lead Shot	12	1 oz.	SR 7625	Fed. 209A	Rem. TGT12	23	4,800 PSI	1150
Lead Shot	12	1 oz.	SR 7625	Fed. 209A	Rem. TGT12	24	5,500 PSI	1200

Lead Shot	12	1 oz.	SR 7625	Fed. 209A	Rem. TGT12	25.5	6,200 PSI	1250
Lead Shot	12	1 oz.	SR 7625	Fed. 209A	WAA12SL	22.5	4,600 PSI	1100
Lead Shot	12	1 oz.	SR 7625	Fed. 209A	WAA12SL	23.5	5,200 PSI	1150
Lead Shot	12	1 oz.	SR 7625	Fed. 209A	WAA12SL	24.5	5,900 PSI	1200
Lead Shot	12	1 oz.	SR 7625	Fed. 209A	WAA12SL	25.5	6,600 PSI	1250
Lead Shot	12	1 oz.	SR 7625	Win. 209	CB 2100-12	22	4,300 PSI	1100
Lead Shot	12	1 oz.	SR 7625	Win. 209	CB 2100-12	23.5	4,600 PSI	1150
Lead Shot	12	1 oz.	SR 7625	Win. 209	CB 2100-12	25	4,900 PSI	1200
Lead Shot	12	1 oz.	SR 7625	Win. 209	CB 2100-12	26.5	5,200 PSI	1250
Lead Shot	12	1 oz.	SR 7625	Win. 209	Fed. 12S3	21.5	4,700 PSI	1100
Lead Shot	12	1 oz.	SR 7625	Win. 209	Fed. 12S3	22.5	5,200 PSI	1150
Lead Shot	12	1 oz.	SR 7625	Win. 209	Fed. 12S3	24	5,900 PSI	1200
Lead Shot	12	1 oz.	SR 7625	Win. 209	Fed. 12S3	25.5	6,600 PSI	1250
Lead Shot	12	1 oz.	SR 7625	Win. 209	Rem. TGT12	22.5	4,300 PSI	1100
Lead Shot	12	1 oz.	SR 7625	Win. 209	Rem. TGT12	23.5	4,700 PSI	1150
Lead Shot	12	1 oz.	SR 7625	Win. 209	Rem. TGT12	25	5,400 PSI	1200
Lead Shot	12	1 oz.	SR 7625	Win. 209	Rem. TGT12	26	5,900 PSI	1250
Lead Shot	12	1 oz.	SR 7625	Win. 209	WAA12SL	22.5	4,600 PSI	1100
Lead Shot	12	1 oz.	SR 7625	Win. 209	WAA12SL	23.5	4,900 PSI	1150
Lead Shot	12	1 oz.	SR 7625	Win. 209	WAA12SL	25	5,300 PSI	1200
Lead Shot	12	1 oz.	SR 7625	Win. 209	WAA12SL	26	5,600 PSI	1250
Lead Shot	12	1 1/8 oz.	WAALite	Ched. 209	Fed. 12SO	13.6	6,500 PSI	980
Lead Shot	12	1 1/8 oz.	WAALite	Ched. 209	Fed. 12SO	14.8	7,700 PSI	1035
Lead Shot	12	1 1/8 oz.	WAALite	Ched. 209	Fed. 12SO	15.9	8,900 PSI	1090
Lead Shot	12	1 1/8 oz.	WAALite	Ched. 209	Fed. 12SO	17	10,300 PSI	1145
Lead Shot	12	1 1/8 oz.	WAALite	Ched. 209	J-XL-1	14.6	7,000 PSI	1035
Lead Shot	12	1 1/8 oz.	WAALite	Ched. 209	J-XL-1	15.6	8,400 PSI	1090
Lead Shot	12	1 1/8 oz.	WAALite	Ched. 209	J-XL-1	17	10,100 PSI	1145
Lead Shot	12	1 1/8 oz.	WAALite	Ched. 209	Rem. TGT12	13.8	6,400 PSI	980
Lead Shot	12	1 1/8 oz.	WAALite	Ched. 209	Rem. TGT12	14.7	7,400 PSI	1035
Lead Shot	12	1 1/8 oz.	WAALite	Ched. 209	Rem. TGT12	15.6	8,500 PSI	1090
Lead Shot	12	1 1/8 oz.	WAALite	Ched. 209	Rem. TGT12	17	10,000 PSI	1145
Lead Shot	12	1 1/8 oz.	WAALite	Ched. 209	WAA12SL	13.6	6,400 PSI	980
Lead Shot	12	1 1/8 oz.	WAALite	Ched. 209	WAA12SL	14.5	7,300 PSI	1035
Lead Shot	12	1 1/8 oz.	WAALite	Ched. 209	WAA12SL	15.5	8,300 PSI	1090
Lead Shot	12	1 1/8 oz.	WAALite	Ched. 209	WAA12SL	16.9	9,800 PSI	1145
Lead Shot	12	1 1/8 oz.	WAALite	Fed. 209A	Fed. 12SO	13.6	6,600 PSI	980
Lead Shot	12	1 1/8 oz.	WAALite	Fed. 209A	Fed. 12SO	14.9	7,800 PSI	1035

Shot	Gauge	Load	Powder	Primer	Wad	Charge (gr)	Pressure	Velocity
Lead Shot	12	1 1/8 oz.	WAALite	Fed. 209A	Fed. 12S0	16.1	8,800 PSI	1090
Lead Shot	12	1 1/8 oz.	WAALite	Fed. 209A	Fed. 12S0	17.2	9,800 PSI	1145
Lead Shot	12	1 1/8 oz.	WAALite	Fed. 209A	J-XL-1	14.5	7,300 PSI	1035
Lead Shot	12	1 1/8 oz.	WAALite	Fed. 209A	J-XL-1	15.5	8,600 PSI	1090
Lead Shot	12	1 1/8 oz.	WAALite	Fed. 209A	J-XL-1	17	9,600 PSI	1145
Lead Shot	12	1 1/8 oz.	WAALite	Fed. 209A	Rem. TGT12	14.8	7,700 PSI	1035
Lead Shot	12	1 1/8 oz.	WAALite	Fed. 209A	Rem. TGT12	15.9	8,900 PSI	1090
Lead Shot	12	1 1/8 oz.	WAALite	Fed. 209A	Rem. TGT12	16.8	10,000 PSI	1145
Lead Shot	12	1 1/8 oz.	WAALite	Fed. 209A	WAA12SL	13.1	6,500 PSI	980
Lead Shot	12	1 1/8 oz.	WAALite	Fed. 209A	WAA12SL	14.3	7,600 PSI	1035
Lead Shot	12	1 1/8 oz.	WAALite	Fed. 209A	WAA12SL	15.5	8,700 PSI	1090
Lead Shot	12	1 1/8 oz.	WAALite	Fed. 209A	WAA12SL	16.7	9,900 PSI	1145
Lead Shot	12	1 1/8 oz.	WAALite	Rem. 209P	Fed. 12S0	13.8	6,100 PSI	980
Lead Shot	12	1 1/8 oz.	WAALite	Rem. 209P	Fed. 12S0	14.9	7,200 PSI	1035
Lead Shot	12	1 1/8 oz.	WAALite	Rem. 209P	Fed. 12S0	15.9	8,200 PSI	1090
Lead Shot	12	1 1/8 oz.	WAALite	Rem. 209P	Fed. 12S0	17	9,200 PSI	1145
Lead Shot	12	1 1/8 oz.	WAALite	Rem. 209P	J-XL-1	14	5,500 PSI	980
Lead Shot	12	1 1/8 oz.	WAALite	Rem. 209P	J-XL-1	15	6,500 PSI	1035
Lead Shot	12	1 1/8 oz.	WAALite	Rem. 209P	J-XL-1	16.2	7,800 PSI	1090
Lead Shot	12	1 1/8 oz.	WAALite	Rem. 209P	J-XL-1	17.1	8,800 PSI	1145
Lead Shot	12	1 1/8 oz.	WAALite	Rem. 209P	Rem. TGT12	14	5,900 PSI	980
Lead Shot	12	1 1/8 oz.	WAALite	Rem. 209P	Rem. TGT12	15.1	7200 PSI	1035
Lead Shot	12	1 1/8 oz.	WAALite	Rem. 209P	Rem. TGT12	16.2	8,600 PSI	1090
Lead Shot	12	1 1/8 oz.	WAALite	Rem. 209P	Rem. TGT12	17	9,600 PSI	1145
Lead Shot	12	1 1/8 oz.	WAALite	Rem. 209P	WAA12SL	14.1	5,400 PSI	980
Lead Shot	12	1 1/8 oz.	WAALite	Rem. 209P	WAA12SL	15.2	6,700 PSI	1035
Lead Shot	12	1 1/8 oz.	WAALite	Rem. 209P	WAA12SL	16.2	7,900 PSI	1090
Lead Shot	12	1 1/8 oz.	WAALite	Rem. 209P	WAA12SL	17.2	9,100 PSI	1145
Lead Shot	12	1 1/8 oz.	WAALite	Win. 209	Fed. 12S0	14	5,800 PSI	980
Lead Shot	12	1 1/8 oz.	WAALite	Win. 209	Fed. 12S0	15.1	7,100 PSI	1035
Lead Shot	12	1 1/8 oz.	WAALite	Win. 209	Fed. 12S0	16.1	8,300 PSI	1090
Lead Shot	12	1 1/8 oz.	WAALite	Win. 209	Fed. 12S0	17.2	9,600 PSI	1145
Lead Shot	12	1 1/8 oz.	WAALite	Win. 209	J-XL-1	13.8	5,900 PSI	980
Lead Shot	12	1 1/8 oz.	WAALite	Win. 209	J-XL-1	14.9	7,000 PSI	1035
Lead Shot	12	1 1/8 oz.	WAALite	Win. 209	J-XL-1	15.8	7,900 PSI	1090
Lead Shot	12	1 1/8 oz.	WAALite	Win. 209	J-XL-1	16.9	9,000 PSI	1145
Lead Shot	12	1 1/8 oz.	WAALite	Win. 209	WAA12SL	13.5	6,000 PSI	980
Lead Shot	12	1 1/8 oz.	WAALite	Win. 209	WAA12SL	14.7	7,000 PSI	1035

Lead Shot	12	1 1/8 oz.	WAALite	Win. 209	WAA12SL	15.8	8,400 PSI	1090
Lead Shot	12	1 1/8 oz.	WAALite	Win. 209	WAA12SL	17	9,900 PSI	1145
Lead Shot	12	1 1/8 oz.	Titewad	CCI 209	Fed. 12S3	15.5	8,300 PSI	1090
Lead Shot	12	1 1/8 oz.	Titewad	CCI 209	Fed. 12S3	16.8	9,700 PSI	1145
Lead Shot	12	1 1/8 oz.	Titewad	CCI 209	Fed. 12S3	18	10,900 PSI	1200
Lead Shot	12	1 1/8 oz.	Titewad	CCI 209	Fio. TL1	16.4	10,000 PSI	1145
Lead Shot	12	1 1/8 oz.	Titewad	CCI 209	Fio. TL1	17.7	11,400 PSI	1200
Lead Shot	12	1 1/8 oz.	Titewad	CCI 209	Rem. Fig. 8	15.8	7,600 PSI	1090
Lead Shot	12	1 1/8 oz.	Titewad	CCI 209	Rem. Fig. 8	17	8,900 PSI	1145
Lead Shot	12	1 1/8 oz.	Titewad	CCI 209	Rem. Fig. 8	18.1	10,200 PSI	1200
Lead Shot	12	1 1/8 oz.	Titewad	CCI 209	WAA12SL	16	7,500 PSI	1090
Lead Shot	12	1 1/8 oz.	Titewad	CCI 209	WAA12SL	17.1	8,900 PSI	1145
Lead Shot	12	1 1/8 oz.	Titewad	CCI 209	WAA12SL	18.4	10,200 PSI	1200
Lead Shot	12	1 1/8 oz.	Titewad	CCI 209M	G/BP CS12	14.9	9,800 PSI	1090
Lead Shot	12	1 1/8 oz.	Titewad	CCI 209M	G/BP CS12	15.9	10,800 PSI	1145
Lead Shot	12	1 1/8 oz.	Titewad	CCI 209SC	Hor. Versalite	15.7	8,800 PSI	1090
Lead Shot	12	1 1/8 oz.	Titewad	CCI 209SC	Hor. Versalite	16.7	8,900 PSI	1145
Lead Shot	12	1 1/8 oz.	Titewad	CCI 209SC	Hor. Versalite	18	10,500 PSI	1200
Lead Shot	12	1 1/8 oz.	Titewad	Ched. 209	Fed. 12S3	15.4	9,100 PSI	1090
Lead Shot	12	1 1/8 oz.	Titewad	Ched. 209	Fed. 12S3	16.7	10,300 PSI	1145
Lead Shot	12	1 1/8 oz.	Titewad	Ched. 209	Rem. Fig. 8	15.4	8,800 PSI	1090
Lead Shot	12	1 1/8 oz.	Titewad	Ched. 209	Rem. Fig. 8	16.7	9,900 PSI	1145
Lead Shot	12	1 1/8 oz.	Titewad	Ched. 209	Rem. Fig. 8	18.1	11,100 PSI	1200
Lead Shot	12	1 1/8 oz.	Titewad	Ched. 209	Windjammer	16	8,100 PSI	1090
Lead Shot	12	1 1/8 oz.	Titewad	Ched. 209	Windjammer	17.2	9,400 PSI	1145
Lead Shot	12	1 1/8 oz.	Titewad	Ched. 209	Windjammer	18.5	10,900 PSI	1200
Lead Shot	12	1 1/8 oz.	Titewad	Fed. 209A	Fed. 12S3	16.3	8,300 PSI	1090
Lead Shot	12	1 1/8 oz.	Titewad	Fed. 209A	Fed. 12S3	17.3	8,900 PSI	1145
Lead Shot	12	1 1/8 oz.	Titewad	Fed. 209A	Fed. 12S3	18.8	10,300 PSI	1200
Lead Shot	12	1 1/8 oz.	Titewad	Fed. 209A	Fio. TL1	15.1	9,500 PSI	1090
Lead Shot	12	1 1/8 oz.	Titewad	Fed. 209A	Fio. TL1	16.6	11,100 PSI	1145
Lead Shot	12	1 1/8 oz.	Titewad	Fed. 209A	Rem. Fig. 8	15.8	8,000 PSI	1090
Lead Shot	12	1 1/8 oz.	Titewad	Fed. 209A	Rem. Fig. 8	16.9	9,600 PSI	1145
Lead Shot	12	1 1/8 oz.	Titewad	Fed. 209A	Rem. Fig. 8	18.1	11,300 PSI	1200
Lead Shot	12	1 1/8 oz.	Titewad	Fed. 209A	WAA12	15.4	8,200 PSI	1090

Lead Shot	12	1 1/8 oz.	Titewad	Fed. 209A	WAA12	16.8	9,800 PSI	1145
Lead Shot	12	1 1/8 oz.	Titewad	Fed. 209A	WAA12	18	11,100 PSI	1200
Lead Shot	12	1 1/8 oz.	Titewad	Fio. 616	Fed. 12S3	15.7	8,400 PSI	1090
Lead Shot	12	1 1/8 oz.	Titewad	Fio. 616	Fed. 12S3	16.9	9,600 PSI	1145
Lead Shot	12	1 1/8 oz.	Titewad	Fio. 616	Fed. 12S3	18.2	10,900 PSI	1200
Lead Shot	12	1 1/8 oz.	Titewad	Fio. 616	Fio. TL1	15	9,500 PSI	1090
Lead Shot	12	1 1/8 oz.	Titewad	Fio. 616	Fio. TL1	16.3	11,200 PSI	1145
Lead Shot	12	1 1/8 oz.	Titewad	Fio. 616	WAA12	15.7	8,300 PSI	1090
Lead Shot	12	1 1/8 oz.	Titewad	Fio. 616	WAA12	16.8	9,500 PSI	1145
Lead Shot	12	1 1/8 oz.	Titewad	Fio. 616	WAA12	18	10,800 PSI	1200
Lead Shot	12	1 1/8 oz.	Titewad	Fio. 617	Fed. 12S3	16.8	7,900 PSI	1090
Lead Shot	12	1 1/8 oz.	Titewad	Fio. 617	Fed. 12S3	18	9,500 PSI	1145
Lead Shot	12	1 1/8 oz.	Titewad	Fio. 617	Fed. 12S3	19.1	11,100 PSI	1200
Lead Shot	12	1 1/8 oz.	Titewad	Fio. 617	Rem. FIG. 8	16.7	7,300 PSI	1090
Lead Shot	12	1 1/8 oz.	Titewad	Fio. 617	Rem. FIG. 8	18.1	8,800 PSI	1145
Lead Shot	12	1 1/8 oz.	Titewad	Fio. 617	Rem. FIG. 8	19.5	10,400 PSI	1200
Lead Shot	12	1 1/8 oz.	Titewad	Fio. 617	WAA12	16.7	7,300 PSI	1090
Lead Shot	12	1 1/8 oz.	Titewad	Fio. 617	WAA12	18	8,900 PSI	1145
Lead Shot	12	1 1/8 oz.	Titewad	Fio. 617	WAA12	19.4	10,700 PSI	1200
Lead Shot	12	1 1/8 oz.	Titewad	Rem. 209P	Fed. 12S3	15.6	8,700 PSI	1090
Lead Shot	12	1 1/8 oz.	Titewad	Rem. 209P	Fed. 12S3	16.6	9,800 PSI	1145
Lead Shot	12	1 1/8 oz.	Titewad	Rem. 209P	Fed. 12S3	17.7	10,900 PSI	1200
Lead Shot	12	1 1/8 oz.	Titewad	Rem. 209P	Fio. TL1	14.8	9,400 PSI	1090
Lead Shot	12	1 1/8 oz.	Titewad	Rem. 209P	Fio. TL1	15.9	10,800 PSI	1145
Lead Shot	12	1 1/8 oz.	Titewad	Rem. 209P	Rem. Fig. 8	16	7,500 PSI	1090
Lead Shot	12	1 1/8 oz.	Titewad	Rem. 209P	Rem. Fig. 8	17	8,600 PSI	1145
Lead Shot	12	1 1/8 oz.	Titewad	Rem. 209P	Rem. Fig. 8	18	9,500 PSI	1200
Lead Shot	12	1 1/8 oz.	Titewad	Rem. 209P	WAA12	15.1	8,200 PSI	1090
Lead Shot	12	1 1/8 oz.	Titewad	Rem. 209P	WAA12	16.3	9,600 PSI	1145
Lead Shot	12	1 1/8 oz.	Titewad	Rem. 209P	WAA12	17.6	11,100 PSI	1200
Lead Shot	12	1 1/8 oz.	Titewad	Rio G-600	Fed. 12S3	16.4	7,900 PSI	1090
Lead Shot	12	1 1/8 oz.	Titewad	Rio G-600	Fed. 12S3	17.8	10,000 PSI	1145
Lead Shot	12	1 1/8 oz.	Titewad	Rio G-600	Fed. 12S3	19.2	11,200 PSI	1200
Lead Shot	12	1 1/8 oz.	Titewad	Rio G-600	Rem. FIG. 8	16.8	7,200 PSI	1090
Lead Shot	12	1 1/8 oz.	Titewad	Rio G-600	Rem. FIG. 8	17.9	9,200 PSI	1145
Lead Shot	12	1 1/8 oz.	Titewad	Rio G-600	Rem. FIG. 8	19	11,300 PSI	1200
Lead Shot	12	1 1/8 oz.	Titewad	Rio G-600	WAA12	16.4	7,500 PSI	1090
Lead Shot	12	1 1/8 oz.	Titewad	Rio G-600	WAA12	17.7	9,000 PSI	1145

Lead Shot	12	1 1/8 oz.	Titewad	Rio G-600	WAA12	19	10,500 PSI	1200
Lead Shot	12	1 1/8 oz.	Titewad	Win. 209	Fed. 12S3	16	7,300 PSI	1090
Lead Shot	12	1 1/8 oz.	Titewad	Win. 209	Fed. 12S3	17.2	9,000 PSI	1145
Lead Shot	12	1 1/8 oz.	Titewad	Win. 209	Fed. 12S3	18.4	10,600 PSI	1200
Lead Shot	12	1 1/8 oz.	Titewad	Win. 209	G/BP 072	15.5	9,300 PSI	1090
Lead Shot	12	1 1/8 oz.	Titewad	Win. 209	G/BP 072	16.7	10,500 PSI	1145
Lead Shot	12	1 1/8 oz.	Titewad	Win. 209	G/BP 072	18	11,300 PSI	1200
Lead Shot	12	1 1/8 oz.	Titewad	Win. 209	Rem. TGT12	15.9	7,500 PSI	1090
Lead Shot	12	1 1/8 oz.	Titewad	Win. 209	Rem. TGT12	17.1	9,100 PSI	1145
Lead Shot	12	1 1/8 oz.	Titewad	Win. 209	Rem. TGT12	18.2	10,600 PSI	1200
Lead Shot	12	1 1/8 oz.	Titewad	Win. 209	WAA12SL	16.5	7,900 PSI	1090
Lead Shot	12	1 1/8 oz.	Titewad	Win. 209	WAA12SL	17.5	9,100 PSI	1145
Lead Shot	12	1 1/8 oz.	Titewad	Win. 209	WAA12SL	18.2	9,800 PSI	1200
Lead Shot	12	1 1/8 oz.	Clays	CCI 209	Fed. 12S3	16.7	7,600 PSI	1090
Lead Shot	12	1 1/8 oz.	Clays	CCI 209	Fed. 12S3	17.8	9,200 PSI	1145
Lead Shot	12	1 1/8 oz.	Clays	CCI 209	Fed. 12S3	19.1	11,100 PSI	1200
Lead Shot	12	1 1/8 oz.	Clays	CCI 209	Hor. Versalite	17.3	6,500 LUP	1090
Lead Shot	12	1 1/8 oz.	Clays	CCI 209	Hor. Versalite	18.5	7,300 LUP	1145
Lead Shot	12	1 1/8 oz.	Clays	CCI 209	Hor. Versalite	19.7	8,100 LUP	1200
Lead Shot	12	1 1/8 oz.	Clays	CCI 209	Red PC	16.8	7,200 PSI	1090
Lead Shot	12	1 1/8 oz.	Clays	CCI 209	Red PC	18	8,500 PSI	1145
Lead Shot	12	1 1/8 oz.	Clays	CCI 209	Red PC	19.2	9,800 PSI	1200
Lead Shot	12	1 1/8 oz.	Clays	CCI 209	Red PC	20.5	11,200 PSI	1255
Lead Shot	12	1 1/8 oz.	Clays	CCI 209	Rem. Fig. 8	16.6	7,000 PSI	1090
Lead Shot	12	1 1/8 oz.	Clays	CCI 209	Rem. Fig. 8	18	8,100 PSI	1145
Lead Shot	12	1 1/8 oz.	Clays	CCI 209	Rem. Fig. 8	19.5	9,400 PSI	1200
Lead Shot	12	1 1/8 oz.	Clays	CCI 209	WAA12	16.5	7,000 PSI	1090
Lead Shot	12	1 1/8 oz.	Clays	CCI 209	WAA12	17.7	8,300 PSI	1145
Lead Shot	12	1 1/8 oz.	Clays	CCI 209	WAA12	19.1	9,900 PSI	1200
Lead Shot	12	1 1/8 oz.	Clays	CCI 209	WAA12	20.5	11,400 PSI	1255
Lead Shot	12	1 1/8 oz.	Clays	CCI 209	Windjammer	17.2	7,000 PSI	1090
Lead Shot	12	1 1/8 oz.	Clays	CCI 209	Windjammer	18.2	7,900 PSI	1145
Lead Shot	12	1 1/8 oz.	Clays	CCI 209	Windjammer	19.6	9,200 PSI	1200
Lead Shot	12	1 1/8 oz.	Clays	CCI 209	Windjammer	20.9	10,500 PSI	1255
Lead Shot	12	1 1/8 oz.	Clays	CCI 209SC	Hor. Versalite	16	7,500 PSI	1090
Lead Shot	12	1 1/8 oz.	Clays	CCI 209SC	Hor. Versalite	17	7,900 PSI	1145

Lead Shot	12	1 1/8 oz.	Clays	CCI 209SC	Hor. Versalite	18.2	10,400 PSI	1200
Lead Shot	12	1 1/8 oz.	Clays	Ched. 209	Fed. 12S3	16.8	8,000 PSI	1090
Lead Shot	12	1 1/8 oz.	Clays	Ched. 209	Fed. 12S3	18	9,500 PSI	1145
Lead Shot	12	1 1/8 oz.	Clays	Ched. 209	Fed. 12S3	19.2	10,900 PSI	1200
Lead Shot	12	1 1/8 oz.	Clays	Ched. 209	Rem. Fig. 8	16.5	7,600 PSI	1090
Lead Shot	12	1 1/8 oz.	Clays	Ched. 209	Rem. Fig. 8	17.9	9,000 PSI	1145
Lead Shot	12	1 1/8 oz.	Clays	Ched. 209	Rem. Fig. 8	19.3	10,500 PSI	1200
Lead Shot	12	1 1/8 oz.	Clays	Ched. 209	Windjammer	16.9	7,000 PSI	1090
Lead Shot	12	1 1/8 oz.	Clays	Ched. 209	Windjammer	18.2	8,400 PSI	1145
Lead Shot	12	1 1/8 oz.	Clays	Ched. 209	Windjammer	19.5	9,900 PSI	1200
Lead Shot	12	1 1/8 oz.	Clays	Ched. 209	Windjammer	20.9	11,400 PSI	1255
Lead Shot	12	1 1/8 oz.	Clays	Fed. 209A	Fed. 12S3	16.8	7,900 PSI	1090
Lead Shot	12	1 1/8 oz.	Clays	Fed. 209A	Fed. 12S3	17.1	8,600 PSI	1145
Lead Shot	12	1 1/8 oz.	Clays	Fed. 209A	Fed. 12S3	19	10,400 PSI	1200
Lead Shot	12	1 1/8 oz.	Clays	Fed. 209A	G/BP Z21	15.9	8,900 PSI	1090
Lead Shot	12	1 1/8 oz.	Clays	Fed. 209A	G/BP Z21	17.1	10,300 PSI	1145
Lead Shot	12	1 1/8 oz.	Clays	Fed. 209A	Red PC	16.2	7,500 PSI	1090
Lead Shot	12	1 1/8 oz.	Clays	Fed. 209A	Red PC	17.6	8,900 PSI	1145
Lead Shot	12	1 1/8 oz.	Clays	Fed. 209A	Red PC	18.9	10,200 PSI	1200
Lead Shot	12	1 1/8 oz.	Clays	Fed. 209A	Rem. Fig. 8	17	7,400 PSI	1090
Lead Shot	12	1 1/8 oz.	Clays	Fed. 209A	Rem. Fig. 8	17.5	7,900 PSI	1145
Lead Shot	12	1 1/8 oz.	Clays	Fed. 209A	Rem. Fig. 8	19	9,600 PSI	1200
Lead Shot	12	1 1/8 oz.	Clays	Fed. 209A	WAA12	16.5	7,700 PSI	1090
Lead Shot	12	1 1/8 oz.	Clays	Fed. 209A	WAA12	17	8,100 PSI	1145
Lead Shot	12	1 1/8 oz.	Clays	Fed. 209A	WAA12	18.5	10,300 PSI	1200
Lead Shot	12	1 1/8 oz.	Clays	Fed. 209A	Windjammer	16.5	7,400 PSI	1090
Lead Shot	12	1 1/8 oz.	Clays	Fed. 209A	Windjammer	17.6	8,700 PSI	1145
Lead Shot	12	1 1/8 oz.	Clays	Fed. 209A	Windjammer	18.8	10,100 PSI	1200
Lead Shot	12	1 1/8 oz.	Clays	Fio. 616	Fed. 12S3	16.2	7,600 PSI	1090
Lead Shot	12	1 1/8 oz.	Clays	Fio. 616	Fed. 12S3	17.3	9,500 PSI	1145
Lead Shot	12	1 1/8 oz.	Clays	Fio. 616	Fio. TL1	16	8,200 PSI	1090
Lead Shot	12	1 1/8 oz.	Clays	Fio. 616	Fio. TL1	17.2	9,500 PSI	1145
Lead Shot	12	1 1/8 oz.	Clays	Fio. 616	Fio. TL1	18.4	10,800 PSI	1200
Lead Shot	12	1 1/8 oz.	Clays	Fio. 616	Rem. Fig. 8	16.4	7,400 PSI	1090
Lead Shot	12	1 1/8 oz.	Clays	Fio. 616	Rem. Fig. 8	17.7	8,800 PSI	1145
Lead Shot	12	1 1/8 oz.	Clays	Fio. 616	Rem. Fig. 8	18.9	10,000 PSI	1200
Lead Shot	12	1 1/8 oz.	Clays	Fio. 616	WAA12	16.3	7,500 PSI	1090

Lead Shot	12	1 1/8 oz.	Clays	Fio. 616	WAA12	17.4	9,100 PSI	1145
Lead Shot	12	1 1/8 oz.	Clays	Fio. 616	WAA12	18.4	10,600 PSI	1200
Lead Shot	12	1 1/8 oz.	Clays	Fio. 617	Fed. 12S3	17	8,100 PSI	1090
Lead Shot	12	1 1/8 oz.	Clays	Fio. 617	Fed. 12S3	18.2	10,400 PSI	1145
Lead Shot	12	1 1/8 oz.	Clays	Fio. 617	Rem. FIG. 8	16.8	6,700 PSI	1090
Lead Shot	12	1 1/8 oz.	Clays	Fio. 617	Rem. FIG. 8	18.3	8,800 PSI	1145
Lead Shot	12	1 1/8 oz.	Clays	Fio. 617	Rem. FIG. 8	19.8	10,900 PSI	1200
Lead Shot	12	1 1/8 oz.	Clays	Fio. 617	WAA12	17	6,600 PSI	1090
Lead Shot	12	1 1/8 oz.	Clays	Fio. 617	WAA12	18.2	8,800 PSI	1145
Lead Shot	12	1 1/8 oz.	Clays	Fio. 617	WAA12	19.5	11,200 PSI	1200
Lead Shot	12	1 1/8 oz.	Clays	Rem. 209P	Fed. 12S3	16.5	7,500 PSI	1090
Lead Shot	12	1 1/8 oz.	Clays	Rem. 209P	Fed. 12S3	17.7	9,400 PSI	1145
Lead Shot	12	1 1/8 oz.	Clays	Rem. 209P	Fed. 12S3	18.8	11,200 PSI	1200
Lead Shot	12	1 1/8 oz.	Clays	Rem. 209P	Red PC	17	7,000 PSI	1090
Lead Shot	12	1 1/8 oz.	Clays	Rem. 209P	Red PC	17.9	7,900 PSI	1145
Lead Shot	12	1 1/8 oz.	Clays	Rem. 209P	Red PC	19.3	9,500 PSI	1200
Lead Shot	12	1 1/8 oz.	Clays	Rem. 209P	Red PC	20.7	11,000 PSI	1255
Lead Shot	12	1 1/8 oz.	Clays	Rem. 209P	Rem. Fig. 8	16.6	7,200 PSI	1090
Lead Shot	12	1 1/8 oz.	Clays	Rem. 209P	Rem. Fig. 8	17.8	8,600 PSI	1145
Lead Shot	12	1 1/8 oz.	Clays	Rem. 209P	Rem. Fig. 8	18.9	9,900 PSI	1200
Lead Shot	12	1 1/8 oz.	Clays	Rem. 209P	Rem. Fig. 8	20.1	11,300 PSI	1255
Lead Shot	12	1 1/8 oz.	Clays	Rem. 209P	WAA12	16.5	7,200 PSI	1090
Lead Shot	12	1 1/8 oz.	Clays	Rem. 209P	WAA12	17.6	8,700 PSI	1145
Lead Shot	12	1 1/8 oz.	Clays	Rem. 209P	WAA12	18.8	10,300 PSI	1200
Lead Shot	12	1 1/8 oz.	Clays	Rem. 209P	Windjammer	17.8	7,900 PSI	1145
Lead Shot	12	1 1/8 oz.	Clays	Rem. 209P	Windjammer	19.1	9,300 PSI	1200
Lead Shot	12	1 1/8 oz.	Clays	Rem. 209P	Windjammer	20.5	10,900 PSI	1255
Lead Shot	12	1 1/8 oz.	Clays	Rio G-600	Fed. 12S3	16.7	7,700 PSI	1090
Lead Shot	12	1 1/8 oz.	Clays	Rio G-600	Fed. 12S3	18.2	10,100 PSI	1145
Lead Shot	12	1 1/8 oz.	Clays	Rio G-600	Rem. FIG. 8	17.1	6,600 PSI	1090
Lead Shot	12	1 1/8 oz.	Clays	Rio G-600	Rem. FIG. 8	18.5	8,600 PSI	1145
Lead Shot	12	1 1/8 oz.	Clays	Rio G-600	Rem. FIG. 8	19.9	10,600 PSI	1200
Lead Shot	12	1 1/8 oz.	Clays	Rio G-600	WAA12	17	6,600 PSI	1090
Lead Shot	12	1 1/8 oz.	Clays	Rio G-600	WAA12	18.3	8,800 PSI	1145
Lead Shot	12	1 1/8 oz.	Clays	Rio G-600	WAA12	19.5	10,800 PSI	1200
Lead Shot	12	1 1/8 oz.	Clays	Win. 209	Fed. 12S3	16.4	7,500 PSI	1090
Lead Shot	12	1 1/8 oz.	Clays	Win. 209	Fed. 12S3	17.7	9,100 PSI	1145
Lead Shot	12	1 1/8 oz.	Clays	Win. 209	Fed. 12S3	19.1	10,700 PSI	1200

Lead Shot	12	1 1/8 oz.	Clays	Win. 209	G/BP Pisk	16.6	8,800 PSI	1090
Lead Shot	12	1 1/8 oz.	Clays	Win. 209	G/BP Pisk	17.7	10,100 PSI	1145
Lead Shot	12	1 1/8 oz.	Clays	Win. 209	G/BP Pisk	18.8	11,300 PSI	1200
Lead Shot	12	1 1/8 oz.	Clays	Win. 209	Hawk	16.4	7,200 PSI	1090
Lead Shot	12	1 1/8 oz.	Clays	Win. 209	Hawk	17.6	8,500 PSI	1145
Lead Shot	12	1 1/8 oz.	Clays	Win. 209	Hawk	18.9	9,900 PSI	1200
Lead Shot	12	1 1/8 oz.	Clays	Win. 209	Red PC	17	7,000 PSI	1090
Lead Shot	12	1 1/8 oz.	Clays	Win. 209	Red PC	18.2	8,300 PSI	1145
Lead Shot	12	1 1/8 oz.	Clays	Win. 209	Red PC	19.4	9,700 PSI	1200
Lead Shot	12	1 1/8 oz.	Clays	Win. 209	Red PC	21	11,300 PSI	1255
Lead Shot	12	1 1/8 oz.	Clays	Win. 209	Rem. Fig. 8	16.7	7,000 PSI	1090
Lead Shot	12	1 1/8 oz.	Clays	Win. 209	Rem. Fig. 8	17.9	8,400 PSI	1145
Lead Shot	12	1 1/8 oz.	Clays	Win. 209	Rem. Fig. 8	19.2	9,900 PSI	1200
Lead Shot	12	1 1/8 oz.	Clays	Win. 209	Rem. Fig. 8	20.5	10,800 PSI	1255
Lead Shot	12	1 1/8 oz.	Clays	Win. 209	Trapper	16.7	7,600 PSI	1090
Lead Shot	12	1 1/8 oz.	Clays	Win. 209	Trapper	17.8	9,000 PSI	1145
Lead Shot	12	1 1/8 oz.	Clays	Win. 209	Trapper	18.8	10,300 PSI	1200
Lead Shot	12	1 1/8 oz.	Clays	Win. 209	WAA12	16.5	7,300 PSI	1090
Lead Shot	12	1 1/8 oz.	Clays	Win. 209	WAA12	17.3	8,300 PSI	1145
Lead Shot	12	1 1/8 oz.	Clays	Win. 209	WAA12	18.6	9,700 PSI	1200
Lead Shot	12	1 1/8 oz.	Clays	Win. 209	WAA12	19.9	11,000 PSI	1255
Lead Shot	12	1 1/8 oz.	Clays	Win. 209	Windjammer	17.3	6,300 LUP	1090
Lead Shot	12	1 1/8 oz.	Clays	Win. 209	Windjammer	18.3	7,200 LUP	1145
Lead Shot	12	1 1/8 oz.	Clays	Win. 209	Windjammer	19.4	8,100 LUP	1200
Lead Shot	12	1 1/8 oz.	700-X	Fed. 209A	CB 2118-12	16	7,900 PSI	1100
Lead Shot	12	1 1/8 oz.	700-X	Fed. 209A	CB 2118-12	17	8,600 PSI	1150
Lead Shot	12	1 1/8 oz.	700-X	Fed. 209A	CB 2118-12	18	9,500 PSI	1200
Lead Shot	12	1 1/8 oz.	700-X	Fed. 209A	CB 2118-12	19.5	10,800 PSI	1250
Lead Shot	12	1 1/8 oz.	700-X	Fed. 209A	Fed. 12S3	16	7,900 PSI	1100
Lead Shot	12	1 1/8 oz.	700-X	Fed. 209A	Fed. 12S3	17	8,600 PSI	1150
Lead Shot	12	1 1/8 oz.	700-X	Fed. 209A	Fed. 12S3	18.5	9,500 PSI	1200
Lead Shot	12	1 1/8 oz.	700-X	Fed. 209A	Fed. 12S3	20	10,400 PSI	1250
Lead Shot	12	1 1/8 oz.	700-X	Fed. 209A	Rem. TGT12	16	7,400 PSI	1100
Lead Shot	12	1 1/8 oz.	700-X	Fed. 209A	Rem. TGT12	17	8,200 PSI	1150
Lead Shot	12	1 1/8 oz.	700-X	Fed. 209A	Rem. TGT12	18	9,100 PSI	1200
Lead Shot	12	1 1/8 oz.	700-X	Fed. 209A	Rem. TGT12	19.5	10,500 PSI	1250
Lead Shot	12	1 1/8 oz.	700-X	Fed. 209A	WAA12SL	16	7,900 PSI	1100
Lead Shot	12	1 1/8 oz.	700-X	Fed. 209A	WAA12SL	17	8,700 PSI	1150

Lead Shot	12	1 1/8 oz.	700-X	Fed. 209A	WAA12SL	18	9,500 PSI	1200
Lead Shot	12	1 1/8 oz.	700-X	Fed. 209A	WAA12SL	19.5	10,600 PSI	1250
Lead Shot	12	1 1/8 oz.	700-X	Fio. 617	Fed. 12S3	16.5	7,500 PSI	1100
Lead Shot	12	1 1/8 oz.	700-X	Fio. 617	Fed. 12S3	17.8	8,700 PSI	1150
Lead Shot	12	1 1/8 oz.	700-X	Fio. 617	Fed. 12S3	19	9,800 PSI	1200
Lead Shot	12	1 1/8 oz.	700-X	Fio. 617	Fed. 12S3	20.3	11,000 PSI	1250
Lead Shot	12	1 1/8 oz.	700-X	Fio. 617	Rem. TGT 12	16.8	7,300 PSI	1100
Lead Shot	12	1 1/8 oz.	700-X	Fio. 617	Rem. TGT 12	17.9	8,100 PSI	1150
Lead Shot	12	1 1/8 oz.	700-X	Fio. 617	Rem. TGT 12	19	8,900 PSI	1200
Lead Shot	12	1 1/8 oz.	700-X	Fio. 617	Rem. TGT 12	20.2	9,800 PSI	1250
Lead Shot	12	1 1/8 oz.	700-X	Fio. 617	WAA12SL	16.5	7,100 PSI	1100
Lead Shot	12	1 1/8 oz.	700-X	Fio. 617	WAA12SL	17.7	8,300 PSI	1150
Lead Shot	12	1 1/8 oz.	700-X	Fio. 617	WAA12SL	18.8	9,300 PSI	1200
Lead Shot	12	1 1/8 oz.	700-X	Fio. 617	WAA12SL	20	10,400 PSI	1250
Lead Shot	12	1 1/8 oz.	700-X	Rem. 209P	CB 2118-12	16	7,200 PSI	1100
Lead Shot	12	1 1/8 oz.	700-X	Rem. 209P	CB 2118-12	17	7,900 PSI	1150
Lead Shot	12	1 1/8 oz.	700-X	Rem. 209P	CB 2118-12	18.5	8,700 PSI	1200
Lead Shot	12	1 1/8 oz.	700-X	Rem. 209P	CB 2118-12	20	9,600 PSI	1250
Lead Shot	12	1 1/8 oz.	700-X	Rem. 209P	Fed. 12S3	16	7,500 PSI	1100
Lead Shot	12	1 1/8 oz.	700-X	Rem. 209P	Fed. 12S3	17.5	8,300 PSI	1150
Lead Shot	12	1 1/8 oz.	700-X	Rem. 209P	Fed. 12S3	18.5	8,900 PSI	1200
Lead Shot	12	1 1/8 oz.	700-X	Rem. 209P	Fed. 12S3	20	9,800 PSI	1250
Lead Shot	12	1 1/8 oz.	700-X	Rem. 209P	Rem. TGT12	16	6,900 PSI	1100
Lead Shot	12	1 1/8 oz.	700-X	Rem. 209P	Rem. TGT12	17.5	7,800 PSI	1150
Lead Shot	12	1 1/8 oz.	700-X	Rem. 209P	Rem. TGT12	18.5	8,500 PSI	1200
Lead Shot	12	1 1/8 oz.	700-X	Rem. 209P	Rem. TGT12	20	9,500 PSI	1250
Lead Shot	12	1 1/8 oz.	700-X	Rem. 209P	WAA12SL	16.5	7,500 PSI	1100
Lead Shot	12	1 1/8 oz.	700-X	Rem. 209P	WAA12SL	17.5	8,200 PSI	1150
Lead Shot	12	1 1/8 oz.	700-X	Rem. 209P	WAA12SL	18.5	8,700 PSI	1200
Lead Shot	12	1 1/8 oz.	700-X	Rem. 209P	WAA12SL	20	9,500 PSI	1250
Lead Shot	12	1 1/8 oz.	700-X	Rio G-600	Fed. 12S3	16.3	7,500 PSI	1100
Lead Shot	12	1 1/8 oz.	700-X	Rio G-600	Fed. 12S3	17.6	8,600 PSI	1150
Lead Shot	12	1 1/8 oz.	700-X	Rio G-600	Fed. 12S3	19	9,800 PSI	1200
Lead Shot	12	1 1/8 oz.	700-X	Rio G-600	Fed. 12S3	20.3	10,900 PSI	1250
Lead Shot	12	1 1/8 oz.	700-X	Rio G-600	Rem. TGT 12	16.2	6,800 PSI	1100
Lead Shot	12	1 1/8 oz.	700-X	Rio G-600	Rem. TGT 12	17.5	7,800 PSI	1150
Lead Shot	12	1 1/8 oz.	700-X	Rio G-600	Rem. TGT 12	18.9	9,000 PSI	1200
Lead Shot	12	1 1/8 oz.	700-X	Rio G-600	Rem. TGT 12	20.2	10,000 PSI	1250

Lead Shot	12	1 1/8 oz.	700-X	Rio G-600	WAA12SL	16.7	6,700 PSI	1100
Lead Shot	12	1 1/8 oz.	700-X	Rio G-600	WAA12SL	17.9	7,900 PSI	1150
Lead Shot	12	1 1/8 oz.	700-X	Rio G-600	WAA12SL	19	9,000 PSI	1200
Lead Shot	12	1 1/8 oz.	700-X	Rio G-600	WAA12SL	20.1	10,000 PSI	1250
Lead Shot	12	1 1/8 oz.	700-X	Win. 209	CB 2118-12	16	7,200 PSI	1100
Lead Shot	12	1 1/8 oz.	700-X	Win. 209	CB 2118-12	17	7,900 PSI	1150
Lead Shot	12	1 1/8 oz.	700-X	Win. 209	CB 2118-12	18.5	9,200 PSI	1200
Lead Shot	12	1 1/8 oz.	700-X	Win. 209	CB 2118-12	19.5	10,000 PSI	1250
Lead Shot	12	1 1/8 oz.	700-X	Win. 209	Fed. 12S3	16	7,800 PSI	1100
Lead Shot	12	1 1/8 oz.	700-X	Win. 209	Fed. 12S3	17	8,500 PSI	1150
Lead Shot	12	1 1/8 oz.	700-X	Win. 209	Fed. 12S3	18	9,400 PSI	1200
Lead Shot	12	1 1/8 oz.	700-X	Win. 209	Fed. 12S3	19.5	10,700 PSI	1250
Lead Shot	12	1 1/8 oz.	700-X	Win. 209	Rem. TGT12	16	6,800 PSI	1100
Lead Shot	12	1 1/8 oz.	700-X	Win. 209	Rem. TGT12	17	7,500 PSI	1150
Lead Shot	12	1 1/8 oz.	700-X	Win. 209	Rem. TGT12	18.5	8,600 PSI	1200
Lead Shot	12	1 1/8 oz.	700-X	Win. 209	Rem. TGT12	20	9,600 PSI	1250
Lead Shot	12	1 1/8 oz.	700-X	Win. 209	WAA12SL	16	7,200 PSI	1100
Lead Shot	12	1 1/8 oz.	700-X	Win. 209	WAA12SL	17	7,900 PSI	1150
Lead Shot	12	1 1/8 oz.	700-X	Win. 209	WAA12SL	18.5	9,100 PSI	1200
Lead Shot	12	1 1/8 oz.	700-X	Win. 209	WAA12SL	19.5	9,900 PSI	1250
Lead Shot	12	1 1/8 oz.	WST	CCI 209	Fed. 12S3	19.5	8,500 PSI	1145
Lead Shot	12	1 1/8 oz.	WST	CCI 209	Fed. 12S3	21	10,300 PSI	1200
Lead Shot	12	1 1/8 oz.	WST	Fio. 617	Fed. 12S3	20.5	7,600 PSI	1145
Lead Shot	12	1 1/8 oz.	WST	Fio. 617	Fed. 12S3	22.1	9,900 PSI	1200
Lead Shot	12	1 1/8 oz.	WST	Fio. 617	Rem. FIG 8	20.6	7,600 PSI	1145
Lead Shot	12	1 1/8 oz.	WST	Fio. 617	Rem. FIG 8	22	9,800 PSI	1200
Lead Shot	12	1 1/8 oz.	WST	Fio. 617	Rem. FIG 8	23.5	10,400 PSI	1255
Lead Shot	12	1 1/8 oz.	WST	Fio. 617	WAA12	20.5	7,500 PSI	1145
Lead Shot	12	1 1/8 oz.	WST	Fio. 617	WAA12	21.9	8,900 PSI	1200
Lead Shot	12	1 1/8 oz.	WST	Fio. 617	WAA12	23.5	10,500 PSI	1255
Lead Shot	12	1 1/8 oz.	WST	Rio G-600	Fed. 12S3	20.3	8,000 PSI	1145
Lead Shot	12	1 1/8 oz.	WST	Rio G-600	Fed. 12S3	21.9	9,600 PSI	1200
Lead Shot	12	1 1/8 oz.	WST	Rio G-600	Fed. 12S3	23.5	11,100 PSI	1255
Lead Shot	12	1 1/8 oz.	WST	Rio G-600	Rem. FIG 8	20.8	7,400 PSI	1145
Lead Shot	12	1 1/8 oz.	WST	Rio G-600	Rem. FIG 8	22.2	8,700 PSI	1200
Lead Shot	12	1 1/8 oz.	WST	Rio G-600	Rem. FIG 8	23.6	10,000 PSI	1255
Lead Shot	12	1 1/8 oz.	WST	Rio G-600	WAA12	20.2	7,500 PSI	1145
Lead Shot	12	1 1/8 oz.	WST	Rio G-600	WAA12	21.7	8,800 PSI	1200

Shot	Gauge	Load	Powder	Primer	Wad	Charge	Pressure	Velocity
Lead Shot	12	1 1/8 oz.	WST	Rio G-600	WAA12	23.5	10,300 PSI	1255
Lead Shot	12	1 1/8 oz.	WST	Win. 209	Fed. 12S3	21	9,500 PSI	1200
Lead Shot	12	1 1/8 oz.	Internat'l	CCI 209	Fed. 12S3	19	8,200 PSI	1145
Lead Shot	12	1 1/8 oz.	Internat'l	CCI 209	Fed. 12S3	20.3	9,500 PSI	1200
Lead Shot	12	1 1/8 oz.	Internat'l	CCI 209	Fed. 12S3	21.5	10,600 PSI	1255
Lead Shot	12	1 1/8 oz.	Internat'l	CCI 209	Hor. Versalite	20.4	6,900 LUP	1145
Lead Shot	12	1 1/8 oz.	Internat'l	CCI 209	Hor. Versalite	22.5	7,300 LUP	1200
Lead Shot	12	1 1/8 oz.	Internat'l	CCI 209	Hor. Versalite	24.2	8,700 LUP	1255
Lead Shot	12	1 1/8 oz.	Internat'l	CCI 209	Rem. Fig. 8	19.6	7,200 PSI	1145
Lead Shot	12	1 1/8 oz.	Internat'l	CCI 209	Rem. Fig. 8	20.7	8,300 PSI	1200
Lead Shot	12	1 1/8 oz.	Internat'l	CCI 209	Rem. Fig. 8	21.9	9,400 PSI	1255
Lead Shot	12	1 1/8 oz.	Internat'l	CCI 209	Rem. Fig. 8	23	10,500 PSI	1310
Lead Shot	12	1 1/8 oz.	Internat'l	CCI 209	WAA12	19	7,200 PSI	1145
Lead Shot	12	1 1/8 oz.	Internat'l	CCI 209	WAA12	20.5	8,500 PSI	1200
Lead Shot	12	1 1/8 oz.	Internat'l	CCI 209	WAA12	21.8	9,600 PSI	1255
Lead Shot	12	1 1/8 oz.	Internat'l	CCI 209	WAA12	23	11,000 PSI	1310
Lead Shot	12	1 1/8 oz.	Internat'l	CCI 209	Windjammer	21.3	7,400 PSI	1200
Lead Shot	12	1 1/8 oz.	Internat'l	CCI 209	Windjammer	22.4	8,900 PSI	1255
Lead Shot	12	1 1/8 oz.	Internat'l	CCI 209	Windjammer	23.4	10,300 PSI	1310
Lead Shot	12	1 1/8 oz.	Internat'l	CCI 209M	Rem. TGT 12	19.5	6,800 LUP	1090
Lead Shot	12	1 1/8 oz.	Internat'l	CCI 209M	Rem. TGT 12	20	7,000 LUP	1145
Lead Shot	12	1 1/8 oz.	Internat'l	CCI 209M	Rem. TGT 12	20.6	7,800 LUP	1200
Lead Shot	12	1 1/8 oz.	Internat'l	CCI 209M	Rem. TGT 12	22.5	8,600 LUP	1255
Lead Shot	12	1 1/8 oz.	Internat'l	CCI 209SC	Hor. Versalite	19	7,300 PSI	1145
Lead Shot	12	1 1/8 oz.	Internat'l	CCI 209SC	Hor. Versalite	20.5	8,100 PSI	1200
Lead Shot	12	1 1/8 oz.	Internat'l	CCI 209SC	Hor. Versalite	21.5	10,300 PSI	1255
Lead Shot	12	1 1/8 oz.	Internat'l	CCI 209SC	Rem. TGT 12	19	6,200 PSI	1090
Lead Shot	12	1 1/8 oz.	Internat'l	CCI 209SC	Rem. TGT 12	19.2	6,900 PSI	1145
Lead Shot	12	1 1/8 oz.	Internat'l	CCI 209SC	Rem. TGT 12	20	7,900 PSI	1200
Lead Shot	12	1 1/8 oz.	Internat'l	CCI 209SC	Rem. TGT 12	21.5	9,500 PSI	1255
Lead Shot	12	1 1/8 oz.	Internat'l	Ched. 209	Fed. 12S3	18.2	7,300 PSI	1090

Lead Shot	12	1 1/8 oz.	Internat'l	Ched. 209	Fed. 12S3	19.4	8,300 PSI	1145
Lead Shot	12	1 1/8 oz.	Internat'l	Ched. 209	Fed. 12S3	20.6	9,400 PSI	1200
Lead Shot	12	1 1/8 oz.	Internat'l	Ched. 209	Fed. 12S3	21.8	10,500 PSI	1255
Lead Shot	12	1 1/8 oz.	Internat'l	Ched. 209	Rem. Fig. 8	17.9	6,800 PSI	1090
Lead Shot	12	1 1/8 oz.	Internat'l	Ched. 209	Rem. Fig. 8	19.3	7,900 PSI	1145
Lead Shot	12	1 1/8 oz.	Internat'l	Ched. 209	Rem. Fig. 8	21	9,300 PSI	1200
Lead Shot	12	1 1/8 oz.	Internat'l	Ched. 209	Rem. Fig. 8	22	10,100 PSI	1255
Lead Shot	12	1 1/8 oz.	Internat'l	Ched. 209	Windjammer	18.3	6,700 PSI	1090
Lead Shot	12	1 1/8 oz.	Internat'l	Ched. 209	Windjammer	19.5	7,800 PSI	1145
Lead Shot	12	1 1/8 oz.	Internat'l	Ched. 209	Windjammer	20.8	9,000 PSI	1200
Lead Shot	12	1 1/8 oz.	Internat'l	Ched. 209	Windjammer	22	10,000 PSI	1255
Lead Shot	12	1 1/8 oz.	Internat'l	Fed. 209A	Fed. 12S3	18.5	7,000 PSI	1090
Lead Shot	12	1 1/8 oz.	Internat'l	Fed. 209A	Fed. 12S3	19	7,200 PSI	1145
Lead Shot	12	1 1/8 oz.	Internat'l	Fed. 209A	Fed. 12S3	20.5	8,800 PSI	1200
Lead Shot	12	1 1/8 oz.	Internat'l	Fed. 209A	Fed. 12S3	22.2	10,600 PSI	1255
Lead Shot	12	1 1/8 oz.	Internat'l	Fed. 209A	Red PC	19	6,300 PSI	1090
Lead Shot	12	1 1/8 oz.	Internat'l	Fed. 209A	Red PC	19.7	6,800 PSI	1145
Lead Shot	12	1 1/8 oz.	Internat'l	Fed. 209A	Red PC	21	8,000 PSI	1200
Lead Shot	12	1 1/8 oz.	Internat'l	Fed. 209A	Red PC	22.3	9,600 PSI	1255
Lead Shot	12	1 1/8 oz.	Internat'l	Fed. 209A	Rem. Fig. 8	18.7	8,300 PSI	1145
Lead Shot	12	1 1/8 oz.	Internat'l	Fed. 209A	Rem. Fig. 8	19.9	9,300 PSI	1200
Lead Shot	12	1 1/8 oz.	Internat'l	Fed. 209A	Rem. Fig. 8	21	10,300 PSI	1255
Lead Shot	12	1 1/8 oz.	Internat'l	Fed. 209A	WAA12	18.4	8,200 PSI	1145
Lead Shot	12	1 1/8 oz.	Internat'l	Fed. 209A	WAA12	19.6	9,500 PSI	1200
Lead Shot	12	1 1/8 oz.	Internat'l	Fed. 209A	WAA12	20.7	10,700 PSI	1255
Lead Shot	12	1 1/8 oz.	Internat'l	Fed. 209A	Windjammer	19	6,200 PSI	1090
Lead Shot	12	1 1/8 oz.	Internat'l	Fed. 209A	Windjammer	19.5	6,500 PSI	1145
Lead Shot	12	1 1/8 oz.	Internat'l	Fed. 209A	Windjammer	20.8	8,000 PSI	1200
Lead Shot	12	1 1/8 oz.	Internat'l	Fed. 209A	Windjammer	22.5	9,200 PSI	1255
Lead Shot	12	1 1/8 oz.	Internat'l	Fio. 616	Fed. 12S3	18.9	8,300 PSI	1145
Lead Shot	12	1 1/8 oz.	Internat'l	Fio. 616	Fed. 12S3	20	9,500 PSI	1200
Lead Shot	12	1 1/8 oz.	Internat'l	Fio. 616	Fed. 12S3	21	10,700 PSI	1255
Lead Shot	12	1 1/8 oz.	Internat'l	Fio. 616	Fio. TL1	19.2	6,800 LUP	1090
Lead Shot	12	1 1/8 oz.	Internat'l	Fio. 616	Fio. TL1	19.7	7,300 LUP	1145
Lead Shot	12	1 1/8 oz.	Internat'l	Fio. 616	Fio. TL1	21.1	8,100 LUP	1200
Lead Shot	12	1 1/8 oz.	Internat'l	Fio. 616	Fio. TL1	22.5	9,200 LUP	1255
Lead Shot	12	1 1/8 oz.	Internat'l	Fio. 616	Red PC	19.2	7,500 PSI	1145
Lead Shot	12	1 1/8 oz.	Internat'l	Fio. 616	Red PC	20.4	8,700 PSI	1200

Lead Shot	12	1 1/8 oz.	Internat'l	Fio. 616	Red PC	21.6	10,000 PSI	1255
Lead Shot	12	1 1/8 oz.	Internat'l	Fio. 616	Red PC	23	11,300 PSI	1310
Lead Shot	12	1 1/8 oz.	Internat'l	Fio. 617	Fed. 12S3	19.7	7,200 PSI	1145
Lead Shot	12	1 1/8 oz.	Internat'l	Fio. 617	Fed. 12S3	21.2	9,200 PSI	1200
Lead Shot	12	1 1/8 oz.	Internat'l	Fio. 617	Fed. 12S3	22.5	10,800 PSI	1255
Lead Shot	12	1 1/8 oz.	Internat'l	Fio. 617	Rem. FIG. 8	19.9	7,000 PSI	1145
Lead Shot	12	1 1/8 oz.	Internat'l	Fio. 617	Rem. FIG. 8	21.2	8,300 PSI	1200
Lead Shot	12	1 1/8 oz.	Internat'l	Fio. 617	Rem. FIG. 8	22.4	9,600 PSI	1255
Lead Shot	12	1 1/8 oz.	Internat'l	Fio. 617	WAA12	19.7	6,900 PSI	1145
Lead Shot	12	1 1/8 oz.	Internat'l	Fio. 617	WAA12	20.9	8,000 PSI	1200
Lead Shot	12	1 1/8 oz.	Internat'l	Fio. 617	WAA12	22.3	9,200 PSI	1255
Lead Shot	12	1 1/8 oz.	Internat'l	Rem. 209P	Fed. 12S3	19.1	8,200 PSI	1145
Lead Shot	12	1 1/8 oz.	Internat'l	Rem. 209P	Fed. 12S3	20.2	9,500 PSI	1200
Lead Shot	12	1 1/8 oz.	Internat'l	Rem. 209P	Fed. 12S3	21.3	10,700 PSI	1255
Lead Shot	12	1 1/8 oz.	Internat'l	Rem. 209P	G/BP CS12	18.8	8,100 PSI	1145
Lead Shot	12	1 1/8 oz.	Internat'l	Rem. 209P	G/BP CS12	20	9,100 PSI	1200
Lead Shot	12	1 1/8 oz.	Internat'l	Rem. 209P	G/BP CS12	21.2	10,500 PSI	1255
Lead Shot	12	1 1/8 oz.	Internat'l	Rem. 209P	Red PC	19.5	7,200 PSI	1145
Lead Shot	12	1 1/8 oz.	Internat'l	Rem. 209P	Red PC	20.7	8,300 PSI	1200
Lead Shot	12	1 1/8 oz.	Internat'l	Rem. 209P	Red PC	21.9	9,400 PSI	1255
Lead Shot	12	1 1/8 oz.	Internat'l	Rem. 209P	Red PC	23.1	10,600 PSI	1310
Lead Shot	12	1 1/8 oz.	Internat'l	Rem. 209P	Rem. Fig. 8	19.2	7,000 PSI	1145
Lead Shot	12	1 1/8 oz.	Internat'l	Rem. 209P	Rem. Fig. 8	20.4	8,300 PSI	1200
Lead Shot	12	1 1/8 oz.	Internat'l	Rem. 209P	Rem. Fig. 8	21.6	9,700 PSI	1255
Lead Shot	12	1 1/8 oz.	Internat'l	Rem. 209P	Rem. Fig. 8	23	10,900 PSI	1310
Lead Shot	12	1 1/8 oz.	Internat'l	Rem. 209P	WAA12	19.1	7,600 PSI	1145
Lead Shot	12	1 1/8 oz.	Internat'l	Rem. 209P	WAA12	20.2	8,600 PSI	1200
Lead Shot	12	1 1/8 oz.	Internat'l	Rem. 209P	WAA12	21.4	9,800 PSI	1255
Lead Shot	12	1 1/8 oz.	Internat'l	Rem. 209P	WAA12	22.5	10,800 PSI	1310
Lead Shot	12	1 1/8 oz.	Internat'l	Rem. 209P	Windjammer	19.3	7,200 PSI	1145
Lead Shot	12	1 1/8 oz.	Internat'l	Rem. 209P	Windjammer	20.5	8,200 PSI	1200
Lead Shot	12	1 1/8 oz.	Internat'l	Rem. 209P	Windjammer	21.7	9,300 PSI	1255
Lead Shot	12	1 1/8 oz.	Internat'l	Rem. 209P	Windjammer	22.9	10,300 PSI	1310
Lead Shot	12	1 1/8 oz.	Internat'l	Rio G-600	Fed. 12S3	20	7,300 PSI	1145
Lead Shot	12	1 1/8 oz.	Internat'l	Rio G-600	Fed. 12S3	21.2	8,600 PSI	1200
Lead Shot	12	1 1/8 oz.	Internat'l	Rio G-600	Fed. 12S3	22.3	9,800 PSI	1255
Lead Shot	12	1 1/8 oz.	Internat'l	Rio G-600	Rem. FIG. 8	20.1	6,900 PSI	1145
Lead Shot	12	1 1/8 oz.	Internat'l	Rio G-600	Rem. FIG. 8	21.4	8,200 PSI	1200

Lead Shot	12	1 1/8 oz.	Internat'l	Rio G-600	Rem. FIG. 8	22.6	9,300 PSI	1255
Lead Shot	12	1 1/8 oz.	Internat'l	Rio G-600	WAA12	19.8	6,900 PSI	1145
Lead Shot	12	1 1/8 oz.	Internat'l	Rio G-600	WAA12	21	7,900 PSI	1200
Lead Shot	12	1 1/8 oz.	Internat'l	Rio G-600	WAA12	22.3	9,000 PSI	1255
Lead Shot	12	1 1/8 oz.	Internat'l	Win. 209	Fed. 12S3	19	8,000 PSI	1145
Lead Shot	12	1 1/8 oz.	Internat'l	Win. 209	Fed. 12S3	20.2	9,200 PSI	1200
Lead Shot	12	1 1/8 oz.	Internat'l	Win. 209	Fed. 12S3	21.3	10,300 PSI	1255
Lead Shot	12	1 1/8 oz.	Internat'l	Win. 209	Hawk	19.4	7,400 PSI	1145
Lead Shot	12	1 1/8 oz.	Internat'l	Win. 209	Hawk	20.7	8,500 PSI	1200
Lead Shot	12	1 1/8 oz.	Internat'l	Win. 209	Hawk	22	9,600 PSI	1255
Lead Shot	12	1 1/8 oz.	Internat'l	Win. 209	Hawk	23	11,000 PSI	1310
Lead Shot	12	1 1/8 oz.	Internat'l	Win. 209	Red PC	19.8	7,300 PSI	1145
Lead Shot	12	1 1/8 oz.	Internat'l	Win. 209	Red PC	21.1	8,300 PSI	1200
Lead Shot	12	1 1/8 oz.	Internat'l	Win. 209	Red PC	22.5	9,300 PSI	1255
Lead Shot	12	1 1/8 oz.	Internat'l	Win. 209	Red PC	23.8	10,300 PSI	1310
Lead Shot	12	1 1/8 oz.	Internat'l	Win. 209	Rem. Fig. 8	19	7,300 PSI	1145
Lead Shot	12	1 1/8 oz.	Internat'l	Win. 209	Rem. Fig. 8	20.4	8,500 PSI	1200
Lead Shot	12	1 1/8 oz.	Internat'l	Win. 209	Rem. Fig. 8	21.9	9,800 PSI	1255
Lead Shot	12	1 1/8 oz.	Internat'l	Win. 209	Rem. Fig. 8	23	11,200 PSI	1310
Lead Shot	12	1 1/8 oz.	Internat'l	Win. 209	Trapper	19.4	8,000 PSI	1145
Lead Shot	12	1 1/8 oz.	Internat'l	Win. 209	Trapper	20.6	9,200 PSI	1200
Lead Shot	12	1 1/8 oz.	Internat'l	Win. 209	Trapper	21.7	10,300 PSI	1255
Lead Shot	12	1 1/8 oz.	Internat'l	Win. 209	WAA12SL	19.1	6,600 LUP	1090
Lead Shot	12	1 1/8 oz.	Internat'l	Win. 209	WAA12SL	20.1	7,100 LUP	1145
Lead Shot	12	1 1/8 oz.	Internat'l	Win. 209	WAA12SL	21	7,500 LUP	1200
Lead Shot	12	1 1/8 oz.	Internat'l	Win. 209	WAA12SL	22.4	8,900 LUP	1255
Lead Shot	12	1 1/8 oz.	Internat'l	Win. 209	Windjammer	19.5	7,000 PSI	1145
Lead Shot	12	1 1/8 oz.	Internat'l	Win. 209	Windjammer	20.8	8,000 PSI	1200
Lead Shot	12	1 1/8 oz.	Internat'l	Win. 209	Windjammer	22.2	9,000 PSI	1255
Lead Shot	12	1 1/8 oz.	Internat'l	Win. 209	Windjammer	23.6	10,000 PSI	1310
Lead Shot	12	1 1/8 oz.	Super Hcp	Ched. 209	Fed. 12SO	19.4	6,400 PSI	1145
Lead Shot	12	1 1/8 oz.	Super Hcp	Ched. 209	Fed. 12SO	20.9	7,800 PSI	1200
Lead Shot	12	1 1/8 oz.	Super Hcp	Ched. 209	Fed. 12SO	23.4	10,200 PSI	1255
Lead Shot	12	1 1/8 oz.	Super Hcp	Ched. 209	Fed. 12SO	23.8	10,600 PSI	1310

Lead Shot	12	1 1/8 oz.	Super Hcp	Ched. 209	Rem. TGT12	20.5	7,000 PSI	1200
Lead Shot	12	1 1/8 oz.	Super Hcp	Ched. 209	Rem. TGT12	22	8,100 PSI	1255
Lead Shot	12	1 1/8 oz.	Super Hcp	Ched. 209	Rem. TGT12	23.5	9,200 PSI	1310
Lead Shot	12	1 1/8 oz.	Super Hcp	Ched. 209	WAA12SL	21.1	6,900 PSI	1200
Lead Shot	12	1 1/8 oz.	Super Hcp	Ched. 209	WAA12SL	22.3	8,200 PSI	1255
Lead Shot	12	1 1/8 oz.	Super Hcp	Ched. 209	WAA12SL	23.6	9,700 PSI	1310
Lead Shot	12	1 1/8 oz.	Super Hcp	Fed. 209A	Fed. 12SO	18.8	6,600 PSI	1145
Lead Shot	12	1 1/8 oz.	Super Hcp	Fed. 209A	Fed. 12SO	20.5	7,800 PSI	1200
Lead Shot	12	1 1/8 oz.	Super Hcp	Fed. 209A	Fed. 12SO	21.3	8,400 PSI	1225
Lead Shot	12	1 1/8 oz.	Super Hcp	Fed. 209A	Fed. 12SO	23.9	10,400 PSI	1310
Lead Shot	12	1 1/8 oz.	Super Hcp	Fed. 209A	J-XL-1	20.7	7,500 PSI	1200
Lead Shot	12	1 1/8 oz.	Super Hcp	Fed. 209A	J-XL-1	22.3	8,600 PSI	1255
Lead Shot	12	1 1/8 oz.	Super Hcp	Fed. 209A	J-XL-1	24	9,800 PSI	1310
Lead Shot	12	1 1/8 oz.	Super Hcp	Fed. 209A	Rem. TGT12	21	7,400 PSI	1200
Lead Shot	12	1 1/8 oz.	Super Hcp	Fed. 209A	Rem. TGT12	22.2	8,500 PSI	1255
Lead Shot	12	1 1/8 oz.	Super Hcp	Fed. 209A	Rem. TGT12	23.8	10,000 PSI	1310
Lead Shot	12	1 1/8 oz.	Super Hcp	Fed. 209A	WAA12SL	19	6,600 PSI	1145
Lead Shot	12	1 1/8 oz.	Super Hcp	Fed. 209A	WAA12SL	20.5	7,800 PSI	1200
Lead Shot	12	1 1/8 oz.	Super Hcp	Fed. 209A	WAA12SL	22	8,900 PSI	1255

Lead Shot	12	1 1/8 oz.	Super Hcp	Fed. 209A	WAA12SL	23.6	10,200 PSI	1310
Lead Shot	12	1 1/8 oz.	Super Hcp	Fio. 617	Fed. 12SO	21.2	7,700 PSI	1200
Lead Shot	12	1 1/8 oz.	Super Hcp	Fio. 617	Fed. 12SO	23	9,400 PSI	1255
Lead Shot	12	1 1/8 oz.	Super Hcp	Fio. 617	Fed. 12SO	24	10,400 PSI	1310
Lead Shot	12	1 1/8 oz.	Super Hcp	Fio. 617	Rem. TGT 12	21	7,600 PSI	1200
Lead Shot	12	1 1/8 oz.	Super Hcp	Fio. 617	Rem. TGT 12	22.2	8,700 PSI	1255
Lead Shot	12	1 1/8 oz.	Super Hcp	Fio. 617	Rem. TGT 12	23.4	9,900 PSI	1310
Lead Shot	12	1 1/8 oz.	Super Hcp	Fio. 617	WAA12SL	21.1	7,300 PSI	1200
Lead Shot	12	1 1/8 oz.	Super Hcp	Fio. 617	WAA12SL	22.5	8,400 PSI	1255
Lead Shot	12	1 1/8 oz.	Super Hcp	Fio. 617	WAA12SL	23.9	9,400 PSI	1310
Lead Shot	12	1 1/8 oz.	Super Hcp	Rem. 209P	Fed. 12SO	19.9	6,100 PSI	1145
Lead Shot	12	1 1/8 oz.	Super Hcp	Rem. 209P	Fed. 12SO	21.3	7,700 PSI	1200
Lead Shot	12	1 1/8 oz.	Super Hcp	Rem. 209P	Fed. 12SO	22.7	9,000 PSI	1255
Lead Shot	12	1 1/8 oz.	Super Hcp	Rem. 209P	Fed. 12SO	24.1	10,400 PSI	1310
Lead Shot	12	1 1/8 oz.	Super Hcp	Rem. 209P	J-XL-1	21.6	7,000 PSI	1200
Lead Shot	12	1 1/8 oz.	Super Hcp	Rem. 209P	J-XL-1	22.8	8,200 PSI	1255
Lead Shot	12	1 1/8 oz.	Super Hcp	Rem. 209P	J-XL-1	24.2	9,500 PSI	1310
Lead Shot	12	1 1/8 oz.	Super Hcp	Rem. 209P	Rem. TGT12	21.2	6,900 PSI	1200
Lead Shot	12	1 1/8 oz.	Super Hcp	Rem. 209P	Rem. TGT12	22.7	8,200 PSI	1255

Lead Shot	12	1 1/8 oz.	Super Hcp	Rem. 209P	Rem. TGT12	24.1	9,500 PSI	1310
Lead Shot	12	1 1/8 oz.	Super Hcp	Rem. 209P	WAA12SL	19.6	5,800 PSI	1145
Lead Shot	12	1 1/8 oz.	Super Hcp	Rem. 209P	WAA12SL	21.2	7,000 PSI	1200
Lead Shot	12	1 1/8 oz.	Super Hcp	Rem. 209P	WAA12SL	22.8	8,200 PSI	1255
Lead Shot	12	1 1/8 oz.	Super Hcp	Rem. 209P	WAA12SL	24.4	9,400 PSI	1310
Lead Shot	12	1 1/8 oz.	Super Hcp	Rio G-600	Fed. 12SO	21.3	7,800 PSI	1200
Lead Shot	12	1 1/8 oz.	Super Hcp	Rio G-600	Fed. 12SO	22.6	9,000 PSI	1255
Lead Shot	12	1 1/8 oz.	Super Hcp	Rio G-600	Fed. 12SO	23.9	10,300 PSI	1310
Lead Shot	12	1 1/8 oz.	Super Hcp	Rio G-600	Rem. TGT 12	21	7,300 PSI	1200
Lead Shot	12	1 1/8 oz.	Super Hcp	Rio G-600	Rem. TGT 12	22.3	8,400 PSI	1255
Lead Shot	12	1 1/8 oz.	Super Hcp	Rio G-600	Rem. TGT 12	23.6	9,400 PSI	1310
Lead Shot	12	1 1/8 oz.	Super Hcp	Rio G-600	WAA12SL	21.2	7,200 PSI	1255
Lead Shot	12	1 1/8 oz.	Super Hcp	Rio G-600	WAA12SL	22.5	8,200 PSI	1255
Lead Shot	12	1 1/8 oz.	Super Hcp	Rio G-600	WAA12SL	23.8	9,200 PSI	1310
Lead Shot	12	1 1/8 oz.	Super Hcp	Rio G-600	WAA12SL	24.2	9,300 PSI	1310
Lead Shot	12	1 1/8 oz.	Super Hcp	Win. 209	Fed. 12SO	20.5	5,700 PSI	1145
Lead Shot	12	1 1/8 oz.	Super Hcp	Win. 209	Fed. 12SO	21.9	7,200 PSI	1200
Lead Shot	12	1 1/8 oz.	Super Hcp	Win. 209	Fed. 12SO	23.3	8,700 PSI	1255
Lead Shot	12	1 1/8 oz.	Super Hcp	Win. 209	Fed. 12SO	24.6	10,100 PSI	1310

Lead Shot	12	1 1/8 oz.	Super Hcp	Win. 209	Rem. TGT12	21.6	7,100 PSI	1200
Lead Shot	12	1 1/8 oz.	Super Hcp	Win. 209	Rem. TGT12	23	8,100 PSI	1255
Lead Shot	12	1 1/8 oz.	Super Hcp	Win. 209	Rem. TGT12	24.5	9,400 PSI	1310
Lead Shot	12	1 1/8 oz.	Super Hcp	Win. 209	WAA12SL	19.7	5,800 PSI	1145
Lead Shot	12	1 1/8 oz.	Super Hcp	Win. 209	WAA12SL	21.4	7,100 PSI	1200
Lead Shot	12	1 1/8 oz.	Super Hcp	Win. 209	WAA12SL	23	8,300 PSI	1255
Lead Shot	12	1 1/8 oz.	Super Hcp	Win. 209	WAA12SL	24.6	9,500 PSI	1310
Lead Shot	12	1 1/8 oz.	PB	Fed. 209A	CB 1118-12	20	6,000 PSI	1100
Lead Shot	12	1 1/8 oz.	PB	Fed. 209A	CB 1118-12	21	6,400 PSI	1150
Lead Shot	12	1 1/8 oz.	PB	Fed. 209A	CB 1118-12	22.5	7,100 PSI	1200
Lead Shot	12	1 1/8 oz.	PB	Fed. 209A	CB 1118-12	24	8,000 PSI	1250
Lead Shot	12	1 1/8 oz.	PB	Fed. 209A	Fed. 12S3	19.5	6,600 PSI	1100
Lead Shot	12	1 1/8 oz.	PB	Fed. 209A	Fed. 12S3	21	7,100 PSI	1150
Lead Shot	12	1 1/8 oz.	PB	Fed. 209A	Fed. 12S3	22.5	7,600 PSI	1200
Lead Shot	12	1 1/8 oz.	PB	Fed. 209A	Fed. 12S3	24	8,700 PSI	1250
Lead Shot	12	1 1/8 oz.	PB	Fed. 209A	Rem. FIG. 8	20	6,000 PSI	1100
Lead Shot	12	1 1/8 oz.	PB	Fed. 209A	Rem. FIG. 8	21.5	6,600 PSI	1150
Lead Shot	12	1 1/8 oz.	PB	Fed. 209A	Rem. FIG. 8	23	7,300 PSI	1200
Lead Shot	12	1 1/8 oz.	PB	Fed. 209A	Rem. FIG. 8	24.5	8,000 PSI	1250
Lead Shot	12	1 1/8 oz.	PB	Fed. 209A	WAA12	19.5	6,100 PSI	1100
Lead Shot	12	1 1/8 oz.	PB	Fed. 209A	WAA12	21	7,000 PSI	1150
Lead Shot	12	1 1/8 oz.	PB	Fed. 209A	WAA12	22.5	7,900 PSI	1200
Lead Shot	12	1 1/8 oz.	PB	Fed. 209A	WAA12	24	8,800 PSI	1250
Lead Shot	12	1 1/8 oz.	PB	Fed. 209A	Windjammer	20.5	5,900 PSI	1100
Lead Shot	12	1 1/8 oz.	PB	Fed. 209A	Windjammer	21.5	6,400 PSI	1150
Lead Shot	12	1 1/8 oz.	PB	Fed. 209A	Windjammer	23	7,200 PSI	1200
Lead Shot	12	1 1/8 oz.	PB	Fed. 209A	Windjammer	24	7,800 PSI	1250
Lead Shot	12	1 1/8 oz.	PB	Fio. 617	Fed. 12S4	21.4	6,500 PSI	1100
Lead Shot	12	1 1/8 oz.	PB	Fio. 617	Fed. 12S4	22.6	7,300 PSI	1150
Lead Shot	12	1 1/8 oz.	PB	Fio. 617	Fed. 12S4	23.7	8,100 PSI	1200
Lead Shot	12	1 1/8 oz.	PB	Fio. 617	Fed. 12S4	25	9,000 PSI	1250

Lead Shot	12	1 1/8 oz.	PB	Fio. 617	Rem. FIG 8	22.3	5,800 PSI	1100
Lead Shot	12	1 1/8 oz.	PB	Fio. 617	Rem. FIG 8	23.4	6,600 PSI	1150
Lead Shot	12	1 1/8 oz.	PB	Fio. 617	Rem. FIG 8	24.5	7,400 PSI	1200
Lead Shot	12	1 1/8 oz.	PB	Fio. 617	Rem. FIG 8	25.6	8,200 PSI	1250
Lead Shot	12	1 1/8 oz.	PB	Fio. 617	WAA12	21.5	5,600 PSI	1100
Lead Shot	12	1 1/8 oz.	PB	Fio. 617	WAA12	22.8	6,400 PSI	1150
Lead Shot	12	1 1/8 oz.	PB	Fio. 617	WAA12	24.2	7,200 PSI	1200
Lead Shot	12	1 1/8 oz.	PB	Fio. 617	WAA12	25.5	8,000 PSI	1250
Lead Shot	12	1 1/8 oz.	PB	Rem. 209P	CB 1118-12	21	5,800 PSI	1100
Lead Shot	12	1 1/8 oz.	PB	Rem. 209P	CB 1118-12	22.5	6,300 PSI	1150
Lead Shot	12	1 1/8 oz.	PB	Rem. 209P	CB 1118-12	23.5	7,000 PSI	1200
Lead Shot	12	1 1/8 oz.	PB	Rem. 209P	CB 1118-12	25	8,000 PSI	1250
Lead Shot	12	1 1/8 oz.	PB	Rem. 209P	Fed. 12S3	20.5	6,000 PSI	1100
Lead Shot	12	1 1/8 oz.	PB	Rem. 209P	Fed. 12S3	22	6,500 PSI	1150
Lead Shot	12	1 1/8 oz.	PB	Rem. 209P	Fed. 12S3	23	7,000 PSI	1200
Lead Shot	12	1 1/8 oz.	PB	Rem. 209P	Fed. 12S3	25	8,400 PSI	1250
Lead Shot	12	1 1/8 oz.	PB	Rem. 209P	Rem. FIG. 8	21	5,500 PSI	1100
Lead Shot	12	1 1/8 oz.	PB	Rem. 209P	Rem. FIG. 8	22.5	6,100 PSI	1150
Lead Shot	12	1 1/8 oz.	PB	Rem. 209P	Rem. FIG. 8	23.5	6,600 PSI	1200
Lead Shot	12	1 1/8 oz.	PB	Rem. 209P	Rem. FIG. 8	25	7,500 PSI	1250
Lead Shot	12	1 1/8 oz.	PB	Rem. 209P	WAA12SL	20.5	5,700 PSI	1100
Lead Shot	12	1 1/8 oz.	PB	Rem. 209P	WAA12SL	21.5	6,400 PSI	1150
Lead Shot	12	1 1/8 oz.	PB	Rem. 209P	WAA12SL	23	7,300 PSI	1200
Lead Shot	12	1 1/8 oz.	PB	Rem. 209P	WAA12SL	25	8,000 PSI	1250
Lead Shot	12	1 1/8 oz.	PB	Rem. 209P	Windjammer	21	5,000 PSI	1100
Lead Shot	12	1 1/8 oz.	PB	Rem. 209P	Windjammer	22.5	5,900 PSI	1150
Lead Shot	12	1 1/8 oz.	PB	Rem. 209P	Windjammer	24	6,400 PSI	1200
Lead Shot	12	1 1/8 oz.	PB	Rem. 209P	Windjammer	25.5	6,900 PSI	1250
Lead Shot	12	1 1/8 oz.	PB	Rio G-600	Fed. 12S4	21.1	6,600 PSI	1100
Lead Shot	12	1 1/8 oz.	PB	Rio G-600	Fed. 12S4	22.4	7,400 PSI	1150
Lead Shot	12	1 1/8 oz.	PB	Rio G-600	Fed. 12S4	23.7	8,200 PSI	1200
Lead Shot	12	1 1/8 oz.	PB	Rio G-600	Fed. 12S4	25	9,000 PSI	1250
Lead Shot	12	1 1/8 oz.	PB	Rio G-600	Rem. FIG 8	22	5,800 PSI	1100
Lead Shot	12	1 1/8 oz.	PB	Rio G-600	Rem. FIG 8	23.2	6,400 PSI	1150
Lead Shot	12	1 1/8 oz.	PB	Rio G-600	Rem. FIG 8	24.6	7,100 PSI	1200
Lead Shot	12	1 1/8 oz.	PB	Rio G-600	Rem. FIG 8	26.1	7,900 PSI	1250
Lead Shot	12	1 1/8 oz.	PB	Rio G-600	WAA12	21.8	5,600 PSI	1100
Lead Shot	12	1 1/8 oz.	PB	Rio G-600	WAA12	23	6,500 PSI	1150

Lead Shot	12	1 1/8 oz.	Rio G-600	PB	WAA12	24.3	7,400 PSI	1200
Lead Shot	12	1 1/8 oz.	Rio G-600	PB	WAA12	25.5	8,300 PSI	1250
Lead Shot	12	1 1/8 oz.	Win. 209	PB	CB 1118-12	20.5	5,800 PSI	1100
Lead Shot	12	1 1/8 oz.	Win. 209	PB	CB 1118-12	22	6,400 PSI	1150
Lead Shot	12	1 1/8 oz.	Win. 209	PB	CB 1118-12	23.5	7,000 PSI	1200
Lead Shot	12	1 1/8 oz.	Win. 209	PB	CB 1118-12	25	7,600 PSI	1250
Lead Shot	12	1 1/8 oz.	Win. 209	PB	Fed. 1253	20.5	6,100 PSI	1100
Lead Shot	12	1 1/8 oz.	Win. 209	PB	Fed. 1253	22	7,000 PSI	1150
Lead Shot	12	1 1/8 oz.	Win. 209	PB	Fed. 1253	23	7,600 PSI	1200
Lead Shot	12	1 1/8 oz.	Win. 209	PB	Fed. 1253	24.5	8,400 PSI	1250
Lead Shot	12	1 1/8 oz.	Win. 209	PB	Rem. FIG. 8	21	5,900 PSI	1100
Lead Shot	12	1 1/8 oz.	Win. 209	PB	Rem. FIG. 8	22	6,300 PSI	1150
Lead Shot	12	1 1/8 oz.	Win. 209	PB	Rem. FIG. 8	23.5	7,000 PSI	1200
Lead Shot	12	1 1/8 oz.	Win. 209	PB	Rem. FIG. 8	25	7,800 PSI	1250
Lead Shot	12	1 1/8 oz.	Win. 209	PB	WAA12SL	21	6,000 PSI	1100
Lead Shot	12	1 1/8 oz.	Win. 209	PB	WAA12SL	22	6,600 PSI	1150
Lead Shot	12	1 1/8 oz.	Win. 209	PB	WAA12SL	23.5	7,500 PSI	1200
Lead Shot	12	1 1/8 oz.	Win. 209	PB	WAA12SL	25	8,200 PSI	1250
Lead Shot	12	1 1/8 oz.	Win. 209	PB	Windjammer	21	5,500 PSI	1100
Lead Shot	12	1 1/8 oz.	Win. 209	PB	Windjammer	22	6,000 PSI	1150
Lead Shot	12	1 1/8 oz.	Win. 209	PB	Windjammer	23.5	7,000 PSI	1200
Lead Shot	12	1 1/8 oz.	Win. 209	PB	Windjammer	24.5	7,700 PSI	1250
Lead Shot	12	1 1/8 oz.	Fed. 209A	SR 7625	CB 2118-12	22	5,700 PSI	1100
Lead Shot	12	1 1/8 oz.	Fed. 209A	SR 7625	CB 2118-12	23.5	6,400 PSI	1150
Lead Shot	12	1 1/8 oz.	Fed. 209A	SR 7625	CB 2118-12	24.5	6,800 PSI	1200
Lead Shot	12	1 1/8 oz.	Fed. 209A	SR 7625	CB 2118-12	26	7,700 PSI	1250
Lead Shot	12	1 1/8 oz.	Fed. 209A	SR 7625	Fed. 1253	22	5,600 PSI	1100
Lead Shot	12	1 1/8 oz.	Fed. 209A	SR 7625	Fed. 1253	23.5	6,400 PSI	1150
Lead Shot	12	1 1/8 oz.	Fed. 209A	SR 7625	Fed. 1253	24.5	6,900 PSI	1200
Lead Shot	12	1 1/8 oz.	Fed. 209A	SR 7625	Fed. 1253	26.5	7,700 PSI	1250
Lead Shot	12	1 1/8 oz.	Fed. 209A	SR 7625	Rem. FIG. 8	22.5	5,300 PSI	1100
Lead Shot	12	1 1/8 oz.	Fed. 209A	SR 7625	Rem. FIG. 8	24	5,700 PSI	1150
Lead Shot	12	1 1/8 oz.	Fed. 209A	SR 7625	Rem. FIG. 8	25.5	6,600 PSI	1200
Lead Shot	12	1 1/8 oz.	Fed. 209A	SR 7625	Rem. FIG. 8	26.5	7,100 PSI	1250
Lead Shot	12	1 1/8 oz.	Fed. 209A	SR 7625	WAA12	21.5	6,100 PSI	1100
Lead Shot	12	1 1/8 oz.	Fed. 209A	SR 7625	WAA12	23	6,700 PSI	1150
Lead Shot	12	1 1/8 oz.	Fed. 209A	SR 7625	WAA12	24.5	7,400 PSI	1200
Lead Shot	12	1 1/8 oz.	Fed. 209A	SR 7625	WAA12	26	8,200 PSI	1250

Shot	Gauge	Load	Powder	Primer	Wad	Charge	Pressure	Velocity
Lead Shot	12	1 1/8 oz.	SR 7625	Fed. 209A	Windjammer	23	5,100 PSI	1100
Lead Shot	12	1 1/8 oz.	SR 7625	Fed. 209A	Windjammer	24	5,600 PSI	1150
Lead Shot	12	1 1/8 oz.	SR 7625	Fed. 209A	Windjammer	25.5	6,400 PSI	1200
Lead Shot	12	1 1/8 oz.	SR 7625	Fed. 209A	Windjammer	27	7,400 PSI	1250
Lead Shot	12	1 1/8 oz.	SR 7625	Rem. 209P	CB 2118-12	22.5	5,300 PSI	1100
Lead Shot	12	1 1/8 oz.	SR 7625	Rem. 209P	CB 2118-12	24.5	5,900 PSI	1150
Lead Shot	12	1 1/8 oz.	SR 7625	Rem. 209P	CB 2118-12	26	6,600 PSI	1200
Lead Shot	12	1 1/8 oz.	SR 7625	Rem. 209P	CB 2118-12	27	7,300 PSI	1250
Lead Shot	12	1 1/8 oz.	SR 7625	Rem. 209P	Fed. 12S3	23	5,200 PSI	1100
Lead Shot	12.	1 1/8 oz.	SR 7625	Rem. 209P	Fed. 12S3	24.5	6,000 PSI	1150
Lead Shot	12	1 1/8 oz.	SR 7625	Rem. 209P	Fed. 12S3	25.5	6,400 PSI	1200
Lead Shot	12	1 1/8 oz.	SR 7625	Rem. 209P	Fed. 12S3	27	7,400 PSI	1250
Lead Shot	12	1 1/8 oz.	SR 7625	Rem. 209P	Rem. FIG. 8	24	5,000 PSI	1100
Lead Shot	12	1 1/8 oz.	SR 7625	Rem. 209P	Rem. FIG. 8	25.5	5,700 PSI	1150
Lead Shot	12	1 1/8 oz.	SR 7625	Rem. 209P	Rem. FIG. 8	27	6,000 PSI	1200
Lead Shot	12	1 1/8 oz.	SR 7625	Rem. 209P	Rem. FIG. 8	28.5	6,300 PSI	1250
Lead Shot	12	1 1/8 oz.	SR 7625	Rem. 209P	WAA12	22	5,600 PSI	1100
Lead Shot	12	1 1/8 oz.	SR 7625	Rem. 209P	WAA12	23.5	6,000 PSI	1150
Lead Shot	12	1 1/8 oz.	SR 7625	Rem. 209P	WAA12	25.5	6,600 PSI	1200
Lead Shot	12	1 1/8 oz.	SR 7625	Rem. 209P	WAA12	27.5	7,200 PSI	1250
Lead Shot	12	1 1/8 oz.	SR 7625	Rem. 209P	Windjammer	24	4,300 PSI	1100
Lead Shot	12	1 1/8 oz.	SR 7625	Rem. 209P	Windjammer	25.5	4,700 PSI	1150
Lead Shot	12	1 1/8 oz.	SR 7625	Rem. 209P	Windjammer	27	5,400 PSI	1200
Lead Shot	12	1 1/8 oz.	SR 7625	Rem. 209P	Windjammer	28.5	6,100 PSI	1250
Lead Shot	12	1 1/8 oz.	SR 7625	Win. 209	CB 2118-12	22.5	5,400 PSI	1100
Lead Shot	12	1 1/8 oz.	SR 7625	Win. 209	CB 2118-12	24	6,000 PSI	1150
Lead Shot	12	1 1/8 oz.	SR 7625	Win. 209	CB 2118-12	25.5	6,700 PSI	1200
Lead Shot	12	1 1/8 oz.	SR 7625	Win. 209	CB 2118-12	27	7,300 PSI	1250
Lead Shot	12	1 1/8 oz.	SR 7625	Win. 209	Fed. 12S3	23	5,400 PSI	1100
Lead Shot	12	1 1/8 oz.	SR 7625	Win. 209	Fed. 12S3	24.5	6,200 PSI	1150
Lead Shot	12	1 1/8 oz.	SR 7625	Win. 209	Fed. 12S3	25.5	6,700 PSI	1200
Lead Shot	12	1 1/8 oz.	SR 7625	Win. 209	Fed. 12S3	27	7,500 PSI	1250
Lead Shot	12	1 1/8 oz.	SR 7625	Win. 209	Rem. FIG. 8	23	5,200 PSI	1100
Lead Shot	12	1 1/8 oz.	SR 7625	Win. 209	Rem. FIG. 8	24.5	5,800 PSI	1150
Lead Shot	12	1 1/8 oz.	SR 7625	Win. 209	Rem. FIG. 8	25.5	6,300 PSI	1200
Lead Shot	12	1 1/8 oz.	SR 7625	Win. 209	Rem. FIG. 8	27	7,100 PSI	1250
Lead Shot	12	1 1/8 oz.	SR 7625	Win. 209	WAA12	22.5	5,600 PSI	1100
Lead Shot	12	1 1/8 oz.	SR 7625	Win. 209	WAA12	24	6,200 PSI	1150

Lead Shot	12	1 1/8 oz.	SR 7625	Win. 209	WAA12	25	6,600 PSI	1200
Lead Shot	12	1 1/8 oz.	SR 7625	Win. 209	WAA12	26.5	7,400 PSI	1250
Lead Shot	12	1 1/8 oz.	SR 7625	Win. 209	Windjammer	23	4,900 PSI	1100
Lead Shot	12	1 1/8 oz.	SR 7625	Win. 209	Windjammer	24.5	5,400 PSI	1150
Lead Shot	12	1 1/8 oz.	SR 7625	Win. 209	Windjammer	26	6,200 PSI	1200
Lead Shot	12	1 1/8 oz.	SR 7625	Win. 209	Windjammer	27	6,900 PSI	1250
Lead Shot	12	1 1/8 oz.	Universal	CCI 209	Windjammer	25.2	7,300 PSI	1200
Lead Shot	12	1 1/8 oz.	Universal	CCI 209	Windjammer	26.5	8,200 PSI	1255
Lead Shot	12	1 1/8 oz.	Universal	CCI 209	Windjammer	28	8,800 PSI	1310
Lead Shot	12	1 1/8 oz.	Universal	CCI 209M	Hor. Versalite	23	8,400 PSI	1200
Lead Shot	12	1 1/8 oz.	Universal	CCI 209M	Hor. Versalite	24.2	9,400 PSI	1255
Lead Shot	12	1 1/8 oz.	Universal	CCI 209M	Hor. Versalite	25.3	10,300 PSI	1310
Lead Shot	12	1 1/8 oz.	Universal	CCI 209SC	Hor. Versalite	23.2	7,700 PSI	1200
Lead Shot	12	1 1/8 oz.	Universal	CCI 209SC	Hor. Versalite	24.5	8,600 PSI	1255
Lead Shot	12	1 1/8 oz.	Universal	CCI 209SC	Hor. Versalite	25.5	9,600 PSI	1310
Lead Shot	12	1 1/8 oz.	Universal	CCI 209SC	Windjammer	24.5	7,300 LUP	1200
Lead Shot	12	1 1/8 oz.	Universal	CCI 209SC	Windjammer	26	8,100 PSI	1255
Lead Shot	12	1 1/8 oz.	Universal	CCI 209SC	Windjammer	26.7	8,900 PSI	1310
Lead Shot	12	1 1/8 oz.	Universal	Fed. 209A	Fed. 12S3	23	8,700 PSI	1200
Lead Shot	12	1 1/8 oz.	Universal	Fed. 209A	Fed. 12S3	24.4	9,600 PSI	1255
Lead Shot	12	1 1/8 oz.	Universal	Fed. 209A	Fed. 12S3	25.7	10,500 PSI	1310
Lead Shot	12	1 1/8 oz.	Universal	Fio. 616	Fio. TL1	23.3	8,700 PSI	1200
Lead Shot	12	1 1/8 oz.	Universal	Fio. 616	Fio. TL1	24.2	9,500 PSI	1255
Lead Shot	12	1 1/8 oz.	Universal	Fio. 616	Fio. TL1	26	10,100 PSI	1310
Lead Shot	12	1 1/8 oz.	Universal	Win. 209	Rem. Fig. 8	24	8,000 PSI	1200
Lead Shot	12	1 1/8 oz.	Universal	Win. 209	Rem. Fig. 8	25	8,700 PSI	1255
Lead Shot	12	1 1/8 oz.	Universal	Win. 209	Rem. Fig. 8	26.8	9,500 PSI	1310
Lead Shot	12	1 1/8 oz.	Universal	Win. 209	WAA12	23.2	8,800 PSI	1200
Lead Shot	12	1 1/8 oz.	Universal	Win. 209	WAA12	24.5	9,700 PSI	1255
Lead Shot	12	1 1/8 oz.	Universal	Win. 209	WAA12	25	10,400 PSI	1310
Lead Shot	12	1 1/8 oz.	800-X	CCI 209	CB 2118-12	21.5	5,000 PSI	1100
Lead Shot	12	1 1/8 oz.	800-X	CCI 209	CB 2118-12	23	5,500 PSI	1150

Shot Type	Gauge	Shot Weight	Powder	Primer	Wad	Powder Charge	Pressure	Velocity
Lead Shot	12	1 1/8 oz.	800-X	CCI 209	CB 2118-12	24.5	6,200 PSI	1200
Lead Shot	12	1 1/8 oz.	800-X	CCI 209	CB 2118-12	26	6,800 PSI	1250
Lead Shot	12	1 1/8 oz.	800-X	CCI 209	Fed. 12S3	21	5,800 PSI	1100
Lead Shot	12	1 1/8 oz.	800-X	CCI 209	Fed. 12S3	22.5	6,400 PSI	1150
Lead Shot	12	1 1/8 oz.	800-X	CCI 209	Fed. 12S3	24	6,800 PSI	1200
Lead Shot	12	1 1/8 oz.	800-X	CCI 209	Fed. 12S3	26	7,300 PSI	1250
Lead Shot	12	1 1/8 oz.	800-X	CCI 209	Rem. FIG. 8	21	5,500 PSI	1100
Lead Shot	12	1 1/8 oz.	800-X	CCI 209	Rem. FIG. 8	22.5	5,900 PSI	1150
Lead Shot	12	1 1/8 oz.	800-X	CCI 209	Rem. FIG. 8	24	6,300 PSI	1200
Lead Shot	12	1 1/8 oz.	800-X	CCI 209	Rem. FIG. 8	26	6,900 PSI	1250
Lead Shot	12	1 1/8 oz.	800-X	CCI 209	WAA12	21.5	5,200 PSI	1100
Lead Shot	12	1 1/8 oz.	800-X	CCI 209	WAA12	22.5	5,600 PSI	1150
Lead Shot	12	1 1/8 oz.	800-X	CCI 209	WAA12	24	6,300 PSI	1200
Lead Shot	12	1 1/8 oz.	800-X	CCI 209	WAA12	25.5	7,100 PSI	1250
Lead Shot	12	1 1/8 oz.	800-X	CCI 209	Windjammer	22.5	4,200 PSI	1100
Lead Shot	12	1 1/8 oz.	800-X	CCI 209	Windjammer	23.5	4,800 PSI	1150
Lead Shot	12	1 1/8 oz.	800-X	CCI 209	Windjammer	25	5,700 PSI	1200
Lead Shot	12	1 1/8 oz.	800-X	CCI 209	Windjammer	26	6,300 PSI	1250
Lead Shot	12	1 1/8 oz.	800-X	Fed. 209A	CB 2118-12	20.5	5,500 PSI	1100
Lead Shot	12	1 1/8 oz.	800-X	Fed. 209A	CB 2118-12	22.5	6,200 PSI	1150
Lead Shot	12	1 1/8 oz.	800-X	Fed. 209A	CB 2118-12	23	6,700 PSI	1200
Lead Shot	12	1 1/8 oz.	800-X	Fed. 209A	CB 2118-12	24.5	7,400 PSI	1250
Lead Shot	12	1 1/8 oz.	800-X	Fed. 209A	Fed. 12S3	20.5	5,700 PSI	1100
Lead Shot	12	1 1/8 oz.	800-X	Fed. 209A	Fed. 12S3	22	6,400 PSI	1150
Lead Shot	12	1 1/8 oz.	800-X	Fed. 209A	Fed. 12S3	23	6,900 PSI	1200
Lead Shot	12	1 1/8 oz.	800-X	Fed. 209A	Fed. 12S3	25	7,700 PSI	1250
Lead Shot	12	1 1/8 oz.	800-X	Fed. 209A	Rem. FIG. 8	21	5,400 PSI	1100
Lead Shot	12	1 1/8 oz.	800-X	Fed. 209A	Rem. FIG. 8	22.5	6,000 PSI	1150
Lead Shot	12	1 1/8 oz.	800-X	Fed. 209A	Rem. FIG. 8	24	6,600 PSI	1200
Lead Shot	12	1 1/8 oz.	800-X	Fed. 209A	Rem. FIG. 8	25.5	7,100 PSI	1250
Lead Shot	12	1 1/8 oz.	800-X	Fed. 209A	WAA12	20.5	5,800 PSI	1100
Lead Shot	12	1 1/8 oz.	800-X	Fed. 209A	WAA12	21.5	6,300 PSI	1150
Lead Shot	12	1 1/8 oz.	800-X	Fed. 209A	WAA12	23	7,000 PSI	1200
Lead Shot	12	1 1/8 oz.	800-X	Fed. 209A	WAA12	24.5	7,700 PSI	1250
Lead Shot	12	1 1/8 oz.	800-X	Fed. 209A	Windjammer	22	4,900 PSI	1100
Lead Shot	12	1 1/8 oz.	800-X	Fed. 209A	Windjammer	23	5,400 PSI	1150
Lead Shot	12	1 1/8 oz.	800-X	Fed. 209A	Windjammer	24	5,900 PSI	1200
Lead Shot	12	1 1/8 oz.	800-X	Fed. 209A	Windjammer	25.5	6,700 PSI	1250

Lead Shot	12	1 1/8 oz.	800-X	Fio. 617	Fed. 12S3	22.3	6,000 PSI	1150
Lead Shot	12	1 1/8 oz.	800-X	Fio. 617	Fed. 12S3	23.6	6,600 PSI	1200
Lead Shot	12	1 1/8 oz.	800-X	Fio. 617	Fed. 12S3	25	7,300 PSI	1250
Lead Shot	12	1 1/8 oz.	800-X	Fio. 617	Rem. FIG 8	22.2	5,900 PSI	1150
Lead Shot	12	1 1/8 oz.	800-X	Fio. 617	Rem. FIG 8	23.7	6,600 PSI	1200
Lead Shot	12	1 1/8 oz.	800-X	Fio. 617	Rem. FIG 8	25	7,100 PSI	1250
Lead Shot	12	1 1/8 oz.	800-X	Fio. 617	WAA12SL	22.3	6,000 PSI	1150
Lead Shot	12	1 1/8 oz.	800-X	Fio. 617	WAA12SL	23.5	6,900 PSI	1200
Lead Shot	12	1 1/8 oz.	800-X	Fio. 617	WAA12SL	24.8	7,500 PSI	1250
Lead Shot	12	1 1/8 oz.	800-X	Rio G-600	Fed. 12S3	22.1	6,400 PSI	1150
Lead Shot	12	1 1/8 oz.	800-X	Rio G-600	Fed. 12S3	23.4	7,100 PSI	1200
Lead Shot	12	1 1/8 oz.	800-X	Rio G-600	Fed. 12S3	24.9	7,800 PSI	1250
Lead Shot	12	1 1/8 oz.	800-X	Rio G-600	Rem. FIG 8	22.4	5,900 PSI	1150
Lead Shot	12	1 1/8 oz.	800-X	Rio G-600	Rem. FIG 8	23.6	6,600 PSI	1200
Lead Shot	12	1 1/8 oz.	800-X	Rio G-600	Rem. FIG 8	24.9	7,300 PSI	1250
Lead Shot	12	1 1/8 oz.	800-X	Rio G-600	WAA12SL	22.2	5,800 PSI	1150
Lead Shot	12	1 1/8 oz.	800-X	Rio G-600	WAA12SL	23.4	6,500 PSI	1200
Lead Shot	12	1 1/8 oz	800-X	Rio G-600	WAA12SL	24.8	7,400 PSI	1250
Lead Shot	12	1 1/8 oz.	800-X	Win. 209	CB 2118-12	20.5	5,500 PSI	1100
Lead Shot	12	1 1/8 oz.	800-X	Win. 209	CB 2118-12	22	6,000 PSI	1150
Lead Shot	12	1 1/8 oz.	800-X	Win. 209	CB 2118-12	23.5	6,700 PSI	1200
Lead Shot	12	1 1/8 oz.	800-X	Win. 209	CB 2118-12	25	7,400 PSI	1250
Lead Shot	12	1 1/8 oz.	800-X	Win. 209	Fed. 12S3	20.5	5,700 PSI	1100
Lead Shot	12	1 1/8 oz.	800-X	Win. 209	Fed. 12S3	22	6,300 PSI	1150
Lead Shot	12	1 1/8 oz.	800-X	Win. 209	Fed. 12S3	23	6,800 PSI	1200
Lead Shot	12	1 1/8 oz.	800-X	Win. 209	Fed. 12S3	24.5	7,500 PSI	1250
Lead Shot	12	1 1/8 oz.	800-X	Win. 209	Rem. FIG. 8	21	5,400 PSI	1100
Lead Shot	12	1 1/8 oz.	800-X	Win. 209	Rem. FIG. 8	22	5,900 PSI	1150
Lead Shot	12	1 1/8 oz.	800-X	Win. 209	Rem. FIG. 8	23.5	6,500 PSI	1200
Lead Shot	12	1 1/8 oz.	800-X	Win. 209	Rem. FIG. 8	25	7,100 PSI	1250
Lead Shot	12	1 1/8 oz.	800-X	Win. 209	WAA12	20.5	5,800 PSI	1100
Lead Shot	12	1 1/8 oz.	800-X	Win. 209	WAA12	21.5	6,300 PSI	1150
Lead Shot	12	1 1/8 oz.	800-X	Win. 209	WAA12	23	7,000 PSI	1200
Lead Shot	12	1 1/8 oz.	800-X	Win. 209	WAA12	25	7,700 PSI	1250
Lead Shot	12	1 1/8 oz.	800-X	Win. 209	Windjammer	22	4,900 PSI	1100
Lead Shot	12	1 1/8 oz.	800-X	Win. 209	Windjammer	23	5,400 PSI	1150
Lead Shot	12	1 1/8 oz.	800-X	Win. 209	Windjammer	24	5,900 PSI	1200
Lead Shot	12	1 1/8 oz.	800-X	Win. 209	Windjammer	25.5	6,700 PSI	1250

Shot	Gauge	Load	Powder	Primer	Wad	Charge	Pressure	Velocity
Lead Shot	12	1 1/8 oz.	Longshot	CCI 209M	Fed. 12S3	32.2	8,400 PSI	1420
Lead Shot	12	1 1/8 oz.	Longshot	CCI 209M	Fed. 12S3	33.6	9,500 PSI	1475
Lead Shot	12	1 1/8 oz.	Longshot	CCI 209M	Fed. 12S3	34.9	10,600 PSI	1530
Lead Shot	12	1 1/8 oz.	Longshot	CCI 209M	Hor. Versalite	31.6	8,700 PSI	1420
Lead Shot	12	1 1/8 oz.	Longshot	CCI 209M	Hor. Versalite	33.2	9,500 PSI	1475
Lead Shot	12	1 1/8 oz.	Longshot	CCI 209M	Hor. Versalite	34.8	10,300 PSI	1530
Lead Shot	12	1 1/8 oz.	Longshot	CCI 209M	Hor. Versalite	36.4	11,200 PSI	1585
Lead Shot	12	1 1/8 oz.	Longshot	CCI 209M	Rem. Fig. 8	32.2	8,500 PSI	1420
Lead Shot	12	1 1/8 oz.	Longshot	CCI 209M	Rem. Fig. 8	33.8	9,400 PSI	1475
Lead Shot	12	1 1/8 oz.	Longshot	CCI 209M	Rem. Fig. 8	35.5	10,400 PSI	1530
Lead Shot	12	1 1/8 oz.	Longshot	CCI 209M	Rem. Fig. 8	37.1	11,400 PSI	1585
Lead Shot	12	1 1/8 oz.	Longshot	CCI 209M	WAA12	31.4	8,800 PSI	1420
Lead Shot	12	1 1/8 oz.	Longshot	CCI 209M	WAA12	33.2	9,500 PSI	1475
Lead Shot	12	1 1/8 oz.	Longshot	CCI 209M	WAA12	35	10,300 PSI	1530
Lead Shot	12	1 1/8 oz.	Longshot	CCI 209M	WAA12	36.8	11,000 PSI	1585
Lead Shot	12	1 1/8 oz.	Longshot	Fed. 209A	Fed. 12S3	32	9,000 PSI	1420
Lead Shot	12	1 1/8 oz.	Longshot	Fed. 209A	Fed. 12S3	33.3	10,000 PSI	1475
Lead Shot	12	1 1/8 oz.	Longshot	Fed. 209A	Fed. 12S3	34.6	11,500 PSI	1530
Lead Shot	12	1 1/8 oz.	Longshot	Fed. 209A	Hor. Versalite	31.7	8,800 PSI	1420
Lead Shot	12	1 1/8 oz.	Longshot	Fed. 209A	Hor. Versalite	33.2	9,600 PSI	1475
Lead Shot	12	1 1/8 oz.	Longshot	Fed. 209A	Hor. Versalite	34.8	10,500 PSI	1530
Lead Shot	12	1 1/8 oz.	Longshot	Fed. 209A	Hor. Versalite	36.4	11,400 PSI	1585
Lead Shot	12	1 1/8 oz.	Longshot	Fed. 209A	Rem. Fig. 8	32.2	8,600 PSI	1420
Lead Shot	12	1 1/8 oz.	Longshot	Fed. 209A	Rem. Fig. 8	33.6	9,500 PSI	1475
Lead Shot	12	1 1/8 oz.	Longshot	Fed. 209A	Rem. Fig. 8	35	10,500 PSI	1530
Lead Shot	12	1 1/8 oz.	Longshot	Fed. 209A	Rem. Fig. 8	36.4	11,400 PSI	1585
Lead Shot	12	1 1/8 oz.	Longshot	Fed. 209A	WAA12	31.7	8,900 PSI	1420
Lead Shot	12	1 1/8 oz.	Longshot	Fed. 209A	WAA12	33.1	9,700 PSI	1475
Lead Shot	12	1 1/8 oz.	Longshot	Fed. 209A	WAA12	34.6	10,700 PSI	1530
Lead Shot	12	1 1/8 oz.	Longshot	Fed. 209A	WAA12	36	11,500 PSI	1585
Lead Shot	12	1 1/8 oz.	Longshot	Fed. 209A	Windjammer	32.3	8,200 PSI	1420
Lead Shot	12	1 1/8 oz.	Longshot	Fed. 209A	Windjammer	33.9	9,200 PSI	1475
Lead Shot	12	1 1/8 oz.	Longshot	Fed. 209A	Windjammer	35.5	10,200 PSI	1530
Lead Shot	12	1 1/8 oz.	Longshot	Fed. 209A	Windjammer	37.1	11,200 PSI	1585
Lead Shot	12	1 1/8 oz.	Longshot	Rem. 209P	Fed. 12S3	32.9	8,400 PSI	1420
Lead Shot	12	1 1/8 oz.	Longshot	Rem. 209P	Fed. 12S3	34.1	9,300 PSI	1475
Lead Shot	12	1 1/8 oz.	Longshot	Rem. 209P	Fed. 12S3	35.3	10,200 PSI	1530
Lead Shot	12	1 1/8 oz.	Longshot	Rem. 209P	Hor. Versalite	32.3	8,500 PSI	1420

Shot	Gauge	Shot Wt	Powder	Primer	Wad	Charge (gr)	Pressure	Velocity
Lead Shot	12	1 1/8 oz.	Longshot	Rem. 209P	Hor. Versalite	33.9	9,500 PSI	1475
Lead Shot	12	1 1/8 oz.	Longshot	Rem. 209P	Hor. Versalite	35.4	10,500 PSI	1530
Lead Shot	12	1 1/8 oz.	Longshot	Rem. 209P	Hor. Versalite	37	11,500 PSI	1585
Lead Shot	12	1 1/8 oz.	Longshot	Rem. 209P	Rem. Fig. 8	32.1	8,200 PSI	1420
Lead Shot	12	1 1/8 oz.	Longshot	Rem. 209P	Rem. Fig. 8	33.9	9,100 PSI	1475
Lead Shot	12	1 1/8 oz.	Longshot	Rem. 209P	Rem. Fig. 8	35.6	10,000 PSI	1530
Lead Shot	12	1 1/8 oz.	Longshot	Rem. 209P	Rem. Fig. 8	37.4	10,900 PSI	1585
Lead Shot	12	1 1/8 oz.	Longshot	Rem. 209P	WAA12	32.4	8,200 PSI	1420
Lead Shot	12	1 1/8 oz.	Longshot	Rem. 209P	WAA12	33.9	9,100 PSI	1475
Lead Shot	12	1 1/8 oz.	Longshot	Rem. 209P	WAA12	35.4	10,000 PSI	1530
Lead Shot	12	1 1/8 oz.	Longshot	Rem. 209P	WAA12	36.9	10,900 PSI	1585
Lead Shot	12	1 1/8 oz.	Longshot	Rem. 209P	Windjammer	32.9	7,900 PSI	1420
Lead Shot	12	1 1/8 oz.	Longshot	Rem. 209P	Windjammer	34.4	8,800 PSI	1475
Lead Shot	12	1 1/8 oz.	Longshot	Rem. 209P	Windjammer	35.9	9,600 PSI	1530
Lead Shot	12	1 1/8 oz.	Longshot	Rem. 209P	Windjammer	37.5	10,500 PSI	1585
Lead Shot	12	1 1/8 oz.	Longshot	Win. 209	Fed. 12S3	34.2	7,100 PSI	1420
Lead Shot	12	1 1/8 oz.	Longshot	Win. 209	Fed. 12S3	35.5	8,200 PSI	1475
Lead Shot	12	1 1/8 oz.	Longshot	Win. 209	Fed. 12S3	36.8	9,400 PSI	1530
Lead Shot	12	1 1/8 oz.	Longshot	Win. 209	Fed. 12S3	38.1	10,600 PSI	1585
Lead Shot	12	1 1/8 oz.	Longshot	Win. 209	Hor. Versalite	34.6	7,200 PSI	1420
Lead Shot	12	1 1/8 oz.	Longshot	Win. 209	Hor. Versalite	35.7	8,200 PSI	1475
Lead Shot	12	1 1/8 oz.	Longshot	Win. 209	Hor. Versalite	36.9	9,300 PSI	1530
Lead Shot	12	1 1/8 oz.	Longshot	Win. 209	Hor. Versalite	38	10,200 PSI	1585
Lead Shot	12	1 1/8 oz.	Longshot	Win. 209	Rem. Fig. 8	34.9	7,100 PSI	1420
Lead Shot	12	1 1/8 oz.	Longshot	Win. 209	Rem. Fig. 8	36	8,100 PSI	1475
Lead Shot	12	1 1/8 oz.	Longshot	Win. 209	Rem. Fig. 8	37.1	9,100 PSI	1530
Lead Shot	12	1 1/8 oz.	Longshot	Win. 209	Rem. Fig. 8	38.2	10,000 PSI	1585
Lead Shot	12	1 1/8 oz.	Longshot	Win. 209	WAA12	34	7,600 PSI	1420
Lead Shot	12	1 1/8 oz.	Longshot	Win. 209	WAA12	35.2	8,500 PSI	1475
Lead Shot	12	1 1/8 oz.	Longshot	Win. 209	WAA12	36.4	9,400 PSI	1530
Lead Shot	12	1 1/8 oz.	Longshot	Win. 209	WAA12	37.8	10,400 PSI	1585
Lead Shot	12	1 1/8 oz.	Longshot	Win. 209	Windjammer	35	7,100 PSI	1420
Lead Shot	12	1 1/8 oz.	Longshot	Win. 209	Windjammer	36.2	8,000 PSI	1475
Lead Shot	12	1 1/8 oz.	Longshot	Win. 209	Windjammer	37.4	8,900 PSI	1530
Lead Shot	12	1 1/8 oz.	Longshot	Win. 209	Windjammer	38.5	10,100 PSI	1585
Lead Shot	12	1 1/4 oz.	PB	Fed. 209A	CB3118-12-AR	25.5	11,100 PSI	1275
Lead Shot	12	1 1/4 oz.	PB	Fed. 209A	CB3118-12-AR	26	11,500 PSI	1300
Lead Shot	12	1 1/4 oz.	PB	Fed. 209A	Fed. 12S4	23.5	10,500 PSI	1250

Shot	Gauge	Load	Powder	Primer	Wad	Charge	Pressure	Velocity
Lead Shot	12	1 1/4 oz.	PB	Fed. 209A	Fed. 12S4	25	11,300 PSI	1275
Lead Shot	12	1 1/4 oz.	PB	Fed. 209A	Rem. FIG. 8	25.5	10,500 PSI	1275
Lead Shot	12	1 1/4 oz.	PB	Fed. 209A	Rem. FIG. 8	27	11,500 PSI	1325
Lead Shot	12	1 1/4 oz.	PB	Rem. 209P	CB3118-12-AR	26.5	9,600 PSI	1275
Lead Shot	12	1 1/4 oz.	PB	Rem. 209P	CB3118-12-AR	28	10,200 PSI	1300
Lead Shot	12	1 1/4 oz.	PB	Rem. 209P	Fed. 12S4	26.5	10,000 PSI	1300
Lead Shot	12	1 1/4 oz.	PB	Rem. 209P	Fed. 12S4	28	11,100 PSI	1325
Lead Shot	12	1 1/4 oz.	PB	Rem. 209P	Rem. SP12	27.5	9,200 PSI	1275
Lead Shot	12	1 1/4 oz.	PB	Rem. 209P	Rem. SP12	29	10,500 PSI	1325
Lead Shot	12	1 1/4 oz.	PB	Win. 209	CB3118-12-AR	26.5	10,000 PSI	1275
Lead Shot	12	1 1/4 oz.	PB	Win. 209	CB3118-12-AR	28	11,400 PSI	1325
Lead Shot	12	1 1/4 oz.	PB	Win. 209	Fed. 12S4	26	10,800 PSI	1275
Lead Shot	12	1 1/4 oz.	PB	Win. 209	Fed. 12S4	27.5	11,500 PSI	1325
Lead Shot	12	1 1/4 oz.	PB	Win. 209	Rem. SP12	26.5	9,800 PSI	1275
Lead Shot	12	1 1/4 oz.	PB	Win. 209	Rem. SP12	28	10,600 PSI	1325
Lead Shot	12	1 1/4 oz.	SR 7625	Fed. 209A	CB3118-12-AR	26.5	10,100 PSI	1275
Lead Shot	12	1 1/4 oz.	SR 7625	Fed. 209A	CB3118-12-AR	28	10,800 PSI	1325
Lead Shot	12	1 1/4 oz.	SR 7625	Fed. 209A	Fed. 12S3	27	10,100 PSI	1275
Lead Shot	12	1 1/4 oz.	SR 7625	Fed. 209A	Fed. 12S3	29	11,000 PSI	1325
Lead Shot	12	1 1/4 oz.	SR 7625	Fed. 209A	Rem. SP12	27	10,000 PSI	1275
Lead Shot	12	1 1/4 oz.	SR 7625	Fed. 209A	Rem. SP12	28.5	11,000 PSI	1325
Lead Shot	12	1 1/4 oz.	SR 7625	Fed. 209A	WAA12	27	10,100 PSI	1275
Lead Shot	12	1 1/4 oz.	SR 7625	Fed. 209A	WAA12	28.5	11,400 PSI	1325
Lead Shot	12	1 1/4 oz.	SR 7625	Rem. 209P	Fed. 12S3	28	8,900 PSI	1275
Lead Shot	12	1 1/4 oz.	SR 7625	Rem. 209P	Fed. 12S3	30	9,700 PSI	1325
Lead Shot	12	1 1/4 oz.	SR 7625	Rem. 209P	Rem. SP12	29	8,200 PSI	1275
Lead Shot	12	1 1/4 oz.	SR 7625	Rem. 209P	Rem. SP12	30.5	8,900 PSI	1325
Lead Shot	12	1 1/4 oz.	SR 7625	Rem. 209P	Windjammer	29	8,300 PSI	1275
Lead Shot	12	1 1/4 oz.	SR 7625	Rem. 209P	Windjammer	30.5	9,000 PSI	1325
Lead Shot	12	1 1/4 oz.	SR 7625	Win. 209	Fed. 12S3	28	9,200 PSI	1275
Lead Shot	12	1 1/4 oz.	SR 7625	Win. 209	Fed. 12S3	30	10,300 PSI	1325
Lead Shot	12	1 1/4 oz.	SR 7625	Win. 209	WAA12	28	9,100 PSI	1275
Lead Shot	12	1 1/4 oz.	SR 7625	Win. 209	WAA12	29.5	10,200 PSI	1325
Lead Shot	12	1 1/4 oz.	SR 7625	Win. 209	Windjammer	28.5	8,300 PSI	1275
Lead Shot	12	1 1/4 oz.	SR 7625	Win. 209	Windjammer	30	9,000 PSI	1325
Lead Shot	12	1 1/4 oz.	WSF	CCI 209	Fed. 12S4	27	9,200 PSI	1275
Lead Shot	12	1 1/4 oz.	WSF	CCI 209	Fed. 12S4	29.5	10,600 PSI	1330
Lead Shot	12	1 1/4 oz.	WSF	Win. 209	Fed. 12S4	31.5	9,500 PSI	1330

Lead Shot	12	1 1/4 oz.	Universal	CCI 209	Fed. 12S4	25	10,100 PSI	1220
Lead Shot	12	1 1/4 oz.	Universal	CCI 209SC	Fed. 12S4	24	9,500 PSI	1220
Lead Shot	12	1 1/4 oz.	Universal	Fed. 209A	Fed. 12S4	23.3	10,400 PSI	1220
Lead Shot	12	1 1/4 oz.	Universal	Fio. 616	Rem. SP12	24.7	9,200 PSI	1220
Lead Shot	12	1 1/4 oz.	Universal	Win. 209	WAA12F114	24.5	10,300 PSI	1220
Lead Shot	12	1 1/4 oz.	HS-6	Win. 209	WAA12F114	32	9,600 LUP	1220
Lead Shot	12	1 1/4 oz.	HS-6	Win. 209	WAA12F114	34.5	10,100 LUP	1330
Lead Shot	12	1 1/4 oz.	SR 4756	Fed. 209A	Fed. 12S4	30	9,700 PSI	1275
Lead Shot	12	1 1/4 oz.	SR 4756	Fed. 209A	Fed. 12S4	31.5	10,400 PSI	1325
Lead Shot	12	1 1/4 oz.	SR 4756	Fed. 209A	Rem. SP12	30	9,000 PSI	1275
Lead Shot	12	1 1/4 oz.	SR 4756	Fed. 209A	Rem. SP12	31.5	9,800 PSI	1325
Lead Shot	12	1 1/4 oz.	SR 4756	Fed. 209A	WAA12R	30.5	8,900 PSI	1275
Lead Shot	12	1 1/4 oz.	SR 4756	Fed. 209A	WAA12R	31.5	9,700 PSI	1325
Lead Shot	12	1 1/4 oz.	SR 4756	Rem. 209P	Fed. 12S4	33	7,600 PSI	1275
Lead Shot	12	1 1/4 oz.	SR 4756	Rem. 209P	Rem. SP12	35	8,300 PSI	1325
Lead Shot	12	1 1/4 oz.	SR 4756	Rem. 209P	WAA12R	33	8,000 PSI	1275
Lead Shot	12	1 1/4 oz.	SR 4756	Rem. 209P	WAA12R	34	8,900 PSI	1325
Lead Shot	12	1 1/4 oz.	SR 4756	Win. 209	Fed. 12S4	31	9,100 PSI	1275
Lead Shot	12	1 1/4 oz.	SR 4756	Win. 209	Fed. 12S4	32	9,800 PSI	1325
Lead Shot	12	1 1/4 oz.	SR 4756	Win. 209	Rem. RP12	32	8,800 PSI	1275
Lead Shot	12	1 1/4 oz.	SR 4756	Win. 209	Rem. RP12	33	9,400 PSI	1325
Lead Shot	12	1 1/4 oz.	SR 4756	Win. 209	WAA12R	30.5	8,400 PSI	1275
Lead Shot	12	1 1/4 oz.	SR 4756	Win. 209	WAA12R	32	8,900 PSI	1325
Lead Shot	12	1 1/4 oz.	800-X	Fed. 209A	CB3118-12-AR	26	8,900 PSI	1275
Lead Shot	12	1 1/4 oz.	800-X	Fed. 209A	CB3118-12-AR	27.5	9,800 PSI	1325
Lead Shot	12	1 1/4 oz.	800-X	Fed. 209A	Fed. 12S4	25	9,500 PSI	1275
Lead Shot	12	1 1/4 oz.	800-X	Fed. 209A	Fed. 12S4	26.5	10,400 PSI	1325
Lead Shot	12	1 1/4 oz.	800-X	Fed. 209A	Rem. SP12	25.5	9,100 PSI	1275
Lead Shot	12	1 1/4 oz.	800-X	Fed. 209A	Rem. SP12	27	9,900 PSI	1325
Lead Shot	12	1 1/4 oz.	800-X	Fed. 209A	WAA12	26	9,200 PSI	1275
Lead Shot	12	1 1/4 oz.	800-X	Fed. 209A	WAA12	27.5	10,100 PSI	1325
Lead Shot	12	1 1/4 oz.	800-X	Rem. 209P	CB3118-12-AR	27	7,700 PSI	1275
Lead Shot	12	1 1/4 oz.	800-X	Rem. 209P	CB3118-12-AR	29	8,500 PSI	1325
Lead Shot	12	1 1/4 oz.	800-X	Rem. 209P	Fed. 12S4	26.5	8,900 PSI	1275
Lead Shot	12	1 1/4 oz.	800-X	Rem. 209P	Fed. 12S4	28	9,700 PSI	1325
Lead Shot	12	1 1/4 oz.	800-X	Rem. 209P	Rem. SP12	27	7,700 PSI	1275

Shot	Gauge	Load	Powder	Primer	Wad	Charge	Pressure	Velocity
Lead Shot	12	1 1/4 oz.	800-X	Rem. 209P	Rem. SP12	29	8,500 PSI	1325
Lead Shot	12	1 1/4 oz.	800-X	Rem. 209P	WAA12	27	7,900 PSI	1275
Lead Shot	12	1 1/4 oz.	800-X	Rem. 209P	WAA12	28.5	9,000 PSI	1325
Lead Shot	12	1 1/4 oz.	800-X	Win. 209	CB3118-12-AR	26	8,100 PSI	1275
Lead Shot	12	1 1/4 oz.	800-X	Win. 209	CB3118-12-AR	28	9,300 PSI	1325
Lead Shot	12	1 1/4 oz.	800-X	Win. 209	Fed. 12S3	26	8,800 PSI	1275
Lead Shot	12	1 1/4 oz.	800-X	Win. 209	Fed. 12S3	27.5	9,700 PSI	1325
Lead Shot	12	1 1/4 oz.	800-X	Win. 209	Rem. SP12	26	8,200 PSI	1275
Lead Shot	12	1 1/4 oz.	800-X	Win. 209	Rem. SP12	27.5	9,700 PSI	1325
Lead Shot	12	1 1/4 oz.	800-X	Win. 209	WAA12	25.5	8,600 PSI	1275
Lead Shot	12	1 1/4 oz.	800-X	Win. 209	WAA12	27.5	9,600 PSI	1325
Lead Shot	12	1 1/4 oz.	Longshot	CCI 209M	Fed. 12S3	29.5	10,200 PSI	1330
Lead Shot	12	1 1/4 oz.	Longshot	CCI 209M	Fed. 12S3	30.6	10,900 PSI	1385
Lead Shot	12	1 1/4 oz.	Longshot	CCI 209M	Rem. R12L	29.8	8,700 PSI	1330
Lead Shot	12	1 1/4 oz.	Longshot	CCI 209M	Rem. R12L	31.5	9,500 PSI	1385
Lead Shot	12	1 1/4 oz.	Longshot	CCI 209M	Rem. R12L	33.2	10,400 PSI	1440
Lead Shot	12	1 1/4 oz.	Longshot	CCI 209M	WAA12F114	29.2	9,000 PSI	1330
Lead Shot	12	1 1/4 oz.	Longshot	CCI 209M	WAA12F114	30.6	9,900 PSI	1385
Lead Shot	12	1 1/4 oz.	Longshot	CCI 209M	WAA12F114	32	10,900 PSI	1440
Lead Shot	12	1 1/4 oz.	Longshot	Fed. 209A	Fed. 12S4	28.4	9,800 PSI	1330
Lead Shot	12	1 1/4 oz.	Longshot	Fed. 209A	Fed. 12S4	30.2	10,800 PSI	1385
Lead Shot	12	1 1/4 oz.	Longshot	Fed. 209A	Rem. R12L	29.2	9,400 PSI	1330
Lead Shot	12	1 1/4 oz.	Longshot	Fed. 209A	Rem. R12L	30.7	10,400 PSI	1385
Lead Shot	12	1 1/4 oz.	Longshot	Fed. 209A	Rem. R12L	32.1	11,400 PSI	1440
Lead Shot	12	1 1/4 oz.	Longshot	Fed. 209A	WAA12F114	28.2	9,900 PSI	1330
Lead Shot	12	1 1/4 oz.	Longshot	Fed. 209A	WAA12F114	29.9	10,900 PSI	1385
Lead Shot	12	1 1/4 oz.	Longshot	Rem. 209P	Fed. 12S4	28.4	9,400 PSI	1330
Lead Shot	12	1 1/4 oz.	Longshot	Rem. 209P	Fed. 12S4	30.1	10,300 PSI	1385
Lead Shot	12	1 1/4 oz.	Longshot	Rem. 209P	Fed. 12S4	31.8	11,300 PSI	1440
Lead Shot	12	1 1/4 oz.	Longshot	Rem. 209P	Rem. R12L	29.1	8,800 PSI	1330
Lead Shot	12	1 1/4 oz.	Longshot	Rem. 209P	Rem. R12L	31.1	9,700 PSI	1385
Lead Shot	12	1 1/4 oz.	Longshot	Rem. 209P	Rem. R12L	33	10,500 PSI	1440
Lead Shot	12	1 1/4 oz.	Longshot	Rem. 209P	WAA12F114	28.3	9,200 PSI	1330
Lead Shot	12	1 1/4 oz.	Longshot	Rem. 209P	WAA12F114	30.3	10,100 PSI	1385
Lead Shot	12	1 1/4 oz.	Longshot	Rem. 209P	WAA12F114	32.4	11,000 PSI	1440
Lead Shot	12	1 1/4 oz.	Longshot	Win. 209	Fed. 12S4	29.7	8,000 PSI	1330
Lead Shot	12	1 1/4 oz.	Longshot	Win. 209	Fed. 12S4	31.3	9,300 PSI	1385
Lead Shot	12	1 1/4 oz.	Longshot	Win. 209	Fed. 12S4	32.9	10,600 PSI	1440

Lead Shot	12	1 1/4 oz.	Longshot	Win. 209	Rem. R12L	30.7	7,700 PSI	1330
Lead Shot	12	1 1/4 oz.	Longshot	Win. 209	Rem. R12L	32.2	8,700 PSI	1385
Lead Shot	12	1 1/4 oz.	Longshot	Win. 209	Rem. R12L	33.6	9,700 PSI	1440
Lead Shot	12	1 1/4 oz.	Longshot	Win. 209	Rem. R12L	35	10,800 PSI	1495
Lead Shot	12	1 1/4 oz.	Longshot	Win. 209	WAA12F114	33.4	7,200 PSI	1385
Lead Shot	12	1 1/4 oz.	Longshot	Win. 209	WAA12F114	34.4	9,200 PSI	1440
Lead Shot	12	1 1/4 oz.	Longshot	Win. 209	WAA12F114	35.4	11,300 PSI	1495
Lead Shot	12	1 3/8 oz.	PB	Fed. 209A	Rem. SP12	22.5	10,900 PSI	1175
Lead Shot	12	1 3/8 oz.	PB	Fed. 209A	WAA12R	22.5	10,800 PSI	1175
Lead Shot	12	1 3/8 oz.	PB	Rem. 209P	Rem. SP12	24.5	11,000 PSI	1200
Lead Shot	12	1 3/8 oz.	PB	Rem. 209P	WAA12R	26.5	11,000 PSI	1250
Lead Shot	12	1 3/8 oz.	PB	Win. 209	Rem. SP12	23.5	11,100 PSI	1175
Lead Shot	12	1 3/8 oz.	PB	Win. 209	WAA12R	24	11,000 PSI	1200
Lead Shot	12	1 3/8 oz.	SR 7625	Fed. 209A	Rem. SP12	25	11,200 PSI	1175
Lead Shot	12	1 3/8 oz.	SR 7625	Fed. 209A	WAA12R	26	11,000 PSI	1200
Lead Shot	12	1 3/8 oz.	SR 7625	Rem. 209P	Rem. RP12	28	11,100 PSI	1250
Lead Shot	12	1 3/8 oz.	SR 7625	Rem. 209P	WAA12R	28.5	11,000 PSI	1250
Lead Shot	12	1 3/8 oz.	SR 7625	Win. 209	Rem. SP12	26.5	11,200 PSI	1200
Lead Shot	12	1 3/8 oz.	SR 7625	Win. 209	WAA12R	27	11,000 PSI	1225
Lead Shot	12	1 3/8 oz.	SR 4756	Fed. 209A	Rem. RP12	30	10,900 PSI	1275
Lead Shot	12	1 3/8 oz.	SR 4756	Fed. 209A	WAA12R	31.5	11,000 PSI	1300
Lead Shot	12	1 3/8 oz.	SR 4756	Rem. 209P	Rem. RP12	34.5	10,900 PSI	1350
Lead Shot	12	1 3/8 oz.	SR 4756	Rem. 209P	WAA12R	35	10,500 PSI	1350
Lead Shot	12	1 3/8 oz.	SR 4756	Win. 209	Rem. RP12	33	11,200 PSI	1325
Lead Shot	12	1 3/8 oz.	SR 4756	Win. 209	WAA12R	34	11,000 PSI	1325
Lead Shot	12	1 3/8 oz.	800-X	Fed. 209A	Fed. 12S4	25	10,900 PSI	1225
Lead Shot	12	1 3/8 oz.	800-X	Fed. 209A	Rem. SP12	26.5	11,000 PSI	1275
Lead Shot	12	1 3/8 oz.	800-X	Fed. 209A	WAA12R	26	11,000 PSI	1275
Lead Shot	12	1 3/8 oz.	800-X	Rem. 209P	Fed. 12S4	27	9,700 PSI	1275
Lead Shot	12	1 3/8 oz.	800-X	Rem. 209P	Rem. SP12	32	11,000 PSI	1375
Lead Shot	12	1 3/8 oz.	800-X	Rem. 209P	WAA12R	30.5	11,000 PSI	1375
Lead Shot	12	1 3/8 oz.	800-X	Win. 209	Fed. 12S4	26	11,000 PSI	1275
Lead Shot	12	1 3/8 oz.	800-X	Win. 209	Rem. SP12	29	10,900 PSI	1325
Lead Shot	12	1 3/8 oz.	800-X	Win. 209	WAA12R	27.5	11,000 PSI	1325
Lead Shot	12	1 3/8 oz.	Longshot	CCI 209M	Fed. 12S4	23.8	9,500 PSI	1185
Lead Shot	12	1 3/8 oz.	Longshot	CCI 209M	Fed. 12S4	25.4	10,100 PSI	1240
Lead Shot	12	1 3/8 oz.	Longshot	CCI 209M	Fed. 12S4	27.1	10,900 PSI	1295
Lead Shot	12	1 3/8 oz.	Longshot	CCI 209M	Rem. R12H	25	8,500 PSI	1185

Shot	Gauge	Load	Powder	Primer	Wad	Charge	Pressure	Velocity
Lead Shot	12	1 3/8 oz.	Longshot	CCI 209M	Rem. R12H	26.6	9,500 PSI	1240
Lead Shot	12	1 3/8 oz.	Longshot	CCI 209M	Rem. R12H	28.2	10,500 PSI	1295
Lead Shot	12	1 3/8 oz.	Longshot	CCI 209M	Rem. R12H	29.8	11,500 PSI	1350
Lead Shot	12	1 3/8 oz.	Longshot	CCI 209M	WAA12F114	24	9,100 PSI	1185
Lead Shot	12	1 3/8 oz.	Longshot	CCI 209M	WAA12F114	25.5	10,300 PSI	1240
Lead Shot	12	1 3/8 oz.	Longshot	CCI 209M	WAA12F114	27	11,400 PSI	1295
Lead Shot	12	1 3/8 oz.	Longshot	Fed. 209A	Fed. 12S4	24.6	9,500 PSI	1185
Lead Shot	12	1 3/8 oz.	Longshot	Fed. 209A	Fed. 12S4	26.2	10,700 PSI	1240
Lead Shot	12	1 3/8 oz.	Longshot	Fed. 209A	Rem. R12H	25.7	8,600 PSI	1185
Lead Shot	12	1 3/8 oz.	Longshot	Fed. 209A	Rem. R12H	27.3	9,500 PSI	1240
Lead Shot	12	1 3/8 oz.	Longshot	Fed. 209A	Rem. R12H	29	10,400 PSI	1295
Lead Shot	12	1 3/8 oz.	Longshot	Fed. 209A	WAA12F114	24.6	9,300 PSI	1185
Lead Shot	12	1 3/8 oz.	Longshot	Fed. 209A	WAA12F114	26.3	10,300 PSI	1240
Lead Shot	12	1 3/8 oz.	Longshot	Fed. 209A	WAA12F114	28	11,500 PSI	1295
Lead Shot	12	1 3/8 oz.	Longshot	Rem. 209P	Fed. 12S4	24.8	8,900 PSI	1185
Lead Shot	12	1 3/8 oz.	Longshot	Rem. 209P	Fed. 12S4	26.4	10,300 PSI	1240
Lead Shot	12	1 3/8 oz.	Longshot	Rem. 209P	Fed. 12S4	27.9	11,500 PSI	1295
Lead Shot	12	1 3/8 oz.	Longshot	Rem. 209P	Rem. R12H	27.3	7,700 PSI	1185
Lead Shot	12	1 3/8 oz.	Longshot	Rem. 209P	Rem. R12H	28.4	8,600 PSI	1240
Lead Shot	12	1 3/8 oz.	Longshot	Rem. 209P	Rem. R12H	29.5	9,600 PSI	1295
Lead Shot	12	1 3/8 oz.	Longshot	Rem. 209P	Rem. R12H	30.6	10,500 PSI	1350
Lead Shot	12	1 3/8 oz.	Longshot	Rem. 209P	WAA12F114	25.2	8,700 PSI	1185
Lead Shot	12	1 3/8 oz.	Longshot	Rem. 209P	WAA12F114	26.8	9,700 PSI	1240
Lead Shot	12	1 3/8 oz.	Longshot	Rem. 209P	WAA12F114	28.3	10,700 PSI	1295
Lead Shot	12	1 3/8 oz.	Longshot	Win. 209	Rem. R12H	28.7	6,900 PSI	1185
Lead Shot	12	1 3/8 oz.	Longshot	Win. 209	Rem. R12H	29.6	8,000 PSI	1240
Lead Shot	12	1 3/8 oz.	Longshot	Win. 209	Rem. R12H	30.6	9,200 PSI	1295
Lead Shot	12	1 3/8 oz.	Longshot	Win. 209	Rem. R12H	31.6	10,400 PSI	1350
Lead Shot	12	1 3/8 oz.	Longshot	Win. 209	WAA12F114	26.5	8,400 PSI	1185
Lead Shot	12	1 3/8 oz.	Longshot	Win. 209	WAA12F114	28.1	9,100 PSI	1240
Lead Shot	12	1 3/8 oz.	Longshot	Win. 209	WAA12F114	29.8	9,900 PSI	1295
Lead Shot	12	1 1/2 oz.	SR 7625	Fed. 209A	Rem. RP12	25	11,400 PSI	1150
Lead Shot	12	1 1/2 oz.	SR 7625	Fed. 209A	WAA12R	25.5	11,200 PSI	1150
Lead Shot	12	1 1/2 oz.	SR 7625	Rem. 209P	Rem. RP12	27.5	11,100 PSI	1175
Lead Shot	12	1 1/2 oz.	SR 7625	Rem. 209P	WAA12R	28	11,000 PSI	1175
Lead Shot	12	1 1/2 oz.	SR 7625	Win. 209	Rem. RP12	25.5	11,000 PSI	1150
Lead Shot	12	1 1/2 oz.	SR 7625	Win. 209	WAA12R	26.5	11,000 PSI	1150
Lead Shot	12	1 1/2 oz.	HS-7	Win. 209	WAA12R	37	10,900	1260

							LUP	
Lead Shot	12	1 1/2 oz.	SR 4756	Fed. 209A	Rem. RP12	27.5	11,000 PSI	1175
Lead Shot	12	1 1/2 oz.	SR 4756	Fed. 209A	WAA12R	28	11,100 PSI	1175
Lead Shot	12	1 1/2 oz.	SR 4756	Rem. 209P	Rem. RP12	30.5	11,100 PSI	1225
Lead Shot	12	1 1/2 oz.	SR 4756	Rem. 209P	WAA12R	30	9,000 PSI	1175
Lead Shot	12	1 1/2 oz.	SR 4756	Win. 209	Rem. RP12	28.5	11,000 PSI	1175
Lead Shot	12	1 1/2 oz.	SR 4756	Win. 209	WAA12R	30	10,800 PSI	1200
Lead Shot	12	1 1/2 oz.	800-X	Fed. 209A	Fed. 12S4	24.5	11,200 PSI	1200
Lead Shot	12	1 1/2 oz.	800-X	Fed. 209A	Rem. SP12	26.5	11,000 PSI	1225
Lead Shot	12	1 1/2 oz.	800-X	Fed. 209A	WAA12R	26	11,200 PSI	1225
Lead Shot	12	1 1/2 oz.	800-X	Rem. 209P	Fed. 12S4	26	10,400 PSI	1200
Lead Shot	12	1 1/2 oz.	800-X	Rem. 209P	Rem. RP12	28.5	11,000 PSI	1250
Lead Shot	12	1 1/2 oz.	800-X	Win. 209	Fed. 12S4	25	11,000 PSI	1175
Lead Shot	12	1 1/2 oz.	800-X	Win. 209	Rem. SP12	27	11,100 PSI	1225
Lead Shot	12	1 1/2 oz.	800-X	Win. 209	WAA12R	27	11,000 PSI	1250
Lead Shot	12	1 1/2 oz.	Longshot	Fed. 209A	Fed. 12S4	25.5	11,400 PSI	1205
Lead Shot	12	1 1/2 oz.	Longshot	Fed. 209A	WAA12R	25.6	10,200 PSI	1205
Lead Shot	12	1 1/2 oz.	Longshot	Fed. 209A	WAA12R	27.2	11,500 PSI	1260
Lead Shot	12	1 1/2 oz.	Longshot	Win. 209	Fed. 12S4	26.8	10,200 PSI	1205
Lead Shot	12	1 1/2 oz.	Longshot	Win. 209	Fed. 12S4	28	11,400 PSI	1260
Lead Shot	12	1 1/2 oz.	Longshot	Win. 209	WAA12R	27.2	9,000 PSI	1205
Lead Shot	12	1 1/2 oz.	Longshot	Win. 209	WAA12R	29.1	10,200 PSI	1260
Lead Shot	12	1 1/2 oz.	Longshot	Win. 209	WAA12R	31	11,500 PSI	1315
Lead Slugs	12	7/8 oz. Buckbuster	Universal	Fed. 209A	Fed. 12SO	30	8,300 PSI	1550
Lead Slugs	12	7/8 oz. Slugmaster	Universal	Win. 209	BPGS + 1-1/2" Felt + 2-.135" Card	31	10,100 PSI	1500
Lead Slugs	12	7/8 oz. Buckbuster	Universal	Win. 209	WAA12F114	26	10,600 PSI	1500
Lead Slugs	12	7/8 oz. Buckbuster	HS-6	CCI 209M	WAA12F114	36	10,600 PSI	1550
Lead Slugs	12	7/8 oz. Buckbuster	HS-6	Fed. 209A	Fed. 12SO	42	9,300 PSI	1550
Lead Slugs	12	7/8 oz. Slugmaster	HS-6	Win. 209	BPGS + 2-1/2" Felt + 1-.135" Card	37	10,200 PSI	1450
Lead Slugs	12	7/8 oz. Buckbuster	HS-6	Win. 209	Fed. 12SO	42	8,200 PSI	1550
Lead	12	1 oz. Buckbuster	Universal	Fed. 209A	Fed. 12S3	28	10,200 PSI	1450

Load Type	Gauge	Shot Wt.	Powder	Primer	Wad	Powder Wt. (Gr.)	Pressure	Vel. (ft/s)
Slugs								
Lead Slugs	12	1 oz. Slugmaster	Universal	Win. 209	BPGS + 1-1/2" Felt + 2-.135" Card	29	11,000 PSI	1450
Lead Slugs	12	1 oz. Buckbuster	Universal	Win. 209	Fed. 12S4	27.5	10,600 PSI	1450
Lead Slugs	12	1 oz. Buckbuster	HS-6	CCI 209M	Fed. 12S4	35	10,800 PSI	1500
Lead Slugs	12	1 oz. Buckbuster	HS-6	Fed. 209A	Fed. 12S3	40	11,000 PSI	1550
Lead Slugs	12	1 oz. Slugmaster	HS-6	Win. 209	BPGS + 2-1-11/2" Felt + 1-.135" Card	35.5	10,200 PSI	1400
Lead Slugs	12	1 1/8 oz. Buckbuster	Universal	Win. 209	Fed. 12S4	24.5	10,000 PSI	1300
Lead Slugs	12	1 1/8 oz. Buckbuster	HS-6	CCI 209M	Fed. 12S4	32	10,600 PSI	1350
Steel	12	1 oz.	Universal	CCI 209SC	BP-CSD-100	20.5	10,000 PSI	1200
Steel	12	1 oz.	Universal	CCI 209SC	BP-CSD-100	21	10,100 PSI	1250
Steel	12	1 oz.	Universal	CCI 209SC	BP-CSD-100	22	10,900 PSI	1300
Steel	12	1 oz.	Universal	Fed. 209A	BP-CSD-100	19.5	10,200 PSI	1200
Steel	12	1 oz.	Universal	Fed. 209A	BP-CSD-100	20	11,300 PSI	1250
Steel	12	1 oz.	Universal	Fed. 209A	BP-CSD-100	22	11,500 PSI	1300
Steel	12	1 oz.	Universal	Fed. 209A	BP-STS	21.5	9,300 PSI	1200
Steel	12	1 oz.	Universal	Fed. 209A	BP-STS	22	9,800 PSI	1250
Steel	12	1 oz.	Universal	Fed. 209A	BP-STS	22.5	11,400 PSI	1300

Shell: 3 1/2" REMINGTON STEEL SHOT SHELLS (HEVI-SHOT)

Load Type	Gauge	Shot Wt.	Powder	Primer	Wad	Powder Wt. (Gr.)	Pressure	Vel. (ft/s)
Hevi-Shot	12	1 1/4 oz. #4, #2, #BB	Longshot	Fed. 209A	TPS 322-7703 + 2-20ga 3/8" felt + 20gr #47 buffer + O.C.	26.1	9,500 PSI	1200
Hevi-Shot	12	1 1/4 oz. #4, #2, #BB	Longshot	Fed. 209A	TPS 322-7703 + 2-20ga 3/8" felt + 20gr #47 buffer + O.C.	27.4	11,000 PSI	1250
Hevi-Shot	12	1 1/4 oz. #4, #2, #BB	Longshot	Fed. 209A	TPS 322-7703 + 2-20ga 3/8" felt + 20gr #47 buffer + O.C.	28.6	12,200 PSI	1300
Hevi-	12	1 1/4 oz. #4, #2,	Longshot	Rem.	TPS 322-7703 + 2-20ga 3/8" felt + 20gr #47	26.8	9,500 PSI	1200

Load Type	Gauge	Shot Wt.	Powder	Primer	Wad	Powder Wt. (Gr.)	Pressure	Vel. (ft/s)
Shot		#BB		209P	buffer + O.C.			
Hevi-Shot	12	1 1/4 oz. #4, #2, #BB	Longshot	Rem. 209P	TPS 322-7703 + 2-20ga 3/8" felt + 20gr #47 buffer + O.C.	28	10,300 PSI	1250
Hevi-Shot	12	1 1/4 oz. #4, #2, #BB	Longshot	Rem. 209P	TPS 322-7703 + 2-20ga 3/8" felt + 20gr #47 buffer + O.C.	29.3	11,200 PSI	1300
Hevi-Shot	12	1 3/8 oz. #4, #2, #BB	Longshot	Fed. 209A	TPS 322-7703 + 1-20ga 3/8" felt + 20gr #47 buffer + O.C.	27.1	11,400 PSI	1200
Hevi-Shot	12	1 3/8 oz. #4, #2, #BB	Longshot	Fed. 209A	TPS 322-7703 + 1-20ga 3/8" felt + 20gr #47 buffer + O.C.	28	12,900 PSI	1250
Hevi-Shot	12	1 3/8 oz. #4, #2, #BB	Longshot	Rem. 209P	TPS 322-7703 + 1-20ga 3/8" felt + 20gr #47 buffer + O.C.	26.9	11,300 PSI	1200
Hevi-Shot	12	1 3/8 oz. #4, #2, #BB	Longshot	Rem. 209P	TPS 322-7703 + 1-20ga 3/8" felt + 20gr #47 buffer + O.C.	28.1	12,500 PSI	1250

Shell: 2 1/2" REMINGTON PREMIER OR NITRO 27 OR STS PLASTIC SHELLS

Load Type	Gauge	Shot Wt.	Powder	Primer	Wad	Powder Wt. (Gr.)	Pressure	Vel. (ft/s)
Lead Shot	12	1 oz.	Universal	Win. 209	WAA12R	20.8	7,300 PSI	1180

Shell: 3" FIOCCHI PLASTIC SHELLS

Load Type	Gauge	Shot Wt.	Powder	Primer	Wad	Powder Wt. (Gr.)	Pressure	Vel. (ft/s)
Lead Shot	12	1 7/8 oz.	HS-7	CCI 209M	Rem. R12H	30.5	10,400 PSI	1100
Lead Shot	12	1 7/8 oz.	HS-7	Fio. 616	Rem. Fig. 8	34	10,400 LUP	1155
Lead Shot	12	1 7/8 oz.	HS-7	Win. 209	Rem. R12H	31	10,600 PSI	1100
Lead Shot	12	1 7/8 oz.	Longshot	Ched. 209	Rem. SP12	27.2	10,800 PSI	1155
Lead Shot	12	1 7/8 oz.	Longshot	Ched. 209	WAA12R	27	10,800 PSI	1155
Lead Shot	12	1 7/8 oz.	Longshot	Fio. 616	Rem. SP12	27.5	10,800 PSI	1155
Lead Shot	12	1 7/8 oz.	Longshot	Fio. 616	WAA12R	26.9	10,900 PSI	1155

Shell: 3 1/2" REMINGTON STEEL SHOT SHELLS (LEAD SHOT LOADS)

Load Type	Gauge	Shot Wt.	Powder	Primer	Wad	Powder Wt. (Gr.)	Pressure	Vel. (ft/s)
Lead Shot	12	1 7/8 oz.	HS-7	CCI 209M	Fed. 12SO	42	11,700 PSI	1250
Lead Shot	12	1 7/8 oz.	HS-7	FED. 209	Fed. 12SO	41	12,400 PSI	1250
Lead Shot	12	1 7/8 oz.	HS-7	Win. 209	Fed. 12SO	41.5	11,600 PSI	1250
Lead Shot	12	1 7/8 oz.	Longshot	Fed. 209A	Fed. 12SO + 1-20 Ga. .135" Card	36	13,600 PSI	1250
Lead Shot	12	1 7/8 oz.	Longshot	Fed. 209A	Rem. TGT12 + 1-20 Ga. .135" Card	36	13,200 PSI	1250
Lead Shot	12	1 7/8 oz.	Longshot	Fed. 209A	WAA12SL + 1-20 Ga. .135" Card	36.1	13,000 PSI	1250
Lead Shot	12	1 7/8 oz.	Longshot	Rem. 209P	Fed. 12SO + 1-20 Ga. .135" Card	36.4	13,000 PSI	1250

Load Type	Gauge	Shot Wt.	Powder	Primer	Wad	Powder Wt. (Gr.)	Pressure	Vel. (ft/s)
Lead Shot	12	1 7/8 oz.	Longshot	Rem. 209P	Rem. TGT12 + 1-20 Ga. .135" Card	36	13,100 PSI	1250
Lead Shot	12	1 7/8 oz.	Longshot	Rem. 209P	WAA12SL + 1-20 Ga. .135" Card	36.5	13,200 PSI	1250
Lead Shot	12	2 oz.	HS-7	CCI 209M	Rem. RXP12 + 1-20 Ga. .135" Card	40	11,500 PSI	1200
Lead Shot	12	2 oz.	HS-7	CCI 209M	WAA12SL	39.5	10,900 PSI	1200
Lead Shot	12	2 oz.	HS-7	Fed. 209A	WAA12SL	39	12,100 PSI	1200
Lead Shot	12	2 oz.	HS-7	Win. 209	WAA12SL	38.5	12,100 PSI	1200
Lead Shot	12	2 oz.	Longshot	Fed. 209A	Rem. TGT12	33.8	13,000 PSI	1200
Lead Shot	12	2 oz.	Longshot	Rem. 209P	Fed. 12S3 + 1-20 Ga. .135" Card	34	13,300 PSI	1200
Lead Shot	12	2 oz.	Longshot	Rem. 209P	Rem. TGT12	34	13,300 PSI	1200
Lead Shot	12	2 1/4 oz.	HS-7	Fed. 209A	Rem. SP12 + 1-20 Ga. .135" Card	36.5	11,900 PSI	1150
Lead Shot	12	2 1/4 oz.	HS-7	Win. 209	Rem. SP12 + 1-20 Ga. .135" Card	38.5	11,000 PSI	1150
Lead Shot	12	2 1/4 oz.	Longshot	Fed. 209A	Fed. 12S3	29.4	13,100 PSI	1150
Lead Shot	12	2 1/4 oz.	Longshot	Fed. 209A	Fed. 12S3	29.9	13,600 PSI	1175
Lead Shot	12	2 1/4 oz.	Longshot	Fed. 209A	Rem. RXP	29.3	13,300 PSI	1150
Lead Shot	12	2 1/4 oz.	Longshot	Fed. 209A	Rem. RXP	30	13,900 PSI	1175
Lead Shot	12	2 1/4 oz.	Longshot	Fed. 209A	WAA12	29.5	13,600 PSI	1150
Lead Shot	12	2 1/4 oz.	Longshot	Rem. 209P	Rem. RXP	31	13,700 PSI	1150
Lead Shot	12	2 1/4 oz.	Longshot	Rem. 209P	WAA12	30	13,000 PSI	1150
Lead Shot	12	2 1/4 oz.	Longshot	Rem. 209P	WAA12	30.9	13,500 PSI	1175

Shell: 3" WINCHESTER COMPRESSION-FORMED SUPER-X TYPE SHELLS

Load Type	Gauge	Shot Wt.	Powder	Primer	Wad	Powder Wt. (Gr.)	Pressure	Vel. (ft/s)
Lead Shot	12	1 3/8 oz.	HS-6	Win. 209	WAA12	35.5	9,400 LUP	1295
Lead Shot	12	1 5/8 oz.	HS-7	Win. 209	Rem. R12H	36	10,200 LUP	1205
Lead Shot	12	1 5/8 oz.	HS-7	Win. 209	WAA12	36	10,400 LUP	1205
Lead Shot	12	1 5/8 oz.	SR 4756	Fed. 209A	Rem. SP12	33	10,900 PSI	1200
Lead Shot	12	1 5/8 oz.	SR 4756	Fed. 209A	WAA12F114	31	10,800 PSI	1200
Lead Shot	12	1 5/8 oz.	SR 4756	Rem. 209P	Rem. RP12	35.5	10,900 PSI	1300
Lead Shot	12	1 5/8 oz.	SR 4756	Rem. 209P	WAA12R	37.5	11,000 PSI	1300
Lead Shot	12	1 5/8 oz.	SR 4756	Win. 209	Rem. RP12	37.5	11,000 PSI	1300
Lead Shot	12	1 5/8 oz.	SR 4756	Win. 209	WAA12R	38.5	10,900 PSI	1300
Lead Shot	12	1 5/8 oz.	800-X	Fed. 209A	Rem. RXP12	28.5	11,000 PSI	1200
Lead Shot	12	1 5/8 oz.	800-X	Fed. 209A	WAA12	28	10,800 PSI	1200
Lead Shot	12	1 5/8 oz.	800-X	Rem. 209P	Rem. RXP12	31.5	11,000 PSI	1250
Lead Shot	12	1 5/8 oz.	800-X	Rem. 209P	WAA12	30	10,900 PSI	1250
Lead Shot	12	1 5/8 oz.	800-X	Win. 209	Rem. RXP12	30.5	11,000 PSI	1250
Lead Shot	12	1 5/8 oz.	800-X	Win. 209	WAA12	30.5	11,000 PSI	1200
Lead Shot	12	1 7/8 oz.	HS-7	Win. 209	WAA12R	33.5	10,600 LUP	1100

Shell: 2" REMINGTON PREMIER OR NITRO 27 OR STS PLASTIC SHELLS

Load Type	Gauge	Shot Wt.	Powder	Primer	Wad	Powder Wt. (Gr.)	Pressure	Vel. (ft/s)
Lead Shot	12	7/8 oz.	Internat'l	Win. 209	BP Compact Euro.	16	8,400 PSI	1180
Lead Shot	12	1 oz.	Universal	Win. 209	BP Ultra Short Euro.	18.5	9,200 PSI	1180

Shell: 3" FIOCCHI PLASTIC SHELLS (BISMUTH SHOT)

Load Type	Gauge	Shot Wt.	Powder	Primer	Wad	Powder Wt. (Gr.)	Pressure	Vel. (ft/s)
Bismuth	12	1 1/2 oz.	HS-6	Fio. 616	WAA12F114	35	10,900 PSI	1300
Bismuth	12	1 1/2 oz.	HS-7	Fio. 616	WAA12R + 1-.135" Card	39	10,200 PSI	1300
Bismuth	12	1 1/2 oz.	Longshot	Ched. 209	Rem. RP12	27.6	9,400 PSI	1225
Bismuth	12	1 1/2 oz.	Longshot	Ched. 209	Rem. RP12	28.5	10,100 PSI	1250
Bismuth	12	1 1/2 oz.	Longshot	Ched. 209	Rem. RP12	29.4	10,700 PSI	1275
Bismuth	12	1 1/2 oz.	Longshot	Ched. 209	Rem. RP12	30.2	11,200 PSI	1300
Bismuth	12	1 1/2 oz.	Longshot	Ched. 209	WAA12R	28.2	10,000 PSI	1225
Bismuth	12	1 1/2 oz.	Longshot	Ched. 209	WAA12R	29.2	10,500 PSI	1250
Bismuth	12	1 1/2 oz.	Longshot	Ched. 209	WAA12R	30.2	10,900 PSI	1275
Bismuth	12	1 1/2 oz.	Longshot	Ched. 209	WAA12R	31.2	11,400 PSI	1300
Bismuth	12	1 1/2 oz.	Longshot	Fio. 616	Rem. RP12	27.1	10,500 PSI	1225
Bismuth	12	1 1/2 oz.	Longshot	Fio. 616	Rem. RP12	28.1	11,000 PSI	1250
Bismuth	12	1 1/2 oz.	Longshot	Fio. 616	WAA12R	28.3	9,900 PSI	1225
Bismuth	12	1 1/2 oz.	Longshot	Fio. 616	WAA12R	28.9	10,600 PSI	1250
Bismuth	12	1 1/2 oz.	Longshot	Fio. 616	WAA12R	29.6	11,500 PSI	1275
Bismuth	12	1 5/8 oz.	HS-6	Fio. 616	WAA12R	34	11,300 PSI	1250
Bismuth	12	1 5/8 oz.	HS-7	Fio. 616	WAA12R	38	10,800 PSI	1250

Shell: 3" FEDERAL PLASTIC SHELL, 7/16" BASE WAD (HEVI-SHOT)

Load Type	Gauge	Shot Wt.	Powder	Primer	Wad	Powder Wt. (Gr.)	Pressure	Vel. (ft/s)
Hevi-Shot	12	1 1/8 oz. #4, #2, #BB	Longshot	Fed. 209A	TPS 322-7702 + 1-20ga 1/2" felt + 20gr #47 buffer + O.C.	26	9,800 PSI	1275
Hevi-Shot	12	1 1/8 oz. #4, #2, #BB	Longshot	Fed. 209A	TPS 322-7702 + 1-20ga 1/2" felt + 20gr #47 buffer + O.C.	26.4	10,400 PSI	1300
Hevi-Shot	12	1 1/8 oz. #4, #2, #BB	Longshot	Fed. 209A	TPS 322-7702 + 1-20ga 1/2" felt + 20gr #47 buffer + O.C.	26.8	10,900 PSI	1325
Hevi-Shot	12	1 1/8 oz. #4, #2, #BB	Longshot	Win. 209	TPS 322-7702 + 1-20ga 1/2" felt + 20gr #47 buffer + O.C.	27.2	9,900 PSI	1300
Hevi-	12	1 1/8 oz. #4, #2,	Longshot	Win. 209	TPS 322-7702 + 1-20ga 1/2" felt + 20gr #47	27.8	10,400	1325

Shot		#BB			buffer + O.C.			PSI	
Hevi-Shot	12	1 1/4 oz. #4, #2, #BB	Longshot	Fed. 209A	TPS 322-7702 + 1-20ga 1/4" felt + 20gr #47 buffer + O.C.	23	11,000 PSI	1200
Hevi-Shot	12	1 1/4 oz. #4, #2, #BB	Longshot	Win. 209	TPS 322-7702 + 1-20ga 1/4" felt + 20gr #47 buffer + O.C.	23.5	9,900 PSI	1200

Shell: 2 3/4" CHEDDITE PLASTIC SHELLS

Load Type	Gauge	Shot Wt.	Powder	Primer	Wad	Powder Wt. (Gr.)	Pressure	Vel. (ft/s)
Lead Shot	12	7/8 oz.	Titewad	Ched. 209	GU 1225	17.7	8,100 PSI	1250
Lead Shot	12	7/8 oz.	Titewad	Ched. 209	GU 1225	19	9,000 PSI	1300
Lead Shot	12	7/8 oz.	Titewad	Ched. 209	GU 1225	20.3	9,900 PSI	1350
Lead Shot	12	7/8 oz.	Titewad	Ched. 209	GU 1225	21.6	10,700 PSI	1400
Lead Shot	12	7/8 oz.	Titewad	Fio. 616	GU 1225	18.1	8,200 PSI	1250
Lead Shot	12	7/8 oz.	Titewad	Fio. 616	GU 1225	19.1	9,100 PSI	1300
Lead Shot	12	7/8 oz.	Titewad	Fio. 616	GU 1225	20.2	10,000 PSI	1350
Lead Shot	12	7/8 oz.	Titewad	Fio. 616	GU 1225	21.3	11,000 PSI	1400
Lead Shot	12	7/8 oz.	Clays	Ched. 209	GU 1225	18.4	7,300 PSI	1250
Lead Shot	12	7/8 oz.	Clays	Ched. 209	GU 1225	19.6	8,300 PSI	1300
Lead Shot	12	7/8 oz.	Clays	Ched. 209	GU 1225	20.9	9,500 PSI	1350
Lead Shot	12	7/8 oz.	Clays	Ched. 209	GU 1225	22.1	10,600 PSI	1400
Lead Shot	12	7/8 oz.	Clays	Fio. 616	GU 1225	18.7	7,300 PSI	1250
Lead Shot	12	7/8 oz.	Clays	Fio. 616	GU 1225	20	8,400 PSI	1300
Lead Shot	12	7/8 oz.	Clays	Fio. 616	GU 1225	21.2	9,400 PSI	1350
Lead Shot	12	7/8 oz.	Clays	Fio. 616	GU 1225	22.5	10,500 PSI	1400
Lead Shot	12	1 oz.	Titewad	Ched. 209	GU 1225	16.8	8,300 PSI	1180
Lead Shot	12	1 oz.	Titewad	Ched. 209	GU 1225	18.2	9,700 PSI	1235
Lead Shot	12	1 oz.	Titewad	Ched. 209	GU 1225	19.5	10,900 PSI	1290
Lead Shot	12	1 oz.	Titewad	Fio. 616	GU 1225	16.6	8,600 PSI	1180
Lead Shot	12	1 oz.	Titewad	Fio. 616	GU 1225	18.1	10,100 PSI	1235
Lead Shot	12	1 oz.	Titewad	Fio. 616	GU 1225	19.5	11,500 PSI	1290
Lead Shot	12	1 oz.	Clays	Ched. 209	GU 1225	18.1	7,200 PSI	1180
Lead Shot	12	1 oz.	Clays	Ched. 209	GU 1225	19.3	8,800 PSI	1235
Lead Shot	12	1 oz.	Clays	Ched. 209	GU 1225	20.6	10,600 PSI	1290
Lead Shot	12	1 oz.	Clays	Fio. 616	GU 1225	17.4	8,000 PSI	1180
Lead Shot	12	1 oz.	Clays	Fio. 616	GU 1225	19.1	9,200 PSI	1235
Lead Shot	12	1 oz.	Clays	Fio. 616	GU 1225	20.7	10,400 PSI	1290
Lead Shot	12	1 oz.	Internat'l	Ched. 209	GU 1225	20.6	7,700 PSI	1235
Lead Shot	12	1 oz.	Internat'l	Ched. 209	GU 1225	22.1	8,500 PSI	1290

Lead Shot	12	1 oz.	Internat'l	Ched. 209	GU 1225	23.6	9,300 PSI	1345
Lead Shot	12	1 oz.	Internat'l	Fio. 616	GU 1225	20.3	8,000 PSI	1235
Lead Shot	12	1 oz.	Internat'l	Fio. 616	GU 1225	21.8	8,900 PSI	1290
Lead Shot	12	1 oz.	Internat'l	Fio. 616	GU 1225	23.3	9,800 PSI	1345
Lead Shot	12	1 oz.	Internat'l	Fio. 616	GU 1225	24.8	10,700 PSI	1400
Lead Shot	12	1 1/8 oz.	Titewad	Ched. 209	Fed. 12S3	16.5	7,400 PSI	1090
Lead Shot	12	1 1/8 oz.	Titewad	Ched. 209	Fed. 12S3	17	9,000 PSI	1145
Lead Shot	12	1 1/8 oz.	Titewad	Ched. 209	Fed. 12S3	18	10,100 PSI	1200
Lead Shot	12	1 1/8 oz.	Titewad	Ched. 209	Fio. TL1	16	9,100 PSI	1090
Lead Shot	12	1 1/8 oz.	Titewad	Ched. 209	Fio. TL1	17	10,400 PSI	1145
Lead Shot	12	1 1/8 oz.	Titewad	Ched. 209	Fio. TL1	18	11,400 PSI	1200
Lead Shot	12	1 1/8 oz.	Titewad	Ched. 209	GU 1222	15.3	9,200 PSI	1090
Lead Shot	12	1 1/8 oz.	Titewad	Ched. 209	GU 1222	16.3	10,100 PSI	1145
Lead Shot	12	1 1/8 oz.	Titewad	Ched. 209	GU 1222	18	11,200 PSI	1200
Lead Shot	12	1 1/8 oz.	Titewad	Ched. 209	Rem. Fig. 8	16.5	8,800 PSI	1145
Lead Shot	12	1 1/8 oz.	Titewad	Ched. 209	Rem. Fig. 8	18	10,400 PSI	1200
Lead Shot	12	1 1/8 oz.	Titewad	Ched. 209	WAA12SL	16.5	7,300 PSI	1090
Lead Shot	12	1 1/8 oz.	Titewad	Ched. 209	WAA12SL	17	8,500 PSI	1145
Lead Shot	12	1 1/8 oz.	Titewad	Ched. 209	WAA12SL	18	9,800 PSI	1200
Lead Shot	12	1 1/8 oz.	Titewad	Fio. 616	GU 1222	14.9	9,000 PSI	1090
Lead Shot	12	1 1/8 oz.	Titewad	Fio. 616	GU 1222	16.2	10,100 PSI	1145
Lead Shot	12	1 1/8 oz.	Titewad	Fio. 616	GU 1222	17.9	11,500 PSI	1200
Lead Shot	12	1 1/8 oz.	Clays	Ched. 209	Fed. 12S3	16.3	7,700 PSI	1090
Lead Shot	12	1 1/8 oz.	Clays	Ched. 209	Fed. 12S3	17.5	8,500 PSI	1145
Lead Shot	12	1 1/8 oz.	Clays	Ched. 209	Fed. 12S3	18.7	9,700 PSI	1200
Lead Shot	12	1 1/8 oz.	Clays	Ched. 209	Fed. 12S3	20.5	11,400 PSI	1255
Lead Shot	12	1 1/8 oz.	Clays	Ched. 209	GU 1222	15.9	8,100 PSI	1090
Lead Shot	12	1 1/8 oz.	Clays	Ched. 209	GU 1222	17.3	9,100 PSI	1145
Lead Shot	12	1 1/8 oz.	Clays	Ched. 209	GU 1222	18.7	10,200 PSI	1200
Lead Shot	12	1 1/8 oz.	Clays	Ched. 209	WAA12	16.3	7,700 PSI	1090
Lead Shot	12	1 1/8 oz.	Clays	Ched. 209	WAA12	17.3	8,500 PSI	1145
Lead Shot	12	1 1/8 oz.	Clays	Ched. 209	WAA12	18.5	10,000 PSI	1200
Lead Shot	12	1 1/8 oz.	Clays	Ched. 209	WAA12	20.5	11,500 PSI	1255
Lead Shot	12	1 1/8 oz.	Clays	Fio 616	Fio. TL1	16	7,500 PSI	1090
Lead Shot	12	1 1/8 oz.	Clays	Fio 616	Fio. TL1	17	8,000 PSI	1145
Lead Shot	12	1 1/8 oz.	Clays	Fio 616	Fio. TL1	19	11,300 PSI	1200
Lead Shot	12	1 1/8 oz.	Clays	Fio. 616	GU 1222	16.3	7,500 PSI	1090
Lead Shot	12	1 1/8 oz.	Clays	Fio. 616	GU 1222	17.5	8,900 PSI	1145

Lead Shot	12	1 1/8 oz.	Clays	Fio. 616	GU 1222	18.7	10,300 PSI	1200
Lead Shot	12	1 1/8 oz.	Internat'l	Ched. 209	Fed. 12S3	19.5	7,200 PSI	1090
Lead Shot	12	1 1/8 oz.	Internat'l	Ched. 209	Fed. 12S3	20	8,400 PSI	1145
Lead Shot	12	1 1/8 oz.	Internat'l	Ched. 209	Fed. 12S3	21	8,500 PSI	1200
Lead Shot	12	1 1/8 oz.	Internat'l	Ched. 209	GU 1222	19.5	7,400 PSI	1145
Lead Shot	12	1 1/8 oz.	Internat'l	Ched. 209	GU 1222	20.6	8,400 PSI	1200
Lead Shot	12	1 1/8 oz.	Internat'l	Ched. 209	GU 1222	21.7	9,500 PSI	1255
Lead Shot	12	1 1/8 oz.	Internat'l	Ched. 209	WAA12	19	7,300 PSI	1090
Lead Shot	12	1 1/8 oz.	Internat'l	Ched. 209	WAA12	19.5	7,800 PSI	1145
Lead Shot	12	1 1/8 oz.	Internat'l	Ched. 209	WAA12	20.5	8,400 PSI	1200
Lead Shot	12	1 1/8 oz.	Internat'l	Ched. 209	WAA12	21.5	9,900 PSI	1255
Lead Shot	12	1 1/8 oz.	Internat'l	FIO 616	Fio. TL1	19	7,200 PSI	1145
Lead Shot	12	1 1/8 oz.	Internat'l	FIO 616	Fio. TL1	20.5	8,800 PSI	1200
Lead Shot	12	1 1/8 oz.	Internat'l	FIO 616	Fio. TL1	22	10,000 PSI	1255
Lead Shot	12	1 1/8 oz.	Internat'l	Fio. 616	GU 1222	18.2	6,700 PSI	1090
Lead Shot	12	1 1/8 oz.	Internat'l	Fio. 616	GU 1222	19.5	7,500 PSI	1145
Lead Shot	12	1 1/8 oz.	Internat'l	Fio. 616	GU 1222	20.8	8,400 PSI	1200
Lead Shot	12	1 1/8 oz.	Internat'l	Fio. 616	GU 1222	22.2	9,300 PSI	1255
Lead Shot	12	1 1/8 oz.	Longshot	Ched. 209	Fed. 12S3	33.6	7,100 PSI	1420
Lead Shot	12	1 1/8 oz.	Longshot	Ched. 209	Fed. 12S3	35.2	8,200 PSI	1475
Lead Shot	12	1 1/8 oz.	Longshot	Ched. 209	Fed. 12S3	36.8	9,200 PSI	1530
Lead Shot	12	1 1/8 oz.	Longshot	Ched. 209	Fed. 12S3	38.4	10,300 PSI	1585
Lead Shot	12	1 1/8 oz.	Longshot	Ched. 209	Fio. TL1	33.7	7,900 PSI	1420
Lead Shot	12	1 1/8 oz.	Longshot	Ched. 209	Fio. TL1	35.2	9,300 PSI	1475
Lead Shot	12	1 1/8 oz.	Longshot	Ched. 209	Fio. TL1	36.6	9,800 PSI	1530
Lead Shot	12	1 1/8 oz.	Longshot	Ched. 209	Fio. TL1	38	10,700 PSI	1585
Lead Shot	12	1 1/8 oz.	Longshot	Ched. 209	Rem. R12L	32.9	7,600 PSI	1420
Lead Shot	12	1 1/8 oz.	Longshot	Ched. 209	Rem. R12L	34.6	8,400 PSI	1475
Lead Shot	12	1 1/8 oz.	Longshot	Ched. 209	Rem. R12L	36.4	9,300 PSI	1530
Lead Shot	12	1 1/8 oz.	Longshot	Ched. 209	Rem. R12L	38.1	10,100 PSI	1585
Lead Shot	12	1 1/8 oz.	Longshot	Ched. 209	Windjammer	34.7	7,400 PSI	1420
Lead Shot	12	1 1/8 oz.	Longshot	Ched. 209	Windjammer	36.1	8,000 PSI	1475
Lead Shot	12	1 1/8 oz.	Longshot	Ched. 209	Windjammer	37.5	8,700 PSI	1530
Lead Shot	12	1 1/8 oz.	Longshot	Ched. 209	Windjammer	38.9	9,400 PSI	1585
Lead Shot	12	1 1/4 oz.	Longshot	Ched. 209	Rem. R12L	30.3	7,700 PSI	1330
Lead Shot	12	1 1/4 oz.	Longshot	Ched. 209	Rem. R12L	32.2	8,600 PSI	1385
Lead Shot	12	1 1/4 oz.	Longshot	Ched. 209	Rem. R12L	34	9,500 PSI	1440
Lead Shot	12	1 1/4 oz.	Longshot	Ched. 209	WAA12F114	29.8	8,000 PSI	1330

Load Type	Gauge	Shot Wt.	Powder	Primer	Wad	Powder Wt. (Gr.)	Pressure	Vel. (ft/s)
Lead Shot	12	1 1/4 oz.	Longshot	Ched. 209	WAA12F114	31.7	8,800 PSI	1385
Lead Shot	12	1 1/4 oz.	Longshot	Ched. 209	WAA12F114	33.6	9,700 PSI	1440
Lead Shot	12	1 3/8 oz.	Longshot	Ched. 209	Fed. 12S4	25.6	7,800 PSI	1185
Lead Shot	12	1 3/8 oz.	Longshot	Ched. 209	Fed. 12S4	27.2	9,200 PSI	1240
Lead Shot	12	1 3/8 oz.	Longshot	Ched. 209	Fed. 12S4	28.7	10,400 PSI	1295
Lead Shot	12	1 3/8 oz.	Longshot	Ched. 209	Fed. 12S4	30.5	11,500 PSI	1350
Lead Shot	12	1 3/8 oz.	Longshot	Ched. 209	Rem. R12H	28.1	8,400 PSI	1240
Lead Shot	12	1 3/8 oz.	Longshot	Ched. 209	Rem. R12H	29.5	9,500 PSI	1295
Lead Shot	12	1 3/8 oz.	Longshot	Ched. 209	Rem. R12H	30.9	10,500 PSI	1350
Lead Shot	12	1 3/8 oz.	Longshot	Ched. 209	WAA12F114	25.5	7,700 PSI	1185
Lead Shot	12	1 3/8 oz.	Longshot	Ched. 209	WAA12F114	27.2	8,900 PSI	1240
Lead Shot	12	1 3/8 oz.	Longshot	Ched. 209	WAA12F114	28.8	10,100 PSI	1295
Lead Shot	12	1 3/8 oz.	Longshot	Ched. 209	WAA12F114	30.4	11,300 PSI	1350
Lead Shot	12	1 1/2 oz.	Longshot	Ched. 209	Fed. 12S4	27	9,800 PSI	1205
Lead Shot	12	1 1/2 oz.	Longshot	Ched. 209	WAA12R	26.6	9,100 PSI	1205
Lead Shot	12	1 1/2 oz.	Longshot	Ched. 209	WAA12R	28.6	10,100 PSI	1260
Lead Shot	12	1 1/2 oz.	Longshot	Ched. 209	WAA12R	30.6	11,100 PSI	1315

Shell: 2 3/4" FEDERAL HI-POWER PLASTIC SHELLS W/FIBER BASE WADS

Load Type	Gauge	Shot Wt.	Powder	Primer	Wad	Powder Wt. (Gr.)	Pressure	Vel. (ft/s)
Lead Shot	12	1 1/8 oz.	Universal	Fed. 209A	Fed. 12S3	24	8,200 PSI	1200
Lead Shot	12	1 1/8 oz.	Universal	Fed. 209A	Fed. 12S3	25	9,000 PSI	1255
Lead Shot	12	1 1/8 oz.	Universal	Fed. 209A	Fed. 12S3	26.5	9,400 PSI	1310
Lead Shot	12	1 1/8 oz.	Universal	Win. 209	WAA12	24	8,300 PSI	1200
Lead Shot	12	1 1/8 oz.	Universal	Win. 209	WAA12	25	8,700 PSI	1255
Lead Shot	12	1 1/8 oz.	Universal	Win. 209	WAA12	26.5	9,700 PSI	1310
Lead Shot	12	1 1/4 oz.	Universal	CCI 209M	Rem. SP12	25.5	7,900 PSI	1220
Lead Shot	12	1 1/4 oz.	Universal	Fed. 209A	Fed. 12S4	24	10,300 PSI	1220
Lead Shot	12	1 1/4 oz.	Universal	Fio. 616	Fed. 12S4	26	8,900 PSI	1220
Lead Shot	12	1 1/4 oz.	Universal	Win. 209	Fed. 12S4	25.2	8,800 PSI	1220
Lead Shot	12	1 1/4 oz.	Universal	Win. 209	WAA12F114	25.5	9,400 PSI	1220

Shell: 2 3/4" FEDERAL PLASTIC SHELLS W/.090 BASE WAD (BISMUTH SHOT)

Load Type	Gauge	Shot Wt.	Powder	Primer	Wad	Powder Wt. (Gr.)	Pressure	Vel. (ft/s)
Bismuth	12	1 1/4 oz.	HS-6	Win. 209	WAA12R + 1-.135" Card	36.5	8,500 PSI	1300
Bismuth	12	1 3/8 oz.	HS-6	Win. 209	WAA12R	36	9,600 PSI	1300
Bismuth	12	1 1/2 oz.	HS-6	Win. 209	WAA12R	34	11,100 PSI	1275
Bismuth	12	1 1/2 oz.	HS-6	Win. 209	WAA12R	35	11,400 PSI	1300

Load Type	Gauge	Shot Wt.	Powder	Primer	Wad	Powder Wt. (Gr.)	Pressure	Vel. (ft/s)
Bismuth	12	1 1/2 oz.	HS-7	Win. 209	WAA12R	36.5	10,500 PSI	1250

Shell: 2 3/4" NOBEL SPORT PAPER SHELLS

Load Type	Gauge	Shot Wt.	Powder	Primer	Wad	Powder Wt. (Gr.)	Pressure	Vel. (ft/s)
Lead Shot	12	1 oz.	Titewad	Ched. 209	G/BP CS12	17	8,000 PSI	1180
Lead Shot	12	1 oz.	Titewad	Ched. 209	G/BP CS12	18.6	9,400 PSI	1235
Lead Shot	12	1 oz.	Titewad	Ched. 209	G/BP CS12	20.1	10,700 PSI	1290
Lead Shot	12	1 oz.	Titewad	Ched. 209	Rem. TGT12	17.3	7,300 PSI	1180
Lead Shot	12	1 oz.	Titewad	Ched. 209	Rem. TGT12	18.9	8,500 PSI	1235
Lead Shot	12	1 oz.	Titewad	Ched. 209	Rem. TGT12	20.5	9,700 PSI	1290
Lead Shot	12	1 oz.	Titewad	Ched. 209	Rem. TGT12	22	11,100 PSI	1345
Lead Shot	12	1 oz.	Titewad	Ched. 209	WAA12SL	17.6	7,000 PSI	1180
Lead Shot	12	1 oz.	Titewad	Ched. 209	WAA12SL	19.1	8,200 PSI	1235
Lead Shot	12	1 oz.	Titewad	Ched. 209	WAA12SL	20.7	9,500 PSI	1290
Lead Shot	12	1 oz.	Titewad	Ched. 209	WAA12SL	22.3	11,000 PSI	1345
Lead Shot	12	1 oz.	Titewad	Nobel 209	G/BP CS12	17.2	6,400 PSI	1180
Lead Shot	12	1 oz.	Titewad	Nobel 209	G/BP CS12	18.7	8,500 PSI	1235
Lead Shot	12	1 oz.	Titewad	Nobel 209	G/BP CS12	20.2	10,500 PSI	1290
Lead Shot	12	1 oz.	Titewad	Nobel 209	Rem. TGT12	17.4	7,000 PSI	1180
Lead Shot	12	1 oz.	Titewad	Nobel 209	Rem. TGT12	19.1	8,300 PSI	1235
Lead Shot	12	1 oz.	Titewad	Nobel 209	Rem. TGT12	20.7	9,500 PSI	1290
Lead Shot	12	1 oz.	Titewad	Nobel 209	Rem. TGT12	22.3	11,200 PSI	1345
Lead Shot	12	1 oz.	Titewad	Nobel 209	WAA12SL	17.8	6,500 PSI	1180
Lead Shot	12	1 oz.	Titewad	Nobel 209	WAA12SL	19.2	8,000 PSI	1235
Lead Shot	12	1 oz.	Titewad	Nobel 209	WAA12SL	20.6	9,500 PSI	1290
Lead Shot	12	1 oz.	Titewad	Nobel 209	WAA12SL	22.1	11,100 PSI	1345
Lead Shot	12	1 oz.	Clays	Ched. 209	G/BP CS12	17.8	6,700 PSI	1180
Lead Shot	12	1 oz.	Clays	Ched. 209	G/BP CS12	19.5	8,400 PSI	1235
Lead Shot	12	1 oz.	Clays	Ched. 209	G/BP CS12	21.2	10,100 PSI	1290
Lead Shot	12	1 oz.	Clays	Ched. 209	G/BP CS12	22.5	11,400 PSI	1345
Lead Shot	12	1 oz.	Clays	Ched. 209	Rem. TGT12	18.7	6,000 PSI	1180
Lead Shot	12	1 oz.	Clays	Ched. 209	Rem. TGT12	20.1	7,300 PSI	1235
Lead Shot	12	1 oz.	Clays	Ched. 209	Rem. TGT12	21.6	8,700 PSI	1290
Lead Shot	12	1 oz.	Clays	Ched. 209	WAA12SL	18.8	6,000 PSI	1180
Lead Shot	12	1 oz.	Clays	Ched. 209	WAA12SL	20.3	7,300 PSI	1235
Lead Shot	12	1 oz.	Clays	Ched. 209	WAA12SL	21.8	8,500 PSI	1290
Lead Shot	12	1 oz.	Clays	Nobel 209	G/BP CS12	18.3	6,600 PSI	1180
Lead Shot	12	1 oz.	Clays	Nobel 209	G/BP CS12	19.7	8,100 PSI	1235

Lead Shot	12	1 oz.	Clays	Nobel 209	G/BP CS12	21.2	9,800 PSI	1290
Lead Shot	12	1 oz.	Clays	Nobel 209	G/BP CS12	22.7	11,400 PSI	1345
Lead Shot	12	1 oz.	Clays	Nobel 209	Rem. TGT12	18.3	6,000 PSI	1180
Lead Shot	12	1 oz.	Clays	Nobel 209	Rem. TGT12	19.8	7,400 PSI	1235
Lead Shot	12	1 oz.	Clays	Nobel 209	Rem. TGT12	21.4	8,000 PSI	1290
Lead Shot	12	1 oz.	Clays	Nobel 209	Rem. TGT12	23	10,300 PSI	1345
Lead Shot	12	1 oz.	Clays	Nobel 209	WAA12SL	18.6	6,200 PSI	1180
Lead Shot	12	1 oz.	Clays	Nobel 209	WAA12SL	20	7,700 PSI	1235
Lead Shot	12	1 oz.	Clays	Nobel 209	WAA12SL	21.5	9,200 PSI	1290
Lead Shot	12	1 oz.	Clays	Nobel 209	WAA12SL	22.9	10,600 PSI	1345
Lead Shot	12	1 oz.	Internat'l	Nobel 209	G/BP CS12	21	5,400 PSI	1180
Lead Shot	12	1 oz.	Internat'l	Nobel 209	G/BP CS12	22.5	6,500 PSI	1235
Lead Shot	12	1 oz.	Internat'l	Nobel 209	G/BP CS12	23.9	7,500 PSI	1290
Lead Shot	12	1 oz.	Internat'l	Nobel 209	G/BP CS12	25.4	8,500 PSI	1345
Lead Shot	12	1 1/8 oz.	Titewad	Ched. 209	G/BP CS12	15.6	8,500 PSI	1090
Lead Shot	12	1 1/8 oz.	Titewad	Ched. 209	G/BP CS12	16.9	9,800 PSI	1145
Lead Shot	12	1 1/8 oz.	Titewad	Ched. 209	G/BP CS12	18.3	11,400 PSI	1200
Lead Shot	12	1 1/8 oz.	Titewad	Ched. 209	Rem. FIG. 8	16	7,400 PSI	1090
Lead Shot	12	1 1/8 oz.	Titewad	Ched. 209	Rem. FIG. 8	17.5	8,800 PSI	1145
Lead Shot	12	1 1/8 oz.	Titewad	Ched. 209	Rem. FIG. 8	18.9	10,000 PSI	1200
Lead Shot	12	1 1/8 oz.	Titewad	Ched. 209	Rem. FIG. 8	20.5	11,500 PSI	1345
Lead Shot	12	1 1/8 oz.	Titewad	Ched. 209	WAA12	15.9	8,100 PSI	1090
Lead Shot	12	1 1/8 oz.	Titewad	Ched. 209	WAA12	17.3	9,400 PSI	1145
Lead Shot	12	1 1/8 oz.	Titewad	Ched. 209	WAA12	18.8	10,700 PSI	1200
Lead Shot	12	1 1/8 oz.	Titewad	Nobel 209	G/BP CS12	15.9	8,700 PSI	1090
Lead Shot	12	1 1/8 oz.	Titewad	Nobel 209	G/BP CS12	17.2	10,100 PSI	1145
Lead Shot	12	1 1/8 oz.	Titewad	Nobel 209	G/BP CS12	18.5	11,500 PSI	1200
Lead Shot	12	1 1/8 oz.	Titewad	Nobel 209	Rem. FIG. 8	16.5	7,400 PSI	1090
Lead Shot	12	1 1/8 oz.	Titewad	Nobel 209	Rem. FIG. 8	17.5	8,600 PSI	1145
Lead Shot	12	1 1/8 oz.	Titewad	Nobel 209	Rem. FIG. 8	18.8	10,100 PSI	1200
Lead Shot	12	1 1/8 oz.	Titewad	Nobel 209	Rem. FIG. 8	20.2	11,500 PSI	1255
Lead Shot	12	1 1/8 oz.	Titewad	Nobel 209	WAA12	16.3	7,600 PSI	1090
Lead Shot	12	1 1/8 oz.	Titewad	Nobel 209	WAA12	17.4	8,800 PSI	1145
Lead Shot	12	1 1/8 oz.	Titewad	Nobel 209	WAA12	18.8	10,200 PSI	1200
Lead Shot	12	1 1/8 oz.	Clays	Ched. 209	G/BP CS12	17.2	7,500 PSI	1090
Lead Shot	12	1 1/8 oz.	Clays	Ched. 209	G/BP CS12	18.4	9,100 PSI	1145
Lead Shot	12	1 1/8 oz.	Clays	Ched. 209	G/BP CS12	19.6	10,700 PSI	1200
Lead Shot	12	1 1/8 oz.	Clays	Ched. 209	Rem. R12H	17.3	6,500 PSI	1090

Lead Shot	12	1 1/8 oz.	Clays	Ched. 209	Rem. R12H	18.4	8,100 PSI	1145
Lead Shot	12	1 1/8 oz.	Clays	Ched. 209	Rem. R12H	19.4	9,500 PSI	1200
Lead Shot	12	1 1/8 oz.	Clays	Ched. 209	Rem. R12H	20.5	11,300 PSI	1255
Lead Shot	12	1 1/8 oz.	Clays	Ched. 209	WAA12F114	16.5	7,300 PSI	1090
Lead Shot	12	1 1/8 oz.	Clays	Ched. 209	WAA12F114	17.8	9,200 PSI	1145
Lead Shot	12	1 1/8 oz.	Clays	Ched. 209	WAA12F114	19.2	11,200 PSI	1200
Lead Shot	12	1 1/8 oz.	Clays	Nobel 209	G/BP CS12	17	7,000 PSI	1090
Lead Shot	12	1 1/8 oz.	Clays	Nobel 209	G/BP CS12	18	8,300 PSI	1145
Lead Shot	12	1 1/8 oz.	Clays	Nobel 209	G/BP CS12	19.4	10,000 PSI	1200
Lead Shot	12	1 1/8 oz.	Clays	Nobel 209	Rem. R12H	17.4	6,600 PSI	1090
Lead Shot	12	1 1/8 oz.	Clays	Nobel 209	Rem. R12H	18.2	7,400 PSI	1145
Lead Shot	12	1 1/8 oz.	Clays	Nobel 209	Rem. R12H	19.7	9,100 PSI	1200
Lead Shot	12	1 1/8 oz.	Clays	Nobel 209	Rem. R12H	21.5	11,200 PSI	1255
Lead Shot	12	1 1/8 oz.	Clays	Nobel 209	WAA12F114	17	7,700 PSI	1090
Lead Shot	12	1 1/8 oz.	Clays	Nobel 209	WAA12F114	17.8	8,600 PSI	1145
Lead Shot	12	1 1/8 oz.	Clays	Nobel 209	WAA12F114	19.4	10,400 PSI	1200
Lead Shot	12	1 1/8 oz.	Clays	Nobel 209	WAA12F114	20.9	11,500 PSI	1255
Lead Shot	12	1 1/8 oz.	Internat'l	Ched. 209	Fed. 12S4	18	6,700 PSI	1090
Lead Shot	12	1 1/8 oz.	Internat'l	Ched. 209	Fed. 12S4	19.3	7,800 PSI	1145
Lead Shot	12	1 1/8 oz.	Internat'l	Ched. 209	Fed. 12S4	20.7	9,000 PSI	1200
Lead Shot	12	1 1/8 oz.	Internat'l	Ched. 209	Fed. 12S4	22.1	10,200 PSI	1255
Lead Shot	12	1 1/8 oz.	Internat'l	Ched. 209	G/BP HCD18	20	6,400 PSI	1145
Lead Shot	12	1 1/8 oz.	Internat'l	Ched. 209	G/BP HCD18	21.5	8,000 PSI	1200
Lead Shot	12	1 1/8 oz.	Internat'l	Ched. 209	G/BP HCD18	22.9	9,500 PSI	1255
Lead Shot	12	1 1/8 oz.	Internat'l	Ched. 209	WAA12F114	18.4	5,900 PSI	1090
Lead Shot	12	1 1/8 oz.	Internat'l	Ched. 209	WAA12F114	19.7	7,100 PSI	1145
Lead Shot	12	1 1/8 oz.	Internat'l	Ched. 209	WAA12F114	21	8,400 PSI	1200
Lead Shot	12	1 1/8 oz.	Internat'l	Ched. 209	WAA12F114	22.5	9,900 PSI	1255
Lead Shot	12	1 1/8 oz.	Internat'l	Nobel 209	Fed. 12S4	19.3	6,000 PSI	1090
Lead Shot	12	1 1/8 oz.	Internat'l	Nobel 209	Fed. 12S4	20.5	7,100 PSI	1145
Lead Shot	12	1 1/8 oz.	Internat'l	Nobel 209	Fed. 12S4	21.8	8,300 PSI	1200
Lead Shot	12	1 1/8 oz.	Internat'l	Nobel 209	Fed. 12S4	23.1	9,500 PSI	1255
Lead Shot	12	1 1/8 oz.	Internat'l	Nobel 209	G/BP HCD18	19	5,500 PSI	1090
Lead Shot	12	1 1/8 oz.	Internat'l	Nobel 209	G/BP HCD18	20.3	6,700 PSI	1145
Lead Shot	12	1 1/8 oz.	Internat'l	Nobel 209	G/BP HCD18	21.6	7,900 PSI	1200
Lead Shot	12	1 1/8 oz.	Internat'l	Nobel 209	G/BP HCD18	22.8	9,000 PSI	1255
Lead Shot	12	1 1/8 oz.	Internat'l	Nobel 209	WAA12F114	19.3	6,100 PSI	1090
Lead Shot	12	1 1/8 oz.	Internat'l	Nobel 209	WAA12F114	20.4	7,000 PSI	1145

| Lead Shot | 12 | 1 1/8 oz. | Internat'l | Nobel 209 | WAA12F114 | 21.7 | 8,100 PSI | 1200 |
| Lead Shot | 12 | 1 1/8 oz. | Internat'l | Nobel 209 | WAA12F114 | 22.9 | 9,000 PSI | 1255 |

Shell: 3" FEDERAL PLASTIC SHELL, 7/16" BASEWAD

Load Type	Gauge	Shot Wt.	Powder	Primer	Wad	Powder Wt. (Gr.)	Pressure	Vel. (ft/s)
Lead Shot	12	1 1/2 oz.	SR 4756	Fed. 209A	Rem. RP12	33.5	10,800 PSI	1300
Lead Shot	12	1 1/2 oz.	SR 4756	Fed. 209A	WAA12R	33	10,700 PSI	1250
Lead Shot	12	1 1/2 oz.	SR 4756	Rem. 209P	Rem. RP12	37	9,100 PSI	1300
Lead Shot	12	1 1/2 oz.	SR 4756	Rem. 209P	WAA12R	37	9,600 PSI	1300
Lead Shot	12	1 1/2 oz.	SR 4756	Win. 209	Rem. RP12	37	9,900 PSI	1300
Lead Shot	12	1 1/2 oz.	SR 4756	Win. 209	WAA12R	37	10,400 PSI	1300
Lead Shot	12	1 1/2 oz.	800-X	Fed. 209A	Fed. 12S4	27.5	10,800 PSI	1250
Lead Shot	12	1 1/2 oz.	800-X	Fed. 209A	Rem. R12H	29	10,700 PSI	1250
Lead Shot	12	1 1/2 oz.	800-X	Rem. 209P	Fed. 12S4	31	10,600 PSI	1300
Lead Shot	12	1 1/2 oz.	800-X	Rem. 209P	Rem. R12H	33	10,600 PSI	1350
Lead Shot	12	1 1/2 oz.	800-X	Win. 209	Fed. 12S4	29	10,600 PSI	1250
Lead Shot	12	1 1/2 oz.	800-X	Win. 209	Rem. R12H	30	10,500 PSI	1300
Lead Shot	12	1 5/8 oz.	HS-7	Fed. 209A	Fed. 12SO	39	10,800 PSI	1250
Lead Shot	12	1 5/8 oz.	HS-7	Win. 209	Fio. TL1	38	10,400 PSI	1250
Lead Shot	12	1 5/8 oz.	SR 4756	Fed. 209A	Rem. RP12	31	11,000 PSI	1175
Lead Shot	12	1 5/8 oz.	SR 4756	Fed. 209A	WAA12R	31	10,800 PSI	1175
Lead Shot	12	1 5/8 oz.	SR 4756	Rem. 209P	Rem. RP12	34.5	10,800 PSI	1250
Lead Shot	12	1 5/8 oz.	SR 4756	Rem. 209P	WAA12R	35.5	10,900 PSI	1250
Lead Shot	12	1 5/8 oz.	SR 4756	Win. 209	Rem. RP12	36	10,800 PSI	1250
Lead Shot	12	1 5/8 oz.	SR 4756	Win. 209	WAA12R	35.5	10,800 PSI	1250
Lead Shot	12	1 5/8 oz.	800-X	Fed. 209A	Rem. SP12	26	10,800 PSI	1175
Lead Shot	12	1 5/8 oz.	800-X	Fed. 209A	WAA12R	26	10,800 PSI	1175
Lead Shot	12	1 5/8 oz.	800-X	Rem. 209P	Rem. SP12	28	10,800 PSI	1200
Lead Shot	12	1 5/8 oz.	800-X	Rem. 209P	WAA12R	27.5	10,900 PSI	1200
Lead Shot	12	1 5/8 oz.	800-X	Win. 209	Rem. SP12	29	10,900 PSI	1225
Lead Shot	12	1 5/8 oz.	800-X	Win. 209	WAA12R	28.5	11,000 PSI	1225
Lead Shot	12	1 5/8 oz.	Longshot	CCI 209M	Fed. 12S4	28.3	10,600 PSI	1225
Lead Shot	12	1 5/8 oz.	Longshot	CCI 209M	WAA12	28.8	10,200 PSI	1225
Lead Shot	12	1 5/8 oz.	Longshot	CCI 209M	WAA12	30.8	11,200 PSI	1280
Lead Shot	12	1 5/8 oz.	Longshot	Fed. 209A	Fed. 12S4	28.3	10,800 PSI	1225
Lead Shot	12	1 5/8 oz.	Longshot	Fed. 209A	WAA12	29.1	10,000 PSI	1225
Lead Shot	12	1 5/8 oz.	Longshot	Win. 209	Fed. 12S4	30	10,300 PSI	1225
Lead Shot	12	1 5/8 oz.	Longshot	Win. 209	WAA12	30.9	9,500 PSI	1225

Load Type	Gauge	Shot Wt.	Powder	Primer	Wad	Powder Wt. (Gr.)	Pressure	Vel. (ft/s)
Lead Shot	12	1 5/8 oz.	Longshot	Win. 209	WAA12	32	10,600 PSI	1280
Lead Shot	12	1 3/4 oz.	800-X	Fed. 209A	WAA12R	25.5	10,700 PSI	1150
Lead Shot	12	1 3/4 oz.	800-X	Rem. 209P	Rem. RP12	28	10,500 PSI	1175
Lead Shot	12	1 3/4 oz.	800-X	Rem. 209P	WAA12R	28	10,600 PSI	1175
Lead Shot	12	1 3/4 oz.	800-X	Win. 209	Rem. RP12	27.5	10,600 PSI	1150
Lead Shot	12	1 3/4 oz.	800-X	Win. 209	WAA12R	27.5	10,800 PSI	1175
Lead Shot	12	1 7/8 oz.	HS-7	Fed. 209A	Fed. 12S3	33	11,400 PSI	1155
Lead Shot	12	1 7/8 oz.	HS-7	Fed. 209A	WAA12	34	10,600 PSI	1155
Lead Shot	12	1 7/8 oz.	HS-7	Win. 209	Fed. 12S3	33	9,400 PSI	1155
Lead Shot	12	1 7/8 oz.	HS-7	Win. 209	Fio. TL1	33	10,600 PSI	1155
Lead Shot	12	1 7/8 oz.	Longshot	CCI 209M	Rem. SP12	27.7	10,600 PSI	1155
Lead Shot	12	1 7/8 oz.	Longshot	Fed. 209A	Rem. SP12	27.1	11,200 PSI	1155
Lead Shot	12	1 7/8 oz.	Longshot	Win. 209	Rem. SP12	27.9	9,900 PSI	1155
Lead Shot	12	1 7/8 oz.	Longshot	Win. 209	Rem. SP12	29.5	11,400 PSI	1210
Lead Shot	12	1 7/8 oz.	Longshot	Win. 209	WAA12R + .070" Card	28	10,500 PSI	1155

Shell: 2 3/4" CHEDDITE PLASTIC SHELLS (BISMUTH SHOT)

Load Type	Gauge	Shot Wt.	Powder	Primer	Wad	Powder Wt. (Gr.)	Pressure	Vel. (ft/s)
Bismuth	12	1 1/4 oz.	Longshot	Ched. 209	Rem. RP12	31.4	7,700 PSI	1350
Bismuth	12	1 1/4 oz.	Longshot	Ched. 209	Rem. RP12	32.8	8,800 PSI	1400
Bismuth	12	1 1/4 oz.	Longshot	Ched. 209	Rem. RP12	34.3	9,900 PSI	1450
Bismuth	12	1 1/4 oz.	Longshot	Ched. 209	Rem. RP12	35.7	11,000 PSI	1500
Bismuth	12	1 1/4 oz.	Longshot	Ched. 209	WAA12R	31.4	7,200 PSI	1350
Bismuth	12	1 1/4 oz.	Longshot	Ched. 209	WAA12R	32.8	8,400 PSI	1400
Bismuth	12	1 1/4 oz.	Longshot	Ched. 209	WAA12R	34.2	9,700 PSI	1450
Bismuth	12	1 1/4 oz.	Longshot	Ched. 209	WAA12R	35.6	10,900 PSI	1500
Bismuth	12	1 1/4 oz.	Longshot	Fio. 616	Rem. RP12	30.4	8,300 PSI	1350
Bismuth	12	1 1/4 oz.	Longshot	Fio. 616	Rem. RP12	31.9	9,400 PSI	1400
Bismuth	12	1 1/4 oz.	Longshot	Fio. 616	Rem. RP12	33.5	10,400 PSI	1450
Bismuth	12	1 1/4 oz.	Longshot	Fio. 616	WAA12R	30.6	7,300 PSI	1350
Bismuth	12	1 1/4 oz.	Longshot	Fio. 616	WAA12R	32.5	8,600 PSI	1400
Bismuth	12	1 1/4 oz.	Longshot	Fio. 616	WAA12R	34.3	9,900 PSI	1450
Bismuth	12	1 3/8 oz.	Longshot	Ched. 209	Rem. RP12	28.8	8,500 PSI	1275
Bismuth	12	1 3/8 oz.	Longshot	Ched. 209	Rem. RP12	30.3	9,800 PSI	1325
Bismuth	12	1 3/8 oz.	Longshot	Ched. 209	Rem. RP12	31.7	11,000 PSI	1375
Bismuth	12	1 3/8 oz.	Longshot	Ched. 209	WAA12R	29.3	8,100 PSI	1275
Bismuth	12	1 3/8 oz.	Longshot	Ched. 209	WAA12R	30.8	9,200 PSI	1325
Bismuth	12	1 3/8 oz.	Longshot	Ched. 209	WAA12R	32.3	10,300 PSI	1375

Bismuth	12	1 3/8 oz.	Longshot	Fio. 616	Rem. RP12	28.9	8,600 PSI	1275
Bismuth	12	1 3/8 oz.	Longshot	Fio. 616	Rem. RP12	30.3	9,800 PSI	1325
Bismuth	12	1 3/8 oz.	Longshot	Fio. 616	Rem. RP12	31.6	10,900 PSI	1375
Bismuth	12	1 3/8 oz.	Longshot	Fio. 616	WAA12R	28.7	8,500 PSI	1275
Bismuth	12	1 3/8 oz.	Longshot	Fio. 616	WAA12R	30.4	9,700 PSI	1325
Bismuth	12	1 3/8 oz.	Longshot	Fio. 616	WAA12R	32	10,900 PSI	1375

Shell: 3 1/2" FEDERAL STEEL SHOT SHELLS (HEVI-SHOT)

Load Type	Gauge	Shot Wt.	Powder	Primer	Wad	Powder Wt. (Gr.)	Pressure	Vel. (ft/s)
Hevi-Shot	12	1 1/4 oz. #4, #2, #BB	Longshot	Fed. 209A	TPS 322-7703 + 2-20ga 3/8" felt + 1-20ga 1/8" felt +20gr # 47 buffer + O.C.	27.2	9,100 PSI	1200
Hevi-Shot	12	1 1/4 oz. #4, #2, #BB	Longshot	Fed. 209A	TPS 322-7703 + 2-20ga 3/8" felt + 1-20ga 1/8" felt +20gr # 47 buffer + O.C.	28.6	10,200 PSI	1250
Hevi-Shot	12	1 1/4 oz. #4, #2, #BB	Longshot	Fed. 209A	TPS 322-7703 + 2-20ga 3/8" felt + 1-20ga 1/8" felt +20gr # 47 buffer + O.C.	30	11,300 PSI	1300
Hevi-Shot	12	1 1/4 oz. #4, #2, #BB	Longshot	Fed. 209A	TPS 322-7703 + 2-20ga 3/8" felt + 1-20ga 1/8" felt +20gr # 47 buffer + O.C.	31.4	12,500 PSI	1350
Hevi-Shot	12	1 1/4 oz. #4, #2, #BB	Longshot	Rem. 209P	TPS 322-7703 + 2-20ga 3/8" felt + 1-20ga 1/8" felt +20gr # 47 buffer + O.C.	30	9,300 PSI	1200
Hevi-Shot	12	1 1/4 oz. #4, #2, #BB	Longshot	Rem. 209P	TPS 322-7703 + 2-20ga 3/8" felt + 1-20ga 1/8" felt +20gr # 47 buffer + O.C.	30.7	9,900 PSI	1250
Hevi-Shot	12	1 1/4 oz. #4, #2, #BB	Longshot	Rem. 209P	TPS 322-7703 + 2-20ga 3/8" felt + 1-20ga 1/8" felt +20gr # 47 buffer + O.C.	31.8	10,800 PSI	1300
Hevi-Shot	12	1 1/4 oz. #4, #2, #BB	Longshot	Rem. 209P	TPS 322-7703 + 2-20ga 3/8" felt + 1-20ga 1/8" felt +20gr # 47 buffer + O.C.	33	11,700 PSI	1350
Hevi-Shot	12	1 3/8 oz. #4, #2, #BB	Longshot	Fed. 209A	TPS 322-7703 + 2-20ga 3/8" felt + 20gr #47 buffer + O.C.	28	9,600 PSI	1200
Hevi-Shot	12	1 3/8 oz. #4, #2, #BB	Longshot	Fed. 209A	TPS 322-7703 + 2-20ga 3/8" felt + 20gr #47 buffer + O.C.	29.5	11,100 PSI	1250
Hevi-Shot	12	1 3/8 oz. #4, #2, #BB	Longshot	Fed. 209A	TPS 322-7703 + 2-20ga 3/8" felt + 20gr #47 buffer + O.C.	31	12,600 PSI	1300
Hevi-Shot	12	1 3/8 oz. #4, #2, #BB	Longshot	Rem. 209P	TPS 322-7703 + 2-20ga 3/8" felt + 20gr #47 buffer + O.C.	29.5	8,200 PSI	1200
Hevi-Shot	12	1 3/8 oz. #4, #2, #BB	Longshot	Rem. 209P	TPS 322-7703 + 2-20ga 3/8" felt + 20gr #47 buffer + O.C.	30.4	10,100 PSI	1250
Hevi-Shot	12	1 3/8 oz. #4, #2, #BB	Longshot	Rem. 209P	TPS 322-7703 + 2-20ga 3/8" felt + 20gr #47 buffer + O.C.	31.3	12,100 PSI	1300

Shell: 2 1/2" WINCHESTER COMPRESSION-FORMED AA TYPE SHELLS

Load Type	Gauge	Shot Wt.	Powder	Primer	Wad	Powder Wt. (Gr.)	Pressure	Vel. (ft/s)
Lead Shot	12	1 oz.	Universal	Win. 209	BP Compact Euro.	19	8,900 PSI	1180
Lead Shot	12	1 oz.	Universal	Win. 209	WAA12R	20	8,500 PSI	1180
Lead Shot	12	1 oz.	Universal	Win. 209	WAA12R	21	9,500 PSI	1250
Lead Shot	12	1 oz.	Universal	Win. 209	WAA12R	22	10,300 PSI	1300

Shell: 3" WINCHESTER SUPER-X PLASTIC SHELL W/PAPER BASE WAD

Load Type	Gauge	Shot Wt.	Powder	Primer	Wad	Powder Wt. (Gr.)	Pressure	Vel. (ft/s)
Lead Buckshot	12	12-#00 LEAD BUCKSHOT	Universal	Win. 209	WAA12F114	28	9,900 PSI	1250
Lead Buckshot	12	12-#00 LEAD BUCKSHOT	Universal	Win. 209	WAA12F114	29	10,900 PSI	1300
Lead Buckshot	12	12-#00 LEAD BUCKSHOT	HS-6	Win. 209	WAA12F114	34	8,600 PSI	1250
Lead Buckshot	12	12-#00 LEAD BUCKSHOT	HS-6	Win. 209	WAA12F114	36	9,200 PSI	1300
Lead Buckshot	12	12-#00 LEAD BUCKSHOT	HS-6	Win. 209	WAA12F114	36.5	10,100 PSI	1350
Lead Buckshot	12	12-#00 LEAD BUCKSHOT	HS-7	Win. 209	WAA12F114	37	8,800 PSI	1250
Lead Buckshot	12	12-#00 LEAD BUCKSHOT	HS-7	Win. 209	WAA12F114	39	9,300 PSI	1300
Lead Buckshot	12	12-#00 LEAD BUCKSHOT	HS-7	Win. 209	WAA12F114	41	10,100 PSI	1350
Lead Buckshot	12	34-#4 LEAD BUCKSHOT	HS-6	Win. 209	WAA12R	34	9,200 PSI	1250
Lead Buckshot	12	34-#4 LEAD BUCKSHOT	HS-6	Win. 209	WAA12R	35.5	10,100 PSI	1300
Lead Buckshot	12	34-#4 LEAD BUCKSHOT	HS-7	Win. 209	WAA12R	37.5	9,300 PSI	1250
Lead Buckshot	12	34-#4 LEAD BUCKSHOT	HS-7	Win. 209	WAA12R	40	10,400 PSI	1300

Shell: 3" FEDERAL PLASTIC SHELLS W/.090 BASE WAD (BISMUTH SHOT)

Load Type	Gauge	Shot Wt.	Powder	Primer	Wad	Powder Wt. (Gr.)	Pressure	Vel. (ft/s)
Bismuth	12	1 1/2 oz.	HS-6	Win. 209	WAA12F114	34	9,600 PSI	1250
Bismuth	12	1 1/2 oz.	HS-7	Win. 209	WAA12F114	38.5	11,300 PSI	1300
Bismuth	12	1 1/2 oz.	Longshot	CCI 209M	Fed. 12S4	27.4	11,100 PSI	1225
Bismuth	12	1 1/2 oz.	Longshot	CCI 209M	WAA12F114	27.5	10,500 PSI	1225
Bismuth	12	1 1/2 oz.	Longshot	CCI 209M	WAA12F114	28.5	11,500 PSI	1250
Bismuth	12	1 1/2 oz.	Longshot	Fed. 209A	Fed. 12S4	28	10,900 PSI	1225
Bismuth	12	1 1/2 oz.	Longshot	Fed. 209A	Fed. 12S4	28.5	11,500 PSI	1250
Bismuth	12	1 1/2 oz.	Longshot	Fed. 209A	WAA12F114	27.9	11,000 PSI	1225
Bismuth	12	1 1/2 oz.	Longshot	Fed. 209A	WAA12F114	28.3	11,500 PSI	1250
Bismuth	12	1 1/2 oz.	Longshot	Rem. 209P	Fed. 12S4	28.2	10,200 PSI	1225
Bismuth	12	1 1/2 oz.	Longshot	Rem. 209P	Fed. 12S4	28.7	10,700 PSI	1250
Bismuth	12	1 1/2 oz.	Longshot	Rem. 209P	Fed. 12S4	29.3	11,300 PSI	1275
Bismuth	12	1 1/2 oz.	Longshot	Rem. 209P	WAA12F114	28.2	10,600 PSI	1225

Load Type	Gauge	Shot Wt.	Powder	Primer	Wad	Powder Wt. (Gr.)	Pressure	Vel. (ft/s)
Bismuth	12	1 1/2 oz.	Longshot	Rem. 209P	WAA12F114	28.9	11,100 PSI	1250
Bismuth	12	1 1/2 oz.	Longshot	Rem. 209P	WAA12F114	29.7	11,500 PSI	1275
Bismuth	12	1 1/2 oz.	Longshot	Win. 209	Fed. 12S4	29.3	9,500 PSI	1225
Bismuth	12	1 1/2 oz.	Longshot	Win. 209	Fed. 12S4	29.9	10,300 PSI	1250
Bismuth	12	1 1/2 oz.	Longshot	Wln. 209	Fed. 12S4	30.5	11,100 PSI	1275
Bismuth	12	1 1/2 oz.	Longshot	Win. 209	WAA12F114	29.1	9,400 PSI	1225
Bismuth	12	1 1/2 oz.	Longshot	Win. 209	WAA12F114	29.7	10,000 PSI	1250
Bismuth	12	1 1/2 oz.	Longshot	Win. 209	WAA12F114	30.2	10,600 PSI	1275
Bismuth	12	1 1/2 oz.	Longshot	Win. 209	WAA12F114	31	11,400 PSI	1300
Bismuth	12	1 5/8 oz.	HS-6	Win. 209	WAA12F114	32.5	10,200 PSI	1200
Bismuth	12	1 5/8 oz.	HS-7	Win. 209	WAA12R	37	10,400 PSI	1250
Bismuth	12	1 5/8 oz.	Longshot	CCI 209M	Rem. RP12	27.2	10,800 PSI	1175
Bismuth	12	1 5/8 oz.	Longshot	CCI 209M	Rem. RP12	27.6	11,200 PSI	1200
Bismuth	12	1 5/8 oz.	Longshot	CCI 209M	WAA12R	27.1	10,400 PSI	1175
Bismuth	12	1 5/8 oz.	Longshot	CCI 209M	WAA12R	27.6	10,800 PSI	1200
Bismuth	12	1 5/8 oz.	Longshot	CCI 209M	WAA12R	28.1	11,300 PSI	1225
Bismuth	12	1 5/8 oz.	Longshot	Fed. 209A	Rem. RP12	26.3	10,800 PSI	1175
Bismuth	12	1 5/8 oz.	Longshot	Fed. 209A	Rem. RP12	27.2	11,300 PSI	1200
Bismuth	12	1 5/8 oz.	Longshot	Fed. 209A	WAA12R	26.5	10,000 PSI	1175
Bismuth	12	1 5/8 oz.	Longshot	Fed. 209A	WAA12R	27.6	11,000 PSI	1200
Bismuth	12	1 5/8 oz.	Longshot	Rem. 209P	Rem. RP12	27	10,600 PSI	1175
Bismuth	12	1 5/8 oz.	Longshot	Rem. 209P	Rem. RP12	27.7	11,100 PSI	1200
Bismuth	12	1 5/8 oz.	Longshot	Rem. 209P	WAA12R	26.8	10,500 PSI	1175
Bismuth	12	1 5/8 oz.	Longshot	Rem. 209P	WAA12R	27.5	11,200 PSI	1200
Bismuth	12	1 5/8 oz.	Longshot	Win. 209	Rem. RP12	27.8	9,800 PSI	1175
Bismuth	12	1 5/8 oz.	Longshot	Win. 209	Rem. RP12	28.6	10,300 PSI	1200
Bismuth	12	1 5/8 oz.	Longshot	Win. 209	Rem. RP12	29.4	10,700 PSI	1225
Bismuth	12	1 5/8 oz.	Longshot	Win. 209	Rem. RP12	30.5	11,200 PSI	1250
Bismuth	12	1 5/8 oz.	Longshot	Win. 209	WAA12R	27.6	9,600 PSI	1175
Bismuth	12	1 5/8 oz.	Longshot	Win. 209	WAA12R	28.2	10,300 PSI	1200
Bismuth	12	1 5/8 oz.	Longshot	Win. 209	WAA12R	29	11,100 PSI	1225

Shell: 2 3/4" WINCHESTER POLYFORMED PLASTIC GAME SHELLS (PLASTIC BASEWAD)

Load Type	Gauge	Shot Wt.	Powder	Primer	Wad	Powder Wt. (Gr.)	Pressure	Vel. (ft/s)
Lead Shot	12	1 1/8 oz.	Universal	CCI 209M	Windjammer	24.5	8,000 PSI	1200
Lead Shot	12	1 1/8 oz.	Universal	CCI 209M	Windjammer	25.8	8,600 PSI	1255

Load Type	Gauge	Shot Wt.	Powder	Primer	Wad	Powder Wt. (Gr.)	Pressure	Vel. (ft/s)
Lead Shot	12	1 1/8 oz.	Universal	CCI 209M	Windjammer	26.2	9,600 PSI	1310
Lead Shot	12	1 1/8 oz.	Universal	CCI 209SC	Windjammer	25	6,800 PSI	1200
Lead Shot	12	1 1/8 oz.	Universal	CCI 209SC	Windjammer	26.5	7,200 PSI	1255
Lead Shot	12	1 1/8 oz.	Universal	CCI 209SC	Windjammer	27.5	7,900 PSI	1310
Lead Shot	12	1 1/8 oz.	Universal	Fed. 209A	Rem. Fig. 8	24	8,000 PSI	1200
Lead Shot	12	1 1/8 oz.	Universal	Fed. 209A	Rem. Fig. 8	24.8	8,900 PSI	1255
Lead Shot	12	1 1/8 oz.	Universal	Fed. 209A	Rem. Fig. 8	26	9,400 PSI	1310
Lead Shot	12	1 1/8 oz.	Universal	Win. 209	WAA12	24	7,900 PSI	1200
Lead Shot	12	1 1/8 oz.	Universal	Win. 209	WAA12	25.3	9,000 PSI	1255
Lead Shot	12	1 1/8 oz.	Universal	Win. 209	WAA12	26	10,100 PSI	1310

Shell: 2 3/4" WINCHESTER COMPRESSION - FORMED AA & HS TYPE PLASTIC SHELLS

Load Type	Gauge	Shot Wt.	Powder	Primer	Wad	Powder Wt. (Gr.)	Pressure	Vel. (ft/s)
Lead Buckshot	12	9-#00 LEAD BUCKSHOT	Universal	Win. 209	WAA12F114	24	9,200 PSI	1250
Lead Buckshot	12	9-#00 LEAD BUCKSHOT	Universal	Win. 209	WAA12F114	24.6	9,900 PSI	1300
Lead Buckshot	12	9-#00 LEAD BUCKSHOT	HS-6	Win. 209	WAA12F114	30	8,400 PSI	1250
Lead Buckshot	12	9-#00 LEAD BUCKSHOT	HS-6	Win. 209	WAA12F114	31	8,700 PSI	1300
Lead Buckshot	12	27-#4 LEAD BUCKSHOT	Universal	Win. 209	WAA12R	23.6	10,400 PSI	1250
Lead Buckshot	12	27-#4 LEAD BUCKSHOT	HS-6	Win. 209	WAA12R	30	9,000 PSI	1250
Lead Buckshot	12	27-#4 LEAD BUCKSHOT	HS-6	Win. 209	WAA12R	32	10,000 PSI	1300
Lead Shot	12	3/4 oz.	Titewad	Ched. 209	CB 0175-12	14.9	7300 PSI	1150
Lead Shot	12	3/4 oz.	Titewad	Ched. 209	CB 0175-12	16.3	8100 PSI	1200
Lead Shot	12	3/4 oz.	Titewad	Ched. 209	CB 0175-12	17.6	8800 PSI	1250
Lead Shot	12	3/4 oz.	Titewad	Ched. 209	CB 0175-12	18.9	9600 PSI	1300
Lead Shot	12	3/4 oz.	Titewad	Fed. 209A	CB 0175-12	14.7	7700 PSI	1150
Lead Shot	12	3/4 oz.	Titewad	Fed. 209A	CB 0175-12	15.9	8900 PSI	1200
Lead Shot	12	3/4 oz.	Titewad	Fed. 209A	CB 0175-12	17	10,000 PSI	1250
Lead Shot	12	3/4 oz.	Titewad	Fed. 209A	CB 0175-12	18.2	11,200 PSI	1300
Lead Shot	12	3/4 oz.	Titewad	Rem. 209P	CB 0175-12	14.9	6900 PSI	1150

Lead Shot	12	3/4 oz.	Titewad	Rem. 209P	CB 0175-12	16.1	7700 PSI	1200
Lead Shot	12	3/4 oz.	Titewad	Rem. 209P	CB 0175-12	17.3	8600 PSI	1250
Lead Shot	12	3/4 oz.	Titewad	Rem. 209P	CB 0175-12	18.6	9500 PSI	1300
Lead Shot	12	3/4 oz.	Titewad	Win. 209	CB 0175-12	15.3	6700 PSI	1150
Lead Shot	12	3/4 oz.	Titewad	Win. 209	CB 0175-12	16.6	8600 PSI	1200
Lead Shot	12	3/4 oz.	Titewad	Win. 209	CB 0175-12	17.9	8500 PSI	1250
Lead Shot	12	3/4 oz.	Titewad	Win. 209	CB 0175-12	19.1	9300 PSI	1300
Lead Shot	12	3/4 oz.	Clays	Ched. 209	CB 0175-12	15.6	7100 PSI	1150
Lead Shot	12	3/4 oz.	Clays	Ched. 209	CB 0175-12	16.7	8000 PSI	1200
Lead Shot	12	3/4 oz.	Clays	Ched. 209	CB 0175-12	17.8	8800 PSI	1250
Lead Shot	12	3/4 oz.	Clays	Ched. 209	CB 0175-12	18.9	9700 PSI	1300
Lead Shot	12	3/4 oz.	Clays	Fed. 209A	CB 0175-12	15.1	8900 pSI	1150
Lead Shot	12	3/4 oz.	Clays	Fed. 209A	CB 0175-12	15.9	10,100 PSI	1200
Lead Shot	12	3/4 oz.	Clays	Fed. 209A	CB 0175-12	16.7	11,400 PSI	1250
Lead Shot	12	3/4 oz.	Clays	Rem. 209P	CB 0175-12	16.5	6700 PSI	1150
Lead Shot	12	3/4 oz.	Clays	Rem. 209P	CB 0175-12	17.2	7400 PSI	1200
Lead Shot	12	3/4 oz.	Clays	Rem. 209P	CB 0175-12	17.9	8100 PSI	1250
Lead Shot	12	3/4 oz.	Clays	Rem. 209P	CB 0175-12	18.7	8900 PSI	1300
Lead Shot	12	3/4 oz.	Clays	Win. 209	CB 0175-12	15.8	7100 PSI	1150
Lead Shot	12	3/4 oz.	Clays	Win. 209	CB 0175-12	16.7	7900 PSI	1200
Lead Shot	12	3/4 oz.	Clays	Win. 209	CB 0175-12	17.5	8700 PSI	1250
Lead Shot	12	3/4 oz.	Clays	Win. 209	CB 0175-12	18.3	9400 PSI	1300
Lead Shot	12	3/4 oz.	Clays	Win. 209	Fed. 12SO	16.6	6200 PSI	1200
Lead Shot	12	3/4 oz.	Clays	Win. 209	Fed. 12SO	17.8	6800 PSI	1250
Lead Shot	12	3/4 oz.	700-X	Ched. 209	CB 0175-12	14.3	8100 PSI	1150
Lead Shot	12	3/4 oz.	700-X	Ched. 209	CB 0175-12	15.3	9200 PSI	1200
Lead Shot	12	3/4 oz.	700-X	Ched. 209	CB 0175-12	16.4	10,400 PSI	1250
Lead Shot	12	3/4 oz.	700-X	Fed. 209A	CB 0175-12	13.9	8800 PSI	1150
Lead Shot	12	3/4 oz.	700-X	Fed. 209A	CB 0175-12	15	10,000 PSI	1200
Lead Shot	12	3/4 oz.	700-X	Fed. 209A	CB 0175-12	16.2	11,300 PSI	1250
Lead Shot	12	3/4 oz.	700-X	Rem.	CB 0175-12	14.9	7700 PSI	1150

Lead Shot	12	3/4 oz.	700-X	Rem. 209P	CB 0175-12	15.9	8800 PSI	1200
Lead Shot	12	3/4 oz.	700-X	Rem. 209P	CB 0175-12	16.9	9800 PSI	1250
Lead Shot	12	3/4 oz.	700-X	Rem. 209P	CB 0175-12	17.9	10,900 PSI	1300
Lead Shot	12	3/4 oz.	700-X	Win. 209	CB 0175-12	13.9	7800 PSI	1150
Lead Shot	12	3/4 oz.	700-X	Win. 209	CB 0175-12	15.1	9100 PSI	1200
Lead Shot	12	3/4 oz.	700-X	Win. 209	CB 0175-12	16.3	10,400 PSI	1250
Lead Shot	12	24 gm	700-X	Fed. 209A	CB 1100-12	14.5	5,700 PSI	1150
Lead Shot	12	24 gm	700-X	Fed. 209A	CB 1100-12	15.5	6,400 PSI	1200
Lead Shot	12	24 gm	700-X	Fed. 209A	CB 1100-12	17	7,400 PSI	1250
Lead Shot	12	24 gm	700-X	Fed. 209A	CB 1100-12	18.5	8,300 PSI	1325
Lead Shot	12	24 gm	700-X	Fed. 209A	CB 2100-12	15	5,900 PSI	1150
Lead Shot	12	24 gm	700-X	Fed. 209A	CB 2100-12	16	6,700 PSI	1200
Lead Shot	12	24 gm	700-X	Fed. 209A	CB 2100-12	17	7,500 PSI	1250
Lead Shot	12	24 gm	700-X	Fed. 209A	CB 2100-12	18.5	8,600 PSI	1325
Lead Shot	12	24 gm	700-X	Fed. 209A	Fed. 12S0	15	6,400 PSI	1150
Lead Shot	12	24 gm	700-X	Fed. 209A	Fed. 12S0	16	7,100 PSI	1200
Lead Shot	12	24 gm	700-X	Fed. 209A	Fed. 12S0	17	7,900 PSI	1250
Lead Shot	12	24 gm	700-X	Fed. 209A	Fed. 12S0	18.5	9,000 PSI	1325
Lead Shot	12	24 gm	700-X	Fed. 209A	Rem. TGT12	14.5	6,000 PSI	1150
Lead Shot	12	24 gm	700-X	Fed. 209A	Rem. TGT12	16	7,000 PSI	1200
Lead Shot	12	24 gm	700-X	Fed. 209A	Rem. TGT12	17	7,800 PSI	1250
Lead Shot	12	24 gm	700-X	Fed. 209A	Rem. TGT12	18.5	8,600 PSI	1325
Lead Shot	12	24 gm	700-X	Fed. 209A	WAA12SL	14.5	6,400 PSI	1150
Lead Shot	12	24 gm	700-X	Fed. 209A	WAA12SL	15.5	7,000 PSI	1200
Lead Shot	12	24 gm	700-X	Fed. 209A	WAA12SL	17	8,100 PSI	1250
Lead Shot	12	24 gm	700-X	Fed. 209A	WAA12SL	18.5	9,100 PSI	1325
Lead Shot	12	24 gm	700-X	Rem. 209P	CB 1100-12	16	4,100 PSI	1150
Lead Shot	12	24 gm	700-X	Rem. 209P	CB 1100-12	17.5	4,800 PSI	1200
Lead Shot	12	24 gm	700-X	Rem. 209P	CB 1100-12	19	5,500 PSI	1250
Lead Shot	12	24 gm	700-X	Rem. 209P	CB 1100-12	20.5	6,400 PSI	1325

Lead Shot	12	24 gm	700-X	Rem. 209P	CB 2100-12	15	4,800 PSI	1150
Lead Shot	12	24 gm	700-X	Rem. 209P	CB 2100-12	16.5	5,200 PSI	1200
Lead Shot	12	24 gm	700-X	Rem. 209P	CB 2100-12	18	5,600 PSI	1250
Lead Shot	12	24 gm	700-X	Rem. 209P	CB 2100-12	20	6,300 PSI	1325
Lead Shot	12	24 gm	700-X	Rem. 209P	Fed. 12SO	15	5,000 PSI	1150
Lead Shot	12	24 gm	700-X	Rem. 209P	Fed. 12SO	16.5	5,600 PSI	1200
Lead Shot	12	24 gm	700-X	Rem. 209P	Fed. 12SO	18	6,300 PSI	1250
Lead Shot	12	24 gm	700-X	Rem. 209P	Fed. 12SO	19.5	7,600 PSI	1325
Lead Shot	12	24 gm	700-X	Rem. 209P	Rem. TGT12	15.5	5,000 PSI	1150
Lead Shot	12	24 gm	700-X	Rem. 209P	Rem. TGT12	16.5	5,500 PSI	1200
Lead Shot	12	24 gm	700-X	Rem. 209P	Rem. TGT12	18	6,100 PSI	1250
Lead Shot	12	24 gm	700-X	Rem. 209P	Rem. TGT12	20.5	6,800 PSI	1325
Lead Shot	12	24 gm	700-X	Rem. 209P	WAA12SL	15	5,300 PSI	1150
Lead Shot	12	24 gm	700-X	Rem. 209P	WAA12SL	16.5	6,000 PSI	1200
Lead Shot	12	24 gm	700-X	Rem. 209P	WAA12SL	18	6,800 PSI	1250
Lead Shot	12	24 gm	700-X	Rem. 209P	WAA12SL	19.5	7,600 PSI	1325
Lead Shot	12	24 gm	700-X	Win. 209	CB 1100-12	14.5	5,600 PSI	1150
Lead Shot	12	24 gm	700-X	Win. 209	CB 1100-12	15.5	6,300 PSI	1200
Lead Shot	12	24 gm	700-X	Win. 209	CB 1100-12	17	7,300 PSI	1250
Lead Shot	12	24 gm	700-X	Win. 209	CB 1100-12	18.5	8,400 PSI	1325
Lead Shot	12	24 gm	700-X	Win. 209	CB 2100-12	15	5,400 PSI	1150
Lead Shot	12	24 gm	700-X	Win. 209	CB 2100-12	16	6,400 PSI	1200

Lead Shot	12	24 gm	700-X	Win. 209	CB 2100-12	17	7,200 PSI	1250
Lead Shot	12	24 gm	700-X	Win. 209	CB 2100-12	18.5	8,600 PSI	1325
Lead Shot	12	24 gm	700-X	Win. 209	Fed. 12SO	14.5	6,600 PSI	1150
Lead Shot	12	24 gm	700-X	Win. 209	Fed. 12SO	15.5	7,300 PSI	1200
Lead Shot	12	24 gm	700-X	Win. 209	Fed. 12SO	17	8,300 PSI	1250
Lead Shot	12	24 gm	700-X	Win. 209	Fed. 12SO	18.5	9,300 PSI	1325
Lead Shot	12	24 gm	700-X	Win. 209	Rem. TGT12	14.5	6,000 PSI	1150
Lead Shot	12	24 gm	700-X	Win. 209	Rem. TGT12	16	6,900 PSI	1200
Lead Shot	12	24 gm	700-X	Win. 209	Rem. TGT12	17	7,600 PSI	1250
Lead Shot	12	24 gm	700-X	Win. 209	Rem. TGT12	18.5	8,700 PSI	1325
Lead Shot	12	24 gm	700-X	Win. 209	WAA12SL	14.5	6,300 PSI	1150
Lead Shot	12	24 gm	700-X	Win. 209	WAA12SL	15.5	7,100 PSI	1200
Lead Shot	12	24 gm	700-X	Win. 209	WAA12SL	17	8,200 PSI	1250
Lead Shot	12	24 gm	700-X	Win. 209	WAA12SL	18.5	9,100 PSI	1325
Lead Shot	12	24 gm	PB	Fed. 209A	CB 1100-12	18.5	4,900 PSI	1150
Lead Shot	12	24 gm	PB	Fed. 209A	CB 1100-12	20	5,300 PSI	1200
Lead Shot	12	24 gm	PB	Fed. 209A	CB 1100-12	21	5,600 PSI	1250
Lead Shot	12	24 gm	PB	Fed. 209A	CB 1100-12	23	6,600 PSI	1325
Lead Shot	12	24 gm	PB	Fed. 209A	Fed. 12SO	18.5	5,500 PSI	1150
Lead Shot	12	24 gm	PB	Fed. 209A	Fed. 12SO	19.5	6,000 PSI	1200
Lead Shot	12	24 gm	PB	Fed. 209A	Fed. 12SO	21	6,600 PSI	1250
Lead Shot	12	24 gm	PB	Fed. 209A	Fed. 12SO	23	7,900 PSI	1325
Lead Shot	12	24 gm	PB	Fed. 209A	Rem. FIG. 8	18	5,200 PSI	1150
Lead Shot	12	24 gm	PB	Fed. 209A	Rem. FIG. 8	19.5	5,800 PSI	1200
Lead Shot	12	24 gm	PB	Fed. 209A	Rem. FIG. 8	21	6,500 PSI	1250
Lead Shot	12	24 gm	PB	Fed. 209A	Rem. FIG. 8	23	7,200 PSI	1325
Lead Shot	12	24 gm	PB	Fed. 209A	WAA12SL	18	5,800 PSI	1150
Lead Shot	12	24 gm	PB	Fed. 209A	WAA12SL	19	6,200 PSI	1200
Lead Shot	12	24 gm	PB	Fed. 209A	WAA12SL	20.5	6,900 PSI	1250
Lead Shot	12	24 gm	PB	Fed. 209A	WAA12SL	22.5	7,800 PSI	1325
Lead Shot	12	24 gm	PB	Rem. 209P	CB 1100-12	19.5	4,200 PSI	1150
Lead Shot	12	24 gm	PB	Rem. 209P	CB 1100-12	20.5	4,500 PSI	1200
Lead Shot	12	24 gm	PB	Rem. 209P	CB 1100-12	22	5,000 PSI	1250
Lead Shot	12	24 gm	PB	Rem. 209P	CB 1100-12	24.5	5,700 PSI	1325

Lead Shot	12	24 gm	PB	Rem. 209P	Fed. 12SO	19.5	4,900 PSI	1150
Lead Shot	12	24 gm	PB	Rem. 209P	Fed. 12SO	20.5	5,400 PSI	1200
Lead Shot	12	24 gm	PB	Rem. 209P	Fed. 12SO	22	6,100 PSI	1250
Lead Shot	12	24 gm	PB	Rem. 209P	Fed. 12SO	24	6,800 PSI	1325
Lead Shot	12	24 gm	PB	Rem. 209P	Rem. FIG. 8	19.5	4,500 PSI	1150
Lead Shot	12	24 gm	PB	Rem. 209P	Rem. FIG. 8	20.5	5,000 PSI	1200
Lead Shot	12	24 gm	PB	Rem. 209P	Rem. FIG. 8	22	5,800 PSI	1250
Lead Shot	12	24 gm	PB	Rem. 209P	Rem. FIG. 8	23.5	6,700 PSI	1325
Lead Shot	12	24 gm	PB	Rem. 209P	WAA12SL	18.5	4,800 PSI	1150
Lead Shot	12	24 gm	PB	Rem. 209P	WAA12SL	20	5,400 PSI	1200
Lead Shot	12	24 gm	PB	Rem. 209P	WAA12SL	21.5	6,100 PSI	1250
Lead Shot	12	24 gm	PB	Rem. 209P	WAA12SL	23.5	7,200 PSI	1325
Lead Shot	12	24 gm	PB	Win. 209	CB 1100-12	19	4,500 PSI	1150
Lead Shot	12	24 gm	PB	Win. 209	CB 1100-12	20.5	5,000 PSI	1200
Lead Shot	12	24 gm	PB	Win. 209	CB 1100-12	22	5,600 PSI	1250
Lead Shot	12	24 gm	PB	Win. 209	CB 1100-12	23.5	6,300 PSI	1325
Lead Shot	12	24 gm	PB	Win. 209	Fed. 12SO	19	5,200 PSI	1150
Lead Shot	12	24 gm	PB	Win. 209	Fed. 12SO	20	5,800 PSI	1200
Lead Shot	12	24 gm	PB	Win. 209	Fed. 12SO	21.5	6,600 PSI	1250
Lead Shot	12	24 gm	PB	Win. 209	Fed. 12SO	23	7,500 PSI	1325
Lead Shot	12	24 gm	PB	Win. 209	Rem. FIG. 8	19	4,900 PSI	1150
Lead Shot	12	24 gm	PB	Win. 209	Rem. FIG. 8	20.5	5,400 PSI	1200
Lead Shot	12	24 gm	PB	Win. 209	Rem. FIG. 8	22	6,100 PSI	1250
Lead Shot	12	24 gm	PB	Win. 209	Rem. FIG. 8	23.5	6,800 PSI	1325
Lead Shot	12	24 gm	PB	Win. 209	WAA12SL	18	5,500 PSI	1150
Lead Shot	12	24 gm	PB	Win. 209	WAA12SL	19.5	6,000 PSI	1200

Lead Shot	12	24 gm	PB	Win. 209	WAA12SL	21	6,500 PSI	1250
Lead Shot	12	24 gm	PB	Win. 209	WAA12SL	22.5	7,500 PSI	1325
Lead Shot	12	24 gm	SR 7625	Fed. 209A	CB 1100-12	22.5	3,700 PSI	1150
Lead Shot	12	24 gm	SR 7625	Fed. 209A	CB 1100-12	23.5	4,000 PSI	1200
Lead Shot	12	24 gm	SR 7625	Fed. 209A	CB 1100-12	25	4,600 PSI	1250
Lead Shot	12	24 gm	SR 7625	Fed. 209A	CB 1100-12	27	5,500 PSI	1325
Lead Shot	12	24 gm	SR 7625	Fed. 209A	Fed. 12SO	22	4,400 PSI	1150
Lead Shot	12	24 gm	SR 7625	Fed. 209A	Fed. 12SO	23	4,800 PSI	1200
Lead Shot	12	24 gm	SR 7625	Fed. 209A	Fed. 12SO	24.5	5,400 PSI	1250
Lead Shot	12	24 gm	SR 7625	Fed. 209A	Fed. 12SO	26	6,400 PSI	1325
Lead Shot	12	24 gm	SR 7625	Fed. 209A	Rem. FIG. 8	22	4,200 PSI	1150
Lead Shot	12	24 gm	SR 7625	Fed. 209A	Rem. FIG. 8	23	4,700 PSI	1200
Lead Shot	12	24 gm	SR 7625	Fed. 209A	Rem. FIG. 8	24.5	5,300 PSI	1250
Lead Shot	12	24 gm	SR 7625	Fed. 209A	Rem. FIG. 8	26.5	6,200 PSI	1325
Lead Shot	12	24 gm	SR 7625	Fed. 209A	WAA12SL	21	4,600 PSI	1150
Lead Shot	12	24 gm	SR 7625	Fed. 209A	WAA12SL	22.5	5,000 PSI	1200
Lead Shot	12	24 gm	SR 7625	Fed. 209A	WAA12SL	24	5,400 PSI	1250
Lead Shot	12	24 gm	SR 7625	Fed. 209A	WAA12SL	26	6,400 PSI	1325
Lead Shot	12	24 gm	SR 7625	Rem. 209P	CB 1100-12	23.5	3,000 PSI	1150
Lead Shot	12	24 gm	SR 7625	Rem. 209P	CB 1100-12	25	3,500 PSI	1200
Lead Shot	12	24 gm	SR 7625	Rem. 209P	CB 1100-12	26.5	4,100 PSI	1250
Lead Shot	12	24 gm	SR 7625	Rem. 209P	CB 1100-12	28	4,700 PSI	1325
Lead Shot	12	24 gm	SR 7625	Rem. 209P	Fed. 12SO	22.5	4,000 PSI	1150
Lead Shot	12	24 gm	SR 7625	Rem. 209P	Fed. 12SO	24	4,400 PSI	1200
Lead Shot	12	24 gm	SR 7625	Rem. 209P	Fed. 12SO	25.5	5,200 PSI	1250
Lead Shot	12	24 gm	SR 7625	Rem. 209P	Fed. 12SO	27	6,000 PSI	1325
Lead Shot	12	24 gm	SR 7625	Rem. 209P	Rem. FIG. 8	23	3,700 PSI	1150
Lead Shot	12	24 gm	SR 7625	Rem. 209P	Rem. FIG. 8	24	4,200 PSI	1200

Lead Shot	12	24 gm	SR 7625	Rem. 209P	Rem. FIG. 8	25.5	4,800 PSI	1250
Lead Shot	12	24 gm	SR 7625	Rem. 209P	Rem. FIG. 8	27.5	5,700 PSI	1325
Lead Shot	12	24 gm	SR 7625	Rem 209P	WAA12SL	22.5	3,700 PSI	1150
Lead Shot	12	24 gm	SR 7625	Rem. 209P	WAA12SL	24	4,400 PSI	1200
Lead Shot	12	24 gm	SR 7625	Rem. 209P	WAA12SL	25	4,800 PSI	1250
Lead Shot	12	24 gm	SR 7625	Rem. 209P	WAA12SL	27	5,500 PSI	1325
Lead Shot	12	24 gm	SR 7625	Win. 209	CB 1100-12	23.5	3,500 PSI	1150
Lead Shot	12	24 gm	SR 7625	Win. 209	CB 1100-12	24.5	3,700 PSI	1200
Lead Shot	12	24 gm	SR 7625	Win. 209	CB 1100-12	26	4,300 PSI	1250
Lead Shot	12	24 gm	SR 7625	Win. 209	CB 1100-12	28	5,000 PSI	1325
Lead Shot	12	24 gm	SR 7625	Win. 209	Fed. 12SO	22	4,100 PSI	1150
Lead Shot	12	24 gm	SR 7625	Win. 209	Fed. 12SO	23.5	4,700 PSI	1200
Lead Shot	12	24 gm	SR 7625	Win. 209	Fed. 12SO	25	5,300 PSI	1250
Lead Shot	12	24 gm	SR 7625	Win. 209	Fed. 12SO	27	6,200 PSI	1325
Lead Shot	12	24 gm	SR 7625	Win. 209	Rem. FIG. 8	22	4,300 PSI	1150
Lead Shot	12	24 gm	SR 7625	Win. 209	Rem. FIG. 8	23	4,600 PSI	1200
Lead Shot	12	24 gm	SR 7625	Win. 209	Rem. FIG. 8	24.5	5,100 PSI	1250
Lead Shot	12	24 gm	SR 7625	Win. 209	Rem. FIG. 8	26.5	5,900 PSI	1325
Lead Shot	12	24 gm	SR 7625	Win. 209	WAA12SL	22.5	4,200 PSI	1150
Lead Shot	12	24 gm	SR 7625	Win. 209	WAA12SL	23.5	4,700 PSI	1200
Lead Shot	12	24 gm	SR 7625	Win. 209	WAA12SL	25	5,300 PSI	1250
Lead Shot	12	24 gm	SR 7625	Win. 209	WAA12SL	27	6,000 PSI	1325
Lead Shot	12	7/8 oz.	WAALite	Ched. 209	Fed. 12SO	12.8	5,900 PSI	1050
Lead Shot	12	7/8 oz.	WAALite	Ched. 209	Fed. 12SO	13.6	6,800 PSI	1100
Lead Shot	12	7/8 oz.	WAALite	Ched. 209	Fed. 12SO	14.3	7,600 PSI	1150
Lead Shot	12	7/8 oz.	WAALite	Ched. 209	WAA12L	12.5	5,500 PSI	1050
Lead Shot	12	7/8 oz.	WAALite	Ched. 209	WAA12L	13.4	6,600 PSI	1100
Lead Shot	12	7/8 oz.	WAALite	Ched. 209	WAA12L	14.2	7,500 PSI	1150
Lead Shot	12	7/8 oz.	WAALite	Fed. 209A	Fed. 12SO	12.8	6,000 PSI	1050
Lead Shot	12	7/8 oz.	WAALite	Fed. 209A	Fed. 12SO	13.6	6,900 PSI	1100
Lead Shot	12	7/8 oz.	WAALite	Fed. 209A	Fed. 12SO	14.5	7,800 PSI	1150
Lead Shot	12	7/8 oz.	WAALite	Fed. 209A	WAA12L	12.6	5,400 PSI	1050

Shot Type	Gauge	Shot Weight	Wad	Primer	Powder	Charge	Pressure	Velocity
Lead Shot	12	7/8 oz.	WAALite	Fed. 209A	WAA12L	13.4	6,500 PSI	1100
Lead Shot	12	7/8 oz.	WAALite	Fed. 209A	WAA12L	14.2	7,600 PSI	1150
Lead Shot	12	7/8 oz.	WAALite	Rem. 209P	Fed. 12SO	12.7	5,900 PSI	1050
Lead Shot	12	7/8 oz.	WAALite	Rem. 209P	Fed. 12SO	13.4	6,800 PSI	1100
Lead Shot	12	7/8 oz.	WAALite	Rem. 209P	Fed. 12SO	14.3	8,000 PSI	1150
Lead Shot	12	7/8 oz.	WAALite	Rem. 209P	WAA12L	12.6	5,400 PSI	1050
Lead Shot	12	7/8 oz.	WAALite	Rem. 209P	WAA12L	13.4	6,500 PSI	1100
Lead Shot	12	7/8 oz.	WAALite	Rem. 209P	WAA12L	14.1	7,400 PSI	1150
Lead Shot	12	7/8 oz.	WAALite	Win. 209	Fed. 12SO	13.1	5,100 PSI	1050
Lead Shot	12	7/8 oz.	WAALite	Win. 209	Fed. 12SO	14	6,300 PSI	1100
Lead Shot	12	7/8 oz.	WAALite	Win. 209	Fed. 12SO	14.9	7,500 PSI	1150
Lead Shot	12	7/8 oz.	WAALite	Win. 209	WAA12L	12.8	5,500 PSI	1050
Lead Shot	12	7/8 oz.	WAALite	Win. 209	WAA12L	13.6	6,500 PSI	1100
Lead Shot	12	7/8 oz.	WAALite	Win. 209	WAA12L	14.5	7,700 PSI	1150
Lead Shot	12	7/8 oz.	Titewad	CCI 209SC	Rem. TGT 12	17.7	7,800 PSI	1250
Lead Shot	12	7/8 oz.	Titewad	CCI 209SC	Rem. TGT 12	18.8	8,900 PSI	1300
Lead Shot	12	7/8 oz.	Titewad	CCI 209SC	Rem. TGT 12	19.8	9,600 PSI	1350
Lead Shot	12	7/8 oz.	Titewad	CCI 209SC	Rem. TGT 12	21	10,200 PSI	1400
Lead Shot	12	7/8 oz.	Titewad	CCI 209SC	WAA12L	17.3	8,800 PSI	1250
Lead Shot	12	7/8 oz.	Titewad	CCI 209SC	WAA12L	18.2	10,100 PSI	1300
Lead Shot	12	7/8 oz.	Titewad	CCI 209SC	WAA12L	19.8	11,300 PSI	1350
Lead Shot	12	7/8 oz.	Titewad	Fed. 209A	Fed. 12SO	18.5	7,800 PSI	1250
Lead Shot	12	7/8 oz.	Titewad	Fed. 209A	Fed. 12SO	19.7	8,800 PSI	1300
Lead Shot	12	7/8 oz.	Titewad	Fed. 209A	Fed. 12SO	20.8	10,200 PSI	1350
Lead Shot	12	7/8 oz.	Titewad	Fed. 209A	Fed. 12SO	21.7	10,700 PSI	1400

Lead Shot	12	7/8 oz.	Titewad	Fed. 209A	WAA12L	17.8	8,600 PSI	1250
Lead Shot	12	7/8 oz.	Titewad	Fed. 209A	WAA12L	18.8	9,100 PSI	1300
Lead Shot	12	7/8 oz.	Titewad	Fed. 209A	WAA12L	19.8	10,700 PSI	1350
Lead Shot	12	7/8 oz.	Titewad	Fio. 616	Rem. TGT 12	17.5	8,100 PSI	1250
Lead Shot	12	7/8 oz.	Titewad	Fio. 616	Rem. TGT 12	19.2	8,900 PSI	1300
Lead Shot	12	7/8 oz.	Titewad	Fio. 616	Rem. TGT 12	20.1	9,800 PSI	1350
Lead Shot	12	7/8 oz.	Titewad	Fio. 616	Rem. TGT 12	21.3	10,500 PSI	1400
Lead Shot	12	7/8 oz.	Titewad	Rem. 209P	Fed. 12SO	17.4	9,200 PSI	1250
Lead Shot	12	7/8 oz.	Titewad	Rem. 209P	Fed. 12SO	18.6	10,100 PSI	1300
Lead Shot	12	7/8 oz.	Titewad	Rem. 209P	Fed. 12SO	19.4	11,300 PSI	1350
Lead Shot	12	7/8 oz.	Titewad	Rem. 209P	Rem. TGT 12	17.2	8,300 PSI	1250
Lead Shot	12	7/8 oz.	Titewad	Rem. 209P	Rem. TGT 12	18.2	9,400 PSI	1300
Lead Shot	12	7/8 oz.	Titewad	Rem. 209P	Rem. TGT 12	19.5	10,300 PSI	1350
Lead Shot	12	7/8 oz.	Titewad	Rem. 209P	WAA12L	18	8,500 PSI	1250
Lead Shot	12	7/8 oz.	Titewad	Rem. 209P	WAA12L	19	9,100 PSI	1300
Lead Shot	12	7/8 oz.	Titewad	Rem. 209P	WAA12L	19.9	10,000 PSI	1350
Lead Shot	12	7/8 oz.	Titewad	Win. 209	Fed. 12SO	17.3	9,300 PSI	1250
Lead Shot	12	7/8 oz.	Titewad	Win. 209	Fed. 12SO	18.5	10,400 PSI	1300
Lead Shot	12	7/8 oz.	Titewad	Win. 209	Fed. 12SO	19.5	11,300 PSI	1350
Lead Shot	12	7/8 oz.	Titewad	Win. 209	Rem. TGT 12	17.1	9,300 PSI	1250
Lead Shot	12	7/8 oz.	Titewad	Win. 209	Rem. TGT 12	18.1	9,900 PSI	1300
Lead Shot	12	7/8 oz.	Titewad	Win. 209	Rem. TGT 12	19.5	10,800 PSI	1350
Lead Shot	12	7/8 oz.	Titewad	Win. 209	WAA12L	17.8	8,600 PSI	1250
Lead Shot	12	7/8 oz.	Titewad	Win. 209	WAA12L	19.1	9,500 PSI	1300
Lead Shot	12	7/8 oz.	Titewad	Win. 209	WAA12L	20.2	10,300 PSI	1350
Lead Shot	12	7/8 oz.	Titewad	Win. 209	WAA12L	21.4	10,800 PSI	1400
Lead Shot	12	7/8 oz.	Clays	CCI 209M	Fed. 12SO	16	8,100 PSI	1200
Lead Shot	12	7/8 oz.	Clays	CCI 209M	Fed. 12SO	17.2	10,200 PSI	1250
Lead Shot	12	7/8 oz.	Clays	CCI 209M	Fed. 12SO	18.2	11,400 PSI	1300

Lead Shot	12	7/8 oz.	Clays	CCI 209M	Rem. TGT 12	16.5	7,100 PSI	1200
Lead Shot	12	7/8 oz.	Clays	CCI 209M	Rem. TGT 12	17.5	7,800 PSI	1250
Lead Shot	12	7/8 oz.	Clays	CCI 209M	Rem. TGT 12	18.5	8,900 PSI	1300
Lead Shot	12	7/8 oz.	Clays	CCI 209M	WAA12L	15.8	7,500 PSI	1200
Lead Shot	12	7/8 oz.	Clays	CCI 209M	WAA12L	17.1	9,200 PSI	1250
Lead Shot	12	7/8 oz.	Clays	CCI 209M	WAA12L	18	10,600 PSI	1300
Lead Shot	12	7/8 oz.	Clays	CCI 209SC	Fed. 12SO	16	8,800 PSI	1200
Lead Shot	12	7/8 oz.	Clays	CCI 209SC	Fed. 12SO	17.4	9,700 PSI	1250
Lead Shot	12	7/8 oz.	Clays	CCI 209SC	Fed. 12SO	18.2	11,200 PSI	1300
Lead Shot	12	7/8 oz.	Clays	CCI 209SC	Rem. TGT 12	16.3	6,500 PSI	1200
Lead Shot	12	7/8 oz.	Clays	CCI 209SC	Rem. TGT 12	17.6	7,100 PSI	1250
Lead Shot	12	7/8 oz.	Clays	CCI 209SC	Rem. TGT 12	18.7	7,800 PSI	1300
Lead Shot	12	7/8 oz.	Clays	CCI 209SC	WAA12L	16	7,600 PSI	1200
Lead Shot	12	7/8 oz.	Clays	CCI 209SC	WAA12L	17.4	9,500 PSI	1250
Lead Shot	12	7/8 oz.	Clays	CCI 209SC	WAA12L	18.3	10,500 PSI	1300
Lead Shot	12	7/8 oz.	Clays	Fed. 209A	Fed. 12SO	16	8,800 PSI	1200
Lead Shot	12	7/8 oz.	Clays	Fed. 209A	Fed. 12SO	17.4	9,400 PSI	1250
Lead Shot	12	7/8 oz.	Clays	Fed. 209A	Fed. 12SO	18.3	11,300 PSI	1300
Lead Shot	12	7/8 oz.	Clays	Fed. 209A	Rem. TGT 12	16	6,900 PSI	1200
Lead Shot	12	7/8 oz.	Clays	Fed. 209A	Rem. TGT 12	17.2	9,300 PSI	1250
Lead Shot	12	7/8 oz.	Clays	Fed. 209A	Rem. TGT 12	18.5	9,900 PSI	1300
Lead Shot	12	7/8 oz.	Clays	Fed. 209A	Rem. TGT 12	19.5	11,400 PSI	1350
Lead Shot	12	7/8 oz.	Clays	Fed. 209A	WAA12L	18	8,400 PSI	1250
Lead Shot	12	7/8 oz.	Clays	Fed. 209A	WAA12L	19.1	9,300 PSI	1300
Lead Shot	12	7/8 oz.	Clays	Fed. 209A	WAA12L	20.5	10,800 PSI	1350
Lead Shot	12	7/8 oz.	Clays	Fed. 209A	WAA12SL	18	8,500 PSI	1250
Lead Shot	12	7/8 oz.	Clays	Fed. 209A	WAA12SL	19	9,700 PSI	1300
Lead Shot	12	7/8 oz.	Clays	Rem. 209P	Fed. 12SO	16.8	7,100 PSI	1200

Lead Shot	12	7/8 oz.	Clays	Rem. 209P	Fed. 12SO	18	8,600 PSI	1250
Lead Shot	12	7/8 oz.	Clays	Rem. 209P	Fed. 12SO	19	9,200 PSI	1300
Lead Shot	12	7/8 oz.	Clays	Rcm. 209P	Rem. TGT 12	18.2	6,000 LUP	1200
Lead Shot	12	7/8 oz.	Clays	Rem. 209P	Rem. TGT 12	18.9	6,800 LUP	1250
Lead Shot	12	7/8 oz.	Clays	Rem. 209P	WAA12L	16.8	6,800 PSI	1200
Lead Shot	12	7/8 oz.	Clays	Rem. 209P	WAA12L	18.1	7,500 PSI	1250
Lead Shot	12	7/8 oz.	Clays	Rem. 209P	WAA12L	19.1	8,600 PSI	1300
Lead Shot	12	7/8 oz.	Clays	Rem. 209P	WAA12L	20.5	10,700 PSI	1350
Lead Shot	12	7/8 oz.	Clays	Win. 209	Fed. 12SO	17.1	7,400 PSI	1200
Lead Shot	12	7/8 oz.	Clays	Win. 209	Fed. 12SO	18	8,000 PSI	1250
Lead Shot	12	7/8 oz.	Clays	Win. 209	Fed. 12SO	20	10,700 PSI	1300
Lead Shot	12	7/8 oz.	Clays	Win. 209	Rem. TGT 12	15.8	7,100 PSI	1200
Lead Shot	12	7/8 oz.	Clays	Win. 209	Rem. TGT 12	17.4	8,000 PSI	1250
Lead Shot	12	7/8 oz.	Clays	Win. 209	Rem. TGT 12	18.4	9,000 PSI	1300
Lead Shot	12	7/8 oz.	Clays	Win. 209	Rem. TGT 12	19.4	11,300 PSI	1350
Lead Shot	12	7/8 oz.	Clays	Win. 209	WAA12L	18.3	8,300 PSI	1250
Lead Shot	12	7/8 oz.	Clays	Win. 209	WAA12L	19.2	9,400 PSI	1300
Lead Shot	12	7/8 oz.	Clays	Win. 209	WAA12L	20.5	10,000 PSI	1350
Lead Shot	12	7/8 oz.	Clays	Win. 209	WAA12SL	16.9	7,100 LUP	1200
Lead Shot	12	7/8 oz.	Clays	Win. 209	WAA12SL	18.1	7,400 LUP	1250
Lead Shot	12	7/8 oz.	Clays	Win. 209	WAA12SL	19.7	8,400 LUP	1300
Lead Shot	12	7/8 oz.	WST	CCI 209	WAA12L	23.5	7,200 PSI	1355
Lead Shot	12	7/8 oz.	WST	Fed. 209A	WAA12L	23.5	7,400 PSI	1355
Lead Shot	12	7/8 oz.	WST	Win. 209	WAA12L	22	7,900 PSI	1325
Lead Shot	12	7/8 oz.	WST	Win. 209	WAA12L	23.5	8,200 PSI	1400
Lead Shot	12	7/8 oz.	Internat'l	CCI 209M	Fed. 12SO	19	8,200 PSI	1250
Lead Shot	12	7/8 oz.	Internat'l	CCI 209M	Fed. 12SO	20	9,100 PSI	1300
Lead Shot	12	7/8 oz.	Internat'l	CCI 209M	Fed. 12SO	21	10,200 PSI	1350
Lead Shot	12	7/8 oz.	Internat'l	CCI 209M	Fed. 12SO	22	11,000 PSI	1400
Lead Shot	12	7/8 oz.	Internat'l	CCI 209M	Rem. TGT 12	19	7,400 PSI	1250

Shot	Gauge	Load	Powder	Primer	Wad	Charge	Pressure	Velocity
Lead Shot	12	7/8 oz.	Internat'l	CCI 209M	Rem. TGT 12	20	8,900 PSI	1300
Lead Shot	12	7/8 oz.	Internat'l	CCI 209M	Rem. TGT 12	20.8	8,900 PSI	1350
Lead Shot	12	7/8 oz.	Internat'l	CCI 209M	Rem. TGT 12	22	10,400 PSI	1400
Lead Shot	12	7/8 oz.	Internat'l	CCI 209M	WAA12L	18.8	7,600 PSI	1250
Lead Shot	12	7/8 oz.	Internat'l	CCI 209M	WAA12L	20	8,000 PSI	1300
Lead Shot	12	7/8 oz.	Internat'l	CCI 209M	WAA12L	21	9,500 PSI	1350
Lead Shot	12	7/8 oz.	Internat'l	CCI 209M	WAA12L	22.4	10,500 PSI	1400
Lead Shot	12	7/8 oz.	Internat'l	CCI 209SC	Rem. TGT 12	19	7,800 PSI	1250
Lead Shot	12	7/8 oz.	Internat'l	CCI 209SC	Rem. TGT 12	19.8	8,200 PSI	1300
Lead Shot	12	7/8 oz.	Internat'l	CCI 209SC	Rem. TGT 12	20.8	9,400 PSI	1350
Lead Shot	12	7/8 oz.	Internat'l	CCI 209SC	Rem. TGT 12	21.5	10,300 PSI	1400
Lead Shot	12	7/8 oz.	Internat'l	CCI 209SC	WAA12L	19.2	8,100 PSI	1250
Lead Shot	12	7/8 oz.	Internat'l	CCI 209SC	WAA12L	20.2	8,700 PSI	1300
Lead Shot	12	7/8 oz.	Internat'l	CCI 209SC	WAA12L	21.2	9,500 PSI	1350
Lead Shot	12	7/8 oz.	Internat'l	CCI 209SC	WAA12L	22.2	10,800 PSI	1400
Lead Shot	12	7/8 oz.	Internat'l	Ched. 209	WAA12L	20	7,000 PSI	1250
Lead Shot	12	7/8 oz.	Internat'l	Ched. 209	WAA12L	21.2	7,500 PSI	1300
Lead Shot	12	7/8 oz.	Internat'l	Ched. 209	WAA12L	22	8,400 PSI	1350
Lead Shot	12	7/8 oz.	Internat'l	Ched. 209	WAA12L	22.8	9,300 PSI	1400
Lead Shot	12	7/8 oz.	Internat'l	Fed. 209A	Fed. 12SO	18.5	8,700 PSI	1250
Lead Shot	12	7/8 oz.	Internat'l	Fed. 209A	Fed. 12SO	19.5	9,900 PSI	1300
Lead Shot	12	7/8 oz.	Internat'l	Fed. 209A	Fed. 12SO	20.8	11,000 PSI	1350
Lead Shot	12	7/8 oz.	Internat'l	Fed. 209A	Rem. TGT 12	18.6	8,300 PSI	1250
Lead Shot	12	7/8 oz.	Internat'l	Fed. 209A	Rem. TGT 12	19.7	9,000 PSI	1300
Lead Shot	12	7/8 oz.	Internat'l	Fed. 209A	Rem. TGT 12	20.6	10,000 PSI	1350
Lead Shot	12	7/8 oz.	Internat'l	Fed. 209A	Rem. TGT 12	22	10,800 PSI	1400
Lead Shot	12	7/8 oz.	Internat'l	Fed. 209A	WAA12SL	20	7,800 PSI	1250
Lead Shot	12	7/8 oz.	Internat'l	Fed. 209A	WAA12SL	21	8,600 PSI	1300
Lead Shot	12	7/8 oz.	Internat'l	Fed. 209A	WAA12SL	22	9,500 PSI	1350
Lead Shot	12	7/8 oz.	Internat'l	Rem.	Fed. 12SO	19.9	8,000 PSI	1250

				209P				
Lead Shot	12	7/8 oz.	Internat'l	Rem. 209P	Fed. 12SO	20.7	8,600 PSI	1300
Lead Shot	12	7/8 oz.	Internat'l	Rem. 209P	Fed. 12SO	22	9,600 PSI	1350
Lead Shot	12	7/8 oz.	Internat'l	Rem. 209P	Fed. 12SO	22.9	10,500 PSI	1400
Lead Shot	12	7/8 oz.	Internat'l	Rem. 209P	Rem. TGT 12	20.5	6,800 PSI	1250
Lead Shot	12	7/8 oz.	Internat'l	Rem. 209P	Rem. TGT 12	21.5	7,300 PSI	1300
Lead Shot	12	7/8 oz.	Internat'l	Rem. 209P	Rem. TGT 12	22.5	8,300 PSI	1350
Lead Shot	12	7/8 oz.	Internat'l	Rem. 209P	Rem. TGT 12	23	9,300 PSI	1400
Lead Shot	12	7/8 oz.	Internat'l	Rem. 209P	WAA12L	20	7,500 PSI	1250
Lead Shot	12	7/8 oz.	Internat'l	Rem. 209P	WAA12L	20.8	8,300 PSI	1300
Lead Shot	12	7/8 oz.	Internat'l	Rem. 209P	WAA12L	22.2	8,900 PSI	1350
Lead Shot	12	7/8 oz.	Internat'l	Rem. 209P	WAA12L	22.7	10,200 PSI	1400
Lead Shot	12	7/8 oz.	Internat'l	Win. 209	Fed. 12SO	19.5	8,100 PSI	1250
Lead Shot	12	7/8 oz.	Internat'l	Win. 209	Fed. 12SO	20.9	8,500 PSI	1300
Lead Shot	12	7/8 oz.	Internat'l	Win. 209	Fed. 12SO	21.9	9,500 PSI	1350
Lead Shot	12	7/8 oz.	Internat'l	Win. 209	Rem. TGT 12	19.2	7,100 PSI	1250
Lead Shot	12	7/8 oz.	Internat'l	Win. 209	Rem. TGT 12	20.2	7,800 PSI	1300
Lead Shot	12	7/8 oz.	Internat'l	Win. 209	Rem. TGT 12	21.2	8,700 PSI	1350
Lead Shot	12	7/8 oz.	Internat'l	Win. 209	Rem. TGT 12	22.5	9,300 PSI	1400
Lead Shot	12	7/8 oz.	Internat'l	Win. 209	WAA12SL	20.5	7,900 PSI	1250
Lead Shot	12	7/8 oz.	Internat'l	Win. 209	WAA12SL	21	8,600 PSI	1300
Lead Shot	12	7/8 oz.	Internat'l	Win. 209	WAA12SL	21.5	9,100 PSI	1350
Lead Shot	12	7/8 oz.	Internat'l	Win. 209	WAA12SL	22.5	10,200 PSI	1400
Lead Shot	12	**26 gm.	WAALite	Win. 209	WAA12SL	12	5,600 PSI	980
Lead Shot	12	**26 gm.	WAALite	Win. 209	WAA12SL	13	6,800 PSI	1035
Lead Shot	12	**26 gm.	WAALite	Win. 209	WAA12SL	13.8	7,600 PSI	1090
Lead Shot	12	**26 gm.	WAALite	Win. 209	WAA12SL	14.8	8,800 PSI	1145

Lead Shot	12	1 oz.	WAALite	Ched. 209	J-XL-1	11.8	5,900 PSI	970
Lead Shot	12	1 oz.	WAALite	Ched. 209	J-XL-1	12.7	6,900 PSI	1025
Lead Shot	12	1 oz.	WAALite	Ched. 209	J-XL-1	13.6	8,000 PSI	1070
Lead Shot	12	1 oz.	WAALite	Ched. 209	J-XL-1	14.6	9,100 PSI	1125
Lead Shot	12	1 oz.	WAALite	Ched. 209	Purple PC	12.4	5,200 PSI	970
Lead Shot	12	1 oz.	WAALite	Ched. 209	Purple PC	13.3	6,300 PSI	1025
Lead Shot	12	1 oz.	WAALite	Ched. 209	Purple PC	14	7,100 PSI	1070
Lead Shot	12	1 oz.	WAALite	Ched. 209	Purple PC	14.9	8,200 PSI	1125
Lead Shot	12	1 oz.	WAALite	Ched. 209	Rem. TGT12	11.8	5,700 PSI	970
Lead Shot	12	1 oz.	WAALite	Ched. 209	Rem. TGT12	12.8	6,700 PSI	1025
Lead Shot	12	1 oz.	WAALite	Ched. 209	Rem. TGT12	13.7	7,700 PSI	1070
Lead Shot	12	1 oz.	WAALite	Ched. 209	Rem. TGT12	14.8	8,800 PSI	1125
Lead Shot	12	1 oz.	WAALite	Ched. 209	WAA12SL	11.6	6,100 PSI	970
Lead Shot	12	1 oz.	WAALite	Ched. 209	WAA12SL	12.7	7,200 PSI	1025
Lead Shot	12	1 oz.	WAALite	Ched. 209	WAA12SL	13.6	8,100 PSI	1070
Lead Shot	12	1 oz.	WAALite	Ched. 209	WAA12SL	14.7	9,300 PSI	1125
Lead Shot	12	1 oz.	WAALite	Fed. 209A	J-XL-1	12	6,300 PSI	970
Lead Shot	12	1 oz.	WAALite	Fed. 209A	J-XL-1	12.9	7,200 PSI	1025
Lead Shot	12	1 oz.	WAALite	Fed. 209A	J-XL-1	13.8	8,300 PSI	1070
Lead Shot	12	1 oz.	WAALite	Fed. 209A	J-XL-1	14.8	9,400 PSI	1125
Lead Shot	12	1 oz.	WAALite	Fed. 209A	Purple PC	12	5,400 PSI	970
Lead Shot	12	1 oz.	WAALite	Fed. 209A	Purple PC	13	6,300 PSI	1025
Lead Shot	12	1 oz.	WAALite	Fed. 209A	Purple PC	13.9	7,200 PSI	1070
Lead Shot	12	1 oz.	WAALite	Fed. 209A	Purple PC	14.9	10,800 PSI	1125
Lead Shot	12	1 oz.	WAALite	Fed. 209A	Rem. TGT12	12	6,300 PSI	970
Lead Shot	12	1 oz.	WAALite	Fed. 209A	Rem. TGT12	12.8	7,100 PSI	1025
Lead Shot	12	1 oz.	WAALite	Fed. 209A	Rem. TGT12	13.7	8,000 PSI	1070
Lead Shot	12	1 oz.	WAALite	Fed. 209A	Rem. TGT12	14.8	9,100 PSI	1125
Lead Shot	12	1 oz.	WAALite	Fed. 209A	WAA12SL	11.7	6,200 PSI	970
Lead Shot	12	1 oz.	WAALite	Fed. 209A	WAA12SL	12.8	7,500 PSI	1025
Lead Shot	12	1 oz.	WAALite	Fed. 209A	WAA12SL	13.7	8,600 PSI	1070
Lead Shot	12	1 oz.	WAALite	Fed. 209A	WAA12SL	14.7	9,700 PSI	1125
Lead Shot	12	1 oz.	WAALite	Rem. 209P	J-XL-1	11.9	5,100 PSI	970
Lead Shot	12	1 oz.	WAALite	Rem. 209P	J-XL-1	12.9	6,300 PSI	1025
Lead Shot	12	1 oz.	WAALite	Rem. 209P	J-XL-1	13.8	7,400 PSI	1070

Lead Shot	12	1 oz.	WAALite	Rem. 209P	J-XL-1	14.8	8,600 PSI	1125
Lead Shot	12	1 oz.	WAALite	Rem. 209P	Purple PC	12.3	4,900 PSI	970
Lead Shot	12	1 oz.	WAALite	Rem. 209P	Purple PC	13.3	6,000 PSI	1025
Lead Shot	12	1 oz.	WAALite	Rem. 209P	Purple PC	14.1	6,900 PSI	1070
Lead Shot	12	1 oz.	WAALite	Rem. 209P	Purple PC	15.2	8,100 PSI	1125
Lead Shot	12	1 oz.	WAALite	Rem. 209P	Rem. TGT12	11.8	5,300 PSI	970
Lead Shot	12	1 oz.	WAALite	Rem. 209P	Rem. TGT12	12.8	6,500 PSI	1025
Lead Shot	12	1 oz.	WAALite	Rem. 209P	Rem. TGT12	13.7	7,500 PSI	1070
Lead Shot	12	1 oz.	WAALite	Rem. 209P	Rem. TGT12	14.7	8,600 PSI	1125
Lead Shot	12	1 oz.	WAALite	Rem. 209P	WAA12SL	11.8	5,600 PSI	970
Lead Shot	12	1 oz.	WAALite	Rem. 209P	WAA12SL	12.8	6,800 PSI	1025
Lead Shot	12	1 oz.	WAALite	Rem. 209P	WAA12SL	13.7	7,800 PSI	1070
Lead Shot	12	1 oz.	WAALite	Rem. 209P	WAA12SL	14.8	9,000 PSI	1125
Lead Shot	12	1 oz.	WAALite	Win. 209	J-XL-1	12.4	4,900 PSI	970
Lead Shot	12	1 oz.	WAALite	Win. 209	J-XL-1	13.2	6,200 PSI	1025
Lead Shot	12	1 oz.	WAALite	Win. 209	J-XL-1	13.9	7,300 PSI	1070
Lead Shot	12	1 oz.	WAALite	Win. 209	J-XL-1	14.6	8,400 PSI	1125
Lead Shot	12	1 oz.	WAALite	Win. 209	Purple PC	13.4	5,300 PSI	1025
Lead Shot	12	1 oz.	WAALite	Win. 209	Purple PC	14.6	6,600 PSI	1070
Lead Shot	12	1 oz.	WAALite	Win. 209	Purple PC	15.4	7,500 PSI	1125
Lead Shot	12	1 oz.	WAALite	Win. 209	Rem. TGT12	12.1	5,500 PSI	970
Lead Shot	12	1 oz.	WAALite	Win. 209	Rem. TGT12	13	6,500 PSI	1025
Lead Shot	12	1 oz.	WAALite	Win. 209	Rem. TGT12	13.8	7,400 PSI	1070
Lead Shot	12	1 oz.	WAALite	Win. 209	Rem. TGT12	14.7	8,500 PSI	1125
Lead Shot	12	1 oz.	Titewad	CCI	Fed. 12S0	15.2	9,900 PSI	1125

Shot	Gauge	Load	Powder	Primer	Wad	Charge (gr)	Pressure	Velocity
Lead Shot	12	1 oz.	Titewad	CCI 209SC	Fed. 12SO	16	11,100 PSI	1180
Lead Shot	12	1 oz.	Titewad	CCI 209SC	Purple PC	15.5	7,400 PSI	1125
Lead Shot	12	1 oz.	Titewad	CCI 209SC	Purple PC	17	7,700 PSI	1180
Lead Shot	12	1 oz.	Titewad	CCI 209SC	Purple PC	18.5	9,100 PSI	1235
Lead Shot	12	1 oz.	Titewad	CCI 209SC	Purple PC	20	10,200 PSI	1290
Lead Shot	12	1 oz.	Titewad	CCI 209SC	Rem. TGT 12	15.3	8,700 PSI	1125
Lead Shot	12	1 oz.	Titewad	CCI 209SC	Rem. TGT 12	16.5	9,200 PSI	1180
Lead Shot	12	1 oz.	Titewad	CCI 209SC	Rem. TGT 12	17.6	10,900 PSI	1235
Lead Shot	12	1 oz.	Titewad	CCI 209SC	WAA12SL	15.7	8,000 PSI	1125
Lead Shot	12	1 oz.	Titewad	CCI 209SC	WAA12SL	16.7	8,200 PSI	1180
Lead Shot	12	1 oz.	Titewad	CCI 209SC	WAA12SL	17.7	10,400 PSI	1235
Lead Shot	12	1 oz.	Titewad	Fed. 209A	Fed. 12SO	16	8,200 PSI	1125
Lead Shot	12	1 oz.	Titewad	Fed. 209A	Fed. 12SO	17.2	9,000 PSI	1180
Lead Shot	12	1 oz.	Titewad	Fed. 209A	Fed. 12SO	18.6	10,400 PSI	1235
Lead Shot	12	1 oz.	Titewad	Fed. 209A	Rem. TGT 12	15.7	7,600 PSI	1125
Lead Shot	12	1 oz.	Titewad	Fed. 209A	Rem. TGT 12	17.3	8,800 PSI	1180
Lead Shot	12	1 oz.	Titewad	Fed. 209A	Rem. TGT 12	18.1	10,000 PSI	1235
Lead Shot	12	1 oz.	Titewad	Fed. 209A	Rem. TGT 12	19.4	11,200 PSI	1290
Lead Shot	12	1 oz.	Titewad	Fed. 209A	WAA12SL	16.4	7,300 PSI	1125
Lead Shot	12	1 oz.	Titewad	Fed. 209A	WAA12SL	17.4	7,700 PSI	1180
Lead Shot	12	1 oz.	Titewad	Fed. 209A	WAA12SL	18.4	9,600 PSI	1235
Lead Shot	12	1 oz.	Titewad	Fed. 209A	WAA12SL	20.1	10,600 PSI	1290
Lead Shot	12	1 oz.	Titewad	Fed. 209A	Windjammer	17.1	8,400 PSI	1180
Lead Shot	12	1 oz.	Titewad	Fed. 209A	Windjammer	18.1	9,300 PSI	1235
Lead Shot	12	1 oz.	Titewad	Fed. 209A	Windjammer	19.3	10,600 PSI	1290
Lead Shot	12	1 oz.	Titewad	Fio. 616	Windjammer	16.6	8,300 PSI	1180

Lead Shot	12	1 oz.	Titewad	Fio. 616	Windjammer	18.2	9,600 PSI	1235
Lead Shot	12	1 oz.	Titewad	Fio. 616	Windjammer	19.5	10,700 PSI	1290
Lead Shot	12	1 oz.	Titewad	Fio. 617	Rem. TGT 12	14.8	7,500 PSI	1125
Lead Shot	12	1 oz.	Titewad	Fio. 617	Rem. TGT 12	16.5	9,500 PSI	1180
Lead Shot	12	1 oz.	Titewad	Fio. 617	Rem. TGT 12	18.1	11,400 PSI	1235
Lead Shot	12	1 oz.	Titewad	Fio. 617	WAA12SL	15	7,100 PSI	1125
Lead Shot	12	1 oz.	Titewad	Fio. 617	WAA12SL	16.7	9,300 PSI	1180
Lead Shot	12	1 oz.	Titewad	Fio. 617	WAA12SL	18.3	11,300 PSI	1235
Lead Shot	12	1 oz.	Titewad	Rem. 209P	Fed. 12SO	15.7	8,700 PSI	1125
Lead Shot	12	1 oz.	Titewad	Rem. 209P	Fed. 12SO	16.5	10,000 PSI	1180
Lead Shot	12	1 oz.	Titewad	Rem. 209P	Fed. 12SO	18	11,200 PSI	1235
Lead Shot	12	1 oz.	Titewad	Rem. 209P	Purple PC	15.9	6,500 PSI	1125
Lead Shot	12	1 oz.	Titewad	Rem. 209P	Purple PC	17.3	7,300 PSI	1180
Lead Shot	12	1 oz.	Titewad	Rem. 209P	Purple PC	18.8	9,200 PSI	1235
Lead Shot	12	1 oz.	Titewad	Rem. 209P	Purple PC	20.3	10,400 PSI	1290
Lead Shot	12	1 oz.	Titewad	Rem. 209P	Rem. TGT 12	15.9	6,900 PSI	1125
Lead Shot	12	1 oz.	Titewad	Rem. 209P	Rem. TGT 12	16.8	7,800 PSI	1180
Lead Shot	12	1 oz.	Titewad	Rem. 209P	Rem. TGT 12	18.4	8,900 PSI	1235
Lead Shot	12	1 oz.	Titewad	Rem. 209P	Rem. TGT 12	20.2	10,600 PSI	1290
Lead Shot	12	1 oz.	Titewad	Rem. 209P	Windjammer	17.3	7,900 PSI	1180
Lead Shot	12	1 oz.	Titewad	Rem. 209P	Windjammer	18.3	9,400 PSI	1235
Lead Shot	12	1 oz.	Titewad	Rem. 209P	Windjammer	19.5	9,900 PSI	1290
Lead Shot	12	1 oz.	Titewad	Rio G-600	Rem. TGT 12	14.8	7,800 PSI	1125
Lead Shot	12	1 oz.	Titewad	Rio G-600	Rem. TGT 12	16.4	9,700 PSI	1180

Lead Shot	12	1 oz.	Titewad	Rio G-600	Rem. TGT 12	18	11,400 PSI	1235
Lead Shot	12	1 oz.	Titewad	Rio G-600	WAA12SL	15	7,500 PSI	1125
Lead Shot	12	1 oz.	Titewad	Rio G-600	WAA12SL	16.7	9,600 PSI	1180
Lead Shot	12	1 oz.	Titewad	Rio G-600	WAA12SL	18.2	11,400 PSI	1235
Lead Shot	12	1 oz.	Titewad	Win. 209	Fed. 12SO	15.6	9,000 PSI	1125
Lead Shot	12	1 oz.	Titewad	Win. 209	Fed. 12SO	16.8	10,300 PSI	1180
Lead Shot	12	1 oz.	Titewad	Win. 209	Purple PC	15.9	6,900 PSI	1125
Lead Shot	12	1 oz.	Titewad	Win. 209	Purple PC	17.1	7,400 PSI	1180
Lead Shot	12	1 oz.	Titewad	Win. 209	Purple PC	18.5	9,000 PSI	1235
Lead Shot	12	1 oz.	Titewad	Win. 209	Purple PC	19.5	10,400 PSI	1290
Lead Shot	12	1 oz.	Titewad	Win. 209	Rem. TGT 12	15.2	8,200 PSI	1125
Lead Shot	12	1 oz.	Titewad	Win. 209	Rem. TGT 12	16.4	9,200 PSI	1180
Lead Shot	12	1 oz.	Titewad	Win. 209	Rem. TGT 12	17.7	10,200 PSI	1235
Lead Shot	12	1 oz.	Titewad	Win. 209	Rem. TGT 12	19	11,300 PSI	1290
Lead Shot	12	1 oz.	Titewad	Win. 209	WAA12SL	15.5	7,300 PSI	1125
Lead Shot	12	1 oz.	Titewad	Win. 209	WAA12SL	17.1	8,000 PSI	1180
Lead Shot	12	1 oz.	Titewad	Win. 209	WAA12SL	18.5	9,600 PSI	1235
Lead Shot	12	1 oz.	Titewad	Win. 209	WAA12SL	19.5	11,200 PSI	1290
Lead Shot	12	1 oz.	Titewad	Win. 209	Windjammer	16.6	8,400 PSI	1180
Lead Shot	12	1 oz.	Titewad	Win. 209	Windjammer	17.6	9,800 PSI	1235
Lead Shot	12	1 oz.	Titewad	Win. 209	Windjammer	19.2	10,700 PSI	1290
Lead Shot	12	1 oz.	Clays	CCI 209	Fed. 12SO	15.8	9,000 PSI	1125
Lead Shot	12	1 oz.	Clays	CCI 209	Fed. 12SO	17	10,500 PSI	1180
Lead Shot	12	1 oz.	Clays	CCI 209	Purple PC	16	7,400 PSI	1125
Lead Shot	12	1 oz.	Clays	CCI 209	Purple PC	17.2	8,200 PSI	1180
Lead Shot	12	1 oz.	Clays	CCI 209	Purple PC	18.5	9,900 PSI	1235
Lead Shot	12	1 oz.	Clays	CCI 209	Purple PC	20	10,800 PSI	1290
Lead Shot	12	1 oz.	Clays	CCI 209	Rem. TGT 12	16.6	6,700 LUP	1125
Lead Shot	12	1 oz.	Clays	CCI 209	Rem. TGT 12	17.7	7,700 LUP	1180
Lead Shot	12	1 oz.	Clays	CCI 209	Rem. TGT 12	18.7	8,500 LUP	1235
Lead Shot	12	1 oz.	Clays	CCI 209	Rem. TGT 12	19.8	9,500 LUP	1290
Lead Shot	12	1 oz.	Clays	CCI 209	WAA12SL	15.7	7,900 PSI	1125
Lead Shot	12	1 oz.	Clays	CCI 209	WAA12SL	17	8,700 PSI	1180
Lead Shot	12	1 oz.	Clays	CCI 209	WAA12SL	18.4	10,900 PSI	1235
Lead Shot	12	1 oz.	Clays	CCI 209	Windjammer	16.3	6,500 PSI	1125
Lead Shot	12	1 oz.	Clays	CCI 209	Windjammer	17.5	7,600 PSI	1180
Lead Shot	12	1 oz.	Clays	CCI 209	Windjammer	18.8	9,000 PSI	1235
Lead Shot	12	1 oz.	Clays	CCI 209	Windjammer	20.3	10,700 PSI	1290

Lead Shot	12	1 oz.	Clays	CCI 209SC	Fed. 12SO	16.2	8,900 PSI	1125
Lead Shot	12	1 oz.	Clays	CCI 209SC	Fed. 12SO	17	9,800 PSI	1180
Lead Shot	12	1 oz.	Clays	CCI 209SC	Purple PC	16.6	6,000 PSI	1125
Lead Shot	12	1 oz.	Clays	CCI 209SC	Purple PC	18	7,100 PSI	1180
Lead Shot	12	1 oz.	Clays	CCI 209SC	Purple PC	19.3	8,400 PSI	1235
Lead Shot	12	1 oz.	Clays	CCI 209SC	Purple PC	20.8	10,700 PSI	1290
Lead Shot	12	1 oz.	Clays	CCI 209SC	Rem. TGT 12	15.2	6,400 PSI	1125
Lead Shot	12	1 oz.	Clays	CCI 209SC	Rem. TGT 12	16.6	7,500 PSI	1180
Lead Shot	12	1 oz.	Clays	CCI 209SC	Rem. TGT 12	17.5	9,700 PSI	1235
Lead Shot	12	1 oz.	Clays	CCI 209SC	Rem. TGT 12	19.2	11,000 PSI	1290
Lead Shot	12	1 oz.	Clays	CCI 209SC	WAA12SL	15.8	7,500 PSI	1125
Lead Shot	12	1 oz.	Clays	CCI 209SC	WAA12SL	17	8,300 PSI	1180
Lead Shot	12	1 oz.	Clays	CCI 209SC	WAA12SL	18.5	9,800 PSI	1235
Lead Shot	12	1 oz.	Clays	CCI 209SC	Windjammer	15.7	6,800 PSI	1125
Lead Shot	12	1 oz.	Clays	CCI 209SC	Windjammer	16.7	7,400 PSI	1180
Lead Shot	12	1 oz.	Clays	CCI 209SC	Windjammer	18	9,200 PSI	1235
Lead Shot	12	1 oz.	Clays	CCI 209SC	Windjammer	19.5	11,200 PSI	1290
Lead Shot	12	1 oz.	Clays	Fed. 209A	Purple PC	15.5	7,400 PSI	1125
Lead Shot	12	1 oz.	Clays	Fed. 209A	Purple PC	17.3	9,200 PSI	1180
Lead Shot	12	1 oz.	Clays	Fed. 209A	Purple PC	18.5	10,400 PSI	1235
Lead Shot	12	1 oz.	Clays	Fed. 209A	Purple PC	19.8	11,100 PSI	1290

Lead Shot	12	1 oz.	Clays	Fed. 209A	Rem. TGT 12	15.2	7,800 PSI	1125
Lead Shot	12	1 oz.	Clays	Fed. 209A	Rem. TGT 12	16.7	9,500 PSI	1180
Lead Shot	12	1 oz.	Clays	Fed. 209A	Rem. TGT 12	18.2	11,000 PSI	1235
Lead Shot	12	1 oz.	Clays	Fed. 209A	WAA12SL	15.4	8,500 PSI	1125
Lead Shot	12	1 oz.	Clays	Fed. 209A	WAA12SL	16.9	9,000 PSI	1180
Lead Shot	12	1 oz.	Clays	Fed. 209A	WAA12SL	18.4	10,900 PSI	1235
Lead Shot	12	1 oz.	Clays	Fed. 209A	Windjammer	15.1	7,900 PSI	1125
Lead Shot	12	1 oz.	Clays	Fed. 209A	Windjammer	16.8	9,200 PSI	1180
Lead Shot	12	1 oz.	Clays	Fed. 209A	Windjammer	18.2	11,200 PSI	1235
Lead Shot	12	1 oz.	Clays	Fio. 617	Rem. TGT 12	15.4	6,700 PSI	1125
Lead Shot	12	1 oz.	Clays	Fio. 617	Rem. TGT 12	17.2	9,900 PSI	1180
Lead Shot	12	1 oz.	Clays	Fio. 617	WAA12SL	15.2	7,200 PSI	1125
Lead Shot	12	1 oz.	Clays	Fio. 617	WAA12SL	16.8	10,000 PSI	1180
Lead Shot	12	1 oz.	Clays	Rem. 209P	Fed. 12SO	16	8,200 PSI	1125
Lead Shot	12	1 oz.	Clays	Rem. 209P	Fed. 12SO	17.4	9,400 PSI	1180
Lead Shot	12	1 oz.	Clays	Rem. 209P	Fed. 12SO	18.7	11,400 PSI	1235
Lead Shot	12	1 oz.	Clays	Rem. 209P	Purple PC	17.6	6,400 LUP	1125
Lead Shot	12	1 oz.	Clays	Rem. 209P	Purple PC	18.6	6,800 LUP	1180
Lead Shot	12	1 oz.	Clays	Rem. 209P	Purple PC	19.5	7,200 LUP	1235
Lead Shot	12	1 oz.	Clays	Rem. 209P	Purple PC	20.5	7,600 LUP	1290
Lead Shot	12	1 oz.	Clays	Rem. 209P	Rem. TGT 12	16.1	7,500 PSI	1125
Lead Shot	12	1 oz.	Clays	Rem. 209P	Rem. TGT 12	17.3	8,400 PSI	1180
Lead Shot	12	1 oz.	Clays	Rem. 209P	Rem. TGT 12	18.5	9,900 PSI	1235
Lead Shot	12	1 oz.	Clays	Rem. 209P	WAA12SL	16.2	6,500 PSI	1125
Lead Shot	12	1 oz.	Clays	Rem. 209P	WAA12SL	17.4	8,000 PSI	1180
Lead Shot	12	1 oz.	Clays	Rem.	WAA12SL	18.6	9,200 PSI	1235

Lead Shot	12	1 oz.	Clays	209P Rem. 209P	WAA12SL	20.4	10,600 PSI	1290
Lead Shot	12	1 oz.	Clays	Rem. 209P	Windjammer	17.2	7,700 PSI	1180
Lead Shot	12	1 oz.	Clays	Rem. 209P	Windjammer	18.5	8,900 PSI	1235
Lead Shot	12	1 oz.	Clays	Rem. 209P	Windjammer	20	10,600 PSI	1290
Lead Shot	12	1 oz.	Clays	Rio G-600	Rem. TGT 12	16	7,600 PSI	1125
Lead Shot	12	1 oz.	Clays	Rio G-600	Rem. TGT 12	17.1	9,200 PSI	1180
Lead Shot	12	1 oz.	Clays	Rio G-600	Rem. TGT 12	18.3	11,100 PSI	1235
Lead Shot	12	1 oz.	Clays	Rio G-600	WAA12SL	15.2	7,600 PSI	1125
Lead Shot	12	1 oz.	Clays	Rio G-600	WAA12SL	16.7	9,700 PSI	1180
Lead Shot	12	1 oz.	Clays	Rio G-600	WAA12SL	18.1	11,400 PSI	1235
Lead Shot	12	1 oz.	Clays	Win. 209	Purple PC	15.7	7,000 PSI	1125
Lead Shot	12	1 oz.	Clays	Win. 209	Purple PC	17.2	8,500 PSI	1180
Lead Shot	12	1 oz.	Clays	Win. 209	Purple PC	18.5	9,900 PSI	1235
Lead Shot	12	1 oz.	Clays	Win. 209	Purple PC	20	10,400 PSI	1290
Lead Shot	12	1 oz.	Clays	Win. 209	Rem. TGT 12	15.8	7,700 PSI	1125
Lead Shot	12	1 oz.	Clays	Win. 209	Rem. TGT 12	16.8	8,500 PSI	1180
Lead Shot	12	1 oz.	Clays	Win. 209	Rem. TGT 12	18.2	10,300 PSI	1235
Lead Shot	12	1 oz.	Clays	Win. 209	WAA12SL	16	7,400 LUP	1125
Lead Shot	12	1 oz.	Clays	Win. 209	WAA12SL	17.2	8,300 LUP	1180
Lead Shot	12	1 oz.	Clays	Win. 209	WAA12SL	18.5	9,200 LUP	1235
Lead Shot	12	1 oz.	Clays	Win. 209	WAA12SL	19.8	10,200 LUP	1290
Lead Shot	12	1 oz.	700-X	Fed. 209A	CB 1100-12	15	6,300 PSI	1100
Lead Shot	12	1 oz.	700-X	Fed. 209A	CB 1100-12	16	7,000 PSI	1150
Lead Shot	12	1 oz.	700-X	Fed. 209A	CB 1100-12	17.5	8,000 PSI	1200
Lead Shot	12	1 oz.	700-X	Fed. 209A	CB 1100-12	18.5	8,700 PSI	1250
Lead Shot	12	1 oz.	700-X	Fed. 209A	Fed. 12S3	14.5	7,900 PSI	1100
Lead Shot	12	1 oz.	700-X	Fed. 209A	Fed. 12S3	15.5	8,700 PSI	1150
Lead Shot	12	1 oz.	700-X	Fed. 209A	Fed. 12S3	17	9,900 PSI	1200
Lead Shot	12	1 oz.	700-X	Fed. 209A	Fed. 12S3	18	10,700 PSI	1250
Lead Shot	12	1 oz.	700-X	Fed. 209A	Rem. TGT12	15	6,900 PSI	1100
Lead Shot	12	1 oz.	700-X	Fed. 209A	Rem. TGT12	16	7,500 PSI	1150
Lead Shot	12	1 oz.	700-X	Fed. 209A	Rem. TGT12	17	8,200 PSI	1200

Shot	Gauge	Weight	Powder	Primer	Wad	Charge	Pressure	Velocity
Lead Shot	12	1 oz.	700-X	Fed. 209A	Rem. TGT12	18.5	9,400 PSI	1250
Lead Shot	12	1 oz.	700-X	Fed. 209A	WAA12SL	15	7,300 PSI	1100
Lead Shot	12	1 oz.	700-X	Fed. 209A	WAA12SL	16	8,000 PSI	1150
Lead Shot	12	1 oz.	700-X	Fed. 209A	WAA12SL	17	8,700 PSI	1200
Lead Shot	12	1 oz.	700-X	Fed. 209A	WAA12SL	18.5	9,700 PSI	1250
Lead Shot	12	1 oz.	700-X	Fio. 617	Rem. TGT 12	14.9	7,300 PSI	1100
Lead Shot	12	1 oz.	700-X	Fio. 617	Rem. TGT 12	16	8,300 PSI	1150
Lead Shot	12	1 oz.	700-X	Fio. 617	Rem. TGT 12	17	9,200 PSI	1200
Lead Shot	12	1 oz.	700-X	Fio. 617	Rem. TGT 12	18	10,100 PSI	1250
Lead Shot	12	1 oz.	700-X	Fio. 617	WAA12SL	14.8	7,300 PSI	1100
Lead Shot	12	1 oz.	700-X	Fio. 617	WAA12SL	15.8	8,300 PSI	1150
Lead Shot	12	1 oz.	700-X	Fio. 617	WAA12SL	16.9	9,300 PSI	1200
Lead Shot	12	1 oz.	700-X	Fio. 617	WAA12SL	18.2	10,500 PSI	1250
Lead Shot	12	1 oz.	700-X	Rem. 209P	CB 1100-12	16	5,000 PSI	1100
Lead Shot	12	1 oz.	700-X	Rem. 209P	CB 1100-12	17	5,600 PSI	1150
Lead Shot	12	1 oz.	700-X	Rem. 209P	CB 1100-12	18	6,100 PSI	1200
Lead Shot	12	1 oz.	700-X	Rem. 209P	CB 1100-12	19.5	7,000 PSI	1250
Lead Shot	12	1 oz.	700-X	Rem. 209P	Fed. 12S3	15	7,100 PSI	1100
Lead Shot	12	1 oz.	700-X	Rem. 209P	Fed. 12S3	16.5	7,900 PSI	1150
Lead Shot	12	1 oz.	700-X	Rem. 209P	Fed. 12S3	17.5	8,600 PSI	1200
Lead Shot	12	1 oz.	700-X	Rem. 209P	Fed. 12S3	18.5	9,300 PSI	1250
Lead Shot	12	1 oz.	700-X	Rem. 209P	Rem. TGT12	15.5	5,800 PSI	1100
Lead Shot	12	1 oz.	700-X	Rem. 209P	Rem. TGT12	16.5	6,200 PSI	1150
Lead Shot	12	1 oz.	700-X	Rem. 209P	Rem. TGT12	18	7,100 PSI	1200
Lead Shot	12	1 oz.	700-X	Rem. 209P	Rem. TGT12	19	7,700 PSI	1250
Lead Shot	12	1 oz.	700-X	Rem.	WAA12SL	15	6,400 PSI	1100

Lead Shot	12	1 oz.	700-X	209P Rem. 209P	WAA12SL	16.5	7,000 PSI	1150
Lead Shot	12	1 oz.	700-X	Rem. 209P	WAA12SL	18	7,600 PSI	1200
Lead Shot	12	1 oz.	700-X	Rem. 209P	WAA12SL	19	8,000 PSI	1250
Lead Shot	12	1 oz.	700-X	Rio G-600	Rem. TGT 12	14.5	7,100 PSI	1100
Lead Shot	12	1 oz.	700-X	Rio G-600	Rem. TGT 12	15.6	8,100 PSI	1150
Lead Shot	12	1 oz.	700-X	Rio G-600	Rem. TGT 12	16.7	9,100 PSI	1200
Lead Shot	12	1 oz.	700-X	Rio G-600	Rem. TGT 12	18	10,300 PSI	1250
Lead Shot	12	1 oz.	700-X	Rio G-600	WAA12SL	14.6	7,400 PSI	1100
Lead Shot	12	1 oz.	700-X	Rio G-600	WAA12SL	15.6	8,400 PSI	1150
Lead Shot	12	1 oz.	700-X	Rio G-600	WAA12SL	16.7	9,400 PSI	1200
Lead Shot	12	1 oz.	700-X	Rio G-600	WAA12SL	18	10,700 PSI	1250
Lead Shot	12	1 oz.	700-X	Win. 209	CB 1100-12	14.5	6,500 PSI	1100
Lead Shot	12	1 oz.	700-X	Win. 209	CB 1100-12	15.5	7,400 PSI	1150
Lead Shot	12	1 oz.	700-X	Win. 209	CB 1100-12	17	8,500 PSI	1200
Lead Shot	12	1 oz.	700-X	Win. 209	CB 1100-12	18	9,300 PSI	1250
Lead Shot	12	1 oz.	700-X	Win. 209	Fed. 12S3	14.5	8,200 PSI	1100
Lead Shot	12	1 oz.	700-X	Win. 209	Fed. 12S3	15.5	8,800 PSI	1150
Lead Shot	12	1 oz.	700-X	Win. 209	Fed. 12S3	17	9,700 PSI	1200
Lead Shot	12	1 oz.	700-X	Win. 209	Fed. 12S3	18	10,500 PSI	1250
Lead Shot	12	1 oz.	700-X	Win. 209	Rem. TGT12	14.5	6,700 PSI	1100
Lead Shot	12	1 oz.	700-X	Win. 209	Rem. TGT12	15.5	7,400 PSI	1150
Lead Shot	12	1 oz.	700-X	Win. 209	Rem. TGT12	16.5	8,200 PSI	1200
Lead Shot	12	1 oz.	700-X	Win. 209	Rem. TGT12	18	9,400 PSI	1250
Lead Shot	12	1 oz.	700-X	Win. 209	WAA12SL	14.5	7,500 PSI	1100
Lead Shot	12	1 oz.	700-X	Win. 209	WAA12SL	15.5	8,200 PSI	1150
Lead Shot	12	1 oz.	700-X	Win. 209	WAA12SL	16.5	9,000 PSI	1200
Lead Shot	12	1 oz.	700-X	Win. 209	WAA12SL	18	10,100 PSI	1250
Lead Shot	12	1 oz.	Titegroup	Rem. 209P	Rem. TGT 12	16	7,700 PSI	1180
Lead Shot	12	1 oz.	Titegroup	Rem. 209P	Rem. TGT 12	17.3	9,000 PSI	1235
Lead Shot	12	1 oz.	Titegroup	Rem. 209P	Rem. TGT 12	18.6	10,200 PSI	1290
Lead Shot	12	1 oz.	Titegroup	Rem.	Rem. TGT 12	20	11,200 PSI	1345

Lead Shot	12	1 oz.	Titegroup	Rem. 209P	WAA12SL	16.2	7,800 PSI	1180
Lead Shot	12	1 oz.	Titegroup	Rem. 209P	WAA12SL	17.4	9,100 PSI	1235
Lead Shot	12	1 oz.	Titegroup	Rem. 209P	WAA12SL	18.6	10,400 PSI	1290
Lead Shot	12	1 oz.	Titegroup	Rem. 209P	WAA12SL	20	11,500 PSI	1345
Lead Shot	12	1 oz.	Titegroup	Win. 209	Rem. TGT 12	15.7	7,900 PSI	1180
Lead Shot	12	1 oz.	Titegroup	Win. 209	Rem. TGT 12	17.1	9,100 PSI	1235
Lead Shot	12	1 oz.	Titegroup	Win. 209	Rem. TGT 12	18.5	10,200 PSI	1290
Lead Shot	12	1 oz.	Titegroup	Win. 209	Rem. TGT 12	19.9	11,400 PSI	1345
Lead Shot	12	1 oz.	Titegroup	Win. 209	WAA12SL	16.5	7,500 PSI	1180
Lead Shot	12	1 oz.	Titegroup	Win. 209	WAA12SL	17.7	8,800 PSI	1235
Lead Shot	12	1 oz.	Titegroup	Win. 209	WAA12SL	18.9	10,100 PSI	1290
Lead Shot	12	1 oz.	Titegroup	Win. 209	WAA12SL	20.1	11,400 PSI	1345
Lead Shot	12	1 oz.	WST	CCI 209	Fed. 12SO	19	8,300 PSI	1180
Lead Shot	12	1 oz.	WST	CCI 209	Fed. 12SO	20.5	9,500 PSI	1235
Lead Shot	12	1 oz.	WST	CCI 209	Fed. 12SO	21.5	10,700 PSI	1290
Lead Shot	12	1 oz.	WST	CCI 209	WAA12L	21	8,400 PSI	1235
Lead Shot	12	1 oz.	WST	CCI 209	WAA12L	22.5	10,200 PSI	1290
Lead Shot	12	1 oz.	WST	CCI 209	WAA12SL	21.5	7,900 PSI	1235
Lead Shot	12	1 oz.	WST	CCI 209	WAA12SL	22.5	9,400 PSI	1290
Lead Shot	12	1 oz.	WST	Fed. 209A	WAA12L	21.5	8,800 PSI	1255
Lead Shot	12	1 oz.	WST	Fed. 209A	WAA12SL	19	7,900 PSI	1180
Lead Shot	12	1 oz.	WST	Fed. 209A	WAA12SL	20	8,900 PSI	1235
Lead Shot	12	1 oz.	WST	Fed. 209A	WAA12SL	21	9,800 PSI	1290
Lead Shot	12	1 oz.	WST	Fio. 617	Rem. TGT 12	19.4	7,300 PSI	1180
Lead Shot	12	1 oz.	WST	Fio. 617	Rem. TGT 12	20.8	8,700 PSI	1235
Lead Shot	12	1 oz.	WST	Fio. 617	Rem. TGT 12	22.3	10,200 PSI	1290
Lead Shot	12	1 oz.	WST	Fio. 617	WAA12SL	19.6	7,100 PSI	1180
Lead Shot	12	1 oz.	WST	Fio. 617	WAA12SL	20.9	8,600 PSI	1235
Lead Shot	12	1 oz.	WST	Fio. 617	WAA12SL	22.5	10,300 PSI	1290
Lead Shot	12	1 oz.	WST	Rio G-600	Rem. TGT 12	18.9	7,800 PSI	1180
Lead Shot	12	1 oz.	WST	Rio G-600	Rem. TGT 12	20.4	9,200 PSI	1235
Lead Shot	12	1 oz.	WST	Rio G-600	Rem. TGT 12	21.9	10,500 PSI	1290
Lead Shot	12	1 oz.	WST	Rio G-600	WAA12SL	19	7,500 PSI	1180

Lead Shot	12	1 oz.	WST	Rio G-600	WAA12SL	20.5	9,000 PSI	1235
Lead Shot	12	1 oz.	WST	Rio G-600	WAA12SL	22	10,600 PSI	1290
Lead Shot	12	1 oz.	WST	Win. 209	Fed. 12SO	19	8,000 PSI	1180
Lead Shot	12	1 oz.	WST	Win. 209	Fed. 12SO	20.5	9,500 PSI	1235
Lead Shot	12	1 oz.	WST	Win. 209	Fed. 12SO	22	10,900 PSI	1290
Lead Shot	12	1 oz.	WST	Win. 209	WAA12L	19.5	8,500 PSI	1180
Lead Shot	12	1 oz.	WST	Win. 209	WAA12L	21	9,600 PSI	1235
Lead Shot	12	1 oz.	WST	Win. 209	WAA12L	22.5	11,100 PSI	1290
Lead Shot	12	1 oz.	WST	Win. 209	WAA12SL	19.5	7,400 PSI	1180
Lead Shot	12	1 oz.	WST	Win. 209	WAA12SL	21	8,100 PSI	1235
Lead Shot	12	1 oz.	WST	Win. 209	WAA12SL	22	9,000 PSI	1290
Lead Shot	12	1 oz.	Internat'l	CCI 209	Fed. 12SO	17.7	8,800 PSI	1180
Lead Shot	12	1 oz.	Internat'l	CCI 209	Fed. 12SO	19.4	10,500 PSI	1235
Lead Shot	12	1 oz.	Internat'l	CCI 209	Purple PC	18.8	7,300 PSI	1180
Lead Shot	12	1 oz.	Internat'l	CCI 209	Purple PC	20	8,500 PSI	1235
Lead Shot	12	1 oz.	Internat'l	CCI 209	Purple PC	21	9,100 PSI	1290
Lead Shot	12	1 oz.	Internat'l	CCI 209	Purple PC	22	10,900 PSI	1345
Lead Shot	12	1 oz.	Internat'l	CCI 209	Rem. TGT 12	18	7,400 PSI	1180
Lead Shot	12	1 oz.	Internat'l	CCI 209	Rem. TGT 12	19.2	8,700 PSI	1235
Lead Shot	12	1 oz.	Internat'l	CCI 209	Rem. TGT 12	20.2	10,000 PSI	1290
Lead Shot	12	1 oz.	Internat'l	CCI 209	WAA12SL	19.2	6,700 LUP	1180
Lead Shot	12	1 oz.	Internat'l	CCI 209	WAA12SL	20.6	7,500 LUP	1235
Lead Shot	12	1 oz.	Internat'l	CCI 209	WAA12SL	22.3	8,800 LUP	1290
Lead Shot	12	1 oz.	Internat'l	CCI 209SC	Fed. 12SO	17.7	9,000 PSI	1180
Lead Shot	12	1 oz.	Internat'l	CCI 209SC	Fed. 12SO	19.4	10,500 PSI	1235
Lead Shot	12	1 oz.	Internat'l	CCI 209SC	Fed. 12SO	20.4	11,200 PSI	1290
Lead Shot	12	1 oz.	Internat'l	CCI 209SC	Purple PC	18.5	8,200 PSI	1180
Lead Shot	12	1 oz.	Internat'l	CCI 209SC	Purple PC	19.8	9,100 PSI	1235
Lead Shot	12	1 oz.	Internat'l	CCI 209SC	Purple PC	21	10,100 PSI	1290
Lead Shot	12	1 oz.	Internat'l	CCI 209SC	Purple PC	22	11,200 PSI	1345
Lead Shot	12	1 oz.	Internat'l	CCI	Rem. TGT 12	17.8	8,700 PSI	1180

Lead Shot	12	1 oz.	Internat'l	CCI 209SC	Rem. TGT 12	19.3	9,700 PSI	1235
Lead Shot	12	1 oz.	Internat'l	CCI 209SC	Rem. TGT 12	20.3	10,400 PSI	1290
Lead Shot	12	1 oz.	Internat'l	CCI 209SC	Rem. TGT 12	21.3	11,300 PSI	1345
Lead Shot	12	1 oz.	Internat'l	CCI 209SC	WAA12SL	19	7,400 PSI	1180
Lead Shot	12	1 oz.	Internat'l	CCI 209SC	WAA12SL	20	8,600 PSI	1235
Lead Shot	12	1 oz.	Internat'l	CCI 209SC	WAA12SL	21	10,000 PSI	1290
Lead Shot	12	1 oz.	Internat'l	Fed. 209A	Fed. 12SO	18	9,700 PSI	1180
Lead Shot	12	1 oz.	Internat'l	Fed. 209A	Fed. 12SO	19	10,800 PSI	1235
Lead Shot	12	1 oz.	Internat'l	Fed. 209A	Purple PC	19.2	7,000 PSI	1180
Lead Shot	12	1 oz.	Internat'l	Fed. 209A	Purple PC	20.6	7,900 PSI	1235
Lead Shot	12	1 oz.	Internat'l	Fed. 209A	Purple PC	21.7	9,600 PSI	1290
Lead Shot	12	1 oz.	Internat'l	Fed. 209A	Rem. TGT 12	17.8	9,000 PSI	1180
Lead Shot	12	1 oz.	Internat'l	Fed. 209A	Rem. TGT 12	18.8	9,700 PSI	1235
Lead Shot	12	1 oz.	Internat'l	Fed. 209A	Rem. TGT 12	20	10,500 PSI	1290
Lead Shot	12	1 oz.	Internat'l	Fed. 209A	WAA12SL	18	8,700 PSI	1180
Lead Shot	12	1 oz.	Internat'l	Fed. 209A	WAA12SL	19	10,400 PSI	1235
Lead Shot	12	1 oz.	Internat'l	Fed. 209A	WAA12SL	20	11,300 PSI	1290
Lead Shot	12	1 oz.	Internat'l	Fio. 617	Rem. TGT 12	18.3	7,400 PSI	1180
Lead Shot	12	1 oz.	Internat'l	Fio. 617	Rem. TGT 12	19.5	9,000 PSI	1235
Lead Shot	12	1 oz.	Internat'l	Fio. 617	Rem. TGT 12	20.5	10,300 PSI	1290
Lead Shot	12	1 oz.	Internat'l	Fio. 617	WAA12SL	18	7,500 PSI	1180
Lead Shot	12	1 oz.	Internat'l	Fio. 617	WAA12SL	19.6	9,200 PSI	1235
Lead Shot	12	1 oz.	Internat'l	Fio. 617	WAA12SL	21	11,100 PSI	1290
Lead Shot	12	1 oz.	Internat'l	Rem. 209P	Fed. 12SO	18.8	9,100 PSI	1180
Lead Shot	12	1 oz.	Internat'l	Rem. 209P	Fed. 12SO	20	9,900 PSI	1235
Lead Shot	12	1 oz.	Internat'l	Rem. 209P	Purple PC	19.8	7,700 PSI	1180
Lead Shot	12	1 oz.	Internat'l	Rem. 209P	Purple PC	20.7	8,900 PSI	1235

Lead Shot	12	1 oz.	Internat'l	Rem. 209P	Purple PC	21.6	9,400 PSI	1290
Lead Shot	12	1 oz.	Internat'l	Rem. 209P	Purple PC	22.8	10,100 PSI	1345
Lead Shot	12	1 oz.	Internat'l	Rem. 209P	Rem. TGT 12	20.8	5,900 LUP	1180
Lead Shot	12	1 oz.	Internat'l	Rem. 209P	Rem. TGT 12	21.5	7,100 LUP	1235
Lead Shot	12	1 oz.	Internat'l	Rem. 209P	Rem. TGT 12	22.3	7,800 LUP	1290
Lead Shot	12	1 oz.	Internat'l	Rem. 209P	WAA12SL	19	7,700 PSI	1180
Lead Shot	12	1 oz.	Internat'l	Rem. 209P	WAA12SL	20	9,200 PSI	1235
Lead Shot	12	1 oz.	Internat'l	Rem. 209P	WAA12SL	21.2	9,700 PSI	1290
Lead Shot	12	1 oz.	Internat'l	Rem. 209P	WAA12SL	22.5	11,100 PSI	1345
Lead Shot	12	1 oz.	Internat'l	Rio G-600	Rem. TGT 12	18	7,500 PSI	1180
Lead Shot	12	1 oz.	Internat'l	Rio G-600	Rem. TGT 12	19.2	8,800 PSI	1235
Lead Shot	12	1 oz.	Internat'l	Rio G-600	Rem. TGT 12	20.5	10,200 PSI	1290
Lead Shot	12	1 oz.	Internat'l	Rio G-600	WAA12SL	17.9	7,500 PSI	1180
Lead Shot	12	1 oz.	Internat'l	Rio G-600	WAA12SL	17.9	7,500 PSI	1180
Lead Shot	12	1 oz.	Internat'l	Rio G-600	WAA12SL	19.2	9,000 PSI	1235
Lead Shot	12	1 oz.	Internat'l	Rio G-600	WAA12SL	20.5	10,400 PSI	1290
Lead Shot	12	1 oz.	Internat'l	Win. 209	Fed. 12SO	18.4	8,700 PSI	1180
Lead Shot	12	1 oz.	Internat'l	Win. 209	Fed. 12SO	19.6	10,500 PSI	1235
Lead Shot	12	1 oz.	Internat'l	Win. 209	Fed. 12SO	20.7	11,100 PSI	1290
Lead Shot	12	1 oz.	Internat'l	Win. 209	Purple PC	18.6	7,700 PSI	1180
Lead Shot	12	1 oz.	Internat'l	Win. 209	Purple PC	20	8,100 PSI	1235
Lead Shot	12	1 oz.	Internat'l	Win. 209	Purple PC	21.2	9,300 PSI	1290
Lead Shot	12	1 oz.	Internat'l	Win. 209	Purple PC	22.7	10,800 PSI	1345
Lead Shot	12	1 oz.	Internat'l	Win. 209	Rem. TGT 12	18.4	7,700 PSI	1180
Lead Shot	12	1 oz.	Internat'l	Win. 209	Rem. TGT 12	19.6	8,600 PSI	1235
Lead Shot	12	1 oz.	Internat'l	Win. 209	Rem. TGT 12	20.7	9,600 PSI	1290
Lead Shot	12	1 oz.	Internat'l	Win. 209	Rem. TGT 12	22.2	11,000 PSI	1345
Lead Shot	12	1 oz.	Internat'l	Win. 209	WAA12SL	18.9	6,900 LUP	1180
Lead Shot	12	1 oz.	Internat'l	Win. 209	WAA12SL	20.4	8,300 LUP	1235

Lead Shot	12	1 oz.	Internat'l	Win. 209	WAA12SL	21.3	8,900 LUP	1290
Lead Shot	12	1 oz.	Super Hcp	Ched. 209	J-XL-1	18.9	7,300 PSI	1180
Lead Shot	12	1 oz.	Super Hcp	Ched. 209	J-XL-1	19.8	8,400 PSI	1235
Lead Shot	12	1 oz.	Super Hcp	Ched. 209	J-XL-1	20.8	9,600 PSI	1290
Lead Shot	12	1 oz.	Super Hcp	Ched. 209	J-XL-1	21.7	10,700 PSI	1345
Lead Shot	12	1 oz.	Super Hcp	Ched. 209	Purple PC	19.5	6,900 PSI	1180
Lead Shot	12	1 oz.	Super Hcp	Ched. 209	Purple PC	20.4	7,900 PSI	1235
Lead Shot	12	1 oz.	Super Hcp	Ched. 209	Purple PC	21.2	8,800 PSI	1290
Lead Shot	12	1 oz.	Super Hcp	Ched. 209	Purple PC	22	9,700 PSI	1345
Lead Shot	12	1 oz.	Super Hcp	Ched. 209	Rem. TGT12	18.6	7,400 PSI	1180
Lead Shot	12	1 oz.	Super Hcp	Ched. 209	Rem. TGT12	19.9	8,600 PSI	1235
Lead Shot	12	1 oz.	Super Hcp	Ched. 209	Rem. TGT12	21.2	9,800 PSI	1290
Lead Shot	12	1 oz.	Super Hcp	Ched. 209	Rem. TGT12	22.4	10,900 PSI	1345
Lead Shot	12	1 oz.	Super Hcp	Ched. 209	WAA12SL	18.6	7,400 PSI	1180
Lead Shot	12	1 oz.	Super Hcp	Ched. 209	WAA12SL	19.8	8,600 PSI	1235
Lead Shot	12	1 oz.	Super Hcp	Ched. 209	WAA12SL	21	9,900 PSI	1290
Lead Shot	12	1 oz.	Super Hcp	Ched. 209	WAA12SL	22.2	11,200 PSI	1345
Lead Shot	12	1 oz.	Super Hcp	Fed. 209A	J-XL-1	18.1	7,800 PSI	1180
Lead Shot	12	1 oz.	Super Hcp	Fed. 209A	J-XL-1	19.5	8,900 PSI	1235
Lead Shot	12	1 oz.	Super	Fed. 209A	J-XL-1	20.8	9,900 PSI	1290

Lead Shot	12	1 oz.	Hcp Super Hcp	Fed. 209A	J-XL-1	22.1	10,900 PSI	1345
Lead Shot	12	1 oz.	Super Hcp	Fed. 209A	Purple PC	18.6	7,400 PSI	1180
Lead Shot	12	1 oz.	Super Hcp	Fed. 209A	Purple PC	20	8,400 PSI	1235
Lead Shot	12	1 oz.	Super Hcp	Fed. 209A	Purple PC	21.4	9,400 PSI	1290
Lead Shot	12	1 oz.	Super Hcp	Fed. 209A	Purple PC	22.8	10,500 PSI	1345
Lead Shot	12	1 oz.	Super Hcp	Fed. 209A	Rem. TGT12	18.2	7,900 PSI	1180
Lead Shot	12	1 oz.	Super Hcp	Fed. 209A	Rem. TGT12	19.5	9,100 PSI	1235
Lead Shot	12	1 oz.	Super Hcp	Fed. 209A	Rem. TGT12	20.7	10,200 PSI	1290
Lead Shot	12	1 oz.	Super Hcp	Fed. 209A	Rem. TGT12	22	11,200 PSI	1345
Lead Shot	12	1 oz.	Super Hcp	Fed. 209A	WAA12SL	18.3	8,000 PSI	1180
Lead Shot	12	1 oz.	Super Hcp	Fed. 209A	WAA12SL	19.5	9,100 PSI	1235
Lead Shot	12	1 oz.	Super Hcp	Fed. 209A	WAA12SL	20.8	10,300 PSI	1290
Lead Shot	12	1 oz.	Super Hcp	Fed. 209A	WAA12SL	22	11,300 PSI	1345
Lead Shot	12	1 oz.	Super Hcp	Fio. 617	Rem. TGT 12	19.7	7,400 PSI	1235
Lead Shot	12	1 oz.	Super Hcp	Fio. 617	Rem. TGT 12	21	8,400 PSI	1290
Lead Shot	12	1 oz.	Super Hcp	Fio. 617	Rem. TGT 12	22.5	9,600 PSI	1345
Lead Shot	12	1 oz.	Super Hcp	Fio. 617	WAA12SL	20	7,500 PSI	1235
Lead Shot	12	1 oz.	Super Hcp	Fio. 617	WAA12SL	21.2	8,800 PSI	1290
Lead Shot	12	1 oz.	Super	Fio. 617	WAA12SL	22.3	10,000 PSI	1345

Lead Shot	12	1 oz.	Super Hcp	Rem. 209P	J-XL-1	19	7,200 PSI	1180
Lead Shot	12	1 oz.	Super Hcp	Rem. 209P	J-XL-1	20	8,300 PSI	1235
Lead Shot	12	1 oz.	Super Hcp	Rem. 209P	J-XL-1	21	9,400 PSI	1290
Lead Shot	12	1 oz.	Super Hcp	Rem. 209P	J-XL-1	22.1	10,700 PSI	1345
Lead Shot	12	1 oz.	Super Hcp	Rem. 209P	Purple PC	19.6	6,600 PSI	1180
Lead Shot	12	1 oz.	Super Hcp	Rem. 209P	Purple PC	20.7	7,800 PSI	1235
Lead Shot	12	1 oz.	Super Hcp	Rem. 209P	Purple PC	21.8	8,900 PSI	1290
Lead Shot	12	1 oz.	Super Hcp	Rem. 209P	Purple PC	22.9	10,100 PSI	1345
Lead Shot	12	1 oz.	Super Hcp	Rem. 209P	Rem. TGT12	19	7,300 PSI	1180
Lead Shot	12	1 oz.	Super Hcp	Rem. 209P	Rem. TGT12	20.2	8,500 PSI	1235
Lead Shot	12	1 oz.	Super Hcp	Rem. 209P	Rem. TGT12	21.3	9,600 PSI	1290
Lead Shot	12	1 oz.	Super Hcp	Rem. 209P	Rem. TGT12	22.4	10,700 PSI	1345
Lead Shot	12	1 oz.	Super Hcp	Rem. 209P	WAA12SL	18.6	7,300 PSI	1180
Lead Shot	12	1 oz.	Super Hcp	Rem. 209P	WAA12SL	19.8	8,600 PSI	1235
Lead Shot	12	1 oz.	Super Hcp	Rem. 209P	WAA12SL	20.9	9,800 PSI	1290
Lead Shot	12	1 oz.	Super Hcp	Rem. 209P	WAA12SL	22	10,600 PSI	1345
Lead Shot	12	1 oz.	Super Hcp	Rio G-600	Rem. TGT 12	18.3	6,700 PSI	1180
Lead Shot	12	1 oz.	Super Hcp	Rio G-600	Rem. TGT 12	19.5	7,700 PSI	1235
Lead Shot	12	1 oz.	Super	Rio G-600	Rem. TGT 12	19.6	7,800 PSI	1235

			Hcp					
Lead Shot	12	1 oz.	Super Hcp	Rio G-600	Rem. TGT 12	20.8	8,800 PSI	1290
Lead Shot	12	1 oz.	Super Hcp	Rio G-600	Rem. TGT 12	22	9,900 PSI	1345
Lead Shot	12	1 oz.	Super Hcp	Rio G-600	WAA12SL	18.4	6,500 PSI	1180
Lead Shot	12	1 oz.	Super Hcp	Rio G-600	WAA12SL	19.6	7,800 PSI	1235
Lead Shot	12	1 oz.	Super Hcp	Rio G-600	WAA12SL	20.8	9,100 PSI	1290
Lead Shot	12	1 oz.	Super Hcp	Rio G-600	WAA12SL	22	10,300 PSI	1345
Lead Shot	12	1 oz.	Super Hcp	Win. 209	J-XL-1	19.3	7,000 PSI	1180
Lead Shot	12	1 oz.	Super Hcp	Win. 209	J-XL-1	20.3	8,100 PSI	1235
Lead Shot	12	1 oz.	Super Hcp	Win. 209	J-XL-1	21.2	9,000 PSI	1290
Lead Shot	12	1 oz.	Super Hcp	Win. 209	J-XL-1	22.1	10,100 PSI	1345
Lead Shot	12	1 oz.	Super Hcp	Win. 209	Purple PC	19.7	6,000 PSI	1180
Lead Shot	12	1 oz.	Super Hcp	Win. 209	Purple PC	20.8	7,200 PSI	1235
Lead Shot	12	1 oz.	Super Hcp	Win. 209	Purple PC	22	8,500 PSI	1290
Lead Shot	12	1 oz.	Super Hcp	Win. 209	Purple PC	23	9,300 PSI	1345
Lead Shot	12	1 oz.	Super Hcp	Win. 209	Rem. TGT12	18.2	7,100 PSI	1180
Lead Shot	12	1 oz.	Super Hcp	Win. 209	Rem. TGT12	19.6	8,500 PSI	1235
Lead Shot	12	1 oz.	Super Hcp	Win. 209	Rem. TGT12	20.9	9,900 PSI	1290
Lead Shot	12	1 oz.	Super Hcp	Win. 209	Rem. TGT12	22.2	11,200 PSI	1345
Lead Shot	12	1 oz.	Super	Win. 209	WAA12SL	18.5	7,400 PSI	1180

Lead Shot	12	1 oz.	Hcp Super Hcp	Win. 209	WAA12SL	19.7	8,600 PSI	1235
Lead Shot	12	1 oz.	Super Hcp	Win. 209	WAA12SL	20.8	9,800 PSI	1290
Lead Shot	12	1 oz.	Super Hcp	Win. 209	WAA12SL	22	11,000 PSI	1345
Lead Shot	12	1 oz.	PB	Fed. 209A	CB 1100-12	18.5	5,200 PSI	1100
Lead Shot	12	1 oz.	PB	Fed. 209A	CB 1100-12	20	5,800 PSI	1150
Lead Shot	12	1 oz.	PB	Fed. 209A	CB 1100-12	21.5	6,400 PSI	1200
Lead Shot	12	1 oz.	PB	Fed. 209A	CB 1100-12	23	7,200 PSI	1250
Lead Shot	12	1 oz.	PB	Fed. 209A	Fed. 12S3	18	6,100 PSI	1100
Lead Shot	12	1 oz.	PB	Fed. 209A	Fed. 12S3	19.5	7,200 PSI	1150
Lead Shot	12	1 oz.	PB	Fed. 209A	Fed. 12S3	20.5	7,900 PSI	1200
Lead Shot	12	1 oz.	PB	Fed. 209A	Fed. 12S3	22	8,900 PSI	1250
Lead Shot	12	1 oz.	PB	Fed. 209A	Rem. FIG. 8	18.5	5,300 PSI	1100
Lead Shot	12	1 oz.	PB	Fed. 209A	Rem. FIG. 8	20	6,100 PSI	1150
Lead Shot	12	1 oz.	PB	Fed. 209A	Rem. FIG. 8	21	6,600 PSI	1200
Lead Shot	12	1 oz.	PB	Fed. 209A	Rem. FIG. 8	22.5	7,400 PSI	1250
Lead Shot	12	1 oz.	PB	Fed. 209A	WAA12	18.5	6,200 PSI	1100
Lead Shot	12	1 oz.	PB	Fed. 209A	WAA12	19.5	6,900 PSI	1150
Lead Shot	12	1 oz.	PB	Fed. 209A	WAA12	21	7,900 PSI	1200
Lead Shot	12	1 oz.	PB	Fed. 209A	WAA12	22.5	8,600 PSI	1250
Lead Shot	12	1 oz.	PB	Fio. 617	Rem. TGT 12	18.1	5,400 PSI	1100
Lead Shot	12	1 oz.	PB	Fio. 617	Rem. TGT 12	19.4	6,400 PSI	1150
Lead Shot	12	1 oz.	PB	Fio. 617	Rem. TGT 12	20.7	7,300 PSI	1200
Lead Shot	12	1 oz.	PB	Fio. 617	Rem. TGT 12	22	8,200 PSI	1250
Lead Shot	12	1 oz.	PB	Fio. 617	WAA12SL	18.9	5,500 PSI	1100
Lead Shot	12	1 oz.	PB	Fio. 617	WAA12SL	20	6,300 PSI	1150
Lead Shot	12	1 oz.	PB	Fio. 617	WAA12SL	21.2	7,100 PSI	1200
Lead Shot	12	1 oz.	PB	Fio. 617	WAA12SL	22.5	8,000 PSI	1250
Lead Shot	12	1 oz.	PB	Rem. 209P	CB 1100-12	19	4,600 PSI	1100
Lead Shot	12	1 oz.	PB	Rem. 209P	CB 1100-12	20.5	5,100 PSI	1150
Lead Shot	12	1 oz.	PB	Rem. 209P	CB 1100-12	22	5,700 PSI	1200
Lead Shot	12	1 oz.	PB	Rem.	CB 1100-12	23.5	6,500 PSI	1250

				209P				
Lead Shot	12	1 oz.	PB	Rem. 209P	Fed. 12S3	19	5,100 PSI	1100
Lead Shot	12	1 oz.	PB	Rem. 209P	Fed. 12S3	20.5	6,000 PSI	1150
Lead Shot	12	1 oz.	PB	Rem. 209P	Fed. 12S3	22	6,900 PSI	1200
Lead Shot	12	1 oz.	PB	Rem. 209P	Fed. 12S3	23.5	7,600 PSI	1250
Lead Shot	12	1 oz.	PB	Rem. 209P	Rem. FIG. 8	19	4,500 PSI	1100
Lead Shot	12	1 oz.	PB	Rem. 209P	Rem. FIG. 8	21	5,300 PSI	1150
Lead Shot	12	1 oz.	PB	Rem. 209P	Rem. FIG. 8	22	5,700 PSI	1200
Lead Shot	12	1 oz.	PB	Rem. 209P	Rem. FIG. 8	23.5	6,700 PSI	1250
Lead Shot	12	1 oz.	PB	Rem. 209P	WAA12	19	5,700 PSI	1100
Lead Shot	12	1 oz.	PB	Rem. 209P	WAA12	20	6,200 PSI	1150
Lead Shot	12	1 oz.	PB	Rem. 209P	WAA12	21.5	7,100 PSI	1200
Lead Shot	12	1 oz.	PB	Rem. 209P	WAA12	22.5	7,700 PSI	1250
Lead Shot	12	1 oz.	PB	Rio G-600	Rem. TGT 12	17.8	5,700 PSI	1100
Lead Shot	12	1 oz.	PB	Rio G-600	Rem. TGT 12	19	6,400 PSI	1150
Lead Shot	12	1 oz.	PB	Rio G-600	Rem. TGT 12	20.4	7,300 PSI	1200
Lead Shot	12	1 oz.	PB	Rio G-600	Rem. TGT 12	21.6	8,100 PSI	1250
Lead Shot	12	1 oz.	PB	Rio G-600	WAA12SL	18.9	6,600 PSI	1150
Lead Shot	12	1 oz.	PB	Rio G-600	WAA12SL	17.6	5,800 PSI	1180
Lead Shot	12	1 oz.	PB	Rio G-600	WAA12SL	20.3	7,500 PSI	1200
Lead Shot	12	1 oz.	PB	Rio G-600	WAA12SL	22	8,500 PSI	1250
Lead Shot	12	1 oz.	PB	Win. 209	CB 1100-12	19	5,100 PSI	1100
Lead Shot	12	1 oz.	PB	Win. 209	CB 1100-12	20.5	5,600 PSI	1150
Lead Shot	12	1 oz.	PB	Win. 209	CB 1100-12	22	6,100 PSI	1200
Lead Shot	12	1 oz.	PB	Win. 209	CB 1100-12	23.5	6,600 PSI	1250
Lead Shot	12	1 oz.	PB	Win. 209	Fed. 12S3	19	5,900 PSI	1100

Lead Shot	12	1 oz.	PB	Win. 209	Fed. 12S3	20.5	6,800 PSI	1150
Lead Shot	12	1 oz.	PB	Win. 209	Fed. 12S3	21.5	7,400 PSI	1200
Lead Shot	12	1 oz.	PB	Win. 209	Fed. 12S3	23	8,100 PSI	1250
Lead Shot	12	1 oz.	PB	Win. 209	Rem. FIG. 8	19	5,400 PSI	1100
Lead Shot	12	1 oz.	PB	Win. 209	Rem. FIG. 8	20	5,800 PSI	1150
Lead Shot	12	1 oz.	PB	Win. 209	Rem. FIG. 8	21.5	6,500 PSI	1200
Lead Shot	12	1 oz.	PB	Win. 209	Rem. FIG. 8	23	7,200 PSI	1250
Lead Shot	12	1 oz.	PB	Win. 209	Rem. TGT12	18	4,800 PSI	1100
Lead Shot	12	1 oz.	PB	Win. 209	Rem. TGT12	19.5	5,600 PSI	1150
Lead Shot	12	1 oz.	PB	Win. 209	Rem. TGT12	21.5	6,700 PSI	1200
Lead Shot	12	1 oz.	PB	Win. 209	Rem. TGT12	23	7,500 PSI	1250
Lead Shot	12	1 oz.	PB	Win. 209	WAA12	18.5	5,900 PSI	1100
Lead Shot	12	1 oz.	PB	Win. 209	WAA12	20	6,500 PSI	1150
Lead Shot	12	1 oz.	PB	Win. 209	WAA12	21.5	7,100 PSI	1200
Lead Shot	12	1 oz.	PB	Win. 209	WAA12	23	7,900 PSI	1250
Lead Shot	12	1 oz.	SR 7625	Fed. 209A	CB 1118-12	21	4,600 PSI	1100
Lead Shot	12	1 oz.	SR 7625	Fed. 209A	CB 1118-12	22	5,200 PSI	1150
Lead Shot	12	1 oz.	SR 7625	Fed. 209A	CB 1118-12	23.5	6,200 PSI	1200
Lead Shot	12	1 oz.	SR 7625	Fed. 209A	CB 1118-12	24.5	6,700 PSI	1250
Lead Shot	12	1 oz.	SR 7625	Fed. 209A	Fed. 12S3	20.5	5,400 PSI	1100
Lead Shot	12	1 oz.	SR 7625	Fed. 209A	Fed. 12S3	21.5	5,900 PSI	1150
Lead Shot	12	1 oz.	SR 7625	Fed. 209A	Fed. 12S3	23	6,600 PSI	1200
Lead Shot	12	1 oz.	SR 7625	Fed. 209A	Fed. 12S3	24.5	7,300 PSI	1250
Lead Shot	12	1 oz.	SR 7625	Fed. 209A	Rem. RXP12	21.5	5,000 PSI	1100
Lead Shot	12	1 oz.	SR 7625	Fed. 209A	Rem. RXP12	22.5	5,400 PSI	1150
Lead Shot	12	1 oz.	SR 7625	Fed. 209A	Rem. RXP12	23.5	5,900 PSI	1200
Lead Shot	12	1 oz.	SR 7625	Fed. 209A	Rem. RXP12	25	6,700 PSI	1250
Lead Shot	12	1 oz.	SR 7625	Fed. 209A	WAA12	20	6,000 PSI	1100
Lead Shot	12	1 oz.	SR 7625	Fed. 209A	WAA12	21.5	6,300 PSI	1150
Lead Shot	12	1 oz.	SR 7625	Fed. 209A	WAA12	23.5	6,900 PSI	1200
Lead Shot	12	1 oz.	SR 7625	Fed. 209A	WAA12	25	7,400 PSI	1250
Lead Shot	12	1 oz.	SR 7625	Rem. 209P	CB 1118-12	22.5	4,400 PSI	1100
Lead Shot	12	1 oz.	SR 7625	Rem. 209P	CB 1118-12	23.5	4,700 PSI	1150
Lead Shot	12	1 oz.	SR 7625	Rem. 209P	CB 1118-12	24.5	5,300 PSI	1200
Lead Shot	12	1 oz.	SR 7625	Rem.	CB 1118-12	26	6,300 PSI	1250

				209P				
Lead Shot	12	1 oz.	SR 7625	Rem. 209P	Fed. 12S3	22	4,500 PSI	1100
Lead Shot	12	1 oz.	SR 7625	Rem. 209P	Fed. 12S3	23.5	5,300 PSI	1150
Lead Shot	12	1 oz.	SR 7625	Rem. 209P	Fed. 12S3	24.5	6,000 PSI	1200
Lead Shot	12	1 oz.	SR 7625	Rem. 209P	Fed. 12S3	25.5	6,900 PSI	1250
Lead Shot	12	1 oz.	SR 7625	Rem. 209P	Rem. RXP12	22.5	4,200 PSI	1100
Lead Shot	12	1 oz.	SR 7625	Rem. 209P	Rem. RXP12	23.5	4,700 PSI	1150
Lead Shot	12	1 oz.	SR 7625	Rem. 209P	Rem. RXP12	24.5	5,200 PSI	1200
Lead Shot	12	1 oz.	SR 7625	Rem. 209P	Rem. RXP12	25.5	6,000 PSI	1250
Lead Shot	12	1 oz.	SR 7625	Rem. 209P	WAA12	21.5	5,000 PSI	1100
Lead Shot	12	1 oz.	SR 7625	Rem. 209P	WAA12	22.5	5,700 PSI	1150
Lead Shot	12	1 oz.	SR 7625	Rem. 209P	WAA12	23.5	6,200 PSI	1200
Lead Shot	12	1 oz.	SR 7625	Rem. 209P	WAA12	25	7,100 PSI	1250
Lead Shot	12	1 oz.	SR 7625	Win. 209	CB 1118-12	22	4,500 PSI	1100
Lead Shot	12	1 oz.	SR 7625	Win. 209	CB 1118-12	23.5	5,100 PSI	1150
Lead Shot	12	1 oz.	SR 7625	Win. 209	CB 1118-12	25	5,800 PSI	1200
Lead Shot	12	1 oz.	SR 7625	Win. 209	CB 1118-12	26	6,200 PSI	1250
Lead Shot	12	1 oz.	SR 7625	Win. 209	Fed. 12S3	22	5,300 PSI	1100
Lead Shot	12	1 oz.	SR 7625	Win. 209	Fed. 12S3	23	5,900 PSI	1150
Lead Shot	12	1 oz.	SR 7625	Win. 209	Fed. 12S3	24	6,500 PSI	1200
Lead Shot	12	1 oz.	SR 7625	Win. 209	Fed. 12S3	25	7,100 PSI	1250
Lead Shot	12	1 oz.	SR 7625	Win. 209	Rem. RXP12	22	4,600 PSI	1100
Lead Shot	12	1 oz.	SR 7625	Win. 209	Rem. RXP12	23.5	5,000 PSI	1150
Lead Shot	12	1 oz.	SR 7625	Win. 209	Rem. RXP12	25	5,700 PSI	1200
Lead Shot	12	1 oz.	SR 7625	Win. 209	Rem. RXP12	26	6,200 PSI	1250
Lead Shot	12	1 oz.	SR 7625	Win. 209	WAA12	21.5	4,900 PSI	1100

Lead Shot	12	1 oz.	SR 7625	Win. 209	WAA12	23	5,500 PSI	1150
Lead Shot	12	1 oz.	SR 7625	Win. 209	WAA12	24	5,800 PSI	1200
Lead Shot	12	1 oz.	SR 7625	Win. 209	WAA12	25.5	6,600 PSI	1250
Lead Shot	12	1 1/8 oz.	WAALite	Ched. 209	Rem. FIG. 8	12.3	8,100 PSI	980
Lead Shot	12	1 1/8 oz.	WAALite	Ched. 209	Rem. FIG. 8	13.4	9,400 PSI	1035
Lead Shot	12	1 1/8 oz.	WAALite	Ched. 209	Rem. FIG. 8	14.6	10,700 PSI	1090
Lead Shot	12	1 1/8 oz.	WAALite	Ched. 209	WAA12	12.5	8,300 PSI	980
Lead Shot	12	1 1/8 oz.	WAALite	Ched. 209	WAA12	13.6	9,800 PSI	1035
Lead Shot	12	1 1/8 oz.	WAALite	Ched. 209	WAA12	14.6	11,200 PSI	1090
Lead Shot	12	1 1/8 oz.	WAALite	Ched. 209	WJ-12-RPL	12.2	7,700 PSI	980
Lead Shot	12	1 1/8 oz.	WAALite	Ched. 209	WJ-12-RPL	13.3	8,800 PSI	1035
Lead Shot	12	1 1/8 oz.	WAALite	Ched. 209	WJ-12-RPL	14.5	9,900 PSI	1090
Lead Shot	12	1 1/8 oz.	WAALite	Ched. 209	WJ-12-RPL	15.6	11,000 PSI	1145
Lead Shot	12	1 1/8 oz.	WAALite	Fed. 209A	Rem. FIG. 8	12.5	8,000 PSI	980
Lead Shot	12	1 1/8 oz.	WAALite	Fed. 209A	Rem. FIG. 8	13.5	9,300 PSI	1035
Lead Shot	12	1 1/8 oz.	WAALite	Fed. 209A	Rem. FIG. 8	14.5	10,500 PSI	1090
Lead Shot	12	1 1/8 oz.	WAALite	Fed. 209A	WAA12	12.1	8,500 PSI	980
Lead Shot	12	1 1/8 oz.	WAALite	Fed. 209A	WAA12	13.3	10,300 PSI	1035
Lead Shot	12	1 1/8 oz.	WAALite	Fed. 209A	WJ-12-RPL	12.1	7,900 PSI	980
Lead Shot	12	1 1/8 oz.	WAALite	Fed. 209A	WJ-12-RPL	13.3	9,100 PSI	1035
Lead Shot	12	1 1/8 oz.	WAALite	Fed. 209A	WJ-12-RPL	14.4	10,200 PSI	1090
Lead Shot	12	1 1/8 oz.	WAALite	Rem. 209P	Rem. FIG. 8	12.1	7,800 PSI	980
Lead Shot	12	1 1/8 oz.	WAALite	Rem. 209P	Rem. FIG. 8	13.3	9,200 PSI	1035
Lead Shot	12	1 1/8 oz.	WAALite	Rem. 209P	Rem. FIG. 8	14.3	10,400 PSI	1090
Lead Shot	12	1 1/8 oz.	WAALite	Rem. 209P	Rem. FIG. 8	15	11,300 PSI	1145
Lead Shot	12	1 1/8 oz.	WAALite	Rem. 209P	WAA12	12.2	7,800 PSI	980
Lead Shot	12	1 1/8 oz.	WAALite	Rem. 209P	WAA12	13.2	9,300 PSI	1035
Lead Shot	12	1 1/8 oz.	WAALite	Rem. 209P	WAA12	14.1	10,700 PSI	1090
Lead Shot	12	1 1/8 oz.	WAALite	Rem. 209P	WJ-12-RPL	12.4	7,300 PSI	980
Lead Shot	12	1 1/8 oz.	WAALite	Rem.	WJ-12-RPL	13.5	8,500 PSI	1035

Lead Shot	12	1 1/8 oz.	WAALite	209P Rem. 209P	WJ-12-RPL	14.5	9,600 PSI	1090
Lead Shot	12	1 1/8 oz.	WAALite	Rem. 209P	WJ-12-RPL	15.4	10,500 PSI	1145
Lead Shot	12	1 1/8 oz.	WAALite	Win. 209	Rem. FIG. 8	12.5	7,300 PSI	980
Lead Shot	12	1 1/8 oz.	WAALite	Win. 209	Rem. FIG. 8	13.6	8,900 PSI	1035
Lead Shot	12	1 1/8 oz.	WAALite	Win. 209	Rem. FIG. 8	14.8	10,600 PSI	1090
Lead Shot	12	1 1/8 oz.	WAALite	Win. 209	WAA12	12.3	7,700 PSI	980
Lead Shot	12	1 1/8 oz.	WAALite	Win. 209	WAA12	13.3	9,200 PSI	1035
Lead Shot	12	1 1/8 oz.	WAALite	Win. 209	WAA12	14.2	10,500 PSI	1090
Lead Shot	12	1 1/8 oz.	WAALite	Win. 209	WJ-12-RPL	12.6	7,200 PSI	980
Lead Shot	12	1 1/8 oz.	WAALite	Win. 209	WJ-12-RPL	13.7	8,500 PSI	1035
Lead Shot	12	1 1/8 oz.	WAALite	Win. 209	WJ-12-RPL	14.7	9,600 PSI	1090
Lead Shot	12	1 1/8 oz.	WAALite	Win. 209	WJ-12-RPL	15.5	10,500 PSI	1145
Lead Shot	12	1 1/8 oz.	Titewad	CCI 209	Hor. Versalite	15.3	10,200 PSI	1090
Lead Shot	12	1 1/8 oz.	Titewad	CCI 209	Hor. Versalite	16.6	10,700 PSI	1145
Lead Shot	12	1 1/8 oz.	Titewad	CCI 209	Hor. Versalite	17	11,400 PSI	1200
Lead Shot	12	1 1/8 oz.	Titewad	CCI 209	Rem. Fig. 8	15.3	10,300 PSI	1090
Lead Shot	12	1 1/8 oz.	Titewad	CCI 209	Rem. Fig. 8	16.5	11,200 PSI	1145
Lead Shot	12	1 1/8 oz.	Titewad	CCI 209	WAA12	15.3	10,300 PSI	1090
Lead Shot	12	1 1/8 oz.	Titewad	CCI 209	WAA12	16	10,900 PSI	1145
Lead Shot	12	1 1/8 oz.	Titewad	CCI 209	Windjammer	15.3	8,600 PSI	1090
Lead Shot	12	1 1/8 oz.	Titewad	CCI 209	Windjammer	16.6	9,400 PSI	1145
Lead Shot	12	1 1/8 oz.	Titewad	CCI 209	Windjammer	17.8	10,900 PSI	1200
Lead Shot	12	1 1/8 oz.	Titewad	Ched. 209	Rem. Fig. 8	15.7	9,500 PSI	1090
Lead Shot	12	1 1/8 oz.	Titewad	Ched. 209	Rem. Fig. 8	16.6	10,700 PSI	1145
Lead Shot	12	1 1/8 oz.	Titewad	Ched. 209	WAA12	15.3	9,900 PSI	1090
Lead Shot	12	1 1/8 oz.	Titewad	Ched. 209	WAA12	16.4	10,900 PSI	1145
Lead Shot	12	1 1/8 oz.	Titewad	Ched. 209	Windjammer	15.9	8,700 PSI	1090
Lead Shot	12	1 1/8 oz.	Titewad	Ched. 209	Windjammer	16.8	10,100 PSI	1145
Lead Shot	12	1 1/8 oz.	Titewad	Fed. 209A	Fed. 12S3	15.5	9,900 PSI	1090
Lead Shot	12	1 1/8 oz.	Titewad	Fed. 209A	Fed. 12S3	16.8	10,800 PSI	1145
Lead Shot	12	1 1/8 oz.	Titewad	Fed. 209A	Hor. Versalite	15.3	10,600 PSI	1090
Lead Shot	12	1 1/8 oz.	Titewad	Fed. 209A	Hor. Versalite	16.3	11,400 PSI	1145
Lead Shot	12	1 1/8 oz.	Titewad	Fed. 209A	Red PC	15.6	9,600 PSI	1090
Lead Shot	12	1 1/8 oz.	Titewad	Fed. 209A	Red PC	16.6	11,000 PSI	1145
Lead Shot	12	1 1/8 oz.	Titewad	Fed. 209A	Rem. Fig. 8	15.6	10,000 PSI	1090

Lead Shot	12	1 1/8 oz.	Titewad	Fed. 209A	Rem. Fig. 8	16.6	10,600 PSI	1145
Lead Shot	12	1 1/8 oz.	Titewad	Fed. 209A	WAA12	15.4	9,700 PSI	1090
Lead Shot	12	1 1/8 oz.	Titewad	Fed. 209A	WAA12	16.4	10,800 PSI	1145
Lead Shot	12	1 1/8 oz.	Titewad	Fed. 209A	Windjammer	15.4	9,400 PSI	1090
Lead Shot	12	1 1/8 oz.	Titewad	Fed. 209A	Windjammer	16	10,600 PSI	1145
Lead Shot	12	1 1/8 oz.	Titewad	Fio. 616	Fio. TL1	15.5	10,300 PSI	1090
Lead Shot	12	1 1/8 oz.	Titewad	Fio. 616	Fio. TL1	16.6	11,000 PSI	1145
Lead Shot	12	1 1/8 oz.	Titewad	Fio. 617	Rem. FIG 8	15.5	8,800 PSI	1090
Lead Shot	12	1 1/8 oz.	Titewad	Fio. 617	Rem. FIG 8	16.6	10,000 PSI	1145
Lead Shot	12	1 1/8 oz.	Titewad	Fio. 617	WAA12	14.8	9,200 PSI	1090
Lead Shot	12	1 1/8 oz.	Titewad	Fio. 617	WAA12	16	10,800 PSI	1145
Lead Shot	12	1 1/8 oz.	Titewad	Fio. 617	Windjammer	15.6	8,400 PSI	1090
Lead Shot	12	1 1/8 oz.	Titewad	Fio. 617	Windjammer	16.6	9,700 PSI	1145
Lead Shot	12	1 1/8 oz.	Titewad	Rem. 209P	Fed. 12S3	14.8	9,800 PSI	1090
Lead Shot	12	1 1/8 oz.	Titewad	Rem. 209P	Fed. 12S3	15.5	11,100 PSI	1145
Lead Shot	12	1 1/8 oz.	Titewad	Rem. 209P	Rem. Fig. 8	15.7	8,500 PSI	1090
Lead Shot	12	1 1/8 oz.	Titewad	Rem. 209P	Rem. Fig. 8	16.8	9,300 PSI	1145
Lead Shot	12	1 1/8 oz.	Titewad	Rem. 209P	Rem. Fig. 8	18.3	10,400 PSI	1200
Lead Shot	12	1 1/8 oz.	Titewad	Rem. 209P	WAA12	15.5	10,100 PSI	1090
Lead Shot	12	1 1/8 oz.	Titewad	Rem. 209P	WAA12	16.4	11,200 PSI	1145
Lead Shot	12	1 1/8 oz.	Titewad	Rem. 209P	Windjammer	15.5	9,100 PSI	1090
Lead Shot	12	1 1/8 oz.	Titewad	Rem. 209P	Windjammer	16.2	10,000 PSI	1145
Lead Shot	12	1 1/8 oz.	Titewad	Rem. 209P	Windjammer	17	11,100 PSI	1200
Lead Shot	12	1 1/8 oz.	Titewad	Rio G-600	Rem. FIG 8	15.3	8,800 PSI	1090
Lead Shot	12	1 1/8 oz.	Titewad	Rio G-600	Rem. FIG 8	16.4	10,000 PSI	1145
Lead Shot	12	1 1/8 oz.	Titewad	Rio G-600	WAA12	15.2	9,400 PSI	1090
Lead Shot	12	1 1/8 oz.	Titewad	Rio G-600	WAA12	16.2	10,900 PSI	1145
Lead Shot	12	1 1/8 oz.	Titewad	Rio G-600	Windjammer	15.7	7,700 PSI	1090

Lead Shot	12	1 1/8 oz.	Titewad	Rio G-600	Windjammer	16.9	9,100 PSI	1145
Lead Shot	12	1 1/8 oz.	Titewad	Rio G-600	Windjammer	18.4	10,900 PSI	1200
Lead Shot	12	1 1/8 oz.	Titewad	Win. 209	CB3118-12-AR	15.2	9,300 PSI	1090
Lead Shot	12	1 1/8 oz.	Titewad	Win. 209	CB3118-12-AR	16.3	10,700 PSI	1145
Lead Shot	12	1 1/8 oz.	Titewad	Win. 209	CB3118-12-AR	17.7	11,400 PSI	1200
Lead Shot	12	1 1/8 oz.	Titewad	Win. 209	Hawk	14.8	10,000 PSI	1090
Lead Shot	12	1 1/8 oz.	Titewad	Win. 209	Hawk	15.5	10,500 PSI	1145
Lead Shot	12	1 1/8 oz.	Titewad	Win. 209	Hor. Versalite	15	10,100 PSI	1090
Lead Shot	12	1 1/8 oz.	Titewad	Win. 209	Hor. Versalite	15.5	10,500 PSI	1145
Lead Shot	12	1 1/8 oz.	Titewad	Win. 209	Red PC	15.1	8,900 PSI	1090
Lead Shot	12	1 1/8 oz.	Titewad	Win. 209	Red PC	15.9	9,700 PSI	1145
Lead Shot	12	1 1/8 oz.	Titewad	Win. 209	Rem. Fig. 8	15.2	9,000 PSI	1090
Lead Shot	12	1 1/8 oz.	Titewad	Win. 209	Rem. Fig. 8	16.2	9,700 PSI	1145
Lead Shot	12	1 1/8 oz.	Titewad	Win. 209	Rem. Fig. 8	17.5	11,100 PSI	1200
Lead Shot	12	1 1/8 oz.	Titewad	Win. 209	WAA12	15.2	9,500 PSI	1090
Lead Shot	12	1 1/8 oz.	Titewad	Win. 209	WAA12	16.5	10,400 PSI	1145
Lead Shot	12	1 1/8 oz.	Titewad	Win. 209	WAA12	17.8	11,100 PSI	1200
Lead Shot	12	1 1/8 oz.	Titewad	Win. 209	Windjammer	15.3	8,300 PSI	1090
Lead Shot	12	1 1/8 oz.	Titewad	Win. 209	Windjammer	16.3	9,600 PSI	1145
Lead Shot	12	1 1/8 oz.	Titewad	Win. 209	Windjammer	17.8	10,500 PSI	1200
Lead Shot	12	1 1/8 oz.	Clays	CCI 209	Fed. 12S3	16.2	7,200 LUP	1090
Lead Shot	12	1 1/8 oz.	Clays	CCI 209	Fed. 12S3	17.6	8,700 LUP	1145
Lead Shot	12	1 1/8 oz.	Clays	CCI 209	Fed. 12S3	19	10,100 LUP	1200
Lead Shot	12	1 1/8 oz.	Clays	CCI 209	Hor. Versalite	15.8	9,900 PSI	1090
Lead Shot	12	1 1/8 oz.	Clays	CCI 209	Hor. Versalite	16.8	10,400 PSI	1145
Lead Shot	12	1 1/8 oz.	Clays	CCI 209	Red PC	16.5	8,400 PSI	1090
Lead Shot	12	1 1/8 oz.	Clays	CCI 209	Red PC	17	10,000 PSI	1145
Lead Shot	12	1 1/8 oz.	Clays	CCI 209	Red PC	18.3	11,400 PSI	1200
Lead Shot	12	1 1/8 oz.	Clays	CCI 209	Rem. Fig. 8	16	8,700 PSI	1090
Lead Shot	12	1 1/8 oz.	Clays	CCI 209	Rem. Fig. 8	16.8	9,600 PSI	1145
Lead Shot	12	1 1/8 oz.	Clays	CCI 209	WAA12	16	8,900 PSI	1090
Lead Shot	12	1 1/8 oz.	Clays	CCI 209	WAA12	17	9,800 PSI	1145
Lead Shot	12	1 1/8 oz.	Clays	CCI 209	WAA12	18.1	11,300 PSI	1200
Lead Shot	12	1 1/8 oz.	Clays	CCI 209	Windjammer	16	8,200 PSI	1090
Lead Shot	12	1 1/8 oz.	Clays	CCI 209	Windjammer	16.8	8,600 PSI	1145
Lead Shot	12	1 1/8 oz.	Clays	CCI 209	Windjammer	18.5	11,100 PSI	1200
Lead Shot	12	1 1/8 oz.	Clays	CCI	Hor. Versalite	16	9,700 PSI	1090

Lead Shot	12	1 1/8 oz.	Clays	CCI 209SC	Hor. Versalite	17	10,900 PSI	1145
Lead Shot	12	1 1/8 oz.	Clays	CCI 209SC	Red PC	16	9,800 PSI	1090
Lead Shot	12	1 1/8 oz.	Clays	CCI 209SC	Red PC	17.1	10,100 PSI	1145
Lead Shot	12	1 1/8 oz.	Clays	CCI 209SC	Red PC	18.2	11,500 PSI	1200
Lead Shot	12	1 1/8 oz.	Clays	CCI 209SC	Rem. Fig. 8	15.7	8,800 PSI	1090
Lead Shot	12	1 1/8 oz.	Clays	CCI 209SC	Rem. Fig. 8	16.5	10,400 PSI	1145
Lead Shot	12	1 1/8 oz.	Clays	CCI 209SC	Trapper	15.5	10,300 PSI	1090
Lead Shot	12	1 1/8 oz.	Clays	CCI 209SC	Trapper	16	11,400 PSI	1145
Lead Shot	12	1 1/8 oz.	Clays	CCI 209SC	WAA12	15.5	9,300 PSI	1090
Lead Shot	12	1 1/8 oz.	Clays	CCI 209SC	WAA12	16	10,600 PSI	1145
Lead Shot	12	1 1/8 oz.	Clays	CCI 209SC	Windjammer	16.1	8,600 PSI	1090
Lead Shot	12	1 1/8 oz.	Clays	CCI 209SC	Windjammer	16.7	9,100 PSI	1145
Lead Shot	12	1 1/8 oz.	Clays	CCI 209SC	Windjammer	17.8	11,500 PSI	1200
Lead Shot	12	1 1/8 oz.	Clays	Ched. 209	Rem. Fig. 8	16.4	8,800 PSI	1090
Lead Shot	12	1 1/8 oz.	Clays	Ched. 209	Rem. Fig. 8	17.5	10,200 PSI	1145
Lead Shot	12	1 1/8 oz.	Clays	Ched. 209	WAA12	15.8	9,400 PSI	1090
Lead Shot	12	1 1/8 oz.	Clays	Ched. 209	WAA12	17.2	10,700 PSI	1145
Lead Shot	12	1 1/8 oz.	Clays	Ched. 209	Windjammer	15.7	7,900 PSI	1090
Lead Shot	12	1 1/8 oz.	Clays	Ched. 209	Windjammer	17.4	9,500 PSI	1145
Lead Shot	12	1 1/8 oz.	Clays	Ched. 209	Windjammer	19	11,100 PSI	1200
Lead Shot	12	1 1/8 oz.	Clays	Fed. 209A	Red PC	15.8	9,400 PSI	1090
Lead Shot	12	1 1/8 oz.	Clays	Fed. 209A	Red PC	16.7	10,300 PSI	1145
Lead Shot	12	1 1/8 oz.	Clays	Fed. 209A	Rem. Fig. 8	15.8	10,700 PSI	1090
Lead Shot	12	1 1/8 oz.	Clays	Fed. 209A	Rem. Fig. 8	16.6	11,100 PSI	1145

Lead Shot	12	1 1/8 oz.	Clays	Fed. 209A	WAA12	15	9,700 PSI	1090
Lead Shot	12	1 1/8 oz.	Clays	Fed. 209A	WAA12	16	10,800 PSI	1145
Lead Shot	12	1 1/8 oz.	Clays	Fed. 209A	Windjammer	16	9,100 PSI	1090
Lead Shot	12	1 1/8 oz.	Clays	Fed. 209A	Windjammer	16.7	10,300 PSI	1145
Lead Shot	12	1 1/8 oz.	Clays	Fed. 209A	Windjammer	18	11,400 PSI	1200
Lead Shot	12	1 1/8 oz.	Clays	Fio. 616	Rem. Fig. 8	15.5	9,200 PSI	1090
Lead Shot	12	1 1/8 oz.	Clays	Fio. 616	Rem. Fig. 8	16.5	10,700 PSI	1145
Lead Shot	12	1 1/8 oz.	Clays	Fio. 616	WAA12	15.5	9,400 PSI	1090
Lead Shot	12	1 1/8 oz.	Clays	Fio. 616	WAA12	16	10,900 PSI	1145
Lead Shot	12	1 1/8 oz.	Clays	Fio. 616	Windjammer	15.3	8,400 PSI	1090
Lead Shot	12	1 1/8 oz.	Clays	Fio. 616	Windjammer	16.3	9,500 PSI	1145
Lead Shot	12	1 1/8 oz.	Clays	Fio. 616	Windjammer	17.7	11,200 PSI	1200
Lead Shot	12	1 1/8 oz.	Clays	Fio. 617	Rem. FIG 8	16	8,500 PSI	1090
Lead Shot	12	1 1/8 oz.	Clays	Fio. 617	Rem. FIG 8	17.2	10,500 PSI	1145
Lead Shot	12	1 1/8 oz.	Clays	Fio. 617	WAA12	15.7	9,700 PSI	1090
Lead Shot	12	1 1/8 oz.	Clays	Fio. 617	WAA12	16.8	11,300 PSI	1145
Lead Shot	12	1 1/8 oz.	Clays	Fio. 617	Windjammer	16.1	8,200 PSI	1090
Lead Shot	12	1 1/8 oz.	Clays	Fio. 617	Windjammer	17.2	10,000 PSI	1145
Lead Shot	12	1 1/8 oz.	Clays	Rem. 209P	Hor. Versalite	16	8,800 PSI	1090
Lead Shot	12	1 1/8 oz.	Clays	Rem. 209P	Hor. Versalite	16.5	9,200 PSI	1145
Lead Shot	12	1 1/8 oz.	Clays	Rem. 209P	Hor. Versalite	18	11,100 PSI	1200
Lead Shot	12	1 1/8 oz.	Clays	Rem. 209P	Red PC	17.1	7,200 LUP	1090
Lead Shot	12	1 1/8 oz.	Clays	Rem. 209P	Red PC	18.4	7,800 LUP	1145
Lead Shot	12	1 1/8 oz.	Clays	Rem. 209P	Red PC	19.6	8,400 LUP	1200
Lead Shot	12	1 1/8 oz.	Clays	Rem. 209P	Rem. Fig. 8	16.3	9,000 PSI	1090
Lead Shot	12	1 1/8 oz.	Clays	Rem. 209P	Rem. Fig. 8	17.3	10,100 PSI	1145
Lead Shot	12	1 1/8 oz.	Clays	Rem. 209P	Rem. Fig. 8	18.5	11,500 PSI	1200
Lead Shot	12	1 1/8 oz.	Clays	Rem. 209P	WAA12	15.9	8,900 PSI	1090

Lead Shot	12	1 1/8 oz.	Clays	Rem. 209P	WAA12	17	9,400 PSI	1145
Lead Shot	12	1 1/8 oz.	Clays	Rem. 209P	Windjammer	16.5	8,100 PSI	1090
Lead Shot	12	1 1/8 oz.	Clays	Rem. 209P	Windjammer	17.5	9,400 PSI	1145
Lead Shot	12	1 1/8 oz.	Clays	Rem. 209P	Windjammer	18.5	10,400 PSI	1200
Lead Shot	12	1 1/8 oz.	Clays	Rio G-600	Rem. FIG 8	15.9	8,800 PSI	1090
Lead Shot	12	1 1/8 oz.	Clays	Rio G-600	Rem. FIG 8	17.2	10,700 PSI	1145
Lead Shot	12	1 1/8 oz.	Clays	Rio G-600	WAA12	15.9	8,900 PSI	1090
Lead Shot	12	1 1/8 oz.	Clays	Rio G-600	WAA12	17	10,600 PSI	1145
Lead Shot	12	1 1/8 oz.	Clays	Rio G-600	Windjammer	16	8,200 PSI	1090
Lead Shot	12	1 1/8 oz.	Clays	Rio G-600	Windjammer	17.2	9,800 PSI	1145
Lead Shot	12	1 1/8 oz.	Clays	Rio G-600	Windjammer	18.2	11,300 PSI	1200
Lead Shot	12	1 1/8 oz.	Clays	Win. 209	Fio. TL1	16	9,700 PSI	1090
Lead Shot	12	1 1/8 oz.	Clays	Win. 209	Fio. TL1	17	10,900 PSI	1145
Lead Shot	12	1 1/8 oz.	Clays	Win. 209	Hor. Versalite	16.4	8,300 LUP	1090
Lead Shot	12	1 1/8 oz.	Clays	Win. 209	Hor. Versalite	17.6	9,400 LUP	1145
Lead Shot	12	1 1/8 oz.	Clays	Win. 209	Hor. Versalite	18.8	10,600 LUP	1200
Lead Shot	12	1 1/8 oz.	Clays	Win. 209	LAGE Uniwad	16	9,700 PSI	1090
Lead Shot	12	1 1/8 oz.	Clays	Win. 209	LAGE Uniwad	16.9	10,600 PSI	1145
Lead Shot	12	1 1/8 oz.	Clays	Win. 209	Red PC	16.3	7,900 PSI	1090
Lead Shot	12	1 1/8 oz.	Clays	Win. 209	Red PC	17	9,100 PSI	1145
Lead Shot	12	1 1/8 oz.	Clays	Win. 209	Red PC	18.3	10,900 PSI	1200
Lead Shot	12	1 1/8 oz.	Clays	Win. 209	Rem. Fig. 8	16	7,700 LUP	1090
Lead Shot	12	1 1/8 oz.	Clays	Win. 209	Rem. Fig. 8	17	8,500 LUP	1145
Lead Shot	12	1 1/8 oz.	Clays	Win. 209	Rem. Fig. 8	18.1	9,400 LUP	1200
Lead Shot	12	1 1/8 oz.	Clays	Win. 209	WAA12	16.1	7,700 LUP	1090
Lead Shot	12	1 1/8 oz.	Clays	Win. 209	WAA12	17.3	8,800 LUP	1145
Lead Shot	12	1 1/8 oz.	Clays	Win. 209	WAA12	18.2	9,800 LUP	1200
Lead Shot	12	1 1/8 oz.	700-X	Fed. 209A	CB 1118-12	15	8,500 PSI	1100
Lead Shot	12	1 1/8 oz.	700-X	Fed. 209A	CB 1118-12	16	9,400 PSI	1150
Lead Shot	12	1 1/8 oz.	700-X	Fed. 209A	CB 1118-12	17.5	10,700 PSI	1200
Lead Shot	12	1 1/8 oz.	700-X	Fed. 209A	CB 1118-12	18.5	11,500 PSI	1250
Lead Shot	12	1 1/8 oz.	700-X	Fed. 209A	Fed. 12S3	15.5	9,000 PSI	1100
Lead Shot	12	1 1/8 oz.	700-X	Fed. 209A	Fed. 12S3	16.5	9,900 PSI	1150

Lead Shot	12	1 1/8 oz.	700-X	Fed. 209A	Fed. 12S3	18	11,200 PSI	1200
Lead Shot	12	1 1/8 oz.	700-X	Fed. 209A	Rem. FIG. 8	15.5	8,900 PSI	1100
Lead Shot	12	1 1/8 oz.	700-X	Fed. 209A	Rem. FIG. 8	16.5	9,600 PSI	1150
Lead Shot	12	1 1/8 oz.	700-X	Fed. 209A	Rem. FIG. 8	18	10,600 PSI	1200
Lead Shot	12	1 1/8 oz.	700-X	Fed. 209A	Rem. FIG. 8	19	11,200 PSI	1250
Lead Shot	12	1 1/8 oz.	700-X	Fed. 209A	WAA12	15	9,100 PSI	1100
Lead Shot	12	1 1/8 oz.	700-X	Fed. 209A	WAA12	16	10,000 PSI	1150
Lead Shot	12	1 1/8 oz.	700-X	Fed. 209A	WAA12	17.5	11,300 PSI	1200
Lead Shot	12	1 1/8 oz.	700-X	Fed. 209A	Windjammer	15	8,200 PSI	1100
Lead Shot	12	1 1/8 oz.	700-X	Fed. 209A	Windjammer	16	9,000 PSI	1150
Lead Shot	12	1 1/8 oz.	700-X	Fed. 209A	Windjammer	17.5	10,100 PSI	1200
Lead Shot	12	1 1/8 oz.	700-X	Fed. 209A	Windjammer	19	11,000 PSI	1250
Lead Shot	12	1 1/8 oz.	700-X	Fio. 617	Rem. FIG 8	16.3	8,300 PSI	1100
Lead Shot	12	1 1/8 oz.	700-X	Fio. 617	Rem. FIG 8	17.5	9,200 PSI	1150
Lead Shot	12	1 1/8 oz.	700-X	Fio. 617	Rem. FIG 8	19	10,400 PSI	1200
Lead Shot	12	1 1/8 oz.	700-X	Fio. 617	WAA12	15.8	8,600 PSI	1100
Lead Shot	12	1 1/8 oz.	700-X	Fio. 617	WAA12	17.1	9,700 PSI	1150
Lead Shot	12	1 1/8 oz.	700-X	Fio. 617	WAA12	18.4	10,700 PSI	1200
Lead Shot	12	1 1/8 oz.	700-X	Fio. 617	Windjammer	16.2	7,900 PSI	1100
Lead Shot	12	1 1/8 oz.	700-X	Fio. 617	Windjammer	17.3	8,900 PSI	1150
Lead Shot	12	1 1/8 oz.	700-X	Fio. 617	Windjammer	18.5	10,000 PSI	1200
Lead Shot	12	1 1/8 oz.	700-X	Fio. 617	Windjammer	19.7	11,000 PSI	1250
Lead Shot	12	1 1/8 oz.	700-X	Rem. 209P	CB 1118-12	15.5	6,900 PSI	1100
Lead Shot	12	1 1/8 oz.	700-X	Rem. 209P	CB 1118-12	17	7,900 PSI	1150
Lead Shot	12	1 1/8 oz.	700-X	Rem. 209P	CB 1118-12	18	8,900 PSI	1200
Lead Shot	12	1 1/8 oz.	700-X	Rem. 209P	CB 1118-12	19.5	10,400 PSI	1250
Lead Shot	12	1 1/8 oz.	700-X	Rem. 209P	Fed. 12S3	15.5	7,800 PSI	1100
Lead Shot	12	1 1/8 oz.	700-X	Rem. 209P	Fed. 12S3	16.5	8,600 PSI	1150
Lead Shot	12	1 1/8 oz.	700-X	Rem. 209P	Fed. 12S3	18	9,700 PSI	1200
Lead Shot	12	1 1/8 oz.	700-X	Rem. 209P	Fed. 12S3	19.5	10,900 PSI	1250

Lead Shot	12	1 1/8 oz.	700-X	Rem. 209P	Rem. FIG. 8	16	7,900 PSI	1100
Lead Shot	12	1 1/8 oz.	700-X	Rem. 209P	Rem. FIG. 8	17	8,400 PSI	1150
Lead Shot	12	1 1/8 oz.	700-X	Rem. 209P	Rem. FIG. 8	18.5	9,500 PSI	1200
Lead Shot	12	1 1/8 oz.	700-X	Rem. 209P	Rem. FIG. 8	19.5	10,200 PSI	1250
Lead Shot	12	1 1/8 oz.	700-X	Rem. 209P	WAA12	15.5	8,200 PSI	1100
Lead Shot	12	1 1/8 oz.	700-X	Rem. 209P	WAA12	17	9,000 PSI	1150
Lead Shot	12	1 1/8 oz.	700-X	Rem. 209P	WAA12	18.5	9,800 PSI	1200
Lead Shot	12	1 1/8 oz.	700-X	Rem. 209P	WAA12	20	10,800 PSI	1250
Lead Shot	12	1 1/8 oz.	700-X	Rem. 209P	Windjammer	16	6,800 PSI	1100
Lead Shot	12	1 1/8 oz.	700-X	Rem. 209P	Windjammer	17.5	7,600 PSI	1150
Lead Shot	12	1 1/8 oz.	700-X	Rem. 209P	Windjammer	19	8,500 PSI	1200
Lead Shot	12	1 1/8 oz.	700-X	Rem. 209P	Windjammer	20.5	9,300 PSI	1250
Lead Shot	12	1 1/8 oz.	700-X	Rio G-600	Rem. FIG 8	16.4	8,100 PSI	1100
Lead Shot	12	1 1/8 oz.	700-X	Rio G-600	Rem. FIG 8	17.6	9,100 PSI	1150
Lead Shot	12	1 1/8 oz.	700-X	Rio G-600	Rem. FIG 8	18.9	10,100 PSI	1200
Lead Shot	12	1 1/8 oz.	700-X	Rio G-600	WAA12	15.6	8,200 PSI	1100
Lead Shot	12	1 1/8 oz.	700-X	Rio G-600	WAA12	17.2	9,600 PSI	1150
Lead Shot	12	1 1/8 oz.	700-X	Rio G-600	WAA12	18.8	11,000 PSI	1200
Lead Shot	12	1 1/8 oz.	700-X	Rio G-600	Windjammer	16.3	7,800 PSI	1100
Lead Shot	12	1 1/8 oz.	700-X	Rio G-600	Windjammer	17.6	8,700 PSI	1150
Lead Shot	12	1 1/8 oz.	700-X	Rio G-600	Windjammer	18.9	9,700 PSI	1200
Lead Shot	12	1 1/8 oz.	700-X	Rio G-600	Windjammer	20.1	10,700 PSI	1250
Lead Shot	12	1 1/8 oz.	700-X	Win. 209	CB 1118-12	15.5	8,600 PSI	1100
Lead Shot	12	1 1/8 oz.	700-X	Win. 209	CB 1118-12	16.5	9,500 PSI	1150
Lead Shot	12	1 1/8 oz.	700-X	Win. 209	CB 1118-12	17.5	10,200 PSI	1200
Lead Shot	12	1 1/8 oz.	700-X	Win. 209	CB 1118-12	19	11,200 PSI	1250

Lead Shot	12	1 1/8 oz.	700-X	Win. 209	Fed. 12S3	15.5	9,500 PSI	1100
Lead Shot	12	1 1/8 oz.	700-X	Win. 209	Fed. 12S3	16.5	10,400 PSI	1150
Lead Shot	12	1 1/8 oz.	700-X	Win. 209	Fed. 12S3	17.5	11,100 PSI	1200
Lead Shot	12	1 1/8 oz.	700-X	Win. 209	Rem. FIG. 8	15.5	8,300 PSI	1100
Lead Shot	12	1 1/8 oz.	700-X	Win. 209	Rcm. FIC. 8	16.5	9,000 PSI	1150
Lead Shot	12	1 1/8 oz.	700-X	Win. 209	Rem. FIG. 8	18	10,200 PSI	1200
Lead Shot	12	1 1/8 oz.	700-X	Win. 209	Rem. FIG. 8	19.5	11,400 PSI	1250
Lead Shot	12	1 1/8 oz.	700-X	Win. 209	WAA12	15.5	9,200 PSI	1100
Lead Shot	12	1 1/8 oz.	700-X	Win. 209	WAA12	16.5	10,100 PSI	1150
Lead Shot	12	1 1/8 oz.	700-X	Win. 209	WAA12	17.5	10,800 PSI	1200
Lead Shot	12	1 1/8 oz.	700-X	Win. 209	Windjammer	15.5	8,100 PSI	1100
Lead Shot	12	1 1/8 oz.	700-X	Win. 209	Windjammer	16.5	8,900 PSI	1150
Lead Shot	12	1 1/8 oz.	700-X	Win. 209	Windjammer	17.5	9,700 PSI	1200
Lead Shot	12	1 1/8 oz.	700-X	Win. 209	Windjammer	19	11,000 PSI	1250
Lead Shot	12	1 1/8 oz.	Titegroup	Rem. 209P	Rem. Fig. 8	14.7	8,500 PSI	1090
Lead Shot	12	1 1/8 oz.	Titegroup	Rem. 209P	Rem. Fig. 8	15.9	9,700 PSI	1145
Lead Shot	12	1 1/8 oz.	Titegroup	Rem. 209P	Rem. Fig. 8	17	10,700 PSI	1200
Lead Shot	12	1 1/8 oz.	Titegroup	Rem. 209P	WAA12	14.6	8,400 PSI	1090
Lead Shot	12	1 1/8 oz.	Titegroup	Rem. 209P	WAA12	15.6	9,600 PSI	1145
Lead Shot	12	1 1/8 oz.	Titegroup	Rem. 209P	WAA12	16.5	10,600 PSI	1200
Lead Shot	12	1 1/8 oz.	Titegroup	Win. 209	Rem. Fig. 8	14.9	8,200 PSI	1090
Lead Shot	12	1 1/8 oz.	Titegroup	Win. 209	Rem. Fig. 8	15.9	9,200 PSI	1145
Lead Shot	12	1 1/8 oz.	Titegroup	Win. 209	Rem. Fig. 8	16.9	10,200 PSI	1200
Lead Shot	12	1 1/8 oz.	Titegroup	Win. 209	WAA12	14.9	7,900 PSI	1090
Lead Shot	12	1 1/8 oz.	Titegroup	Win. 209	WAA12	15.9	9,000 PSI	1145
Lead Shot	12	1 1/8 oz.	Titegroup	Win. 209	WAA12	17.4	10,400 PSI	1200
Lead Shot	12	1 1/8 oz.	Titegroup	Win. 209	WAA12	18.4	11,400 PSI	1255
Lead Shot	12	1 1/8 oz.	WST	CCI 209	Fed. 12S3	19	9,500 PSI	1145
Lead Shot	12	1 1/8 oz.	WST	CCI 209	Fed. 12S3	20.5	10,800 PSI	1200
Lead Shot	12	1 1/8 oz.	WST	CCI 209	Rem. FIG. 8	19	9,000 PSI	1145
Lead Shot	12	1 1/8 oz.	WST	CCI 209	Rem. FIG. 8	20.5	10,000 PSI	1200
Lead Shot	12	1 1/8 oz.	WST	CCI 209	Rem. RXP12	19.5	8,800 PSI	1145

Lead Shot	12	1 1/8 oz.	WST	CCI 209	Rem. RXP12	20.5	10,300 PSI	1200
Lead Shot	12	1 1/8 oz.	WST	CCI 209	WAA12	19	9,100 PSI	1145
Lead Shot	12	1 1/8 oz.	WST	CCI 209	WAA12	20.5	10,300 PSI	1200
Lead Shot	12	1 1/8 oz.	WST	Fed. 209A	WAA12	18.5	10,700 PSI	1145
Lead Shot	12	1 1/8 oz.	WST	Fio. 617	Rem. FIG 8	18.4	7,300 PSI	1090
Lead Shot	12	1 1/8 oz.	WST	Fio. 617	Rem. FIG 8	19.9	8,400 PSI	1145
Lead Shot	12	1 1/8 oz.	WST	Fio. 617	Rem. FIG 8	21.3	9,800 PSI	1200
Lead Shot	12	1 1/8 oz.	WST	Fio. 617	WAA12	18.1	6,300 PSI	1090
Lead Shot	12	1 1/8 oz.	WST	Fio. 617	WAA12	19.4	8,400 PSI	1145
Lead Shot	12	1 1/8 oz.	WST	Fio. 617	WAA12	20.8	10,100 PSI	1200
Lead Shot	12	1 1/8 oz.	WST	Fio. 617	Windjammer	18.5	6,300 PSI	1090
Lead Shot	12	1 1/8 oz.	WST	Fio. 617	Windjammer	19.8	7,700 PSI	1145
Lead Shot	12	1 1/8 oz.	WST	Fio. 617	Windjammer	21.2	9,200 PSI	1200
Lead Shot	12	1 1/8 oz.	WST	Fio. 617	Windjammer	22.6	10,700 PSI	1255
Lead Shot	12	1 1/8 oz.	WST	Rio G-600	Rem. FIG 8	17.9	7,700 PSI	1090
Lead Shot	12	1 1/8 oz.	WST	Rio G-600	Rem. FIG 8	19.4	9,000 PSI	1145
Lead Shot	12	1 1/8 oz.	WST	Rio G-600	Rem. FIG 8	20.9	10,300 PSI	1200
Lead Shot	12	1 1/8 oz.	WST	Rio G-600	WAA12	17.3	7,400 PSI	1090
Lead Shot	12	1 1/8 oz.	WST	Rio G-600	WAA12	19	9,000 PSI	1145
Lead Shot	12	1 1/8 oz.	WST	Rio G-600	WAA12	20.6	10,500 PSI	1200
Lead Shot	12	1 1/8 oz.	WST	Rio G-600	Windjammer	17.8	7,100 PSI	1090
Lead Shot	12	1 1/8 oz.	WST	Rio G-600	Windjammer	19.4	8,300 PSI	1145
Lead Shot	12	1 1/8 oz.	WST	Rio G-600	Windjammer	21	9,600 PSI	1200
Lead Shot	12	1 1/8 oz.	WST	Rio G-600	Windjammer	22.5	10,700 PSI	1255
Lead Shot	12	1 1/8 oz.	WST	Win. 209	Fed. 12S3	19	9,800 PSI	1145
Lead Shot	12	1 1/8 oz.	WST	Win. 209	Fed. 12S3	20	10,900 PSI	1200
Lead Shot	12	1 1/8 oz.	WST	Win. 209	Rem. FIG. 8	19	8,400 PSI	1145
Lead Shot	12	1 1/8 oz.	WST	Win. 209	Rem. FIG. 8	20.5	10,000 PSI	1200
Lead Shot	12	1 1/8 oz.	WST	Win. 209	Rem. RXP12	19	8,700 PSI	1145
Lead Shot	12	1 1/8 oz.	WST	Win. 209	Rem. RXP12	20	9,700 PSI	1200
Lead Shot	12	1 1/8 oz.	WST	Win. 209	WAA12	18.5	8,600 PSI	1145
Lead Shot	12	1 1/8 oz.	WST	Win. 209	WAA12	20	9,800 PSI	1200
Lead Shot	12	1 1/8 oz.	Internat'l	CCI 209	Fed. 12S3	19.2	7,900 LUP	1145
Lead Shot	12	1 1/8 oz.	Internat'l	CCI 209	Fed. 12S3	20	8,300 LUP	1200
Lead Shot	12	1 1/8 oz.	Internat'l	CCI 209	Fed. 12S3	21.6	10,200 LUP	1255
Lead Shot	12	1 1/8 oz.	Internat'l	CCI 209	Hor. Versalite	16.7	8,600 PSI	1090
Lead Shot	12	1 1/8 oz.	Internat'l	CCI 209	Hor. Versalite	17.2	9,600 PSI	1145

Lead Shot	12	1 1/8 oz.	Internat'l	CCI 209	Hor. Versalite	18.2	11,300 PSI	1200
Lead Shot	12	1 1/8 oz.	Internat'l	CCI 209	Red PC	17.3	8,900 PSI	1090
Lead Shot	12	1 1/8 oz.	Internat'l	CCI 209	Red PC	17.7	9,400 PSI	1145
Lead Shot	12	1 1/8 oz.	Internat'l	CCI 209	Red PC	19	10,700 PSI	1200
Lead Shot	12	1 1/8 oz.	Internat'l	CCI 209	Red PC	20.5	11,300 PSI	1255
Lead Shot	12	1 1/8 oz.	Internat'l	CCI 209	Rem. Fig. 8	17	9,300 PSI	1090
Lead Shot	12	1 1/8 oz.	Internat'l	CCI 209	Rem. Fig. 8	17.8	10,100 PSI	1145
Lead Shot	12	1 1/8 oz.	Internat'l	CCI 209	Rem. Fig. 8	18.5	11,200 PSI	1200
Lead Shot	12	1 1/8 oz.	Internat'l	CCI 209	WAA12	17	9,700 PSI	1090
Lead Shot	12	1 1/8 oz.	Internat'l	CCI 209	WAA12	17.4	10,500 PSI	1145
Lead Shot	12	1 1/8 oz.	Internat'l	CCI 209	WAA12	18.2	11,400 PSI	1200
Lead Shot	12	1 1/8 oz.	Internat'l	CCI 209	Windjammer	17	8,300 PSI	1090
Lead Shot	12	1 1/8 oz.	Internat'l	CCI 209	Windjammer	17.7	8,800 PSI	1145
Lead Shot	12	1 1/8 oz.	Internat'l	CCI 209	Windjammer	19.5	9,800 PSI	1200
Lead Shot	12	1 1/8 oz.	Internat'l	CCI 209	Windjammer	20.5	11,500 PSI	1255
Lead Shot	12	1 1/8 oz.	Internat'l	CCI 209SC	Fed. 12S3	18.5	8,400 PSI	1145
Lead Shot	12	1 1/8 oz.	Internat'l	CCI 209SC	Fed. 12S3	19.5	10,300 PSI	1200
Lead Shot	12	1 1/8 oz.	Internat'l	CCI 209SC	Fed. 12S3	20.3	11,200 PSI	1255
Lead Shot	12	1 1/8 oz.	Internat'l	CCI 209SC	Hor. Versalite	16.8	9,700 PSI	1090
Lead Shot	12	1 1/8 oz.	Internat'l	CCI 209SC	Hor. Versalite	17.8	10,800 PSI	1145
Lead Shot	12	1 1/8 oz.	Internat'l	CCI 209SC	Hor. Versalite	18.5	11,200 PSI	1200
Lead Shot	12	1 1/8 oz.	Internat'l	CCI 209SC	Red PC	16.7	8,900 PSI	1090
Lead Shot	12	1 1/8 oz.	Internat'l	CCI 209SC	Red PC	17.8	9,800 PSI	1145
Lead Shot	12	1 1/8 oz.	Internat'l	CCI 209SC	Red PC	18.5	10,300 PSI	1200
Lead Shot	12	1 1/8 oz.	Internat'l	CCI 209SC	Red PC	20.5	11,500 PSI	1255
Lead Shot	12	1 1/8 oz.	Internat'l	CCI 209SC	Rem. Fig. 8	16.7	8,600 PSI	1090
Lead Shot	12	1 1/8 oz.	Internat'l	CCI	Rem. Fig. 8	17.5	9,800 PSI	1145

Lead Shot	12	1 1/8 oz.	Internat'l	CCI 209SC	Rem. Fig. 8	18.5	10,500 PSI	1200
Lead Shot	12	1 1/8 oz.	Internat'l	CCI 209SC	Trapper	16.5	9,400 PSI	1090
Lead Shot	12	1 1/8 oz.	Internat'l	CCI 209SC	Trapper	17.5	9,900 PSI	1145
Lead Shot	12	1 1/8 oz.	Internat'l	CCI 209SC	WAA12	16.2	9,100 PSI	1090
Lead Shot	12	1 1/8 oz.	Internat'l	CCI 209SC	WAA12	17.2	9,800 PSI	1145
Lead Shot	12	1 1/8 oz.	Internat'l	CCI 209SC	WAA12	18.5	10,900 PSI	1200
Lead Shot	12	1 1/8 oz.	Internat'l	CCI 209SC	Windjammer	16.7	8,500 PSI	1090
Lead Shot	12	1 1/8 oz.	Internat'l	CCI 209SC	Windjammer	17.7	8,900 PSI	1145
Lead Shot	12	1 1/8 oz.	Internat'l	CCI 209SC	Windjammer	19	10,600 PSI	1200
Lead Shot	12	1 1/8 oz.	Internat'l	CCI 209SC	Windjammer	20.7	11,200 PSI	1255
Lead Shot	12	1 1/8 oz.	Internat'l	Ched. 209	Rem. Fig. 8	17.4	7,900 PSI	1090
Lead Shot	12	1 1/8 oz.	Internat'l	Ched. 209	Rem. Fig. 8	18.5	9,200 PSI	1145
Lead Shot	12	1 1/8 oz.	Internat'l	Ched. 209	Rem. Fig. 8	19.7	10,500 PSI	1200
Lead Shot	12	1 1/8 oz.	Internat'l	Ched. 209	WAA12	16.9	8,100 PSI	1090
Lead Shot	12	1 1/8 oz.	Internat'l	Ched. 209	WAA12	18.1	9,600 PSI	1145
Lead Shot	12	1 1/8 oz.	Internat'l	Ched. 209	WAA12	19.3	11,100 PSI	1200
Lead Shot	12	1 1/8 oz.	Internat'l	Ched. 209	Windjammer	17.9	8,000 PSI	1090
Lead Shot	12	1 1/8 oz.	Internat'l	Ched. 209	Windjammer	18.9	9,200 PSI	1145
Lead Shot	12	1 1/8 oz.	Internat'l	Ched. 209	Windjammer	19.8	10,300 PSI	1200
Lead Shot	12	1 1/8 oz.	Internat'l	Ched. 209	Windjammer	20.8	11,500 PSI	1255
Lead Shot	12	1 1/8 oz.	Internat'l	Fed. 209A	Hor. Versalite	16	10,200 PSI	1090
Lead Shot	12	1 1/8 oz.	Internat'l	Fed. 209A	Hor. Versalite	16.9	11,100 PSI	1145
Lead Shot	12	1 1/8 oz.	Internat'l	Fed. 209A	Red PC	16	9,200 PSI	1090
Lead Shot	12	1 1/8 oz.	Internat'l	Fed. 209A	Red PC	17.2	10,400 PSI	1145
Lead Shot	12	1 1/8 oz.	Internat'l	Fed. 209A	Red PC	18.5	11,500 PSI	1200
Lead Shot	12	1 1/8 oz.	Internat'l	Fed. 209A	Rem. Fig. 8	16.5	9,700 PSI	1090
Lead Shot	12	1 1/8 oz.	Internat'l	Fed. 209A	Rem. Fig. 8	17	10,100 PSI	1145

Lead Shot	12	1 1/8 oz.	Internat'l	Fed. 209A	Rem. Fig. 8	18	10,900 PSI	1200
Lead Shot	12	1 1/8 oz.	Internat'l	Fed. 209A	WAA12	16	9,500 PSI	1090
Lead Shot	12	1 1/8 oz.	Internat'l	Fed. 209A	WAA12	16.8	10,300 PSI	1145
Lead Shot	12	1 1/8 oz.	Internat'l	Fed. 209A	WAA12	17.5	10,900 PSI	1200
Lead Shot	12	1 1/8 oz.	Internat'l	Fed. 209A	Windjammer	17.4	6,900 PSI	1090
Lead Shot	12	1 1/8 oz.	Internat'l	Fed. 209A	Windjammer	18	7,700 PSI	1145
Lead Shot	12	1 1/8 oz.	Internat'l	Fed. 209A	Windjammer	19.5	9,500 PSI	1200
Lead Shot	12	1 1/8 oz.	Internat'l	Fed. 209A	Windjammer	21.3	11,200 PSI	1255
Lead Shot	12	1 1/8 oz.	Internat'l	Fio. 616	Fio. TL-1	18.2	7,300 LUP	1090
Lead Shot	12	1 1/8 oz.	Internat'l	Fio. 616	Fio. TL-1	18.8	7,700 LUP	1145
Lead Shot	12	1 1/8 oz.	Internat'l	Fio. 616	Fio. TL-1	20	9,100 LUP	1200
Lead Shot	12	1 1/8 oz.	Internat'l	Fio. 616	Fio. TL-1	21.5	10,600 LUP	1255
Lead Shot	12	1 1/8 oz.	Internat'l	Fio. 616	Rem. Fig. 8	16.3	8,600 PSI	1090
Lead Shot	12	1 1/8 oz.	Internat'l	Fio. 616	Rem. Fig. 8	17.6	9,500 PSI	1145
Lead Shot	12	1 1/8 oz.	Internat'l	Fio. 616	Rem. Fig. 8	18.3	10,200 PSI	1200
Lead Shot	12	1 1/8 oz.	Internat'l	Fio. 616	WAA12	16.3	9,600 PSI	1090
Lead Shot	12	1 1/8 oz.	Internat'l	Fio. 616	WAA12	17	11,000 PSI	1145
Lead Shot	12	1 1/8 oz.	Internat'l	Fio. 617	Rem. FIG 8	17.2	6,700 PSI	1090
Lead Shot	12	1 1/8 oz.	Internat'l	Fio. 617	Rem. FIG 8	18.4	8,200 PSI	1145
Lead Shot	12	1 1/8 oz.	Internat'l	Fio. 617	Rem. FIG 8	19.5	9,600 PSI	1200
Lead Shot	12	1 1/8 oz.	Internat'l	Fio. 617	WAA12	16.9	7,300 PSI	1090
Lead Shot	12	1 1/8 oz.	Internat'l	Fio. 617	WAA12	18	8,700 PSI	1145
Lead Shot	12	1 1/8 oz.	Internat'l	Fio. 617	WAA12	19	9,900 PSI	1200
Lead Shot	12	1 1/8 oz.	Internat'l	Fio. 617	Windjammer	19	7,000 PSI	1145
Lead Shot	12	1 1/8 oz.	Internat'l	Fio. 617	Windjammer	20.3	8,600 PSI	1200
Lead Shot	12	1 1/8 oz.	Internat'l	Fio. 617	Windjammer	21.6	10,200 PSI	1255
Lead Shot	12	1 1/8 oz.	Internat'l	Rem. 209P	Hawk	16.8	8,800 PSI	1090
Lead Shot	12	1 1/8 oz.	Internat'l	Rem. 209P	Hawk	18	9,800 PSI	1145
Lead Shot	12	1 1/8 oz.	Internat'l	Rem. 209P	Hawk	19	10,800 PSI	1200
Lead Shot	12	1 1/8 oz.	Internat'l	Rem. 209P	Hor. Versalite	16.8	9,000 PSI	1090
Lead Shot	12	1 1/8 oz.	Internat'l	Rem. 209P	Hor. Versalite	17.8	10,000 PSI	1145
Lead Shot	12	1 1/8 oz.	Internat'l	Rem.	Hor. Versalite	19	11,300 PSI	1200

Lead Shot	12	1 1/8 oz.	Internat'l	Rem. 209P	Red PC	17.3	8,300 PSI	1090
Lead Shot	12	1 1/8 oz.	Internat'l	Rem. 209P	Red PC	18	8,700 PSI	1145
Lead Shot	12	1 1/8 oz.	Internat'l	Rem. 209P	Red PC	19.4	10,200 PSI	1200
Lead Shot	12	1 1/8 oz.	Internat'l	Rem. 209P	Red PC	20.7	10,900 PSI	1255
Lead Shot	12	1 1/8 oz.	Internat'l	Rem. 209P	Rem. Fig. 8	20.1	6,300 LUP	1145
Lead Shot	12	1 1/8 oz.	Internat'l	Rem. 209P	Rem. Fig. 8	21.1	7,700 LUP	1200
Lead Shot	12	1 1/8 oz.	Internat'l	Rem. 209P	Rem. Fig. 8	22.1	8,000 LUP	1255
Lead Shot	12	1 1/8 oz.	Internat'l	Rem. 209P	WAA12	16.5	8,900 PSI	1090
Lead Shot	12	1 1/8 oz.	Internat'l	Rem. 209P	WAA12	17.8	9,500 PSI	1145
Lead Shot	12	1 1/8 oz.	Internat'l	Rem. 209P	WAA12	18.7	11,100 PSI	1200
Lead Shot	12	1 1/8 oz.	Internat'l	Rem. 209P	Windjammer	17.2	8,100 PSI	1090
Lead Shot	12	1 1/8 oz.	Internat'l	Rem. 209P	Windjammer	18.3	8,300 PSI	1145
Lead Shot	12	1 1/8 oz.	Internat'l	Rem. 209P	Windjammer	19.2	9,000 PSI	1200
Lead Shot	12	1 1/8 oz.	Internat'l	Rem. 209P	Windjammer	20.8	10,800 PSI	1255
Lead Shot	12	1 1/8 oz.	Internat'l	Rio G-600	Rem. FIG 8	16.9	7,400 PSI	1090
Lead Shot	12	1 1/8 oz.	Internat'l	Rio G-600	Rem. FIG 8	18.2	8,500 PSI	1145
Lead Shot	12	1 1/8 oz.	Internat'l	Rio G-600	Rem. FIG 8	19.4	9,600 PSI	1200
Lead Shot	12	1 1/8 oz.	Internat'l	Rio G-600	WAA12	16.6	7,000 PSI	1090
Lead Shot	12	1 1/8 oz.	Internat'l	Rio G-600	WAA12	17.9	8,600 PSI	1145
Lead Shot	12	1 1/8 oz.	Internat'l	Rio G-600	WAA12	19.2	10,100 PSI	1200
Lead Shot	12	1 1/8 oz.	Internat'l	Rio G-600	Windjammer	16.8	6,600 PSI	1090
Lead Shot	12	1 1/8 oz.	Internat'l	Rio G-600	Windjammer	18.2	8,000 PSI	1145
Lead Shot	12	1 1/8 oz.	Internat'l	Rio G-600	Windjammer	19.7	9,500 PSI	1200

Lead Shot	12	1 1/8 oz.	Internat'l	Rio G-600	Windjammer	21.1	10,900 PSI	1255
Lead Shot	12	1 1/8 oz.	Internat'l	Win. 209	Hawk	17	9,000 PSI	1090
Lead Shot	12	1 1/8 oz.	Internat'l	Win. 209	Hawk	18	9,900 PSI	1145
Lead Shot	12	1 1/8 oz.	Internat'l	Win. 209	Hawk	19	10,200 PSI	1200
Lead Shot	12	1 1/8 oz.	Internat'l	Win. 209	Hawk	20	11,400 PSI	1255
Lead Shot	12	1 1/8 oz.	Internat'l	Win. 209	Hor. Versalite	17.4	7,900 LUP	1090
Lead Shot	12	1 1/8 oz.	Internat'l	Win. 209	Hor. Versalite	18.1	8,600 LUP	1145
Lead Shot	12	1 1/8 oz.	Internat'l	Win. 209	Hor. Versalite	19.2	9,800 LUP	1200
Lead Shot	12	1 1/8 oz.	Internat'l	Win. 209	Red PC	18.3	6,800 LUP	1090
Lead Shot	12	1 1/8 oz.	Internat'l	Win. 209	Red PC	18.9	7,200 LUP	1145
Lead Shot	12	1 1/8 oz.	Internat'l	Win. 209	Red PC	20.2	8,300 LUP	1200
Lead Shot	12	1 1/8 oz.	Internat'l	Win. 209	Red PC	21.3	9,700 LUP	1255
Lead Shot	12	1 1/8 oz.	Internat'l	Win. 209	Rem. Fig. 8	17.3	8,100 PSI	1090
Lead Shot	12	1 1/8 oz.	Internat'l	Win. 209	Rem. Fig. 8	18.3	9,500 PSI	1145
Lead Shot	12	1 1/8 oz.	Internat'l	Win. 209	Trapper	17	8,100 PSI	1090
Lead Shot	12	1 1/8 oz.	Internat'l	Win. 209	Trapper	18	9,300 PSI	1145
Lead Shot	12	1 1/8 oz.	Internat'l	Win. 209	Trapper	19	10,400 PSI	1200
Lead Shot	12	1 1/8 oz.	Internat'l	Win. 209	WAA12	17.6	7,400 LUP	1090
Lead Shot	12	1 1/8 oz.	Internat'l	Win. 209	WAA12	18.1	8,300 LUP	1145
Lead Shot	12	1 1/8 oz.	Internat'l	Win. 209	WAA12	19.2	9,600 LUP	1200
Lead Shot	12	1 1/8 oz.	Internat'l	Win. 209	WAA12	21.3	10,800 LUP	1255
Lead Shot	12	1 1/8 oz.	Internat'l	Win. 209	Windjammer	17.3	7,900 PSI	1090
Lead Shot	12	1 1/8 oz.	Internat'l	Win. 209	Windjammer	18	8,600 PSI	1145
Lead Shot	12	1 1/8 oz.	Internat'l	Win. 209	Windjammer	19.5	9,800 PSI	1200
Lead Shot	12	1 1/8 oz.	Internat'l	Win. 209	Windjammer	20.8	10,300 PSI	1255
Lead Shot	12	1 1/8 oz.	Super Hcp	Ched. 209	DRV-12	18.1	7,800 PSI	1145
Lead Shot	12	1 1/8 oz.	Super Hcp	Ched. 209	DRV-12	19.4	9,600 PSI	1200
Lead Shot	12	1 1/8 oz.	Super Hcp	Ched. 209	DRV-12	20.7	11,400 PSI	1255
Lead Shot	12	1 1/8 oz.	Super Hcp	Ched. 209	Rem. FIG 8	18.5	8,500 PSI	1145
Lead Shot	12	1 1/8 oz.	Super Hcp	Ched. 209	Rem. FIG 8	19.7	9,700 PSI	1200
Lead Shot	12	1 1/8 oz.	Super Hcp	Ched. 209	Rem. FIG 8	21	11,100 PSI	1255

Lead Shot	12	1 1/8 oz.	Super Hcp	Ched. 209	WAA12	17.8	8,500 PSI	1145
Lead Shot	12	1 1/8 oz.	Super Hcp	Ched. 209	WAA12	19.1	9,900 PSI	1200
Lead Shot	12	1 1/8 oz.	Super Hcp	Ched. 209	WAA12	20.5	11,400 PSI	1255
Lead Shot	12	1 1/8 oz.	Super Hcp	Ched. 209	Windjammer	18.4	7,400 PSI	1145
Lead Shot	12	1 1/8 oz.	Super Hcp	Ched. 209	Windjammer	19.9	8,700 PSI	1200
Lead Shot	12	1 1/8 oz.	Super Hcp	Ched. 209	Windjammer	21.4	9,900 PSI	1255
Lead Shot	12	1 1/8 oz.	Super Hcp	Ched. 209	Windjammer	22.9	11,200 PSI	1310
Lead Shot	12	1 1/8 oz.	Super Hcp	Fed. 209A	DRV-12	17.4	8,700 PSI	1145
Lead Shot	12	1 1/8 oz.	Super Hcp	Fed. 209A	DRV-12	18.9	10,200 PSI	1200
Lead Shot	12	1 1/8 oz.	Super Hcp	Fed. 209A	Rem. FIG 8	18.1	8,300 PSI	1145
Lead Shot	12	1 1/8 oz.	Super Hcp	Fed. 209A	Rem. FIG 8	19.5	9,800 PSI	1200
Lead Shot	12	1 1/8 oz.	Super Hcp	Fed. 209A	Rem. FIG 8	20.9	11,200 PSI	1255
Lead Shot	12	1 1/8 oz.	Super Hcp	Fed. 209A	WAA12	17.4	8,800 PSI	1145
Lead Shot	12	1 1/8 oz.	Super Hcp	Fed. 209A	WAA12	18.9	10,300 PSI	1200
Lead Shot	12	1 1/8 oz.	Super Hcp	Fed. 209A	Windjammer	17.9	8,200 PSI	1145
Lead Shot	12	1 1/8 oz.	Super Hcp	Fed. 209A	Windjammer	19.5	9,700 PSI	1200
Lead Shot	12	1 1/8 oz.	Super Hcp	Fed. 209A	Windjammer	21	11,100 PSI	1255
Lead Shot	12	1 1/8 oz.	Super Hcp	Fio. 617	Rem. FIG 8	19.2	6,900 PSI	1145
Lead Shot	12	1 1/8 oz.	Super Hcp	Fio. 617	Rem. FIG 8	20.5	8,400 PSI	1200

Lead Shot	12	1 1/8 oz.	Super Hcp	Fio. 617	Rem. FIG 8	21.8	10,000 PSI	1255
Lead Shot	12	1 1/8 oz.	Super Hcp	Fio. 617	Rem. FIG 8	23	11,400 PSI	1310
Lead Shot	12	1 1/8 oz.	Super Hcp	Fio. 617	WAA12	18.5	9,000 PSI	1145
Lead Shot	12	1 1/8 oz.	Super Hcp	Fio. 617	WAA12	20	9,000 PSI	1200
Lead Shot	12	1 1/8 oz.	Super Hcp	Fio. 617	WAA12	21.4	10,500 PSI	1255
Lead Shot	12	1 1/8 oz.	Super Hcp	Fio. 617	WAA12	22.5	11,400 PSI	1310
Lead Shot	12	1 1/8 oz.	Super Hcp	Fio. 617	Windjammer	18.7	6,900 PSI	1145
Lead Shot	12	1 1/8 oz.	Super Hcp	Fio. 617	Windjammer	20.3	8,400 PSI	1200
Lead Shot	12	1 1/8 oz.	Super Hcp	Fio. 617	Windjammer	21.7	9,700 PSI	1255
Lead Shot	12	1 1/8 oz.	Super Hcp	Fio. 617	Windjammer	23.2	11,100 PSI	1310
Lead Shot	12	1 1/8 oz.	Super Hcp	Rem. 209P	DRV-12	18.2	8,200 PSI	1145
Lead Shot	12	1 1/8 oz.	Super Hcp	Rem. 209P	DRV-12	19.5	9,600 PSI	1200
Lead Shot	12	1 1/8 oz.	Super Hcp	Rem. 209P	DRV-12	20.8	10,900 PSI	1255
Lead Shot	12	1 1/8 oz.	Super Hcp	Rem. 209P	Rem. FIG 8	18.1	7,700 PSI	1145
Lead Shot	12	1 1/8 oz.	Super Hcp	Rem. 209P	Rem. FIG 8	19.6	9,400 PSI	1200
Lead Shot	12	1 1/8 oz.	Super Hcp	Rem. 209P	Rem. FIG 8	21	10,900 PSI	1255
Lead Shot	12	1 1/8 oz.	Super Hcp	Rem. 209P	WAA12	18.4	7,600 PSI	1145
Lead Shot	12	1 1/8 oz.	Super Hcp	Rem. 209P	WAA12	19.6	9,100 PSI	1200
Lead Shot	12	1 1/8 oz.	Super Hcp	Rem. 209P	WAA12	20.8	10,700 PSI	1255

Lead Shot	12	1 1/8 oz.	Super Hcp	Rem. 209P	Windjammer	19.2	7,800 PSI	1145
Lead Shot	12	1 1/8 oz.	Super Hcp	Rem. 209P	Windjammer	20.4	9,100 PSI	1200
Lead Shot	12	1 1/8 oz.	Super Hcp	Rem. 209P	Windjammer	21.6	10,400 PSI	1255
Lead Shot	12	1 1/8 oz.	Super Hcp	Rio G-600	Rem. FIG. 8	18.6	7,700 PSI	1145
Lead Shot	12	1 1/8 oz.	Super Hcp	Rio G-600	Rem. FIG. 8	20	8,900 PSI	1200
Lead Shot	12	1 1/8 oz.	Super Hcp	Rio G-600	Rem. FIG. 8	21.5	10,100 PSI	1255
Lead Shot	12	1 1/8 oz.	Super Hcp	Rio G-600	Rem. FIG. 8	22.9	11,300 PSI	1310
Lead Shot	12	1 1/8 oz.	Super Hcp	Rio G-600	WAA12	17.9	7,500 PSI	1145
Lead Shot	12	1 1/8 oz.	Super Hcp	Rio G-600	WAA12	19.4	9,100 PSI	1200
Lead Shot	12	1 1/8 oz.	Super Hcp	Rio G-600	WAA12	20.8	10,600 PSI	1255
Lead Shot	12	1 1/8 oz.	Super Hcp	Rio G-600	Windjammer	18.5	7,300 PSI	1145
Lead Shot	12	1 1/8 oz.	Super Hcp	Rio G-600	Windjammer	20	8,600 PSI	1200
Lead Shot	12	1 1/8 oz.	Super Hcp	Rio G-600	Windjammer	21.6	10,000 PSI	1255
Lead Shot	12	1 1/8 oz.	Super Hcp	Rio G-600	Windjammer	23.1	11,400 PSI	1310
Lead Shot	12	1 1/8 oz.	Super Hcp	Win. 209	DRV-12	18	8,500 PSI	1145
Lead Shot	12	1 1/8 oz.	Super Hcp	Win. 209	DRV-12	19.4	9,900 PSI	1200
Lead Shot	12	1 1/8 oz.	Super Hcp	Win. 209	DRV-12	20.8	11,400 PSI	1255
Lead Shot	12	1 1/8 oz.	Super Hcp	Win. 209	Rem. FIG 8	18.4	7,200 PSI	1145
Lead Shot	12	1 1/8 oz.	Super Hcp	Win. 209	Rem. FIG 8	19.7	8,800 PSI	1200

Lead Shot	12	1 1/8 oz.	Super Hcp	Win. 209	Rem. FIG 8	21	10,400 PSI	1255
Lead Shot	12	1 1/8 oz.	Super Hcp	Win. 209	WAA12	18.1	8,200 PSI	1145
Lead Shot	12	1 1/8 oz.	Super Hcp	Win. 209	WAA12	19.5	9,700 PSI	1200
Lead Shot	12	1 1/8 oz.	Super Hcp	Win. 209	WAA12	20.9	11,300 PSI	1255
Lead Shot	12	1 1/8 oz.	Super Hcp	Win. 209	Windjammer	19.4	7,800 PSI	1145
Lead Shot	12	1 1/8 oz.	Super Hcp	Win. 209	Windjammer	20.5	9,000 PSI	1200
Lead Shot	12	1 1/8 oz.	Super Hcp	Win. 209	Windjammer	21.6	10,100 PSI	1255
Lead Shot	12	1 1/8 oz.	Super Hcp	Win. 209	Windjammer	22.7	11,300 PSI	1310
Lead Shot	12	1 1/8 oz.	PB	Fed. 209A	CB 1118-12	19.5	6,600 PSI	1100
Lead Shot	12	1 1/8 oz.	PB	Fed. 209A	CB 1118-12	21	7,400 PSI	1150
Lead Shot	12	1 1/8 oz.	PB	Fed. 209A	CB 1118-12	22.5	7,900 PSI	1200
Lead Shot	12	1 1/8 oz.	PB	Fed. 209A	CB 1118-12	24	8,600 PSI	1250
Lead Shot	12	1 1/8 oz.	PB	Fed. 209A	Fed. 12S4	19	7,600 PSI	1100
Lead Shot	12	1 1/8 oz.	PB	Fed. 209A	Fed. 12S4	20.5	8,300 PSI	1150
Lead Shot	12	1 1/8 oz.	PB	Fed. 209A	Fed. 12S4	22	9,100 PSI	1200
Lead Shot	12	1 1/8 oz.	PB	Fed. 209A	Fed. 12S4	23.5	10,100 PSI	1250
Lead Shot	12	1 1/8 oz.	PB	Fed. 209A	Rem. RXP12	19.5	7,100 PSI	1100
Lead Shot	12	1 1/8 oz.	PB	Fed. 209A	Rem. RXP12	20.5	7,600 PSI	1150
Lead Shot	12	1 1/8 oz.	PB	Fed. 209A	Rem. RXP12	22	8,400 PSI	1200
Lead Shot	12	1 1/8 oz.	PB	Fed. 209A	Rem. RXP12	23.5	9,300 PSI	1250
Lead Shot	12	1 1/8 oz.	PB	Fed. 209A	WAA12	19	7,500 PSI	1100
Lead Shot	12	1 1/8 oz.	PB	Fed. 209A	WAA12	20.5	8,200 PSI	1150
Lead Shot	12	1 1/8 oz.	PB	Fed. 209A	WAA12	22	8,900 PSI	1200
Lead Shot	12	1 1/8 oz.	PB	Fed. 209A	WAA12	23.5	9,700 PSI	1250
Lead Shot	12	1 1/8 oz.	PB	Fed. 209A	Windjammer	19.5	6,400 PSI	1100
Lead Shot	12	1 1/8 oz.	PB	Fed. 209A	Windjammer	21	7,000 PSI	1150
Lead Shot	12	1 1/8 oz.	PB	Fed. 209A	Windjammer	22.5	7,800 PSI	1200
Lead Shot	12	1 1/8 oz.	PB	Fed. 209A	Windjammer	24	8,700 PSI	1250
Lead Shot	12	1 1/8 oz.	PB	Fio. 617	DRA 12 YELLOW	18.3	7,200 PSI	1100
Lead Shot	12	1 1/8 oz.	PB	Fio. 617	DRA 12 YELLOW	19.8	8,400 PSI	1150

Lead Shot	12	1 1/8 oz.	PB	Fio. 617	DRA 12 YELLOW	21.2	9,600 PSI	1200
Lead Shot	12	1 1/8 oz.	PB	Fio. 617	Windjammer	19.3	6,400 PSI	1100
Lead Shot	12	1 1/8 oz.	PB	Fio. 617	Windjammer	21.2	7,400 PSI	1150
Lead Shot	12	1 1/8 oz.	PB	Fio. 617	Windjammer	22.5	8,100 PSI	1200
Lead Shot	12	1 1/8 oz.	PB	Rem. 209P	CB 1118-12	20.5	5,500 PSI	1100
Lead Shot	12	1 1/8 oz.	PB	Rem. 209P	CB 1118-12	21.5	6,100 PSI	1150
Lead Shot	12	1 1/8 oz.	PB	Rem. 209P	CB 1118-12	23	7,100 PSI	1200
Lead Shot	12	1 1/8 oz.	PB	Rem. 209P	CB 1118-12	24.5	7,700 PSI	1250
Lead Shot	12	1 1/8 oz.	PB	Rem. 209P	Fed. 12S4	19.5	6,900 PSI	1100
Lead Shot	12	1 1/8 oz.	PB	Rem. 209P	Fed. 12S4	20.5	7,700 PSI	1150
Lead Shot	12	1 1/8 oz.	PB	Rem. 209P	Fed. 12S4	22	8,600 PSI	1200
Lead Shot	12	1 1/8 oz.	PB	Rem. 209P	Fed. 12S4	24	9,600 PSI	1250
Lead Shot	12	1 1/8 oz.	PB	Rem. 209P	Rem. RXP12	20	6,400 PSI	1100
Lead Shot	12	1 1/8 oz.	PB	Rem. 209P	Rem. RXP12	21	7,000 PSI	1150
Lead Shot	12	1 1/8 oz.	PB	Rem. 209P	Rem. RXP12	22.5	8,000 PSI	1200
Lead Shot	12	1 1/8 oz.	PB	Rem. 209P	Rem. RXP12	24	8,900 PSI	1250
Lead Shot	12	1 1/8 oz.	PB	Rem. 209P	WAA12	20	6,500 PSI	1100
Lead Shot	12	1 1/8 oz.	PB	Rem. 209P	WAA12	21	7,100 PSI	1150
Lead Shot	12	1 1/8 oz.	PB	Rem. 209P	WAA12	23	7,700 PSI	1200
Lead Shot	12	1 1/8 oz.	PB	Rem. 209P	WAA12	24.5	8,800 PSI	1250
Lead Shot	12	1 1/8 oz.	PB	Rem. 209P	Windjammer	20	5,700 PSI	1100

Lead Shot	12	1 1/8 oz.	PB	Rem. 209P	Windjammer	21.5	6,400 PSI	1150
Lead Shot	12	1 1/8 oz.	PB	Rem. 209P	Windjammer	23	7,300 PSI	1200
Lead Shot	12	1 1/8 oz.	PB	Rem. 209P	Windjammer	24.5	7,900 PSI	1250
Lead Shot	12	1 1/8 oz.	PB	Rio G-600	DRA 12 YELLOW	18.8	7,200 PSI	1100
Lead Shot	12	1 1/8 oz.	PB	Rio G-600	DRA 12 YELLOW	20	8,300 PSI	1150
Lead Shot	12	1 1/8 oz.	PB	Rio G-600	DRA 12 YELLOW	21.3	9,500 PSI	1200
Lead Shot	12	1 1/8 oz.	PB	Rio G-600	Windjammer	20	6,500 PSI	1100
Lead Shot	12	1 1/8 oz.	PB	Rio G-600	Windjammer	21.3	7,400 PSI	1150
Lead Shot	12	1 1/8 oz.	PB	Rio G-600	Windjammer	22.5	8,200 PSI	1200
Lead Shot	12	1 1/8 oz.	PB	Win. 209	CB 1118-12	20	6,300 PSI	1100
Lead Shot	12	1 1/8 oz.	PB	Win. 209	CB 1118-12	21.5	7,000 PSI	1150
Lead Shot	12	1 1/8 oz.	PB	Win. 209	CB 1118-12	23	7,900 PSI	1200
Lead Shot	12	1 1/8 oz.	PB	Win. 209	CB 1118-12	24	8,500 PSI	1250
Lead Shot	12	1 1/8 oz.	PB	Win. 209	Fed. 12S4	19.5	7,400 PSI	1100
Lead Shot	12	1 1/8 oz.	PB	Win. 209	Fed. 12S4	20.5	8,000 PSI	1150
Lead Shot	12	1 1/8 oz.	PB	Win. 209	Fed. 12S4	22	8,900 PSI	1200
Lead Shot	12	1 1/8 oz.	PB	Win. 209	Fed. 12S4	23.5	9,900 PSI	1250
Lead Shot	12	1 1/8 oz.	PB	Win. 209	Rem. RXP12	20	6,900 PSI	1100
Lead Shot	12	1 1/8 oz.	PB	Win. 209	Rem. RXP12	21	7,500 PSI	1150
Lead Shot	12	1 1/8 oz.	PB	Win. 209	Rem. RXP12	22.5	8,500 PSI	1200
Lead Shot	12	1 1/8 oz.	PB	Win. 209	Rem. RXP12	24	9,500 PSI	1250
Lead Shot	12	1 1/8 oz.	PB	Win. 209	WAA12	19.5	6,900 PSI	1100
Lead Shot	12	1 1/8 oz.	PB	Win. 209	WAA12	21	7,700 PSI	1150
Lead Shot	12	1 1/8 oz.	PB	Win. 209	WAA12	22.5	8,600 PSI	1200
Lead Shot	12	1 1/8 oz.	PB	Win. 209	WAA12	24	9,400 PSI	1250
Lead Shot	12	1 1/8 oz.	PB	Win. 209	Windjammer	20	6,200 PSI	1100
Lead Shot	12	1 1/8 oz.	PB	Win. 209	Windjammer	21.5	6,900 PSI	1150
Lead Shot	12	1 1/8 oz.	PB	Win. 209	Windjammer	23	7,400 PSI	1200
Lead Shot	12	1 1/8 oz.	PB	Win. 209	Windjammer	24.5	8,400 PSI	1250
Lead Shot	12	1 1/8 oz.	SR 7625	Fed. 209A	CB 1118-12	21.5	6,300 PSI	1100
Lead Shot	12	1 1/8 oz.	SR 7625	Fed. 209A	CB 1118-12	22.5	6,800 PSI	1150
Lead Shot	12	1 1/8 oz.	SR 7625	Fed. 209A	CB 1118-12	24	7,600 PSI	1200
Lead Shot	12	1 1/8 oz.	SR 7625	Fed. 209A	CB 1118-12	25.5	8,400 PSI	1250
Lead Shot	12	1 1/8 oz.	SR 7625	Fed. 209A	Fed. 12S4	21	6,800 PSI	1100
Lead Shot	12	1 1/8 oz.	SR 7625	Fed. 209A	Fed. 12S4	22.5	7,600 PSI	1150

Shot	Gauge	Load	Powder	Primer	Wad	Charge	Pressure	Velocity
Lead Shot	12	1 1/8 oz.	SR 7625	Fed. 209A	Fed. 12S4	23.5	8,300 PSI	1200
Lead Shot	12	1 1/8 oz.	SR 7625	Fed. 209A	Fed. 12S4	25	9,300 PSI	1250
Lead Shot	12	1 1/8 oz.	SR 7625	Fed. 209A	Rem. RXP12	21.5	6,100 PSI	1100
Lead Shot	12	1 1/8 oz.	SR 7625	Fed. 209A	Rem. RXP12	22.5	6,800 PSI	1150
Lead Shot	12	1 1/8 oz.	SR 7625	Fed. 209A	Rem. RXP12	24	7,700 PSI	1200
Lead Shot	12	1 1/8 oz.	SR 7625	Fed. 209A	Rem. RXP12	25.5	8,600 PSI	1250
Lead Shot	12	1 1/8 oz.	SR 7625	Fed. 209A	WAA12	21	6,800 PSI	1100
Lead Shot	12	1 1/8 oz.	SR 7625	Fed. 209A	WAA12	22.5	7,400 PSI	1150
Lead Shot	12	1 1/8 oz.	SR 7625	Fed. 209A	WAA12	23.5	7,900 PSI	1200
Lead Shot	12	1 1/8 oz.	SR 7625	Fed. 209A	WAA12	25.5	9,100 PSI	1250
Lead Shot	12	1 1/8 oz.	SR 7625	Fed. 209A	Windjammer	22	5,400 PSI	1100
Lead Shot	12	1 1/8 oz.	SR 7625	Fed. 209A	Windjammer	23.5	6,400 PSI	1150
Lead Shot	12	1 1/8 oz.	SR 7625	Fed. 209A	Windjammer	24.5	7,200 PSI	1200
Lead Shot	12	1 1/8 oz.	SR 7625	Fed. 209A	Windjammer	25.5	7,900 PSI	1250
Lead Shot	12	1 1/8 oz.	SR 7625	Fio. 617	Rem. FIG 8	22.9	6,100 PSI	1100
Lead Shot	12	1 1/8 oz.	SR 7625	Fio. 617	Rem. FIG 8	24.6	6,900 PSI	1150
Lead Shot	12	1 1/8 oz,	SR 7625	Fio. 617	Rem. FIG 8	26.3	7,700 PSI	1200
Lead Shot	12	1 1/8 oz.	SR 7625	Fio. 617	Rem. FIG 8	28	8,500 PSI	1250
Lead Shot	12	1 1/8 oz.	SR 7625	Fio. 617	WAA12	23	6,000 PSI	1100
Lead Shot	12	1 1/8 oz.	SR 7625	Fio. 617	WAA12	24.6	6,900 PSI	1150
Lead Shot	12	1 1/8 oz.	SR 7625	Fio. 617	WAA12	26.2	7,800 PSI	1200
Lead Shot	12	1 1/8 oz.	SR 7625	Fio. 617	WAA12	28	8,800 PSI	1250
Lead Shot	12	1 1/8 oz.	SR 7625	Fio. 617	Windjammer	23.4	5,700 PSI	1100
Lead Shot	12	1 1/8 oz.	SR 7625	Fio. 617	Windjammer	25	6,400 PSI	1150
Lead Shot	12	1 1/8 oz.	SR 7625	Fio. 617	Windjammer	26.7	7,300 PSI	1200
Lead Shot	12	1 1/8 oz.	SR 7625	Fio. 617	Windjammer	28.5	8,200 PSI	1250
Lead Shot	12	1 1/8 oz.	SR 7625	Rem. 209P	CB 1118-12	22	5,600 PSI	1100
Lead Shot	12	1 1/8 oz.	SR 7625	Rem. 209P	CB 1118-12	23	6,300 PSI	1150
Lead Shot	12	1 1/8 oz.	SR 7625	Rem. 209P	CB 1118-12	24.5	7,300 PSI	1200
Lead Shot	12	1 1/8 oz.	SR 7625	Rem. 209P	CB 1118-12	25.5	8,000 PSI	1250
Lead Shot	12	1 1/8 oz.	SR 7625	Rem. 209P	Fed. 12S4	21.5	6,500 PSI	1100
Lead Shot	12	1 1/8 oz.	SR 7625	Rem. 209P	Fed. 12S4	22.5	7,200 PSI	1150

Lead Shot	12	1 1/8 oz.	SR 7625	Rem. 209P	Fed. 12S4	24	8,100 PSI	1200
Lead Shot	12	1 1/8 oz.	SR 7625	Rem. 209P	Fed. 12S4	25.5	9,100 PSI	1250
Lead Shot	12	1 1/8 oz.	SR 7625	Rem. 209P	Rem. RXP12	22	5,800 PSI	1100
Lead Shot	12	1 1/8 oz.	SR 7625	Rem. 209P	Rem. RXP12	23	6,300 PSI	1150
Lead Shot	12	1 1/8 oz.	SR 7625	Rem. 209P	Rem. RXP12	24.5	7,400 PSI	1200
Lead Shot	12	1 1/8 oz.	SR 7625	Rem. 209P	Rem. RXP12	25.5	8,200 PSI	1250
Lead Shot	12	1 1/8 oz.	SR 7625	Rem. 209P	WAA12	22	6,000 PSI	1100
Lead Shot	12	1 1/8 oz.	SR 7625	Rem. 209P	WAA12	23	6,400 PSI	1150
Lead Shot	12	1 1/8 oz.	SR 7625	Rem. 209P	WAA12	24.5	7,200 PSI	1200
Lead Shot	12	1 1/8 oz.	SR 7625	Rem. 209P	WAA12	26	8,000 PSI	1250
Lead Shot	12	1 1/8 oz.	SR 7625	Rem. 209P	Windjammer	22	5,100 PSI	1100
Lead Shot	12	1 1/8 oz.	SR 7625	Rem. 209P	Windjammer	23.5	5,900 PSI	1150
Lead Shot	12	1 1/8 oz.	SR 7625	Rem. 209P	Windjammer	24.5	6,400 PSI	1200
Lead Shot	12	1 1/8 oz.	SR 7625	Rem. 209P	Windjammer	26	7,200 PSI	1250
Lead Shot	12	1 1/8 oz.	SR 7625	Rio G-600	Rem. FIG 8	22.5	5,900 PSI	1100
Lead Shot	12	1 1/8 oz.	SR 7625	Rio G-600	Rem. FIG 8	24.1	6,900 PSI	1150
Lead Shot	12	1 1/8 oz.	SR 7625	Rio G-600	Rem. FIG 8	25.7	7,900 PSI	1200
Lead Shot	12	1 1/8 oz.	SR 7625	Rio G-600	Rem. FIG 8	27.3	8,800 PSI	1250
Lead Shot	12	1 1/8 oz.	SR 7625	Rio G-600	WAA12	22.5	6,000 PSI	1100
Lead Shot	12	1 1/8 oz.	SR 7625	Rio G-600	WAA12	23.9	7,000 PSI	1150
Lead Shot	12	1 1/8 oz.	SR 7625	Rio G-600	WAA12	25.3	8,100 PSI	1200
Lead Shot	12	1 1/8 oz.	SR 7625	Rio G-600	WAA12	27	9,200 PSI	1250
Lead Shot	12	1 1/8 oz.	SR 7625	Rio G-600	Windjammer	22.3	6,100 PSI	1100
Lead Shot	12	1 1/8 oz.	SR 7625	Rio G-600	Windjammer	23.9	7,000 PSI	1150

Lead Shot	12	1 1/8 oz.	SR 7625	Rio G-600	Windjammer	25.5	7,800 PSI	1200
Lead Shot	12	1 1/8 oz.	SR 7625	Rio G-600	Windjammer	27.5	8,800 PSI	1250
Lead Shot	12	1 1/8 oz.	SR 7625	Win. 209	CB 1118-12	21.5	6,000 PSI	1100
Lead Shot	12	1 1/8 oz.	SR 7625	Win. 209	CB 1118-12	22.5	6,500 PSI	1150
Lead Shot	12	1 1/8 oz.	SR 7625	Win. 209	CB 1118-12	24	7,300 PSI	1200
Lead Shot	12	1 1/8 oz.	SR 7625	Win. 209	CB 1118-12	26	8,200 PSI	1250
Lead Shot	12	1 1/8 oz.	SR 7625	Win. 209	Fed. 12S4	21	6,700 PSI	1100
Lead Shot	12	1 1/8 oz.	SR 7625	Win. 209	Fed. 12S4	22.5	7,500 PSI	1150
Lead Shot	12	1 1/8 oz.	SR 7625	Win. 209	Fed. 12S4	24	8,400 PSI	1200
Lead Shot	12	1 1/8 oz.	SR 7625	Win. 209	Fed. 12S4	25.5	9,200 PSI	1250
Lead Shot	12	1 1/8 oz.	SR 7625	Win. 209	Rem. RXP12	22	6,200 PSI	1100
Lead Shot	12	1 1/8 oz.	SR 7625	Win. 209	Rem. RXP12	23	6,600 PSI	1150
Lead Shot	12	1 1/8 oz.	SR 7625	Win. 209	Rem. RXP12	24.5	7,500 PSI	1200
Lead Shot	12	1 1/8 oz.	SR 7625	Win. 209	Rem. RXP12	26	8,300 PSI	1250
Lead Shot	12	1 1/8 oz.	SR 7625	Win. 209	WAA12	21	6,400 PSI	1100
Lead Shot	12	1 1/8 oz.	SR 7625	Win. 209	WAA12	22.5	7,300 PSI	1150
Lead Shot	12	1 1/8 oz.	SR 7625	Win. 209	WAA12	23.5	7,900 PSI	1200
Lead Shot	12	1 1/8 oz.	SR 7625	Win. 209	WAA12	25.5	9,600 PSI	1250
Lead Shot	12	1 1/8 oz.	SR 7625	Win. 209	Windjammer	22	5,700 PSI	1100
Lead Shot	12	1 1/8 oz.	SR 7625	Win. 209	Windjammer	23	6,200 PSI	1150
Lead Shot	12	1 1/8 oz.	SR 7625	Win. 209	Windjammer	24.5	6,900 PSI	1200
Lead Shot	12	1 1/8 oz.	SR 7625	Win. 209	Windjammer	26	7,900 PSI	1250
Lead Shot	12	1 1/8 oz.	WSF	Fed. 209A	WAA12SL	21.5	7200 PSI	1145
Lead Shot	12	1 1/8 oz.	WSF	Fed. 209A	WAA12SL	23	8,400 PSI	1200
Lead Shot	12	1 1/8 oz.	WSF	Fed. 209A	WAA12SL	24	9,100 PSI	1255
Lead Shot	12	1 1/8 oz.	WSF	Fed. 209A	WAA12SL	25.5	9,800 PSI	1310
Lead Shot	12	1 1/8 oz.	WSF	Win. 209	Fed. 12S3	27.5	8,500 PSI	1310
Lead Shot	12	1 1/8 oz.	WSF	Win. 209	Fed. 12S3	28.5	9,500 PSI	1365
Lead Shot	12	1 1/8 oz.	WSF	Win. 209	Fed. 12S3	29.5	10,800 PSI	1400
Lead Shot	12	1 1/8 oz.	WSF	Win. 209	WAA12	27.5	8,700 PSI	1310
Lead Shot	12	1 1/8 oz.	WSF	Win. 209	WAA12	29	9,900 PSI	1365
Lead Shot	12	1 1/8 oz.	WSF	Win. 209	WAA12	30	10,600 PSI	1400
Lead Shot	12	1 1/8 oz.	Universal	CCI 209	Windjammer	23.3	8,000 PSI	1200
Lead Shot	12	1 1/8 oz.	Universal	CCI 209	Windjammer	24.3	9,300 PSI	1255
Lead Shot	12	1 1/8 oz.	Universal	CCI 209M	Hor. Versalite	22	9,900 PSI	1200
Lead Shot	12	1 1/8 oz.	Universal	CCI 209M	Hor. Versalite	23	10,700 PSI	1255
Lead Shot	12	1 1/8 oz.	Universal	CCI 209SC	Hor. Versalite	22.3	8,800 PSI	1200

Lead Shot	12	1 1/8 oz.	Universal	CCI 209SC	Hor. Versalite	23.5	9,400 PSI	1255
Lead Shot	12	1 1/8 oz.	Universal	CCI 209SC	Windjammer	22.4	8,200 PSI	1200
Lead Shot	12	1 1/8 oz.	Universal	CCI 209SC	Windjammer	24	9,000 PSI	1255
Lead Shot	12	1 1/8 oz.	Universal	CCI 209SC	Windjammer	24.4	9,800 PSI	1310
Lead Shot	12	1 1/8 oz.	Universal	Fed. 209A	WAA12	21.5	9,600 PSI	1200
Lead Shot	12	1 1/8 oz.	Universal	Fed. 209A	WAA12	22.8	10,700 PSI	1255
Lead Shot	12	1 1/8 oz.	Universal	Fed. 209A	WAA12	23.6	11,300 PSI	1310
Lead Shot	12	1 1/8 oz.	Universal	Fio. 616	Fio. TL1	22.5	9,900 PSI	1200
Lead Shot	12	1 1/8 oz.	Universal	Fio. 616	Fio. TL1	23.3	10,900 PSI	1255
Lead Shot	12	1 1/8 oz.	Universal	Win. 209	Rem. Fig. 8	22.5	9,000 PSI	1200
Lead Shot	12	1 1/8 oz.	Universal	Win. 209	Rem. Fig. 8	23.5	10,000 PSI	1255
Lead Shot	12	1 1/8 oz.	Universal	Win. 209	Rem. Fig. 8	24.5	10,700 PSI	1310
Lead Shot	12	1 1/8 oz.	Universal	Win. 209	WAA12	22	10,000 PSI	1200
Lead Shot	12	1 1/8 oz.	Universal	Win. 209	WAA12	22.7	10,600 PSI	1255
Lead Shot	12	1 1/8 oz.	800-X	CCI 209	CB 1118-12	21	5,000 PSI	1100
Lead Shot	12	1 1/8 oz.	800-X	CCI 209	CB 1118-12	22.5	5,400 PSI	1150
Lead Shot	12	1 1/8 oz.	800-X	CCI 209	CB 1118-12	24	6,100 PSI	1200
Lead Shot	12	1 1/8 oz.	800-X	CCI 209	CB 1118-12	25.5	6,700 PSI	1250
Lead Shot	12	1 1/8 oz.	800-X	CCI 209	Fed. 12S3	20.5	5,800 PSI	1100
Lead Shot	12	1 1/8 oz.	800-X	CCI 209	Fed. 12S3	22	6,400 PSI	1150
Lead Shot	12	1 1/8 oz.	800-X	CCI 209	Fed. 12S3	23	6,800 PSI	1200
Lead Shot	12	1 1/8 oz.	800-X	CCI 209	Fed. 12S3	24.5	7,800 PSI	1250
Lead Shot	12	1 1/8 oz.	800-X	CCI 209	Rem. FIG. 8	21	5,200 PSI	1100
Lead Shot	12	1 1/8 oz.	800-X	CCI 209	Rem. FIG. 8	22	5,700 PSI	1150
Lead Shot	12	1 1/8 oz.	800-X	CCI 209	Rem. FIG. 8	23.5	6,300 PSI	1200
Lead Shot	12	1 1/8 oz.	800-X	CCI 209	Rem. FIG. 8	25.5	6,900 PSI	1250
Lead Shot	12	1 1/8 oz.	800-X	CCI 209	WAA12	20.5	5,800 PSI	1100
Lead Shot	12	1 1/8 oz.	800-X	CCI 209	WAA12	22	6,500 PSI	1150
Lead Shot	12	1 1/8 oz.	800-X	CCI 209	WAA12	23	7,000 PSI	1200
Lead Shot	12	1 1/8 oz.	800-X	CCI 209	WAA12	24.5	7,700 PSI	1250
Lead Shot	12	1 1/8 oz.	800-X	CCI 209	Windjammer	21.5	4,800 PSI	1100
Lead Shot	12	1 1/8 oz.	800-X	CCI 209	Windjammer	22.5	5,400 PSI	1150
Lead Shot	12	1 1/8 oz.	800-X	CCI 209	Windjammer	24	5,800 PSI	1200
Lead Shot	12	1 1/8 oz.	800-X	CCI 209	Windjammer	26	6,200 PSI	1250

Lead Shot	12	1 1/8 oz.	800-X	Fed. 209A	CB 1118-12	20.5	5,600 PSI	1100
Lead Shot	12	1 1/8 oz.	800-X	Fed. 209A	CB 1118-12	22	6,300 PSI	1150
Lead Shot	12	1 1/8 oz.	800-X	Fed. 209A	CB 1118-12	23	6,800 PSI	1200
Lead Shot	12	1 1/8 oz.	800-X	Fed. 209A	CB 1118-12	24.5	7,500 PSI	1250
Lead Shot	12	1 1/8 oz.	800-X	Fed. 209A	Fed. 12S3	19.5	6,400 PSI	1100
Lead Shot	12	1 1/8 oz.	800-X	Fed. 209A	Fed. 12S3	21	7,100 PSi	1150
Lead Shot	12	1 1/8 oz.	800-X	Fed. 209A	Fed. 12S3	22.5	7,800 PSI	1200
Lead Shot	12	1 1/8 oz.	800-X	Fed. 209A	Fed. 12S3	24	8,500 PSI	1250
Lead Shot	12	1 1/8 oz.	800-X	Fed. 209A	Rem. FIG. 8	20.5	5,200 PSI	1100
Lead Shot	12	1 1/8 oz.	800-X	Fed. 209A	Rem. FIG. 8	21.5	5,700 PSI	1150
Lead Shot	12	1 1/8 oz.	800-X	Fed. 209A	Rem. FIG. 8	23	6,700 PSI	1200
Lead Shot	12	1 1/8 oz.	800-X	Fed. 209A	Rem. FIG. 8	24.5	7,700 PSI	1250
Lead Shot	12	1 1/8 oz.	800-X	Fed. 209A	WAA12	20	6,600 PSI	1100
Lead Shot	12	1 1/8 oz.	800-X	Fed. 209A	WAA12	21	7,000 PSI	1150
Lead Shot	12	1 1/8 oz.	800-X	Fed. 209A	WAA12	22.5	7,800 PSI	1200
Lead Shot	12	1 1/8 oz.	800-X	Fed. 209A	WAA12	24	8,600 PSI	1250
Lead Shot	12	1 1/8 oz.	800-X	Fed. 209A	Windjammer	21	5,100 PSI	1100
Lead Shot	12	1 1/8 oz.	800-X	Fed. 209A	Windjammer	22	5,800 PSI	1150
Lead Shot	12	1 1/8 oz.	800-X	Fed. 209A	Windjammer	23	6,500 PSI	1200
Lead Shot	12	1 1/8 oz.	800-X	Fed. 209A	Windjammer	24.5	7,600 PSI	1250
Lead Shot	12	1 1/8 oz.	800-X	Fio. 617	Rem. FIG 8	20.9	6,600 PSI	1150
Lead Shot	12	1 1/8 oz.	800-X	Fio. 617	Rem. FIG 8	23	7,500 PSI	1200
Lead Shot	12	1 1/8 oz.	800-X	Fio. 617	Rem. FIG 8	24.5	8,200 PSI	1250
Lead Shot	12	1 1/8 oz.	800-X	Fio. 617	WAA12	21	6,800 PSI	1150
Lead Shot	12	1 1/8 oz.	800-X	Fio. 617	WAA12	22.2	7,500 PSI	1200
Lead Shot	12	1 1/8 oz.	800-X	Fio. 617	WAA12	24	8,600 PSI	1250
Lead Shot	12	1 1/8 oz.	800-X	Fio. 617	Windjammer	21.7	6,200 PSI	1150
Lead Shot	12	1 1/8 oz.	800-X	Fio. 617	Windjammer	23.2	7,000 PSI	1200
Lead Shot	12	1 1/8 oz.	800-X	Fio. 617	Windjammer	24.8	8,000 PSI	1250
Lead Shot	12	1 1/8 oz.	800-X	Rio G-600	Rem. FIG 8	19.7	6,100 PSI	1100
Lead Shot	12	1 1/8 oz.	800-X	Rio G-600	Rem. FIG 8	21.5	7,100 PSI	1150
Lead Shot	12	1 1/8 oz.	800-X	Rio G-600	Rem. FIG 8	22.7	7,800 PSI	1200
Lead Shot	12	1 1/8 oz.	800-X	Rio G-600	Rem. FIG 8	24.2	8,800 PSI	1250
Lead Shot	12	1 1/8 oz.	800-X	Rio G-600	WAA12	19.5	5,800 PSI	1100
Lead Shot	12	1 1/8 oz.	800-X	Rio G-600	WAA12	21.1	6,700 PSI	1150
Lead Shot	12	1 1/8 oz.	800-X	Rio G-600	WAA12	22.8	7,500 PSI	1200
Lead Shot	12	1 1/8 oz.	800-X	Rio G-600	WAA12	24.4	8,300 PSI	1250
Lead Shot	12	1 1/8 oz.	800-X	Rio G-600	Windjammer	19.6	6,000 PSI	1100

Lead Shot	12	1 1/8 oz.	800-X	Rio G-600	Windjammer	21.4	6,700 PSI	1150
Lead Shot	12	1 1/8 oz.	800-X	Rio G-600	Windjammer	23.2	7,500 PSI	1200
Lead Shot	12	1 1/8 oz.	800-X	Rio G-600	Windjammer	24.9	8,200 PSI	1250
Lead Shot	12	1 1/8 oz.	800-X	Win. 209	CB 1118-12	20	5,800 PSI	1100
Lead Shot	12	1 1/8 oz.	800-X	Win. 209	CB 1118-12	21.5	6,500 PSI	1150
Lead Shot	12	1 1/8 oz.	800-X	Win. 209	CB 1118-12	23	7,100 PSI	1200
Lead Shot	12	1 1/8 oz.	800-X	Win. 209	CB 1118-12	24.5	7,800 PSI	1250
Lead Shot	12	1 1/8 oz.	800-X	Win. 209	Fed. 12S3	20	6,500 PSI	1100
Lead Shot	12	1 1/8 oz.	800-X	Win. 209	Fed. 12S3	21.5	7,100 PSI	1150
Lead Shot	12	1 1/8 oz.	800-X	Win. 209	Fed. 12S3	22.5	7,600 PSI	1200
Lead Shot	12	1 1/8 oz.	800-X	Win. 209	Fed. 12S3	24	8,400 PSI	1250
Lead Shot	12	1 1/8 oz.	800-X	Win. 209	Rem. FIG. 8	20	6,100 PSI	1100
Lead Shot	12	1 1/8 oz.	800-X	Win. 209	Rem. FIG. 8	21	6,600 PSI	1150
Lead Shot	12	1 1/8 oz.	800-X	Win. 209	Rem. FIG. 8	22.5	7,000 PSI	1200
Lead Shot	12	1 1/8 oz.	800-X	Win. 209	Rem. FIG. 8	24.5	7,700 PSI	1250
Lead Shot	12	1 1/8 oz.	800-X	Win. 209	WAA12	20	6,600 PSI	1100
Lead Shot	12	1 1/8 oz.	800-X	Win. 209	WAA12	21	7,200 PSI	1150
Lead Shot	12	1 1/8 oz.	800-X	Win. 209	WAA12	22	7,800 PSI	1200
Lead Shot	12	1 1/8 oz.	800-X	Win. 209	WAA12	24	8,800 PSI	1250
Lead Shot	12	1 1/8 oz.	800-X	Win. 209	Windjammer	20.5	5,400 PSI	1100
Lead Shot	12	1 1/8 oz.	800-X	Win. 209	Windjammer	21.5	6,000 PSI	1150
Lead Shot	12	1 1/8 oz.	800-X	Win. 209	Windjammer	22.5	6,700 PSI	1200
Lead Shot	12	1 1/8 oz.	800-X	Win. 209	Windjammer	24	7,700 PSI	1250
Lead Shot	12	1 1/8 oz.	Longshot	CCI 209M	Fed. 12S3	30.9	10,200 PSI	1420
Lead Shot	12	1 1/8 oz.	Longshot	CCI 209M	Fed. 12S3	32.4	11,300 PSI	1475
Lead Shot	12	1 1/8 oz.	Longshot	CCI 209M	Hor. Versalite	31	9,600 PSI	1420
Lead Shot	12	1 1/8 oz.	Longshot	CCI 209M	Hor. Versalite	32.7	10,500 PSI	1475
Lead Shot	12	1 1/8 oz.	Longshot	CCI 209M	Hor. Versalite	34.3	11,300 PSI	1530
Lead Shot	12	1 1/8 oz.	Longshot	CCI 209M	Rem. R12H	31.5	9,200 PSI	1420
Lead Shot	12	1 1/8 oz.	Longshot	CCI 209M	Rem. R12H	32.9	10,200 PSI	1475
Lead Shot	12	1 1/8 oz.	Longshot	CCI 209M	Rem. R12H	34.2	11,200 PSI	1530
Lead Shot	12	1 1/8 oz.	Longshot	CCI 209M	WAA12	30.9	10,000 PSI	1420
Lead Shot	12	1 1/8 oz.	Longshot	CCI 209M	WAA12	32.5	10,900 PSI	1475
Lead Shot	12	1 1/8 oz.	Longshot	CCI 209M	Windjammer	32.2	8,700 PSI	1420
Lead Shot	12	1 1/8 oz.	Longshot	CCI 209M	Windjammer	33.7	9,600 PSI	1475
Lead Shot	12	1 1/8 oz.	Longshot	CCI 209M	Windjammer	35.1	10,500 PSI	1530
Lead Shot	12	1 1/8 oz.	Longshot	Fed. 209A	Fed. 12S3	31.1	10,300 PSI	1420
Lead Shot	12	1 1/8 oz.	Longshot	Fed. 209A	Fed. 12S3	32.2	11,300 PSI	1475

Lead Shot	12	1 1/8 oz.	Longshot	Fed. 209A	Hor. Versalite	30.7	10,100 PSI	1420
Lead Shot	12	1 1/8 oz.	Longshot	Fed. 209A	Hor. Versalite	32.4	11,000 PSI	1475
Lead Shot	12	1 1/8 oz.	Longshot	Fed. 209A	Rem. R12H	31	9,800 PSI	1420
Lead Shot	12	1 1/8 oz.	Longshot	Fed. 209A	Rem. R12H	32.6	10,500 PSI	1475
Lead Shot	12	1 1/8 oz.	Longshot	Fed. 209A	WAA12	31	9,800 PSI	1420
Lead Shot	12	1 1/8 oz.	Longshot	Fed. 209A	WAA12	32.3	10,800 PSI	1475
Lead Shot	12	1 1/8 oz.	Longshot	Rem. 209P	Fed. 12S3	30.3	10,500 PSI	1420
Lead Shot	12	1 1/8 oz.	Longshot	Rem. 209P	Fed. 12S3	31.7	11,400 PSI	1475
Lead Shot	12	1 1/8 oz.	Longshot	Rem. 209P	Hor. Versalite	31.1	9,500 PSI	1420
Lead Shot	12	1 1/8 oz.	Longshot	Rem. 209P	Hor. Versalite	32.4	10,400 PSI	1475
Lead Shot	12	1 1/8 oz.	Longshot	Rem. 209P	Rem. R12H	31.3	9,200 PSI	1420
Lead Shot	12	1 1/8 oz.	Longshot	Rem. 209P	Rem. R12H	32.5	10,200 PSI	1475
Lead Shot	12	1 1/8 oz.	Longshot	Rem. 209P	Rem. R12H	33.7	11,300 PSI	1530
Lead Shot	12	1 1/8 oz.	Longshot	Rem. 209P	WAA12	30.8	9,500 PSI	1420
Lead Shot	12	1 1/8 oz.	Longshot	Rem. 209P	WAA12	32.1	10,500 PSI	1475
Lead Shot	12	1 1/8 oz.	Longshot	Rem. 209P	Windjammer	31.9	8,800 PSI	1420
Lead Shot	12	1 1/8 oz.	Longshot	Rem. 209P	Windjammer	33.7	9,600 PSI	1475
Lead Shot	12	1 1/8 oz.	Longshot	Rem. 209P	Windjammer	35.4	10,200 PSI	1530
Lead Shot	12	1 1/8 oz.	Longshot	Win. 209	Fed. 12S3	32.6	8,800 PSI	1420
Lead Shot	12	1 1/8 oz.	Longshot	Win. 209	Fed. 12S3	34.1	9,500 PSI	1475
Lead Shot	12	1 1/8 oz.	Longshot	Win. 209	Fed. 12S3	35.7	10,300 PSI	1530
Lead Shot	12	1 1/8 oz.	Longshot	Win. 209	Hor. Versalite	32.2	8,600 PSI	1420
Lead Shot	12	1 1/8 oz.	Longshot	Win. 209	Hor. Versalite	33.6	9,500 PSI	1475
Lead Shot	12	1 1/8 oz.	Longshot	Win. 209	Hor. Versalite	34.9	10,300 PSI	1530
Lead Shot	12	1 1/8 oz.	Longshot	Win. 209	Rem. R12L	33.4	8,100 PSI	1420
Lead Shot	12	1 1/8 oz.	Longshot	Win. 209	Rem. R12L	34.6	9,100 PSI	1475

Lead Shot	12	1 1/8 oz.	Longshot	Win. 209	Rem. R12L	35.9	10,200 PSI	1530
Lead Shot	12	1 1/8 oz.	Longshot	Win. 209	Rem. R12L	37.1	11,100 PSI	1585
Lead Shot	12	1 1/8 oz.	Longshot	Win. 209	WAA12	32.1	9,200 PSI	1420
Lead Shot	12	1 1/8 oz.	Longshot	Win. 209	WAA12	33.2	10,100 PSI	1475
Lead Shot	12	1 1/8 oz.	Longshot	Win. 209	WAA12	34.4	11,100 PSI	1530
Lead Shot	12	1 1/4 oz.	PB	Win. 209	WAA12R	23.5	10,500 PSI	1225
Lead Shot	12	1 1/4 oz.	PB	Win. 209	WAA12R	25	11,500 PSI	1275
Lead Shot	12	1 1/4 oz.	SR 7625	Fed. 209A	Rem. SP12	26	11,000 PSI	1275
Lead Shot	12	1 1/4 oz.	SR 7625	Fed. 209A	Rem. SP12	27	11,500 PSI	1325
Lead Shot	12	1 1/4 oz.	SR 7625	Fed. 209A	WAA12R	26.5	10,900 PSI	1275
Lead Shot	12	1 1/4 oz.	SR 7625	Fed. 209A	WAA12R	27.5	11,500 PSI	1325
Lead Shot	12	1 1/4 oz.	SR 7625	Rem. 209P	Fed. 12S4	26.5	10,700 PSI	1275
Lead Shot	12	1 1/4 oz.	SR 7625	Rem. 209P	Fed. 12S4	28	11,500 PSI	1325
Lead Shot	12	1 1/4 oz.	SR 7625	Rem. 209P	Rem. SP12	28	10,200 PSI	1275
Lead Shot	12	1 1/4 oz.	SR 7625	Rem. 209P	Rem. SP12	29	10,900 PSI	1325
Lead Shot	12	1 1/4 oz.	SR 7625	Rem. 209P	WAA12R	28	9,100 PSI	1275
Lead Shot	12	1 1/4 oz.	SR 7625	Rem. 209P	WAA12R	29.5	10,300 PSI	1325
Lead Shot	12	1 1/4 oz.	SR 7625	Win. 209	Fed. 12S4	25	10,200 PSI	1225
Lead Shot	12	1 1/4 oz.	SR 7625	Win. 209	Fed. 12S4	26.5	11,400 PSI	1275
Lead Shot	12	1 1/4 oz.	SR 7625	Win. 209	Rem. SP12	27.5	10,300 PSI	1275
Lead Shot	12	1 1/4 oz.	SR 7625	Win. 209	Rem. SP12	29	11,400 PSI	1325
Lead Shot	12	1 1/4 oz.	SR 7625	Win. 209	WAA12	27	11,000 PSI	1275
Lead Shot	12	1 1/4 oz.	SR 7625	Win. 209	WAA12	28	11,500 PSI	1325
Lead Shot	12	1 1/4 oz.	WSF	CCI 209	Rem. RXP12	29	10,400 PSI	1275
Lead Shot	12	1 1/4 oz.	WSF	CCI 209	Rem. SP12	28	9,800 PSI	1330
Lead Shot	12	1 1/4 oz.	WSF	Fed. 209A	WAA12F114	27	10,700 PSI	1310
Lead Shot	12	1 1/4 oz.	WSF	Win. 209	Fed. 12S4	26	9,000 PSI	1220
Lead Shot	12	1 1/4 oz.	WSF	Win. 209	Fed. 12S4	27.5	10,900 PSI	1275
Lead Shot	12	1 1/4 oz.	WSF	Win. 209	WAA12F114	28	9,700 PSI	1275
Lead Shot	12	1 1/4 oz.	WSF	Win. 209	WAA12F114	29.5	10,600 PSI	1330
Lead Shot	12	1 1/4 oz.	Universal	CCI 209	Rem. SP12	22.5	10,700 PSI	1220
Lead Shot	12	1 1/4 oz.	Universal	CCI 209	Rem. SP12	23.9	11,100 PSI	1250

Shot Type	Gauge	Shot Weight	Powder	Primer	Wad	Powder Charge	Pressure	Velocity
Lead Shot	12	1 1/4 oz.	Universal	CCI 209	WAA12F114	23.5	10,000 PSI	1220
Lead Shot	12	1 1/4 oz.	Universal	CCI 209M	Rem. SP12	23.3	11,100 PSI	1220
Lead Shot	12	1 1/4 oz.	Universal	CCI 209M	WAA12F114	22.5	11,400 PSI	1220
Lead Shot	12	1 1/4 oz.	Universal	CCI 209SC	Rem. SP12	23.3	10,600 PSI	1220
Lead Shot	12	1 1/4 oz.	Universal	CCI 209SC	Rem. SP12	24	11,400 PSI	1250
Lead Shot	12	1 1/4 oz.	Universal	CCI 209SC	WAA12F114	22	10,700 PSI	1220
Lead Shot	12	1 1/4 oz.	Universal	Fed. 209A	Rem. SP12	22.4	11,500 PSI	1220
Lead Shot	12	1 1/4 oz.	Universal	Fed. 209A	WAA12F114	22.6	11,500 PSI	1220
Lead Shot	12	1 1/4 oz.	Universal	Fio. 616	Rem. SP12	24.5	9,600 PSI	1220
Lead Shot	12	1 1/4 oz.	Universal	Rem. 209P	Rem. SP12	23.3	10,600 PSI	1220
Lead Shot	12	1 1/4 oz.	Universal	Rem. 209P	Rem. SP12	24.2	11,200 PSI	1250
Lead Shot	12	1 1/4 oz.	Universal	Rem. 209P	WAA12F114	23	11,500 PSI	1220
Lead Shot	12	1 1/4 oz.	Universal	Win. 209	Rem. SP12	22.8	10,700 PSI	1220
Lead Shot	12	1 1/4 oz.	Universal	Win. 209	Rem. SP12	23.3	11,400 PSI	1250
Lead Shot	12	1 1/4 oz.	Universal	Win. 209	WAA12F114	23	10,900 PSI	1220
Lead Shot	12	1 1/4 oz.	HS-6	Win. 209	Fed. 12C1	32	8,700 LUP	1220
Lead Shot	12	1 1/4 oz.	HS-6	Win. 209	Fed. 12C1	35	10,400 LUP	1330
Lead Shot	12	1 1/4 oz.	HS-6	Win. 209	Rem. R12H	31.5	9,000 LUP	1220
Lead Shot	12	1 1/4 oz.	HS-6	Win. 209	Rem. R12H	35	10,600 LUP	1330
Lead Shot	12	1 1/4 oz.	HS-6	Win. 209	WAA12F114	30	8,800 LUP	1220
Lead Shot	12	1 1/4 oz.	HS-6	Win. 209	WAA12F114	33	10,500 LUP	1330
Lead Shot	12	1 1/4 oz.	SR 4756	Fed. 209A	Fed. 12S4	26	10,700 PSI	1225
Lead Shot	12	1 1/4 oz.	SR 4756	Fed. 209A	Fed. 12S4	27.5	11,500 PSI	1275
Lead Shot	12	1 1/4 oz.	SR 4756	Fed. 209A	Rem. SP12	28.5	10,800 PSI	1275
Lead Shot	12	1 1/4 oz.	SR 4756	Fed. 209A	Rem. SP12	29.5	11,500 PSI	1325
Lead Shot	12	1 1/4 oz.	SR 4756	Fed. 209A	WAA12R	28.5	10,600 PSI	1275
Lead Shot	12	1 1/4 oz.	SR 4756	Fed. 209A	WAA12R	30	11,500 PSI	1325
Lead Shot	12	1 1/4 oz.	SR 4756	Rem. 209P	Fed. 12S4	29.5	8,400 PSI	1225

Lead Shot	12	1 1/4 oz.	SR 4756	Rem. 209P	Rem. RP12	30.5	9,600 PSI	1275
Lead Shot	12	1 1/4 oz.	SR 4756	Rem. 209P	Rem. RP12	31.5	10,600 PSI	1325
Lead Shot	12	1 1/4 oz.	SR 4756	Rem. 209P	WAA12R	31.5	8,200 PSI	1275
Lead Shot	12	1 1/4 oz.	SR 4756	Rem. 209P	WAA12R	33	9,000 PSI	1325
Lead Shot	12	1 1/4 oz.	SR 4756	Win. 209	Fed. 12S4	27.5	9,500 PSI	1225
Lead Shot	12	1 1/4 oz.	SR 4756	Win. 209	Rem. SP12	30	10,000 PSI	1275
Lead Shot	12	1 1/4 oz.	SR 4756	Win. 209	Rem. SP12	31.5	11,000 PSI	1325
Lead Shot	12	1 1/4 oz.	SR 4756	Win. 209	WAA12R	30.5	9,400 PSI	1275
Lead Shot	12	1 1/4 oz.	SR 4756	Win. 209	WAA12R	32	10,300 PSI	1325
Lead Shot	12	1 1/4 oz.	800-X	Fed. 209A	Fed. 12S4	24.5	10,600 PSI	1275
Lead Shot	12	1 1/4 oz.	800-X	Fed. 209A	Fed. 12S4	26	11,500 PSI	1325
Lead Shot	12	1 1/4 oz.	800-X	Fed. 209A	Rem. SP12	25	9,800 PSI	1275
Lead Shot	12	1 1/4 oz.	800-X	Fed. 209A	Rem. SP12	26.5	10,700 PSI	1325
Lead Shot	12	1 1/4 oz.	800-X	Fed. 209A	WAA12	24.5	10,400 PSI	1275
Lead Shot	12	1 1/4 oz.	800-X	Fed. 209A	WAA12	26	11,400 PSI	1325
Lead Shot	12	1 1/4 oz.	800-X	Fed. 209A	Windjammer	24.5	9,300 PSI	1275
Lead Shot	12	1 1/4 oz.	800-X	Fed. 209A	Windjammer	26	10,000 PSI	1325
Lead Shot	12	1 1/4 oz.	800-X	Rem. 209P	Fed. 12S4	26	8,600 PSI	1275
Lead Shot	12	1 1/4 oz.	800-X	Rem. 209P	Fed. 12S4	27.5	9,600 PSI	1325
Lead Shot	12	1 1/4 oz.	800-X	Rem. 209P	Rem. SP12	27.5	7,800 PSI	1275
Lead Shot	12	1 1/4 oz.	800-X	Rem. 209P	Rem. SP12	29	8,500 PSI	1325
Lead Shot	12	1 1/4 oz.	800-X	Rem. 209P	WAA12	27	8,200 PSI	1275
Lead Shot	12	1 1/4 oz.	800-X	Rem. 209P	WAA12	28.5	9,600 PSI	1325
Lead Shot	12	1 1/4 oz.	800-X	Rem. 209P	Windjammer	26	8,100 PSI	1275
Lead Shot	12	1 1/4 oz.	800-X	Rem. 209P	Windjammer	28.5	9,000 PSI	1325
Lead Shot	12	1 1/4 oz.	800-X	Win. 209	Fed. 12S3	25	10,000 PSI	1275

Lead Shot	12	1 1/4 oz.	800-X	Win. 209	Fed. 12S3	26.5	10,900 PSI	1325
Lead Shot	12	1 1/4 oz.	800-X	Win. 209	Rem. SP12	25	9,400 PSI	1275
Lead Shot	12	1 1/4 oz.	800-X	Win. 209	Rem. SP12	26.5	10,200 PSI	1325
Lead Shot	12	1 1/4 oz.	800-X	Win. 209	WAA12	25	9,900 PSI	1275
Lead Shot	12	1 1/4 oz.	800-X	Win. 209	WAA12	26.5	10,700 PSI	1325
Lead Shot	12	1 1/4 oz.	800-X	Win. 209	Windjammer	25.5	9,000 PSI	1275
Lead Shot	12	1 1/4 oz.	800-X	Win. 209	Windjammer	27	10,000 PSI	1325
Lead Shot	12	1 1/4 oz.	Longshot	CCI 209M	Fed. 12S4	28.5	10,900 PSI	1330
Lead Shot	12	1 1/4 oz.	Longshot	CCI 209M	Rem. SP12	29.3	8,900 PSI	1330
Lead Shot	12	1 1/4 oz.	Longshot	CCI 209M	Rem. SP12	30.7	9,900 PSI	1385
Lead Shot	12	1 1/4 oz.	Longshot	CCI 209M	Rem. SP12	32.1	10,800 PSI	1440
Lead Shot	12	1 1/4 oz.	Longshot	CCI 209M	WAA12F114	29.3	10,200 PSI	1330
Lead Shot	12	1 1/4 oz.	Longshot	CCI 209M	WAA12F114	30.1	11,300 PSI	1385
Lead Shot	12	1 1/4 oz.	Longshot	Fed. 209A	Rem. SP12	28.6	9,400 PSI	1330
Lead Shot	12	1 1/4 oz.	Longshot	Fed. 209A	Rem. SP12	30	10,600 PSI	1385
Lead Shot	12	1 1/4 oz.	Longshot	Fed. 209A	WAA12F114	27.7	10,800 PSI	1330
Lead Shot	12	1 1/4 oz.	Longshot	Rem. 209P	Fed. 12S4	28.5	11,000 PSI	1330
Lead Shot	12	1 1/4 oz.	Longshot	Rem. 209P	Rem. SP12	29.1	9,400 PSI	1330
Lead Shot	12	1 1/4 oz.	Longshot	Rem. 209P	Rem. SP12	30.9	9,800 PSI	1385
Lead Shot	12	1 1/4 oz.	Longshot	Rem. 209P	Rem. SP12	32.2	11,200 PSI	1440
Lead Shot	12	1 1/4 oz.	Longshot	Rem. 209P	WAA12F114	27.9	10,500 PSI	1330
Lead Shot	12	1 1/4 oz.	Longshot	Rem. 209P	WAA12F114	29.5	11,300 PSI	1385
Lead Shot	12	1 1/4 oz.	Longshot	Win. 209	Fed. 12S4	29.8	9,400 PSI	1330
Lead Shot	12	1 1/4 oz.	Longshot	Win. 209	Fed. 12S4	31.1	10,500 PSI	1385
Lead Shot	12	1 1/4 oz.	Longshot	Win. 209	Rem. SP12	30	8,300 PSI	1330
Lead Shot	12	1 1/4 oz.	Longshot	Win. 209	Rem. SP12	31.5	9,300 PSI	1385
Lead Shot	12	1 1/4 oz.	Longshot	Win. 209	Rem. SP12	33	10,400 PSI	1440
Lead Shot	12	1 1/4 oz.	Longshot	Win. 209	WAA12F114	28.7	9,800 PSI	1330
Lead Shot	12	1 1/4 oz.	Longshot	Win. 209	WAA12F114	30.4	10,800 PSI	1385
Lead Shot	12	1 3/8 oz.	HS-7	Win. 209	WAA12R	35.5	10,300 LUP	1285
Lead Shot	12	1 3/8 oz.	SR 4756	Fed. 209A	Rem. SP12	27.5	11,200 PSI	1200

Lead Shot	12	1 3/8 oz.	SR 4756	Fed. 209A	WAA12R	27	10,900 PSI	1200
Lead Shot	12	1 3/8 oz.	SR 4756	Rem. 209P	Rem. RP12	31	10,900 PSI	1250
Lead Shot	12	1 3/8 oz.	SR 4756	Rem. 209P	WAA12R	32	10,600 PSI	1300
Lead Shot	12	1 3/8 oz.	SR 4756	Win. 209	Rem. SP12	28.5	11,000 PSI	1250
Lead Shot	12	1 3/8 oz.	SR 4756	Win. 209	WAA12R	30	11,200 PSI	1250
Lead Shot	12	1 3/8 oz.	800-X	Fed. 209A	Fed. 12S4	22.5	11,100 PSI	1200
Lead Shot	12	1 3/8 oz.	800-X	Fed. 209A	Rem. SP12	25	11,100 PSI	1250
Lead Shot	12	1 3/8 oz.	800-X	Fed. 209A	WAA12R	25.5	11,000 PSI	1250
Lead Shot	12	1 3/8 oz.	800-X	Rem. 209P	Fed. 12S4	27	11,100 PSI	1300
Lead Shot	12	1 3/8 oz.	800-X	Rem. 209P	Rem. RP12	30	11,200 PSI	1350
Lead Shot	12	1 3/8 oz.	800-X	Rem. 209P	WAA12R	29	10,100 PSI	1300
Lead Shot	12	1 3/8 oz.	800-X	Win. 209	Fed. 12S4	23.5	11,100 PSI	1200
Lead Shot	12	1 3/8 oz.	800-X	Win. 209	Rem. SP12	26	11,100 PSI	1250
Lead Shot	12	1 3/8 oz.	800-X	Win. 209	WAA12R	26	11,000 PSI	1300
Lead Shot	12	1 3/8 oz.	Longshot	CCI 209M	BP Ultra Short Euro.	23.7	9,300 PSI	1185
Lead Shot	12	1 3/8 oz.	Longshot	CCI 209M	BP Ultra Short Euro.	25.1	10,600 PSI	1240
Lead Shot	12	1 3/8 oz.	Longshot	CCI 209M	Rem. RP12	23.1	10,200 PSI	1185
Lead Shot	12	1 3/8 oz.	Longshot	CCI 209M	Rem. RP12	24.8	10,900 PSI	1240
Lead Shot	12	1 3/8 oz.	Longshot	CCI 209M	WAA12R	23.5	9,700 PSI	1185
Lead Shot	12	1 3/8 oz.	Longshot	CCI 209M	WAA12R	25.2	11,000 PSI	1240
Lead Shot	12	1 3/8 oz.	Longshot	Fed. 209A	BP Ultra Short Euro.	24	9,500 PSI	1185
Lead Shot	12	1 3/8 oz.	Longshot	Fed. 209A	BP Ultra Short Euro.	25.4	10,600 PSI	1240
Lead Shot	12	1 3/8 oz.	Longshot	Fed. 209A	Rem. RP12	23.6	9,500 PSI	1185
Lead Shot	12	1 3/8 oz.	Longshot	Fed. 209A	Rem. RP12	25.3	10,700 PSI	1240
Lead Shot	12	1 3/8 oz.	Longshot	Fed. 209A	WAA12R	23.5	10,100 PSI	1185
Lead Shot	12	1 3/8 oz.	Longshot	Fed. 209A	WAA12R	25.2	10,900 PSI	1240
Lead Shot	12	1 3/8 oz.	Longshot	Rem. 209P	BP Ultra Short Euro.	23.9	8,900 PSI	1185
Lead Shot	12	1 3/8 oz.	Longshot	Rem. 209P	BP Ultra Short Euro.	25.6	10,300 PSI	1240
Lead Shot	12	1 3/8 oz.	Longshot	Rem. 209P	Rem. RP12	23.5	9,500 PSI	1185
Lead Shot	12	1 3/8 oz.	Longshot	Rem.	Rem. RP12	25.6	10,200 PSI	1240

Lead Shot	12	1 3/8 oz.	Longshot	Rem. 209P	Rem. RP12	27.5	11,100 PSI	1295
Lead Shot	12	1 3/8 oz.	Longshot	Rem. 209P	WAA12R	24.3	8,800 PSI	1185
Lead Shot	12	1 3/8 oz.	Longshot	Rem. 209P	WAA12R	25.7	10,200 PSI	1240
Lead Shot	12	1 3/8 oz.	Longshot	Rem. 209P	WAA12R	27	11,500 PSI	1295
Lead Shot	12	1 3/8 oz.	Longshot	Win. 209	BP Ultra Short Euro.	24.4	9,000 PSI	1185
Lead Shot	12	1 3/8 oz.	Longshot	Win. 209	BP Ultra Short Euro.	26.1	10,300 PSI	1240
Lead Shot	12	1 3/8 oz.	Longshot	Win. 209	BP Ultra Short Euro.	27.8	11,500 PSI	1295
Lead Shot	12	1 3/8 oz.	Longshot	Win. 209	Rem. RP12	24.5	8,500 PSI	1185
Lead Shot	12	1 3/8 oz.	Longshot	Win. 209	Rem. RP12	26.4	9,600 PSI	1240
Lead Shot	12	1 3/8 oz.	Longshot	Win. 209	Rem. RP12	28.3	10,800 PSI	1295
Lead Shot	12	1 3/8 oz.	Longshot	Win. 209	WAA12R	24.6	8,700 PSI	1185
Lead Shot	12	1 3/8 oz.	Longshot	Win. 209	WAA12R	26.4	9,800 PSI	1240
Lead Shot	12	1 3/8 oz.	Longshot	Win. 209	WAA12R	28.1	10,900 PSI	1295
Lead Shot	12	1 1/2 oz.	HS-7	Win. 209	Rem. RP12	36.5	9,900 LUP	1260
Lead Shot	12	1 1/2 oz.	HS-7	Win. 209	WAA12R	36.5	10,400 LUP	1260
Lead Shot	12	1 1/2 oz.	Longshot	CCI 209M	Rem. SP12	25.9	11,400 PSI	1205
Lead Shot	12	1 1/2 oz.	Longshot	CCI 209M	WAA12R	25	11,300 PSI	1205
Lead Shot	12	1 1/2 oz.	Longshot	Fed. 209A	Rem. RP12	25.5	11,100 PSI	1205
Lead Shot	12	1 1/2 oz.	Longshot	Fed. 209A	WAA12R	25	11,000 PSI	1205
Lead Shot	12	1 1/2 oz.	Longshot	Rem. 209P	Rem. RP12	25.5	11,100 PSI	1205
Lead Shot	12	1 1/2 oz.	Longshot	Rem. 209P	WAA12R	26	10,800 PSI	1205
Lead Shot	12	1 1/2 oz.	Longshot	Win. 209	Rem. RP12	27	9,900 PSI	1205
Lead Shot	12	1 1/2 oz.	Longshot	Win. 209	Rem. RP12	28	11,400 PSI	1260
Lead Shot	12	1 1/2 oz.	Longshot	Win. 209	WAA12R	26.4	10,100 PSI	1205
Lead Shot	12	1 1/2 oz.	Longshot	Win. 209	WAA12R	28	11,500 PSI	1260
Lead Slugs	12	7/8 oz. Slugmaster	Universal	Win. 209	2-.135" Card + 1-1/2" FIBRE	29.5	10,400 PSI	1450
Lead Slugs	12	7/8 oz. Buckbuster	Universal	Win. 209	WAA12R	24	10,600 PSI	1400
Lead Slugs	12	7/8 oz. Slugmaster	HS-6	Win. 209	1-.135" Card + 1-1 1/2" Felt + .135" CA	47	10,300 PSI	1500
Lead Slugs	12	7/8 oz. Buckbuster	HS-6	Win. 209	WAA12R	33.5	10,300 PSI	1450

Load Type	Gauge	Shot Wt.	Powder	Primer	Wad	Powder Wt. (Gr.)	Pressure	Vel. (ft/s)
Lead Slugs	12	1 oz. Slugmaster	Universal	Win. 209	1-.135" Card + 1-1/2" Felt + 1-.135" CA	27	10,500 PSI	1400
Lead Slugs	12	1 oz. Buckbuster	Universal	Win. 209	WAA12R	25	10,500 PSI	1400
Lead Slugs	12	1 oz. Buckbuster	HS-6	CCI 209	WAA12R	32	11,000 PSI	1450
Lead Slugs	12	1 oz. Slugmaster	HS-6	Win. 209	1 .135" Card + 1-1/2" Felt + 1-.135" CA	35	10,200 PSI	1450
Lead Slugs	12	1 1/8 oz. Buckbuster	Universal	Win. 209	WAA12R	22.5	10,500 PSI	1300
Lead Slugs	12	1 1/8 oz. Buckbuster	HS-6	CCI 209M	WAA12R	30.3	10,900 PSI	1350
Steel	12	7/8 oz.	Universal	CCI 209M	BP-STS	18.6	9,100 PSI	1200
Steel	12	7/8 oz.	Universal	CCI 209M	BP-STS	19.8	9,700 PSI	1250
Steel	12	7/8 oz.	Universal	CCI 209M	BP-STS	20.5	10,300 PSI	1300
Steel	12	7/8 oz.	Universal	Win. 209	BP-STS	19	9,000 PSI	1200
Steel	12	7/8 oz.	Universal	Win. 209	BP-STS	20	10,000 PSI	1250
Steel	12	7/8 oz.	Universal	Win. 209	BP-STS	21.2	11,000 PSI	1300
Steel	12	1 oz.	Universal	CCI 209M	BP-STS	19	11,000 PSI	1200
Steel	12	1 oz.	Universal	CCI 209M	BP-STS	20.5	10,000 PSI	1200
Steel	12	1 oz.	Universal	CCI 209M	BP-STS	21	10,500 PSI	1250
Steel	12	1 oz.	Universal	Rem. 209P	BP-STS	18.8	10,600 PSI	1200
Steel	12	1 oz.	Universal	Win. 209	BP-CSD-100	19	10,900 PSI	1200
Steel	12	1 oz.	Universal	Win. 209	BP-STS	20.7	9,800 PSI	1200
Steel	12	1 oz.	Universal	Win. 209	BP-STS	21.3	10,300 PSI	1250
Steel	12	1 oz.	Universal	Win. 209	BP-STS	22.5	11,000 PSI	1300

Shell: 2 3/4" FEDERAL STEEL SHOT SHELLS .090" BASE WAD

Load Type	Gauge	Shot Wt.	Powder	Primer	Wad	Powder Wt. (Gr.)	Pressure	Vel. (ft/s)
Lead Buckshot	12	9-#00 LEAD BUCKSHOT	Universal	Fed. 209A	Fed. 12S3	27.5	7,600 PSI	1300
Lead Buckshot	12	9-#00 LEAD BUCKSHOT	Universal	Fed. 209A	Fed. 12S3	28	8,400 PSI	1350
Lead Buckshot	12	9-#00 LEAD BUCKSHOT	Universal	Fed. 209A	Fed. 12S3	30	9,300 PSI	1400
Lead Buckshot	12	9-#00 LEAD BUCKSHOT	Universal	Fed. 209A	Fed. 12S3	30.5	9,800 PSI	1450
Lead Buckshot	12	9-#00 LEAD BUCKSHOT	HS-6	Fed. 209A	Fed. 12S3	37	6,800 PSI	1350
Lead Buckshot	12	9-#00 LEAD BUCKSHOT	HS-6	Fed. 209A	Fed. 12S3	39	7,500 PSI	1400
Lead Buckshot	12	9-#00 LEAD BUCKSHOT	HS-6	Fed. 209A	Fed. 12S3	40	8,000 PSI	1450
Lead Buckshot	12	9-#00 LEAD BUCKSHOT	HS-6	Fed. 209A	Fed. 12S4	38	8,400 PSI	1400
Lead Buckshot	12	9-#00 LEAD BUCKSHOT	HS-6	Fed. 209A	Fed. 12S4	40	9,500 PSI	1450
Lead Buckshot	12	27-#4 LEAD BUCKSHOT	Universal	Fed. 209A	Fed. 12S4	27	9,900 PSI	1300
Lead Buckshot	12	27-#4 LEAD BUCKSHOT	HS-6	Fed. 209A	Fed. 12S4	35	8,000 PSI	1300
Lead Buckshot	12	27-#4 LEAD BUCKSHOT	HS-6	Fed. 209A	Fed. 12S4	36	9,200 PSI	1350

Load Type	Gauge	Shot Wt.	Powder	Primer	Wad	Powder Wt. (Gr.)	Pressure	Vel. (ft/s)
Lead Buckshot	12	27-#4 LEAD BUCKSHOT	HS-6	Fed. 209A	Fed. 12S4	38	9,500 PSI	1400

Shell: 3" WINCHESTER POLYFORMED PLASTIC GAME SHELLS (PLASTIC BASE WAD) (BISMUTH SH

Load Type	Gauge	Shot Wt.	Powder	Primer	Wad	Powder Wt. (Gr.)	Pressure	Vel. (ft/s)
Bismuth	12	1 1/2 oz.	Longshot	CCI 209M	Fed. 12S4	30	9,300 PSI	1225
Bismuth	12	1 1/2 oz.	Longshot	CCI 209M	Fed. 12S4	30.6	9,900 PSI	1250
Bismuth	12	1 1/2 oz.	Longshot	CCI 209M	Fed. 12S4	31.3	10,700 PSI	1275
Bismuth	12	1 1/2 oz.	Longshot	CCI 209M	Fed. 12S4	32	11,300 PSI	1300
Bismuth	12	1 1/2 oz.	Longshot	CCI 209M	WAA12F114	30.8	8,700 PSI	1225
Bismuth	12	1 1/2 oz.	Longshot	CCI 209M	WAA12F114	31.4	9,200 PSI	1250
Bismuth	12	1 1/2 oz.	Longshot	CCI 209M	WAA12F114	32	9,600 PSI	1275
Bismuth	12	1 1/2 oz.	Longshot	Fed. 209A	Fed. 12S4	29.3	9,800 PSI	1225
Bismuth	12	1 1/2 oz.	Longshot	Fed. 209A	Fed. 12S4	29.8	10,400 PSI	1250
Bismuth	12	1 1/2 oz.	Longshot	Fed. 209A	Fed. 12S4	30.3	10,900 PSI	1275
Bismuth	12	1 1/2 oz.	Longshot	Fed. 209A	Fed. 12S4	31	11,400 PSI	1300
Bismuth	12	1 1/2 oz.	Longshot	Fed. 209A	WAAF114	29.6	9,500 PSI	1225
Bismuth	12	1 1/2 oz.	Longshot	Fed. 209A	WAAF114	30.3	10,200 PSI	1250
Bismuth	12	1 1/2 oz.	Longshot	Fed. 209A	WAAF114	30.9	10,800 PSI	1275
Bismuth	12	1 1/2 oz.	Longshot	Rem. 209P	Fed. 12S4	31.1	9,000 PSI	1225
Bismuth	12	1 1/2 oz.	Longshot	Rem. 209P	Fed. 12S4	31.5	9,500 PSI	1250
Bismuth	12	1 1/2 oz.	Longshot	Rem. 209P	Fed. 12S4	31.9	10,100 PSI	1275
Bismuth	12	1 1/2 oz.	Longshot	Rem. 209P	WAA12F114	31.1	8,100 PSI	1225
Bismuth	12	1 1/2 oz.	Longshot	Rem. 209P	WAA12F114	31.6	8,900 PSI	1250
Bismuth	12	1 5/8 oz.	Longshot	CCI 209M	Rem. SP12	30.1	9,400 PSI	1200
Bismuth	12	1 5/8 oz.	Longshot	CCI 209M	Rem. SP12	30.9	10,100 PSI	1225
Bismuth	12	1 5/8 oz.	Longshot	CCI 209M	Rem. SP12	31.7	10,700 PSI	1250
Bismuth	12	1 5/8 oz.	Longshot	CCI 209M	WAA12R	29.1	10,000 PSI	1200
Bismuth	12	1 5/8 oz.	Longshot	CCI 209M	WAA12R	30	10,500 PSI	1225
Bismuth	12	1 5/8 oz.	Longshot	CCI 209M	WAA12R	30.9	11,000 PSI	1250
Bismuth	12	1 5/8 oz.	Longshot	CCI 209M	WAA12R	31.8	11,500 PSI	1275
Bismuth	12	1 5/8 oz.	Longshot	Fed. 209A	Rem. SP12	29.8	9,800 PSI	1200
Bismuth	12	1 5/8 oz.	Longshot	Fed. 209A	Rem. SP12	30.4	10,200 PSI	1225
Bismuth	12	1 5/8 oz.	Longshot	Fed. 209A	Rem. SP12	31.5	10,700 PSI	1250
Bismuth	12	1 5/8 oz.	Longshot	Fed. 209A	WAA12R	29.2	10,100 PSI	1200
Bismuth	12	1 5/8 oz.	Longshot	Fed. 209A	WAA12R	29.8	10,900 PSI	1225
Bismuth	12	1 5/8 oz.	Longshot	Fed. 209A	WAA12R	30.5	11,500 PSI	1250
Bismuth	12	1 5/8 oz.	Longshot	Rem. 209P	WAA12R	29.5	9,600 PSI	1200
Bismuth	12	1 5/8 oz.	Longshot	Rem. 209P	WAA12R	30.5	10,200 PSI	1225

Load Type	Gauge	Shot Wt.	Powder	Primer	Wad	Powder Wt. (Gr.)	Pressure	Vel. (ft/s)
Bismuth	12	1 5/8 oz.	Longshot	Rem. 209P	WAA12R	31.4	10,700 PSI	1250
Bismuth	12	1 5/8 oz.	Longshot	Win. 209	WAA12R	31.1	8,800 PSI	1200
Bismuth	12	1 5/8 oz.	Longshot	Win. 209	WAA12R	31.7	9,400 PSI	1225
Bismuth	12	1 5/8 oz.	Longshot	Win. 209	WAA12R	32.2	9,900 PSI	1250

Shell: 2 3/4" REMINGTON PREMIER OR NITRO 27 OR STS PLASTIC SHELLS (BISMUTH SHOT)

Load Type	Gauge	Shot Wt.	Powder	Primer	Wad	Powder Wt. (Gr.)	Pressure	Vel. (ft/s)
Bismuth	12	1 1/4 oz.	HS-6	Rem. 209P	Rem. RP12	29	9,800 PSI	1225
Bismuth	12	1 1/4 oz.	HS-6	Rem. 209P	Rem. RP12	29.5	11,000 PSI	1250
Bismuth	12	1 1/4 oz.	HS-6	Win. 209	WAA12R	29.8	9,800 PSI	1225
Bismuth	12	1 1/4 oz.	HS-6	Win. 209	WAA12R	30.2	10,400 PSI	1250
Bismuth	12	1 1/4 oz.	HS-7	Rem. 209P	Rem. RP12	32.5	10,200 PSI	1225
Bismuth	12	1 1/4 oz.	HS-7	Rem. 209P	Rem. RP12	33.5	10,100 PSI	1250
Bismuth	12	1 1/4 oz.	HS-7	Win. 209	WAA12R	33	9,900 PSI	1225
Bismuth	12	1 1/4 oz.	HS-7	Win. 209	WAA12R	33.5	10,300 PSI	1250
Bismuth	12	1 1/4 oz.	Longshot	CCI 209M	Rem. RP12	25	8,400 PSI	1250
Bismuth	12	1 1/4 oz.	Longshot	CCI 209M	Rem. RP12	26.5	9,300 PSI	1300
Bismuth	12	1 1/4 oz.	Longshot	CCI 209M	Rem. RP12	28.1	10,200 PSI	1350
Bismuth	12	1 1/4 oz.	Longshot	CCI 209M	WAA12R	25.4	8,700 PSI	1250
Bismuth	12	1 1/4 oz.	Longshot	CCI 209M	WAA12R	26.9	9,700 PSI	1300
Bismuth	12	1 1/4 oz.	Longshot	CCI 209M	WAA12R	28.4	10,500 PSI	1350
Bismuth	12	1 1/4 oz.	Longshot	Fed. 209A	Rem. RP12	25.1	9,100 PSI	1250
Bismuth	12	1 1/4 oz.	Longshot	Fed. 209A	Rem. RP12	26.7	10,000 PSI	1300
Bismuth	12	1 1/4 oz.	Longshot	Fed. 209A	Rem. RP12	28.3	11,000 PSI	1350
Bismuth	12	1 1/4 oz.	Longshot	Fed. 209A	WAA12R	24.9	8,600 PSI	1250
Bismuth	12	1 1/4 oz.	Longshot	Fed. 209A	WAA12R	26.9	10,000 PSI	1300
Bismuth	12	1 1/4 oz.	Longshot	Fed. 209A	WAA12R	28.5	11,400 PSI	1350
Bismuth	12	1 1/4 oz.	Longshot	Rem. 209P	Rem. RP12	25.9	8,400 PSI	1250
Bismuth	12	1 1/4 oz.	Longshot	Rem. 209P	Rem. RP12	27.4	9,600 PSI	1300
Bismuth	12	1 1/4 oz.	Longshot	Rem. 209P	Rem. RP12	28.9	10,700 PSI	1350
Bismuth	12	1 1/4 oz.	Longshot	Rem. 209P	WAA12R	24.8	8,100 PSI	1250
Bismuth	12	1 1/4 oz.	Longshot	Rem. 209P	WAA12R	26.8	9,400 PSI	1300
Bismuth	12	1 1/4 oz.	Longshot	Rem. 209P	WAA12R	28.8	10,700 PSI	1350
Bismuth	12	1 1/4 oz.	Longshot	Win. 209	Rem. RP12	26.3	7,900 PSI	1250
Bismuth	12	1 1/4 oz.	Longshot	Win. 209	Rem. RP12	28	8,900 PSI	1300
Bismuth	12	1 1/4 oz.	Longshot	Win. 209	Rem. RP12	29.8	9,900 PSI	1350
Bismuth	12	1 1/4 oz.	Longshot	Win. 209	Rem. RP12	31.5	11,000 PSI	1400
Bismuth	12	1 1/4 oz.	Longshot	Win. 209	WAA12R	26.5	8,000 PSI	1250

Load Type	Gauge	Shot Wt.	Powder	Primer	Wad	Powder Wt. (Gr.)	Pressure	Vel. (ft/s)
Bismuth	12	1 1/4 oz.	Longshot	Win. 209	WAA12R	28	9,000 PSI	1300
Bismuth	12	1 1/4 oz.	Longshot	Win. 209	WAA12R	29.7	10,100 PSI	1350
Bismuth	12	1 1/4 oz.	Longshot	Win. 209	WAA12R	31.5	11,200 PSI	1400
Bismuth	12	1 3/8 oz.	Longshot	CCI 209M	Rem. RP12	24.3	10,300 PSI	1225
Bismuth	12	1 3/8 oz.	Longshot	CCI 209M	Rem. RP12	25.7	11,400 PSI	1275
Bismuth	12	1 3/8 oz.	Longshot	CCI 209M	WAA12R	25.4	10,300 PSI	1225
Bismuth	12	1 3/8 oz.	Longshot	CCI 209M	WAA12R	26.3	11,300 PSI	1275
Bismuth	12	1 3/8 oz.	Longshot	Fed. 209A	Rem. RP12	25	10,200 PSI	1225
Bismuth	12	1 3/8 oz.	Longshot	Fed. 209A	Rem. RP12	26.3	11,500 PSI	1275
Bismuth	12	1 3/8 oz.	Longshot	Fed. 209A	WAA12R	24.6	10,300 PSI	1225
Bismuth	12	1 3/8 oz.	Longshot	Fed. 209A	WAA12R	26	11,500 PSI	1275
Bismuth	12	1 3/8 oz.	Longshot	Rem. 209P	Rem. RP12	25.1	10,200 PSI	1225
Bismuth	12	1 3/8 oz.	Longshot	Rem. 209P	Rem. RP12	26.7	11,000 PSI	1275
Bismuth	12	1 3/8 oz.	Longshot	Rem. 209P	WAA12R	26	9,500 PSI	1225
Bismuth	12	1 3/8 oz.	Longshot	Rem. 209P	WAA12R	27	10,900 PSI	1275
Bismuth	12	1 3/8 oz.	Longshot	Win. 209	Rem. RP12	27.5	8,800 PSI	1225
Bismuth	12	1 3/8 oz.	Longshot	Win. 209	Rem. RP12	28.3	10,800 PSI	1275
Bismuth	12	1 3/8 oz.	Longshot	Win. 209	WAA12R	26.3	9,000 PSI	1225
Bismuth	12	1 3/8 oz.	Longshot	Win. 209	WAA12R	27.8	10,800 PSI	1275

Shell: 3" WINCHESTER POLYFORMED PLASTIC GAME SHELLS (PLASTIC BASEWAD)

Load Type	Gauge	Shot Wt.	Powder	Primer	Wad	Powder Wt. (Gr.)	Pressure	Vel. (ft/s)
Lead Shot	12	1 5/8 oz.	Longshot	CCI 209M	Rem. R12L	31.6	9,800 PSI	1225
Lead Shot	12	1 5/8 oz.	Longshot	CCI 209M	Rem. R12L	32.9	10,200 PSI	1280
Lead Shot	12	1 5/8 oz.	Longshot	CCI 209M	Rem. R12L	34.5	11,400 PSI	1335
Lead Shot	12	1 5/8 oz.	Longshot	CCI 209M	WAA12F114	31.6	10,700 PSI	1280
Lead Shot	12	1 5/8 oz.	Longshot	Rem. 209P	Rem. R12L	32.2	8,500 PSI	1225
Lead Shot	12	1 5/8 oz.	Longshot	Rem. 209P	Rem. R12L	33.9	9,200 PSI	1280
Lead Shot	12	1 5/8 oz.	Longshot	Rem. 209P	Rem. R12L	35.7	10,000 PSI	1335
Lead Shot	12	1 5/8 oz.	Longshot	Rem. 209P	WAA12F114	31.4	10,400 PSI	1280
Lead Shot	12	1 5/8 oz.	Longshot	Win. 209	Rem. R12L	33.6	7,200 PSI	1225
Lead Shot	12	1 5/8 oz.	Longshot	Win. 209	Rem. R12L	34.8	8,700 PSI	1280
Lead Shot	12	1 5/8 oz.	Longshot	Win. 209	Rem. R12L	36.1	10,300 PSI	1335
Lead Shot	12	1 5/8 oz.	Longshot	Win. 209	WAA12F114	32.7	10,400 PSI	1280
Lead Shot	12	1 5/8 oz.	Longshot	Win. 209	WAA12F114	34	11,500 PSI	1335
Lead Shot	12	1 7/8 oz.	Longshot	CCI 209M	Rem. SP12	28.5	9,900 PSI	1155
Lead Shot	12	1 7/8 oz.	Longshot	CCI 209M	Rem. SP12	31	11,500 PSI	1210
Lead Shot	12	1 7/8 oz.	Longshot	CCI 209M	WAA12R + .070" Card	28.5	10,400 PSI	1155

Load Type	Gauge	Shot Wt.	Powder	Primer	Wad	Powder Wt. (Gr.)	Pressure	Vel. (ft/s)
Lead Shot	12	1 7/8 oz.	Longshot	Rem. 209P	Rem. SP12	29.9	8,300 PSI	1155
Lead Shot	12	1 7/8 oz.	Longshot	Rem. 209P	Rem. SP12	31	11,100 PSI	1210
Lead Shot	12	1 7/8 oz.	Longshot	Rem. 209P	WAA12R + .070" Card	29.3	9,500 PSI	1155
Lead Shot	12	1 7/8 oz.	Longshot	Rem. 209P	WAA12R + .070" Card	30.9	11,500 PSI	1210
Lead Shot	12	1 7/8 oz.	Longshot	Wln. 209	Rem. SP12	30.2	9,500 PSI	1155
Lead Shot	12	1 7/8 oz.	Longshot	Win. 209	Rem. SP12	32	10,700 PSI	1210
Lead Shot	12	1 7/8 oz.	Longshot	Win. 209	WAA12R + .070" Card	29.5	8,800 PSI	1155
Lead Shot	12	1 7/8 oz.	Longshot	Win. 209	WAA12R + .070" Card	31.3	11,000 PSI	1210

Shell: 3" REMINGTON-PETERS PLASTIC GAME SHELLS

Load Type	Gauge	Shot Wt.	Powder	Primer	Wad	Powder Wt. (Gr.)	Pressure	Vel. (ft/s)
Lead Shot	12	1 3/8 oz.	HS-6	Rem. 209P	Rem. R12L	37	9,400 LUP	1295
Lead Shot	12	1 3/8 oz.	HS-6	Rem. 209P	WAA12	36	9,900 LUP	1295
Lead Shot	12	1 1/2 oz.	SR 7625	Win. 209	Rem. RXP12	34	10,600 PSI	1275
Lead Shot	12	1 1/2 oz.	SR 7625	Win. 209	Rem. SP12	33.5	10,700 PSI	1275
Lead Shot	12	1 1/2 oz.	SR 4756	Win. 209	Rem. SP12	38.5	10,500 PSI	1325
Lead Shot	12	1 1/2 oz.	800-X	Win. 209	Rem. SP12	30.5	10,600 PSI	1300
Lead Shot	12	1 1/2 oz.	800-X	Win. 209	WAA12	29.5	10,800 PSI	1275
Lead Shot	12	1 5/8 oz.	SR 4756	Fed. 209A	Rem. RP12	30.5	10,900 PSI	1150
Lead Shot	12	1 5/8 oz.	SR 4756	Fed. 209A	WAA12R	30	11,000 PSI	1200
Lead Shot	12	1 5/8 oz.	SR 4756	Rem. 209P	Rem. RP12	34	10,900 PSI	1250
Lead Shot	12	1 5/8 oz.	SR 4756	Rem. 209P	WAA12R	34	10,900 PSI	1250
Lead Shot	12	1 5/8 oz.	SR 4756	Win. 209	Rem. RP12	33.5	10,800 PSI	1250
Lead Shot	12	1 5/8 oz.	SR 4756	Win. 209	WAA12R	35	11,000 PSI	1250
Lead Shot	12	1 5/8 oz.	800-X	Fed. 209A	Rem. R12H	25.5	10,900 PSI	1150
Lead Shot	12	1 5/8 oz.	800-X	Fed. 209A	WAA12	25.5	10,900 PSI	1150
Lead Shot	12	1 5/8 oz.	800-X	Rem. 209P	Rem. SP12	28	10,900 PSI	1200
Lead Shot	12	1 5/8 oz.	800-X	Rem. 209P	WAA12	27.5	10,800 PSI	1200
Lead Shot	12	1 5/8 oz.	800-X	Win. 209	Rem. SP12	28	10,800 PSI	1200
Lead Shot	12	1 5/8 oz.	800-X	Win. 209	WAA12	28	10,800 PSI	1200
Lead Shot	12	1 5/8 oz.	Longshot	CCI 209M	Rem. SP12	28.9	9,700 PSI	1225
Lead Shot	12	1 5/8 oz.	Longshot	CCI 209M	Rem. SP12	31	10,600 PSI	1280
Lead Shot	12	1 5/8 oz.	Longshot	CCI 209M	WAA12F114	28	10,400 PSI	1225
Lead Shot	12	1 5/8 oz.	Longshot	Rem. 209P	Rem. SP12	29.7	9,000 PSI	1225
Lead Shot	12	1 5/8 oz.	Longshot	Rem. 209P	Rem. SP12	31.3	10,200 PSI	1280
Lead Shot	12	1 5/8 oz.	Longshot	Rem. 209P	WAA12F114	29	10,300 PSI	1225
Lead Shot	12	1 5/8 oz.	Longshot	Win. 209	Rem. SP12	29.9	9,300 PSI	1225
Lead Shot	12	1 5/8 oz.	Longshot	Win. 209	Rem. SP12	32.2	10,300 PSI	1280

Load Type	Gauge	Shot Wt.	Powder	Primer	Wad	Powder Wt. (Gr.)	Pressure	Vel. (ft/s)
Lead Shot	12	1 5/8 oz.	Longshot	Win. 209	Rem. SP12	34.4	11,200 PSI	1335
Lead Shot	12	1 5/8 oz.	Longshot	Win. 209	WAA12F114	29.8	9,600 PSI	1225
Lead Shot	12	1 5/8 oz.	Longshot	Win. 209	WAA12F114	31.2	11,300 PSI	1280
Lead Shot	12	1 7/8 oz.	HS-7	Rem. 209P	Rem. RP12	36	10,700 LUP	1140
Lead Shot	12	1 7/8 oz.	HS-7	Rem. 209P	WAA12R	36	10,800 LUP	1140
Lead Shot	12	1 7/8 oz.	Longshot	CCI 209M	Rem. SP12	27.6	10,900 PSI	1155
Lead Shot	12	1 7/8 oz.	Longshot	Rem. 209P	Rem. SP12	28.4	11,000 PSI	1155
Lead Shot	12	1 7/8 oz.	Longshot	Win. 209	Rem. SP12	29.1	8,600 PSI	1155
Lead Shot	12	1 7/8 oz.	Longshot	Win. 209	Rem. SP12	30.8	11,000 PSI	1210

Shell: 3 1/2" WINCHESTER STEEL SHOT SHELLS (LEAD SHOT LOADS)

Load Type	Gauge	Shot Wt.	Powder	Primer	Wad	Powder Wt. (Gr.)	Pressure	Vel. (ft/s)
Lead Shot	12	1 7/8 oz.	HS-7	CCI 209M	Fed. 12SO	42	11,000 PSI	1250
Lead Shot	12	1 7/8 oz.	HS-7	Fed. 209A	Fed. 12SO	41	11,900 PSI	1250
Lead Shot	12	1 7/8 oz.	HS-7	Win. 209	Fed. 12SO	41.5	10,500 PSI	1250
Lead Shot	12	1 7/8 oz.	Longshot	Fed. 209A	Fed. 12S3 + 1-20 Ga. .135" Card	35.5	13,400 PSI	1250
Lead Shot	12	1 7/8 oz.	Longshot	Fed. 209A	WAA12 + 1-20 Ga. .135" Card	35.9	13,000 PSI	1250
Lead Shot	12	1 7/8 oz.	Longshot	Fed. 209A	WAA12SL + 1-20 Ga. .135" Card	37	12,800 PSI	1250
Lead Shot	12	1 7/8 oz.	Longshot	Win. 209	Fed. 12S3 + 1-20 Ga. .135" Card	37.9	11,200 PSI	1250
Lead Shot	12	1 7/8 oz.	Longshot	Win. 209	Fed. 12S3 + 1-20 Ga. .135" Card	39.5	12,400 PSI	1300
Lead Shot	12	1 7/8 oz.	Longshot	Win. 209	WAA12 + 1-20 Ga. .135" Card	37.2	11,900 PSI	1250
Lead Shot	12	1 7/8 oz.	Longshot	Win. 209	WAA12 + 1-20 Ga. .135" Card	39.8	13,100 PSI	1300
Lead Shot	12	1 7/8 oz.	Longshot	Win. 209	WAA12SL + 1-20 Ga. .135" Card	38.6	11,100 PSI	1250
Lead Shot	12	2 oz.	HS-7	CCI 209M	Fed. 12SO	39	11,000 PSI	1200
Lead Shot	12	2 oz.	HS-7	Fed. 209A	Fed. 12SO	39	11,200 PSI	1200
Lead Shot	12	2 oz.	HS-7	Fed. 209A	WAA12SL	39	12,200 PSI	1200
Lead Shot	12	2 oz.	HS-7	Win. 209	Fed. 12SO	39	10,700 PSI	1200
Lead Shot	12	2 oz.	HS-7	Win. 209	WAA12SL + 1-28 Ga. .040" Card	39	10,700 PSI	1200
Lead Shot	12	2 oz.	Longshot	Fed. 209A	Fed. 12S3 + 1-20 Ga. .135" Card	34.2	13,400 PSI	1200
Lead Shot	12	2 oz.	Longshot	Fed. 209A	WAA12 + 1-20 Ga. .135" Card	35	13,200 PSI	1200
Lead Shot	12	2 oz.	Longshot	Win. 209	Fed. 12S3 + 1-20 Ga. .135" Card	38	11,300 PSI	1200
Lead Shot	12	2 oz.	Longshot	Win. 209	WAA12 + 1-20 Ga. .135" Card	36	12,800 PSI	1200
Lead Shot	12	2 1/4 oz.	HS-7	CCI 209M	Rem. SP12 + 1-20 Ga. .135" Card	39	12,000 PSI	1150
Lead Shot	12	2 1/4 oz.	HS-7	Win. 209	WAA12F114	38	12,900 PSI	1150
Lead Shot	12	2 1/4 oz.	Longshot	Rem. 209P	Fed. 12S4 + 1-20 Ga. .135" Card	31	13,500 PSI	1150
Lead Shot	12	2 1/4 oz.	Longshot	Rem. 209P	Rem. R12H + 1-20 Ga. .135" Card	31.5	12,400 PSI	1150
Lead Shot	12	2 1/4 oz.	Longshot	Rem. 209P	WAA12F114 + 1-20 Ga. .135" Card	32	14,000 PSI	1150
Lead Shot	12	2 1/4 oz.	Longshot	Win. 209	Fed. 12S4	31.5	13,300 PSI	1150

Lead Shot	12	2 1/4 oz.	Longshot	Win. 209	Rem. R12H + 1-20 Ga. .135" Card	32	13,200 PSI	1150
Lead Shot	12	2 1/4 oz.	Longshot	Win. 209	WAA12F114 + 1-20 Ga. .135" Card	32	12,600 PSI	1150

Shell: 2 3/4" REMINGTON STS, NITRO 27, OR GUN CLUB PLASTIC SHELLS

Load Type	Gauge	Shot Wt.	Powder	Primer	Wad	Powder Wt. (Gr.)	Pressure	Vel. (ft/s)
Lead Buckshot	12	9-#00 LEAD BUCKSHOT	HS-6	CCI 209M	WAA12F114	30.5	8,700 PSI	1300
Lead Buckshot	12	9-#00 LEAD BUCKSHOT	HS-6	CCI 209M	WAA12F114	32	9,500 PSI	1350
Lead Buckshot	12	27-#4 LEAD BUCKSHOT	HS-6	CCI 209M	WAA12R	30.5	9,700 PSI	1250
Lead Buckshot	12	27-#4 LEAD BUCKSHOT	HS-6	CCI 209M	WAA12R	31.5	10,400 PSI	1300
Lead Shot	12	3/4 oz.	Titewad	Ched. 209	CB 0175-12	15	7200 PSI	1150
Lead Shot	12	3/4 oz.	Titewad	Ched. 209	CB 0175-12	15.9	8100 PSI	1200
Lead Shot	12	3/4 oz.	Titewad	Ched. 209	CB 0175-12	16.8	9000 PSI	1250
Lead Shot	12	3/4 oz.	Titewad	Ched. 209	CB 0175-12	17.8	10,000 PSI	1300
Lead Shot	12	3/4 oz.	Titewad	Fed. 209A	CB 0175-12	15.5	7900 PSI	1150
Lead Shot	12	3/4 oz.	Titewad	Fed. 209A	CB 0175-12	16.3	9000 PSI	1200
Lead Shot	12	3/4 oz.	Titewad	Fed. 209A	CB 0175-12	17.2	10,200 PSI	1250
Lead Shot	12	3/4 oz.	Titewad	Rem. 209P	CB 0175-12	15.1	6700 PSI	1150
Lead Shot	12	3/4 oz.	Titewad	Rem. 209P	CB 0175-12	16.3	7900 PSI	1200
Lead Shot	12	3/4 oz.	Titewad	Rem. 209P	CB 0175-12	17.4	9100 PSI	1250
Lead Shot	12	3/4 oz.	Titewad	Rem. 209P	CB 0175-12	18.5	10,200 PSI	1300
Lead Shot	12	3/4 oz.	Titewad	Win. 209	CB 0175-12	15.5	6700 PSI	1150
Lead Shot	12	3/4 oz.	Titewad	Win. 209	CB 0175-12	16.6	7700 PSI	1200
Lead Shot	12	3/4 oz.	Titewad	Win. 209	CB 0175-12	17.8	8600 PSI	1250
Lead Shot	12	3/4 oz.	Titewad	Win. 209	CB 0175-12	18.9	9600 PSI	1300
Lead Shot	12	3/4 oz.	Clays	Ched. 209	CB 0175-12	15.9	7200 PSI	1150
Lead Shot	12	3/4 oz.	Clays	Ched. 209	CB 0175-12	16.6	8100 PSI	1200
Lead Shot	12	3/4 oz.	Clays	Ched. 209	CB 0175-12	17.3	9000 PSI	1250
Lead Shot	12	3/4 oz.	Clays	Ched. 209	CB 0175-12	18.1	10,000 PSI	1300
Lead Shot	12	3/4 oz.	Clays	Fed. 209A	CB 0175-12	14.1	7100 PSI	1150

Lead Shot	12	3/4 oz.	Clays	Fed. 209A	CB 0175-12	15.3	8900 PSI	1200
Lead Shot	12	3/4 oz.	Clays	Fed. 209A	CB 0175-12	16.8	11,200 PSI	1250
Lead Shot	12	3/4 oz.	Clays	Rem. 209P	CB 0175-12	16.2	6200 PSI	1150
Lead Shot	12	3/4 oz.	Clays	Rem. 209P	CB 0175-12	17	7100 PSI	1200
Lead Shot	12	3/4 oz.	Clays	Rem. 209P	CB 0175-12	17.8	8000 PSI	1250
Lead Shot	12	3/4 oz.	Clays	Rem. 209P	CB 0175-12	18.5	8800 PSI	1300
Lead Shot	12	3/4 oz.	Clays	Win. 209	CB 0175-12	16.1	7500 PSI	1150
Lead Shot	12	3/4 oz.	Clays	Win. 209	CB 0175-12	16.8	8200 PSI	1200
Lead Shot	12	3/4 oz.	Clays	Win. 209	CB 0175-12	17.6	9000 PSI	1250
Lead Shot	12	3/4 oz.	Clays	Win. 209	CB 0175-12	18.3	9700 PSI	1300
Lead Shot	12	3/4 oz.	Clays	Win. 209	Fed. 12SO	16.4	6400 PSI	1200
Lead Shot	12	3/4 oz.	Clays	Win. 209	Fed. 12SO	17.3	7000 PSI	1250
Lead Shot	12	3/4 oz.	Clays	Win. 209	Fed. 12SO	18.1	7600 PSI	1300
Lead Shot	12	3/4 oz.	700-X	Ched. 209	CB 0175-12	14.4	7900 PSI	1150
Lead Shot	12	3/4 oz.	700-X	Ched. 209	CB 0175-12	15.3	8900 PSI	1200
Lead Shot	12	3/4 oz.	700-X	Ched. 209	CB 0175-12	16.2	9900 PSI	1250
Lead Shot	12	3/4 oz.	700-X	Ched. 209	CB 0175-12	17	10,800 PSI	1300
Lead Shot	12	3/4 oz.	700-X	Fed. 209A	CB 0175-12	13.2	7600 PSI	1150
Lead Shot	12	3/4 oz.	700-X	Fed. 209A	CB 0175-12	14.4	8900 PSI	1200
Lead Shot	12	3/4 oz.	700-X	Fed. 209A	CB 0175-12	15.5	10,200 PSI	1250
Lead Shot	12	3/4 oz.	700-X	Fed. 209A	CB 0175-12	16.6	11,400 PSI	1300
Lead Shot	12	3/4 oz.	700-X	Rem. 209P	CB 0175-12	14.3	7000 PSI	1150
Lead Shot	12	3/4 oz.	700-X	Rem. 209P	CB 0175-12	15.4	8200 PSI	1200
Lead Shot	12	3/4 oz.	700-X	Rem. 209P	CB 0175-12	16.4	9300 PSI	1250
Lead Shot	12	3/4 oz.	700-X	Rem. 209P	CB 0175-12	17.4	10,400 PSI	1300
Lead Shot	12	3/4 oz.	700-X	Win. 209	CB 0175-12	13.7	7200 PSI	1150
Lead Shot	12	3/4 oz.	700-X	Win. 209	CB 0175-12	14.8	8300 PSI	1200
Lead Shot	12	3/4 oz.	700-X	Win. 209	CB 0175-12	16	9600 PSI	1250
Lead Shot	12	3/4 oz.	700-X	Win. 209	CB 0175-12	17	10,600 PSI	1300
Lead Shot	12	24 gm	700-X	Fed. 209A	CB 1100-12	15	5,900 PSI	1150

Lead Shot	12	24 gm	700-X	Fed. 209A	CB 1100-12	16	6,700 PSI	1200
Lead Shot	12	24 gm	700-X	Fed. 209A	CB 1100-12	17	7,600 PSI	1250
Lead Shot	12	24 gm	700-X	Fed. 209A	CB 1100-12	18.5	8,900 PSI	1325
Lead Shot	12	24 gm	700-X	Fed. 209A	CB 2100-12	15	6,100 PSI	1150
Lead Shot	12	24 gm	700-X	Fed. 209A	CB 2100-12	16	6,800 PSI	1200
Lead Shot	12	24 gm	700-X	Fed. 209A	CB 2100-12	17	7,600 PSI	1250
Lead Shot	12	24 gm	700-X	Fed. 209A	CB 2100-12	18.5	8,600 PSI	1325
Lead Shot	12	24 gm	700-X	Fed. 209A	Fed. 12SO	15	6,600 PSI	1150
Lead Shot	12	24 gm	700-X	Fed. 209A	Fed. 12SO	16	7,400 PSI	1200
Lead Shot	12	24 gm	700-X	Fed. 209A	Fed. 12SO	17	8,100 PSI	1250
Lead Shot	12	24 gm	700-X	Fed. 209A	Fed. 12SO	18.5	9,200 PSI	1325
Lead Shot	12	24 gm	700-X	Fed. 209A	Rem. TGT12	15	6,500 PSI	1150
Lead Shot	12	24 gm	700-X	Fed. 209A	Rem. TGT12	16	7,400 PSI	1200
Lead Shot	12	24 gm	700-X	Fed. 209A	Rem. TGT12	17	8,300 PSI	1250
Lead Shot	12	24 gm	700-X	Fed. 209A	Rem. TGT12	18.5	9,600 PSI	1325
Lead Shot	12	24 gm	700-X	Fed. 209A	WAA12SL	14.5	6,500 PSI	1150
Lead Shot	12	24 gm	700-X	Fed. 209A	WAA12SL	15.5	7,300 PSI	1200
Lead Shot	12	24 gm	700-X	Fed. 209A	WAA12SL	16.5	8,200 PSI	1250
Lead Shot	12	24 gm	700-X	Fed. 209A	WAA12SL	18.5	10,000 PSI	1325
Lead Shot	12	24 gm	700-X	Rem. 209P	CB 1100-12	15.5	5,500 PSI	1150
Lead Shot	12	24 gm	700-X	Rem. 209P	CB 1100-12	16.5	6,400 PSI	1200
Lead Shot	12	24 gm	700-X	Rem. 209P	CB 1100-12	17.5	7,200 PSI	1250
Lead Shot	12	24 gm	700-X	Rem. 209P	CB 1100-12	19	8,400 PSI	1325
Lead Shot	12	24 gm	700-X	Rem. 209P	CB 2100-12	15	5,700 PSI	1150
Lead Shot	12	24 gm	700-X	Rem. 209P	CB 2100-12	16	6,600 PSI	1200
Lead Shot	12	24 gm	700-X	Rem. 209P	CB 2100-12	17	74,00 PSI	1250
Lead Shot	12	24 gm	700-X	Rem. 209P	CB 2100-12	18.5	8,600 PSI	1325
Lead Shot	12	24 gm	700-X	Rem. 209P	Fed. 12SO	15	6,100 PSI	1150
Lead Shot	12	24 gm	700-X	Rem.	Fed. 12SO	16	7,200 PSI	1200

Lead Shot	12	24 gm	700-X	Rem. 209P	Fed. 12SO	17	8,200 PSI	1250
Lead Shot	12	24 gm	700-X	Rem. 209P	Fed. 12SO	18.5	9,800 PSI	1325
Lead Shot	12	24 gm	700-X	Rem. 209P	Rem. TGT12	15	5,800 PSI	1150
Lead Shot	12	24 gm	700-X	Rem. 209P	Rem. TGT12	16	6,600 PSI	1200
Lead Shot	12	24 gm	700-X	Rem. 209P	Rem. TGT12	17	7,300 PSI	1250
Lead Shot	12	24 gm	700-X	Rem. 209P	Rem. TGT12	19	8,700 PSI	1325
Lead Shot	12	24 gm	700-X	Rem. 209P	WAA12SL	15	6,400 PSI	1150
Lead Shot	12	24 gm	700-X	Rem. 209P	WAA12SL	16	7,200 PSI	1200
Lead Shot	12	24 gm	700-X	Rem. 209P	WAA12SL	17	7,900 PSI	1250
Lead Shot	12	24 gm	700-X	Rem. 209P	WAA12SL	18.5	8,900 PSI	1325
Lead Shot	12	24 gm	700-X	Win. 209	CB 1100-12	15	5,300 PSI	1150
Lead Shot	12	24 gm	700-X	Win. 209	CB 1100-12	16	6,300 PSI	1200
Lead Shot	12	24 gm	700-X	Win. 209	CB 1100-12	17	7,200 PSI	1250
Lead Shot	12	24 gm	700-X	Win. 209	CB 1100-12	18.5	8,500 PSI	1325
Lead Shot	12	24 gm	700-X	Win. 209	CB 2100-12	15	5,700 PSI	1150
Lead Shot	12	24 gm	700-X	Win. 209	CB 2100-12	16	6,400 PSI	1200
Lead Shot	12	24 gm	700-X	Win. 209	CB 2100-12	17	7,200 PSI	1250
Lead Shot	12	24 gm	700-X	Win. 209	CB 2100-12	18.5	8,500 PSI	1325
Lead Shot	12	24 gm	700-X	Win. 209	Fed. 12SO	15	6,300 PSI	1150
Lead Shot	12	24 gm	700-X	Win. 209	Fed. 12SO	16	7,200 PSI	1200
Lead Shot	12	24 gm	700-X	Win. 209	Fed. 12SO	17	8,100 PSI	1250
Lead Shot	12	24 gm	700-X	Win. 209	Fed. 12SO	18.5	9,400 PSI	1325
Lead Shot	12	24 gm	700-X	Win. 209	Rem. TGT12	15	6,300 PSI	1150
Lead Shot	12	24 gm	700-X	Win. 209	Rem. TGT12	16	7,200 PSI	1200
Lead Shot	12	24 gm	700-X	Win. 209	Rem. TGT12	17	8,000 PSI	1250
Lead Shot	12	24 gm	700-X	Win. 209	Rem. TGT12	18.5	9,200 PSI	1325
Lead Shot	12	24 gm	700-X	Win. 209	WAA12SL	15	6,700 PSI	1150

Lead Shot	12	24 gm	700-X	Win. 209	WAA12SL	16	7,600 PSI	1200
Lead Shot	12	24 gm	700-X	Win. 209	WAA12SL	17	8,400 PSI	1250
Lead Shot	12	24 gm	700-X	Win. 209	WAA12SL	18.5	9,700 PSI	1325
Lead Shot	12	24 gm	PB	Fed. 209A	CB 1100-12	18	5,100 PSI	1150
Lead Shot	12	24 gm	PB	Fed. 209A	CB 1100-12	19.5	6,100 PSI	1200
Lead Shot	12	24 gm	PB	Fed. 209A	CB 1100-12	20.5	6,800 PSI	1250
Lead Shot	12	24 gm	PB	Fed. 209A	CB 1100-12	22.5	7,800 PSI	1325
Lead Shot	12	24 gm	PB	Fed. 209A	Fed. 12S0	18	6,300 PSI	1150
Lead Shot	12	24 gm	PB	Fed. 209A	Fed. 12S0	19	6,900 PSI	1200
Lead Shot	12	24 gm	PB	Fed. 209A	Fed. 12S0	20.5	7,800 PSI	1250
Lead Shot	12	24 gm	PB	Fed. 209A	Fed. 12S0	22	8,700 PSI	1325
Lead Shot	12	24 gm	PB	Fed. 209A	Rem. TGT12	18	5,500 PSI	1150
Lead Shot	12	24 gm	PB	Fed. 209A	Rem. TGT12	19.5	6,300 PSI	1200
Lead Shot	12	24 gm	PB	Fed. 209A	Rem. TGT12	20.5	6,700 PSI	1250
Lead Shot	12	24 gm	PB	Fed. 209A	Rem. TGT12	22.5	7,800 PSI	1325
Lead Shot	12	24 gm	PB	Fed. 209A	WAA12SL	17.5	6,400 PSI	1150
Lead Shot	12	24 gm	PB	Fed. 209A	WAA12SL	18.5	7,100 PSI	1200
Lead Shot	12	24 gm	PB	Fed. 209A	WAA12SL	20	8,100 PSI	1250
Lead Shot	12	24 gm	PB	Fed. 209A	WAA12SL	21.5	9,000 PSI	1325
Lead Shot	12	24 gm	PB	Rem. 209P	CB 1100-12	19.5	4,300 PSI	1150
Lead Shot	12	24 gm	PB	Rem. 209P	CB 1100-12	21	5,100 PSI	1200
Lead Shot	12	24 gm	PB	Rem. 209P	CB 1100-12	22	5,600 PSI	1250
Lead Shot	12	24 gm	PB	Rem. 209P	CB 1100-12	24	6,400 PSI	1325
Lead Shot	12	24 gm	PB	Rem. 209P	Fed. 12S0	19	5,300 PSI	1150
Lead Shot	12	24 gm	PB	Rem. 209P	Fed. 12S0	20.5	6,300 PSI	1200
Lead Shot	12	24 gm	PB	Rem. 209P	Fed. 12S0	21.5	6,800 PSI	1250
Lead Shot	12	24 gm	PB	Rem. 209P	Fed. 12S0	23.5	7,700 PSI	1325
Lead Shot	12	24 gm	PB	Rem. 209P	Rem. TGT12	19.5	4,800 PSI	1150
Lead Shot	12	24 gm	PB	Rem.	Rem. TGT12	20.5	5,200 PSI	1200

Lead Shot	12	24 gm	PB	Rem. 209P	Rem. TGT12	22	6,000 PSI	1250
Lead Shot	12	24 gm	PB	Rem. 209P	Rem. TGT12	23.5	6,900 PSI	1325
Lead Shot	12	24 gm	PB	Rem. 209P	WAA12SL	18.5	5,400 PSI	1150
Lead Shot	12	24 gm	PB	Rem. 209P	WAA12SL	19.5	6,200 PSI	1200
Lead Shot	12	24 gm	PB	Rem. 209P	WAA12SL	21	7,300 PSI	1250
Lead Shot	12	24 gm	PB	Rem. 209P	WAA12SL	22.5	8,000 PSI	1325
Lead Shot	12	24 gm	PB	Win. 209	CB 1100-12	19	4,700 PSI	1150
Lead Shot	12	24 gm	PB	Win. 209	CB 1100-12	20.5	5,200 PSI	1200
Lead Shot	12	24 gm	PB	Win. 209	CB 1100-12	21.5	5,600 PSI	1250
Lead Shot	12	24 gm	PB	Win. 209	CB 1100-12	23.5	6,400 PSI	1325
Lead Shot	12	24 gm	PB	Win. 209	Fed. 12SO	19	5,400 PSI	1150
Lead Shot	12	24 gm	PB	Win. 209	Fed. 12SO	20.5	6,300 PSI	1200
Lead Shot	12	24 gm	PB	Win. 209	Fed. 12SO	21.5	6,800 PSI	1250
Lead Shot	12	24 gm	PB	Win. 209	Fed. 12SO	23.5	7,700 PSI	1325
Lead Shot	12	24 gm	PB	Win. 209	Rem. TGT12	19	5,200 PSI	1150
Lead Shot	12	24 gm	PB	Win. 209	Rem. TGT12	20	5,700 PSI	1200
Lead Shot	12	24 gm	PB	Win. 209	Rem. TGT12	21	6,200 PSI	1250
Lead Shot	12	24 gm	PB	Win. 209	Rem. TGT12	23	7,300 PSI	1325
Lead Shot	12	24 gm	PB	Win. 209	WAA12SL	18	5,600 PSI	1150
Lead Shot	12	24 gm	PB	Win. 209	WAA12SL	19.5	6,400 PSI	1200
Lead Shot	12	24 gm	PB	Win. 209	WAA12SL	20.5	7,000 PSI	1250
Lead Shot	12	24 gm	PB	Win. 209	WAA12SL	22.5	8,100 PSI	1325
Lead Shot	12	24 gm	SR 7625	Fed. 209A	CB 1100-12	21.5	4,600 PSI	1150
Lead Shot	12	24 gm	SR 7625	Fed. 209A	CB 1100-12	23	5,100 PSI	1200
Lead Shot	12	24 gm	SR 7625	Fed. 209A	CB 1100-12	24	5,600 PSI	1250
Lead Shot	12	24 gm	SR 7625	Fed. 209A	CB 1100-12	26	6,500 PSI	1325
Lead Shot	12	24 gm	SR 7625	Fed. 209A	Fed. 12SO	21.5	5,300 PSI	1150
Lead Shot	12	24 gm	SR 7625	Fed. 209A	Fed. 12SO	22.5	5,700 PSI	1200
Lead Shot	12	24 gm	SR 7625	Fed. 209A	Fed. 12SO	24	6,500 PSI	1250
Lead Shot	12	24 gm	SR 7625	Fed. 209A	Fed. 12SO	25	7,300 PSI	1325
Lead Shot	12	24 gm	SR 7625	Fed. 209A	Rem. FIG. 8	22	4,700 PSI	1150

Lead Shot	12	24 gm	SR 7625	Fed. 209A	Rem. FIG. 8	23	5,200 PSI	1200
Lead Shot	12	24 gm	SR 7625	Fed. 209A	Rem. FIG. 8	24.5	6,000 PSI	1250
Lead Shot	12	24 gm	SR 7625	Fed. 209A	Rem. FIG. 8	26	6,800 PSI	1325
Lead Shot	12	24 gm	SR 7625	Fed. 209A	WAA12SL	20.5	5,700 PSI	1150
Lead Shot	12	24 gm	SR 7625	Fed. 209A	WAA12SL	21.5	6,200 PSI	1200
Lead Shot	12	24 gm	SR 7625	Fed. 209A	WAA12SL	23	6,800 PSI	1250
Lead Shot	12	24 gm	SR 7625	Fed. 209A	WAA12SL	25	7,500 PSI	1325
Lead Shot	12	24 gm	SR 7625	Rem. 209P	CB 1100-12	23.5	3,200 PSI	1150
Lead Shot	12	24 gm	SR 7625	Rem. 209P	CB 1100-12	25	3,800 PSI	1200
Lead Shot	12	24 gm	SR 7625	Rem. 209P	CB 1100-12	26	4,400 PSI	1250
Lead Shot	12	24 gm	SR 7625	Rem. 209P	CB 1100-12	27.5	5,300 PSI	1325
Lead Shot	12	24 gm	SR 7625	Rem. 209P	Fed. 12SO	21.5	4,600 PSI	1150
Lead Shot	12	24 gm	SR 7625	Rem. 209P	Fed. 12SO	23	5,300 PSI	1200
Lead Shot	12	24 gm	SR 7625	Rem. 209P	Fed. 12SO	24	5,800 PSI	1250
Lead Shot	12	24 gm	SR 7625	Rem. 209P	Fed. 12SO	26	6,900 PSI	1325
Lead Shot	12	24 gm	SR 7625	Rem. 209P	Rem. FIG. 8	22	4,200 PSI	1150
Lead Shot	12	24 gm	SR 7625	Rem. 209P	Rem. FIG. 8	23.5	4,900 PSI	1200
Lead Shot	12	24 gm	SR 7625	Rem. 209P	Rem. FIG. 8	24.5	5,300 PSI	1250
Lead Shot	12	24 gm	SR 7625	Rem. 209P	Rem. FIG. 8	26.5	6,200 PSI	1325
Lead Shot	12	24 gm	SR 7625	Rem. 209P	WAA12SL	21.5	4,800 PSI	1150
Lead Shot	12	24 gm	SR 7625	Rem. 209P	WAA12SL	23	5,300 PSI	1200
Lead Shot	12	24 gm	SR 7625	Rem. 209P	WAA12SL	24.5	5,800 PSI	1250
Lead Shot	12	24 gm	SR 7625	Rem.	WAA12SL	26	6,800 PSI	1325

				209P				
Lead Shot	12	24 gm	SR 7625	Win. 209	CB 1100-12	23	3,800 PSI	1150
Lead Shot	12	24 gm	SR 7625	Win. 209	CB 1100-12	24.5	4,400 PSI	1200
Lead Shot	12	24 gm	SR 7625	Win. 209	CB 1100-12	25.5	4,900 PSI	1250
Lead Shot	12	24 gm	SR 7625	Win. 209	CB 1100-12	27	5,700 PSI	1325
Lead Shot	12	24 gm	SR 7625	Win. 209	Fed. 12SO	22.5	4,800 PSI	1150
Lead Shot	12	24 gm	SR 7625	Win. 209	Fed. 12SO	23.5	5,300 PSI	1200
Lead Shot	12	24 gm	SR 7625	Win. 209	Fed. 12SO	24.5	6,000 PSI	1250
Lead Shot	12	24 gm	SR 7625	Win. 209	Fed. 12SO	26	6,900 PSI	1325
Lead Shot	12	24 gm	SR 7625	Win. 209	Rem. FIG. 8	22.5	4,600 PSI	1150
Lead Shot	12	24 gm	SR 7625	Win. 209	Rem. FIG. 8	23.5	5,100 PSI	1200
Lead Shot	12	24 gm	SR 7625	Win. 209	Rem. FIG. 8	24.5	5,600 PSI	1250
Lead Shot	12	24 gm	SR 7625	Win. 209	Rem. FIG. 8	26.5	6,500 PSI	1325
Lead Shot	12	24 gm	SR 7625	Win. 209	WAA12SL	21	5,300 PSI	1150
Lead Shot	12	24 gm	SR 7625	Win. 209	WAA12SL	22	5,900 PSI	1200
Lead Shot	12	24 gm	SR 7625	Win. 209	WAA12SL	23	6,400 PSI	1250
Lead Shot	12	24 gm	SR 7625	Win. 209	WAA12SL	24.5	7,300 PSI	1325
Lead Shot	12	7/8 oz.	WAALite	Ched. 209	Fed. 12SO	12.8	6,000 PSI	1050
Lead Shot	12	7/8 oz.	WAALite	Ched. 209	Fed. 12SO	13.4	6,800 PSI	1100
Lead Shot	12	7/8 oz.	WAALite	Ched. 209	Fed. 12SO	14.5	8,200 PSI	1150
Lead Shot	12	7/8 oz.	WAALite	Ched. 209	WAA12L	12.5	6,300 PSI	1050
Lead Shot	12	7/8 oz.	WAALite	Ched. 209	WAA12L	13.3	7,300 PSI	1100
Lead Shot	12	7/8 oz.	WAALite	Ched. 209	WAA12L	14.3	8,500 PSI	1150
Lead Shot	12	7/8 oz.	WAALite	Fed. 209A	Fed. 12SO	12.9	6,400 PSI	1050
Lead Shot	12	7/8 oz.	WAALite	Fed. 209A	Fed. 12SO	13.9	7,400 PSI	1100
Lead Shot	12	7/8 oz.	WAALite	Fed. 209A	Fed. 12SO	14.8	8,400 PSI	1150
Lead Shot	12	7/8 oz.	WAALite	Fed. 209A	WAA12L	12.6	6,400 PSI	1050
Lead Shot	12	7/8 oz.	WAALite	Fed. 209A	WAA12L	13.3	7,100 PSI	1100
Lead Shot	12	7/8 oz.	WAALite	Fed. 209A	WAA12L	14.5	8,300 PSI	1150
Lead Shot	12	7/8 oz.	WAALite	Rem. 209P	Fed. 12SO	12.9	5,900 PSI	1050
Lead Shot	12	7/8 oz.	WAALite	Rem. 209P	Fed. 12SO	13.7	7,200 PSI	1100
Lead Shot	12	7/8 oz.	WAALite	Rem. 209P	Fed. 12SO	14.8	8,300 PSI	1150
Lead Shot	12	7/8 oz.	WAALite	Rem. 209P	WAA12L	12.6	5,800 PSI	1050
Lead Shot	12	7/8 oz.	WAALite	Rem.	WAA12L	13.3	6,700 PSI	1100

				209P				
Lead Shot	12	7/8 oz.	WAALite	Rem. 209P	WAA12L	14.5	8,100 PSI	1150
Lead Shot	12	7/8 oz.	WAALite	Win. 209	Fed. 12SO	13.4	6,000 PSI	1050
Lead Shot	12	7/8 oz.	WAALite	Win. 209	Fed. 12SO	14.1	6,800 PSI	1100
Lead Shot	12	7/8 oz.	WAALite	Win. 209	Fed. 12SO	14.9	7,700 PSI	1150
Lead Shot	12	7/8 oz.	WAALite	Win. 209	WAA12L	12.9	5,400 PSI	1050
Lead Shot	12	7/8 oz.	WAALite	Win. 209	WAA12L	13.8	6,800 PSI	1100
Lead Shot	12	7/8 oz.	WAALite	Win. 209	WAA12L	14.8	8,200 PSI	1150
Lead Shot	12	7/8 oz.	Titewad	CCI 209	Fed. 12SO	17	9,400 PSI	1250
Lead Shot	12	7/8 oz.	Titewad	CCI 209	Fed. 12SO	18	10,800 PSI	1300
Lead Shot	12	7/8 oz.	Titewad	CCI 209	Rem. TGT 12	16.9	9,400 PSI	1250
Lead Shot	12	7/8 oz.	Titewad	CCI 209	Rem. TGT 12	17.8	10,800 PSI	1300
Lead Shot	12	7/8 oz.	Titewad	CCI 209	Rem. TGT 12	19	11,400 PSI	1350
Lead Shot	12	7/8 oz.	Titewad	CCI 209	WAA12L	16.8	10,100 PSI	1250
Lead Shot	12	7/8 oz.	Titewad	CCI 209	WAA12L	18	10,700 PSI	1300
Lead Shot	12	7/8 oz.	Titewad	CCI 209	WAA12L	19	11,500 PSI	1350
Lead Shot	12	7/8 oz.	Titewad	CCI 209SC	Fed. 12SO	16.6	10,100 PSI	1250
Lead Shot	12	7/8 oz.	Titewad	CCI 209SC	Fed. 12SO	17.5	11,200 PSI	1300
Lead Shot	12	7/8 oz.	Titewad	CCI 209SC	Rem. TGT 12	16.6	9,600 PSI	1250
Lead Shot	12	7/8 oz.	Titewad	CCI 209SC	Rem. TGT 12	17.7	10,800 PSI	1300
Lead Shot	12	7/8 oz.	Titewad	CCI 209SC	Rem. TGT 12	18.8	11,500 PSI	1350
Lead Shot	12	7/8 oz.	Titewad	CCI 209SC	WAA12SL	17	10,600 PSI	1250
Lead Shot	12	7/8 oz.	Titewad	CCI 209SC	WAA12SL	17.3	10,900 PSI	1300
Lead Shot	12	7/8 oz.	Titewad	Fed. 209A	Fed. 12SO	18.2	8,000 PSI	1250
Lead Shot	12	7/8 oz.	Titewad	Fed. 209A	Fed. 12SO	19.1	8,900 PSI	1300
Lead Shot	12	7/8 oz.	Titewad	Fed. 209A	Fed. 12SO	20.3	9,700 PSI	1350
Lead Shot	12	7/8 oz.	Titewad	Fed. 209A	Fed. 12SO	21.6	11,100 PSI	1400
Lead Shot	12	7/8 oz.	Titewad	Fed. 209A	Rem. TGT 12	16.8	9,100 PSI	1250
Lead Shot	12	7/8 oz.	Titewad	Fed. 209A	Rem. TGT 12	18	10,100 PSI	1300
Lead Shot	12	7/8 oz.	Titewad	Fed. 209A	Rem. TGT 12	19.1	11,000 PSI	1350

Lead Shot	12	7/8 oz.	Titewad	Fed. 209A	Rem. TGT 12	20.2	11,500 PSI	1400
Lead Shot	12	7/8 oz.	Titewad	Fed. 209A	WAA12L	17	9,600 PSI	1250
Lead Shot	12	7/8 oz.	Titewad	Fed. 209A	WAA12L	18	10,700 PSI	1300
Lead Shot	12	7/8 oz.	Titewad	Fed. 209A	WAA12L	19	11,500 PSI	1350
Lead Shot	12	7/8 oz.	Titewad	Fio. 616	WAA12L	16.6	9,500 PSI	1250
Lead Shot	12	7/8 oz.	Titewad	Fio. 616	WAA12L	17.6	11,300 PSI	1300
Lead Shot	12	7/8 oz.	Titewad	Rem. 209P	CB-4100-12	17.8	7,000 PSI	1250
Lead Shot	12	7/8 oz.	Titewad	Rem. 209P	CB-4100-12	19	8,000 PSI	1300
Lead Shot	12	7/8 oz.	Titewad	Rem. 209P	CB-4100-12	20.1	8,800 PSI	1350
Lead Shot	12	7/8 oz.	Titewad	Rem. 209P	CB-4100-12	21.3	9,700 PSI	1400
Lead Shot	12	7/8 oz.	Titewad	Rem. 209P	Fed. 12SO	16.7	9,800 PSI	1250
Lead Shot	12	7/8 oz.	Titewad	Rem. 209P	Fed. 12SO	17.8	10,500 PSI	1300
Lead Shot	12	7/8 oz.	Titewad	Rem. 209P	Fed. 12SO	18.6	11,500 PSI	1350
Lead Shot	12	7/8 oz.	Titewad	Rem. 209P	Rem. TGT 12	17.4	8,200 PSI	1250
Lead Shot	12	7/8 oz.	Titewad	Rem. 209P	Rem. TGT 12	18.7	9,100 PSI	1300
Lead Shot	12	7/8 oz.	Titewad	Rem. 209P	Rem. TGT 12	19.8	9,500 PSI	1350
Lead Shot	12	7/8 oz.	Titewad	Rem. 209P	Rem. TGT 12	21	10,500 PSI	1400
Lead Shot	12	7/8 oz.	Titewad	Rem. 209P	WAA12L	16.9	8,200 PSI	1250
Lead Shot	12	7/8 oz.	Titewad	Rem. 209P	WAA12L	18.4	9,400 PSI	1300
Lead Shot	12	7/8 oz.	Titewad	Rem. 209P	WAA12L	19.7	10,100 PSI	1350
Lead Shot	12	7/8 oz.	Titewad	Rem. 209P	WAA12L	20.9	11,300 PSI	1400
Lead Shot	12	7/8 oz.	Titewad	Win. 209	CB-4100-12	18.7	7,000 PSI	1250
Lead Shot	12	7/8 oz.	Titewad	Win. 209	CB-4100-12	19.8	7,800 PSI	1300

Lead Shot	12	7/8 oz.	Titewad	Win. 209	CB-4100-12	20.9	8,500 PSI	1350
Lead Shot	12	7/8 oz.	Titewad	Win. 209	CB-4100-12	22.1	9,400 PSI	1400
Lead Shot	12	7/8 oz.	Titewad	Win. 209	Fed. 12SO	17.4	9,400 PSI	1250
Lead Shot	12	7/8 oz.	Titewad	Win. 209	Fed. 12SO	18.2	9,700 PSI	1300
Lead Shot	12	7/8 oz.	Titewad	Win. 209	Fed. 12SO	19.0	11,500 PSI	1350
Lead Shot	12	7/8 oz.	Titewad	Win. 209	Rem. TGT 12	17	8,500 PSI	1250
Lead Shot	12	7/8 oz.	Titewad	Win. 209	Rem. TGT 12	18	9,900 PSI	1300
Lead Shot	12	7/8 oz.	Titewad	Win. 209	Rem. TGT 12	19.2	10,900 PSI	1350
Lead Shot	12	7/8 oz.	Titewad	Win. 209	WAA12L	17.3	8,300 PSI	1250
Lead Shot	12	7/8 oz.	Titewad	Win. 209	WAA12L	18.6	9,200 PSI	1300
Lead Shot	12	7/8 oz.	Titewad	Win. 209	WAA12L	19.8	10,600 PSI	1350
Lead Shot	12	7/8 oz.	Titewad	Win. 209	WAA12L	21.1	11,300 PSI	1400
Lead Shot	12	7/8 oz.	Clays	CCI 209	Fed. 12SO	16.3	8,500 PSI	1200
Lead Shot	12	7/8 oz.	Clays	CCI 209	Fed. 12SO	17.5	10,100 PSI	1250
Lead Shot	12	7/8 oz.	Clays	CCI 209	Fed. 12SO	18.3	11,400 PSI	1300
Lead Shot	12	7/8 oz.	Clays	CCI 209	Rem. TGT 12	16.1	7,900 PSI	1200
Lead Shot	12	7/8 oz.	Clays	CCI 209	Rem. TGT 12	17.3	9,400 PSI	1250
Lead Shot	12	7/8 oz.	Clays	CCI 209	Rem. TGT 12	18.3	10,100 PSI	1300
Lead Shot	12	7/8 oz.	Clays	CCI 209	Rem. TGT 12	19.6	11,200 PSI	1350
Lead Shot	12	7/8 oz.	Clays	CCI 209	WAA12L	16.3	8,800 PSI	1200
Lead Shot	12	7/8 oz.	Clays	CCI 209	WAA12L	17.3	9,900 PSI	1250
Lead Shot	12	7/8 oz.	Clays	CCI 209	WAA12L	18.7	11,200 PSI	1300
Lead Shot	12	7/8 oz.	Clays	CCI 209SC	Fed. 12SO	17	8,800 PSI	1200
Lead Shot	12	7/8 oz.	Clays	CCI 209SC	Fed. 12SO	18	10,200 PSI	1250
Lead Shot	12	7/8 oz.	Clays	CCI 209SC	Fed. 12SO	19	11,000 PSI	1300
Lead Shot	12	7/8 oz.	Clays	CCI 209SC	Rem. TGT 12	18	7,000 PSI	1200
Lead Shot	12	7/8 oz.	Clays	CCI 209SC	Rem. TGT 12	18.8	7,900 PSI	1250
Lead Shot	12	7/8 oz.	Clays	CCI 209SC	Rem. TGT 12	19.5	8,900 PSI	1300
Lead Shot	12	7/8 oz.	Clays	CCI 209SC	Rem. TGT 12	20.5	9,900 PSI	1350
Lead Shot	12	7/8 oz.	Clays	CCI 209SC	WAA12L	16.8	7,000 PSI	1200

Lead Shot	12	7/8 oz.	Clays	CCI 209SC	WAA12L	17.8	7,800 PSI	1250
Lead Shot	12	7/8 oz.	Clays	CCI 209SC	WAA12L	18.6	10,000 PSI	1300
Lead Shot	12	7/8 oz.	Clays	CCI 209SC	WAA12L	19.6	11,000 PSI	1350
Lead Shot	12	7/8 oz.	Clays	Fed. 209A	Activ TG-30	16.2	7,700 PSI	1200
Lead Shot	12	7/8 oz.	Clays	Fed. 209A	Activ TG-30	17.5	9,200 PSI	1250
Lead Shot	12	7/8 oz.	Clays	Fed. 209A	Activ TG-30	18.5	10,300 PSI	1300
Lead Shot	12	7/8 oz.	Clays	Fed. 209A	Fed. 12SO	16.3	8,900 PSI	1200
Lead Shot	12	7/8 oz.	Clays	Fed. 209A	Fed. 12SO	17.3	9,600 PSI	1250
Lead Shot	12	7/8 oz.	Clays	Fed. 209A	Fed. 12SO	18.5	11,500 PSI	1300
Lead Shot	12	7/8 oz.	Clays	Fed. 209A	Rem. TGT 12	16.1	8,700 PSI	1200
Lead Shot	12	7/8 oz.	Clays	Fed. 209A	Rem. TGT 12	17.3	9,800 PSI	1250
Lead Shot	12	7/8 oz.	Clays	Fed. 209A	Rem. TGT 12	18.3	11,100 PSI	1300
Lead Shot	12	7/8 oz.	Clays	Fed. 209A	WAA12L	16	8,100 PSI	1200
Lead Shot	12	7/8 oz.	Clays	Fed. 209A	WAA12L	17	10,200 PSI	1250
Lead Shot	12	7/8 oz.	Clays	Fed. 209A	WAA12L	18.2	10,800 PSI	1300
Lead Shot	12	7/8 oz.	Clays	Fio. 616	WAA12L	16.3	7,500 PSI	1200
Lead Shot	12	7/8 oz.	Clays	Fio. 616	WAA12L	17.3	8,700 PSI	1250
Lead Shot	12	7/8 oz.	Clays	Fio. 616	WAA12L	18.3	11,300 PSI	1300
Lead Shot	12	7/8 oz.	Clays	Rem. 209P	CB-4100-12	16.9	5,800 PSI	1200
Lead Shot	12	7/8 oz.	Clays	Rem. 209P	CB-4100-12	18.2	6,700 PSI	1250
Lead Shot	12	7/8 oz.	Clays	Rem. 209P	CB-4100-12	19.6	7,600 PSI	1300
Lead Shot	12	7/8 oz.	Clays	Rem. 209P	CB-4100-12	20.9	8,400 PSI	1350
Lead Shot	12	7/8 oz.	Clays	Rem. 209P	Fed. 12SO	16	7,500 PSI	1200
Lead Shot	12	7/8 oz.	Clays	Rem. 209P	Fed. 12SO	17.2	8,200 PSI	1250
Lead Shot	12	7/8 oz.	Clays	Rem. 209P	Fed. 12SO	18.8	9,100 PSI	1300
Lead Shot	12	7/8 oz.	Clays	Rem. 209P	Rem. TGT 12	16.4	6,300 PSI	1200
Lead Shot	12	7/8 oz.	Clays	Rem.	Rem. TGT 12	17.5	7,100 PSI	1250

				209P				
Lead Shot	12	7/8 oz.	Clays	Rem. 209P	Rem. TGT 12	18.9	7,400 PSI	1300
Lead Shot	12	7/8 oz.	Clays	Rem. 209P	WAA12L	16.8	6,700 PSI	1200
Lead Shot	12	7/8 oz.	Clays	Rem. 209P	WAA12L	18	7,300 PSI	1250
Lead Shot	12	7/8 oz.	Clays	Rem. 209P	WAA12L	19.3	9,000 PSI	1300
Lead Shot	12	7/8 oz.	Clays	Rem. 209P	WAA12L	20.3	9,700 PSI	1350
Lead Shot	12	7/8 oz.	Clays	Rem. 209P	WAA12SL	18	8,400 PSI	1250
Lead Shot	12	7/8 oz.	Clays	Rem. 209P	WAA12SL	19.5	10,200 PSI	1300
Lead Shot	12	7/8 oz.	Clays	Win. 209	CB-4100-12	18.8	5,200 PSI	1200
Lead Shot	12	7/8 oz.	Clays	Win. 209	CB-4100-12	19.8	6,100 PSI	1250
Lead Shot	12	7/8 oz.	Clays	Win. 209	CB-4100-12	20.8	7,000 PSI	1300
Lead Shot	12	7/8 oz.	Clays	Win. 209	CB-4100-12	21.8	7,900 PSI	1350
Lead Shot	12	7/8 oz.	Clays	Win. 209	Fed. 12SO	17	7,700 PSI	1200
Lead Shot	12	7/8 oz.	Clays	Win. 209	Fed. 12SO	18	9,000 PSI	1250
Lead Shot	12	7/8 oz.	Clays	Win. 209	Fed. 12SO	19	10,300 PSI	1300
Lead Shot	12	7/8 oz.	Clays	Win. 209	Fed. 12SO	20.3	11,500 PSI	1350
Lead Shot	12	7/8 oz.	Clays	Win. 209	Rem. TGT 12	16.8	7,500 PSI	1200
Lead Shot	12	7/8 oz.	Clays	Win. 209	Rem. TGT 12	18	8,400 PSI	1250
Lead Shot	12	7/8 oz.	Clays	Win. 209	Rem. TGT 12	19	9,100 PSI	1300
Lead Shot	12	7/8 oz.	Clays	Win. 209	Rem. TGT 12	20	10,100 PSI	1350
Lead Shot	12	7/8 oz.	Clays	Win. 209	WAA12L	17.1	8,100 PSI	1200
Lead Shot	12	7/8 oz.	Clays	Win. 209	WAA12L	18	8,900 PSI	1250
Lead Shot	12	7/8 oz.	Clays	Win. 209	WAA12L	19.3	10,100 PSI	1300
Lead Shot	12	7/8 oz.	Clays	Win. 209	WAA12L	20.1	11,400 PSI	1350
Lead Shot	12	7/8 oz.	Clays	Win. 209	WAA12SL	15.9	7,100 PSI	1200
Lead Shot	12	7/8 oz.	Clays	Win. 209	WAA12SL	17.1	8,900 PSI	1250
Lead Shot	12	7/8 oz.	Clays	Win. 209	WAA12SL	18.2	10,000 PSI	1300
Lead Shot	12	7/8 oz.	WST	CCI 209	WAA12L	21.5	8,100 PSI	1325
Lead Shot	12	7/8 oz.	WST	CCI 209	WAA12L	23	9,000 PSI	1400
Lead Shot	12	7/8 oz.	WST	Fed. 209A	WAA12L	21	8,300 PSI	1325
Lead Shot	12	7/8 oz.	WST	Fed. 209A	WAA12L	23	9,700 PSI	1400

Shot	Gauge	Load	Powder	Primer	Wad	Charge	Pressure	Velocity
Lead Shot	12	7/8 oz.	WST	Win. 209	WAA12L	21	8,200 PSI	1325
Lead Shot	12	7/8 oz.	WST	Win. 209	WAA12L	23	10,300 PSI	1400
Lead Shot	12	7/8 oz.	Internat'l	CCI 209	Fed. 12SO	20.3	7,500 PSI	1250
Lead Shot	12	7/8 oz.	Internat'l	CCI 209	Fed. 12SO	21.1	8,500 PSI	1300
Lead Shot	12	7/8 oz.	Internat'l	CCI 209	Fed. 12SO	21.9	9,400 PSI	1350
Lead Shot	12	7/8 oz.	Internat'l	CCI 209	Fed. 12SO	22.7	10,300 PSI	1400
Lead Shot	12	7/8 oz.	Internat'l	CCI 209	Rem. TGT 12	19.8	6,900 PSI	1250
Lead Shot	12	7/8 oz.	Internat'l	CCI 209	Rem. TGT 12	20.8	7,800 PSI	1300
Lead Shot	12	7/8 oz.	Internat'l	CCI 209	Rem. TGT 12	21.9	8,700 PSI	1350
Lead Shot	12	7/8 oz.	Internat'l	CCI 209	Rem. TGT 12	22.9	9,600 PSI	1400
Lead Shot	12	7/8 oz.	Internat'l	CCI 209	WAA12L	20	7,100 PSI	1250
Lead Shot	12	7/8 oz.	Internat'l	CCI 209	WAA12L	20.9	7,900 PSI	1300
Lead Shot	12	7/8 oz.	Internat'l	CCI 209	WAA12L	21.9	8,700 PSI	1350
Lead Shot	12	7/8 oz.	Internat'l	CCI 209	WAA12L	22.8	9,500 PSI	1400
Lead Shot	12	7/8 oz.	Internat'l	CCI 209SC	Fed. 12SO	20.1	7,000 PSI	1250
Lead Shot	12	7/8 oz.	Internat'l	CCI 209SC	Fed. 12SO	21	8,200 PSI	1300
Lead Shot	12	7/8 oz.	Internat'l	CCI 209SC	Fed. 12SO	21.9	9,300 PSI	1350
Lead Shot	12	7/8 oz.	Internat'l	CCI 209SC	Fed. 12SO	22.8	10,500 PSI	1400
Lead Shot	12	7/8 oz.	Internat'l	CCI 209SC	Rem. TGT 12	20.7	7,100 PSI	1250
Lead Shot	12	7/8 oz.	Internat'l	CCI 209SC	Rem. TGT 12	21	7,700 PSI	1300
Lead Shot	12	7/8 oz.	Internat'l	CCI 209SC	Rem. TGT 12	22.2	8,400 PSI	1350
Lead Shot	12	7/8 oz.	Internat'l	CCI 209SC	Rem. TGT 12	23.2	9,200 PSI	1400
Lead Shot	12	7/8 oz.	Internat'l	CCI 209SC	WAA12L	20	7,100 PSI	1250
Lead Shot	12	7/8 oz.	Internat'l	CCI 209SC	WAA12L	21	8,000 PSI	1300
Lead Shot	12	7/8 oz.	Internat'l	CCI 209SC	WAA12L	22	9,000 PSI	1350
Lead Shot	12	7/8 oz.	Internat'l	CCI 209SC	WAA12L	22.9	9,900 PSI	1400

Lead Shot	12	7/8 oz.	Internat'l	Fed. 209A	Fed. 12SO	19.3	7,700 PSI	1250
Lead Shot	12	7/8 oz.	Internat'l	Fed. 209A	Fed. 12SO	20.4	8,700 PSI	1300
Lead Shot	12	7/8 oz.	Internat'l	Fed. 209A	Fed. 12SO	21.4	9,600 PSI	1350
Lead Shot	12	7/8 oz.	Internat'l	Fed. 209A	Fed. 12SO	22.5	10,600 PSI	1400
Lead Shot	12	7/8 oz.	Internat'l	Fed. 209A	Rem. TGT 12	19.1	7,300 PSI	1250
Lead Shot	12	7/8 oz.	Internat'l	Fed. 209A	Rem. TGT 12	20.2	8,200 PSI	1300
Lead Shot	12	7/8 oz.	Internat'l	Fed. 209A	Rem. TGT 12	21.3	9,000 PSI	1350
Lead Shot	12	7/8 oz.	Internat'l	Fed. 209A	Rem. TGT 12	22.4	9,900 PSI	1400
Lead Shot	12	7/8 oz.	Internat'l	Fed. 209A	WAA12L	19.4	7,200 PSI	1250
Lead Shot	12	7/8 oz.	Internat'l	Fed. 209A	WAA12L	20.4	8,000 PSI	1300
Lead Shot	12	7/8 oz.	Internat'l	Fed. 209A	WAA12L	21.5	9,000 PSI	1350
Lead Shot	12	7/8 oz.	Internat'l	Fed. 209A	WAA12L	22.6	10,000 PSI	1400
Lead Shot	12	7/8 oz.	Internat'l	Fio. 616	WAA12L	19.4	7,500 PSI	1250
Lead Shot	12	7/8 oz.	Internat'l	Fio. 616	WAA12L	20.5	8,300 PSI	1300
Lead Shot	12	7/8 oz.	Internat'l	Fio. 616	WAA12L	21.6	9,000 PSI	1350
Lead Shot	12	7/8 oz.	Internat'l	Fio. 616	WAA12L	22.6	9,600 PSI	1400
Lead Shot	12	7/8 oz.	Internat'l	Rem. 209P	Fed. 12SO	19.8	7,100 PSI	1250
Lead Shot	12	7/8 oz.	Internat'l	Rem. 209P	Fed. 12SO	20.9	8,000 PSI	1300
Lead Shot	12	7/8 oz.	Internat'l	Rem. 209P	Fed. 12SO	21.9	8,800 PSI	1350
Lead Shot	12	7/8 oz.	Internat'l	Rem. 209P	Fed. 12SO	23	9,700 PSI	1400
Lead Shot	12	7/8 oz.	Internat'l	Rem. 209P	Rem. TGT 12	20	6,600 PSI	1250
Lead Shot	12	7/8 oz.	Internat'l	Rem. 209P	Rem. TGT 12	21	7,500 PSI	1300
Lead Shot	12	7/8 oz.	Internat'l	Rem. 209P	Rem. TGT 12	21.9	8,300 PSI	1350
Lead Shot	12	7/8 oz.	Internat'l	Rem. 209P	Rem. TGT 12	22.9	9,200 PSI	1400
Lead Shot	12	7/8 oz.	Internat'l	Rem. 209P	WAA12L	20.5	6,900 PSI	1250
Lead Shot	12	7/8 oz.	Internat'l	Rem. 209P	WAA12L	21.3	7,600 PSI	1300
Lead Shot	12	7/8 oz.	Internat'l	Rem. 209P	WAA12L	22.2	8,400 PSI	1350

Lead Shot	12	7/8 oz.	Internat'l	Rem. 209P	WAA12L	23.1	9,300 PSI	1400
Lead Shot	12	7/8 oz.	Internat'l	Rem. 209P	WAA12SL	20	7,800 PSI	1250
Lead Shot	12	7/8 oz.	Internat'l	Rem. 209P	WAA12SL	21.5	8,600 PSI	1300
Lead Shot	12	7/8 oz.	Internat'l	Rem. 209P	WAA12SL	23.5	9,400 PSI	1350
Lead Shot	12	7/8 oz.	Internat'l	Rem. 209P	WAA12SL	24.5	10,200 PSI	1400
Lead Shot	12	7/8 oz.	Internat'l	Win. 209	Fed. 12SO	20.2	6,900 PSI	1250
Lead Shot	12	7/8 oz.	Internat'l	Win. 209	Fed. 12SO	21.2	7,800 PSI	1300
Lead Shot	12	7/8 oz.	Internat'l	Win. 209	Fed. 12SO	22.2	8,700 PSI	1350
Lead Shot	12	7/8 oz.	Internat'l	Win. 209	Fed. 12SO	23.2	9,500 PSI	1400
Lead Shot	12	7/8 oz.	Internat'l	Win. 209	Rem. TGT 12	20.2	6,500 PSI	1250
Lead Shot	12	7/8 oz.	Internat'l	Win. 209	Rem. TGT 12	21.3	7,300 PSI	1300
Lead Shot	12	7/8 oz.	Internat'l	Win. 209	Rem. TGT 12	22.3	8,100 PSI	1350
Lead Shot	12	7/8 oz.	Internat'l	Win. 209	Rem. TGT 12	23.4	8,900 PSI	1400
Lead Shot	12	7/8 oz.	Internat'l	Win. 209	WAA12L	20.7	6,500 PSI	1250
Lead Shot	12	7/8 oz.	Internat'l	Win. 209	WAA12L	21.5	7,400 PSI	1300
Lead Shot	12	7/8 oz.	Internat'l	Win. 209	WAA12L	22.3	8,200 PSI	1350
Lead Shot	12	7/8 oz.	Internat'l	Win. 209	WAA12L	23.1	9,100 PSI	1400
Lead Shot	12	1 oz.	WAALite	Ched. 209	J-XL-1	12.5	7,500 PSI	1025
Lead Shot	12	1 oz.	WAALite	Ched. 209	J-XL-1	13.3	8,300 PSI	1070
Lead Shot	12	1 oz.	WAALite	Ched. 209	J-XL-1	14.3	9,400 PSI	1125
Lead Shot	12	1 oz.	WAALite	Ched. 209	Rem. TGT 12	12	6,200 PSI	970
Lead Shot	12	1 oz.	WAALite	Ched. 209	Rem. TGT 12	12.9	7,100 PSI	1025
Lead Shot	12	1 oz.	WAALite	Ched. 209	Rem. TGT 12	13.8	8,000 PSI	1070
Lead Shot	12	1 oz.	WAALite	Ched. 209	Rem. TGT 12	14.8	9,000 PSI	1125
Lead Shot	12	1 oz.	WAALite	Ched. 209	WAA12SL	11.9	6,400 PSI	970
Lead Shot	12	1 oz.	WAALite	Ched. 209	WAA12SL	12.6	7,300 PSI	1025
Lead Shot	12	1 oz.	WAALite	Ched. 209	WAA12SL	13.4	8,300 PSI	1070
Lead Shot	12	1 oz.	WAALite	Ched. 209	WAA12SL	14.8	10,000 PSI	1125
Lead Shot	12	1 oz.	WAALite	Fed. 209A	J-XL-1	11.9	6,200 PSI	970
Lead Shot	12	1 oz.	WAALite	Fed. 209A	J-XL-1	13	7,400 PSI	1025
Lead Shot	12	1 oz.	WAALite	Fed. 209A	J-XL-1	13.9	8,300 PSI	1070
Lead Shot	12	1 oz.	WAALite	Fed. 209A	J-XL-1	14.9	9,300 PSI	1125
Lead Shot	12	1 oz.	WAALite	Fed. 209A	Purple PC	13.9	5,800 PSI	1025

Lead Shot	12	1 oz.	WAAlite	Fed. 209A	Purple PC	14.4	6,600 PSI	1070
Lead Shot	12	1 oz.	WAAlite	Fed. 209A	Purple PC	15	7,600 PSI	1125
Lead Shot	12	1 oz.	WAAlite	Fed. 209A	Rem. TGT 12	12	6,000 PSI	970
Lead Shot	12	1 oz.	WAAlite	Fed. 209A	Rem. TGT 12	13	7,100 PSI	1025
Lead Shot	12	1 oz.	WAAlite	Fed. 209A	Rem. TGT 12	13.8	8,000 PSI	1070
Lead Shot	12	1 oz.	WAAlite	Fed. 209A	Rem. TGT 12	14.8	9,100 PSI	1125
Lead Shot	12	1 oz.	WAAlite	Fed. 209A	WAA12SL	12	6,300 PSI	970
Lead Shot	12	1 oz.	WAAlite	Fed. 209A	WAA12SL	13	7,500 PSI	1025
Lead Shot	12	1 oz.	WAAlite	Fed. 209A	WAA12SL	13.9	8,700 PSI	1070
Lead Shot	12	1 oz.	WAAlite	Fed. 209A	WAA12SL	14.9	10,000 PSI	1125
Lead Shot	12	1 oz.	WAAlite	Rem. 209P	J-XL-1	12.3	5,600 PSI	970
Lead Shot	12	1 oz.	WAAlite	Rem. 209P	J-XL-1	13.2	6,900 PSI	1025
Lead Shot	12	1 oz.	WAAlite	Rem. 209P	J-XL-1	13.9	7,900 PSI	1070
Lead Shot	12	1 oz.	WAAlite	Rem. 209P	J-XL-1	14.8	9,200 PSI	1125
Lead Shot	12	1 oz.	WAAlite	Rem. 209P	Purple PC	13.6	6,100 PSI	1025
Lead Shot	12	1 oz.	WAAlite	Rem. 209P	Purple PC	14.1	6,800 PSI	1070
Lead Shot	12	1 oz.	WAAlite	Rem. 209P	Purple PC	14.9	7,800 PSI	1125
Lead Shot	12	1 oz.	WAAlite	Rem. 209P	Rem. TGT 12	12.3	5,800 PSI	970
Lead Shot	12	1 oz.	WAAlite	Rem. 209P	Rem. TGT 12	13.2	7,200 PSI	1025
Lead Shot	12	1 oz.	WAAlite	Rem. 209P	Rem. TGT 12	13.9	8,200 PSI	1070
Lead Shot	12	1 oz.	WAAlite	Rem. 209P	Rem. TGT 12	14.8	9,500 PSI	1125
Lead Shot	12	1 oz.	WAAlite	Rem. 209P	WAA12SL	12	5,500 PSI	970
Lead Shot	12	1 oz.	WAAlite	Rem. 209P	WAA12SL	13	6,900 PSI	1025
Lead Shot	12	1 oz.	WAAlite	Rem. 209P	WAA12SL	13.8	8,100 PSI	1070

Lead Shot	12	1 oz.	WAALite	Rem. 209P	WAA12SL	14.9	9,600 PSI	1125
Lead Shot	12	1 oz.	WAALite	Win. 209	J-XL-1	12.3	5,600 PSI	970
Lead Shot	12	1 oz.	WAALite	Win. 209	J-XL-1	13.2	6,900 PSI	1025
Lead Shot	12	1 oz.	WAALite	Win. 209	J-XL-1	13.9	7,900 PSI	1070
Lead Shot	12	1 oz.	WAALite	Win. 209	J-XL-1	14.7	9,000 PSI	1125
Lead Shot	12	1 oz.	WAALite	Win. 209	Rem. TGT 12	12.4	5,700 PSI	970
Lead Shot	12	1 oz.	WAALite	Win. 209	Rem. TGT 12	13.3	6,700 PSI	1025
Lead Shot	12	1 oz.	WAALite	Win. 209	Rem. TGT 12	14	7,500 PSI	1070
Lead Shot	12	1 oz.	WAALite	Win. 209	Rem. TGT 12	14.9	8,500 PSI	1125
Lead Shot	12	1 oz.	WAALite	Win. 209	WAA12SL	12.2	5,600 PSI	970
Lead Shot	12	1 oz.	WAALite	Win. 209	WAA12SL	13.2	7,000 PSI	1025
Lead Shot	12	1 oz.	WAALite	Win. 209	WAA12SL	13.9	7,900 PSI	1070
Lead Shot	12	1 oz.	WAALite	Win. 209	WAA12SL	14.9	9,200 PSI	1125
Lead Shot	12	1 oz.	Titewad	CCI 209	Purple PC	17	8,200 PSI	1180
Lead Shot	12	1 oz.	Titewad	CCI 209	Purple PC	18	10,100 PSI	1235
Lead Shot	12	1 oz.	Titewad	CCI 209	Purple PC	19	10,500 PSI	1290
Lead Shot	12	1 oz.	Titewad	CCI 209	Rem. TGT 12	15.2	8,200 PSI	1125
Lead Shot	12	1 oz.	Titewad	CCI 209	Rem. TGT 12	16.4	9,100 PSI	1180
Lead Shot	12	1 oz.	Titewad	CCI 209	Rem. TGT 12	17.7	10,500 PSI	1235
Lead Shot	12	1 oz.	Titewad	CCI 209	Rem. TGT 12	19	11,400 PSI	1290
Lead Shot	12	1 oz.	Titewad	CCI 209	WAA12L	15.8	8,200 PSI	1125
Lead Shot	12	1 oz.	Titewad	CCI 209	WAA12L	16.8	9,000 PSI	1180
Lead Shot	12	1 oz.	Titewad	CCI 209	WAA12L	17.8	10,500 PSI	1235
Lead Shot	12	1 oz.	Titewad	CCI 209SC	Purple PC	16.9	8,300 PSI	1180
Lead Shot	12	1 oz.	Titewad	CCI 209SC	Purple PC	18.2	9,500 PSI	1235
Lead Shot	12	1 oz.	Titewad	CCI 209SC	Purple PC	19.6	10,600 PSI	1290
Lead Shot	12	1 oz.	Titewad	CCI 209SC	Rem. TGT 12	15	8,100 PSI	1125
Lead Shot	12	1 oz.	Titewad	CCI 209SC	Rem. TGT 12	16	8,900 PSI	1180
Lead Shot	12	1 oz.	Titewad	CCI 209SC	Rem. TGT 12	17.5	10,100 PSI	1235
Lead Shot	12	1 oz.	Titewad	CCI 209SC	Rem. TGT 12	18.8	11,300 PSI	1290

Lead Shot	12	1 oz.	Titewad	CCI 209SC	WAA12SL	15.2	8,200 PSI	1125
Lead Shot	12	1 oz.	Titewad	CCI 209SC	WAA12SL	16.2	9,700 PSI	1180
Lead Shot	12	1 oz.	Titewad	CCI 209SC	WAA12SL	17.5	10,800 PSI	1235
Lead Shot	12	1 oz.	Titewad	CCI 209SC	WAA12SL	18.5	11,400 PSI	1290
Lead Shot	12	1 oz.	Titewad	Fed. 209A	Fed. 12SO	16.2	7,500 PSI	1125
Lead Shot	12	1 oz.	Titewad	Fed. 209A	Fed. 12SO	17.2	7,900 PSI	1180
Lead Shot	12	1 oz.	Titewad	Fed. 209A	Fed. 12SO	18.5	10,000 PSI	1235
Lead Shot	12	1 oz.	Titewad	Fed. 209A	Fed. 12SO	19.7	11,200 PSI	1290
Lead Shot	12	1 oz.	Titewad	Fed. 209A	Purple PC	16.2	6,500 PSI	1125
Lead Shot	12	1 oz.	Titewad	Fed. 209A	Purple PC	17.2	7,200 PSI	1180
Lead Shot	12	1 oz.	Titewad	Fed. 209A	Purple PC	18.4	8,000 PSI	1235
Lead Shot	12	1 oz.	Titewad	Fed. 209A	Purple PC	20	9,800 PSI	1290
Lead Shot	12	1 oz.	Titewad	Fed. 209A	Rem. TGT 12	15.5	7,500 PSI	1125
Lead Shot	12	1 oz.	Titewad	Fed. 209A	Rem. TGT 12	16.5	8,800 PSI	1180
Lead Shot	12	1 oz.	Titewad	Fed. 209A	Rem. TGT 12	17.8	10,000 PSI	1235
Lead Shot	12	1 oz.	Titewad	Fed. 209A	WAA12SL	15.8	8,000 PSI	1125
Lead Shot	12	1 oz.	Titewad	Fed. 209A	WAA12SL	17	8,600 PSI	1180
Lead Shot	12	1 oz.	Titewad	Fed. 209A	WAA12SL	18.2	10,100 PSI	1235
Lead Shot	12	1 oz.	Titewad	Fed. 209A	WAA12SL	19.4	11,000 PSI	1290
Lead Shot	12	1 oz.	Titewad	Fio. 616	Rem. TGT 12	15.3	8,100 PSI	1125
Lead Shot	12	1 oz.	Titewad	Fio. 616	Rem. TGT 12	16.5	9,000 PSI	1180
Lead Shot	12	1 oz.	Titewad	Fio. 616	Rem. TGT 12	17.7	10,200 PSI	1235
Lead Shot	12	1 oz.	Titewad	Fio. 616	Rem. TGT 12	18.7	11,100 PSI	1290
Lead Shot	12	1 oz.	Titewad	Fio. 616	WAA12SL	16	7,300 PSI	1125
Lead Shot	12	1 oz.	Titewad	Fio. 616	WAA12SL	17	8,300 PSI	1180
Lead Shot	12	1 oz.	Titewad	Fio. 616	WAA12SL	18	9,700 PSI	1235
Lead Shot	12	1 oz.	Titewad	Fio. 616	WAA12SL	19.3	11,300 PSI	1290
Lead Shot	12	1 oz.	Titewad	Fio. 616	Windjammer	18	9,600 PSI	1235
Lead Shot	12	1 oz.	Titewad	Fio. 616	Windjammer	19.2	10,800 PSI	1290
Lead Shot	12	1 oz.	Titewad	Fio. 617	Rem. TGT 12	15.5	7,900 PSI	1125
Lead Shot	12	1 oz.	Titewad	Fio. 617	Rem. TGT 12	16.9	9,500 PSI	1180
Lead Shot	12	1 oz.	Titewad	Fio. 617	Rem. TGT 12	18.3	11,200 PSI	1235
Lead Shot	12	1 oz.	Titewad	Fio. 617	WAA12SL	15.6	8,300 PSI	1125
Lead Shot	12	1 oz.	Titewad	Fio. 617	WAA12SL	17.1	9,700 PSI	1180

Shot	Gauge	Load	Powder	Primer	Wad	Charge	Pressure	Velocity
Lead Shot	12	1 oz.	Titewad	Fio. 617	WAA12SL	18.6	11,100 PSI	1235
Lead Shot	12	1 oz.	Titewad	Rem. 209P	CB-4100-12	15.7	6,800 PSI	1125
Lead Shot	12	1 oz.	Titewad	Rem. 209P	CB-4100-12	17	8,100 PSI	1180
Lead Shot	12	1 oz.	Titewad	Rem. 209P	CB-4100-12	18.2	9,300 PSI	1235
Lead Shot	12	1 oz.	Titewad	Rem. 209P	CB-4100-12	19.5	10,600 PSI	1290
Lead Shot	12	1 oz.	Titewad	Rem. 209P	Purple PC	16	7,400 PSI	1125
Lead Shot	12	1 oz.	Titewad	Rem. 209P	Purple PC	17	7,800 PSI	1180
Lead Shot	12	1 oz.	Titewad	Rem. 209P	Purple PC	18	9,200 PSI	1235
Lead Shot	12	1 oz.	Titewad	Rem. 209P	Purple PC	19.4	10,600 PSI	1290
Lead Shot	12	1 oz.	Titewad	Rem. 209P	Rem. TGT 12	16.7	7,800 PSI	1180
Lead Shot	12	1 oz.	Titewad	Rem. 209P	Rem. TGT 12	18.2	9,600 PSI	1235
Lead Shot	12	1 oz.	Titewad	Rem. 209P	Rem. TGT 12	19.4	11,300 PSI	1290
Lead Shot	12	1 oz.	Titewad	Rem. 209P	WAA12SL	15.5	7,900 PSI	1125
Lead Shot	12	1 oz.	Titewad	Rem. 209P	WAA12SL	16.7	9,200 PSI	1180
Lead Shot	12	1 oz.	Titewad	Rem. 209P	WAA12SL	18	10,000 PSI	1235
Lead Shot	12	1 oz.	Titewad	Rem. 209P	WAA12SL	19	11,300 PSI	1290
Lead Shot	12	1 oz.	Titewad	Rio G-600	Rem. TGT 12	15.6	7,800 PSI	1125
Lead Shot	12	1 oz.	Titewad	Rio G-600	Rem. TGT 12	17	9,300 PSI	1180
Lead Shot	12	1 oz.	Titewad	Rio G-600	Rem. TGT 12	18.3	10,600 PSI	1235
Lead Shot	12	1 oz.	Titewad	Rio G-600	WAA12L	15.6	8,000 PSI	1125
Lead Shot	12	1 oz.	Titewad	Rio G-600	WAA12SL	17	9,400 PSI	1180
Lead Shot	12	1 oz.	Titewad	Rio G-600	WAA12SL	18.5	10,900 PSI	1235
Lead Shot	12	1 oz.	Titewad	Win. 209	CB-4100-12	15.8	6,800 PSI	1125

Lead Shot	12	1 oz.	Titewad	Win. 209	CB-4100-12	17.1	7,900 PSI	1180
Lead Shot	12	1 oz.	Titewad	Win. 209	CB-4100-12	18.4	9,200 PSI	1235
Lead Shot	12	1 oz.	Titewad	Win. 209	CB-4100-12	19.6	10,200 PSI	1290
Lead Shot	12	1 oz.	Titewad	Win. 209	Purple PC	16.6	5,600 PSI	1125
Lead Shot	12	1 oz.	Titewad	Win. 209	Purple PC	17.7	6,900 PSI	1180
Lead Shot	12	1 oz.	Titewad	Win. 209	Purple PC	19	8,400 PSI	1235
Lead Shot	12	1 oz.	Titewad	Win. 209	Purple PC	20.2	9,800 PSI	1290
Lead Shot	12	1 oz.	Titewad	Win. 209	Rem. TGT 12	15.3	7,400 PSI	1125
Lead Shot	12	1 oz.	Titewad	Win. 209	Rem. TGT 12	16.6	8,600 PSI	1180
Lead Shot	12	1 oz.	Titewad	Win. 209	Rem. TGT 12	17.9	9,800 PSI	1235
Lead Shot	12	1 oz.	Titewad	Win. 209	Rem. TGT 12	19.2	11,000 PSI	1290
Lead Shot	12	1 oz.	Titewad	Win. 209	WAA12SL	15.5	7,900 PSI	1125
Lead Shot	12	1 oz.	Titewad	Win. 209	WAA12SL	16.5	8,900 PSI	1180
Lead Shot	12	1 oz.	Titewad	Win. 209	WAA12SL	18	11,000 PSI	1235
Lead Shot	12	1 oz.	Titewad	Win. 209	Windjammer	16.4	7,100 PSI	1125
Lead Shot	12	1 oz.	Titewad	Win. 209	Windjammer	17.6	8,300 PSI	1180
Lead Shot	12	1 oz.	Titewad	Win. 209	Windjammer	18.8	9,500 PSI	1235
Lead Shot	12	1 oz.	Titewad	Win. 209	Windjammer	20	10,700 PSI	1290
Lead Shot	12	1 oz.	Clays	CCI 209	Purple PC	17.1	6,400 LUP	1125
Lead Shot	12	1 oz.	Clays	CCI 209	Purple PC	18.3	7,100 LUP	1180
Lead Shot	12	1 oz.	Clays	CCI 209	Purple PC	19.5	7,700 LUP	1235
Lead Shot	12	1 oz.	Clays	CCI 209	Purple PC	20.7	8,400 LUP	1290
Lead Shot	12	1 oz.	Clays	CCI 209	Rem. TGT 12	15.4	8,700 PSI	1125
Lead Shot	12	1 oz.	Clays	CCI 209	Rem. TGT 12	16.6	9,600 PSI	1180
Lead Shot	12	1 oz.	Clays	CCI 209	Rem. TGT 12	18.2	11,400 PSI	1235
Lead Shot	12	1 oz.	Clays	CCI 209	WAA12SL	15.1	8,500 PSI	1125
Lead Shot	12	1 oz.	Clays	CCI 209	WAA12SL	16.3	10,100 PSI	1180
Lead Shot	12	1 oz.	Clays	CCI 209	WAA12SL	17.5	11,200 PSI	1235
Lead Shot	12	1 oz.	Clays	CCI 209SC	Purple PC	16	7,800 PSI	1125
Lead Shot	12	1 oz.	Clays	CCI 209SC	Purple PC	16.8	8,800 PSI	1180
Lead Shot	12	1 oz.	Clays	CCI 209SC	Purple PC	18.3	10,900 PSI	1235
Lead Shot	12	1 oz.	Clays	CCI 209SC	Rem. TGT 12	15.7	6,900 LUP	1125
Lead Shot	12	1 oz.	Clays	CCI 209SC	Rem. TGT 12	17.8	8,100 LUP	1180

Lead Shot	12	1 oz.	Clays	CCI 209SC	Rem. TGT 12	18.8	9,900 LUP	1235
Lead Shot	12	1 oz.	Clays	CCI 209SC	Rem. TGT 12	20.5	11,100 LUP	1290
Lead Shot	12	1 oz.	Clays	CCI 209SC	WAA12SL	15.8	8,300 PSI	1125
Lead Shot	12	1 oz.	Clays	CCI 209SC	WAA12SL	16.6	10,000 PSI	1180
Lead Shot	12	1 oz.	Clays	CCI 209SC	WAA12SL	17.4	11,300 PSI	1235
Lead Shot	12	1 oz.	Clays	Fed. 209A	Purple PC	16	7,900 PSI	1125
Lead Shot	12	1 oz.	Clays	Fed. 209A	Purple PC	17	9,100 PSI	1180
Lead Shot	12	1 oz.	Clays	Fed. 209A	Purple PC	18.5	10,300 PSI	1235
Lead Shot	12	1 oz.	Clays	Fed. 209A	Rem. TGT 12	15.6	8,400 PSI	1125
Lead Shot	12	1 oz.	Clays	Fed. 209A	Rem. TGT 12	16.7	9,900 PSI	1180
Lead Shot	12	1 oz.	Clays	Fed. 209A	Rem. TGT 12	18	11,500 PSI	1235
Lead Shot	12	1 oz.	Clays	Fed. 209A	WAA12SL	15.6	9,200 PSI	1125
Lead Shot	12	1 oz.	Clays	Fed. 209A	WAA12SL	16.5	10,800 PSI	1180
Lead Shot	12	1 oz.	Clays	Fed. 209A	WAA12SL	17.7	11,300 PSI	1235
Lead Shot	12	1 oz.	Clays	Fio. 616	WAA12SL	15.5	8,800 PSI	1125
Lead Shot	12	1 oz.	Clays	Fio. 616	WAA12SL	17	9,000 PSI	1180
Lead Shot	12	1 oz.	Clays	Fio. 616	WAA12SL	18.3	10,500 PSI	1235
Lead Shot	12	1 oz.	Clays	Fio. 617	Rem. TGT 12	15.8	7,700 PSI	1125
Lead Shot	12	1 oz.	Clays	Fio. 617	Rem. TGT 12	17.4	9,600 PSI	1180
Lead Shot	12	1 oz.	Clays	Fio. 617	WAA12SL	16	8,400 PSI	1125
Lead Shot	12	1 oz.	Clays	Fio. 617	WAA12SL	17.3	10,200 PSI	1180
Lead Shot	12	1 oz.	Clays	Rem. 209P	CB-4100-12	16.7	5,800 PSI	1125
Lead Shot	12	1 oz.	Clays	Rem. 209P	CB-4100-12	18	7,200 PSI	1180
Lead Shot	12	1 oz.	Clays	Rem. 209P	CB-4100-12	19.2	8,500 PSI	1235
Lead Shot	12	1 oz.	Clays	Rem. 209P	CB-4100-12	20.4	9,800 PSI	1290
Lead Shot	12	1 oz.	Clays	Rem. 209P	Purple PC	16.6	6,100 PSI	1125
Lead Shot	12	1 oz.	Clays	Rem. 209P	Purple PC	17.8	7,400 PSI	1180

Lead Shot	12	1 oz.	Clays	Rem. 209P	Purple PC	19.1	8,800 PSI	1235
Lead Shot	12	1 oz.	Clays	Rem. 209P	Purple PC	20.3	10,100 PSI	1290
Lead Shot	12	1 oz.	Clays	Rem. 209P	Rem. TGT 12	16.8	6,600 LUP	1125
Lead Shot	12	1 oz.	Clays	Rem. 209P	Rem. TGT 12	17.9	7,400 LUP	1180
Lead Shot	12	1 oz.	Clays	Rem. 209P	Rem. TGT 12	18.9	8,100 LUP	1235
Lead Shot	12	1 oz.	Clays	Rem. 209P	Rem. TGT 12	19.9	8,800 LUP	1290
Lead Shot	12	1 oz.	Clays	Rem. 209P	WAA12SL	16.4	6,700 PSI	1125
Lead Shot	12	1 oz.	Clays	Rem. 209P	WAA12SL	17.6	8,100 PSI	1180
Lead Shot	12	1 oz.	Clays	Rem. 209P	WAA12SL	18.7	9,400 PSI	1235
Lead Shot	12	1 oz.	Clays	Rem. 209P	WAA12SL	19.9	10,900 PSI	1290
Lead Shot	12	1 oz.	Clays	Rio G-600	Rem. TGT 12	16.1	7,800 PSI	1125
Lead Shot	12	1oz.	Clays	Rio G-600	Rem. TGT 12	17.4	9,600 PSI	1180
Lead Shot	12	1 oz.	Clays	Rio G-600	Rem. TGT 12	18.7	11,500 PSI	1235
Lead Shot	12	1 oz.	Clays	Rio G-600	WAA12SL	16.2	7,900 PSI	1125
Lead Shot	12	1 oz.	Clays	Rio G-600	WAA12SL	17.4	9,700 PSI	1180
Lead Shot	12	1 oz.	Clays	Rio G-600	WAA12SL	18.3	11,200 PSI	1235
Lead Shot	12	1 oz.	Clays	Win. 209	CB-4100-12	16.5	5,800 PSI	1125
Lead Shot	12	1 oz.	Clays	Win. 209	CB-4100-12	17.8	7,200 PSI	1180
Lead Shot	12	1 oz.	Clays	Win. 209	CB-4100-12	19.1	8,600 PSI	1235
Lead Shot	12	1 oz.	Clays	Win. 209	CB-4100-12	20.4	10,000 PSI	1290
Lead Shot	12	1 oz.	Clays	Win. 209	Purple PC	16.8	5,700 PSI	1125
Lead Shot	12	1 oz.	Clays	Win. 209	Purple PC	18.1	7,000 PSI	1180
Lead Shot	12	1 oz.	Clays	Win. 209	Purple PC	19.4	8,300 PSI	1235
Lead Shot	12	1 oz.	Clays	Win. 209	Purple PC	20.6	9,500 PSI	1290
Lead Shot	12	1 oz.	Clays	Win. 209	Rem. TGT 12	16.3	6,500 PSI	1125
Lead Shot	12	1 oz.	Clays	Win. 209	Rem. TGT 12	17.6	7,900 PSI	1180
Lead Shot	12	1 oz.	Clays	Win. 209	Rem. TGT 12	18.8	9,200 PSI	1235
Lead Shot	12	1 oz.	Clays	Win. 209	Rem. TGT 12	20.1	10,500 PSI	1290

Lead Shot	12	1 oz.	Clays	Win. 209	WAA12SL	15.7	7,100 LUP	1125
Lead Shot	12	1 oz.	Clays	Win. 209	WAA12SL	17	8,200 LUP	1180
Lead Shot	12	1 oz.	Clays	Win. 209	WAA12SL	18.4	9,500 LUP	1235
Lead Shot	12	1 oz.	Clays	Win. 209	WAA12SL	19.8	10,700 LUP	1290
Lead Shot	12	1 oz.	Clays	Win. 209	Windjammer	17.3	5,500 PSI	1125
Lead Shot	12	1 oz.	Clays	Win. 209	Windjammer	18.4	7,100 PSI	1180
Lead Shot	12	1 oz.	Clays	Win. 209	Windjammer	19.5	8,600 PSI	1235
Lead Shot	12	1 oz.	Clays	Win. 209	Windjammer	20.6	10,200 PSI	1290
Lead Shot	12	1 oz.	700-X	Fed. 209A	CB 1100-12	14.5	6,600 PSI	1100
Lead Shot	12	1 oz.	700-X	Fed. 209A	CB 1100-12	16	7,900 PSI	1150
Lead Shot	12	1 oz.	700-X	Fed. 209A	CB 1100-12	17	8,700 PSI	1200
Lead Shot	12	1 oz.	700-X	Fed. 209A	CB 1100-12	18	9,600 PSI	1250
Lead Shot	12	1 oz.	700-X	Fed. 209A	Fed. 12S3	14.5	8,000 PSI	1100
Lead Shot	12	1 oz.	700-X	Fed. 209A	Fed. 12S3	15.5	8,900 PSI	1150
Lead Shot	12	1 oz.	700-X	Fed. 209A	Fed. 12S3	17	10,300 PSI	1200
Lead Shot	12	1 oz.	700-X	Fed. 209A	Fed. 12S3	18	11,200 PSI	1250
Lead Shot	12	1 oz.	700-X	Fed. 209A	Rem. TGT12	14.5	7,200 PSI	1100
Lead Shot	12	1 oz.	700-X	Fed. 209A	Rem. TGT12	15.5	8,100 PSI	1150
Lead Shot	12	1 oz.	700-X	Fed. 209A	Rem. TGT12	16.5	9,100 PSI	1200
Lead Shot	12	1 oz.	700-X	Fed. 209A	Rem. TGT12	17.5	10,000 PSI	1250
Lead Shot	12	1 oz.	700-X	Fed. 209A	WAA12SL	14.5	7,700 PSI	1100
Lead Shot	12	1 oz.	700-X	Fed. 209A	WAA12SL	15.5	7,700 PSI	1150
Lead Shot	12	1 oz.	700-X	Fed. 209A	WAA12SL	16.5	9,500 PSI	1200
Lead Shot	12	1 oz.	700-X	Fed. 209A	WAA12SL	18	10,800 PSI	1250
Lead Shot	12	1 oz.	700-X	Fio. 617	Rem. TGT 12	15	6,800 PSI	1100
Lead Shot	12	1 oz.	700-X	Fio. 617	Rem. TGT 12	16.1	7,700 PSI	1150
Lead Shot	12	1 oz.	700-X	Fio. 617	Rem. TGT 12	17.4	8,900 PSI	1200
Lead Shot	12	1 oz.	700-X	Fio. 617	Rem. TGT 12	19	10,200 PSI	1250
Lead Shot	12	1 oz.	700-X	Fio. 617	WAA12SL	14.7	7,200 PSI	1100
Lead Shot	12	1 oz.	700-X	Fio. 617	WAA12SL	16	8,200 PSI	1150
Lead Shot	12	1 oz.	700-X	Fio. 617	WAA12SL	17.3	9,100 PSI	1200
Lead Shot	12	1 oz.	700-X	Fio. 617	WAA12SL	18.6	10,100 PSI	1250
Lead Shot	12	1 oz.	700-X	Rem. 209P	CB 1100-12	15	6,500 PSI	1100
Lead Shot	12	1 oz.	700-X	Rem. 209P	CB 1100-12	16	7,200 PSI	1150
Lead Shot	12	1 oz.	700-X	Rem.	CB 1100-12	17	8,000 PSI	1200

				209P				
Lead Shot	12	1 oz.	700-X	Rem. 209P	CB 1100-12	18.5	9,400 PSI	1250
Lead Shot	12	1 oz.	700-X	Rem. 209P	Fed. 12S3	14.5	7,400 PSI	1100
Lead Shot	12	1 oz.	700-X	Rem. 209P	Fed. 12S3	15.5	8,300 PSI	1150
Lead Shot	12	1 oz.	700-X	Rem. 209P	Fed. 12S3	17	9,700 PSI	1200
Lead Shot	12	1 oz.	700-X	Rem. 209P	Fed. 12S3	18	10,600 PSI	1250
Lead Shot	12	1 oz.	700-X	Rem. 209P	Rem. TGT12	14.5	6,600 PSI	1100
Lead Shot	12	1 oz.	700-X	Rem. 209P	Rem. TGT12	15.5	7,500 PSI	1150
Lead Shot	12	1 oz.	700-X	Rem. 209P	Rem. TGT12	16.5	8,400 PSI	1200
Lead Shot	12	1 oz.	700-X	Rem. 209P	Rem. TGT12	18	9,500 PSI	1250
Lead Shot	12	1 oz.	700-X	Rem. 209P	WAA12SL	14.5	7,300 PSI	1100
Lead Shot	12	1 oz.	700-X	Rem. 209P	WAA12SL	15.5	8,100 PSI	1150
Lead Shot	12	1 oz.	700-X	Rem. 209P	WAA12SL	16.5	9,000 PSI	1200
Lead Shot	12	1 oz.	700-X	Rem. 209P	WAA12SL	18	10,500 PSI	1250
Lead Shot	12	1 oz.	700-X	Rio G-600	Rem. TGT 12	15.2	7,000 PSI	1100
Lead Shot	12	1 oz.	700-X	Rio G-600	Rem. TGT 12	16.3	7,900 PSI	1150
Lead Shot	12	1 oz.	700-X	Rio G-600	Rem. TGT 12	17.4	8,700 PSI	1200
Lead Shot	12	1 oz.	700-X	Rio G-600	Rem. TGT 12	18.5	9,600 PSI	1250
Lead Shot	12	1 oz.	700-X	Rio G-600	WAA12SL	14.9	7,100 PSI	1100
Lead Shot	12	1 oz.	700-X	Rio G-600	WAA12SL	16.1	8,000 PSI	1150
Lead Shot	12	1 oz.	700-X	Rio G-600	WAA12SL	17.3	9,000 PSI	1200
Lead Shot	12	1 oz.	700-X	Rio G-600	WAA12SL	18.7	10,100 PSI	1250
Lead Shot	12	1 oz.	700-X	Win. 209	CB 1100-12	15	6,300 PSI	1100
Lead Shot	12	1 oz.	700-X	Win. 209	CB 1100-12	16	7,200 PSI	1150
Lead Shot	12	1 oz.	700-X	Win. 209	CB 1100-12	17	8,200 PSI	1200

Shot	Gauge	Load	Powder	Primer	Wad	Charge	Pressure	Velocity
Lead Shot	12	1 oz.	700-X	Win. 209	CB 1100-12	18	9,200 PSI	1250
Lead Shot	12	1 oz.	700-X	Win. 209	Fed. 12S3	14.5	7,800 PSI	1100
Lead Shot	12	1 oz.	700-X	Win. 209	Fed. 12S3	15.5	8,700 PSI	1150
Lead Shot	12	1 oz.	700-X	Win. 209	Fed. 12S3	17	10,100 PSI	1200
Lead Shot	12	1 oz.	700-X	Win. 209	Fed. 12S3	18	11,100 PSI	1250
Lead Shot	12	1 oz.	700-X	Win. 209	Rem. TGT12	15	7,300 PSI	1100
Lead Shot	12	1 oz.	700-X	Win. 209	Rem. TGT12	15.5	7,700 PSI	1150
Lead Shot	12	1 oz.	700-X	Win. 209	Rem. TGT12	16.5	8,700 PSI	1200
Lead Shot	12	1 oz.	700-X	Win. 209	Rem. TGT12	18	9,800 PSI	1250
Lead Shot	12	1 oz.	700-X	Win. 209	WAA12SL	15	7,400 PSI	1100
Lead Shot	12	1 oz.	700-X	Win. 209	WAA12SL	16	8,300 PSI	1150
Lead Shot	12	1 oz.	700-X	Win. 209	WAA12SL	17	9,300 PSI	1200
Lead Shot	12	1 oz.	700-X	Win. 209	WAA12SL	18	10,300 PSI	1250
Lead Shot	12	1 oz.	Titegroup	Rem. 209P	Rem. TGT 12	16.1	7,900 PSI	1180
Lead Shot	12	1 oz.	Titegroup	Rem. 209P	Rem. TGT 12	17.3	8,900 PSI	1235
Lead Shot	12	1 oz.	Titegroup	Rem. 209P	Rem. TGT 12	18.6	10,100 PSI	1290
Lead Shot	12	1 oz.	Titegroup	Rem. 209P	Rem. TGT 12	19.9	11,200 PSI	1345
Lead Shot	12	1 oz.	Titegroup	Rem. 209P	WAA12SL	16.4	7,700 PSI	1180
Lead Shot	12	1 oz.	Titegroup	Rem. 209P	WAA12SL	17.6	9,100 PSI	1235
Lead Shot	12	1 oz.	Titegroup	Rem. 209P	WAA12SL	18.8	10,400 PSI	1290
Lead Shot	12	1 oz.	Titegroup	Win. 209	Rem. TGT 12	16	7,700 PSI	1180
Lead Shot	12	1 oz.	Titegroup	Win. 209	Rem. TGT 12	17.5	8,900 PSI	1235
Lead Shot	12	1 oz.	Titegroup	Win. 209	Rem. TGT 12	18.9	10,000 PSI	1290
Lead Shot	12	1 oz.	Titegroup	Win. 209	Rem. TGT 12	20.3	11,000 PSI	1345
Lead Shot	12	1 oz.	Titegroup	Win. 209	WAA12SL	16.3	8,100 PSI	1180
Lead Shot	12	1 oz.	Titegroup	Win. 209	WAA12SL	17.6	9,100 PSI	1235
Lead Shot	12	1 oz.	Titegroup	Win. 209	WAA12SL	18.9	10,200 PSI	1290
Lead Shot	12	1 oz.	Titegroup	Win. 209	WAA12SL	20.5	11,300 PSI	1345
Lead Shot	12	1 oz.	WST	CCI 209	Fed. 12SO	18.5	8,800 PSI	1180
Lead Shot	12	1 oz.	WST	CCI 209	Fed. 12SO	19.5	9,500 PSI	1235
Lead Shot	12	1 oz.	WST	CCI 209	Fed. 12SO	20.5	10,800 PSI	1290

Lead Shot	12	1 oz.	WST	CCI 209	WAA12SL	19	8,000 PSI	1180
Lead Shot	12	1 oz.	WST	CCI 209	WAA12SL	20	9,000 PSI	1235
Lead Shot	12	1 oz.	WST	CCI 209	WAA12SL	20.5	10,800 PSI	1290
Lead Shot	12	1 oz.	WST	Fio. 617	Rem. TGT 12	19.6	8,200 PSI	1180
Lead Shot	12	1 oz.	WST	Fio. 617	Rem. TGT 12	21.1	9,700 PSI	1235
Lead Shot	12	1 oz.	WST	Fio. 617	Rem. TGT 12	22.5	11,000 PSI	1290
Lead Shot	12	1 oz.	WST	Fio. 617	WAA12SL	19.6	8,300 PSI	1180
Lead Shot	12	1 oz.	WST	Fio. 617	WAA12SL	21.1	9,400 PSI	1235
Lead Shot	12	1 oz.	WST	Fio. 617	WAA12SL	22.7	10,600 PSI	1290
Lead Shot	12	1 oz.	WST	Rio G-600	Rem. TGT 12	19.4	8,200 PSI	1180
Lead Shot	12	1 oz.	WST	Rio G-600	Rem. TGT 12	21	9,600 PSI	1235
Lead Shot	12	1 oz.	WST	Rio G-600	Rem. TGT 12	22.5	10,800 PSI	1290
Lead Shot	12	1 oz.	WST	Rio G-600	WAA12SL	19.6	8,000 PSI	1180
Lead Shot	12	1 oz.	WST	Rio G-600	WAA12SL	21.1	9,500 PSI	1235
Lead Shot	12	1 oz.	WST	Rio G-600	WAA12SL	22.7	11,100 PSI	1290
Lead Shot	12	1 oz.	WST	Win. 209	Fed. 12SO	19	8,200 PSI	1180
Lead Shot	12	1 oz.	WST	Win. 209	Fed. 12SO	20	8,900 PSI	1235
Lead Shot	12	1 oz.	WST	Win. 209	Fed. 12SO	21	9,700 PSI	1290
Lead Shot	12	1 oz.	WST	Win. 209	WAA12SL	19.5	8,000 PSI	1235
Lead Shot	12	1 oz.	WST	Win. 209	WAA12SL	21	10,000 PSI	1290
Lead Shot	12	1 oz.	Internat'l	CCI 209	Purple PC	20.6	6,300 LUP	1180
Lead Shot	12	1 oz.	Internat'l	CCI 209	Purple PC	21.6	7,000 LUP	1235
Lead Shot	12	1 oz.	Internat'l	CCI 209	Purple PC	22.7	8,300 LUP	1290
Lead Shot	12	1 oz.	Internat'l	CCI 209	Rem. TGT 12	19	6,800 PSI	1180
Lead Shot	12	1 oz.	Internat'l	CCI 209	Rem. TGT 12	20	7,900 PSI	1235
Lead Shot	12	1 oz.	Internat'l	CCI 209	Rem. TGT 12	21	9,000 PSI	1290
Lead Shot	12	1 oz.	Internat'l	CCI 209	Rem. TGT 12	22	10,100 PSI	1345
Lead Shot	12	1 oz.	Internat'l	CCI 209	WAA12SL	18.6	7,400 PSI	1180
Lead Shot	12	1 oz.	Internat'l	CCI 209	WAA12SL	19.8	8,500 PSI	1235
Lead Shot	12	1 oz.	Internat'l	CCI 209	WAA12SL	21	9,500 PSI	1290
Lead Shot	12	1 oz.	Internat'l	CCI 209	WAA12SL	22.3	10,600 PSI	1345
Lead Shot	12	1 oz.	Internat'l	CCI 209SC	Purple PC	18.7	7,200 PSI	1180
Lead Shot	12	1 oz.	Internat'l	CCI 209SC	Purple PC	20	8,100 PSI	1235
Lead Shot	12	1 oz.	Internat'l	CCI 209SC	Purple PC	21.2	9,000 PSI	1290
Lead Shot	12	1 oz.	Internat'l	CCI	Purple PC	22.5	10,000 PSI	1345

Shot	Gauge	Load	Powder	Primer	Wad	Charge	Pressure	Velocity
Lead Shot	12	1 oz.	Internat'l	CCI 209SC	Rem. TGT 12	19.5	6,800 PSI	1180
Lead Shot	12	1 oz.	Internat'l	CCI 209SC	Rem. TGT 12	20.8	7,800 PSI	1235
Lead Shot	12	1 oz.	Internat'l	CCI 209SC	Rem. TGT 12	22.2	9,300 PSI	1290
Lead Shot	12	1 oz.	Internat'l	CCI 209SC	Rem. TGT 12	22.8	10,300 PSI	1345
Lead Shot	12	1 oz.	Internat'l	CCI 209SC	WAA12SL	18.7	7,200 PSI	1180
Lead Shot	12	1 oz.	Internat'l	CCI 209SC	WAA12SL	19.8	8,300 PSI	1235
Lead Shot	12	1 oz.	Internat'l	CCI 209SC	WAA12SL	21	9,400 PSI	1290
Lead Shot	12	1 oz.	Internat'l	CCI 209SC	WAA12SL	22.2	10,600 PSI	1345
Lead Shot	12	1 oz.	Internat'l	Fed. 209A	Fed. 12SO	18	7,700 PSI	1180
Lead Shot	12	1 oz.	Internat'l	Fed. 209A	Fed. 12SO	19.3	9,700 PSI	1235
Lead Shot	12	1 oz.	Internat'l	Fed. 209A	Fed. 12SO	21	11,300 PSI	1290
Lead Shot	12	1 oz.	Internat'l	Fed. 209A	Purple PC	18.4	7,100 PSI	1180
Lead Shot	12	1 oz.	Internat'l	Fed. 209A	Purple PC	19.6	8,200 PSI	1235
Lead Shot	12	1 oz.	Internat'l	Fed. 209A	Purple PC	20.9	9,400 PSI	1290
Lead Shot	12	1 oz.	Internat'l	Fed. 209A	Purple PC	22.2	10,600 PSI	1345
Lead Shot	12	1 oz.	Internat'l	Fed. 209A	Rem. TGT 12	18.2	7,900 PSI	1180
Lead Shot	12	1 oz.	Internat'l	Fed. 209A	Rem. TGT 12	19.2	9,000 PSI	1235
Lead Shot	12	1 oz.	Internat'l	Fed. 209A	Rem. TGT 12	20.2	10,000 PSI	1290
Lead Shot	12	1 oz.	Internat'l	Fed. 209A	Rem. TGT 12	21.3	11,100 PSI	1345
Lead Shot	12	1 oz.	Internat'l	Fed. 209A	WAA12SL	17.8	7,500 PSI	1180
Lead Shot	12	1 oz.	Internat'l	Fed. 209A	WAA12SL	19	8,800 PSI	1235
Lead Shot	12	1 oz.	Internat'l	Fed. 209A	WAA12SL	20.3	10,200 PSI	1290
Lead Shot	12	1 oz.	Internat'l	Fed. 209A	WAA12SL	21.5	11,500 PSI	1345
Lead Shot	12	1 oz.	Internat'l	Fio. 616	WAA12SL	18.6	7,400 PSI	1180
Lead Shot	12	1 oz.	Internat'l	Fio. 616	WAA12SL	19.6	8,600 PSI	1235
Lead Shot	12	1 oz.	Internat'l	Fio. 616	WAA12SL	20.5	9,700 PSI	1290
Lead Shot	12	1 oz.	Internat'l	Fio. 616	WAA12SL	21.5	10,900 PSI	1345
Lead Shot	12	1 oz.	Internat'l	Fio. 617	Rem. TGT 12	18.7	7,600 PSI	1180
Lead Shot	12	1 oz.	Internat'l	Fio. 617	Rem. TGT 12	19.9	8,900 PSI	1235

Lead Shot	12	1 oz.	Internat'l	Fio. 617	Rem. TGT 12	21	10,100 PSI	1290
Lead Shot	12	1 oz.	Internat'l	Fio. 617	WAA12SL	18.7	7,500 PSI	1180
Lead Shot	12	1 oz.	Internat'l	Fio. 617	WAA12SL	20	8,900 PSI	1235
Lead Shot	12	1 oz.	Internat'l	Fio. 617	WAA12SL	21.3	10,300 PSI	1290
Lead Shot	12	1 oz.	Internat'l	Rem. 209P	Purple PC	19.2	6,800 PSI	1180
Lead Shot	12	1 oz.	Internat'l	Rem. 209P	Purple PC	20.5	7,900 PSI	1235
Lead Shot	12	1 oz.	Internat'l	Rem. 209P	Purple PC	21.7	8,900 PSI	1290
Lead Shot	12	1 oz.	Internat'l	Rem. 209P	Purple PC	23	9,900 PSI	1345
Lead Shot	12	1 oz.	Internat'l	Rem. 209P	Rem. TGT 12	20.2	6,800 LUP	1180
Lead Shot	12	1 oz.	Internat'l	Rem. 209P	Rem. TGT 12	20.9	7,700 LUP	1235
Lead Shot	12	1 oz.	Internat'l	Rem. 209P	Rem. TGT 12	21.4	8,900 LUP	1290
Lead Shot	12	1 oz.	Internat'l	Rem. 209P	WAA12SL	19	6,800 PSI	1180
Lead Shot	12	1 oz.	Internat'l	Rem. 209P	WAA12SL	20.2	8,100 PSI	1235
Lead Shot	12	1 oz.	Internat'l	Rem. 209P	WAA12SL	21.3	9,300 PSI	1290
Lead Shot	12	1 oz.	Internat'l	Rem. 209P	WAA12SL	22.4	10,500 PSI	1345
Lead Shot	12	1 oz.	Internat'l	Rio G-600	Rem. TGT 12	18.9	7,100 PSI	1180
Lead Shot	12	1 oz.	Internat'l	Rio G-600	Rem. TGT 12	20.1	8,600 PSI	1235
Lead Shot	12	1 oz.	Internat'l	Rio G-600	Rem. TGT 12	21.4	10,200 PSI	1290
Lead Shot	12	1 oz.	Internat'l	Rio G-600	WAA12SL	18.7	7,200 PSI	1180
Lead Shot	12	1 oz.	Internat'l	Rio G-600	WAA12SL	20	9,100 PSI	1235
Lead Shot	12	1 oz.	Internat'l	Rio G-600	WAA12SL	21.5	10,100 PSI	1290
Lead Shot	12	1 oz.	Internat'l	Win. 209	Purple PC	20.2	6,500 PSI	1180
Lead Shot	12	1 oz.	Internat'l	Win. 209	Purple PC	21.3	7,500 PSI	1235
Lead Shot	12	1 oz.	Internat'l	Win. 209	Purple PC	22.4	8,500 PSI	1290
Lead Shot	12	1 oz.	Internat'l	Win. 209	Purple PC	23.5	9,600 PSI	1345
Lead Shot	12	1 oz.	Internat'l	Win. 209	Rem. TGT 12	18.9	7,100 PSI	1180
Lead Shot	12	1 oz.	Internat'l	Win. 209	Rem. TGT 12	20.2	8,200 PSI	1235

Lead Shot	12	1 oz.	Internat'l	Win. 209	Rem. TGT 12	21.5	9,300 PSI	1290
Lead Shot	12	1 oz.	Internat'l	Win. 209	Rem. TGT 12	22.8	10,300 PSI	1345
Lead Shot	12	1 oz.	Internat'l	Win. 209	WAA12SL	18.4	7,100 LUP	1180
Lead Shot	12	1 oz.	Internat'l	Win. 209	WAA12SL	20.1	8,600 LUP	1235
Lead Shot	12	1 oz.	Internat'l	Win. 209	WAA12SL	21	10,000 LUP	1290
Lead Shot	12	1 oz.	Super Hcp	Ched. 209	J-XL-1	18.1	6,800 PSI	1180
Lead Shot	12	1 oz.	Super Hcp	Ched. 209	J-XL-1	19.6	8,100 PSI	1235
Lead Shot	12	1 oz.	Super Hcp	Ched. 209	J-XL-1	21	9,200 PSI	1290
Lead Shot	12	1 oz.	Super Hcp	Ched. 209	J-XL-1	22.5	10,400 PSI	1345
Lead Shot	12	1 oz.	Super Hcp	Ched. 209	Purple PC	20.4	7,100 PSI	1235
Lead Shot	12	1 oz.	Super Hcp	Ched. 209	Purple PC	21.6	8,300 PSI	1290
Lead Shot	12	1 oz.	Super Hcp	Ched. 209	Purple PC	22.9	9,500 PSI	1345
Lead Shot	12	1 oz.	Super Hcp	Ched. 209	Rem. TGT12	18.5	6,700 PSI	1180
Lead Shot	12	1 oz.	Super Hcp	Ched. 209	Rem. TGT12	20.1	7,800 PSI	1235
Lead Shot	12	1 oz.	Super Hcp	Ched. 209	Rem. TGT12	21.8	9,100 PSI	1290
Lead Shot	12	1 oz.	Super Hcp	Ched. 209	Rem. TGT12	22.8	9,900 PSI	1345
Lead Shot	12	1 oz.	Super Hcp	Ched. 209	WAA12SL	18.6	6,900 PSI	1180
Lead Shot	12	1 oz.	Super Hcp	Ched. 209	WAA12SL	19.9	8,000 PSI	1235
Lead Shot	12	1 oz.	Super Hcp	Ched. 209	WAA12SL	21.2	9,000 PSI	1290
Lead Shot	12	1 oz.	Super Hcp	Ched. 209	WAA12SL	22.6	10,100 PSI	1345
Lead Shot	12	1 oz.	Super Hcp	Fed. 209A	J-XL-1	18	7,300 PSI	1180

Lead Shot	12	1 oz.	Super Hcp	Fed. 209A	J-XL-1	19.3	8,300 PSI	1235
Lead Shot	12	1 oz.	Super Hcp	Fed. 209A	J-XL-1	20.6	9,400 PSI	1290
Lead Shot	12	1 oz.	Super Hcp	Fed. 209A	J-XL-1	22	10,500 PSI	1345
Lead Shot	12	1 oz.	Super Hcp	Fed. 209A	Purple PC	20.2	7,300 PSI	1235
Lead Shot	12	1 oz.	Super Hcp	Fed. 209A	Purple PC	21.2	8,400 PSI	1290
Lead Shot	12	1 oz.	Super Hcp	Fed. 209A	Purple PC	22.4	9,700 PSI	1345
Lead Shot	12	1 oz.	Super Hcp	Fed. 209A	Rem. TGT12	18.1	7,000 PSI	1180
Lead Shot	12	1 oz.	Super Hcp	Fed. 209A	Rem. TGT12	19.4	8,100 PSI	1235
Lead Shot	12	1 oz.	Super Hcp	Fed. 209A	Rem. TGT12	20.8	9,300 PSI	1290
Lead Shot	12	1 oz.	Super Hcp	Fed. 209A	Rem. TGT12	22	10,400 PSI	1345
Lead Shot	12	1 oz.	Super Hcp	Fed. 209A	WAA12SL	18.1	7,200 PSI	1180
Lead Shot	12	1 oz.	Super Hcp	Fed. 209A	WAA12SL	19.3	8,300 PSI	1235
Lead Shot	12	1 oz.	Super Hcp	Fed. 209A	WAA12SL	20.6	9,400 PSI	1290
Lead Shot	12	1 oz.	Super Hcp	Fed. 209A	WAA12SL	21.9	10,600 PSI	1345
Lead Shot	12	1 oz.	Super Hcp	Fio. 617	Rem. TGT 12	20.1	7,900 PSI	1235
Lead Shot	12	1 oz.	Super Hcp	Fio. 617	Rem. TGT 12	21.4	9,100 PSI	1290
Lead Shot	12	1 oz.	Super Hcp	Fio. 617	Rem. TGT 12	22.7	10,300 PSI	1345
Lead Shot	12	1 oz.	Super Hcp	Fio. 617	WAA12SL	20.1	8,000 PSI	1235
Lead Shot	12	1 oz.	Super Hcp	Fio. 617	WAA12SL	21.5	9,200 PSI	1290

Lead Shot	12	1 oz.	Super Hcp	Fio. 617	WAA12SL	22.8	10,300 PSI	1345
Lead Shot	12	1 oz.	Super Hcp	Rem. 209P	J-XL-1	18.4	6,700 PSI	1180
Lead Shot	12	1 oz.	Super Hcp	Rem. 209P	J-XL-1	19.5	7,600 PSI	1235
Lead Shot	12	1 oz.	Super Hcp	Rem. 209P	J-XL-1	20.8	8,600 PSI	1290
Lead Shot	12	1 oz.	Super Hcp	Rem. 209P	J-XL-1	22.3	9,900 PSI	1345
Lead Shot	12	1 oz.	Super Hcp	Rem. 209P	Purple PC	21.5	6,800 PSI	1235
Lead Shot	12	1 oz.	Super Hcp	Rem. 209P	Purple PC	22.4	7,700 PSI	1290
Lead Shot	12	1 oz.	Super Hcp	Rem. 209P	Purple PC	23.5	8,900 PSI	1345
Lead Shot	12	1 oz.	Super Hcp	Rem. 209P	Rem. TGT12	18.7	6,500 PSI	1180
Lead Shot	12	1 oz.	Super Hcp	Rem. 209P	Rem. TGT12	19.9	7,500 PSI	1235
Lead Shot	12	1 oz.	Super Hcp	Rem. 209P	Rem. TGT12	21	8,400 PSI	1290
Lead Shot	12	1 oz.	Super Hcp	Rem. 209P	Rem. TGT12	22.6	9,700 PSI	1345
Lead Shot	12	1 oz.	Super Hcp	Rem. 209P	WAA12SL	18.7	6,200 PSI	1180
Lead Shot	12	1 oz.	Super Hcp	Rem. 209P	WAA12SL	20	7,400 PSI	1235
Lead Shot	12	1 oz.	Super Hcp	Rem. 209P	WAA12SL	21.2	8,500 PSI	1290
Lead Shot	12	1 oz.	Super Hcp	Rem. 209P	WAA12SL	22.5	9,700 PSI	1345
Lead Shot	12	1 oz.	Super Hcp	Rio G-600	Rem. TGT 12	20.3	7,800 PSI	1235
Lead Shot	12	1 oz.	Super Hcp	Rio G-600	Rem. TGT 12	21.5	8,900 PSI	1290
Lead Shot	12	1 oz.	Super Hcp	Rio G-600	Rem. TGT 12	22.7	10,000 PSI	1345

Lead Shot	12	1 oz.	Super Hcp	Rio G-600	WAA12SL	20.3	7,900 PSI	1235
Lead Shot	12	1 oz.	Super Hcp	Rio G-600	WAA12SL	21.4	9,100 PSI	1290
Lead Shot	12	1 oz.	Super Hcp	Rio G-600	WAA12SL	22.5	10,300 PSI	1345
Lead Shot	12	1 oz.	Super Hcp	Win. 209	J-XL-1	19	6,200 PSI	1180
Lead Shot	12	1 oz.	Super Hcp	Win. 209	J-XL-1	20.3	7,500 PSI	1235
Lead Shot	12	1 oz.	Super Hcp	Win. 209	J-XL-1	21.5	8,700 PSI	1290
Lead Shot	12	1 oz.	Super Hcp	Win. 209	J-XL-1	22.8	10,000 PSI	1345
Lead Shot	12	1 oz.	Super Hcp	Win. 209	Purple PC	21.4	6,500 PSI	1235
Lead Shot	12	1 oz.	Super Hcp	Win. 209	Purple PC	22.5	7,900 PSI	1290
Lead Shot	12	1 oz.	Super Hcp	Win. 209	Purple PC	23.5	9,200 PSI	1345
Lead Shot	12	1 oz.	Super Hcp	Win. 209	Rem. TGT12	20	6,400 PSI	1180
Lead Shot	12	1 oz.	Super Hcp	Win. 209	Rem. TGT12	20.7	7,300 PSI	1235
Lead Shot	12	1 oz.	Super Hcp	Win. 209	Rem. TGT12	21.7	8,500 PSI	1290
Lead Shot	12	1 oz.	Super Hcp	Win. 209	Rem. TGT12	22.9	9,900 PSI	1345
Lead Shot	12	1 oz.	Super Hcp	Win. 209	WAA12SL	19.2	6,100 PSI	1180
Lead Shot	12	1 oz.	Super Hcp	Win. 209	WAA12SL	20.5	7,400 PSI	1235
Lead Shot	12	1 oz.	Super Hcp	Win. 209	WAA12SL	21.7	8,600 PSI	1290
Lead Shot	12	1 oz.	Super Hcp	Win. 209	WAA12SL	23	9,900 PSI	1345
Lead Shot	12	1 oz.	PB	Fed. 209A	CB 1100-12	18.5	5,700 PSI	1100
Lead Shot	12	1 oz.	PB	Fed. 209A	CB 1100-12	20	6,600 PSI	1150

Lead Shot	12	1 oz.	PB	Fed. 209A	CB 1100-12	21	7,200 PSI	1200
Lead Shot	12	1 oz.	PB	Fed. 209A	CB 1100-12	22.5	8,000 PSI	1250
Lead Shot	12	1 oz.	PB	Fed. 209A	Fed. 12S3	18	6,500 PSI	1100
Lead Shot	12	1 oz.	PB	Fed. 209A	Fed. 12S3	19	7,200 PSI	1150
Lead Shot	12	1 oz.	PB	Fed. 209A	Fed. 12S3	20.5	8,300 PSI	1200
Lead Shot	12	1 oz.	PB	Fed. 209A	Fed. 12S3	22	9,300 PSI	1250
Lead Shot	12	1 oz.	PB	Fed. 209A	Rem. TGT12	18.5	6,200 PSI	1100
Lead Shot	12	1 oz.	PB	Fed. 209A	Rem. TGT12	19.5	6,700 PSI	1150
Lead Shot	12	1 oz.	PB	Fed. 209A	Rem. TGT12	21	7,400 PSI	1200
Lead Shot	12	1 oz.	PB	Fed. 209A	Rem. TGT12	22.5	8,200 PSI	1250
Lead Shot	12	1 oz.	PB	Fed. 209A	WAA12SL	18	7,000 PSI	1100
Lead Shot	12	1 oz.	PB	Fed. 209A	WAA12SL	19	7,500 PSI	1150
Lead Shot	12	1 oz.	PB	Fed. 209A	WAA12SL	20.5	8,200 PSI	1200
Lead Shot	12	1 oz.	PB	Fed. 209A	WAA12SL	22	8,900 PSI	1250
Lead Shot	12	1 oz.	PB	Fio. 617	Rem. TGT 12	18.7	5,300 PSI	1100
Lead Shot	12	1oz.	PB	Fio. 617	Rem. TGT 12	20.3	6,200 PSI	1150
Lead Shot	12	1 oz.	PB	Fio. 617	Rem. TGT 12	21.9	7,300 PSI	1200
Lead Shot	12	1 oz.	PB	Fio. 617	Rem. TGT 12	22.7	7,900 PSI	1250
Lead Shot	12	1 oz.	PB	Fio. 617	WAA12SL	18.5	5,900 PSI	1100
Lead Shot	12	1 oz.	PB	Fio. 617	WAA12SL	20	6,700 PSI	1150
Lead Shot	12	1 oz.	PB	Fio. 617	WAA12SL	21.5	7,600 PSI	1200
Lead Shot	12	1 oz.	PB	Fio. 617	WAA12SL	22.7	8,500 PSI	1250
Lead Shot	12	1 oz.	PB	Rem. 209P	CB 1100-12	19.5	5,100 PSI	1100
Lead Shot	12	1 oz.	PB	Rem. 209P	CB 1100-12	20.5	5,700 PSI	1150
Lead Shot	12	1 oz.	PB	Rem. 209P	CB 1100-12	21.5	6,200 PSI	1200
Lead Shot	12	1 oz.	PB	Rem. 209P	CB 1100-12	23	7,200 PSI	1250
Lead Shot	12	1 oz.	PB	Rem. 209P	Fed. 12S3	18.5	6,100 PSI	1100
Lead Shot	12	1 oz.	PB	Rem. 209P	Fed. 12S3	20	7,100 PSI	1150
Lead Shot	12	1 oz.	PB	Rem. 209P	Fed. 12S3	21	7,800 PSI	1200
Lead Shot	12	1 oz.	PB	Rem. 209P	Fed. 12S3	22.5	8,500 PSI	1250

Lead Shot	12	1 oz.	PB	Rem. 209P	Rem. TGT12	19	5,700 PSI	1100
Lead Shot	12	1 oz.	PB	Rem. 209P	Rem. TGT12	20	6,300 PSI	1150
Lead Shot	12	1 oz.	PB	Rem 209P	Rem. TGT12	21.5	7,100 PSI	1200
Lead Shot	12	1 oz.	PB	Rem. 209P	Rem. TGT12	22.5	7,600 PSI	1250
Lead Shot	12	1 oz.	PB	Rem. 209P	WAA12SL	18	6,500 PSI	1100
Lead Shot	12	1 oz.	PB	Rem. 209P	WAA12SL	19.5	7,200 PSI	1150
Lead Shot	12	1 oz.	PB	Rem. 209P	WAA12SL	20.5	7,700 PSI	1200
Lead Shot	12	1 oz.	PB	Rem. 209P	WAA12SL	22.5	8,700 PSI	1250
Lead Shot	12	1 oz.	PB	Rio G-600	Rem. TGT 12	20	5,600 PSI	1100
Lead Shot	12	1 oz.	PB	Rio G-600	Rem. TGT 12	21.1	6,200 PSI	1150
Lead Shot	12	1 oz.	PB	Rio G-600	Rem. TGT 12	22.6	7,100 PSI	1200
Lead Shot	12	1 oz.	PB	Rio G-600	Rem. TGT 12	24	8,000 PSI	1250
Lead Shot	12	1 oz.	PB	Rio G-600	WAA12SL	18.7	5,400 PSI	1100
Lead Shot	12	1 oz.	PB	Rio G-600	WAA12SL	20.2	6,500 PSI	1150
Lead Shot	12	1 oz.	PB	Rio G-600	WAA12SL	21.7	7,600 PSI	1200
Lead Shot	12	1 oz.	PB	Rio G-600	WAA12SL	22.7	8,300 PSI	1250
Lead Shot	12	1 oz.	PB	Win. 209	CB 1100-12	19.5	5,400 PSI	1100
Lead Shot	12	1 oz.	PB	Win. 209	CB 1100-12	20.5	5,900 PSI	1150
Lead Shot	12	1 oz.	PB	Win. 209	CB 1100-12	21.5	6,400 PSI	1200
Lead Shot	12	1 oz.	PB	Win. 209	CB 1100-12	23	7,100 PSI	1250
Lead Shot	12	1 oz.	PB	Win. 209	Fed. 12S3	19	6,300 PSI	1100
Lead Shot	12	1 oz.	PB	Win. 209	Fed. 12S3	20	7,000 PSI	1150
Lead Shot	12	1 oz.	PB	Win. 209	Fed. 12S3	21	7,700 PSI	1200
Lead Shot	12	1 oz.	PB	Win. 209	Fed. 12S3	22.5	8,700 PSI	1250
Lead Shot	12	1 oz.	PB	Win. 209	Rem. TGT12	19	5,700 PSI	1100
Lead Shot	12	1 oz.	PB	Win. 209	Rem. TGT12	20	6,300 PSI	1150
Lead Shot	12	1 oz.	PB	Win. 209	Rem. TGT12	21	6,800 PSI	1200
Lead Shot	12	1 oz.	PB	Win. 209	Rem. TGT12	22.5	7,700 PSI	1250
Lead Shot	12	1 oz.	PB	Win. 209	WAA12	18.5	5,900 PSI	1100
Lead Shot	12	1 oz.	PB	Win. 209	WAA12	19.5	6,500 PSI	1150

Shot	Gauge	Load	Powder	Primer	Wad	Charge (gr)	Pressure	Velocity
Lead Shot	12	1 oz.	PB	Win. 209	WAA12	21	7,300 PSI	1200
Lead Shot	12	1 oz.	PB	Win. 209	WAA12	22.5	8,100 PSI	1250
Lead Shot	12	1 oz.	SR 7625	Fed. 209A	CB 1100-12	20.5	5,000 PSI	1100
Lead Shot	12	1 oz.	SR 7625	Fed. 209A	CB 1100-12	22	5,900 PSI	1150
Lead Shot	12	1 oz.	SR 7625	Fed. 209A	CB 1100-12	23	6,500 PSI	1200
Lead Shot	12	1 oz.	SR 7625	Fed. 209A	CB 1100-12	24.5	7,400 PSI	1250
Lead Shot	12	1 oz.	SR 7625	Fed. 209A	Fed. 12S3	20	6,100 PSI	1100
Lead Shot	12	1 oz.	SR 7625	Fed. 209A	Fed. 12S3	21	6,700 PSI	1150
Lead Shot	12	1 oz.	SR 7625	Fed. 209A	Fed. 12S3	22.5	7,600 PSI	1200
Lead Shot	12	1 oz.	SR 7625	Fed. 209A	Fed. 12S3	23.5	8,300 PSI	1250
Lead Shot	12	1 oz.	SR 7625	Fed. 209A	Rem. TGT12	20.5	5,300 PSI	1100
Lead Shot	12	1 oz.	SR 7625	Fed. 209A	Rem. TGT12	22	6,300 PSI	1150
Lead Shot	12	1 oz.	SR 7625	Fed. 209A	Rem. TGT12	23	6,900 PSI	1200
Lead Shot	12	1 oz.	SR 7625	Fed. 209A	Rem. TGT12	24	7,400 PSI	1250
Lead Shot	12	1 oz.	SR 7625	Fed. 209A	WAA12SL	19	4,200 PSI	1100
Lead Shot	12	1 oz.	SR 7625	Fed. 209A	WAA12SL	20.5	5,700 PSI	1150
Lead Shot	12	1 oz.	SR 7625	Fed. 209A	WAA12SL	22	7,200 PSI	1200
Lead Shot	12	1 oz.	SR 7625	Fed. 209A	WAA12SL	23.5	8,500 PSI	1250
Lead Shot	12	1 oz.	SR 7625	Rem. 209P	CB 1100-12	22	4,700 PSI	1100
Lead Shot	12	1 oz.	SR 7625	Rem. 209P	CB 1100-12	23	5,100 PSI	1150
Lead Shot	12	1 oz.	SR 7625	Rem. 209P	CB 1100-12	24	5,500 PSI	1200
Lead Shot	12	1 oz.	SR 7625	Rem. 209P	CB 1100-12	25	5,900 PSI	1250
Lead Shot	12	1 oz.	SR 7625	Rem. 209P	Fed. 12S3	20	6,000 PSI	1100
Lead Shot	12	1 oz.	SR 7625	Rem. 209P	Fed. 12S3	21	6,300 PSI	1150
Lead Shot	12	1 oz.	SR 7625	Rem. 209P	Fed. 12S3	22.5	6,900 PSI	1200
Lead Shot	12	1 oz.	SR 7625	Rem. 209P	Fed. 12S3	24	7,800 PSI	1250
Lead Shot	12	1 oz.	SR 7625	Rem. 209P	Rem. TGT12	21.5	5,100 PSI	1100
Lead Shot	12	1 oz.	SR 7625	Rem. 209P	Rem. TGT12	22.5	5,700 PSI	1150

Lead Shot	12	1 oz.	SR 7625	Rem. 209P	Rem. TGT12	23.5	6,200 PSI	1200
Lead Shot	12	1 oz.	SR 7625	Rem. 209P	Rem. TGT12	25	7,000 PSI	1250
Lead Shot	12	1 oz.	SR 7625	Rem. 209P	WAA12SL	21	5,800 PSI	1100
Lead Shot	12	1 oz.	SR 7625	Rem. 209P	WAA12SL	22	6,200 PSI	1150
Lead Shot	12	1 oz.	SR 7625	Rem. 209P	WAA12SL	23	6,800 PSI	1200
Lead Shot	12	1 oz.	SR 7625	Rem. 209P	WAA12SL	24.5	8,100 PSI	1250
Lead Shot	12	1 oz.	SR 7625	Win. 209	CB 1100-12	21	4,600 PSI	1100
Lead Shot	12	1 oz.	SR 7625	Win. 209	CB 1100-12	22.5	5,100 PSI	1150
Lead Shot	12	1 oz.	SR 7625	Win. 209	CB 1100-12	24	5,500 PSI	1200
Lead Shot	12	1 oz.	SR 7625	Win. 209	CB 1100-12	25.5	5,900 PSI	1250
Lead Shot	12	1 oz.	SR 7625	Win. 209	Fed. 12S3	21	5,300 PSI	1100
Lead Shot	12	1 oz.	SR 7625	Win. 209	Fed. 12S3	22	6,000 PSI	1150
Lead Shot	12	1 oz.	SR 7625	Win. 209	Fed. 12S3	23	6,800 PSI	1200
Lead Shot	12	1 oz.	SR 7625	Win. 209	Fed. 12S3	24	7,900 PSI	1250
Lead Shot	12	1 oz.	SR 7625	Win. 209	Rem. TGT12	21	5,300 PSI	1100
Lead Shot	12	1 oz.	SR 7625	Win. 209	Rem. TGT12	22	5,700 PSI	1150
Lead Shot	12	1 oz.	SR 7625	Win. 209	Rem. TGT12	23	6,300 PSI	1200
Lead Shot	12	1 oz.	SR 7625	Win. 209	Rem. TGT12	24.5	7,100 PSI	1250
Lead Shot	12	1 oz.	SR 7625	Win. 209	WAA12SL	20	5,700 PSI	1100
Lead Shot	12	1 oz.	SR 7625	Win. 209	WAA12SL	21.5	6,100 PSI	1150
Lead Shot	12	1 oz.	SR 7625	Win. 209	WAA12SL	23	6,700 PSI	1200
Lead Shot	12	1 oz.	SR 7625	Win. 209	WAA12SL	24	7,200 PSI	1250
Lead Shot	12	1 1/8 oz.	WAALite	Ched. 209	Rem. FIG. 8	12.8	8,200 PSI	980
Lead Shot	12	1 1/8 oz.	WAALite	Ched. 209	Rem. FIG. 8	13.9	9,500 PSI	1035
Lead Shot	12	1 1/8 oz.	WAALite	Ched. 209	Rem. FIG. 8	14.9	10,800 PSI	1090
Lead Shot	12	1 1/8 oz.	WAALite	Ched. 209	WAA12	12.5	8,200 PSI	980
Lead Shot	12	1 1/8 oz.	WAALite	Ched. 209	WAA12	13.6	10,300 PSI	1035
Lead Shot	12	1 1/8 oz.	WAALite	Ched. 209	WAA12	14.7	11,500 PSI	1090
Lead Shot	12	1 1/8 oz.	WAALite	Ched. 209	WJ-12-RPL	12.8	7,400 PSI	980
Lead Shot	12	1 1/8 oz.	WAALite	Ched. 209	WJ-12-RPL	13.9	8,600 PSI	1035
Lead Shot	12	1 1/8 oz.	WAALite	Ched. 209	WJ-12-RPL	15.2	10,000 PSI	1090
Lead Shot	12	1 1/8 oz.	WAALite	Ched. 209	WJ-12-RPL	16.1	11,000 PSI	1145

Lead Shot	12	1 1/8 oz.	WAALite	Fed. 209A	Rem. FIG. 8	12.9	7,900 PSI	980
Lead Shot	12	1 1/8 oz.	WAALite	Fed. 209A	Rem. FIG. 8	13.8	9,300 PSI	1035
Lead Shot	12	1 1/8 oz.	WAALite	Fed. 209A	Rem. FIG. 8	14.8	10,800 PSI	1090
Lead Shot	12	1 1/8 oz.	WAALite	Fed. 209A	WAA12	13.1	8,400 PSI	980
Lead Shot	12	1 1/8 oz.	WAALite	Fed. 209A	WAA12	13.9	9,500 PSI	1035
Lead Shot	12	1 1/8 oz.	WAALite	Fed. 209A	WAA12	14.8	10,800 PSI	1090
Lead Shot	12	1 1/8 oz.	WAALite	Fed. 209A	WJ-12-RPL	12.8	7,600 PSI	980
Lead Shot	12	1 1/8 oz.	WAALite	Fed. 209A	WJ-12-RPL	13.7	8,700 PSI	1035
Lead Shot	12	1 1/8 oz.	WAALite	Fed. 209A	WJ-12-RPL	14.6	9,800 PSI	1090
Lead Shot	12	1 1/8 oz.	WAALite	Fed. 209A	WJ-12-RPL	15.5	10,900 PSI	1145
Lead Shot	12	1 1/8 oz.	WAALite	Rem. 209P	Rem. FIG. 8	12.9	8,100 PSI	980
Lead Shot	12	1 1/8 oz.	WAALite	Rem. 209P	Rem. FIG. 8	13.9	9,500 PSI	1035
Lead Shot	12	1 1/8 oz.	WAALite	Rem. 209P	Rem. FIG. 8	14.9	10,900 PSI	1090
Lead Shot	12	1 1/8 oz.	WAALite	Rem. 209P	WAA12	12.7	8,000 PSI	980
Lead Shot	12	1 1/8 oz.	WAALite	Rem. 209P	WAA12	13.7	9,500 PSI	1035
Lead Shot	12	1 1/8 oz.	WAALite	Rem. 209P	WAA12	14.8	11,100 PSI	1090
Lead Shot	12	1 1/8 oz.	WAALite	Rem. 209P	WJ-12-RPL	13.2	7,300 PSI	980
Lead Shot	12	1 1/8 oz.	WAALite	Rem. 209P	WJ-12-RPL	14.2	8,700 PSI	1035
Lead Shot	12	1 1/8 oz.	WAALite	Rem. 209P	WJ-12-RPL	15.1	9,700 PSI	1090
Lead Shot	12	1 1/8 oz.	WAALite	Rem. 209P	WJ-12-RPL	16	11,000 PSI	1145
Lead Shot	12	1 1/8 oz.	WAALite	Win. 209	Rem. FIG. 8	13	7,500 PSI	980
Lead Shot	12	1 1/8 oz.	WAALite	Win. 209	Rem. FIG. 8	14	8,900 PSI	1035
Lead Shot	12	1 1/8 oz.	WAALite	Win. 209	Rem. FIG. 8	15	10,200 PSI	1090
Lead Shot	12	1 1/8 oz.	WAALite	Win. 209	Rem. FIG. 8	15.6	11,500 PSI	1145
Lead Shot	12	1 1/8 oz.	WAALite	Win. 209	WAA12	12.9	7,600 PSI	980
Lead Shot	12	1 1/8 oz.	WAALite	Win. 209	WAA12	13.9	9,400 PSI	1035
Lead Shot	12	1 1/8 oz.	WAALite	Win. 209	WAA12	14.7	10,800 PSI	1090
Lead Shot	12	1 1/8 oz.	WAALite	Win. 209	WJ-12-RPL	13	7,100 PSI	980

Shot	Gauge	Load	Powder	Primer	Wad	Powder Charge (gr)	Pressure	Velocity
Lead Shot	12	1 1/8 oz.	WAAlite	Win. 209	WJ-12-RPL	14	8,300 PSI	1035
Lead Shot	12	1 1/8 oz.	WAAlite	Win. 209	WJ-12-RPL	15.2	9,700 PSI	1090
Lead Shot	12	1 1/8 oz.	WAAlite	Win. 209	WJ-12-RPL	16	10,900 PSI	1145
Lead Shot	12	1 1/8 oz.	Titewad	CCI 209	Hor. Versalite	15	9,900 PSI	1090
Lead Shot	12	1 1/8 oz.	Titewad	CCI 209	Hor. Versalite	15.9	11,100 PSI	1145
Lead Shot	12	1 1/8 oz.	Titewad	CCI 209	Red PC	15.5	10,200 PSI	1090
Lead Shot	12	1 1/8 oz.	Titewad	CCI 209	Red PC	16	10,800 PSI	1145
Lead Shot	12	1 1/8 oz.	Titewad	CCI 209	Rem. Fig. 8	15	10,600 PSI	1090
Lead Shot	12	1 1/8 oz.	Titewad	CCI 209	Rem. Fig. 8	15.8	11,300 PSI	1145
Lead Shot	12	1 1/8 oz.	Titewad	CCI 209SC	Red PC	15	9,400 PSI	1090
Lead Shot	12	1 1/8 oz.	Titewad	CCI 209SC	Red PC	15.8	10,000 PSI	1145
Lead Shot	12	1 1/8 oz.	Titewad	CCI 209SC	WAA12	15	10,100 PSI	1090
Lead Shot	12	1 1/8 oz.	Titewad	CCI 209SC	WAA12	15.8	11,100 PSI	1145
Lead Shot	12	1 1/8 oz.	Titewad	CCI 209SC	Windjammer	15	10,000 PSI	1090
Lead Shot	12	1 1/8 oz.	Titewad	CCI 209SC	Windjammer	16	11,100 PSI	1145
Lead Shot	12	1 1/8 oz.	Titewad	Ched. 209	Rem. Fig. 8	15.3	10,400 PSI	1090
Lead Shot	12	1 1/8 oz.	Titewad	Ched. 209	Rem. Fig. 8	16.2	11,000 PSI	1145
Lead Shot	12	1 1/8 oz.	Titewad	Ched. 209	WAA12	15	10,400 PSI	1090
Lead Shot	12	1 1/8 oz.	Titewad	Ched. 209	WAA12	15.8	11,400 PSI	1145
Lead Shot	12	1 1/8 oz.	Titewad	Ched. 209	Windjammer	15.5	9,400 PSI	1090
Lead Shot	12	1 1/8 oz.	Titewad	Ched. 209	Windjammer	16.5	10,500 PSI	1145
Lead Shot	12	1 1/8 oz.	Titewad	Fed. 209A	Fed. 12S3	15.4	9,200 PSI	1090
Lead Shot	12	1 1/8 oz.	Titewad	Fed. 209A	Fed. 12S3	16.7	10,300 PSI	1145
Lead Shot	12	1 1/8 oz.	Titewad	Fed. 209A	Fed. 12S3	17.5	11,300 PSI	1200
Lead Shot	12	1 1/8 oz.	Titewad	Fed. 209A	Hor. Versalite	15	9,400 PSI	1090
Lead Shot	12	1 1/8 oz.	Titewad	Fed. 209A	Hor. Versalite	16	10,800 PSI	1145
Lead Shot	12	1 1/8 oz.	Titewad	Fed. 209A	Red PC	15.5	9,200 PSI	1090
Lead Shot	12	1 1/8 oz.	Titewad	Fed. 209A	Red PC	16.5	9,700 PSI	1145
Lead Shot	12	1 1/8 oz.	Titewad	Fed. 209A	Red PC	18	11,300 PSI	1200
Lead Shot	12	1 1/8 oz.	Titewad	Fed. 209A	Rem. Fig. 8	15.2	9,600 PSI	1090
Lead Shot	12	1 1/8 oz.	Titewad	Fed. 209A	Rem. Fig. 8	16.3	10,700 PSI	1145
Lead Shot	12	1 1/8 oz.	Titewad	Fed. 209A	WAA12	15.2	9,800 PSI	1090

Lead Shot	12	1 1/8 oz.	Titewad	Fed. 209A	WAA12	16	10,500 PSI	1145
Lead Shot	12	1 1/8 oz.	Titewad	Fed. 209A	Windjammer	15.3	9,000 PSI	1090
Lead Shot	12	1 1/8 oz.	Titewad	Fed. 209A	Windjammer	16.3	9,500 PSI	1145
Lead Shot	12	1 1/8 oz.	Titewad	Fed. 209A	Windjammer	17.8	11,100 PSI	1200
Lead Shot	12	1 1/8 oz.	Titewad	Fio. 616	Fio. TL1	15	10,700 PSI	1090
Lead Shot	12	1 1/8 oz.	Titewad	Fio. 616	Fio. TL1	16	11,500 PSI	1145
Lead Shot	12	1 1/8 oz.	Titewad	Fio. 616	Red PC	15.7	8,800 PSI	1090
Lead Shot	12	1 1/8 oz.	Titewad	Fio. 616	Red PC	16.7	9,800 PSI	1145
Lead Shot	12	1 1/8 oz.	Titewad	Fio. 616	Red PC	17.8	11,100 PSI	1200
Lead Shot	12	1 1/8 oz.	Titewad	Fio. 616	Rem. Fig. 8	15	10,000 PSI	1090
Lead Shot	12	1 1/8 oz.	Titewad	Fio. 616	Rem. Fig. 8	16	11,000 PSI	1145
Lead Shot	12	1 1/8 oz.	Titewad	Fio. 616	WAA12	15	9,400 PSI	1090
Lead Shot	12	1 1/8 oz.	Titewad	Fio. 616	WAA12	16	10,600 PSI	1145
Lead Shot	12	1 1/8 oz.	Titewad	Fio. 616	Windjammer	15.3	9,100 PSI	1090
Lead Shot	12	1 1/8 oz.	Titewad	Fio. 616	Windjammer	16.3	10,300 PSI	1145
Lead Shot	12	1 1/8 oz.	Titewad	Fio. 616	Windjammer	17.3	11,300 PSI	1200
Lead Shot	12	1 1/8 oz.	Titewad	Fio. 617	Rem. FIG 8	15.8	8,800 PSI	1090
Lead Shot	12	1 1/8 oz.	Titewad	Fio. 617	Rem. FIG 8	15.8	8,800 PSI	1090
Lead Shot	12	1 1/8 oz.	Titewad	Fio. 617	Rem. FIG 8	17	10,500 PSI	1145
Lead Shot	12	1 1/8 oz.	Titewad	Fio. 617	WAA12	15.5	8,600 PSI	1090
Lead Shot	12	1 1/8 oz.	Titewad	Fio. 617	WAA12	16.8	10,600 PSI	1145
Lead Shot	12	1 1/8 oz.	Titewad	Fio. 617	Windjammer	16	8,700 PSI	1090
Lead Shot	12	1 1/8 oz.	Titewad	Fio. 617	Windjammer	17.3	10,200 PSI	1145
Lead Shot	12	1 1/8 oz.	Titewad	Rem. 209P	Fed. 12S3	15.3	10,000 PSI	1090
Lead Shot	12	1 1/8 oz.	Titewad	Rem. 209P	Fed. 12S3	16.3	11,500 PSI	1145
Lead Shot	12	1 1/8 oz.	Titewad	Rem. 209P	Hor. Versalite	14.9	9,500 PSI	1090
Lead Shot	12	1 1/8 oz.	Titewad	Rem. 209P	Hor. Versalite	16	10,800 PSI	1145
Lead Shot	12	1 1/8 oz.	Titewad	Rem. 209P	Red PC	15.5	8,600 PSI	1090
Lead Shot	12	1 1/8 oz.	Titewad	Rem. 209P	Red PC	16.7	10,200 PSI	1145
Lead Shot	12	1 1/8 oz.	Titewad	Rem. 209P	Red PC	18	11,300 PSI	1200
Lead Shot	12	1 1/8 oz.	Titewad	Rem.	Rem. Fig. 8	15.2	9,100 PSI	1090

				209P				
Lead Shot	12	1 1/8 oz.	Titewad	Rem. 209P	Rem. Fig. 8	16.5	10,100 PSI	1145
Lead Shot	12	1 1/8 oz.	Titewad	Rem. 209P	Rem. Fig. 8	17.9	10,900 PSI	1200
Lead Shot	12	1 1/8 oz.	Titewad	Rem. 209P	Trapper	15	10,200 PSI	1090
Lead Shot	12	1 1/8 oz.	Titewad	Rem. 209P	Trapper	16	11,000 PSI	1145
Lead Shot	12	1 1/8 oz.	Titewad	Rem. 209P	WAA12	15.1	9,700 PSI	1090
Lead Shot	12	1 1/8 oz.	Titewad	Rem. 209P	WAA12	16.1	10,900 PSI	1145
Lead Shot	12	1 1/8 oz.	Titewad	Rem. 209P	Windjammer	15.3	9,000 PSI	1090
Lead Shot	12	1 1/8 oz.	Titewad	Rem. 209P	Windjammer	16.5	10,200 PSI	1145
Lead Shot	12	1 1/8 oz.	Titewad	Rem. 209P	Windjammer	17.6	11,400 PSI	1200
Lead Shot	12	1 1/8 oz.	Titewad	Rio G-600	Rem. FIG 8	15.5	9,100 PSI	1090
Lead Shot	12	1 1/8 oz.	Titewad	Rio G-600	Rem. FIG 8	16.8	10,600 PSI	1145
Lead Shot	12	1 1/8 oz.	Titewad	Rio G-600	WAA12	15.2	9,700 PSI	1090
Lead Shot	12	1 1/8 oz.	Titewad	Rio G-600	WAA12	16.6	11,300 PSI	1145
Lead Shot	12	1 1/8 oz.	Titewad	Rio G-600	Windjammer	15.7	8,700 PSI	1090
Lead Shot	12	1 1/8 oz.	Titewad	Rio G-600	Windjammer	16.8	10,200 PSI	1145
Lead Shot	12	1 1/8 oz.	Titewad	Win. 209	Fed. 12S3	16	9,600 PSI	1090
Lead Shot	12	1 1/8 oz.	Titewad	Win. 209	Fed. 12S3	17	10,900 PSI	1145
Lead Shot	12	1 1/8 oz.	Titewad	Win. 209	Fio. TL1	15.6	10,400 PSI	1090
Lead Shot	12	1 1/8 oz.	Titewad	Win. 209	Fio. TL1	16.3	11,300 PSI	1145
Lead Shot	12	1 1/8 oz.	Titewad	Win. 209	Hawk	15.2	9,500 PSI	1090
Lead Shot	12	1 1/8 oz.	Titewad	Win. 209	Hawk	16.3	10,700 PSI	1145
Lead Shot	12	1 1/8 oz.	Titewad	Win. 209	Hor. Versalite	15.5	8,900 PSI	1090
Lead Shot	12	1 1/8 oz.	Titewad	Win. 209	Hor. Versalite	16.4	10,100 PSI	1145
Lead Shot	12	1 1/8 oz.	Titewad	Win. 209	Hor. Versalite	17.5	11,000 PSI	1200
Lead Shot	12	1 1/8 oz.	Titewad	Win. 209	Red PC	15.8	8,000 PSI	1090
Lead Shot	12	1 1/8 oz.	Titewad	Win. 209	Red PC	17.1	9,500 PSI	1145
Lead Shot	12	1 1/8 oz.	Titewad	Win. 209	Red PC	18.3	10,900 PSI	1200
Lead Shot	12	1 1/8 oz.	Titewad	Win. 209	Rem. Fig. 8	15.8	9,200 PSI	1090

Lead Shot	12	1 1/8 oz.	Titewad	Win. 209	Rem. Fig. 8	16.8	10,400 PSI	1145
Lead Shot	12	1 1/8 oz.	Titewad	Win. 209	Rem. Fig. 8	17.8	11,300 PSI	1200
Lead Shot	12	1 1/8 oz.	Titewad	Win. 209	Trapper	15.1	9,900 PSI	1090
Lead Shot	12	1 1/8 oz.	Titewad	Win. 209	Trapper	16.3	11,200 PSI	1145
Lead Shot	12	1 1/8 oz.	Titewad	Win. 209	WAA12	15.4	8,700 PSI	1090
Lead Shot	12	1 1/8 oz.	Titewad	Win. 209	WAA12	16.7	10,000 PSI	1145
Lead Shot	12	1 1/8 oz.	Titewad	Win. 209	WAA12	17.9	11,400 PSI	1200
Lead Shot	12	1 1/8 oz.	Titewad	Win. 209	Windjammer	16.1	9,100 PSI	1090
Lead Shot	12	1 1/8 oz.	Titewad	Win. 209	Windjammer	17.2	10,400 PSI	1145
Lead Shot	12	1 1/8 oz.	Titewad	Win. 209	Windjammer	18.5	11,500 PSI	1200
Lead Shot	12	1 1/8 oz.	Clays	CCI 209	Fed. 12S3	16	9,300 PSI	1090
Lead Shot	12	1 1/8 oz.	Clays	CCI 209	Fed. 12S3	17.2	10,600 PSI	1145
Lead Shot	12	1 1/8 oz.	Clays	CCI 209	Hor. Versalite	16	8,300 PSI	1090
Lead Shot	12	1 1/8 oz.	Clays	CCI 209	Hor. Versalite	17.5	9,800 PSI	1145
Lead Shot	12	1 1/8 oz.	Clays	CCI 209	Hor. Versalite	18.9	11,200 PSI	1200
Lead Shot	12	1 1/8 oz.	Clays	CCI 209	Red PC	16	8,400 PSI	1090
Lead Shot	12	1 1/8 oz.	Clays	CCI 209	Red PC	17.4	9,800 PSI	1145
Lead Shot	12	1 1/8 oz.	Clays	CCI 209	Red PC	18.8	11,300 PSI	1200
Lead Shot	12	1 1/8 oz.	Clays	CCI 209	Rem. Fig. 8	16.8	7,400 PSI	1090
Lead Shot	12	1 1/8 oz.	Clays	CCI 209	Rem. Fig. 8	18	9,300 PSI	1145
Lead Shot	12	1 1/8 oz.	Clays	CCI 209	Rem. Fig. 8	19.3	11,400 PSI	1200
Lead Shot	12	1 1/8 oz.	Clays	CCI 209	WAA12	15.9	8,500 PSI	1090
Lead Shot	12	1 1/8 oz.	Clays	CCI 209	WAA12	17.2	10,300 PSI	1145
Lead Shot	12	1 1/8 oz.	Clays	CCI 209	WAA12	18.2	11,500 PSI	1200
Lead Shot	12	1 1/8 oz.	Clays	CCI 209	Windjammer	16.6	6,400 LUP	1090
Lead Shot	12	1 1/8 oz.	Clays	CCI 209	Windjammer	18	7,500 LUP	1145
Lead Shot	12	1 1/8 oz.	Clays	CCI 209	Windjammer	19.4	8,600 LUP	1200
Lead Shot	12	1 1/8 oz.	Clays	CCI 209SC	Hor. Versalite	16	9,100 PSI	1090
Lead Shot	12	1 1/8 oz.	Clays	CCI 209SC	Hor. Versalite	16.9	11,100 PSI	1145
Lead Shot	12	1 1/8 oz.	Clays	CCI 209SC	Red PC	15.7	8,700 PSI	1090
Lead Shot	12	1 1/8 oz.	Clays	CCI 209SC	Red PC	17	10,100 PSI	1145
Lead Shot	12	1 1/8 oz.	Clays	CCI 209SC	Red PC	18.4	11,500 PSI	1200
Lead Shot	12	1 1/8 oz.	Clays	CCI	Rem. Fig. 8	16	6,600 PSI	1090

				209SC				
Lead Shot	12	1 1/8 oz.	Clays	CCI 209SC	Rem. Fig. 8	17	8,100 PSI	1145
Lead Shot	12	1 1/8 oz.	Clays	CCI 209SC	Rem. Fig. 8	18	8,800 PSI	1200
Lead Shot	12	1 1/8 oz.	Clays	CCI 209SC	WAA12	16	9,300 PSI	1090
Lead Shot	12	1 1/8 oz.	Clays	CCI 209SC	WAA12	17	10,900 PSI	1145
Lead Shot	12	1 1/8 oz.	Clays	CCI 209SC	Windjammer	17.6	9,900 PSI	1145
Lead Shot	12	1 1/8 oz.	Clays	CCI 209SC	Windjammer	18.5	11,500 PSI	1200
Lead Shot	12	1 1/8 oz.	Clays	Ched. 209	Rem. Fig. 8	16	9,100 PSI	1090
Lead Shot	12	1 1/8 oz.	Clays	Ched. 209	Rem. Fig. 8	17.2	10,400 PSI	1145
Lead Shot	12	1 1/8 oz.	Clays	Ched. 209	WAA12	15.5	9,500 PSI	1090
Lead Shot	12	1 1/8 oz.	Clays	Ched. 209	WAA12	16.4	10,600 PSI	1145
Lead Shot	12	1 1/8 oz.	Clays	Ched. 209	Windjammer	15.7	8,100 PSI	1090
Lead Shot	12	1 1/8 oz.	Clays	Ched. 209	Windjammer	17	9,500 PSI	1145
Lead Shot	12	1 1/8 oz.	Clays	Ched. 209	Windjammer	18.3	10,800 PSI	1200
Lead Shot	12	1 1/8 oz.	Clays	Fed. 209A	Hor. Versalite	15.5	9,600 PSI	1090
Lead Shot	12	1 1/8 oz.	Clays	Fed. 209A	Hor. Versalite	16.6	11,000 PSI	1145
Lead Shot	12	1 1/8 oz.	Clays	Fed. 209A	Red PC	15.8	8,900 PSI	1090
Lead Shot	12	1 1/8 oz.	Clays	Fed. 209A	Red PC	16.6	10,200 PSI	1145
Lead Shot	12	1 1/8 oz.	Clays	Fed. 209A	Red PC	18	11,300 PSI	1200
Lead Shot	12	1 1/8 oz.	Clays	Fed. 209A	Rem. Fig. 8	15.8	9,500 PSI	1090
Lead Shot	12	1 1/8 oz.	Clays	Fed. 209A	Rem. Fig. 8	16.9	10,700 PSI	1145
Lead Shot	12	1 1/8 oz.	Clays	Fed. 209A	WAA12	15.5	9,900 PSI	1090
Lead Shot	12	1 1/8 oz.	Clays	Fed. 209A	WAA12	16.6	11,200 PSI	1145
Lead Shot	12	1 1/8 oz.	Clays	Fed. 209A	Windjammer	16.2	8,500 PSI	1090
Lead Shot	12	1 1/8 oz.	Clays	Fed. 209A	Windjammer	17.3	10,000 PSI	1145
Lead Shot	12	1 1/8 oz.	Clays	Fed. 209A	Windjammer	18.4	11,400 PSI	1200
Lead Shot	12	1 1/8 oz.	Clays	Fio. 616	Fio. FTWI	15.5	7,700 LUP	1090
Lead Shot	12	1 1/8 oz.	Clays	Fio. 616	Fio. FTWI	16.9	9,200 LUP	1145
Lead Shot	12	1 1/8 oz.	Clays	Fio. 616	Fio. FTWI	18.4	10,900 LUP	1200
Lead Shot	12	1 1/8 oz.	Clays	Fio. 616	Rem. Fig. 8	15.8	8,600 PSI	1090
Lead Shot	12	1 1/8 oz.	Clays	Fio. 616	Rem. Fig. 8	17	10,500 PSI	1145

Lead Shot	12	1 1/8 oz.	Clays	Fio. 616	WAA12	15.8	9,100 PSI	1090
Lead Shot	12	1 1/8 oz.	Clays	Fio. 616	WAA12	16.8	10,600 PSI	1145
Lead Shot	12	1 1/8 oz.	Clays	Fio. 616	Windjammer	15.9	8,100 PSI	1090
Lead Shot	12	1 1/8 oz.	Clays	Fio. 616	Windjammer	17.2	9,500 PSI	1145
Lead Shot	12	1 1/8 oz.	Clays	Fio. 616	Windjammer	18.4	10,800 PSI	1200
Lead Shot	12	1 1/8 oz.	Clays	Fio. 617	Rem. FIG 8	16.6	8,900 PSI	1090
Lead Shot	12	1 1/8 oz.	Clays	Fio. 617	Rem. FIG 8	17.5	10,600 PSI	1145
Lead Shot	12	1 1/8 oz.	Clays	Fio. 617	WAA12	16.2	9,200 PSI	1090
Lead Shot	12	1 1/8 oz.	Clays	Fio. 617	WAA12	17	10,500 PSI	1145
Lead Shot	12	1 1/8 oz.	Clays	Fio. 617	Windjammer	17	7,900 PSI	1090
Lead Shot	12	1 1/8 oz.	Clays	Fio. 617	Windjammer	18.1	10,000 PSI	1145
Lead Shot	12	1 1/8 oz.	Clays	Rem. 209P	Fed. 12S3	16.4	7,600 LUP	1090
Lead Shot	12	1 1/8 oz.	Clays	Rem. 209P	Fed. 12S3	17.6	8,600 LUP	1145
Lead Shot	12	1 1/8 oz.	Clays	Rem. 209P	Fed. 12S3	18.8	9,600 LUP	1200
Lead Shot	12	1 1/8 oz.	Clays	Rem. 209P	Hawk	15.5	9,000 PSI	1090
Lead Shot	12	1 1/8 oz.	Clays	Rem. 209P	Hawk	16.5	10,600 PSI	1145
Lead Shot	12	1 1/8 oz.	Clays	Rem. 209P	Hor. Versalite	15.9	8,800 PSI	1090
Lead Shot	12	1 1/8 oz.	Clays	Rem. 209P	Hor. Versalite	16.9	10,300 PSI	1145
Lead Shot	12	1 1/8 oz.	Clays	Rem. 209P	Hor. Versalite	18.1	11,500 PSI	1200
Lead Shot	12	1 1/8 oz.	Clays	Rem. 209P	Red PC	16.5	8,200 PSI	1090
Lead Shot	12	1 1/8 oz.	Clays	Rem. 209P	Red PC	17.7	9,900 PSI	1145
Lead Shot	12	1 1/8 oz.	Clays	Rem. 209P	Red PC	18.8	11,500 PSI	1200
Lead Shot	12	1 1/8 oz.	Clays	Rem. 209P	Rem. Fig. 8	16.9	6,900 LUP	1090
Lead Shot	12	1 1/8 oz.	Clays	Rem. 209P	Rem. Fig. 8	18	7,900 LUP	1145
Lead Shot	12	1 1/8 oz.	Clays	Rem.	Rem. Fig. 8	19.2	9,000 LUP	1200

				209P				
Lead Shot	12	1 1/8 oz.	Clays	Rem. 209P	Trapper	15.9	9,400 PSI	1090
Lead Shot	12	1 1/8 oz.	Clays	Rem. 209P	Trapper	17	11,200 PSI	1145
Lead Shot	12	1 1/8 oz.	Clays	Rem. 209P	WAA12	16.6	7,700 LUP	1090
Lead Shot	12	1 1/8 oz.	Clays	Rem. 209P	WAA12	17.7	9,000 LUP	1145
Lead Shot	12	1 1/8 oz.	Clays	Rem. 209P	WAA12	18.8	10,300 LUP	1200
Lead Shot	12	1 1/8 oz.	Clays	Rem. 209P	Windjammer	16.3	8,100 PSI	1090
Lead Shot	12	1 1/8 oz.	Clays	Rem. 209P	Windjammer	17.5	9,500 PSI	1145
Lead Shot	12	1 1/8 oz.	Clays	Rem. 209P	Windjammer	18.8	11,100 PSI	1200
Lead Shot	12	1 1/8 oz.	Clays	Rio G-600	Rem. FIG 8	16.3	9,600 PSI	1090
Lead Shot	12	1 1/8 oz.	Clays	Rio G-600	Rem. FIG 8	17.5	11,200 PSI	1145
Lead Shot	12	1 1/8 oz.	Clays	Rio G-600	WAA12	15.6	9,400 PSI	1090
Lead Shot	12	1 1/8 oz.	Clays	Rio G-600	WAA12	16.6	10,900 PSI	1145
Lead Shot	12	1 1/8 oz.	Clays	Rio G-600	Windjammer	16.2	8,200 PSI	1090
Lead Shot	12	1 1/8 oz.	Clays	Rio G-600	Windjammer	17.4	10,200 PSI	1145
Lead Shot	12	1 1/8 oz.	Clays	Win. 209	Hawk	15.8	8,600 PSI	1090
Lead Shot	12	1 1/8 oz.	Clays	Win. 209	Hawk	17.2	10,000 PSI	1145
Lead Shot	12	1 1/8 oz.	Clays	Win. 209	Hawk	18.6	11,500 PSI	1200
Lead Shot	12	1 1/8 oz.	Clays	Win. 209	Hor. Versalite	15.8	7,600 LUP	1090
Lead Shot	12	1 1/8 oz.	Clays	Win. 209	Hor. Versalite	17.2	9,100 LUP	1145
Lead Shot	12	1 1/8 oz.	Clays	Win. 209	Hor. Versalite	18.6	10,500 LUP	1200
Lead Shot	12	1 1/8 oz.	Clays	Win. 209	LAGE Uniwad	16.6	8,800 PSI	1090
Lead Shot	12	1 1/8 oz.	Clays	Win. 209	LAGE Uniwad	17.7	10,300 PSI	1145
Lead Shot	12	1 1/8 oz.	Clays	Win. 209	Red PC	16.5	7,800 PSI	1090
Lead Shot	12	1 1/8 oz.	Clays	Win. 209	Red PC	17.7	9,400 PSI	1145
Lead Shot	12	1 1/8 oz.	Clays	Win. 209	Red PC	19	11,100 PSI	1200
Lead Shot	12	1 1/8 oz.	Clays	Win. 209	Rem. Fig. 8	16.4	8,400 PSI	1090
Lead Shot	12	1 1/8 oz.	Clays	Win. 209	Rem. Fig. 8	17.5	9,700 PSI	1145
Lead Shot	12	1 1/8 oz.	Clays	Win. 209	Rem. Fig. 8	18.6	11,000 PSI	1200

Lead Shot	12	1 1/8 oz.	Clays	Win. 209	Trapper	16.2	9,200 PSI	1090
Lead Shot	12	1 1/8 oz.	Clays	Win. 209	Trapper	17.3	10,500 PSI	1145
Lead Shot	12	1 1/8 oz.	Clays	Win. 209	WAA12	16.2	8,100 PSI	1090
Lead Shot	12	1 1/8 oz.	Clays	Win. 209	WAA12	17.3	9,700 PSI	1145
Lead Shot	12	1 1/8 oz.	Clays	Win. 209	WAA12	18.4	11,300 PSI	1200
Lead Shot	12	1 1/8 oz.	Clays	Win. 209	Windjammer	16.8	7,700 PSI	1090
Lead Shot	12	1 1/8 oz.	Clays	Win. 209	Windjammer	18.1	9,100 PSI	1145
Lead Shot	12	1 1/8 oz.	Clays	Win. 209	Windjammer	19.4	10,500 PSI	1200
Lead Shot	12	1 1/8 oz.	700-X	Fed. 209A	CB 1118-12	15.5	8,500 PSI	1100
Lead Shot	12	1 1/8 oz.	700-X	Fed. 209A	CB 1118-12	16.5	9,700 PSI	1150
Lead Shot	12	1 1/8 oz.	700-X	Fed. 209A	CB 1118-12	17.5	10,800 PSI	1200
Lead Shot	12	1 1/8 oz.	700-X	Fed. 209A	Fed. 12S3	15	9,300 PSI	1100
Lead Shot	12	1 1/8 oz.	700-X	Fed. 209A	Fed. 12S3	16	10,200 PSI	1150
Lead Shot	12	1 1/8 oz.	700-X	Fed. 209A	Fed. 12S3	17.5	11,500 PSI	1200
Lead Shot	12	1 1/8 oz.	700-X	Fed. 209A	Rem. FIG. 8	15.5	8,900 PSI	1100
Lead Shot	12	1 1/8 oz.	700-X	Fed. 209A	Rem. FIG. 8	16.5	10,000 PSI	1150
Lead Shot	12	1 1/8 oz.	700-X	Fed. 209A	Rem. FIG. 8	17.5	11,000 PSI	1200
Lead Shot	12	1 1/8 oz.	700-X	Fed. 209A	WAA12	15	9,500 PSI	1100
Lead Shot	12	1 1/8 oz.	700-X	Fed. 209A	WAA12	16.5	10,900 PSI	1150
Lead Shot	12	1 1/8 oz.	700-X	Fed. 209A	Windjammer	15.5	8,400 PSI	1100
Lead Shot	12	1 1/8 oz.	700-X	Fed. 209A	Windjammer	16.5	9,500 PSI	1150
Lead Shot	12	1 1/8 oz.	700-X	Fed. 209A	Windjammer	17.5	10,400 PSI	1200
Lead Shot	12	1 1/8 oz.	700-X	Fed. 209A	Windjammer	18.5	11,100 PSI	1250
Lead Shot	12	1 1/8 oz.	700-X	Fio. 617	Rem. FIG 8	15.7	8,300 PSI	1100
Lead Shot	12	1 1/8 oz.	700-X	Fio. 617	Rem. FIG 8	16.9	9,300 PSI	1150
Lead Shot	12	1 1/8 oz.	700-X	Fio. 617	Rem. FIG 8	18	10,200 PSI	1200
Lead Shot	12	1 1/8 oz.	700-X	Fio. 617	WAA12	15.5	8,400 PSI	1100
Lead Shot	12	1 1/8 oz.	700-X	Fio. 617	WAA12	16.5	9,400 PSI	1150
Lead Shot	12	1 1/8 oz.	700-X	Fio. 617	WAA12	17.7	10,600 PSI	1200
Lead Shot	12	1 1/8 oz.	700-X	Fio. 617	Windjammer	15.5	7,400 PSI	1100
Lead Shot	12	1 1/8 oz.	700-X	Fio. 617	Windjammer	16.8	8,600 PSI	1150
Lead Shot	12	1 1/8 oz.	700-X	Fio. 617	Windjammer	18.2	9,800 PSI	1200
Lead Shot	12	1 1/8 oz.	700-X	Fio. 617	Windjammer	19.5	11,200 PSI	1250
Lead Shot	12	1 1/8 oz.	700-X	Rem. 209P	CB 1118-12	15.5	8,000 PSI	1100
Lead Shot	12	1 1/8 oz.	700-X	Rem. 209P	CB 1118-12	16.5	8,900 PSI	1150
Lead Shot	12	1 1/8 oz.	700-X	Rem.	CB 1118-12	17.5	9,800 PSI	1200

Lead Shot	12	1 1/8 oz.	700-X	Rem. 209P	CB 1118-12	19	11,100 PSI	1250
Lead Shot	12	1 1/8 oz.	700-X	Rem. 209P	Fed. 12S3	15	8,900 PSI	1100
Lead Shot	12	1 1/8 oz.	700-X	Rem. 209P	Fed. 12S3	16.5	10,200 PSI	1150
Lead Shot	12	1 1/8 oz.	700-X	Rem. 209P	Fed. 12S3	17.5	11,100 PSI	1200
Lead Shot	12	1 1/8 oz.	700-X	Rem. 209P	Rem. FIG. 8	15.5	8,100 PSI	1100
Lead Shot	12	1 1/8 oz.	700-X	Rem. 209P	Rem. FIG. 8	16.5	9,000 PSI	1150
Lead Shot	12	1 1/8 oz.	700-X	Rem. 209P	Rem. FIG. 8	18	10,400 PSI	1200
Lead Shot	12	1 1/8 oz.	700-X	Rem. 209P	Rem. FIG. 8	19	11,300 PSI	1250
Lead Shot	12	1 1/8 oz.	700-X	Rem. 209P	WAA12	15	8,500 PSI	1100
Lead Shot	12	1 1/8 oz.	700-X	Rem. 209P	WAA12	16	9,600 PSI	1150
Lead Shot	12	1 1/8 oz.	700-X	Rem. 209P	WAA12	17.5	11,200 PSI	1200
Lead Shot	12	1 1/8 oz.	700-X	Rem. 209P	Windjammer	15.5	7,600 PSI	1100
Lead Shot	12	1 1/8 oz.	700-X	Rem. 209P	Windjammer	16.5	8,400 PSI	1150
Lead Shot	12	1 1/8 oz.	700-X	Rem. 209P	Windjammer	18	9,600 PSI	1200
Lead Shot	12	1 1/8 oz.	700-X	Rem. 209P	Windjammer	19	10,500 PSI	1250
Lead Shot	12	1 1/8 oz.	700-X	Rio G-600	Rem. FIG 8	15.4	8,500 PSI	1100
Lead Shot	12	1 1/8 oz.	700-X	Rio G-600	Rem. FIG 8	16.5	9,400 PSI	1150
Lead Shot	12	1 1/8 oz.	700-X	Rio G-600	Rem. FIG 8	17.7	10,500 PSI	1200
Lead Shot	12	1 1/8 oz.	700-X	Rio G-600	WAA12	15.2	8,700 PSI	1100
Lead Shot	12	1 1/8 oz.	700-X	Rio G-600	WAA12	16.4	9,800 PSI	1150
Lead Shot	12	1 1/8 oz.	700-X	Rio G-600	WAA12	17.7	10,900 PSI	1200
Lead Shot	12	1 1/8 oz.	700-X	Rio G-600	Windjammer	15.6	7,700 PSI	1100

Shot Type	Gauge	Shot Weight	Powder	Primer	Wad	Powder (gr)	Pressure	Velocity
Lead Shot	12	1 1/8 oz.	700-X	Rio G-600	Windjammer	16.8	8,700 PSI	1150
Lead Shot	12	1 1/8 oz.	700-X	Rio G-600	Windjammer	18	9,800 PSI	1200
Lead Shot	12	1 1/8 oz.	700-X	Rio G-600	Windjammer	19.3	10,900 PSI	1250
Lead Shot	12	1 1/8 oz.	700-X	Win. 209	CB 1118-12	15.5	7,700 PSI	1100
Lead Shot	12	1 1/8 oz.	700-X	Win. 209	CB 1118-12	16.5	8,700 PSI	1150
Lead Shot	12	1 1/8 oz.	700-X	Win. 209	CB 1118-12	17.5	9,800 PSI	1200
Lead Shot	12	1 1/8 oz.	700-X	Win. 209	CB 1118-12	19	11,400 PSI	1250
Lead Shot	12	1 1/8 oz.	700-X	Win. 209	Fed. 12S3	15.5	9,000 PSI	1100
Lead Shot	12	1 1/8 oz.	700-X	Win. 209	Fed. 12S3	16.5	9,800 PSI	1150
Lead Shot	12	1 1/8 oz.	700-X	Win. 209	Fed. 12S3	17.5	10,900 PSI	1200
Lead Shot	12	1 1/8 oz.	700-X	Win. 209	Rem. FIG. 8	15.5	8,500 PSI	1100
Lead Shot	12	1 1/8 oz.	700-X	Win. 209	Rem. FIG. 8	16.5	9,400 PSI	1150
Lead Shot	12	1 1/8 oz.	700-X	Win. 209	Rem. FIG. 8	18	10,800 PSI	1200
Lead Shot	12	1 1/8 oz.	700-X	Win. 209	WAA12	15.5	9,300 PSI	1100
Lead Shot	12	1 1/8 oz.	700-X	Win. 209	WAA12	16.5	10,200 PSI	1150
Lead Shot	12	1 1/8 oz.	700-X	Win. 209	WAA12	17.5	11,200 PSI	1200
Lead Shot	12	1 1/8 oz.	700-X	Win. 209	Windjammer	15.5	8,000 PSI	1100
Lead Shot	12	1 1/8 oz.	700-X	Win. 209	Windjammer	16.5	8,900 PSI	1150
Lead Shot	12	1 1/8 oz.	700-X	Win. 209	Windjammer	17.5	9,800 PSI	1200
Lead Shot	12	1 1/8 oz.	700-X	Win. 209	Windjammer	19	11,100 PSI	1250
Lead Shot	12	1 1/8 oz.	Titegroup	Rem. 209P	Rem. Fig. 8	14.9	8,200 PSI	1090
Lead Shot	12	1 1/8 oz.	Titegroup	Rem. 209P	Rem. Fig. 8	16	9,100 PSI	1145
Lead Shot	12	1 1/8 oz.	Titegroup	Rem. 209P	Rem. Fig. 8	17.1	10,000 PSI	1200
Lead Shot	12	1 1/8 oz.	Titegroup	Rem. 209P	Rem. Fig. 8	18.5	11,500 PSI	1255
Lead Shot	12	1 1/8 oz.	Titegroup	Rem. 209P	WAA12	14.9	8,000 PSI	1090
Lead Shot	12	1 1/8 oz.	Titegroup	Rem. 209P	WAA12	15.8	9,200 PSI	1145
Lead Shot	12	1 1/8 oz.	Titegroup	Rem. 209P	WAA12	16.7	10,300 PSI	1200
Lead Shot	12	1 1/8 oz.	Titegroup	Win. 209	Rem. Fig. 8	15.1	8,000 PSI	1090
Lead Shot	12	1 1/8 oz.	Titegroup	Win. 209	Rem. Fig. 8	16.1	8,900 PSI	1145
Lead Shot	12	1 1/8 oz.	Titegroup	Win. 209	Rem. Fig. 8	17.1	9,900 PSI	1200
Lead Shot	12	1 1/8 oz.	Titegroup	Win. 209	WAA12	14.7	8,300 PSI	1090

Lead Shot	12	1 1/8 oz.	Titegroup	Win. 209	WAA12	15.8	9,400 PSI	1145
Lead Shot	12	1 1/8 oz.	Titegroup	Win. 209	WAA12	16.8	10,500 PSI	1200
Lead Shot	12	1 1/8 oz.	WST	CCI 209	Rem. FIG 8	18.5	10,200 PSI	1145
Lead Shot	12	1 1/8 oz.	WST	CCI 209	Rem. RXP12	18.5	10,800 PSI	1145
Lead Shot	12	1 1/8 oz.	WST	CCI 209	WAA12	18	10,800 PSI	1145
Lead Shot	12	1 1/8 oz.	WST	Fio. 617	Rem. FIG 8	18	7,500 PSI	1090
Lead Shot	12	1 1/8 oz.	WST	Fio. 617	Rem. FIG 8	19.4	9,000 PSI	1145
Lead Shot	12	1 1/8 oz.	WST	Fio. 617	Rem. FIG 8	20.7	10,300 PSI	1200
Lead Shot	12	1 1/8 oz.	WST	Fio. 617	WAA12	17.9	7,400 PSI	1090
Lead Shot	12	1 1/8 oz.	WST	Fio. 617	WAA12	19.1	8,900 PSI	1145
Lead Shot	12	1 1/8 oz.	WST	Fio. 617	WAA12	20.4	10,500 PSI	1200
Lead Shot	12	1 1/8 oz.	WST	Fio. 617	Windjammer	18.4	7,000 PSI	1090
Lead Shot	12	1 1/8 oz.	WST	Fio. 617	Windjammer	19.8	8,400 PSI	1145
Lead Shot	12	1 1/8 oz.	WST	Fio. 617	Windjammer	21.1	9,800 PSI	1200
Lead Shot	12	1 1/8 oz.	WST	Fio. 617	Windjammer	22.5	11,100 PSI	1255
Lead Shot	12	1 1/8 oz.	WST	Rio G-600	Rem. FIG 8	17.5	8,100 PSI	1090
Lead Shot	12	1 1/8 oz.	WST	Rio G-600	Rem. FIG 8	18.9	9,600 PSI	1145
Lead Shot	12	1 1/8 oz.	WST	Rio G-600	Rem. FIG 8	20.3	11,000 PSI	1200
Lead Shot	12	1 1/8 oz.	WST	Rio G-600	WAA12	17.2	8,500 PSI	1090
Lead Shot	12	1 1/8 oz.	WST	Rio G-600	WAA12	18.6	9,800 PSI	1145
Lead Shot	12	1 1/8 oz.	WST	Rio G-600	WAA12	20	11,200 PSI	1200
Lead Shot	12	1 1/8 oz.	WST	Rio G-600	Windjammer	17.5	7,600 PSI	1090
Lead Shot	12	1 1/8 oz.	WST	Rio G-600	Windjammer	19	8,800 PSI	1145
Lead Shot	12	1 1/8 oz.	WST	Rio G-600	Windjammer	20.6	10,200 PSI	1200
Lead Shot	12	1 1/8 oz.	WST	Win. 209	Rem. FIG 8	19	10,400 PSI	1145
Lead Shot	12	1 1/8 oz.	WST	Win. 209	Rem. RXP12	19	10,500 PSI	1145
Lead Shot	12	1 1/8 oz.	Internat'l	CCI 209	Hor. Versalite	17.2	7,600 PSI	1090
Lead Shot	12	1 1/8 oz.	Internat'l	CCI 209	Hor. Versalite	18.4	8,900 PSI	1145
Lead Shot	12	1 1/8 oz.	Internat'l	CCI 209	Hor. Versalite	19.7	10,400 PSI	1200
Lead Shot	12	1 1/8 oz.	Internat'l	CCI 209	Hor. Versalite	20.9	11,500 PSI	1255
Lead Shot	12	1 1/8 oz.	Internat'l	CCI 209	Red PC	17.9	6,800 PSI	1090
Lead Shot	12	1 1/8 oz.	Internat'l	CCI 209	Red PC	19	8,200 PSI	1145
Lead Shot	12	1 1/8 oz.	Internat'l	CCI 209	Red PC	20.1	9,600 PSI	1200
Lead Shot	12	1 1/8 oz.	Internat'l	CCI 209	Red PC	21.2	11,100 PSI	1255
Lead Shot	12	1 1/8 oz.	Internat'l	CCI 209	Rem. Fig. 8	17.8	7,400 PSI	1090
Lead Shot	12	1 1/8 oz.	Internat'l	CCI 209	Rem. Fig. 8	19	8,800 PSI	1145
Lead Shot	12	1 1/8 oz.	Internat'l	CCI 209	Rem. Fig. 8	20.2	10,200 PSI	1200
Lead Shot	12	1 1/8 oz.	Internat'l	CCI 209	Rem. Fig. 8	21.3	11,400 PSI	1255

Lead Shot	12	1 1/8 oz.	Internat'l	CCI 209	WAA12	17.1	7,800 PSI	1090
Lead Shot	12	1 1/8 oz.	Internat'l	CCI 209	WAA12	18.3	8,900 PSI	1145
Lead Shot	12	1 1/8 oz.	Internat'l	CCI 209	WAA12	19.6	10,200 PSI	1200
Lead Shot	12	1 1/8 oz.	Internat'l	CCI 209	WAA12	20.9	11,400 PSI	1255
Lead Shot	12	1 1/8 oz.	Internat'l	CCI 209	Windjammer	19.2	6,100 LUP	1090
Lead Shot	12	1 1/8 oz.	Internat'l	CCI 209	Windjammer	19.8	6,500 LUP	1145
Lead Shot	12	1 1/8 oz.	Internat'l	CCI 209	Windjammer	21.2	7,500 LUP	1200
Lead Shot	12	1 1/8 oz.	Internat'l	CCI 209	Windjammer	22.3	8,300 LUP	1255
Lead Shot	12	1 1/8 oz.	Internat'l	CCI 209SC	Fio. TL1	17	8,000 PSI	1090
Lead Shot	12	1 1/8 oz.	Internat'l	CCI 209SC	Fio. TL1	18.3	9,200 PSI	1145
Lead Shot	12	1 1/8 oz.	Internat'l	CCI 209SC	Fio. TL1	19.7	10,500 PSI	1200
Lead Shot	12	1 1/8 oz.	Internat'l	CCI 209SC	Hor. Versalite	17.1	7,800 PSI	1090
Lead Shot	12	1 1/8 oz.	Internat'l	CCI 209SC	Hor. Versalite	18.3	9,100 PSI	1145
Lead Shot	12	1 1/8 oz.	Internat'l	CCI 209SC	Hor. Versalite	19.4	10,400 PSI	1200
Lead Shot	12	1 1/8 oz.	Internat'l	CCI 209SC	Red PC	17.6	7,800 PSI	1090
Lead Shot	12	1 1/8 oz.	Internat'l	CCI 209SC	Red PC	18.9	9,100 PSI	1145
Lead Shot	12	1 1/8 oz.	Internat'l	CCI 209SC	Red PC	19.8	10,000 PSI	1200
Lead Shot	12	1 1/8 oz.	Internat'l	CCI 209SC	Red PC	20.8	11,000 PSI	1255
Lead Shot	12	1 1/8 oz.	Internat'l	CCI 209SC	Rem. Fig. 8	18	7,200 PSI	1090
Lead Shot	12	1 1/8 oz.	Internat'l	CCI 209SC	Rem. Fig. 8	19	7,900 PSI	1145
Lead Shot	12	1 1/8 oz.	Internat'l	CCI 209SC	Rem. Fig. 8	20.3	9,300 PSI	1200
Lead Shot	12	1 1/8 oz.	Internat'l	CCI 209SC	Rem. Fig. 8	22	10,300 PSI	1255
Lead Shot	12	1 1/8 oz.	Internat'l	CCI 209SC	WAA12	17.1	7,900 PSI	1090

Lead Shot	12	1 1/8 oz.	Internat'l	CCI 209SC	WAA12	18.3	9,200 PSI	1145
Lead Shot	12	1 1/8 oz.	Internat'l	CCI 209SC	WAA12	19.5	10,400 PSI	1200
Lead Shot	12	1 1/8 oz.	Internat'l	CCI 209SC	WAA12	20.8	11,500 PSI	1255
Lead Shot	12	1 1/8 oz.	Internat'l	CCI 209SC	Windjammer	17.6	7,500 PSI	1090
Lead Shot	12	1 1/8 oz.	Internat'l	CCI 209SC	Windjammer	18.8	8,600 PSI	1145
Lead Shot	12	1 1/8 oz.	Internat'l	CCI 209SC	Windjammer	20	9,700 PSI	1200
Lead Shot	12	1 1/8 oz.	Internat'l	CCI 209SC	Windjammer	21.2	10,700 PSI	1255
Lead Shot	12	1 1/8 oz.	Internat'l	Ched. 209	Rem. Fig. 8	17.6	7,800 PSI	1090
Lead Shot	12	1 1/8 oz.	Internat'l	Ched. 209	Rem. Fig. 8	18.7	8,900 PSI	1145
Lead Shot	12	1 1/8 oz.	Internat'l	Ched. 209	Rem. Fig. 8	19.8	10,100 PSI	1200
Lead Shot	12	1 1/8 oz.	Internat'l	Ched. 209	Rem. Fig. 8	21	11,300 PSI	1255
Lead Shot	12	1 1/8 oz.	Internat'l	Ched. 209	WAA12	17.1	8,000 PSI	1090
Lead Shot	12	1 1/8 oz.	Internat'l	Ched. 209	WAA12	18.3	9,200 PSI	1145
Lead Shot	12	1 1/8 oz.	Internat'l	Ched. 209	WAA12	19.5	10,400 PSI	1200
Lead Shot	12	1 1/8 oz.	Internat'l	Ched. 209	Windjammer	17.7	7,500 PSI	1090
Lead Shot	12	1 1/8 oz.	Internat'l	Ched. 209	Windjammer	18.8	8,600 PSI	1145
Lead Shot	12	1 1/8 oz.	Internat'l	Ched. 209	Windjammer	19.9	9,600 PSI	1200
Lead Shot	12	1 1/8 oz.	Internat'l	Ched. 209	Windjammer	21.1	10,800 PSI	1255
Lead Shot	12	1 1/8 oz.	Internat'l	Fed. 209A	Hor. Versalite	16.8	8,700 PSI	1090
Lead Shot	12	1 1/8 oz.	Internat'l	Fed. 209A	Hor. Versalite	17.7	9,700 PSI	1145
Lead Shot	12	1 1/8 oz.	Internat'l	Fed. 209A	Hor. Versalite	18.9	11,100 PSI	1200
Lead Shot	12	1 1/8 oz.	Internat'l	Fed. 209A	Red PC	17.1	8,100 PSI	1090
Lead Shot	12	1 1/8 oz.	Internat'l	Fed. 209A	Red PC	18.3	9,200 PSI	1145
Lead Shot	12	1 1/8 oz.	Internat'l	Fed. 209A	Red PC	19.5	10,300 PSI	1200
Lead Shot	12	1 1/8 oz.	Internat'l	Fed. 209A	Red PC	20.6	11,300 PSI	1255
Lead Shot	12	1 1/8 oz.	Internat'l	Fed. 209A	Rem. Fig. 8	16.9	8,200 PSI	1090
Lead Shot	12	1 1/8 oz.	Internat'l	Fed. 209A	Rem. Fig. 8	18	9,300 PSI	1145
Lead Shot	12	1 1/8 oz.	Internat'l	Fed. 209A	Rem. Fig. 8	19.3	10,700 PSI	1200
Lead Shot	12	1 1/8 oz.	Internat'l	Fed. 209A	WAA12	16.7	8,300 PSI	1090
Lead Shot	12	1 1/8 oz.	Internat'l	Fed. 209A	WAA12	17.9	9,600 PSI	1145
Lead Shot	12	1 1/8 oz.	Internat'l	Fed. 209A	WAA12	19.1	10,800 PSI	1200

Lead Shot	12	1 1/8 oz.	Internat'l	Fed. 209A	Windjammer	16.9	7,600 PSI	1090
Lead Shot	12	1 1/8 oz.	Internat'l	Fed. 209A	Windjammer	18.2	8,900 PSI	1145
Lead Shot	12	1 1/8 oz.	Internat'l	Fed. 209A	Windjammer	19.6	10,200 PSI	1200
Lead Shot	12	1 1/8 oz.	Internat'l	Fed. 209A	Windjammer	20.9	11,400 PSI	1255
Lead Shot	12	1 1/8 oz.	Internat'l	Fio. 616	Fio. TL1	18.1	7,800 LUP	1090
Lead Shot	12	1 1/8 oz.	Internat'l	Fio. 616	Fio. TL1	18.7	8,600 LUP	1145
Lead Shot	12	1 1/8 oz.	Internat'l	Fio. 616	Fio. TL1	19.9	10,000 LUP	1200
Lead Shot	12	1 1/8 oz.	Internat'l	Fio. 616	Red PC	17.7	7,200 PSI	1090
Lead Shot	12	1 1/8 oz.	Internat'l	Fio. 616	Red PC	18.8	8,700 PSI	1145
Lead Shot	12	1 1/8 oz.	Internat'l	Fio. 616	Red PC	20	10,300 PSI	1200
Lead Shot	12	1 1/8 oz.	Internat'l	Fio. 616	Rem. Fig. 8	17.3	7,900 PSI	1090
Lead Shot	12	1 1/8 oz.	Internat'l	Fio. 616	Rem. Fig. 8	18.5	9,000 PSI	1145
Lead Shot	12	1 1/8 oz.	Internat'l	Fio. 616	Rem. Fig. 8	19.7	10,100 PSI	1200
Lead Shot	12	1 1/8 oz.	Internat'l	Fio. 616	Rem. Fig. 8	20.9	11,300 PSI	1255
Lead Shot	12	1 1/8 oz.	Internat'l	Fio. 616	WAA12	17.2	8,300 PSI	1090
Lead Shot	12	1 1/8 oz.	Internat'l	Fio. 616	WAA12	18.3	9,500 PSI	1145
Lead Shot	12	1 1/8 oz.	Internat'l	Fio. 616	WAA12	19.4	10,700 PSI	1200
Lead Shot	12	1 1/8 oz.	Internat'l	Fio. 616	Windjammer	17.3	6,900 PSI	1090
Lead Shot	12	1 1/8 oz.	Internat'l	Fio. 616	Windjammer	18.7	8,400 PSI	1145
Lead Shot	12	1 1/8 oz.	Internat'l	Fio. 616	Windjammer	20	9,800 PSI	1200
Lead Shot	12	1 1/8 oz.	Internat'l	Fio. 616	Windjammer	21.4	11,200 PSI	1255
Lead Shot	12	1 1/8 oz.	Internat'l	Fio. 617	Rem. FIG 8	19	8,200 PSI	1145
Lead Shot	12	1 1/8 oz.	Internat'l	Fio. 617	Rem. FIG 8	20.4	9,600 PSI	1200
Lead Shot	12	1 1/8 oz.	Internat'l	Fio. 617	Rem. FIG 8	21.8	11,200 PSI	1255
Lead Shot	12	1 1/8 oz.	Internat'l	Fio. 617	WAA12	17.4	6,800 PSI	1090
Lead Shot	12	1 1/8 oz.	Internat'l	Fio. 617	WAA12	18.7	8,500 PSI	1145
Lead Shot	12	1 1/8 oz.	Internat'l	Fio. 617	WAA12	20	10,200 PSI	1200
Lead Shot	12	1 1/8 oz.	Internat'l	Fio. 617	Windjammer	18.6	7,400 PSI	1145
Lead Shot	12	1 1/8 oz.	Internat'l	Fio. 617	Windjammer	19.9	8,900 PSI	1200
Lead Shot	12	1 1/8 oz.	Internat'l	Fio. 617	Windjammer	21.2	10,500 PSI	1255
Lead Shot	12	1 1/8 oz.	Internat'l	Rem. 209P	Fed. 12S3	17.6	6,900 LUP	1090
Lead Shot	12	1 1/8 oz.	Internat'l	Rem. 209P	Fed. 12S3	18.3	7,800 LUP	1145
Lead Shot	12	1 1/8 oz.	Internat'l	Rem. 209P	Fed. 12S3	19.4	9,000 LUP	1200
Lead Shot	12	1 1/8 oz.	Internat'l	Rem.	Fed. 12S3	20.6	10,200	1255

				209P			LUP	
Lead Shot	12	1 1/8 oz.	Internat'l	Rem. 209P	Hawk	17.5	7,700 PSI	1090
Lead Shot	12	1 1/8 oz.	Internat'l	Rem. 209P	Hawk	18.7	8,900 PSI	1145
Lead Shot	12	1 1/8 oz.	Internat'l	Rem. 209P	Hawk	19.9	10,200 PSI	1200
Lead Shot	12	1 1/8 oz.	Internat'l	Rem. 209P	Hawk	21	11,300 PSI	1255
Lead Shot	12	1 1/8 oz.	Internat'l	Rem. 209P	Hor. Versalite	17.2	7,700 PSI	1090
Lead Shot	12	1 1/8 oz.	Internat'l	Rem. 209P	Hor. Versalite	18.4	8,900 PSI	1145
Lead Shot	12	1 1/8 oz.	Internat'l	Rem. 209P	Hor. Versalite	19.6	10,100 PSI	1200
Lead Shot	12	1 1/8 oz.	Internat'l	Rem. 209P	Hor. Versalite	20.8	11,300 PSI	1255
Lead Shot	12	1 1/8 oz.	Internat'l	Rem. 209P	Red PC	17.6	7,300 PSI	1090
Lead Shot	12	1 1/8 oz.	Internat'l	Rem. 209P	Red PC	18.9	8,600 PSI	1145
Lead Shot	12	1 1/8 oz.	Internat'l	Rem. 209P	Red PC	20.2	9,900 PSI	1200
Lead Shot	12	1 1/8 oz.	Internat'l	Rem. 209P	Red PC	21.4	11,100 PSI	1255
Lead Shot	12	1 1/8 oz.	Internat'l	Rem. 209P	Rem. Fig. 8	18.6	6,400 LUP	1090
Lead Shot	12	1 1/8 oz.	Internat'l	Rem. 209P	Rem. Fig. 8	19.6	7,000 LUP	1145
Lead Shot	12	1 1/8 oz.	Internat'l	Rem. 209P	Rem. Fig. 8	20.9	7,500 LUP	1200
Lead Shot	12	1 1/8 oz.	Internat'l	Rem. 209P	Rem. Fig. 8	21.7	9,100 LUP	1255
Lead Shot	12	1 1/8 oz.	Internat'l	Rem. 209P	Trapper	17.3	8,400 PSI	1090
Lead Shot	12	1 1/8 oz.	Internat'l	Rem. 209P	Trapper	18.4	9,200 PSI	1145
Lead Shot	12	1 1/8 oz.	Internat'l	Rem.	Trapper	19.8	10,300 PSI	1200

Lead Shot	12	1 1/8 oz.	Internat'l	Rem. 209P	Trapper	21.2	11,400 PSI	1255
Lead Shot	12	1 1/8 oz.	Internat'l	Rem. 209P	WAA12	18.3	7,000 LUP	1090
Lead Shot	12	1 1/8 oz.	Internat'l	Rem. 209P	WAA12	18.8	7,600 LUP	1145
Lead Shot	12	1 1/8 oz.	Internat'l	Rem. 209P	WAA12	19.7	8,700 LUP	1200
Lead Shot	12	1 1/8 oz.	Internat'l	Rem. 209P	WAA12	20.9	10,400 LUP	1255
Lead Shot	12	1 1/8 oz.	Internat'l	Rem. 209P	Windjammer	19.2	8,400 PSI	1145
Lead Shot	12	1 1/8 oz.	Internat'l	Rem. 209P	Windjammer	20.3	9,400 PSI	1200
Lead Shot	12	1 1/8 oz.	Internat'l	Rem. 209P	Windjammer	21.5	10,500 PSI	1255
Lead Shot	12	1 1/8 oz.	Internat'l	Rio G-600	Rem. FIG 8	17	7,000 PSI	1090
Lead Shot	12	1 1/8 oz.	Internat'l	Rio G-600	Rem. FIG 8	18.3	8,500 PSI	1145
Lead Shot	12	1 1/8 oz.	Internat'l	Rio G-600	Rem. FIG 8	19.6	10,000 PSI	1200
Lead Shot	12	1 1/8 oz.	Internat'l	Rio G-600	WAA12	17	7,200 PSI	1090
Lead Shot	12	1 1/8 oz.	Internat'l	Rio G-600	WAA12	18	8,500 PSI	1145
Lead Shot	12	1 1/8 oz.	Internat'l	Rio G-600	WAA12	19.2	10,100 PSI	1200
Lead Shot	12	1 1/8 oz.	Internat'l	Rio G-600	Windjammer	18.5	7,700 PSI	1145
Lead Shot	12	1 1/8 oz.	Internat'l	Rio G-600	Windjammer	19.7	9,100 PSI	1200
Lead Shot	12	1 1/8 oz.	Internat'l	Rio G-600	Windjammer	20.9	10,500 PSI	1255
Lead Shot	12	1 1/8 oz.	Internat'l	Win. 209	Fed. 12S3	17.7	8,100 PSI	1090
Lead Shot	12	1 1/8 oz.	Internat'l	Win. 209	Fed. 12S3	19	9,300 PSI	1145
Lead Shot	12	1 1/8 oz.	Internat'l	Win. 209	Fed. 12S3	20.1	10,300 PSI	1200
Lead Shot	12	1 1/8 oz.	Internat'l	Win. 209	Fed. 12S3	21.4	11,500 PSI	1255
Lead Shot	12	1 1/8 oz.	Internat'l	Win. 209	Hawk	17.7	7,700 PSI	1090
Lead Shot	12	1 1/8 oz.	Internat'l	Win. 209	Hawk	18.9	9,000 PSI	1145
Lead Shot	12	1 1/8 oz.	Internat'l	Win. 209	Hawk	20	10,200 PSI	1200
Lead Shot	12	1 1/8 oz.	Internat'l	Win. 209	Hawk	21.5	11,500 PSI	1255
Lead Shot	12	1 1/8 oz.	Internat'l	Win. 209	Hor. Versalite	17.8	6,900 LUP	1090
Lead Shot	12	1 1/8 oz.	Internat'l	Win. 209	Hor. Versalite	18.4	7,800 LUP	1145
Lead Shot	12	1 1/8 oz.	Internat'l	Win. 209	Hor. Versalite	19.5	9,100 LUP	1200
Lead Shot	12	1 1/8 oz.	Internat'l	Win. 209	Hor. Versalite	20.6	10,400	1255

							LUP	
Lead Shot	12	1 1/8 oz.	Internat'l	Win. 209	LAGE Uniwad	17.7	7,400 PSI	1090
Lead Shot	12	1 1/8 oz.	Internat'l	Win. 209	LAGE Uniwad	19	8,600 PSI	1145
Lead Shot	12	1 1/8 oz.	Internat'l	Win. 209	LAGE Uniwad	20.3	9,900 PSI	1200
Lead Shot	12	1 1/8 oz.	Internat'l	Win. 209	LAGE Uniwad	21.6	11,100 PSI	1255
Lead Shot	12	1 1/8 oz.	Internat'l	Win. 209	Red PC	17.7	7,600 PSI	1090
Lead Shot	12	1 1/8 oz.	Internat'l	Win. 209	Red PC	19	8,600 PSI	1145
Lead Shot	12	1 1/8 oz.	Internat'l	Win. 209	Red PC	20.3	9,600 PSI	1200
Lead Shot	12	1 1/8 oz.	Internat'l	Win. 209	Red PC	21.5	10,500 PSI	1255
Lead Shot	12	1 1/8 oz.	Internat'l	Win. 209	Rem. Fig. 8	17.5	7,900 PSI	1090
Lead Shot	12	1 1/8 oz.	Internat'l	Win. 209	Rem. Fig. 8	18.6	9,000 PSI	1145
Lead Shot	12	1 1/8 oz.	Internat'l	Win. 209	Rem. Fig. 8	19.7	10,200 PSI	1200
Lead Shot	12	1 1/8 oz.	Internat'l	Win. 209	Rem. Fig. 8	20.8	11,300 PSI	1255
Lead Shot	12	1 1/8 oz.	Internat'l	Win. 209	Trapper	17	7,900 PSI	1090
Lead Shot	12	1 1/8 oz.	Internat'l	Win. 209	Trapper	18.5	9,100 PSI	1145
Lead Shot	12	1 1/8 oz.	Internat'l	Win. 209	Trapper	19.9	10,100 PSI	1200
Lead Shot	12	1 1/8 oz.	Internat'l	Win. 209	Trapper	21.3	11,500 PSI	1255
Lead Shot	12	1 1/8 oz.	Internat'l	Win. 209	WAA12	17	7,100 PSI	1090
Lead Shot	12	1 1/8 oz.	Internat'l	Win. 209	WAA12	18.4	8,600 PSI	1145
Lead Shot	12	1 1/8 oz.	Internat'l	Win. 209	WAA12	19.8	10,100 PSI	1200
Lead Shot	12	1 1/8 oz.	Internat'l	Win. 209	WAA12	21.1	11,500 PSI	1255
Lead Shot	12	1 1/8 oz.	Internat'l	Win. 209	Windjammer	19.4	8,200 PSI	1090
Lead Shot	12	1 1/8 oz.	Internat'l	Win. 209	Windjammer	20.1	8,900 PSI	1145
Lead Shot	12	1 1/8 oz.	Internat'l	Win. 209	Windjammer	22.1	10,300 PSI	1200
Lead Shot	12	1 1/8 oz.	Super Hcp	Ched. 209	DRV-12	18	8,500 PSI	1145
Lead Shot	12	1 1/8 oz.	Super Hcp	Ched. 209	DRV-12	19.4	10,000 PSI	1200
Lead Shot	12	1 1/8 oz.	Super Hcp	Ched. 209	DRV-12	20.8	11,500 PSI	1255
Lead Shot	12	1 1/8 oz.	Super Hcp	Ched. 209	Rem. FIG. 8	17.8	8,400 PSI	1145
Lead Shot	12	1 1/8 oz.	Super Hcp	Ched. 209	Rem. FIG. 8	19.3	9,800 PSI	1200
Lead Shot	12	1 1/8 oz.	Super Hcp	Ched. 209	Rem. FIG. 8	20.9	11,400 PSI	1255
Lead Shot	12	1 1/8 oz.	Super Hcp	Ched. 209	WAA12	17.9	8,300 PSI	1145

Lead Shot	12	1 1/8 oz.	Super Hcp	Ched. 209	WAA12	19.3	9,800 PSI	1200
Lead Shot	12	1 1/8 oz.	Super Hcp	Ched. 209	WAA12	20.8	11,300 PSI	1255
Lead Shot	12	1 1/8 oz.	Super Hcp	Ched. 209	WJ-12-RPL	18	7,200 PSI	1145
Lead Shot	12	1 1/8 oz.	Super Hcp	Ched. 209	WJ-12-RPL	19.5	8,400 PSI	1200
Lead Shot	12	1 1/8 oz.	Super Hcp	Ched. 209	WJ-12-RPL	21.1	9,900 PSI	1255
Lead Shot	12	1 1/8 oz.	Super Hcp	Ched. 209	WJ-12-RPL	22.8	11,400 PSI	1310
Lead Shot	12	1 1/8 oz.	Super Hcp	Fed. 209A	DRV-12	17.8	9,200 PSI	1145
Lead Shot	12	1 1/8 oz.	Super Hcp	Fed. 209A	DRV-12	19.3	10,600 PSI	1200
Lead Shot	12	1 1/8 oz.	Super Hcp	Fed. 209A	Rem. FIG 8	17.6	8,600 PSI	1145
Lead Shot	12	1 1/8 oz.	Super Hcp	Fed. 209A	Rem. FIG. 8	19.1	10,200 PSI	1200
Lead Shot	12	1 1/8 oz.	Super Hcp	Fed. 209A	WAA12	17.4	8,800 PSI	1145
Lead Shot	12	1 1/8 oz.	Super Hcp	Fed. 209A	WAA12	19.2	10,300 PSI	1200
Lead Shot	12	1 1/8 oz.	Super Hcp	Fed. 209A	WJ-12-RPL	18	7,500 PSI	1145
Lead Shot	12	1 1/8 oz.	Super Hcp	Fed. 209A	WJ-12-RPL	19.3	8,600 PSI	1200
Lead Shot	12	1 1/8 oz.	Super Hcp	Fed. 209A	WJ-12-RPL	20.6	9,900 PSI	1255
Lead Shot	12	1 1/8 oz.	Super Hcp	Fed. 209A	WJ-12-RPL	21.8	11,100 PSI	1310
Lead Shot	12	1 1/8 oz.	Super Hcp	Fio. 617	Rem. FIG 8	18.4	7,200 PSI	1145
Lead Shot	12	1 1/8 oz.	Super Hcp	Fio. 617	Rem. FIG 8	20	8,600 PSI	1200
Lead Shot	12	1 1/8 oz.	Super Hcp	Fio. 617	Rem. FIG 8	21.5	9,800 PSI	1255

Lead Shot	12	1 1/8 oz.	Super Hcp	Fio. 617	Rem. FIG 8	23	11,000 PSI	1310
Lead Shot	12	1 1/8 oz.	Super Hcp	Fio. 617	WAA12	18.2	7,000 PSI	1145
Lead Shot	12	1 1/8 oz.	Super Hcp	Fio. 617	WAA12	19.6	8,500 PSI	1200
Lead Shot	12	1 1/8 oz.	Super Hcp	Fio. 617	WAA12	21	10,000 PSI	1255
Lead Shot	12	1 1/8 oz.	Super Hcp	Fio. 617	Windjammer	18.6	7,000 PSI	1145
Lead Shot	12	1 1/8 oz.	Super Hcp	Fio. 617	Windjammer	20.8	8,100 PSI	1200
Lead Shot	12	1 1/8 oz.	Super Hcp	Fio. 617	Windjammer	21.3	9,400 PSI	1255
Lead Shot	12	1 1/8 oz.	Super Hcp	Fio. 617	Windjammer	22.6	10,700 PSI	1310
Lead Shot	12	1 1/8 oz.	Super Hcp	Rem. 209P	DRV-12	18.3	8,700 PSI	1145
Lead Shot	12	1 1/8 oz.	Super Hcp	Rem. 209P	DRV-12	19.6	10,000 PSI	1200
Lead Shot	12	1 1/8 oz.	Super Hcp	Rem. 209P	DRV-12	20.9	11,200 PSI	1255
Lead Shot	12	1 1/8 oz.	Super Hcp	Rem. 209P	Rem. FIG. 8	18.4	8,400 PSI	1145
Lead Shot	12	1 1/8 oz.	Super Hcp	Rem. 209P	Rem. FIG. 8	19.6	9,700 PSI	1200
Lead Shot	12	1 1/8 oz.	Super Hcp	Rem. 209P	Rem. FIG. 8	20.9	11,100 PSI	1255
Lead Shot	12	1 1/8 oz.	Super Hcp	Rem. 209P	WAA12	18.5	8,700 PSI	1145
Lead Shot	12	1 1/8 oz.	Super Hcp	Rem. 209P	WAA12	19.8	10,000 PSI	1200
Lead Shot	12	1 1/8 oz.	Super Hcp	Rem. 209P	WAA12	21	11,400 PSI	1255
Lead Shot	12	1 1/8 oz.	Super Hcp	Rem. 209P	WJ-12-RPL	18	6,800 PSI	1145
Lead Shot	12	1 1/8 oz.	Super Hcp	Rem. 209P	WJ-12-RPL	19.8	8,100 PSI	1200

Lead Shot	12	1 1/8 oz.	Super Hcp	Rem. 209P	WJ-12-RPL	21.5	9,400 PSI	1255
Lead Shot	12	1 1/8 oz.	Super Hcp	Rem. 209P	WJ-12-RPL	23	10,500 PSI	1310
Lead Shot	12	1 1/8 oz.	Super Hcp	Rio G-600	Rem. FIG 8	19	7,600 PSI	1145
Lead Shot	12	1 1/8 oz.	Super Hcp	Rio G-600	Rem. FIG 8	20.2	8,900 PSI	1200
Lead Shot	12	1 1/8 oz.	Super Hcp	Rio G-600	Rem. FIG 8	21.3	10,000 PSI	1255
Lead Shot	12	1 1/8 oz.	Super Hcp	Rio G-600	Rem. FIG 8	22.6	11,300 PSI	1310
Lead Shot	12	1 1/8 oz.	Super Hcp	Rio G-600	WAA12	18.2	7,300 PSI	1145
Lead Shot	12	1 1/8 oz.	Super Hcp	Rio G-600	WAA12	19.5	8,600 PSI	1200
Lead Shot	12	1 1/8 oz.	Super Hcp	Rio G-600	WAA12	20.8	9,900 PSI	1255
Lead Shot	12	1 1/8 oz.	Super Hcp	Rio G-600	WAA12	22.2	11,300 PSI	1310
Lead Shot	12	1 1/8 oz.	Super Hcp	Rio G-600	Windjammer	19.3	7,400 PSI	1145
Lead Shot	12	1 1/8 oz.	Super Hcp	Rio G-600	Windjammer	20.5	8,500 PSI	1200
Lead Shot	12	1 1/8 oz.	Super Hcp	Rio G-600	Windjammer	21.7	9,700 PSI	1255
Lead Shot	12	1 1/8 oz.	Super Hcp	Rio G-600	Windjammer	23	10,900 PSI	1310
Lead Shot	12	1 1/8 oz.	Super Hcp	Win. 209	DRV-12	18.5	8,600 PSI	1145
Lead Shot	12	1 1/8 oz.	Super Hcp	Win. 209	DRV-12	19.8	10,000 PSI	1200
Lead Shot	12	1 1/8 oz.	Super Hcp	Win. 209	DRV-12	21	11,300 PSI	1255
Lead Shot	12	1 1/8 oz.	Super Hcp	Win. 209	Rem. FIG. 8	18.2	8,200 PSI	1145
Lead Shot	12	1 1/8 oz.	Super Hcp	Win. 209	Rem. FIG. 8	19.6	9,700 PSI	1200

Lead Shot	12	1 1/8 oz.	Super Hcp	Win. 209	Rem. FIG. 8	20.9	11,100 PSI	1255
Lead Shot	12	1 1/8 oz.	Super Hcp	Win. 209	WAA12	18.4	8,100 PSI	1145
Lead Shot	12	1 1/8 oz.	Super Hcp	Win. 209	WAA12	19.7	9,600 PSI	1200
Lead Shot	12	1 1/8 oz.	Super Hcp	Win. 209	WAA12	21	11,200 PSI	1255
Lead Shot	12	1 1/8 oz.	Super Hcp	Win. 209	WJ-12-RPL	18	6,700 PSI	1145
Lead Shot	12	1 1/8 oz.	Super Hcp	Win. 209	WJ-12-RPL	19.8	8,100 PSI	1200
Lead Shot	12	1 1/8 oz.	Super Hcp	Win. 209	WJ-12-RPL	21.5	9,500 PSI	1255
Lead Shot	12	1 1/8 oz.	Super Hcp	Win. 209	WJ-12-RPL	23	11,000 PSI	1310
Lead Shot	12	1 1/8 oz.	PB	Fed. 209A	CB 1118-12	19	7,300 PSI	1100
Lead Shot	12	1 1/8 oz.	PB	Fed. 209A	CB 1118-12	20.5	7,900 PSI	1150
Lead Shot	12	1 1/8 oz.	PB	Fed. 209A	CB 1118-12	22	8,700 PSI	1200
Lead Shot	12	1 1/8 oz.	PB	Fed. 209A	CB 1118-12	23.5	9,500 PSI	1250
Lead Shot	12	1 1/8 oz.	PB	Fed. 209A	Fed. 12S4	18.5	8,400 PSI	1100
Lead Shot	12	1 1/8 oz.	PB	Fed. 209A	Fed. 12S4	19.5	8,800 PSI	1150
Lead Shot	12	1 1/8 oz.	PB	Fed. 209A	Fed. 12S4	21	9,600 PSI	1200
Lead Shot	12	1 1/8 oz.	PB	Fed. 209A	Fed. 12S4	23	10,900 PSI	1250
Lead Shot	12	1 1/8 oz.	PB	Fed. 209A	Rem. FIG. 8	19.5	7,500 PSI	1100
Lead Shot	12	1 1/8 oz.	PB	Fed. 209A	Rem. FIG. 8	20.5	8,100 PSI	1150
Lead Shot	12	1 1/8 oz.	PB	Fed. 209A	Rem. FIG. 8	22	8,900 PSI	1200
Lead Shot	12	1 1/8 oz.	PB	Fed. 209A	Rem. FIG. 8	23.5	9,600 PSI	1250
Lead Shot	12	1 1/8 oz.	PB	Fed. 209A	WAA12	18.5	8,200 PSI	1100
Lead Shot	12	1 1/8 oz.	PB	Fed. 209A	WAA12	20	9,200 PSI	1150
Lead Shot	12	1 1/8 oz.	PB	Fed. 209A	WAA12	21	9,900 PSI	1200
Lead Shot	12	1 1/8 oz.	PB	Fed. 209A	WAA12	23	11,000 PSI	1250
Lead Shot	12	1 1/8 oz.	PB	Fed. 209A	Windjammer	19.5	6,800 PSI	1100
Lead Shot	12	1 1/8 oz.	PB	Fed. 209A	Windjammer	20.5	7,500 PSI	1150
Lead Shot	12	1 1/8 oz.	PB	Fed. 209A	Windjammer	22	8,500 PSI	1200
Lead Shot	12	1 1/8 oz.	PB	Fed. 209A	Windjammer	23.5	9,500 PSI	1250
Lead Shot	12	1 1/8 oz.	PB	Fio. 617	Rem. FIG 8	20.8	6,400 PSI	1100
Lead Shot	12	1 1/8 oz.	PB	Fio. 617	Rem. FIG 8	21.7	7,600 PSI	1150

Lead Shot	12	1 1/8 oz.	PB	Fio. 617	Rem. FIG 8	22.6	8,500 PSI	1200
Lead Shot	12	1 1/8 oz.	PB	Fio. 617	Rem. FIG 8	23.5	9,300 PSI	1250
Lead Shot	12	1 1/8 oz.	PB	Fio. 617	WAA12	19.4	6,700 PSI	1100
Lead Shot	12	1 1/8 oz.	PB	Fio. 617	WAA12	21	7,600 PSI	1150
Lead Shot	12	1 1/8 oz.	PB	Fio. 617	WAA12	22.6	8,500 PSI	1200
Lead Shot	12	1 1/8 oz.	PB	Fio. 617	Windjammer	20.3	6,400 PSI	1100
Lead Shot	12	1 1/8 oz.	PB	Fio. 617	Windjammer	21.2	7,100 PSI	1150
Lead Shot	12	1 1/8 oz.	PB	Fio. 617	Windjammer	22.5	8,100 PSI	1200
Lead Shot	12	1 1/8 oz.	PB	Fio. 617	Windjammer	24	9,200 PSI	1250
Lead Shot	12	1 1/8 oz.	PB	Rem. 209P	CB 1118-12	19.5	6,400 PSI	1100
Lead Shot	12	1 1/8 oz.	PB	Rem. 209P	CB 1118-12	21	7,400 PSI	1150
Lead Shot	12	1 1/8 oz.	PB	Rem. 209P	CB 1118-12	22.5	8,000 PSI	1200
Lead Shot	12	1 1/8 oz.	PB	Rem. 209P	CB 1118-12	24	8,600 PSI	1250
Lead Shot	12	1 1/8 oz.	PB	Rem. 209P	Fed. 12S4	19	7,700 PSI	1100
Lead Shot	12	1 1/8 oz.	PB	Rem. 209P	Fed. 12S4	20	8,400 PSI	1150
Lead Shot	12	1 1/8 oz.	PB	Rem. 209P	Fed. 12S4	21.5	9,300 PSI	1200
Lead Shot	12	1 1/8 oz.	PB	Rem. 209P	Fed. 12S4	23	10,000 PSI	1250
Lead Shot	12	1 1/8 oz.	PB	Rem. 209P	Rem. FIG. 8	20	6,800 PSI	1100
Lead Shot	12	1 1/8 oz.	PB	Rem. 209P	Rem. FIG. 8	21.5	7,500 PSI	1150
Lead Shot	12	1 1/8 oz.	PB	Rem. 209P	Rem. FIG. 8	23	8,400 PSI	1200
Lead Shot	12	1 1/8 oz.	PB	Rem. 209P	Rem. FIG. 8	24.5	9,300 PSI	1250
Lead Shot	12	1 1/8 oz.	PB	Rem. 209P	WAA12	19.5	7,300 PSI	1100
Lead Shot	12	1 1/8 oz.	PB	Rem. 209P	WAA12	20.5	8,000 PSI	1150
Lead Shot	12	1 1/8 oz.	PB	Rem.	WAA12	22	8,700 PSI	1200

Lead Shot	12	1 1/8 oz.	PB	Rem. 209P	WAA12	23.5	9,500 PSI	1250
Lead Shot	12	1 1/8 oz.	PB	Rem. 209P	Windjammer	20	6,300 PSI	1100
Lead Shot	12	1 1/8 oz.	PB	Rem. 209P	Windjammer	21	6,900 PSI	1150
Lead Shot	12	1 1/8 oz.	PB	Rem. 209P	Windjammer	22.5	7,900 PSI	1200
Lead Shot	12	1 1/8 oz.	PB	Rem. 209P	Windjammer	24	8,900 PSI	1250
Lead Shot	12	1 1/8 oz.	PB	Rio G-600	Rem. FIG 8	20.7	6,500 PSI	1100
Lead Shot	12	1 1/8 oz.	PB	Rio G-600	Rem. FIG 8	21.8	7,200 PSI	1150
Lead Shot	12	1 1/8 oz.	PB	Rio G-600	Rem. FIG 8	23.3	8,100 PSI	1200
Lead Shot	12	1 1/8 oz.	PB	Rio G-600	WAA12	20	6,800 PSI	1100
Lead Shot	12	1 1/8 oz.	PB	Rio G-600	WAA12	21	7,700 PSI	1150
Lead Shot	12	1 1/8 oz.	PB	Rio G-600	WAA12	22.2	8,800 PSI	1200
Lead Shot	12	1 1/8 oz.	PB	Rio G-600	WAA12	23.5	10,000 PSI	1250
Lead Shot	12	1 1/8 oz.	PB	Rio G-600	Windjammer	21	6,200 PSI	1100
Lead Shot	12	1 1/8 oz.	PB	Rio G-600	Windjammer	22.2	6,800 PSI	1150
Lead Shot	12	1 1/8 oz.	PB	Rio G-600	Windjammer	23.5	7,400 PSI	1200
Lead Shot	12	1 1/8 oz.	PB	Win. 209	CB 1118-12	20	6,700 PSI	1100
Lead Shot	12	1 1/8 oz.	PB	Win. 209	CB 1118-12	21	7,200 PSI	1150
Lead Shot	12	1 1/8 oz.	PB	Win. 209	CB 1118-12	22.5	8,000 PSI	1200
Lead Shot	12	1 1/8 oz.	PB	Win. 209	CB 1118-12	24	8,800 PSI	1250
Lead Shot	12	1 1/8 oz.	PB	Win. 209	Fed. 12S4	19	7,700 PSI	1100
Lead Shot	12	1 1/8 oz.	PB	Win. 209	Fed. 12S4	20.5	8,500 PSI	1150
Lead Shot	12	1 1/8 oz.	PB	Win. 209	Fed. 12S4	21.5	9,100 PSI	1200
Lead Shot	12	1 1/8 oz.	PB	Win. 209	Fed. 12S4	23.5	10,400 PSI	1250
Lead Shot	12	1 1/8 oz.	PB	Win. 209	Rem. FIG. 8	19.5	6,900 PSI	1100
Lead Shot	12	1 1/8 oz.	PB	Win. 209	Rem. FIG. 8	21	7,900 PSI	1150
Lead Shot	12	1 1/8 oz.	PB	Win. 209	Rem. FIG. 8	22	8,400 PSI	1200
Lead Shot	12	1 1/8 oz.	PB	Win. 209	Rem. FIG. 8	23.5	9,300 PSI	1250
Lead Shot	12	1 1/8 oz.	PB	Win. 209	WAA12	19	7,700 PSI	1100
Lead Shot	12	1 1/8 oz.	PB	Win. 209	WAA12	20	8,400 PSI	1150
Lead Shot	12	1 1/8 oz.	PB	Win. 209	WAA12	22	9,400 PSI	1200
Lead Shot	12	1 1/8 oz.	PB	Win. 209	WAA12	23.5	10,200 PSI	1250
Lead Shot	12	1 1/8 oz.	PB	Win. 209	Windjammer	20	6,700 PSI	1100

Lead Shot	12	1 1/8 oz.	PB	Win. 209	Windjammer	21	7,300 PSI	1150
Lead Shot	12	1 1/8 oz.	PB	Win. 209	Windjammer	22.5	8,200 PSI	1200
Lead Shot	12	1 1/8 oz.	PB	Win. 209	Windjammer	24	9,100 PSI	1250
Lead Shot	12	1 1/8 oz.	SR 7625	Fed. 209A	CB 1118-12	20	6,900 PSI	1100
Lead Shot	12	1 1/8 oz.	SR 7625	Fed. 209A	CB 1118-12	21.5	7,900 PSI	1150
Lead Shot	12	1 1/8 oz.	SR 7625	Fed. 209A	CB 1118-12	22.5	8,400 PSI	1200
Lead Shot	12	1 1/8 oz.	SR 7625	Fed. 209A	CB 1118-12	24	9,200 PSI	1250
Lead Shot	12	1 1/8 oz.	SR 7625	Fed. 209A	Fed. 12S3	20	7,300 PSI	1100
Lead Shot	12	1 1/8 oz.	SR 7625	Fed. 209A	Fed. 12S3	21	8,100 PSI	1150
Lead Shot	12	1 1/8 oz.	SR 7625	Fed. 209A	Fed. 12S3	22.5	9,100 PSI	1200
Lead Shot	12	1 1/8 oz.	SR 7625	Fed. 209A	Fed. 12S3	24	10,000 PSI	1250
Lead Shot	12	1 1/8 oz.	SR 7625	Fed. 209A	Rem. RXP12	20.5	7,200 PSI	1100
Lead Shot	12	1 1/8 oz.	SR 7625	Fed. 209A	Rem. RXP12	22	8,000 PSI	1150
Lead Shot	12	1 1/8 oz.	SR 7625	Fed. 209A	Rem. RXP12	23	8,600 PSI	1200
Lead Shot	12	1 1/8 oz.	SR 7625	Fed. 209A	Rem. RXP12	24.5	9,400 PSI	1250
Lead Shot	12	1 1/8 oz.	SR 7625	Fed. 209A	WAA12	19.5	7,900 PSI	1100
Lead Shot	12	1 1/8 oz.	SR 7625	Fed. 209A	WAA12	20.5	8,500 PSI	1150
Lead Shot	12	1 1/8 oz.	SR 7625	Fed. 209A	WAA12	22	9,700 PSI	1200
Lead Shot	12	1 1/8 oz.	SR 7625	Fed. 209A	WAA12	23	10,500 PSI	1250
Lead Shot	12	1 1/8 oz.	SR 7625	Fed. 209A	Windjammer	21	6,500 PSI	1100
Lead Shot	12	1 1/8 oz.	SR 7625	Fed. 209A	Windjammer	22	7,200 PSI	1150
Lead Shot	12	1 1/8 oz.	SR 7625	Fed. 209A	Windjammer	23.5	7,800 PSI	1200
Lead Shot	12	1 1/8 oz.	SR 7625	Fed. 209A	Windjammer	25	8,400 PSI	1250
Lead Shot	12	1 1/8 oz.	SR 7625	Fio. 617	Rem. FIG 8	23.6	6,100 PSI	1100
Lead Shot	12	1 1/8 oz.	SR 7625	Fio. 617	Rem. FIG 8	24.6	6,900 PSI	1150
Lead Shot	12	1 1/8 oz.	SR 7625	Fio. 617	Rem. FIG 8	25.7	7,700 PSI	1200
Lead Shot	12	1 1/8 oz.	SR 7625	Fio. 617	WAA12	23	6,000 PSI	1100
Lead Shot	12	1 1/8 oz.	SR 7625	Fio. 617	WAA12	24.3	6,900 PSI	1150
Lead Shot	12	1 1/8 oz.	SR 7625	Fio. 617	WAA12	25.7	7,900 PSI	1200
Lead Shot	12	1 1/8 oz.	SR 7625	Fio. 617	WAA12	26.5	8,800 PSI	1250
Lead Shot	12	1 1/8 oz.	SR 7625	Fio. 617	Windjammer	24	6,000 PSI	1100
Lead Shot	12	1 1/8 oz.	SR 7625	Fio. 617	Windjammer	25.4	6,600 PSI	1150
Lead Shot	12	1 1/8 oz.	SR 7625	Fio. 617	Windjammer	20.8	6,200 PSI	1150
Lead Shot	12	1 1/8 oz.	SR 7625	Fio. 617	Windjammer	26.8	7,300 PSI	1200
Lead Shot	12	1 1/8 oz.	SR 7625	Rem. 209P	CB 1118-12	20.5	6,400 PSI	1100
Lead Shot	12	1 1/8 oz.	SR 7625	Rem. 209P	CB 1118-12	22	7,400 PSI	1150

Lead Shot	12	1 1/8 oz.	SR 7625	Rem. 209P	CB 1118-12	23	8,000 PSI	1200
Lead Shot	12	1 1/8 oz.	SR 7625	Rem. 209P	CB 1118-12	24.5	8,800 PSI	1250
Lead Shot	12	1 1/8 oz.	SR 7625	Rem. 209P	Fed. 12S3	21	7,200 PSI	1100
Lead Shot	12	1 1/8 oz.	SR 7625	Rem. 209P	Fed. 12S3	22	7,800 PSI	1150
Lead Shot	12	1 1/8 oz.	SR 7625	Rem. 209P	Fed. 12S3	23.5	8,700 PSI	1200
Lead Shot	12	1 1/8 oz.	SR 7625	Rem. 209P	Fed. 12S3	24.5	9,500 PSI	1250
Lead Shot	12	1 1/8 oz.	SR 7625	Rem. 209P	Rem. RXP12	21	6,500 PSI	1100
Lead Shot	12	1 1/8 oz.	SR 7625	Rem. 209P	Rem. RXP12	22.5	7,400 PSI	1150
Lead Shot	12	1 1/8 oz.	SR 7625	Rem. 209P	Rem. RXP12	24	8,200 PSI	1200
Lead Shot	12	1 1/8 oz.	SR 7625	Rem. 209P	Rem. RXP12	25.5	9,000 PSI	1250
Lead Shot	12	1 1/8 oz.	SR 7625	Rem. 209P	WAA12	20	7,100 PSI	1100
Lead Shot	12	1 1/8 oz.	SR 7625	Rem. 209P	WAA12	21.5	8,000 PSI	1150
Lead Shot	12	1 1/8 oz.	SR 7625	Rem. 209P	WAA12	23	8,700 PSI	1200
Lead Shot	12	1 1/8 oz.	SR 7625	Rem. 209P	WAA12	24.5	9,400 PSI	1250
Lead Shot	12	1 1/8 oz.	SR 7625	Rem. 209P	Windjammer	21.5	6,000 PSI	1100
Lead Shot	12	1 1/8 oz.	SR 7625	Rem. 209P	Windjammer	23	6,700 PSI	1150
Lead Shot	12	1 1/8 oz.	SR 7625	Rem. 209P	Windjammer	24	7,300 PSI	1200
Lead Shot	12	1 1/8 oz.	SR 7625	Rem. 209P	Windjammer	25.5	8,400 PSI	1250
Lead Shot	12	1 1/8 oz.	SR 7625	Rio G-600	Rem. FIG 8	23.2	6,300 PSI	1100
Lead Shot	12	1 1/8 oz.	SR 7625	Rio G-600	Rem. FIG 8	24.8	7,100 PSI	1150

Shot	Gauge	Load	Powder	Primer	Wad	Charge	Pressure	Velocity
Lead Shot	12	1 1/8 oz.	SR 7625	Rio G-600	Rem. FIG 8	26.5	8,000 PSI	1200
Lead Shot	12	1 1/8 oz.	SR 7625	Rio G-600	Rem. FIG 8	22.1	7,400 PSI	1200
Lead Shot	12	1 1/8 oz.	SR 7625	Rio G-600	WAA12	23	6,100 PSI	1100
Lead Shot	12	1 1/8 oz.	SR 7625	Rio G-600	WAA12	24.3	7,000 PSI	1150
Lead Shot	12	1 1/8 oz.	SR 7625	Rio G-600	WAA12	25.5	7,800 PSI	1200
Lead Shot	12	1 1/8 oz.	SR 7625	Rio G-600	Windjammer	24	5,800 PSI	1100
Lead Shot	12	1 1/8 oz.	SR 7625	Rio G-600	Windjammer	25.3	6,600 PSI	1150
Lead Shot	12	1 1/8 oz.	SR 7625	Rio G-600	Windjammer	27	7,600 PSI	1200
Lead Shot	12	1 1/8 oz.	SR 7625	Win. 209	CB 1118-12	21	6,200 PSI	1100
Lead Shot	12	1 1/8 oz.	SR 7625	Win. 209	CB 1118-12	22.5	7,200 PSI	1150
Lead Shot	12	1 1/8 oz.	SR 7625	Win. 209	CB 1118-12	23	7,600 PSI	1200
Lead Shot	12	1 1/8 oz.	SR 7625	Win. 209	CB 1118-12	24.5	8,600 PSI	1250
Lead Shot	12	1 1/8 oz.	SR 7625	Win. 209	Fed. 12S3	20.5	6,700 PSI	1100
Lead Shot	12	1 1/8 oz.	SR 7625	Win. 209	Fed. 12S3	22	7,800 PSI	1150
Lead Shot	12	1 1/8 oz.	SR 7625	Win. 209	Fed. 12S3	23.5	8,800 PSI	1200
Lead Shot	12	1 1/8 oz.	SR 7625	Win. 209	Fed. 12S3	24.5	9,600 PSI	1250
Lead Shot	12	1 1/8 oz.	SR 7625	Win. 209	Rem. RXP12	21	6,200 PSI	1100
Lead Shot	12	1 1/8 oz.	SR 7625	Win. 209	Rem. RXP12	22.5	7,400 PSI	1150
Lead Shot	12	1 1/8 oz.	SR 7625	Win. 209	Rem. RXP12	23.5	7,900 PSI	1200
Lead Shot	12	1 1/8 oz.	SR 7625	Win. 209	Rem. RXP12	25	8,800 PSI	1250
Lead Shot	12	1 1/8 oz.	SR 7625	Win. 209	WAA12	20.5	7,000 PSI	1100
Lead Shot	12	1 1/8 oz.	SR 7625	Win. 209	WAA12	22	7,900 PSI	1150
Lead Shot	12	1 1/8 oz.	SR 7625	Win. 209	WAA12	23	8,600 PSI	1200
Lead Shot	12	1 1/8 oz.	SR 7625	Win. 209	WAA12	24.5	9,500 PSI	1250
Lead Shot	12	1 1/8 oz.	SR 7625	Win. 209	Windjammer	21.5	5,900 PSI	1100
Lead Shot	12	1 1/8 oz.	SR 7625	Win. 209	Windjammer	22.5	6,500 PSI	1150
Lead Shot	12	1 1/8 oz.	SR 7625	Win. 209	Windjammer	24	7,700 PSI	1200
Lead Shot	12	1 1/8 oz.	SR 7625	Win. 209	Windjammer	25	8,500 PSI	1250
Lead Shot	12	1 1/8 oz.	WSF	Win. 209	Fed. 12S3	28	8,900 PSI	1365
Lead Shot	12	1 1/8 oz.	WSF	Win. 209	Fed. 12S3	29	9,500 PSI	1400
Lead Shot	12	1 1/8 oz.	WSF	Win. 209	WAA12	27	9,700 PSI	1310
Lead Shot	12	1 1/8 oz.	WSF	Win. 209	WAA12	28.5	10,700 PSI	1365
Lead Shot	12	1 1/8 oz.	Universal	CCI 209	Windjammer	23.2	8,400 PSI	1200
Lead Shot	12	1 1/8 oz.	Universal	CCI 209	Windjammer	24.4	9,100 PSI	1255
Lead Shot	12	1 1/8 oz.	Universal	CCI 209	Windjammer	25.7	10,200 PSI	1310
Lead Shot	12	1 1/8 oz.	Universal	CCI 209M	Hor. Versalite	21.1	9,600 PSI	1200
Lead Shot	12	1 1/8 oz.	Universal	CCI 209M	Hor. Versalite	22.5	10,600 PSI	1255
Lead Shot	12	1 1/8 oz.	Universal	CCI 209M	Hor. Versalite	24.3	11,400 PSI	1310

Lead Shot	12	1 1/8 oz.	Universal	Fed. 209A	Fed. 12S3	21.7	10,200 PSI	1200
Lead Shot	12	1 1/8 oz.	Universal	Fed. 209A	Fed. 12S3	22.7	11,000 PSI	1255
Lead Shot	12	1 1/8 oz.	Universal	Fio. 616	Fio. TL1	22.5	9,400 PSI	1200
Lead Shot	12	1 1/8 oz.	Universal	Fio. 616	Fio. TL1	23.5	10,600 PSI	1255
Lead Shot	12	1 1/8 oz.	Universal	Win. 209	Rem. Fig. 8	22.5	8,900 PSI	1200
Lead Shot	12	1 1/8 oz.	Universal	Win. 209	Rem. Fig. 8	23.7	9,900 PSI	1255
Lead Shot	12	1 1/8 oz.	Universal	Win. 209	Rem. Fig. 8	25	10,800 PSI	1310
Lead Shot	12	1 1/8 oz.	Universal	Win. 209	WAA12	21.5	9,800 PSI	1200
Lead Shot	12	1 1/8 oz.	Universal	Win. 209	WAA12	23	10,700 PSI	1255
Lead Shot	12	1 1/8 oz.	800-X	CCI 209	CB 1118-12	19.5	6,200 PSI	1100
Lead Shot	12	1 1/8 oz.	800-X	CCI 209	CB 1118-12	21	7,000 PSI	1150
Lead Shot	12	1 1/8 oz.	800-X	CCI 209	CB 1118-12	22	7,500 PSI	1200
Lead Shot	12	1 1/8 oz.	800-X	CCI 209	CB 1118-12	23.5	8,400 PSI	1250
Lead Shot	12	1 1/8 oz.	800-X	CCI 209	Fed. 12S3	19.5	7,000 PSI	1100
Lead Shot	12	1 1/8 oz.	800-X	CCI 209	Fed. 12S3	20.5	7,600 PSI	1150
Lead Shot	12	1 1/8 oz.	800-X	CCI 209	Fed. 12S3	22	8,500 PSI	1200
Lead Shot	12	1 1/8 oz.	800-X	CCI 209	Fed. 12S3	23.5	9,400 PSI	1250
Lead Shot	12	1 1/8 oz.	800-X	CCI 209	Rem. FIG. 8	19.5	6,500 PSI	1100
Lead Shot	12	1 1/8 oz.	800-X	CCI 209	Rem. FIG. 8	21	7,200 PSI	1150
Lead Shot	12	1 1/8 oz.	800-X	CCI 209	Rem. FIG. 8	22	7,600 PSI	1200
Lead Shot	12	1 1/8 oz.	800-X	CCI 209	Rem. FIG. 8	24	8,700 PSI	1250
Lead Shot	12	1 1/8 oz.	800-X	CCI 209	WAA12	19.5	6,900 PSI	1100
Lead Shot	12	1 1/8 oz.	800-X	CCI 209	WAA12	20.5	7,500 PSI	1150
Lead Shot	12	1 1/8 oz.	800-X	CCI 209	WAA12	21.5	8,200 PSI	1200
Lead Shot	12	1 1/8 oz.	800-X	CCI 209	WAA12	23	9,100 PSI	1250
Lead Shot	12	1 1/8 oz.	800-X	CCI 209	Windjammer	20	6,000 PSI	1100
Lead Shot	12	1 1/8 oz.	800-X	CCI 209	Windjammer	21	6,700 PSI	1150
Lead Shot	12	1 1/8 oz.	800-X	CCI 209	Windjammer	22	7,300 PSI	1200
Lead Shot	12	1 1/8 oz.	800-X	CCI 209	Windjammer	23.5	8,200 PSI	1250
Lead Shot	12	1 1/8 oz.	800-X	Fed. 209A	CB 1118-12	19.5	6,800 PSI	1100
Lead Shot	12	1 1/8 oz.	800-X	Fed. 209A	CB 1118-12	20.5	7,500 PSI	1150
Lead Shot	12	1 1/8 oz.	800-X	Fed. 209A	CB 1118-12	21.5	8,200 PSI	1200
Lead Shot	12	1 1/8 oz.	800-X	Fed. 209A	CB 1118-12	23	9,000 PSI	1250
Lead Shot	12	1 1/8 oz.	800-X	Fed. 209A	Fed. 12S3	19	7,300 PSI	1100
Lead Shot	12	1 1/8 oz.	800-X	Fed. 209A	Fed. 12S3	20	8,000 PSI	1150
Lead Shot	12	1 1/8 oz.	800-X	Fed. 209A	Fed. 12S3	21.5	9,000 PSI	1200
Lead Shot	12	1 1/8 oz.	800-X	Fed. 209A	Fed. 12S3	23	9,900 PSI	1250
Lead Shot	12	1 1/8 oz.	800-X	Fed. 209A	Rem. FIG. 8	19.5	6,900 PSI	1100

Shot Type	Gauge	Shot Weight	Powder	Primer	Wad	Powder Charge	Pressure	Velocity
Lead Shot	12	1 1/8 oz.	800-X	Fed. 209A	Rem. FIG. 8	20.5	7,500 PSI	1150
Lead Shot	12	1 1/8 oz.	800-X	Fed. 209A	Rem. FIG. 8	22	8,400 PSI	1200
Lead Shot	12	1 1/8 oz.	800-X	Fed. 209A	Rem. FIG. 8	23.5	9,200 PSI	1250
Lead Shot	12	1 1/8 oz.	800-X	Fed. 209A	WAA12	19	7.200 PSI	1100
Lead Shot	12	1 1/8 oz.	800-X	Fed. 209A	WAA12	20	8,000 PSI	1150
Lead Shot	12	1 1/8 oz.	800-X	Fed. 209A	WAA12	21	8,700 PSI	1200
Lead Shot	12	1 1/8 oz.	800-X	Fed. 209A	WAA12	22.5	9,700 PSI	1250
Lead Shot	12	1 1/8 oz.	800-X	Fed. 209A	Windjammer	20	6,500 PSI	1100
Lead Shot	12	1 1/8 oz.	800-X	Fed. 209A	Windjammer	21	7,200 PSI	1150
Lead Shot	12	1 1/8 oz.	800-X	Fed. 209A	Windjammer	22	7,900 PSI	1200
Lead Shot	12	1 1/8 oz.	800-X	Fed. 209A	Windjammer	23	8,600 PSI	1250
Lead Shot	12	1 1/8 oz.	800-X	Fio. 617	Rem. FIG 8	20.5	6,500 PSI	1150
Lead Shot	12	1 1/8 oz.	800-X	Fio. 617	Rem. FIG 8	22.2	7,600 PSI	1200
Lead Shot	12	1 1/8 oz.	800-X	Fio. 617	Rem. FIG 8	23.3	8,300 PSI	1250
Lead Shot	12	1 1/8 oz.	800-X	Fio. 617	WAA12	20.5	6,900 PSI	1150
Lead Shot	12	1 1/8 oz.	800-X	Fio. 617	WAA12	21.6	7,700 PSI	1200
Lead Shot	12	1 1/8 oz.	800-X	Fio. 617	WAA12	22.9	8,700 PSI	1250
Lead Shot	12	1 1/8 oz.	800-X	Fio. 617	Windjammer	20.8	6,200 PSI	1150
Lead Shot	12	1 1/8 oz.	800-X	Fio. 617	Windjammer	22.3	7,100 PSI	1200
Lead Shot	12	1 1/8 oz.	800-X	Fio. 617	Windjammer	24	8,100 PSI	1250
Lead Shot	12	1 1/8 oz.	800-X	Rio G-600	Rem. FIG 8	20.8	6,800 PSI	1150
Lead Shot	12	1 1/8 oz.	800-X	Rio G-600	Rem. FIG 8	22.1	7,400 PSI	1200
Lead Shot	12	1 1/8 oz.	800-X	Rio G-600	Rem. FIG 8	23.5	8,100 PSI	1250
Lead Shot	12	1 1/8 oz.	800-X	Rio G-600	WAA12	20.4	6,700 PSI	1150
Lead Shot	12	1 1/8 oz.	800-X	Rio G-600	WAA12	21.9	7,400 PSI	1200
Lead Shot	12	1 1/8 oz.	800-X	Rio G-600	WAA12	23.3	8,100 PSI	1250
Lead Shot	12	1 1/8 oz.	800-X	Rio G-600	Windjammer	21.6	6,200 PSI	1150
Lead Shot	12	1 1/8 oz.	800-X	Rio G-600	Windjammer	23	7,000 PSI	1200
Lead Shot	12	1 1/8 oz.	800-X	Rio G-600	Windjammer	24.5	7,700 PSI	1250
Lead Shot	12	1 1/8 oz.	800-X	Win. 209	CB 1118-12	19.5	6,500 PSI	1100
Lead Shot	12	1 1/8 oz.	800-X	Win. 209	CB 1118-12	20.5	7,200 PSI	1150
Lead Shot	12	1 1/8 oz.	800-X	Win. 209	CB 1118-12	21.5	7,800 PSI	1200
Lead Shot	12	1 1/8 oz.	800-X	Win. 209	CB 1118-12	23	8,700 PSI	1250
Lead Shot	12	1 1/8 oz.	800-X	Win. 209	Fed. 12S3	19	6,800 PSI	1100
Lead Shot	12	1 1/8 oz.	800-X	Win. 209	Fed. 12S3	20	7,500 PSI	1150
Lead Shot	12	1 1/8 oz.	800-X	Win. 209	Fed. 12S3	21.5	8,500 PSI	1200
Lead Shot	12	1 1/8 oz.	800-X	Win. 209	Fed. 12S3	23	9,600 PSI	1250
Lead Shot	12	1 1/8 oz.	800-X	Win. 209	Rem. FIG. 8	19.5	6,500 PSI	1100

Shot	Gauge	Load	Powder	Primer	Wad	Powder (gr)	Velocity (fps)	Pressure
Lead Shot	12	1 1/8 oz.	800-X	Win. 209	Rem. FIG. 8	20.5	1150	7,200 PSI
Lead Shot	12	1 1/8 oz.	800-X	Win. 209	Rem. FIG. 8	22	1200	8,100 PSI
Lead Shot	12	1 1/8 oz.	800-X	Win. 209	Rem. FIG. 8	23.5	1250	8,900 PSI
Lead Shot	12	1 1/8 oz.	800-X	Win. 209	WAA12	19	1100	6,900 PSI
Lead Shot	12	1 1/8 oz.	800-X	Win. 209	WAA12	20	1150	7,800 PSI
Lead Shot	12	1 1/8 oz.	800-X	Win. 209	WAA12	21	1200	8,600 PSI
Lead Shot	12	1 1/8 oz.	800-X	Win. 209	WAA12	22.5	1250	9,600 PSI
Lead Shot	12	1 1/8 oz.	800-X	Win. 209	Windjammer	20	1100	6,200 PSI
Lead Shot	12	1 1/8 oz.	800-X	Win. 209	Windjammer	21	1150	6,900 PSI
Lead Shot	12	1 1/8 oz.	800-X	Win. 209	Windjammer	22	1200	7,500 PSI
Lead Shot	12	1 1/8 oz.	800-X	Win. 209	Windjammer	23.5	1250	8,400 PSI
Lead Shot	12	1 1/8 oz.	Longshot	CCI 209M	Fed. 1253	30.6	1420	10,000 PSI
Lead Shot	12	1 1/8 oz.	Longshot	CCI 209M	Fed. 1253	31.9	1475	11,000 PSI
Lead Shot	12	1 1/8 oz.	Longshot	CCI 209M	Hor. Versalite	31.7	1420	9,000 PSI
Lead Shot	12	1 1/8 oz.	Longshot	CCI 209M	Hor. Versalite	32.9	1475	9,900 PSI
Lead Shot	12	1 1/8 oz.	Longshot	CCI 209M	Hor. Versalite	34.1	1530	10,900 PSI
Lead Shot	12	1 1/8 oz.	Longshot	CCI 209M	Rem. R12L	31	1420	9,600 PSI
Lead Shot	12	1 1/8 oz.	Longshot	CCI 209M	Rem. R12L	32.7	1475	10,400 PSI
Lead Shot	12	1 1/8 oz.	Longshot	CCI 209M	Rem. R12L	34.5	1530	11,400 PSI
Lead Shot	12	1 1/8 oz.	Longshot	CCI 209M	WAA12	30.9	1420	9,800 PSI
Lead Shot	12	1 1/8 oz.	Longshot	CCI 209M	WAA12	32.3	1475	10,600 PSI
Lead Shot	12	1 1/8 oz.	Longshot	CCI 209M	WAA12	33.6	1530	11,400 PSI
Lead Shot	12	1 1/8 oz.	Longshot	CCI 209M	Windjammer	31.7	1420	9,000 PSI
Lead Shot	12	1 1/8 oz.	Longshot	CCI 209M	Windjammer	33.3	1475	9,800 PSI
Lead Shot	12	1 1/8 oz.	Longshot	CCI 209M	Windjammer	34.8	1530	10,600 PSI
Lead Shot	12	1 1/8 oz.	Longshot	CCI 209M	Windjammer	36.4	1585	11,500 PSI
Lead Shot	12	1 1/8 oz.	Longshot	Fed. 209A	Fed. 1253	29.4	1420	10,700 PSI
Lead Shot	12	1 1/8 oz.	Longshot	Fed. 209A	Fed. 1253	31.1	1475	11,600 PSI
Lead Shot	12	1 1/8 oz.	Longshot	Fed. 209A	Hor. Versalite	29.1	1420	10,500 PSI
Lead Shot	12	1 1/8 oz.	Longshot	Fed. 209A	Hor. Versalite	31	1475	11,500 PSI
Lead Shot	12	1 1/8 oz.	Longshot	Fed. 209A	Rem. R12L	29.8	1420	10,200 PSI
Lead Shot	12	1 1/8 oz.	Longshot	Fed. 209A	Rem. R12L	31.2	1475	11,100 PSI
Lead Shot	12	1 1/8 oz.	Longshot	Fed. 209A	WAA12	29.4	1420	10,900 PSI
Lead Shot	12	1 1/8 oz.	Longshot	Fed. 209A	Windjammer	30.6	1420	9,300 PSI
Lead Shot	12	1 1/8 oz.	Longshot	Fed. 209A	Windjammer	32.1	1475	10,300 PSI
Lead Shot	12	1 1/8 oz.	Longshot	Fed. 209A	Windjammer	33.6	1530	11,300 PSI
Lead Shot	12	1 1/8 oz.	Longshot	Rem. 209P	Fed. 1253	30.3	1420	9,700 PSI

Lead Shot	12	1 1/8 oz.	Longshot	Rem. 209P	Fed. 12S3	31.4	10,700 PSI	1475
Lead Shot	12	1 1/8 oz.	Longshot	Rem. 209P	Hor. Versalite	31	9,100 PSI	1420
Lead Shot	12	1 1/8 oz.	Longshot	Rem. 209P	Hor. Versalite	32.4	10,000 PSI	1475
Lead Shot	12	1 1/8 oz.	Longshot	Rem. 209P	Hor. Versalite	33.7	10,900 PSI	1530
Lead Shot	12	1 1/8 oz.	Longshot	Rem. 209P	Rem. R12L	31.1	9,400 PSI	1420
Lead Shot	12	1 1/8 oz.	Longshot	Rem. 209P	Rem. R12L	32.5	10,400 PSI	1475
Lead Shot	12	1 1/8 oz.	Longshot	Rem. 209P	Rem. R12L	33.9	11,400 PSI	1530
Lead Shot	12	1 1/8 oz.	Longshot	Rem. 209P	WAA12	30.6	9,300 PSI	1420
Lead Shot	12	1 1/8 oz.	Longshot	Rem. 209P	WAA12	31.7	10,400 PSI	1475
Lead Shot	12	1 1/8 oz.	Longshot	Rem. 209P	WAA12	32.7	11,500 PSI	1530
Lead Shot	12	1 1/8 oz.	Longshot	Rem. 209P	Windjammer	32	8,600 PSI	1420
Lead Shot	12	1 1/8 oz.	Longshot	Rem. 209P	Windjammer	33.5	9,700 PSI	1475
Lead Shot	12	1 1/8 oz.	Longshot	Rem. 209P	Windjammer	35	10,900 PSI	1530
Lead Shot	12	1 1/8 oz.	Longshot	Win. 209	Fed. 12S3	31.9	8,500 PSI	1420
Lead Shot	12	1 1/8 oz.	Longshot	Win. 209	Fed. 12S3	33	9,800 PSI	1475
Lead Shot	12	1 1/8 oz.	Longshot	Win. 209	Fed. 12S3	34.2	11,100 PSI	1530
Lead Shot	12	1 1/8 oz.	Longshot	Win. 209	Hor. Versalite	32.2	8,300 PSI	1420
Lead Shot	12	1 1/8 oz.	Longshot	Win. 209	Hor. Versalite	33.5	9,200 PSI	1475
Lead Shot	12	1 1/8 oz.	Longshot	Win. 209	Hor. Versalite	34.7	10,100 PSI	1530
Lead Shot	12	1 1/8 oz.	Longshot	Win. 209	Hor. Versalite	36	11,100 PSI	1585
Lead Shot	12	1 1/8 oz.	Longshot	Win. 209	Rem. R12L	31.5	8,800 PSI	1420
Lead Shot	12	1 1/8 oz.	Longshot	Win. 209	Rem. R12L	32	10,100 PSI	1475
Lead Shot	12	1 1/8 oz.	Longshot	Win. 209	Rem. R12L	34.5	11,400 PSI	1530
Lead Shot	12	1 1/8 oz.	Longshot	Win. 209	WAA12	31.7	9,100 PSI	1420
Lead Shot	12	1 1/8 oz.	Longshot	Win. 209	WAA12	32.8	10,100 PSI	1475

Lead Shot	12	1 1/8 oz.	Longshot	Win. 209	WAA12	33.5	11,200 PSI	1530
Lead Shot	12	1 1/8 oz.	Longshot	Win. 209	Windjammer	33.4	7,700 PSI	1420
Lead Shot	12	1 1/8 oz.	Longshot	Win. 209	Windjammer	34.3	8,800 PSI	1475
Lead Shot	12	1 1/8 oz.	Longshot	Win. 209	Windjammer	35.3	10,000 PSI	1530
Lead Shot	12	1 1/8 oz.	Longshot	Win. 209	Windjammer	36.3	11,100 PSI	1585
Lead Shot	12	1 1/4 oz.	PB	Rem. 209P	Rem. SP12	23	10,600 PSI	1225
Lead Shot	12	1 1/4 oz.	PB	Rem. 209P	Rem. SP12	24.5	11,500 PSI	1275
Lead Shot	12	1 1/4 oz.	SR 7625	Fed. 209A	Rem. SP12	24	10,600 PSI	1225
Lead Shot	12	1 1/4 oz.	SR 7625	Fed. 209A	Rem. SP12	25.5	11,500 PSI	1275
Lead Shot	12	1 1/4 oz.	SR 7625	Fed. 209A	WAA12R	24	9,900 PSI	1225
Lead Shot	12	1 1/4 oz.	SR 7625	Fed. 209A	WAA12R	26	11,300 PSI	1275
Lead Shot	12	1 1/4 oz.	SR 7625	Rem. 209P	Rem. SP12	27.5	10,600 PSI	1275
Lead Shot	12	1 1/4 oz.	SR 7625	Rem. 209P	Rem. SP12	28.5	11,500 PSI	1325
Lead Shot	12	1 1/4 oz.	SR 7625	Rem. 209P	WAA12R	27	10,300 PSI	1275
Lead Shot	12	1 1/4 oz.	SR 7625	Rem. 209P	WAA12R	28.5	11,400 PSI	1325
Lead Shot	12	1 1/4 oz.	SR 7625	Win. 209	Rem. SP12	26.5	10,800 PSI	1275
Lead Shot	12	1 1/4 oz.	SR 7625	Win. 209	Rem. SP12	27.5	11,500 PSI	1325
Lead Shot	12	1 1/4 oz.	SR 7625	Win. 209	WAA12R	27	10,200 PSI	1275
Lead Shot	12	1 1/4 oz.	SR 7625	Win. 209	WAA12R	29	11,500 PSI	1325
Lead Shot	12	1 1/4 oz.	WSF	CCI 209	WAA12F114	25.5	9,100 PSI	1220
Lead Shot	12	1 1/4 oz.	WSF	CCI 209	WAA12F114	27	10,200 PSI	1275
Lead Shot	12	1 1/4 oz.	WSF	CCI 209	WAA12F114	28.5	10,900 PSI	1330
Lead Shot	12	1 1/4 oz.	WSF	Win. 209	WAA12F114	27.5	9,700 PSI	1275
Lead Shot	12	1 1/4 oz.	WSF	Win. 209	WAA12F114	29.5	10,400 PSI	1330
Lead Shot	12	1 1/4 oz.	Universal	CCI 209	Rem. SP12	23.7	9,200 PSI	1220
Lead Shot	12	1 1/4 oz.	Universal	CCI 209	WAA12F114	23.1	10,800 PSI	1220
Lead Shot	12	1 1/4 oz.	Universal	CCI 209M	Rem. SP12	23.5	10,800 PSI	1220
Lead Shot	12	1 1/4 oz.	Universal	CCI 209M	WAA12F114	23	11,300 PSI	1220
Lead Shot	12	1 1/4 oz.	Universal	Fed. 209A	Rem. SP12	22.5	11,300 PSI	1220
Lead Shot	12	1 1/4 oz.	Universal	Rem. 209P	Fed. 12S4	23.5	11,200 PSI	1220
Lead Shot	12	1 1/4 oz.	Universal	Rem.	Rem. SP12	24	9,600 PSI	1220

Lead Shot	12	1 1/4 oz.	Universal	Rem. 209P	WAA12F114	23.7	10,600 PSI	1220
Lead Shot	12	1 1/4 oz.	Universal	Win. 209	Fed. 12S4	23.7	11,500 PSI	1220
Lead Shot	12	1 1/4 oz.	Universal	Win. 209	Rem. SP12	24	10,000 PSI	1220
Lead Shot	12	1 1/4 oz.	Universal	Win. 209	WAA12F114	23.5	10,900 PSI	1220
Lead Shot	12	1 1/4 oz.	HS-6	Win. 209	Rem. R12H	32	9,100 LUP	1220
Lead Shot	12	1 1/4 oz.	HS-6	Win. 209	Rem. R12H	34	10,200 LUP	1330
Lead Shot	12	1 1/4 oz.	HS-6	Win. 209	WAA12F114	32	9,200 LUP	1220
Lead Shot	12	1 1/4 oz.	HS-6	Win. 209	WAA12F114	34	10,400 LUP	1330
Lead Shot	12	1 1/4 oz.	SR 4756	Fed. 209A	Fed. 12S4	26.5	10,700 PSI	1225
Lead Shot	12	1 1/4 oz.	SR 4756	Fed. 209A	Fed. 12S4	27.5	11,400 PSI	1275
Lead Shot	12	1 1/4 oz.	SR 4756	Fed. 209A	Rem. RP12	26.5	10,500 PSI	1225
Lead Shot	12	1 1/4 oz.	SR 4756	Fed. 209A	Rem. RP12	28	11,500 PSI	1325
Lead Shot	12	1 1/4 oz.	SR 4756	Fed. 209A	WAA12R	28	10,600 PSI	1275
Lead Shot	12	1 1/4 oz.	SR 4756	Fed. 209A	WAA12R	29	11,400 PSI	1325
Lead Shot	12	1 1/4 oz.	SR 4756	Rem. 209P	Rem. SP12	30	9,300 PSI	1275
Lead Shot	12	1 1/4 oz.	SR 4756	Rem. 209P	Rem. SP12	31.5	10,400 PSI	1325
Lead Shot	12	1 1/4 oz.	800-X	Fed. 209A	Fed. 12S3	24	11,200 PSI	1275
Lead Shot	12	1 1/4 oz.	800-X	Fed. 209A	Rem. FIG. 8	24	10,200 PSI	1275
Lead Shot	12	1 1/4 oz.	800-X	Fed. 209A	Rem. FIG. 8	25.5	11,100 PSI	1325
Lead Shot	12	1 1/4 oz.	800-X	Fed. 209A	WAA12	24	11,400 PSI	1275
Lead Shot	12	1 1/4 oz.	800-X	Fed. 209A	Windjammer	24	9,900 PSI	1275
Lead Shot	12	1 1/4 oz.	800-X	Fed. 209A	Windjammer	25.5	10,900 PSI	1325
Lead Shot	12	1 1/4 oz.	800-X	Rem. 209P	Fed. 12S3	24.5	10,500 PSI	1275
Lead Shot	12	1 1/4 oz.	800-X	Rem. 209P	Fed. 12S3	26	11,400 PSI	1325
Lead Shot	12	1 1/4 oz.	800-X	Rem. 209P	Rem. SP12	24.5	9,500 PSI	1275
Lead Shot	12	1 1/4 oz.	800-X	Rem. 209P	Rem. SP12	26	10,200 PSI	1325
Lead Shot	12	1 1/4 oz.	800-X	Rem. 209P	WAA12	24.5	10,300 PSI	1275

Lead Shot	12	1 1/4 oz.	800-X	Rem. 209P	WAA12	26	11,100 PSI	1325
Lead Shot	12	1 1/4 oz.	800-X	Rem. 209P	Windjammer	25	9,000 PSI	1275
Lead Shot	12	1 1/4 oz.	800-X	Rem. 209P	Windjammer	26.5	10,000 PSI	1325
Lead Shot	12	1 1/4 oz.	800-X	Win. 209	Fed. 12S4	24.5	10,600 PSI	1275
Lead Shot	12	1 1/4 oz.	800-X	Win. 209	Fed. 12S4	26	11,500 PSI	1325
Lead Shot	12	1 1/4 oz.	800-X	Win. 209	Rem. SP12	24.5	10,100 PSI	1275
Lead Shot	12	1 1/4 oz.	800-X	Win. 209	Rem. SP12	26	11,000 PSI	1325
Lead Shot	12	1 1/4 oz.	800-X	Win. 209	WAA12	24.5	11,000 PSI	1275
Lead Shot	12	1 1/4 oz.	800-X	Win. 209	WAA12	25.5	11,500 PSI	1325
Lead Shot	12	1 1/4 oz.	800-X	Win. 209	Windjammer	24.5	9,700 PSI	1275
Lead Shot	12	1 1/4 oz.	Longshot	CCI 209M	Fed. 12S4	27	11,400 PSI	1330
Lead Shot	12	1 1/4 oz.	Longshot	CCI 209M	Rem. R12L	27.7	10,600 PSI	1330
Lead Shot	12	1 1/4 oz.	Longshot	CCI 209M	Rem. R12L	28.7	11,500 PSI	1385
Lead Shot	12	1 1/4 oz.	Longshot	CCI 209M	WAA12F114	26.4	11,500 PSI	1330
Lead Shot	12	1 1/4 oz.	Longshot	Fed. 209A	Fed. 12S4	27	11,500 PSI	1330
Lead Shot	12	1 1/4 oz.	Longshot	Fed. 209A	Rem. R12L	27.5	10,600 PSI	1330
Lead Shot	12	1 1/4 oz.	Longshot	Fed. 209A	WAA12F114	27.3	11,400 PSI	1330
Lead Shot	12	1 1/4 oz.	Longshot	Rem. 209P	Fed. 12S4	27.4	10,900 PSI	1330
Lead Shot	12	1 1/4 oz.	Longshot	Rem. 209P	Rem. R12L	28.5	9,900 PSI	1330
Lead Shot	12	1 1/4 oz.	Longshot	Rem. 209P	Rem. R12L	29.9	10,700 PSI	1385
Lead Shot	12	1 1/4 oz.	Longshot	Rem. 209P	WAA12F114	27.1	10,600 PSI	1330
Lead Shot	12	1 1/4 oz.	Longshot	Rem. 209P	WAA12F114	28.2	11,500 PSI	1385
Lead Shot	12	1 1/4 oz.	Longshot	Win. 209	Fed. 12S4	28.3	9,900 PSI	1330
Lead Shot	12	1 1/4 oz.	Longshot	Win. 209	Fed. 12S4	29.6	11,100 PSI	1385
Lead Shot	12	1 1/4 oz.	Longshot	Win. 209	Rem. R12L	28.5	9,300 PSI	1330
Lead Shot	12	1 1/4 oz.	Longshot	Win. 209	Rem. R12L	30.2	10,300 PSI	1385
Lead Shot	12	1 1/4 oz.	Longshot	Win. 209	Rem. R12L	31.8	11,200 PSI	1440
Lead Shot	12	1 1/4 oz.	Longshot	Win. 209	WAA12F114	28.2	9,100 PSI	1330
Lead Shot	12	1 1/4 oz.	Longshot	Win. 209	WAA12F114	30.1	10,400 PSI	1385
Lead Shot	12	1 3/8 oz.	PB	Fed. 209A	Rem. SP12	19.5	11,000 PSI	1100

Shot Type	Gauge	Load	Powder	Primer	Wad	Charge	Pressure	Velocity
Lead Shot	12	1 3/8 oz.	PB	Fed. 209A	WAA12R	19.5	10,900 PSI	1100
Lead Shot	12	1 3/8 oz.	PB	Rem. 209P	Rem. SP12	21	11,000 PSI	1150
Lead Shot	12	1 3/8 oz.	PB	Rem. 209P	WAA12R	21.5	10,900 PSI	1150
Lead Shot	12	1 3/8 oz.	PB	Win. 209	Rem. RP12	20.5	11,100 PSI	1100
Lead Shot	12	1 3/8 oz.	PB	Win. 209	WAA12R	21.5	11,000 PSI	1150
Lead Shot	12	1 3/8 oz.	SR 7625	Fed. 209A	Rem. SP12	22	11,200 PSI	1100
Lead Shot	12	1 3/8 oz.	SR 7625	Fed. 209A	WAA12R	21.5	10,800 PSI	1100
Lead Shot	12	1 3/8 oz.	SR 7625	Rem. 209P	Rem. RP12	24.5	10,800 PSI	1200
Lead Shot	12	1 3/8 oz.	SR 7625	Rem. 209P	WAA12R	25	11,000 PSI	1200
Lead Shot	12	1 3/8 oz.	SR 7625	Win. 209	Rem. RP12	23	11,100 PSI	1150
Lead Shot	12	1 3/8 oz.	SR 7625	Win. 209	WAA12R	23.5	10,900 PSI	1150
Lead Shot	12	1 3/8 oz.	HS-7	Win. 209	Rem. R12H	38	10,100 LUP	1285
Lead Shot	12	1 3/8 oz.	HS-7	Win. 209	WAA12R	38.5	9,900 LUP	1285
Lead Shot	12	1 3/8 oz.	SR 4756	Fed. 209A	Rem. SP12	26	11,000 PSI	1200
Lead Shot	12	1 3/8 oz.	SR 4756	Fed. 209A	WAA12R	26	11,100 PSI	1200
Lead Shot	12	1 3/8 oz.	SR 4756	Rem. 209P	Rem. SP12	30	10,900 PSI	1250
Lead Shot	12	1 3/8 oz.	SR 4756	Rem. 209P	WAA12R	30.5	11,100 PSI	1300
Lead Shot	12	1 3/8 oz.	SR 4756	Win. 209	Rem. RP12	29	11,100 PSI	1250
Lead Shot	12	1 3/8 oz.	SR 4756	Win. 209	WAA12R	28.5	10,900 PSI	1250
Lead Shot	12	1 3/8 oz.	800-X	Fed. 209A	Rem. RP12	22.5	11,000 PSI	1200
Lead Shot	12	1 3/8 oz.	800-X	Fed. 209A	WAA12R	23	11,000 PSI	1225
Lead Shot	12	1 3/8 oz.	800-X	Rem. 209P	Fed. 12S4	24	11,100 PSI	1225
Lead Shot	12	1 3/8 oz.	800-X	Rem. 209P	Rem. SP12	26.5	11,000 PSI	1275
Lead Shot	12	1 3/8 oz.	800-X	Rem. 209P	WAA12R	25.5	11,100 PSI	1275
Lead Shot	12	1 3/8 oz.	800-X	Win. 209	Rem. SP12	24	11,000 PSI	1225
Lead Shot	12	1 3/8 oz.	800-X	Win. 209	WAA12R	24.5	10,900 PSI	1250
Lead Shot	12	1 3/8 oz.	Longshot	CCI 209M	Fed. 12S4	23.1	11,200 PSI	1185
Lead Shot	12	1 3/8 oz.	Longshot	CCI 209M	G/BP Sport	23.1	10,000 PSI	1185

Lead Shot	12	1 3/8 oz.	Longshot	CCI 209M	G/BP Sport	24.9	11,500 PSI	1240
Lead Shot	12	1 3/8 oz.	Longshot	CCI 209M	Rem. SP12	24.1	10,300 PSI	1185
Lead Shot	12	1 3/8 oz.	Longshot	CCI 209M	Rem. SP12	25.3	11,300 PSI	1240
Lead Shot	12	1 3/8 oz.	Longshot	Fed. 209A	FED. 12S4	22.5	10,800 PSI	1185
Lead Shot	12	1 3/8 oz.	Longshot	Fed. 209A	G/BP Sport	23.1	10,100 PSI	1185
Lead Shot	12	1 3/8 oz.	Longshot	Fed. 209A	G/BP Sport	24.7	11,500 PSI	1240
Lead Shot	12	1 3/8 oz.	Longshot	Fed. 209A	Rem. SP12	22.9	9,700 PSI	1185
Lead Shot	12	1 3/8 oz.	Longshot	Fed. 209A	Rem. SP12	25	11,000 PSI	1240
Lead Shot	12	1 3/8 oz.	Longshot	Rem. 209P	Fed. 12S4	23	10,600 PSI	1185
Lead Shot	12	1 3/8 oz.	Longshot	Rem. 209P	G/BP Sport	23.4	9,300 PSI	1185
Lead Shot	12	1 3/8 oz.	Longshot	Rem. 209P	G/BP Sport	25.2	10,800 PSI	1240
Lead Shot	12	1 3/8 oz.	Longshot	Rem. 209P	Rem. SP12	24.5	8,800 PSI	1185
Lead Shot	12	1 3/8 oz.	Longshot	Rem. 209P	Rem. SP12	26.1	10,200 PSI	1240
Lead Shot	12	1 3/8 oz.	Longshot	Rem. 209P	Rem. SP12	27.7	11,500 PSI	1285
Lead Shot	12	1 3/8 oz.	Longshot	Win. 209	FED. 12S4	23.5	9,900 PSI	1185
Lead Shot	12	1 3/8 oz.	Longshot	Win. 209	G/BP Sport	23.5	9,400 PSI	1185
Lead Shot	12	1 3/8 oz.	Longshot	Win. 209	G/BP Sport	25.3	10,500 PSI	1240
Lead Shot	12	1 3/8 oz.	Longshot	Win. 209	Rem. SP12	24.9	8,800 PSI	1185
Lead Shot	12	1 3/8 oz.	Longshot	Win. 209	Rem. SP12	26.1	10,400 PSI	1240
Lead Shot	12	1 1/2 oz.	HS-7	FED. 209	Rem. R12H	36	10,600 LUP	1260
Lead Shot	12	1 1/2 oz.	HS-7	Win. 209	WAA12R	35.5	10,300 LUP	1260
Lead Shot	12	1 1/2 oz.	SR 4756	Rem. 209P	Rem. RP12	27	11,200 PSI	1150
Lead Shot	12	1 1/2 oz.	SR 4756	Rem. 209P	WAA12R	27.5	11,000 PSI	1150
Lead Shot	12	1 1/2 oz.	SR 4756	Win. 209	WAA12R	26.5	11,200 PSI	1150
Lead Shot	12	1 1/2 oz.	800-X	Fed. 209A	Rem. RP12	22	11,200 PSI	1150
Lead Shot	12	1 1/2 oz.	800-X	Fed. 209A	WAA12R	22.5	11,300 PSI	1150
Lead Shot	12	1 1/2 oz.	800-X	Rem. 209P	Rem. RP12	23	11,200 PSI	1150

Load	Gauge	Shot Wt.	Powder	Primer	Wad	Powder Wt.	Pressure	Vel.
Lead Shot	12	1 1/2 oz.	800-X	Rem. 209P	WAA12R	23.5	11,200 PSI	1150
Lead Shot	12	1 1/2 oz.	800-X	Win. 209	Rem. RP12	22.5	11,300 PSI	1150
Lead Shot	12	1 1/2 oz.	800-X	Win. 209	WAA12R	23	11,200 PSI	1150
Lead Shot	12	1 1/2 oz.	Longshot	Rem. 209P	Rem. RP12	25	11,500 PSI	1205
Lead Shot	12	1 1/2 oz.	Longshot	Rem. 209P	WAA12R	24.8	11,000 PSI	1205
Lead Shot	12	1 1/2 oz.	Longshot	Win. 209	Rem. RP12	25.6	10,400 PSI	1205
Lead Shot	12	1 1/2 oz.	Longshot	Win. 209	WAA12R	26.1	10,500 PSI	1205
Lead Shot	12	1 1/2 oz.	Longshot	Win. 209	WAA12R	27	11,300 PSI	1260
Lead Slugs	12	7/8 oz. Slugmaster	Universal	CCI 209M	1-.135" Card + 1-1/2" Felt + 1-.135" CA	29	10,100 PSI	1550
Lead Slugs	12	7/8 oz. Buckbuster	Universal	Win. 209	WAA12	23	10,500 PSI	1400
Lead Slugs	12	7/8 oz. Slugmaster	HS-6	CCI 209M	1-.135" Card + 1-1/2" Felt + 1-.135" CA	40.5	9,500 PSI	1550
Lead Slugs	12	7/8 oz. Buckbuster	HS-6	CCI 209M	WAA12	33	10,700 PSI	1500
Lead Slugs	12	7/8 oz. Slugmaster	HS-6	Win. 209	1-.135" Card + 1-1/2" Felt + 1-.135" CA	40	10,100 PSI	1550
Lead Slugs	12	7/8 oz. Lee Precision	HS-6	Win. 209	WAA12L	38	9,900 PSI	1550
Lead Slugs	12	1 oz. Slugmaster	Universal	CCI 209M	1-.135" Card + 1-1/2" Felt + 1-.135" CA	30	10,900 PSI	1500
Lead Slugs	12	1 oz. Buckbuster	Universal	Win. 209	Fed. 12S4	23.5	10,400 PSI	1350
Lead Slugs	12	1 oz. Buckbuster	HS-6	CCI 209M	Fed. 12S4	30.5	10,600 PSI	1400
Lead Slugs	12	1 oz. Slugmaster	HS-6	Win. 209	1-.135" Card + 1-1/2" Felt + 1-.135" CA	36	10,100 PSI	1450
Lead Slugs	12	1 oz. Lee Precision	HS-6	Win. 209	WAA12SL	36	10,200 PSI	1450
Lead Slugs	12	1 1/8 oz. Buckbuster	Universal	Win. 209	Fed. 12S4	23	11,200 PSI	1300
Lead Slugs	12	1 1/8 oz. Buckbuster	HS-6	CCI 209M	Fed. 12S4	28.5	10,500 PSI	1300
Steel	12	1 oz.	Universal	CCI 209M	BP-STS	21	9,200 PSI	1200
Steel	12	1 oz.	Universal	CCI 209M	BP-STS	21.5	9,900 PSI	1250
Steel	12	1 oz.	Universal	CCI 209M	BP-STS	22	11,000 PSI	1300
Steel	12	1 oz.	Universal	CCI 209SC	BP-STS	19.5	10,100 PSI	1200
Steel	12	1 oz.	Universal	Win. 209	BP-STS	19.5	10,800 PSI	1200

Shell: 2 3/4" CHEDDITE PLASTIC SHELLS (HEVI-SHOT)

Load	Gauge	Shot Wt.	Powder	Primer	Wad	Powder Wt.	Pressure	Vel.

Type		Shot Wt.	Powder	Primer	Wad	(Gr.)		(ft/s)
Hevi-Shot	12	1 oz., #9, #7 1/2, #6	Longshot	Ched. 209	TPS 322-7701 + 1-20ga 3/8" felt + 20gr #47 buffer + O.C.	22.5	7,800 PSI	1200
Hevi-Shot	12	1 oz., #9, #7 1/2, #6	Longshot	Ched. 209	TPS 322-7701 + 1-20ga 3/8" felt + 20gr #47 buffer + O.C.	23.6	8,700 PSI	1250
Hevi-Shot	12	1 oz., #9, #7 1/2, #6	Longshot	Ched. 209	TPS 322-7701 + 1-20ga 3/8" felt + 20gr #47 buffer + O.C.	24.6	9,600 PSI	1300
Hevi-Shot	12	1 oz., #9, #7 1/2, #6	Longshot	Ched. 209	TPS 322-7701 + 1-20ga 3/8" felt + 20gr #47 buffer + O.C.	26	10,400 PSI	1350
Hevi-Shot	12	1 1/8 oz. #9, #7 1/2, #6	Longshot	Ched. 209	TPS 322-7701 + 1-20ga 3/8" felt + 20gr #47 buffer + O.C.	21	9,700 PSI	1175
Hevi-Shot	12	1 1/8 oz. #9, #7 1/2, #6	Longshot	Ched. 209	TPS 322-7701 + 1-20ga 3/8" felt + 20gr #47 buffer + O.C.	21.5	10,200 PSI	1200
Hevi-Shot	12	1 1/8 oz. #9, #7 1/2, #6	Longshot	Ched. 209	TPS 322-7701 + 1-20ga 3/8" felt + 20gr #47 buffer + O.C.	22.1	10,800 PSI	1225

Shell: 2 3/4" FEDERAL GOLD MEDAL PLASTIC SHELLS (HEVI-SHOT)

Load Type	Gauge	Shot Wt.	Powder	Primer	Wad	Powder Wt. (Gr.)	Pressure	Vel. (ft/s)
Hevi-Shot	12	1 oz., #9, #7 1/2, #6	Longshot	Fed. 209A	BP Cushioned LBC + 1-20ga 1/4" felt	26.2	8,700 PSI	1300
Hevi-Shot	12	1 oz., #9, #7 1/2, #6	Longshot	Fed. 209A	BP Cushioned LBC + 1-20ga 1/4" felt	27.6	9,300 PSI	1350
Hevi-Shot	12	1 oz., #9, #7 1/2, #6	Longshot	Fed. 209A	BP Cushioned LBC + 1-20ga 1/4" felt	29	9,900 PSI	1400
Hevi-Shot	12	1 oz., #9, #7 1/2, #6	Longshot	Fed. 209A	BP Cushioned LBC + 1-20ga 1/4" felt	30.3	10,500 PSI	1450
Hevi-Shot	12	1 oz., #9, #7 1/2, #6	Longshot	Fed. 209A	TPS 322-7701 + 1-20ga 3/8" felt + 20gr #47 buffer + O.C.	24.1	10,100 PSI	1275
Hevi-Shot	12	1 oz., #9, #7 1/2, #6	Longshot	Fed. 209A	TPS 322-7701 + 1-20ga 3/8" felt + 20gr #47 buffer + O.C.	24.9	10,600 PSI	1300
Hevi-Shot	12	1 oz., #9, #7 1/2, #6	Longshot	Win. 209	BP Cushioned LBC + 1-20ga 1/4" felt	27.8	6,800 PSI	1300
Hevi-Shot	12	1 oz., #9, #7 1/2, #6	Longshot	Win. 209	BP Cushioned LBC + 1-20ga 1/4" felt	28.8	7,500 PSI	1350
Hevi-Shot	12	1 oz., #9, #7 1/2, #6	Longshot	Win. 209	BP Cushioned LBC + 1-20ga 1/4" felt	29.7	8,100 PSI	1400
Hevi-	12	1 oz., #9, #7 1/2,	Longshot	Win. 209	BP Cushioned LBC + 1-20ga 1/4" felt	30.7	8,700 PSI	1450

Load Type	Gauge	Shot Wt.	Powder	Primer	Wad	Powder Wt. (Gr.)	Pressure	Vel. (ft/s)
Shot		#6						
Hevi-Shot	12	1 oz., #9, #7 1/2, #6	Longshot	Win. 209	TPS 322-7701 + 1-20ga 3/8" felt + 20gr #47 buffer + O.C.	24.9	9,500 PSI	1275
Hevi-Shot	12	1 oz., #9, #7 1/2, #6	Longshot	Win. 209	TPS 322-7701 + 1-20ga 3/8" felt + 20gr #47 buffer + O.C.	25.5	9,900 PSI	1300
Hevi-Shot	12	1 oz., #9, #7 1/2, #6	Longshot	Win. 209	TPS 322-7701 + 1-20ga 3/8" felt + 20gr #47 buffer + O.C.	26.1	10,200	1325
Hevi-Shot	12	1 1/8 oz. #9, #7 1/2, #6	Longshot	Fed. 209A	BP Cushioned LBC + 1-20ga 1/8" felt	23	7,600 PSI	1200
Hevi-Shot	12	1 1/8 oz. #9, #7 1/2, #6	Longshot	Fed. 209A	BP Cushioned LBC + 1-20ga 1/8" felt	24.3	8,400 PSI	1250
Hevi-Shot	12	1 1/8 oz. #9, #7 1/2, #6	Longshot	Fed. 209A	BP Cushioned LBC + 1-20ga 1/8" felt	25.7	9,200 PSI	1300
Hevi-Shot	12	1 1/8 oz. #9, #7 1/2, #6	Longshot	Fed. 209A	BP Cushioned LBC + 1-20ga 1/8" felt	27	10,000 PSI	1350
Hevi-Shot	12	1 1/8 oz. #9, #7 1/2, #6	Longshot	Fed. 209A	TPS 322-7701 + 1-20ga 1/4" felt + 20gr #47 buffer + O.C.	21.6	10,100 PSI	1175
Hevi-Shot	12	1 1/8 oz. #9, #7 1/2, #6	Longshot	Fed. 209A	TPS 322-7701 + 1-20ga 1/4" felt + 20gr #47 buffer + O.C.	22.3	10,600 PSI	1200
Hevi-Shot	12	1 1/8 oz. #9, #7 1/2, #6	Longshot	Win. 209	BP Cushioned LBC + 1-20ga 1/8" felt	22.7	7,500 PSI	1200
Hevi-Shot	12	1 1/8 oz. #9, #7 1/2, #6	Longshot	Win. 209	BP Cushioned LBC + 1-20ga 1/8" felt	24.4	8,200 PSI	1250
Hevi-Shot	12	1 1/8 oz. #9, #7 1/2, #6	Longshot	Win. 209	BP Cushioned LBC + 1-20ga 1/8" felt	26.1	8,900 PSI	1300
Hevi-Shot	12	1 1/8 oz. #9, #7 1/2, #6	Longshot	Win. 209	BP Cushioned LBC + 1-20ga 1/8" felt	27.7	9,600 PSI	1350

Shell: 3" FEDERAL HI-POWER PLASTIC STEEL SHOT SHELLS

Load Type	Gauge	Shot Wt.	Powder	Primer	Wad	Powder Wt. (Gr.)	Pressure	Vel. (ft/s)
Lead Buckshot	12	12-#00 LEAD BUCKSHOT	Universal	Fed. 209A	Fed. 12S3	28	9,400 PSI	1250
Lead Buckshot	12	12-#00 LEAD BUCKSHOT	Universal	Fed. 209A	Fed. 12S3	29	10,500 PSI	1300
Lead Buckshot	12	12-#00 LEAD BUCKSHOT	HS-6	Fed. 209A	Fed. 12S3	36	8,400 PSI	1250
Lead Buckshot	12	12-#00 LEAD BUCKSHOT	HS-6	Fed. 209A	Fed. 12S3	37	8,800 PSI	1300
Lead Buckshot	12	12-#00 LEAD BUCKSHOT	HS-6	Fed. 209A	Fed. 12S3	38.5	9,700 PSI	1350
Lead Buckshot	12	12-#00 LEAD BUCKSHOT	HS-7	Fed. 209A	Fed. 12S3	38	8,600 PSI	1250
Lead Buckshot	12	12-#00 LEAD BUCKSHOT	HS-7	Fed. 209A	Fed. 12S3	39	9,200 PSI	1300
Lead Buckshot	12	12-#00 LEAD BUCKSHOT	HS-7	Fed. 209A	Fed. 12S3	40.5	9,900 PSI	1350

Load Type	Gauge	Shot Wt.	Powder	Primer	Wad	Powder Wt. (Gr.)	Pressure	Vel. (ft/s)
Lead Buckshot	12	34-#4 LEAD BUCKSHOT	HS-6	Fed. 209A	Fed. 12S4	35	9,700 PSI	1250
Lead Buckshot	12	34-#4 LEAD BUCKSHOT	HS-6	Fed. 209A	Fed. 12S4	35.5	10,200 PSI	1300
Lead Buckshot	12	34-#4 LEAD BUCKSHOT	HS-7	Fed. 209A	Fed. 12S4	38	10,600 PSI	1250

Shell: 2 3/4" FIOCCHI, VICTORY, PMC AND NOBEL SPORT PLASTIC SHELLS (LOW BASEWAD)

Load Type	Gauge	Shot Wt.	Powder	Primer	Wad	Powder Wt. (Gr.)	Pressure	Vel. (ft/s)
Bismuth	12	1 1/4 oz.	HS-6	Fio. 616	WAA12F114	33.5	10,400 PSI	1300
Bismuth	12	1 1/4 oz.	HS-6	Fio. 616	WAA12R + 1-.135" Card	34	9,500 PSI	1300
Bismuth	12	1 1/4 oz.	Longshot	Ched. 209	Rem. RP12	29.1	7,900 PSI	1300
Bismuth	12	1 1/4 oz.	Longshot	Ched. 209	Rem. RP12	30.6	8,900 PSI	1350
Bismuth	12	1 1/4 oz.	Longshot	Ched. 209	Rem. RP12	32	9,700 PSI	1400
Bismuth	12	1 1/4 oz.	Longshot	Ched. 209	Rem. RP12	33.5	10,700 PSI	1450
Bismuth	12	1 1/4 oz.	Longshot	Ched. 209	WAA12R	29.4	7,500 PSI	1300
Bismuth	12	1 1/4 oz.	Longshot	Ched. 209	WAA12R	30.8	8,500 PSI	1350
Bismuth	12	1 1/4 oz.	Longshot	Ched. 209	WAA12R	32.3	9,500 PSI	1400
Bismuth	12	1 1/4 oz.	Longshot	Ched. 209	WAA12R	33.8	10,500 PSI	1450
Bismuth	12	1 1/4 oz.	Longshot	Fio. 616	Rem. RP12	30.4	8,600 PSI	1350
Bismuth	12	1 1/4 oz.	Longshot	Fio. 616	Rem. RP12	31.9	9,900 PSI	1400
Bismuth	12	1 1/4 oz.	Longshot	Fio. 616	Rem. RP12	33.5	11,300 PSI	1450
Bismuth	12	1 1/4 oz.	Longshot	Fio. 616	WAA12R	30.5	8,300 PSI	1350
Bismuth	12	1 1/4 oz.	Longshot	Fio. 616	WAA12R	31.7	9,500 PSI	1400
Bismuth	12	1 1/4 oz.	Longshot	Fio. 616	WAA12R	33	10,700 PSI	1450
Bismuth	12	1 3/8 oz.	HS-6	Fio. 616	WAA12R	33	10,700 PSI	1275
Bismuth	12	1 3/8 oz.	HS-7	Fio. 616	WAA12R	37	10,600 PSI	1275
Bismuth	12	1 3/8 oz.	Longshot	Ched. 209	Rem. RP12	27.1	8,300 PSI	1225
Bismuth	12	1 3/8 oz.	Longshot	Ched. 209	Rem. RP12	28.7	9,400 PSI	1275
Bismuth	12	1 3/8 oz.	Longshot	Ched. 209	Rem. RP12	30.3	10,500 PSI	1325
Bismuth	12	1 3/8 oz.	Longshot	Ched. 209	WAA12R	26.7	8,200 PSI	1225
Bismuth	12	1 3/8 oz.	Longshot	Ched. 209	WAA12R	28.3	9,300 PSI	1275
Bismuth	12	1 3/8 oz.	Longshot	Ched. 209	WAA12R	29.8	10,400 PSI	1325
Bismuth	12	1 3/8 oz.	Longshot	Fio. 616	Rem. RP12	26.7	7,600 PSI	1225
Bismuth	12	1 3/8 oz.	Longshot	Fio. 616	Rem. RP12	28.3	9,300 PSI	1275
Bismuth	12	1 3/8 oz.	Longshot	Fio. 616	Rem. RP12	30	11,000 PSI	1325
Bismuth	12	1 3/8 oz.	Longshot	Fio. 616	WAA12R	27.2	7,900 PSI	1225
Bismuth	12	1 3/8 oz.	Longshot	Fio. 616	WAA12R	28.3	9,200 PSI	1275
Bismuth	12	1 3/8 oz.	Longshot	Fio. 616	WAA12R	30.8	10,600 PSI	1325
Lead Shot	12	7/8 oz.	Titewad	CCI	Purple PC	18.5	7,500 PSI	1250

				Primer	Wad	Powder (gr)	Pressure	Velocity
Lead Shot	12	7/8 oz.	Titewad	CCI 209SC	Purple PC	19.5	8,100 PSI	1300
Lead Shot	12	7/8 oz.	Titewad	CCI 209SC	Purple PC	21	8,800 PSI	1350
Lead Shot	12	7/8 oz.	Titewad	CCI 209SC	Purple PC	21.8	9,500 PSI	1400
Lead Shot	12	7/8 oz.	Titewad	Ched. 209	GU 1225	17.7	8,100 PSI	1250
Lead Shot	12	7/8 oz.	Titewad	Ched. 209	GU 1225	18.9	9,200 PSI	1300
Lead Shot	12	7/8 oz.	Titewad	Ched. 209	GU 1225	20.1	10,300 PSI	1350
Lead Shot	12	7/8 oz.	Titewad	Ched. 209	GU 1225	21.5	11,400 PSI	1400
Lead Shot	12	7/8 oz.	Titewad	Fed. 209A	Fed. 12SO	18.7	7,400 PSI	1250
Lead Shot	12	7/8 oz.	Titewad	Fed. 209A	Fed. 12SO	19.7	8,600 PSI	1300
Lead Shot	12	7/8 oz.	Titewad	Fed. 209A	Fed. 12SO	20.7	9,700 PSI	1350
Lead Shot	12	7/8 oz.	Titewad	Fed. 209A	Fed. 12SO	22	10,500 PSI	1400
Lead Shot	12	7/8 oz.	Titewad	Fio. 616	Fed. 12SO	18.2	7,800 PSI	1250
Lead Shot	12	7/8 oz.	Titewad	Fio. 616	Fed. 12SO	19.5	8,900 PSI	1300
Lead Shot	12	7/8 oz.	Titewad	Fio. 616	Fed. 12SO	20.5	10,000 PSI	1350
Lead Shot	12	7/8 oz.	Titewad	Fio. 616	Fed. 12SO	21.5	11,200 PSI	1400
Lead Shot	12	7/8 oz.	Titewad	Fio. 616	GU 1225	17.7	8,400 PSI	1250
Lead Shot	12	7/8 oz.	Titewad	Fio. 616	GU 1225	18.9	9,300 PSI	1300
Lead Shot	12	7/8 oz.	Titewad	Fio. 616	GU 1225	20.2	10,200 PSI	1350
Lead Shot	12	7/8 oz.	Titewad	Fio. 616	GU 1225	21.5	11,100 PSI	1400
Lead Shot	12	7/8 oz.	Titewad	Fio. 617	Fed. 12SO	20	5,500 PSI	1250
Lead Shot	12	7/8 oz.	Titewad	Fio. 617	Fed. 12SO	21	6,800 PSI	1300
Lead Shot	12	7/8 oz.	Titewad	Fio. 617	Fed. 12SO	22	8,200 PSI	1350
Lead Shot	12	7/8 oz.	Titewad	Fio. 617	Fed. 12SO	23	9,600 PSI	1400
Lead Shot	12	7/8 oz.	Titewad	Rio G-600	Fed. 12SO	19.5	6,000 PSI	1250
Lead Shot	12	7/8 oz.	Titewad	Rio G-600	Fed. 12SO	20.5	7,400 PSI	1300
Lead Shot	12	7/8 oz.	Titewad	Rio G-600	Fed. 12SO	21.5	9,000 PSI	1350
Lead Shot	12	7/8 oz.	Titewad	Rio G-600	Fed. 12SO	22.5	10,400 PSI	1400
Lead Shot	12	7/8 oz.	Titewad	Rio G-600	WAA12L	19.3	5,700 PSI	1250
Lead Shot	12	7/8 oz.	Titewad	Rio G-600	WAA12L	20.2	6,800 PSI	1300
Lead Shot	12	7/8 oz.	Titewad	Rio G-600	WAA12L	21.2	7,900 PSI	1350
Lead Shot	12	7/8 oz.	Titewad	Rio G-600	WAA12L	22.1	9,000 PSI	1400
Lead Shot	12	7/8 oz.	Titewad	Win. 209	WAA12SL	18.4	7,500 PSI	1250
Lead Shot	12	7/8 oz.	Titewad	Win. 209	WAA12SL	19.5	8,400 PSI	1300
Lead Shot	12	7/8 oz.	Titewad	Win. 209	WAA12SL	20.6	9,300 PSI	1350

Lead Shot	12	7/8 oz.	Titewad	Win. 209	WAA12SL	21.5	10,000 PSI	1400
Lead Shot	12	7/8 oz.	Clays	CCI 209M	Purple PC	17.3	5,700 PSI	1200
Lead Shot	12	7/8 oz.	Clays	CCI 209M	Purple PC	18.1	6,300 PSI	1250
Lead Shot	12	7/8 oz.	Clays	CCI 209M	Purple PC	19.2	7,700 PSI	1300
Lead Shot	12	7/8 oz.	Clays	CCI 209SC	WAA12SL	17.7	6,400 PSI	1200
Lead Shot	12	7/8 oz.	Clays	CCI 209SC	WAA12SL	18.5	7,600 PSI	1250
Lead Shot	12	7/8 oz.	Clays	CCI 209SC	WAA12SL	19.5	8,400 PSI	1300
Lead Shot	12	7/8 oz.	Clays	CCI 209SC	WAA12SL	21	9,900 PSI	1350
Lead Shot	12	7/8 oz.	Clays	Ched. 209	GU 1225	18.7	7,400 PSI	1250
Lead Shot	12	7/8 oz.	Clays	Ched. 209	GU 1225	20	8,300 PSI	1300
Lead Shot	12	7/8 oz.	Clays	Ched. 209	GU 1225	21.2	9,300 PSI	1350
Lead Shot	12	7/8 oz.	Clays	Ched. 209	GU 1225	22.4	10,200 PSI	1400
Lead Shot	12	7/8 oz.	Clays	Fed. 209A	Rem. TGT 12	16.5	6,400 PSI	1200
Lead Shot	12	7/8 oz.	Clays	Fed. 209A	Rem. TGT 12	17.7	7,300 PSI	1250
Lead Shot	12	7/8 oz.	Clays	Fed. 209A	Rem. TGT 12	18.7	7,400 PSI	1300
Lead Shot	12	7/8 oz.	Clays	Fio. 616	Fed. 12SO	16.6	6,800 PSI	1200
Lead Shot	12	7/8 oz.	Clays	Fio. 616	Fed. 12SO	17.8	7,500 PSI	1250
Lead Shot	12	7/8 oz.	Clays	Fio. 616	Fed. 12SO	19.2	8,500 PSI	1300
Lead Shot	12	7/8 oz.	Clays	Fio. 616	GU 1225	18.7	7,600 PSI	1250
Lead Shot	12	7/8 oz.	Clays	Fio. 616	GU 1225	20.1	8,500 PSI	1300
Lead Shot	12	7/8 oz.	Clays	Fio. 616	GU 1225	21.5	9,500 PSI	1350
Lead Shot	12	7/8 oz.	Clays	Fio. 616	GU 1225	22.8	10,400 PSI	1400
Lead Shot	12	7/8 oz.	Clays	Fio. 617	Fed. 12SO	19	4,000 PSI	1200
Lead Shot	12	7/8 oz.	Clays	Fio. 617	Fed. 12SO	20.1	5,500 PSI	1250
Lead Shot	12	7/8 oz.	Clays	Fio. 617	Fed. 12SO	21.2	7,100 PSI	1300
Lead Shot	12	7/8 oz.	Clays	Fio. 617	Fed. 12SO	22.3	8,800 PSI	1350
Lead Shot	12	7/8 oz.	Clays	Fio. 617	Rem. TGT 12	18.9	4,000 PSI	1200
Lead Shot	12	7/8 oz.	Clays	Fio. 617	Rem. TGT 12	20	5,000 PSI	1250
Lead Shot	12	7/8 oz.	Clays	Fio. 617	Rem. TGT 12	21.1	6,000 PSI	1250
Lead Shot	12	7/8 oz.	Clays	Fio. 617	Rem. TGT 12	22.2	7,000 PSI	1350
Lead Shot	12	7/8 oz.	Clays	Fio. 617	WAA12L	19.3	4,400 PSI	1200
Lead Shot	12	7/8 oz.	Clays	Fio. 617	WAA12L	20.3	5,200 PSI	1250
Lead Shot	12	7/8 oz.	Clays	Fio. 617	WAA12L	21.2	6,000 PSI	1300
Lead Shot	12	7/8 oz.	Clays	Fio. 617	WAA12L	22.5	7,000 PSI	1350

Shot Type	Gauge	Shot Wt	Powder	Primer	Wad	Powder Wt	Pressure	Velocity
Lead Shot	12	7/8 oz.	Clays	Rio G-600	Fed. 12SO	19.1	4,300 PSI	1200
Lead Shot	12	7/8 oz.	Clays	Rio G-600	Fed. 12SO	20.2	5,400 PSI	1250
Lead Shot	12	7/8 oz.	Clays	Rio G-600	Fed. 12SO	21.3	6,500 PSI	1300
Lead Shot	12	7/8 oz.	Clays	Rio G-600	Fed. 12SO	22.4	7,500 PSI	1350
Lead Shot	12	7/8 oz.	Clays	Rio G-600	Rem. TGT 12	19.8	4,800 PSI	1250
Lead Shot	12	7/8 oz.	Clays	Rio G-600	Rem. TGT 12	20.8	6,100 PSI	1300
Lead Shot	12	7/8 oz.	Clays	Rio G-600	Rem. TGT 12	21.9	7,400 PSI	1350
Lead Shot	12	7/8 oz.	Clays	Rio G-600	WAA12L	19.5	4,000 PSI	1200
Lead Shot	12	7/8 oz.	Clays	Rio G-600	WAA12L	20.4	4,900 PSI	1250
Lead Shot	12	7/8 oz.	Clays	Rio G-600	WAA12L	21.3	5,800 PSI	1300
Lead Shot	12	7/8 oz.	Clays	Rio G-600	WAA12SL	22.2	6,800 PSI	1350
Lead Shot	12	7/8 oz.	Clays	Win. 209	WAA12SL	16.8	6,200 PSI	1200
Lead Shot	12	7/8 oz.	Clays	Win. 209	WAA12SL	18	7,200 PSI	1250
Lead Shot	12	7/8 oz.	Clays	Win. 209	WAA12SL	19	8,000 PSI	1300
Lead Shot	12	7/8 oz.	Internat'l	CCI 209SC	WAA12SL	21	7,300 PSI	1250
Lead Shot	12	7/8 oz.	Internat'l	CCI 209SC	WAA12SL	22	8,100 PSI	1300
Lead Shot	12	7/8 oz.	Internat'l	CCI 209SC	WAA12SL	22.5	8,500 PSI	1350
Lead Shot	12	7/8 oz.	Internat'l	Fio. 617	WAA12L	21.3	4,400 PSI	1200
Lead Shot	12	7/8 oz.	Internat'l	Fio. 617	WAA12L	22.2	5,400 PSI	1250
Lead Shot	12	7/8 oz.	Internat'l	Fio. 617	WAA12L	23.1	6,300 PSI	1300
Lead Shot	12	7/8 oz.	Internat'l	Fio. 617	WAA12L	23.9	7,100 PSI	1350
Lead Shot	12	7/8 oz.	Internat'l	Rio G-600	WAA12L	21.5	4,900 PSI	1200
Lead Shot	12	7/8 oz.	Internat'l	Rio G-600	WAA12L	22.4	5,400 PSI	1250
Lead Shot	12	7/8 oz.	Internat'l	Rio G-600	WAA12L	23.3	6,000 PSI	1300
Lead Shot	12	7/8 oz.	Internat'l	Rio G-600	WAA12L	24.2	6,500 PSI	1350
Lead Shot	12	1 oz.	Titewad	CCI 209SC	Purple PC	17	7,500 PSI	1180
Lead Shot	12	1 oz.	Titewad	CCI 209SC	Purple PC	18.8	8,600 PSI	1235
Lead Shot	12	1 oz.	Titewad	CCI 209SC	Purple PC	20.2	9,600 PSI	1290
Lead Shot	12	1 oz.	Titewad	CCI 209SC	Purple PC	21.5	11,100 PSI	1345
Lead Shot	12	1 oz.	Titewad	Ched. 209	GU 1225	16.9	8,700 PSI	1180
Lead Shot	12	1 oz.	Titewad	Ched. 209	GU 1225	18.5	10,200 PSI	1235

Lead Shot	12	1 oz.	Titewad	Ched. 209	GU 1225	19.8	11,300 PSI	1290
Lead Shot	12	1 oz.	Titewad	Fed. 209A	Fed. 12SO	17	8,400 PSI	1180
Lead Shot	12	1 oz.	Titewad	Fed. 209A	Fed. 12SO	19	10,200 PSI	1235
Lead Shot	12	1 oz.	Titewad	Fed. 209A	Fed. 12SO	20	11,100 PSI	1290
Lead Shot	12	1 oz.	Titewad	Fio. 616	GU 1225	16.7	8,800 PSI	1180
Lead Shot	12	1 oz.	Titewad	Fio. 616	GU 1225	18.1	10,200 PSI	1235
Lead Shot	12	1 oz.	Titewad	Fio. 616	GU 1225	19.4	11,400 PSI	1290
Lead Shot	12	1 oz.	Titewad	Fio. 616	Rem. Fig. 8	17	8,200 PSI	1180
Lead Shot	12	1 oz.	Titewad	Fio. 616	Rem. Fig. 8	18	9,200 PSI	1235
Lead Shot	12	1 oz.	Titewad	Fio. 616	Rem. Fig. 8	19.5	10,300 PSI	1290
Lead Shot	12	1 oz.	Titewad	Fio. 617	Fed. 12SO	19	6,200 PSI	1180
Lead Shot	12	1 oz.	Titewad	Fio. 617	Fed. 12SO	20.2	7,800 PSI	1235
Lead Shot	12	1 oz.	Titewad	Fio. 617	Fed. 12SO	21.4	9,300 PSI	1290
Lead Shot	12	1 oz.	Titewad	Fio. 617	Fed. 12SO	22.7	11,000 PSI	1345
Lead Shot	12	1 oz.	Titewad	Fio. 617	Rem. TGT 12	18.4	6,200 PSI	1180
Lead Shot	12	1 oz.	Titewad	Fio. 617	Rem. TGT 12	19.8	7,500 PSI	1235
Lead Shot	12	1 oz.	Titewad	Fio. 617	Rem. TGT 12	21.1	8,700 PSI	1290
Lead Shot	12	1 oz.	Titewad	Fio. 617	Rem. TGT 12	22.5	10,000 PSI	1345
Lead Shot	12	1 oz.	Titewad	Fio. 617	WAA12SL	18.5	6,300 PSI	1180
Lead Shot	12	1 oz.	Titewad	Fio. 617	WAA12SL	19.9	7,600 PSI	1235
Lead Shot	12	1 oz.	Titewad	Fio. 617	WAA12SL	21.2	8,800 PSI	1290
Lead Shot	12	1 oz.	Titewad	Fio. 617	WAA12SL	22.5	10,000 PSI	1345
Lead Shot	12	1 oz.	Titewad	Rio G-600	Fed. 12SO	18.6	7,000 PSI	1180
Lead Shot	12	1 oz.	Titewad	Rio G-600	Fed. 12SO	19.8	8,600 PSI	1235
Lead Shot	12	1 oz.	Titewad	Rio G-600	Fed. 12SO	21	10,200 PSI	1290
Lead Shot	12	1 oz.	Titewad	Rio G-600	Rem. TGT 12	18.1	6,900 PSI	1180
Lead Shot	12	1 oz.	Titewad	Rio G-600	Rem. TGT 12	19.4	8,100 PSI	1235
Lead Shot	12	1 oz.	Titewad	Rio G-600	Rem. TGT 12	20.7	9,400 PSI	1290
Lead Shot	12	1 oz.	Titewad	Rio G-600	Rem. TGT 12	22.1	10,800 PSI	1345
Lead Shot	12	1 oz.	Titewad	Rio G-600	WAA12SL	18	6,600 PSI	1180
Lead Shot	12	1 oz.	Titewad	Rio G-600	WAA12SL	19.3	7,900 PSI	1235
Lead Shot	12	1 oz.	Titewad	Rio G-600	WAA12SL	20.7	9,300 PSI	1290
Lead Shot	12	1 oz.	Titewad	Rio G-600	WAA12SL	22.1	10,700 PSI	1345
Lead Shot	12	1 oz.	Titewad	Win. 209	WAA12SL	17.2	7,400 PSI	1180
Lead Shot	12	1 oz.	Titewad	Win. 209	WAA12SL	18.5	8,900 PSI	1235
Lead Shot	12	1 oz.	Titewad	Win. 209	WAA12SL	19.8	9,800 PSI	1290
Lead Shot	12	1 oz.	Clays	CCI 209M	Purple PC	18	7,300 PSI	1180
Lead Shot	12	1 oz.	Clays	CCI 209M	Purple PC	19.1	8,600 PSI	1235

Shot	Gauge	Load	Powder	Primer	Wad	Charge	Pressure	Velocity
Lead Shot	12	1 oz.	Clays	CCI 209M	Purple PC	19.9	9,400 PSI	1290
Lead Shot	12	1 oz.	Clays	CCI 209SC	WAA12SL	18	8,400 PSI	1180
Lead Shot	12	1 oz.	Clays	CCI 209SC	WAA12SL	18.5	9,500 PSI	1235
Lead Shot	12	1 oz.	Clays	Ched. 209	GU 1225	18.6	7,600 PSI	1180
Lead Shot	12	1 oz.	Clays	Ched. 209	GU 1225	19.5	9,300 PSI	1235
Lead Shot	12	1 oz.	Clays	Ched. 209	GU 1225	20.4	11,100 PSI	1290
Lead Shot	12	1 oz.	Clays	Fed. 209A	Rem. TGT 12	17.5	7,600 PSI	1180
Lead Shot	12	1 oz.	Clays	Fed. 209A	Rem. TGT 12	18.5	8,600 PSI	1235
Lead Shot	12	1 oz.	Clays	Fed. 209A	Rem. TGT 12	19.7	9,700 PSI	1290
Lead Shot	12	1 oz.	Clays	Fio. 616	GU 1225	18.2	7,700 PSI	1180
Lead Shot	12	1 oz.	Clays	Fio. 616	GU 1225	19.6	8,900 PSI	1235
Lead Shot	12	1 oz.	Clays	Fio. 616	GU 1225	21	10,200 PSI	1290
Lead Shot	12	1 oz.	Clays	Fio. 617	WAA12SL	19	6,000 PSI	1180
Lead Shot	12	1 oz.	Clays	Fio. 617	WAA12SL	20.4	7,000 PSI	1235
Lead Shot	12	1 oz.	Clays	Fio. 617	WAA12SL	21.8	8,700 PSI	1290
Lead Shot	12	1 oz.	Clays	Fio. 617	WAA12SL	23	10,400 PSI	1345
Lead Shot	12	1 oz.	Clays	Rio G-600	WAA12SL	19.3	5,600 PSI	1180
Lead Shot	12	1 oz.	Clays	Rio G-600	WAA12SL	20.6	7,000 PSI	1235
Lead Shot	12	1 oz.	Clays	Rio G-600	WAA12SL	21.9	8,500 PSI	1290
Lead Shot	12	1 oz.	Clays	Rio G-600	WAA12SL	23.2	10,100 PSI	1345
Lead Shot	12	1 oz.	Clays	Win. 209	WAA12SL	17.1	7,800 PSI	1180
Lead Shot	12	1 oz.	Clays	Win. 209	WAA12SL	18.5	9,200 PSI	1235
Lead Shot	12	1 oz.	Clays	Win. 209	WAA12SL	19.3	10,600 PSI	1290
Lead Shot	12	1 oz.	700-X	Fio. 617	Fed. 12SO	18	7,200 PSI	1180
Lead Shot	12	1 oz.	700-X	Fio. 617	Fed. 12SO	19.4	8,400 PSI	1235
Lead Shot	12	1 oz.	700-X	Fio. 617	Fed. 12SO	20.7	9,400 PSI	1290
Lead Shot	12	1 oz.	700-X	Fio. 617	Fed. 12SO	22.1	10,600 PSI	1345
Lead Shot	12	1 oz.	700-X	Fio. 617	WAA12L	17.7	6,400 PSI	1180
Lead Shot	12	1 oz.	700-X	Fio. 617	WAA12L	19.1	7,300 PSI	1235
Lead Shot	12	1 oz.	700-X	Fio. 617	WAA12L	20.6	8,300 PSI	1290
Lead Shot	12	1 oz.	700-X	Fio. 617	WAA12L	22	9,200 PSI	1345
Lead Shot	12	1 oz.	700-X	Rio G-600	Fed. 12SO	18	6,700 PSI	1180
Lead Shot	12	1 oz.	700-X	Rio G-600	Fed. 12SO	19.4	7,900 PSI	1235
Lead Shot	12	1 oz.	700-X	Rio G-600	Fed. 12SO	20.7	9,000 PSI	1290
Lead Shot	12	1 oz.	700-X	Rio G-600	Fed. 12SO	22.2	10,300 PSI	1345
Lead Shot	12	1 oz.	700-X	Rio G-600	WAA12L	17.9	6,300 PSI	1180

Lead Shot	12	1 oz.	700-X	Rio G-600	WAA12L	19.1	7,200 PSI	1235
Lead Shot	12	1 oz.	700-X	Rio G-600	WAA12L	20.4	8,000 PSI	1290
Lead Shot	12	1 oz.	700-X	Rio G-600	WAA12L	22	9,100 PSI	1345
Lead Shot	12	1 oz.	WST	Fio. 617	Fed. 12SO	21.8	6,100 PSI	1180
Lead Shot	12	1 oz.	WST	Fio. 617	Fed. 12SO	23	7,300 PSI	1235
Lead Shot	12	1 oz.	WST	Fio. 617	Fed. 12SO	24.3	8,700 PSI	1290
Lead Shot	12	1 oz.	WST	Fio. 617	Fed. 12SO	25.5	9,900 PSI	1345
Lead Shot	12	1 oz.	WST	Rio G-600	Fed. 12SO	21.5	6,400 PSI	1180
Lead Shot	12	1 oz.	WST	Rio G-600	Fed. 12SO	22.8	7,600 PSI	1235
Lead Shot	12	1 oz.	WST	Rio G-600	Fed. 12SO	24.1	8,800 PSI	1290
Lead Shot	12	1 oz.	WST	Rio G-600	Fed. 12SO	25.5	9,600 PSI	1345
Lead Shot	12	1 oz.	Internat'l	CCI 209M	Purple PC	19.6	6,400 PSI	1180
Lead Shot	12	1 oz.	Internat'l	CCI 209M	Purple PC	20.5	7,000 PSI	1235
Lead Shot	12	1 oz.	Internat'l	CCI 209M	Purple PC	21.6	8,200 PSI	1290
Lead Shot	12	1 oz.	Internat'l	CCI 209SC	WAA12SL	19.5	7,100 PSI	1180
Lead Shot	12	1 oz.	Internat'l	CCI 209SC	WAA12SL	21.5	7,900 PSI	1235
Lead Shot	12	1 oz.	Internat'l	CCI 209SC	WAA12SL	22.5	9,400 PSI	1290
Lead Shot	12	1 oz.	Internat'l	Ched. 209	GU 1225	19.9	6,800 PSI	1180
Lead Shot	12	1 oz.	Internat'l	Ched. 209	GU 1225	21.2	7,800 PSI	1235
Lead Shot	12	1 oz.	Internat'l	Ched. 209	GU 1225	22.2	8,600 PSI	1290
Lead Shot	12	1 oz.	Internat'l	Ched. 209	GU 1225	23.4	9,600 PSI	1345
Lead Shot	12	1 oz.	Internat'l	Fed. 209A	Rem. TGT 12	19.3	6,600 PSI	1180
Lead Shot	12	1 oz.	Internat'l	Fed. 209A	Rem. TGT 12	20.3	7,800 PSI	1235
Lead Shot	12	1 oz.	Internat'l	Fed. 209A	Rem. TGT 12	20.9	8,800 PSI	1290
Lead Shot	12	1 oz.	Internat'l	Fio. 616	GU 1225	20.2	7,000 PSI	1180
Lead Shot	12	1 oz.	Internat'l	Fio. 616	GU 1225	21.5	7,800 PSI	1235
Lead Shot	12	1 oz.	Internat'l	Fio. 616	GU 1225	22.8	8,600 PSI	1290
Lead Shot	12	1 oz.	Internat'l	Fio. 616	GU 1225	24	9,600 PSI	1345
Lead Shot	12	1 oz.	Internat'l	Fio. 617	WAA12SL	22	6,200 PSI	1235
Lead Shot	12	1 oz.	Internat'l	Fio. 617	WAA12SL	23.6	7,100 PSI	1290
Lead Shot	12	1 oz.	Internat'l	Fio. 617	WAA12SL	25.2	8,000 PSI	1345
Lead Shot	12	1 oz.	Internat'l	Rio G-600	WAA12SL	22.7	6,000 PSI	1235
Lead Shot	12	1 oz.	Internat'l	Rio G-600	WAA12SL	23.8	6,900 PSI	1290
Lead Shot	12	1 oz.	Internat'l	Rio G-600	WAA12SL	25	8,000 PSI	1345
Lead Shot	12	1 oz.	Internat'l	Win. 209	WAA12SL	19	7,100 PSI	1180

Shot	Gauge	Load	Powder	Primer	Wad	Charge	Pressure	Velocity
Lead Shot	12	1 oz.	Internat'l	Win. 209	WAA12SL	20	8,600 PSI	1235
Lead Shot	12	1 oz.	Internat'l	Win. 209	WAA12SL	21.1	9,600 PSI	1290
Lead Shot	12	1 oz.	Super Hcp	Fio. 617	DRXXL PINK	22.4	6,300 PSI	1235
Lead Shot	12	1 oz.	Super Hcp	Fio. 617	DRXXL PINK	23.6	7,200 PSI	1290
Lead Shot	12	1 oz.	Super Hcp	Fio. 617	DRXXL PINK	24.8	8,100 PSI	1345
Lead Shot	12	1 oz.	Super Hcp	Fio. 617	Fed. 12SO	22.2	6,200 PSI	1235
Lead Shot	12	1 oz.	Super Hcp	Fio. 617	Fed. 12SO	23.5	7,100 PSI	1290
Lead Shot	12	1 oz.	Super Hcp	Fio. 617	Fed. 12SO	25	8,300 PSI	1345
Lead Shot	12	1 oz.	Super Hcp	Rio G-600	DRXXL PINK	22.9	5,900 PSI	1235
Lead Shot	12	1 oz.	Super Hcp	Rio G-600	DRXXL PINK	23.9	6,900 PSI	1290
Lead Shot	12	1 oz.	Super Hcp	Rio G-600	DRXXL PINK	25.3	8,300 PSI	1345
Lead Shot	12	1 oz.	Super Hcp	Rio G-600	Fed. 12SO	22	6,200 PSI	1235
Lead Shot	12	1 oz.	Super Hcp	Rio G-600	Fed. 12SO	23.4	7,300 PSI	1290
Lead Shot	12	1 oz.	Super Hcp	Rio G-600	Fed. 12SO	24.7	8,300 PSI	1345
Lead Shot	12	1 oz.	PB	Fio. 617	Fed. 12S3	24.3	5,400 PSI	1180
Lead Shot	12	1 oz.	PB	Fio. 617	Fed. 12S3	25.6	6,200 PSI	1235
Lead Shot	12	1 oz.	PB	Fio. 617	Fed. 12S3	27	7,000 PSI	1290
Lead Shot	12	1 oz.	PB	Fio. 617	Fed. 12S3	28.4	7,800 PSI	1345
Lead Shot	12	1 oz.	PB	Fio. 617	WAA12SL	24.7	5,200 PSI	1180
Lead Shot	12	1 oz.	PB	Fio. 617	WAA12SL	26	5,900 PSI	1235
Lead Shot	12	1 oz.	PB	Fio. 617	WAA12SL	27.4	6,700 PSI	1290
Lead Shot	12	1 oz.	PB	Fio. 617	WAA12SL	28.7	7,400 PSI	1345
Lead Shot	12	1 oz.	PB	Rio G-600	Fed. 12S3	24	5,600 PSI	1180
Lead Shot	12	1 oz.	PB	Rio G-600	Fed. 12S3	25.5	6,300 PSI	1235
Lead Shot	12	1 oz.	PB	Rio G-600	Fed. 12S3	27	7,100 PSI	1290
Lead Shot	12	1 oz.	PB	Rio G-600	Fed. 12S3	28.6	7,900 PSI	1345

Lead Shot	12	1 oz.	PB	Rio G-600	WAA12SL	24.6	5,200 PSI	1180
Lead Shot	12	1 oz.	PB	Rio G-600	WAA12SL	25.9	5,800 PSI	1235
Lead Shot	12	1 oz.	PB	Rio G-600	WAA12SL	27.4	6,500 PSI	1290
Lead Shot	12	1 oz.	PB	Rio G-600	WAA12SL	28.7	7,100 PSI	1345
Lead Shot	12	1 1/8 oz.	Titewad	CCI 209SC	Fio. TL1	16	9,400 PSI	1090
Lead Shot	12	1 1/8 oz.	Titewad	CCI 209SC	Fio. TL1	16.8	10,300 PSI	1145
Lead Shot	12	1 1/8 oz.	Titewad	CCI 209SC	Fio. TL1	18.3	10,700 PSI	1200
Lead Shot	12	1 1/8 oz.	Titewad	Ched. 209	Fio. TL1	15.6	8,800 PSI	1090
Lead Shot	12	1 1/8 oz.	Titewad	Ched. 209	Fio. TL1	17	10,400 PSI	1145
Lead Shot	12	1 1/8 oz.	Titewad	Ched. 209	GU 1222	14.9	9,300 PSI	1090
Lead Shot	12	1 1/8 oz.	Titewad	Ched. 209	GU 1222	16	10,100 PSI	1145
Lead Shot	12	1 1/8 oz.	Titewad	Ched. 209	GU 1222	17.2	10,900 PSI	1200
Lead Shot	12	1 1/8 oz.	Titewad	Ched. 209	Rem. Fig. 8	15.5	8,500 PSI	1090
Lead Shot	12	1 1/8 oz.	Titewad	Ched. 209	Rem. Fig. 8	17	9,600 PSI	1145
Lead Shot	12	1 1/8 oz.	Titewad	Ched. 209	Rem. Fig. 8	18.5	10,800 PSI	1200
Lead Shot	12	1 1/8 oz.	Titewad	Ched. 209	WAA12	15.5	8,600 PSI	1090
Lead Shot	12	1 1/8 oz.	Titewad	Ched. 209	WAA12	16.8	9,800 PSI	1145
Lead Shot	12	1 1/8 oz.	Titewad	Ched. 209	WAA12	18.1	11,000 PSI	1200
Lead Shot	12	1 1/8 oz.	Titewad	Fed. 209A	Fed. 12S4	16.2	9,200 PSI	1090
Lead Shot	12	1 1/8 oz.	Titewad	Fed. 209A	Fed. 12S4	16.8	10,100 PSI	1145
Lead Shot	12	1 1/8 oz.	Titewad	Fed. 209A	Fed. 12S4	17.7	11,100 PSI	1200
Lead Shot	12	1 1/8 oz.	Titewad	Fio. 616	Fio. TL1	15.3	9,300 PSI	1090
Lead Shot	12	1 1/8 oz.	Titewad	Fio. 616	Fio. TL1	16.4	10,500 PSI	1145
Lead Shot	12	1 1/8 oz.	Titewad	Fio. 616	Fio. TL1	17.7	11,400 PSI	1200
Lead Shot	12	1 1/8 oz.	Titewad	Fio. 616	GU 1222	15	9,500 PSI	1090
Lead Shot	12	1 1/8 oz.	Titewad	Fio. 616	GU 1222	16.1	10,700 PSI	1145
Lead Shot	12	1 1/8 oz.	Titewad	Fio. 617	WAA12SL	17.5	6,300 PSI	1090
Lead Shot	12	1 1/8 oz.	Titewad	Fio. 617	WAA12SL	18.7	7,900 PSI	1145
Lead Shot	12	1 1/8 oz.	Titewad	Fio. 617	WAA12SL	19.8	9,400 PSI	1200
Lead Shot	12	1 1/8 oz.	Titewad	Fio. 617	WAA12SL	21	10,800 PSI	1255
Lead Shot	12	1 1/8 oz.	Titewad	Rio G-600	WAA12SL	16.7	6,600 PSI	1090
Lead Shot	12	1 1/8 oz.	Titewad	Rio G-600	WAA12SL	18.2	8,100 PSI	1145
Lead Shot	12	1 1/8 oz.	Titewad	Rio G-600	WAA12SL	19.6	9,600 PSI	1200
Lead Shot	12	1 1/8 oz.	Titewad	Rio G-600	WAA12SL	21	11,000 PSI	1255
Lead Shot	12	1 1/8 oz.	Titewad	Win. 209	WAA12	16.2	7,900 PSI	1090

Lead Shot	12	1 1/8 oz.	Titewad	Win. 209	WAA12	16.9	8,500 PSI	1145
Lead Shot	12	1 1/8 oz.	Titewad	Win. 209	WAA12	18.5	10,000 PSI	1200
Lead Shot	12	1 1/8 oz.	Clays	CCI 209	Hor. Versalite	17.9	6,300 LUP	1090
Lead Shot	12	1 1/8 oz.	Clays	CCI 209	Hor. Versalite	18.9	7,000 LUP	1145
Lead Shot	12	1 1/8 oz.	Clays	CCI 209	Hor. Versalite	20	7,700 LUP	1200
Lead Shot	12	1 1/8 oz.	Clays	CCI 209SC	Fio. TL1	16.8	8,300 PSI	1090
Lead Shot	12	1 1/8 oz.	Clays	CCI 209SC	Fio. TL1	18	8,900 PSI	1145
Lead Shot	12	1 1/8 oz.	Clays	Ched. 209	Fio. TL1	16.8	8,300 PSI	1090
Lead Shot	12	1 1/8 oz.	Clays	Ched. 209	Fio. TL1	18.1	9,500 PSI	1145
Lead Shot	12	1 1/8 oz.	Clays	Ched. 209	Fio. TL1	19.5	10,800 PSI	1200
Lead Shot	12	1 1/8 oz.	Clays	Ched. 209	GU 1222	15.8	7,600 PSI	1090
Lead Shot	12	1 1/8 oz.	Clays	Ched. 209	GU 1222	17.3	9,100 PSI	1145
Lead Shot	12	1 1/8 oz.	Clays	Ched. 209	GU 1222	18.8	10,600 PSI	1200
Lead Shot	12	1 1/8 oz.	Clays	Ched. 209	Rem. Fig. 8	16.9	7,100 PSI	1090
Lead Shot	12	1 1/8 oz.	Clays	Ched. 209	Rem. Fig. 8	18.3	8,700 PSI	1145
Lead Shot	12	1 1/8 oz.	Clays	Ched. 209	Rem. Fig. 8	19.7	10,300 PSI	1200
Lead Shot	12	1 1/8 oz.	Clays	Ched. 209	WAA12	16.7	7,700 PSI	1090
Lead Shot	12	1 1/8 oz.	Clays	Ched. 209	WAA12	17.9	9,100 PSI	1145
Lead Shot	12	1 1/8 oz.	Clays	Ched. 209	WAA12	19.2	10,500 PSI	1200
Lead Shot	12	1 1/8 oz.	Clays	Fed. 209A	Fed. 12S3	16.5	9,100 PSI	1090
Lead Shot	12	1 1/8 oz.	Clays	Fed. 209A	Fed. 12S3	17	10,000 PSI	1145
Lead Shot	12	1 1/8 oz.	Clays	Fio. 616	Fio. TL1	16.5	7,000 LUP	1090
Lead Shot	12	1 1/8 oz.	Clays	Fio. 616	Fio. TL1	17.9	8,000 LUP	1145
Lead Shot	12	1 1/8 oz.	Clays	Fio. 616	Fio. TL1	19.4	9,100 LUP	1200
Lead Shot	12	1 1/8 oz.	Clays	Fio. 616	GU 1222	16.1	8,100 PSI	1090
Lead Shot	12	1 1/8 oz.	Clays	Fio. 616	GU 1222	17.3	9,300 PSI	1145
Lead Shot	12	1 1/8 oz.	Clays	Fio. 616	GU 1222	19	11,100 PSI	1200
Lead Shot	12	1 1/8 oz.	Clays	Fio. 617	Fed. 12S3	17.8	5,800 PSI	1090
Lead Shot	12	1 1/8 oz.	Clays	Fio. 617	Fed. 12S3	19.1	8,500 PSI	1145
Lead Shot	12	1 1/8 oz.	Clays	Fio. 617	Fed. 12S3	20.3	10,700 PSI	1200
Lead Shot	12	1 1/8 oz.	Clays	Fio. 617	Rem. FIG. 8	17.7	6,000 PSI	1090
Lead Shot	12	1 1/8 oz.	Clays	Fio. 617	Rem. FIG. 8	19	7,900 PSI	1145
Lead Shot	12	1 1/8 oz.	Clays	Fio. 617	Rem. FIG. 8	20.4	9,800 PSI	1200
Lead Shot	12	1 1/8 oz.	Clays	Fio. 617	Rem. FIG. 8	21.7	10,800 PSI	1255
Lead Shot	12	1 1/8 oz.	Clays	Fio. 617	WAA12SL	17.8	5,900 PSI	1090
Lead Shot	12	1 1/8 oz.	Clays	Fio. 617	WAA12SL	19	7,700 PSI	1145

Lead Shot	12	1 1/8 oz.	Clays	Fio. 617	WAA12SL	20.2	9,400 PSI	1200
Lead Shot	12	1 1/8 oz.	Clays	Fio. 617	WAA12SL	21.5	11,300 PSI	1255
Lead Shot	12	1 1/8 oz.	Clays	Rem. 209P	Rem. Fig. 8	17.6	6,200 LUP	1090
Lead Shot	12	1 1/8 oz.	Clays	Rem. 209P	Rem. Fig. 8	18.8	6,800 LUP	1145
Lead Shot	12	1 1/8 oz.	Clays	Rem. 209P	Rem. Fig. 8	19.9	7,500 LUP	1200
Lead Shot	12	1 1/8 oz.	Clays	Rio G-600	Fed. 12S3	17.4	6,400 PSI	1090
Lead Shot	12	1 1/8 oz.	Clays	Rio G-600	Fed. 12S3	18.8	8,500 PSI	1145
Lead Shot	12	1 1/8 oz.	Clays	Rio G-600	Fed. 12S3	20.2	10,500 PSI	1200
Lead Shot	12	1 1/8 oz.	Clays	Rio G-600	WAA12SL	17.5	5,600 PSI	1090
Lead Shot	12	1 1/8 oz.	Clays	Rio G-600	WAA12SL	18.8	7,300 PSI	1145
Lead Shot	12	1 1/8 oz.	Clays	Rio G-600	WAA12SL	20.3	9,200 PSI	1200
Lead Shot	12	1 1/8 oz.	Clays	Rio G-600	WAA12SL	21.6	10,900 PSI	1255
Lead Shot	12	1 1/8 oz.	Clays	Win. 209	WAA12	16.3	6,800 LUP	1090
Lead Shot	12	1 1/8 oz.	Clays	Win. 209	WAA12	17.6	8,000 LUP	1145
Lead Shot	12	1 1/8 oz.	Clays	Win. 209	WAA12	18.9	9,200 LUP	1200
Lead Shot	12	1 1/8 oz.	700-X	Fio. 616	CB 1100-12	17.5	8,000 PSI	1145
Lead Shot	12	1 1/8 oz.	700-X	Fio. 616	CB 1100-12	18.5	9,000 PSI	1200
Lead Shot	12	1 1/8 oz.	700-X	Fio. 616	Fio. 12GW	17	9,100 PSI	1145
Lead Shot	12	1 1/8 oz.	700-X	Fio. 616	Fio. 12GW	18	9,800 PSI	1200
Lead Shot	12	1 1/8 oz.	700-X	Fio. 617	DRV-12	18	8,600 PSI	1150
Lead Shot	12	1 1/8 oz.	700-X	Fio. 617	DRV-12	19.1	9,400 PSI	1200
Lead Shot	12	1 1/8 oz.	700-X	Fio. 617	DRV-12	20.3	10,200 PSI	1250
Lead Shot	12	1 1/8 oz.	700-X	Fio. 617	Fed. 12S3	16.6	7,700 PSI	1100
Lead Shot	12	1 1/8 oz.	700-X	Fio. 617	Fed. 12S3	17.9	8,700 PSI	1150
Lead Shot	12	1 1/8 oz.	700-X	Fio. 617	Fed. 12S3	19.2	9,800 PSI	1200
Lead Shot	12	1 1/8 oz.	700-X	Fio. 617	Fed. 12S3	20.5	10,800 PSI	1250
Lead Shot	12	1 1/8 oz.	700-X	Fio. 617	WAA12	16.5	7,100 PSI	1100
Lead Shot	12	1 1/8 oz.	700-X	Fio. 617	WAA12	17.8	8,100 PSI	1150
Lead Shot	12	1 1/8 oz.	700-X	Fio. 617	WAA12	19.1	9,200 PSI	1200
Lead Shot	12	1 1/8 oz.	700-X	Fio. 617	WAA12	20.4	10,300 PSI	1250
Lead Shot	12	1 1/8 oz.	700-X	Rio G-600	DRV-12	18.4	7,900 PSI	1150
Lead Shot	12	1 1/8 oz.	700-X	Rio G-600	DRV-12	19.4	9,000 PSI	1200
Lead Shot	12	1 1/8 oz.	700-X	Rio G-600	DRV-12	20.5	10,100 PSI	1250
Lead Shot	12	1 1/8 oz.	700-X	Rio G-600	Fed. 12S3	16.8	7,500 PSI	1100
Lead Shot	12	1 1/8 oz.	700-X	Rio G-600	Fed. 12S3	17.9	8,500 PSI	1150

Lead Shot	12	1 1/8 oz.	700-X	Rio G-600	Fed. 12S3	19.1	9,500 PSI	1200
Lead Shot	12	1 1/8 oz.	700-X	Rio G-600	Fed. 12S3	20.3	10,500 PSI	1250
Lead Shot	12	1 1/8 oz.	700-X	Rio G-600	WAA12	16.4	6,900 PSI	1100
Lead Shot	12	1 1/8 oz.	700-X	Rio G-600	WAA12	17.7	7,900 PSI	1150
Lead Shot	12	1 1/8 oz.	700-X	Rio G-600	WAA12	19	9,000 PSI	1200
Lead Shot	12	1 1/8 oz.	700-X	Rio G-600	WAA12	20.5	10,300 PSI	1250
Lead Shot	12	1 1/8 oz.	WST	Fio. 617	Fed. 12S3	20.9	7,500 PSI	1145
Lead Shot	12	1 1/8 oz.	WST	Fio. 617	Fed. 12S3	22.3	9,100 PSI	1200
Lead Shot	12	1 1/8 oz.	WST	Fio. 617	Fed. 12S3	23.8	10,800 PSI	1255
Lead Shot	12	1 1/8 oz.	WST	Rio G-600	Fed. 12S3	20.3	7,700 PSI	1145
Lead Shot	12	1 1/8 oz.	WST	Rio G-600	Fed. 12S3	21.9	9,000 PSI	1200
Lead Shot	12	1 1/8 oz.	WST	Rio G-600	Fed. 12S3	23.6	10,400 PSI	1255
Lead Shot	12	1 1/8 oz.	Internat'l	CCI 209M	Hor. Versalite	18.5	7,100 LUP	1090
Lead Shot	12	1 1/8 oz.	Internat'l	CCI 209M	Hor. Versalite	19.5	7,600 LUP	1145
Lead Shot	12	1 1/8 oz.	Internat'l	CCI 209M	Hor. Versalite	20.9	8,300 LUP	1200
Lead Shot	12	1 1/8 oz.	Internat'l	CCI 209M	Hor. Versalite	22	9,400 LUP	1255
Lead Shot	12	1 1/8 oz.	Internat'l	CCI 209SC	Fio. TL1	19	7,400 PSI	1090
Lead Shot	12	1 1/8 oz.	Internat'l	CCI 209SC	Fio. TL1	20	8,500 PSI	1145
Lead Shot	12	1 1/8 oz.	Internat'l	CCI 209SC	Fio. TL1	21	9,400 PSI	1200
Lead Shot	12	1 1/8 oz.	Internat'l	Ched. 209	Fio. TL1	17.9	7,000 PSI	1090
Lead Shot	12	1 1/8 oz.	Internat'l	Ched. 209	Fio. TL1	19.3	8,200 PSI	1145
Lead Shot	12	1 1/8 oz.	Internat'l	Ched. 209	Fio. TL1	20.7	9,400 PSI	1200
Lead Shot	12	1 1/8 oz.	Internat'l	Ched. 209	Fio. TL1	22	10,400 PSI	1255
Lead Shot	12	1 1/8 oz.	Internat'l	Ched. 209	GU 1222	17.2	7,100 PSI	1090
Lead Shot	12	1 1/8 oz.	Internat'l	Ched. 209	GU 1222	18.5	8,100 PSI	1145
Lead Shot	12	1 1/8 oz.	Internat'l	Ched. 209	GU 1222	19.8	9,100 PSI	1200
Lead Shot	12	1 1/8 oz.	Internat'l	Ched. 209	GU 1222	21.1	10,000 PSI	1255
Lead Shot	12	1 1/8 oz.	Internat'l	Ched. 209	Rem. Fig. 8	18.2	6,600 PSI	1090
Lead Shot	12	1 1/8 oz.	Internat'l	Ched. 209	Rem. Fig. 8	19.5	7,700 PSI	1145
Lead Shot	12	1 1/8 oz.	Internat'l	Ched. 209	Rem. Fig. 8	20.8	8,700 PSI	1200
Lead Shot	12	1 1/8 oz.	Internat'l	Ched. 209	Rem. Fig. 8	22.1	9,700 PSI	1255
Lead Shot	12	1 1/8 oz.	Internat'l	Ched. 209	WAA12	17.9	7,000 PSI	1090
Lead Shot	12	1 1/8 oz.	Internat'l	Ched. 209	WAA12	19.1	7,900 PSI	1145
Lead Shot	12	1 1/8 oz.	Internat'l	Ched. 209	WAA12	20.1	8,700 PSI	1200
Lead Shot	12	1 1/8 oz.	Internat'l	Ched. 209	WAA12	21.7	10,000 PSI	1255

Lead Shot	12	1 1/8 oz.	Internat'l	Fed. 209A	Fio. TL1	18	7,800 PSI	1090
Lead Shot	12	1 1/8 oz.	Internat'l	Fed. 209A	Fio. TL1	18.5	8,300 PSI	1145
Lead Shot	12	1 1/8 oz.	Internat'l	Fed. 209A	Fio. TL1	20	10,400 PSI	1200
Lead Shot	12	1 1/8 oz.	Internat'l	Fio. 616	Fio. TL1	19.3	7,400 LUP	1090
Lead Shot	12	1 1/8 oz.	Internat'l	Fio. 616	Fio. TL1	20.3	7,700 LUP	1145
Lead Shot	12	1 1/8 oz.	Internat'l	Fio. 616	Fio. TL1	21	8,300 LUP	1200
Lead Shot	12	1 1/8 oz.	Internat'l	Fio. 616	Fio. TL1	22.6	9,900 LUP	1255
Lead Shot	12	1 1/8 oz.	Internat'l	Fio. 616	GU 1222	18	6,900 PSI	1090
Lead Shot	12	1 1/8 oz.	Internat'l	Fio. 616	GU 1222	19.1	7,800 PSI	1145
Lead Shot	12	1 1/8 oz.	Internat'l	Fio. 616	GU 1222	20.2	8,700 PSI	1200
Lead Shot	12	1 1/8 oz.	Internat'l	Fio. 616	GU 1222	21.4	9,600 PSI	1255
Lead Shot	12	1 1/8 oz.	Internat'l	Fio. 617	Fed. 12S3	20.5	6,800 PSI	1145
Lead Shot	12	1 1/8 oz.	Internat'l	Fio. 617	Fed. 12S3	21.8	7,800 PSI	1200
Lead Shot	12	1 1/8 oz.	Internat'l	Fio. 617	Fed. 12S3	22.9	8,700 PSI	1255
Lead Shot	12	1 1/8 oz.	Internat'l	Fio. 617	Rem. FIG. 8	20.5	6,300 PSI	1145
Lead Shot	12	1 1/8 oz.	Internat'l	Fio. 617	Rem. FIG. 8	21.8	7,400 PSI	1200
Lead Shot	12	1 1/8 oz.	Internat'l	Fio. 617	Rem. FIG. 8	23.1	8,400 PSI	1255
Lead Shot	12	1 1/8 oz.	Internat'l	Fio. 617	WAA12SL	21	6,300 PSI	1145
Lead Shot	12	1 1/8 oz.	Internat'l	Fio. 617	WAA12SL	22.2	7,300 PSI	1200
Lead Shot	12	1 1/8 oz.	Internat'l	Fio. 617	WAA12SL	23.5	8,300 PSI	1255
Lead Shot	12	1 1/8 oz.	Internat'l	Rio G-600	Fed. 12S3	20.4	6,800 PSI	1145
Lead Shot	12	1 1/8 oz.	Internat'l	Rio G-600	Fed. 12S3	21.4	7,800 PSI	1200
Lead Shot	12	1 1/8 oz.	Internat'l	Rio G-600	Fed. 12S3	23	9,400 PSI	1255
Lead Shot	12	1 1/8 oz.	Internat'l	Rio G-600	Rem. FIG. 8	21.1	6,400 PSI	1145
Lead Shot	12	1 1/8 oz.	Internat'l	Rio G-600	Rem. FIG. 8	22	7,100 PSI	1200
Lead Shot	12	1 1/8 oz.	Internat'l	Rio G-600	Rem. FIG. 8	23.4	8,300 PSI	1255
Lead Shot	12	1 1/8 oz.	Internat'l	Rio G-600	WAA12SL	20.9	6,300 PSI	1145
Lead Shot	12	1 1/8 oz.	Internat'l	Rio G-600	WAA12SL	21.9	7,200 PSI	1200
Lead Shot	12	1 1/8 oz.	Internat'l	Rio G-600	WAA12SL	22.8	8,100 PSI	1255
Lead Shot	12	1 1/8 oz.	Internat'l	Win. 209	WAA12	19.2	7,000 LUP	1090
Lead Shot	12	1 1/8 oz.	Internat'l	Win. 209	WAA12	19.7	7,400 LUP	1145
Lead Shot	12	1 1/8 oz.	Internat'l	Win. 209	WAA12	21	8,500 LUP	1200
Lead Shot	12	1 1/8 oz.	Internat'l	Win. 209	WAA12	22	9,800 LUP	1255
Lead Shot	12	1 1/8 oz.	Super Hcp	Fio. 617	Fed. 12SO	21.5	7,300 PSI	1200
Lead Shot	12	1 1/8 oz.	Super Hcp	Fio. 617	Fed. 12SO	22.7	8,400 PSI	1255
Lead Shot	12	1 1/8 oz.	Super	Fio. 617	Fed. 12SO	24.2	9,800 PSI	1310

Lead Shot	12	1 1/8 oz.	Super Hcp	Fio. 617	Rem. TGT 12	21.2	7,200 PSI	1200
Lead Shot	12	1 1/8 oz.	Super Hcp	Fio. 617	Rem. TGT 12	22.5	8,300 PSI	1255
Lead Shot	12	1 1/8 oz.	Super Hcp	Fio. 617	Rem. TGT 12	23.7	9,300 PSI	1310
Lead Shot	12	1 1/8 oz.	Super Hcp	Fio. 617	WAA12SL	21.5	6,800 PSI	1200
Lead Shot	12	1 1/8 oz.	Super Hcp	Fio. 617	WAA12SL	22.8	8,100 PSI	1255
Lead Shot	12	1 1/8 oz.	Super Hcp	Fio. 617	WAA12SL	24	9,300 PSI	1310
Lead Shot	12	1 1/8 oz.	Super Hcp	Rio G-600	Fed. 12SO	21.8	7,400 PSI	1200
Lead Shot	12	1 1/8 oz.	Super Hcp	Rio G-600	Fed. 12SO	22.8	8,500 PSI	1255
Lead Shot	12	1 1/8 oz.	Super Hcp	Rio G-600	Fed. 12SO	23.9	9,700 PSI	1310
Lead Shot	12	1 1/8 oz.	Super Hcp	Rio G-600	Rem. TGT 12	21.2	7,000 PSI	1200
Lead Shot	12	1 1/8 oz.	Super Hcp	Rio G-600	Rem. TGT 12	22.7	8,000 PSI	1255
Lead Shot	12	1 1/8 oz.	Super Hcp	Rio G-600	Rem. TGT 12	24.2	9,000 PSI	1310
Lead Shot	12	1 1/8 oz.	Super Hcp	Rio G-600	WAA12SL	21.7	6,900 PSI	1200
Lead Shot	12	1 1/8 oz.	Super Hcp	Rio G-600	WAA12SL	22.8	8,000 PSI	1255
Lead Shot	12	1 1/8 oz.	Super Hcp	Rio G-600	WAA12SL	24.2	9,300 PSI	1310
Lead Shot	12	1 1/8 oz.	PB	Fio. 617	DRV-12	23	6,000 PSI	1100
Lead Shot	12	1 1/8 oz.	PB	Fio. 617	DRV-12	24.4	7,000 PSI	1150
Lead Shot	12	1 1/8 oz.	PB	Fio. 617	DRV-12	25.8	7,600 PSI	1200
Lead Shot	12	1 1/8 oz.	PB	Fio. 617	DRV-12	27.2	8,100 PSI	1250
Lead Shot	12	1 1/8 oz.	PB	Fio. 617	Fed. 12S3	22.9	5,600 PSI	1100
Lead Shot	12	1 1/8 oz.	PB	Fio. 617	Fed. 12S3	24.1	6,500 PSI	1150
Lead Shot	12	1 1/8 oz.	PB	Fio. 617	Fed. 12S3	25.2	7,200 PSI	1200

Lead Shot	12	1 1/8 oz.	PB	Fio. 617	Fed. 12S3	26.5	8,200 PSI	1250
Lead Shot	12	1 1/8 oz.	PB	Fio. 617	WAA12	22.7	5,500 PSI	1100
Lead Shot	12	1 1/8 oz.	PB	Fio. 617	WAA12	23.9	6,300 PSI	1150
Lead Shot	12	1 1/8 oz.	PB	Fio. 617	WAA12	25.1	7,100 PSI	1200
Lead Shot	12	1 1/8 oz.	PB	Fio. 617	WAA12	26.3	7,900 PSI	1250
Lead Shot	12	1 1/8 oz.	PB	Rio G-600	DRV-12	23	5,300 PSI	1100
Lead Shot	12	1 1/8 oz.	PB	Rio G-600	DRV-12	24.2	6,100 PSI	1150
Lead Shot	12	1 1/8 oz.	PB	Rio G-600	DRV-12	25.3	6,900 PSI	1200
Lead Shot	12	1 1/8 oz.	PB	Rio G-600	DRV-12	26.5	7,700 PSI	1250
Lead Shot	12	1 1/8 oz.	PB	Rio G-600	Fed. 12S3	22.5	5,500 PSI	1100
Lead Shot	12	1 1/8 oz.	PB	Rio G-600	Fed. 12S3	23.7	6,400 PSI	1150
Lead Shot	12	1 1/8 oz.	PB	Rio G-600	Fed. 12S3	24.9	7,200 PSI	1200
Lead Shot	12	1 1/8 oz.	PB	Rio G-600	Fed. 12S3	26.5	8,400 PSI	1250
Lead Shot	12	1 1/8 oz.	PB	Rio G-600	WAA12	22.5	5,400 PSI	1100
Lead Shot	12	1 1/8 oz.	PB	Rio G-600	WAA12	23.8	6,000 PSI	1150
Lead Shot	12	1 1/8 oz.	PB	Rio G-600	WAA12	25.2	6,600 PSI	1200
Lead Shot	12	1 1/8 oz.	PB	Rio G-600	WAA12	26.6	7,300 PSI	1250
Lead Shot	12	1 1/8 oz.	Universal	Fio. 616	Fio. TL1	23.4	8,600 PSI	1200
Lead Shot	12	1 1/8 oz.	Universal	Fio. 616	Fio. TL1	25	9,800 PSI	1255
Lead Shot	12	1 1/8 oz.	Universal	Fio. 616	Fio. TL1	26.5	10,600 PSI	1310
Lead Shot	12	1 1/8 oz.	Universal	Fio. 617	WAA12SL	25.8	7,000 PSI	1200
Lead Shot	12	1 1/8 oz.	Universal	Fio. 617	WAA12SL	27	7,600 PSI	1255
Lead Shot	12	1 1/8 oz.	Universal	Fio. 617	WAA12SL	28.1	8,200 PSI	1310
Lead Shot	12	1 1/8 oz.	Universal	Rio G-600	WAA12SL	25.9	6,700 PSI	1200
Lead Shot	12	1 1/8 oz.	Universal	Rio G-600	WAA12SL	25.8	7,000 PSI	1200
Lead Shot	12	1 1/8 oz.	Universal	Rio G-600	WAA12SL	27	7,400 PSI	1255
Lead Shot	12	1 1/8 oz.	Universal	Rio G-600	WAA12SL	28.3	8,200 PSI	1310
Lead Shot	12	1 1/8 oz.	Universal	Win. 209	WAA12	23.3	9,100 PSI	1200
Lead Shot	12	1 1/8 oz.	Universal	Win. 209	WAA12	24	9,600 PSI	1255
Lead Shot	12	1 1/8 oz.	Universal	Win. 209	WAA12	25	10,800 PSI	1310
Lead Shot	12	1 1/8 oz.	Longshot	Fio. 616	Fed. 12S3	33.2	8,000 PSI	1420
Lead Shot	12	1 1/8 oz.	Longshot	Fio. 616	Fed. 12S3	34.7	8,900 PSI	1475
Lead Shot	12	1 1/8 oz.	Longshot	Fio. 616	Fed. 12S3	36.2	9,800 PSI	1530
Lead Shot	12	1 1/8 oz.	Longshot	Fio. 616	Fed. 12S3	37.8	10,700 PSI	1585
Lead Shot	12	1 1/8 oz.	Longshot	Fio. 616	Fio. TL1	33.4	8,300 PSI	1420
Lead Shot	12	1 1/8 oz.	Longshot	Fio. 616	Fio. TL1	34.8	9,300 PSI	1475
Lead Shot	12	1 1/8 oz.	Longshot	Fio. 616	Fio. TL1	36.2	10,300 PSI	1530
Lead Shot	12	1 1/8 oz.	Longshot	Fio. 616	Fio. TL1	37.6	11,200 PSI	1585

Shot Type	Gauge	Load	Powder	Hull	Wad	Charge	Pressure	Velocity
Lead Shot	12	1 1/8 oz.	Longshot	Fio. 616	Hor. Versalite	33	7,900 PSI	1420
Lead Shot	12	1 1/8 oz.	Longshot	Fio. 616	Hor. Versalite	34.4	8,800 PSI	1475
Lead Shot	12	1 1/8 oz.	Longshot	Fio. 616	Hor. Versalite	35.7	9,700 PSI	1530
Lead Shot	12	1 1/8 oz.	Longshot	Fio. 616	Hor. Versalite	37.1	10,600 PSI	1585
Lead Shot	12	1 1/8 oz.	Longshot	Fio. 616	Rem. Fig. 8	33.4	7,500 PSI	1420
Lead Shot	12	1 1/8 oz.	Longshot	Fio. 616	Rem. Fig. 8	34.9	8,500 PSI	1475
Lead Shot	12	1 1/8 oz.	Longshot	Fio. 616	Rem. Fig. 8	36.4	9,400 PSI	1530
Lead Shot	12	1 1/8 oz.	Longshot	Fio. 616	Rem. Fig. 8	37.9	10,300 PSI	1585
Lead Shot	12	1 1/8 oz.	Longshot	Fio. 616	WAA12	32.7	8,400 PSI	1420
Lead Shot	12	1 1/8 oz.	Longshot	Fio. 616	WAA12	34	9,300 PSI	1475
Lead Shot	12	1 1/8 oz.	Longshot	Fio. 616	WAA12	35.3	10,100 PSI	1530
Lead Shot	12	1 1/8 oz.	Longshot	Fio. 616	WAA12	36.6	11,000 PSI	1585
Lead Shot	12	1 1/8 oz.	Longshot	Fio. 616	Windjammer	33.7	7,600 PSI	1420
Lead Shot	12	1 1/8 oz.	Longshot	Fio. 616	Windjammer	35.3	8,400 PSI	1475
Lead Shot	12	1 1/8 oz.	Longshot	Fio. 616	Windjammer	36.8	9,200 PSI	1530
Lead Shot	12	1 1/8 oz.	Longshot	Fio. 616	Windjammer	38.3	10,000 PSI	1585
Lead Shot	12	1 1/8 oz.	Longshot	Fio. 617	DRV-12	34.2	6,500 PSI	1420
Lead Shot	12	1 1/8 oz.	Longshot	Fio. 617	DRV-12	35.8	8,200 PSI	1475
Lead Shot	12	1 1/8 oz.	Longshot	Fio. 617	DRV-12	37.3	9,900 PSI	1530
Lead Shot	12	1 1/8 oz.	Longshot	Fio. 617	DRV-12	39	10,400 PSI	1585
Lead Shot	12	1 1/8 oz.	Longshot	Fio. 617	Fed. 12S3	32.9	7,100 PSI	1420
Lead Shot	12	1 1/8 oz.	Longshot	Fio. 617	Fed. 12S3	34.9	8,500 PSI	1475
Lead Shot	12	1 1/8 oz.	Longshot	Fio. 617	Fed. 12S3	36.9	9,900 PSI	1530
Lead Shot	12	1 1/8 oz.	Longshot	Fio. 617	Fed. 12S3	38.9	11,200 PSI	1585
Lead Shot	12	1 1/8 oz.	Longshot	Fio. 617	WAA12	35.5	6,000 PSI	1420
Lead Shot	12	1 1/8 oz.	Longshot	Fio. 617	WAA12	36.9	7,500 PSI	1475
Lead Shot	12	1 1/8 oz.	Longshot	Fio. 617	WAA12	38.3	8,900 PSI	1530
Lead Shot	12	1 1/8 oz.	Longshot	Fio. 617	WAA12	39.7	10,300 PSI	1585
Lead Shot	12	1 1/8 oz.	Longshot	Rio G-600	DRV-12	33.1	7,400 PSI	1420
Lead Shot	12	1 1/8 oz.	Longshot	Rio G-600	DRV-12	35.1	8,500 PSI	1475
Lead Shot	12	1 1/8 oz.	Longshot	Rio G-600	DRV-12	37	9,600 PSI	1530
Lead Shot	12	1 1/8 oz.	Longshot	Rio G-600	DRV-12	39	10,700 PSI	1585
Lead Shot	12	1 1/8 oz.	Longshot	Rio G-600	Fed. 12S3	32.6	7,500 PSI	1420
Lead Shot	12	1 1/8 oz.	Longshot	Rio G-600	Fed. 12S3	34.6	8,900 PSI	1475
Lead Shot	12	1 1/8 oz.	Longshot	Rio G-600	Fed. 12S3	36.6	10,300 PSI	1530
Lead Shot	12	1 1/8 oz.	Longshot	Rio G-600	Fed. 12S3	38.5	11,300 PSI	1585
Lead Shot	12	1 1/8 oz.	Longshot	Rio G-600	WAA12	34	6,300 PSI	1420
Lead Shot	12	1 1/8 oz.	Longshot	Rio G-600	WAA12	35.3	7,700 PSI	1475

Lead Shot	12	1 1/8 oz.	Longshot	Rio G-600	WAA12	37.8	10,300 PSI	1530
Lead Shot	12	1 1/8 oz.	Longshot	Rio G-600	WAA12	39	11,400 PSI	1585
Lead Shot	12	1 1/4 oz.	Universal	Fio. 616	WAA12F114	24	10,900 PSI	1220
Lead Shot	12	1 1/4 oz.	Universal	Win. 209	Rem. SP12	24	10,900 PSI	1220
Lead Shot	12	1 1/4 oz.	HS-6	Win. 209	Rem. R12H	35	9,200 LUP	1330
Lead Shot	12	1 3/8 oz.	Longshot	Fio. 616	G/BP Sport	25.6	8000 PSI	1185
Lead Shot	12	1 3/8 oz.	Longshot	Fio. 616	G/BP Sport	27.3	9200 PSI	1240
Lead Shot	12	1 3/8 oz.	Longshot	Fio. 616	G/BP Sport	28.9	10,400 PSI	1295
Lead Shot	12	1 3/8 oz.	Longshot	Fio. 616	G/BP Sport	30.8	11,500 PSI	1350
Lead Shot	12	1 3/8 oz.	Longshot	Fio. 616	Rem. SP12	25.9	7800 PSI	1185
Lead Shot	12	1 3/8 oz.	Longshot	Fio. 616	Rem. SP12	27.4	8700 PSI	1240
Lead Shot	12	1 3/8 oz.	Longshot	Fio. 616	Rem. SP12	28.9	9700 PSI	1295
Lead Shot	12	1 3/8 oz.	Longshot	Fio. 616	Rem. SP12	30.5	10,700 PSI	1350
Lead Shot	12	1 3/8 oz.	Longshot	Win. 209	Fed. 12S4	26	8300 PSI	1185
Lead Shot	12	1 3/8 oz.	Longshot	Win. 209	Fed. 12S4	27.5	9300 PSI	1240
Lead Shot	12	1 3/8 oz.	Longshot	Win. 209	Fed. 12S4	29	10,400 PSI	1295
Lead Shot	12	1 1/2 oz.	HS-7	Fio. 616	WAA12R	39	10,800 LUP	1260
Lead Slugs	12	7/8 oz. Slugmaster	Universal	Fio. 616	1-.135" Card + 1-1/2" Felt + 1-.135" CA	31	10,100 PSI	1550
Lead Slugs	12	7/8 oz. Buckbuster	Universal	Win. 209	WAA12R	25	10,200 PSI	1500
Lead Slugs	12	7/8 oz. Buckbuster	HS-6	CCI 209M	WAA12R	34	10,500 PSI	1550
Lead Slugs	12	1 oz. Slugmaster	Universal	Fio. 616	1-.135" Card + 1-1/2" Felt + 1-.135" CA	30	10,200 PSI	1550
Lead Slugs	12	1 oz. Buckbuster	Universal	Win. 209	WAA12R	27	10,600 PSI	1450
Lead Slugs	12	1 oz. Buckbuster	HS-6	CCI 209M	WAA12R	33	9,800 PSI	1450
Lead Slugs	12	1 1/8 oz. Buckbuster	Universal	Win. 209	WAA12R	25	10,400 PSI	1350
Lead Slugs	12	1 1/8 oz. Buckbuster	HS-6	CCI 209M	WAA12R	32	10,700 PSI	1350
Steel	12	1 oz.	Universal	Fio. 616	BP-CSD-100	18.7	10,600 PSI	1200
Steel	12	1 oz.	Universal	Fio. 616	BP-STS	21.5	9,114 PSI	1200
Steel	12	1 oz.	Universal	Fio. 616	BP-STS	22	9,700 PSI	1250
Steel	12	1 oz.	Universal	Fio. 616	BP-STS	23	10,600 PSI	1300

| | Steel | 12 | 1 oz. | Universal | Win. 209 | BP-CSD-100 | 19 | 10,900 PSI | 1200 |

Shell: 3" REMINGTON-PETERS PLASTIC GAME SHELLS (BISMUTH SHOT)

Load Type	Gauge	Shot Wt.	Powder	Primer	Wad	Powder Wt. (Gr.)	Pressure	Vel. (ft/s)
Bismuth	12	1 1/2 oz.	Longshot	CCI 209M	Fed. 12S4	28	10,000 PSI	1225
Bismuth	12	1 1/2 oz.	Longshot	CCI 209M	Fed. 12S4	29	10,800 PSI	1250
Bismuth	12	1 1/2 oz.	Longshot	CCI 209M	Fed. 12S4	30	11,500 PSI	1275
Bismuth	12	1 1/2 oz.	Longshot	CCI 209M	WAA12F114	27.9	10,900 PSI	1225
Bismuth	12	1 1/2 oz.	Longshot	CCI 209M	WAA12F114	28.4	11,200 PSI	1250
Bismuth	12	1 1/2 oz.	Longshot	Fed. 209A	Fed. 12S4	28.1	10,800 PSI	1225
Bismuth	12	1 1/2 oz.	Longshot	Fed. 209A	Fed. 12S4	28.6	11,100 PSI	1250
Bismuth	12	1 1/2 oz.	Longshot	Fed. 209A	WAA12F114	27.7	10,500 PSI	1225
Bismuth	12	1 1/2 oz.	Longshot	Fed. 209A	WAA12F114	28.5	11,100 PSI	1250
Bismuth	12	1 1/2 oz.	Longshot	Rem. 209P	Fed. 12S4	28	10,200 PSI	1225
Bismuth	12	1 1/2 oz.	Longshot	Rem. 209P	Fed. 12S4	28.9	10,600 PSI	1250
Bismuth	12	1 1/2 oz.	Longshot	Rem. 209P	Fed. 12S4	30	11,400 PSI	1275
Bismuth	12	1 1/2 oz.	Longshot	Rem. 209P	WAA12F114	28.1	10,200 PSI	1225
Bismuth	12	1 1/2 oz.	Longshot	Rem. 209P	WAA12F114	28.7	10,900 PSI	1250
Bismuth	12	1 1/2 oz.	Longshot	Rem. 209P	WAA12F114	29.3	11,500 PSI	1275
Bismuth	12	1 1/2 oz.	Longshot	Win. 209	Fed. 12S4	30	9,000 PSI	1225
Bismuth	12	1 1/2 oz.	Longshot	Win. 209	Fed. 12S4	30.5	9,600 PSI	1250
Bismuth	12	1 1/2 oz.	Longshot	Win. 209	Fed. 12S4	31	10,200 PSI	1275
Bismuth	12	1 1/2 oz.	Longshot	Win. 209	Fed. 12S4	31.5	10,800 PSI	1300
Bismuth	12	1 1/2 oz.	Longshot	Win. 209	WAA12F114	29.4	9,600 PSI	1225
Bismuth	12	1 1/2 oz.	Longshot	Win. 209	WAA12F114	30	10,000 PSI	1250
Bismuth	12	1 1/2 oz.	Longshot	Win. 209	WAA12F114	30.7	10,400 PSI	1275
Bismuth	12	1 1/2 oz.	Longshot	Win. 209	WAA12F114	31.3	10,800 PSI	1300
Bismuth	12	1 5/8 oz.	Longshot	CCI 209M	Rem. SP12	27	10,400 PSI	1175
Bismuth	12	1 5/8 oz.	Longshot	CCI 209M	Rem. SP12	27.8	10,900 PSI	1200
Bismuth	12	1 5/8 oz.	Longshot	CCI 209M	WAA12R	26	10,300 PSI	1175
Bismuth	12	1 5/8 oz.	Longshot	CCI 209M	WAA12R	27	11,300 PSI	1200
Bismuth	12	1 5/8 oz.	Longshot	Fed. 209A	Rem. SP12	26.9	10,500 PSI	1175
Bismuth	12	1 5/8 oz.	Longshot	Fed. 209A	Rem. SP12	27.6	11,000 PSI	1200
Bismuth	12	1 5/8 oz.	Longshot	Fed. 209A	WAA12R	26.2	10,600 PSI	1175
Bismuth	12	1 5/8 oz.	Longshot	Fed. 209A	WAA12R	27.2	11,000 PSI	1200
Bismuth	12	1 5/8 oz.	Longshot	Rem. 209P	Rem. SP12	27.5	10,100 PSI	1175
Bismuth	12	1 5/8 oz.	Longshot	Rem. 209P	Rem. SP12	28.2	10,700 PSI	1200
Bismuth	12	1 5/8 oz.	Longshot	Rem. 209P	Rem. SP12	29	11,300 PSI	1225

Load Type	Gauge	Shot Wt.	Powder	Primer	Wad	Powder Wt. (Gr.)	Pressure	Vel. (ft/s)
Bismuth	12	1 5/8 oz.	Longshot	Rem. 209P	WAA12R	27.4	10,900 PSI	1175
Bismuth	12	1 5/8 oz.	Longshot	Rem. 209P	WAA12R	27.8	11,000 PSI	1200
Bismuth	12	1 5/8 oz.	Longshot	Win. 209	Rem. SP12	29	9,600 PSI	1175
Bismuth	12	1 5/8 oz.	Longshot	Win. 209	Rem. SP12	29.7	9,900 PSI	1200
Bismuth	12	1 5/8 oz.	Longshot	Win. 209	Rem. SP12	30.5	10,300 PSI	1225
Bismuth	12	1 5/8 oz.	Longshot	Win. 209	Rem. SP12	31.3	10,700 PSI	1250
Bismuth	12	1 5/8 oz.	Longshot	Win. 209	WAA12R	28.4	9,200 PSI	1175
Bismuth	12	1 5/8 oz.	Longshot	Win. 209	WAA12R	29	10,100 PSI	1200
Bismuth	12	1 5/8 oz.	Longshot	Win. 209	WAA12R	29.6	10,900 PSI	1225

Shell: 3 1/2" FEDERAL STEEL SHOTSHELLS (BISMUTH SHOT)

Load Type	Gauge	Shot Wt.	Powder	Primer	Wad	Powder Wt. (Gr.)	Pressure	Vel. (ft/s)
Bismuth	12	1 7/8 oz.	Longshot	CCI 209M	Fed. 12S3	33	12,600 PSI	1200
Bismuth	12	1 7/8 oz.	Longshot	CCI 209M	Fed. 12S3	34	13,100 PSI	1225
Bismuth	12	1 7/8 oz.	Longshot	CCI 209M	WAA12	33.7	11,600 PSI	1200
Bismuth	12	1 7/8 oz.	Longshot	CCI 209M	WAA12	34.4	12,400 PSI	1225
Bismuth	12	1 7/8 oz.	Longshot	CCI 209M	WAA12	35	13,400 PSI	1250
Bismuth	12	1 7/8 oz.	Longshot	Fed. 209A	Fed. 12S3	33.1	12,400 PSI	1200
Bismuth	12	1 7/8 oz.	Longshot	Fed. 209A	Fed. 12S3	33.7	13,200 PSI	1225
Bismuth	12	1 7/8 oz.	Longshot	Fed. 209A	WAA12	32.8	12,300 PSI	1200
Bismuth	12	1 7/8 oz.	Longshot	Fed. 209A	WAA12	33.6	13,300 PSI	1225
Bismuth	12	1 7/8 oz.	Longshot	Rem. 209P	Fed. 12S3	34.1	12,000 PSI	1200
Bismuth	12	1 7/8 oz.	Longshot	Rem. 209P	Fed. 12S3	34.7	12,700 PSI	1225
Bismuth	12	1 7/8 oz.	Longshot	Rem. 209P	WAA12	34.4	11,000 PSI	1200
Bismuth	12	1 7/8 oz.	Longshot	Rem. 209P	WAA12	35.1	11,800 PSI	1225
Bismuth	12	1 7/8 oz.	Longshot	Rem. 209P	WAA12	35.8	12,500 PSI	1250
Bismuth	12	2 oz.	Longshot	Rem. 209P	Fed. 12S3	33.5	12,300 PSI	1175
Bismuth	12	2 oz.	Longshot	Rem. 209P	Fed. 12S3	34	13,500 PSI	1200
Bismuth	12	2 oz.	Longshot	Win. 209	Fed. 12S4	33.5	12,100 PSI	1175
Bismuth	12	2 oz.	Longshot	Win. 209	Fed. 12S4	34.5	12,700 PSI	1200
Bismuth	12	2 oz.	Longshot	Win. 209	WAA12F114	32.5	12,300 PSI	1175

Shell: 2 1/2" FEDERAL GOLD MEDAL PLASTIC SHELLS

Load Type	Gauge	Shot Wt.	Powder	Primer	Wad	Powder Wt. (Gr.)	Pressure	Vel. (ft/s)
Lead Shot	12	1 oz.	Internat'l	Win. 209	WAA12	20	8,200 PSI	1250

Shell: 2 3/4" FEDERAL PLASTIC TARGET SHELLS

Load Type	Gauge	Shot Wt.	Powder	Primer	Wad	Powder Wt. (Gr.)	Pressure	Vel. (ft/s)
Lead Shot	12	1 oz.	PB	Rio G-600	Rem. TGT 12	21.7	4800 PSI	1100

Shell: 3/4" BASHIERI & PELLAGRI PLASTIC SHELLS

Load Type	Gauge	Shot Wt.	Powder	Primer	Wad	Powder Wt. (Gr.)	Pressure	Vel. (ft/s)
Lead Shot	12	1 oz.	Titewad	Ched. 209	Fed. 12SO	18	7,300 PSI	1180
Lead Shot	12	1 oz.	Titewad	Ched. 209	Fed. 12SO	19.2	8,800 PSI	1235
Lead Shot	12	1 oz.	Titewad	Ched. 209	Fed. 12SO	20.4	10,400 PSI	1290
Lead Shot	12	1 oz.	Titewad	Ched. 209	Fio. TL1	16.6	8,300 PSI	1180
Lead Shot	12	1 oz.	Titewad	Ched. 209	Fio. TL1	18	9,800 PSI	1235
Lead Shot	12	1 oz.	Titewad	Ched. 209	Fio. TL1	19.5	11,300 PSI	1290
Lead Shot	12	1 oz.	Titewad	Ched. 209	G/BP SRC	17	8300 PSI	1180
Lead Shot	12	1 oz.	Titewad	Ched. 209	G/BP SRC	18.7	9600 PSI	1235
Lead Shot	12	1 oz.	Titewad	Ched. 209	G/BP SRC	20.4	11,000 PSI	1290
Lead Shot	12	1 oz.	Titewad	Ched. 209	G/BP Zero	17.1	8,100 PSI	1180
Lead Shot	12	1 oz.	Titewad	Ched. 209	G/BP Zero	18.6	9,500 PSI	1235
Lead Shot	12	1 oz.	Titewad	Ched. 209	G/BP Zero	20.1	11,000 PSI	1290
Lead Shot	12	1 oz.	Titewad	Ched. 209	Rem. TGT 12	17.5	7,800 PSI	1180
Lead Shot	12	1 oz.	Titewad	Ched. 209	Rem. TGT 12	18.8	9,000 PSI	1235
Lead Shot	12	1 oz.	Titewad	Ched. 209	Rem. TGT 12	20.1	10,300 PSI	1290
Lead Shot	12	1 oz.	Titewad	Ched. 209	Rem. TGT 12	21.4	11,500 PSI	1345
Lead Shot	12	1 oz.	Titewad	Ched. 209	WAA12SL	18.2	7,300 PSI	1180
Lead Shot	12	1 oz.	Titewad	Ched. 209	WAA12SL	19.6	8,500 PSI	1235
Lead Shot	12	1 oz.	Titewad	Ched. 209	WAA12SL	21.1	9,700 PSI	1290
Lead Shot	12	1 oz.	Titewad	Ched. 209	WAA12SL	22.5	10,900 PSI	1345
Lead Shot	12	1 oz.	Titewad	Fio. 616	Fed. 12SO	18.7	7,000 PSI	1180
Lead Shot	12	1 oz.	Titewad	Fio. 616	Fed. 12SO	19.7	8,900 PSI	1235
Lead Shot	12	1 oz.	Titewad	Fio. 616	Fed. 12SO	20.7	10,600 PSI	1290
Lead Shot	12	1 oz.	Titewad	Fio. 616	Fio. TL1	16.5	8,800 PSI	1180
Lead Shot	12	1 oz.	Titewad	Fio. 616	Fio. TL1	18	10,400 PSI	1235
Lead Shot	12	1 oz.	Titewad	Fio. 616	G/BP SRC	17.4	7,500 PSI	1180
Lead Shot	12	1 oz.	Titewad	Fio. 616	G/BP SRC	18.8	9,300 PSI	1235
Lead Shot	12	1 oz.	Titewad	Fio. 616	G/BP SRC	20.1	11,000 PSI	1290
Lead Shot	12	1 oz.	Titewad	Fio. 616	G/BP Zero	17.4	8,100 PSI	1180
Lead Shot	12	1 oz.	Titewad	Fio. 616	G/BP Zero	18.8	9,500 PSI	1235
Lead Shot	12	1 oz.	Titewad	Fio. 616	G/BP Zero	20.1	10,800 PSI	1290
Lead Shot	12	1 oz.	Titewad	Fio. 616	Rem. TGT 12	18	8,000 PSI	1180

Lead Shot	12	1 oz.	Titewad	Fio. 616	Rem. TGT 12	19	9,000 PSI	1235
Lead Shot	12	1 oz.	Titewad	Fio. 616	Rem. TGT 12	20	10,000 PSI	1290
Lead Shot	12	1 oz.	Titewad	Fio. 616	Rem. TGT 12	21	11,200 PSI	1345
Lead Shot	12	1 oz.	Titewad	Fio. 616	WAA12SL	18.5	6,800 PSI	1180
Lead Shot	12	1 oz.	Titewad	Fio. 616	WAA12SL	19.6	8,400 PSI	1235
Lead Shot	12	1 oz.	Titewad	Fio. 616	WAA12SL	20.7	9,900 PSI	1290
Lead Shot	12	1 oz.	Titewad	Fio. 616	WAA12SL	21.8	11,500 PSI	1345
Lead Shot	12	1 oz.	Clays	Ched. 209	Fed. 12SO	18.4	7,400 PSI	1180
Lead Shot	12	1 oz.	Clays	Ched. 209	Fed. 12SO	19.7	9,200 PSI	1235
Lead Shot	12	1 oz.	Clays	Ched. 209	Fed. 12SO	21.1	11,100 PSI	1290
Lead Shot	12	1 oz.	Clays	Ched. 209	Fio. TL1	18	7,500 PSI	1180
Lead Shot	12	1 oz.	Clays	Ched. 209	Fio. TL1	19.3	8,900 PSI	1235
Lead Shot	12	1 oz.	Clays	Ched. 209	Fio. TL1	20.6	10,300 PSI	1290
Lead Shot	12	1 oz.	Clays	Ched. 209	G/BP SRC	17.8	7,200 PSI	1180
Lead Shot	12	1 oz.	Clays	Ched. 209	G/BP SRC	19.3	8,900 PSI	1235
Lead Shot	12	1 oz.	Clays	Ched. 209	G/BP SRC	20.7	10,400 PSI	1290
Lead Shot	12	1 oz.	Clays	Ched. 209	G/BP Zero	17.6	7,200 PSI	1180
Lead Shot	12	1 oz.	Clays	Ched. 209	G/BP Zero	19.1	8,700 PSI	1235
Lead Shot	12	1 oz.	Clays	Ched. 209	G/BP Zero	20.6	10,200 PSI	1290
Lead Shot	12	1 oz.	Clays	Ched. 209	Rem. TGT 12	18.5	6,900 PSI	1180
Lead Shot	12	1 oz.	Clays	Ched. 209	Rem. TGT 12	19.7	8,400 PSI	1235
Lead Shot	12	1 oz.	Clays	Ched. 209	Rem. TGT 12	20.9	9,800 PSI	1290
Lead Shot	12	1 oz.	Clays	Ched. 209	Rem. TGT 12	22	11,100 PSI	1345
Lead Shot	12	1 oz.	Clays	Ched. 209	WAA12SL	18.6	6,800 PSI	1180
Lead Shot	12	1 oz.	Clays	Ched. 209	WAA12SL	19.7	8,100 PSI	1235
Lead Shot	12	1 oz.	Clays	Ched. 209	WAA12SL	20.9	9,500 PSI	1290
Lead Shot	12	1 oz.	Clays	Ched. 209	WAA12SL	22.5	11,300 PSI	1345
Lead Shot	12	1 oz.	Clays	Fio. 616	Fed. 12SO	18.4	8,200 PSI	1180
Lead Shot	12	1 oz.	Clays	Fio. 616	Fed. 12SO	19.7	9,400 PSI	1235
Lead Shot	12	1 oz.	Clays	Fio. 616	Fed. 12SO	21.1	10,600 PSI	1290
Lead Shot	12	1 oz.	Clays	Fio. 616	Fio. TL1	17.8	7,800 PSI	1180
Lead Shot	12	1 oz.	Clays	Fio. 616	Fio. TL1	19	9,500 PSI	1235
Lead Shot	12	1 oz.	Clays	Fio. 616	Fio. TL1	20.2	11,200 PSI	1290
Lead Shot	12	1 oz.	Clays	Fio. 616	G/BP SRC	18.2	7,400 PSI	1180
Lead Shot	12	1 oz.	Clays	Fio. 616	G/BP SRC	19.7	8,900 PSI	1235
Lead Shot	12	1 oz.	Clays	Fio. 616	G/BP SRC	21.2	10,300 PSI	1290
Lead Shot	12	1 oz.	Clays	Fio. 616	G/BP Zero	18	7,700 PSI	1180
Lead Shot	12	1 oz.	Clays	Fio. 616	G/BP Zero	19.5	8,900 PSI	1235

Lead Shot	12	1 oz.	Clays	Fio. 616	G/BP Zero	21	10,100 PSI	1290
Lead Shot	12	1 oz.	Clays	Fio. 616	Rem. TGT 12	18.5	7,200 PSI	1180
Lead Shot	12	1 oz.	Clays	Fio. 616	Rem. TGT 12	19.7	8,500 PSI	1235
Lead Shot	12	1 oz.	Clays	Fio. 616	Rem. TGT 12	20.9	9,700 PSI	1290
Lead Shot	12	1 oz.	Clays	Fio. 616	Rem. TGT 12	22.5	11,200 PSI	1345
Lead Shot	12	1 oz.	Clays	Fio. 616	WAA12SL	18.4	7,200 PSI	1180
Lead Shot	12	1 oz.	Clays	Fio. 616	WAA12SL	19.6	8,500 PSI	1235
Lead Shot	12	1 oz.	Clays	Fio. 616	WAA12SL	20.8	9,800 PSI	1290
Lead Shot	12	1 oz.	Clays	Fio. 616	WAA12SL	22	11,000 PSI	1345
Lead Shot	12	1 oz.	Internat'l	Ched. 209	Fed. 12S3	21.5	7,900 PSI	1235
Lead Shot	12	1 oz.	Internat'l	Ched. 209	Fed. 12S3	22.7	9,100 PSI	1290
Lead Shot	12	1 oz.	Internat'l	Ched. 209	Fed. 12S3	23.9	10,300 PSI	1345
Lead Shot	12	1 oz.	Internat'l	Ched. 209	Fed. 12S3	25.1	11,500 PSI	1400
Lead Shot	12	1 oz.	Internat'l	Ched. 209	Fio. TL1	21.9	7,500 PSI	1235
Lead Shot	12	1 oz.	Internat'l	Ched. 209	Fio. TL1	23.1	8,600 PSI	1290
Lead Shot	12	1 oz.	Internat'l	Ched. 209	Fio. TL1	24.3	9,600 PSI	1345
Lead Shot	12	1 oz.	Internat'l	Ched. 209	Fio. TL1	25.5	11,100 PSI	1400
Lead Shot	12	1 oz.	Internat'l	Ched. 209	G/BP SRC	21.8	7,500 PSI	1235
Lead Shot	12	1 oz.	Internat'l	Ched. 209	G/BP SRC	22.9	8,800 PSI	1290
Lead Shot	12	1 oz.	Internat'l	Ched. 209	G/BP SRC	24	10,100 PSI	1345
Lead Shot	12	1 oz.	Internat'l	Ched. 209	G/BP SRC	25	11,300 PSI	1400
Lead Shot	12	1 oz.	Internat'l	Ched. 209	G/BP Zero	21.6	7,500 PSI	1235
Lead Shot	12	1 oz.	Internat'l	Ched. 209	G/BP Zero	22.9	8,600 PSI	1290
Lead Shot	12	1 oz.	Internat'l	Ched. 209	G/BP Zero	24.2	9,700 PSI	1345
Lead Shot	12	1 oz.	Internat'l	Ched. 209	Rem. FIG. 8	22.5	7,000 PSI	1235
Lead Shot	12	1 oz.	Internat'l	Ched. 209	Rem. FIG. 8	23.5	8,100 PSI	1290
Lead Shot	12	1 oz.	Internat'l	Ched. 209	Rem. FIG. 8	24.5	9,200 PSI	1345
Lead Shot	12	1 oz.	Internat'l	Ched. 209	Rem. FIG. 8	25.5	10,300 PSI	1400
Lead Shot	12	1 oz.	Internat'l	Ched. 209	WAA12	21.9	7,400 PSI	1235
Lead Shot	12	1 oz.	Internat'l	Ched. 209	WAA12	23.2	8,400 PSI	1290
Lead Shot	12	1 oz.	Internat'l	Ched. 209	WAA12	24.6	9,500 PSI	1345
Lead Shot	12	1 oz.	Internat'l	Ched. 209	WAA12	25.8	10,500 PSI	1400
Lead Shot	12	1 oz.	Internat'l	Fio. 616	Fed. 12S3	22.1	7,800 PSI	1235
Lead Shot	12	1 oz.	Internat'l	Fio. 616	Fed. 12S3	23	9,200 PSI	1290
Lead Shot	12	1 oz.	Internat'l	Fio. 616	Fed. 12S3	23.9	10,500 PSI	1345
Lead Shot	12	1 oz.	Internat'l	Fio. 616	Fio. TL1	21.9	7,600 PSI	1235
Lead Shot	12	1 oz.	Internat'l	Fio. 616	Fio. TL1	23	8,800 PSI	1290
Lead Shot	12	1 oz.	Internat'l	Fio. 616	Fio. TL1	24	9,900 PSI	1345

Lead Shot	12	1 oz.	Internat'l	Fio. 616	Fio. TL1	25.1	11,100 PSI	1400
Lead Shot	12	1 oz.	Internat'l	Fio. 616	G/BP SRC	22.4	7,400 PSI	1235
Lead Shot	12	1 oz.	Internat'l	Fio. 616	G/BP SRC	23.5	8,700 PSI	1290
Lead Shot	12	1 oz.	Internat'l	Fio. 616	G/BP SRC	24.6	9,900 PSI	1345
Lead Shot	12	1 oz.	Internat'l	Fio. 616	G/BP Zero	22	7,400 PSI	1235
Lead Shot	12	1 oz.	Internat'l	Fio. 616	G/BP Zero	23.1	8,500 PSI	1290
Lead Shot	12	1 oz.	Internat'l	Fio. 616	G/BP Zero	24.2	9,500 PSI	1345
Lead Shot	12	1 oz.	Internat'l	Fio. 616	G/BP Zero	25.5	11,300 PSI	1400
Lead Shot	12	1 oz.	Internat'l	Fio. 616	Rem. FIG. 8	22.9	7,000 PSI	1235
Lead Shot	12	1 oz.	Internat'l	Fio. 616	Rem. FIG. 8	23.7	8,000 PSI	1290
Lead Shot	12	1 oz.	Internat'l	Fio. 616	Rem. FIG. 8	24.6	9,000 PSI	1345
Lead Shot	12	1 oz.	Internat'l	Fio. 616	Rem. FIG. 8	25.6	10,200 PSI	1400
Lead Shot	12	1 oz.	Internat'l	Fio. 616	WAA12	21.7	7,500 PSI	1235
Lead Shot	12	1 oz.	Internat'l	Fio. 616	WAA12	22.9	8,500 PSI	1290
Lead Shot	12	1 oz.	Internat'l	Fio. 616	WAA12	24.1	9,500 PSI	1345
Lead Shot	12	1 oz.	Internat'l	Fio. 616	WAA12	25.3	10,500 PSI	1400
Lead Shot	12	1 1/8 oz.	Titewad	Ched. 209	Fed. 12S3	16.5	8,400 PSI	1090
Lead Shot	12	1 1/8 oz.	Titewad	Ched. 209	Fed. 12S3	17.4	10,000 PSI	1145
Lead Shot	12	1 1/8 oz.	Titewad	Ched. 209	G/BP CS12	15.6	9,200 PSI	1090
Lead Shot	12	1 1/8 oz.	Titewad	Ched. 209	G/BP CS12	16.7	10,300 PSI	1145
Lead Shot	12	1 1/8 oz.	Titewad	Ched. 209	G/BP CS12	18	11,300 PSI	1200
Lead Shot	12	1 1/8 oz.	Titewad	Ched. 209	G/BP HCD21	16.3	8,000 PSI	1090
Lead Shot	12	1 1/8 oz.	Titewad	Ched. 209	G/BP HCD21	17.4	9,300 PSI	1145
Lead Shot	12	1 1/8 oz.	Titewad	Ched. 209	G/BP HCD21	18.4	10,500 PSI	1200
Lead Shot	12	1 1/8 oz.	Titewad	Ched. 209	G/BP Z21	15.8	8,800 PSI	1090
Lead Shot	12	1 1/8 oz.	Titewad	Ched. 209	G/BP Z21	17	9,900 PSI	1145
Lead Shot	12	1 1/8 oz.	Titewad	Ched. 209	G/BP Z21	18.5	11,200 PSI	1200
Lead Shot	12	1 1/8 oz.	Titewad	Ched. 209	Rem. FIG. 8	17	8,200 PSI	1090
Lead Shot	12	1 1/8 oz.	Titewad	Ched. 209	Rem. FIG. 8	17.9	9,100 PSI	1145
Lead Shot	12	1 1/8 oz.	Titewad	Ched. 209	Rem. FIG. 8	18.8	10,100 PSI	1200
Lead Shot	12	1 1/8 oz.	Titewad	Ched. 209	WAA12	16.3	7,900 PSI	1090
Lead Shot	12	1 1/8 oz.	Titewad	Ched. 209	WAA12	17.5	9,100 PSI	1145
Lead Shot	12	1 1/8 oz.	Titewad	Ched. 209	WAA12	18.8	10,400 PSI	1200
Lead Shot	12	1 1/8 oz.	Titewad	Fio. 616	Fed. 12S3	16.6	7,400 PSI	1090
Lead Shot	12	1 1/8 oz.	Titewad	Fio. 616	Fed. 12S3	17.6	8,800 PSI	1145
Lead Shot	12	1 1/8 oz.	Titewad	Fio. 616	Fed. 12S3	18.6	10,200 PSI	1200
Lead Shot	12	1 1/8 oz.	Titewad	Fio. 616	G/BP CS12	15.6	9,400 PSI	1090
Lead Shot	12	1 1/8 oz.	Titewad	Fio. 616	G/BP CS12	16.7	10,500 PSI	1145

Lead Shot	12	1 1/8 oz.	Titewad	Fio. 616	G/BP CS12	17.8	11,500 PSI	1200
Lead Shot	12	1 1/8 oz.	Titewad	Fio. 616	G/BP HCD21	16.7	7,500 PSI	1090
Lead Shot	12	1 1/8 oz.	Titewad	Fio. 616	G/BP HCD21	17.7	8,700 PSI	1145
Lead Shot	12	1 1/8 oz.	Titewad	Fio. 616	G/BP HCD21	19.8	11,200 PSI	1200
Lead Shot	12	1 1/8 oz.	Titewad	Fio. 616	G/BP Z21	16.1	7,500 PSI	1090
Lead Shot	12	1 1/8 oz.	Titewad	Fio. 616	G/BP Z21	17.3	8,900 PSI	1145
Lead Shot	12	1 1/8 oz.	Titewad	Fio. 616	G/BP Z21	18.5	10,300 PSI	1200
Lead Shot	12	1 1/8 oz.	Titewad	Fio. 616	Rem. FIG. 8	17	6,900 PSI	1090
Lead Shot	12	1 1/8 oz.	Titewad	Fio. 616	Rem. FIG. 8	18	8,400 PSI	1145
Lead Shot	12	1 1/8 oz.	Titewad	Fio. 616	Rem. FIG. 8	18.9	9,700 PSI	1200
Lead Shot	12	1 1/8 oz.	Titewad	Fio. 616	Rem. FIG. 8	20.1	11,500 PSI	1255
Lead Shot	12	1 1/8 oz.	Titewad	Fio. 616	WAA12	16.8	7,100 PSI	1090
Lead Shot	12	1 1/8 oz.	Titewad	Fio. 616	WAA12	17.8	8,400 PSI	1145
Lead Shot	12	1 1/8 oz.	Titewad	Fio. 616	WAA12	18.9	9,800 PSI	1200
Lead Shot	12	1 1/8 oz.	Titewad	Fio. 616	WAA12	20.1	11,300 PSI	1255
Lead Shot	12	1 1/8 oz.	Clays	Ched. 209	Fed. 12S3	16.9	7,300 PSI	1090
Lead Shot	12	1 1/8 oz.	Clays	Ched. 209	Fed. 12S3	17.9	9,200 PSI	1145
Lead Shot	12	1 1/8 oz.	Clays	Ched. 209	Fed. 12S3	19	11,000 PSI	1200
Lead Shot	12	1 1/8 oz.	Clays	Ched. 209	G/BP CS12	16.9	8,100 PSI	1090
Lead Shot	12	1 1/8 oz.	Clays	Ched. 209	G/BP CS12	18	9,500 PSI	1145
Lead Shot	12	1 1/8 oz.	Clays	Ched. 209	G/BP CS12	19	10,800 PSI	1200
Lead Shot	12	1 1/8 oz.	Clays	Ched. 209	G/BP HCD21	17	7,100 PSI	1090
Lead Shot	12	1 1/8 oz.	Clays	Ched. 209	G/BP HCD21	18.3	8,400 PSI	1145
Lead Shot	12	1 1/8 oz.	Clays	Ched. 209	G/BP HCD21	19.5	9,600 PSI	1200
Lead Shot	12	1 1/8 oz.	Clays	Ched. 209	G/BP HCD21	20.7	10,800 PSI	1255
Lead Shot	12	1 1/8 oz.	Clays	Ched. 209	G/BP Z21	16.6	7,800 PSI	1090
Lead Shot	12	1 1/8 oz.	Clays	Ched. 209	G/BP Z21	17.8	9,000 PSI	1145
Lead Shot	12	1 1/8 oz.	Clays	Ched. 209	G/BP Z21	19.1	10,400 PSI	1200
Lead Shot	12	1 1/8 oz.	Clays	Ched. 209	Rem. FIG. 8	16.9	6,600 PSI	1090
Lead Shot	12	1 1/8 oz.	Clays	Ched. 209	Rem. FIG. 8	18.1	8,000 PSI	1145
Lead Shot	12	1 1/8 oz.	Clays	Ched. 209	Rem. FIG. 8	19.4	9,400 PSI	1200
Lead Shot	12	1 1/8 oz.	Clays	Ched. 209	Rem. FIG. 8	21	11,300 PSI	1255
Lead Shot	12	1 1/8 oz.	Clays	Ched. 209	WAA12	16.5	7,000 PSI	1090
Lead Shot	12	1 1/8 oz.	Clays	Ched. 209	WAA12	17.8	8,500 PSI	1145
Lead Shot	12	1 1/8 oz.	Clays	Ched. 209	WAA12	19	9,900 PSI	1200
Lead Shot	12	1 1/8 oz.	Clays	Ched. 209	WAA12	20.3	11,500 PSI	1255
Lead Shot	12	1 1/8 oz.	Clays	Fio. 616	Fed. 12S3	17.2	7,400 PSI	1090
Lead Shot	12	1 1/8 oz.	Clays	Fio. 616	Fed. 12S3	18.1	9,000 PSI	1145

Lead Shot	12	1 1/8 oz.	Clays	Fio. 616	Fed. 12S3	19	10,500 PSI	1200
Lead Shot	12	1 1/8 oz.	Clays	Fio. 616	G/BP CS12	16.9	8,300 PSI	1090
Lead Shot	12	1 1/8 oz.	Clays	Fio. 616	G/BP CS12	17.8	9,200 PSI	1145
Lead Shot	12	1 1/8 oz.	Clays	Fio. 616	G/BP CS12	18.7	10,200 PSI	1200
Lead Shot	12	1 1/8 oz.	Clays	Fio. 616	G/BP CS12	19.6	11,200 PSI	1255
Lead Shot	12	1 1/8 oz.	Clays	Fio. 616	G/BP HCD21	16.6	6,800 PSI	1090
Lead Shot	12	1 1/8 oz.	Clays	Fio. 616	G/BP HCD21	17.9	8,200 PSI	1145
Lead Shot	12	1 1/8 oz.	Clays	Fio. 616	G/BP HCD21	19.3	9,700 PSI	1200
Lead Shot	12	1 1/8 oz.	Clays	Fio. 616	G/BP HCD21	20.7	11,200 PSI	1255
Lead Shot	12	1 1/8 oz.	Clays	Fio. 616	G/BP Z21	16.9	7,200 PSI	1090
Lead Shot	12	1 1/8 oz.	Clays	Fio. 616	G/BP Z21	17.9	8,300 PSI	1145
Lead Shot	12	1 1/8 oz.	Clays	Fio. 616	G/BP Z21	19	9,600 PSI	1200
Lead Shot	12	1 1/8 oz.	Clays	Fio. 616	G/BP Z21	20.1	10,900 PSI	1255
Lead Shot	12	1 1/8 oz.	Clays	Fio. 616	Rem. FIG. 8	16.8	6,800 PSI	1090
Lead Shot	12	1 1/8 oz.	Clays	Fio. 616	Rem. FIG. 8	18.1	7,900 PSI	1145
Lead Shot	12	1 1/8 oz.	Clays	Fio. 616	Rem. FIG. 8	19.4	9,100 PSI	1200
Lead Shot	12	1 1/8 oz.	Clays	Fio. 616	Rem. FIG. 8	20.6	10,200 PSI	1255
Lead Shot	12	1 1/8 oz.	Clays	Fio. 616	WAA12	16.6	7,300 PSI	1090
Lead Shot	12	1 1/8 oz.	Clays	Fio. 616	WAA12	17.9	8,600 PSI	1145
Lead Shot	12	1 1/8 oz.	Clays	Fio. 616	WAA12	19.2	9,800 PSI	1200
Lead Shot	12	1 1/8 oz.	Clays	Fio. 616	WAA12	20.5	11,000 PSI	1255
Lead Shot	12	1 1/8 oz.	Internat'l	Ched. 209	Fed. 12S3	18.5	6,400 PSI	1090
Lead Shot	12	1 1/8 oz.	Internat'l	Ched. 209	Fed. 12S3	19.8	7,500 PSI	1145
Lead Shot	12	1 1/8 oz.	Internat'l	Ched. 209	Fed. 12S3	21.2	8,800 PSI	1200
Lead Shot	12	1 1/8 oz.	Internat'l	Ched. 209	Fed. 12S3	22.6	10,000 PSI	1255
Lead Shot	12	1 1/8 oz.	Internat'l	Ched. 209	G/BP CS12	18.7	6,600 PSI	1090
Lead Shot	12	1 1/8 oz.	Internat'l	Ched. 209	G/BP CS12	19.8	7,700 PSI	1145
Lead Shot	12	1 1/8 oz.	Internat'l	Ched. 209	G/BP CS12	21	8,900 PSI	1200
Lead Shot	12	1 1/8 oz.	Internat'l	Ched. 209	G/BP CS12	22.2	10,100 PSI	1255
Lead Shot	12	1 1/8 oz.	Internat'l	Ched. 209	G/BP HCD21	19.1	5,800 PSI	1090
Lead Shot	12	1 1/8 oz.	Internat'l	Ched. 209	G/BP HCD21	20.3	7,200 PSI	1145
Lead Shot	12	1 1/8 oz.	Internat'l	Ched. 209	G/BP HCD21	21.3	8,300 PSI	1200
Lead Shot	12	1 1/8 oz.	Internat'l	Ched. 209	G/BP HCD21	22.4	9,600 PSI	1255
Lead Shot	12	1 1/8 oz.	Internat'l	Ched. 209	G/BP Z21	19.4	6,500 PSI	1090
Lead Shot	12	1 1/8 oz.	Internat'l	Ched. 209	G/BP Z21	20.5	7,800 PSI	1145
Lead Shot	12	1 1/8 oz.	Internat'l	Ched. 209	G/BP Z21	21.5	8,900 PSI	1200
Lead Shot	12	1 1/8 oz.	Internat'l	Ched. 209	G/BP Z21	22.5	10,000 PSI	1255
Lead Shot	12	1 1/8 oz.	Internat'l	Ched. 209	Rem. FIG. 8	19.9	6,000 PSI	1090

Lead Shot	12	1 1/8 oz.	Internat'l	Ched. 209	Rem. FIG. 8	20.8	7,000 PSI	1145
Lead Shot	12	1 1/8 oz.	Internat'l	Ched. 209	Rem. FIG. 8	21.8	8,200 PSI	1200
Lead Shot	12	1 1/8 oz.	Internat'l	Ched. 209	Rem. FIG. 8	22.8	9,400 PSI	1255
Lead Shot	12	1 1/8 oz.	Internat'l	Ched. 209	WAA12	18.8	6,600 PSI	1090
Lead Shot	12	1 1/8 oz.	Internat'l	Ched. 209	WAA12	20	7,600 PSI	1145
Lead Shot	12	1 1/8 oz.	Internat'l	Ched. 209	WAA12	21.2	8,600 PSI	1200
Lead Shot	12	1 1/8 oz.	Internat'l	Ched. 209	WAA12	22.4	9,600 PSI	1255
Lead Shot	12	1 1/8 oz.	Internat'l	Fio. 616	Fed. 12S3	19.4	6,500 PSI	1090
Lead Shot	12	1 1/8 oz.	Internat'l	Fio. 616	Fed. 12S3	20.5	7,600 PSI	1145
Lead Shot	12	1 1/8 oz.	Internat'l	Fio. 616	Fed. 12S3	21.6	8,700 PSI	1200
Lead Shot	12	1 1/8 oz.	Internat'l	Fio. 616	Fed. 12S3	22.6	9,800 PSI	1255
Lead Shot	12	1 1/8 oz.	Internat'l	Fio. 616	G/BP CS12	19.9	7,100 PSI	1145
Lead Shot	12	1 1/8 oz.	Internat'l	Fio. 616	G/BP CS12	21.2	8,300 PSI	1200
Lead Shot	12	1 1/8 oz.	Internat'l	Fio. 616	G/BP CS12	22.2	9,200 PSI	1255
Lead Shot	12	1 1/8 oz.	Internat'l	Fio. 616	G/BP HCD21	20.1	6,100 PSI	1090
Lead Shot	12	1 1/8 oz.	Internat'l	Fio. 616	G/BP HCD21	21	7,200 PSI	1145
Lead Shot	12	1 1/8 oz.	Internat'l	Fio. 616	G/BP HCD21	21.8	8,200 PSI	1200
Lead Shot	12	1 1/8 oz.	Internat'l	Fio. 616	G/BP HCD21	22.6	9,100 PSI	1255
Lead Shot	12	1 1/8 oz.	Internat'l	Fio. 616	G/BP Z21	18.9	6,100 PSI	1090
Lead Shot	12	1 1/8 oz.	Internat'l	Fio. 616	G/BP Z21	20.3	7,100 PSI	1145
Lead Shot	12	1 1/8 oz.	Internat'l	Fio. 616	G/BP Z21	21.6	8,100 PSI	1200
Lead Shot	12	1 1/8 oz.	Internat'l	Fio. 616	G/BP Z21	22.9	9,100 PSI	1255
Lead Shot	12	1 1/8 oz.	Internat'l	Fio. 616	Rem. FIG. 8	21.1	6,800 PSI	1145
Lead Shot	12	1 1/8 oz.	Internat'l	Fio. 616	Rem. FIG. 8	22.2	7,800 PSI	1200
Lead Shot	12	1 1/8 oz.	Internat'l	Fio. 616	Rem. FIG. 8	23.3	8,800 PSI	1255
Lead Shot	12	1 1/8 oz.	Internat'l	Fio. 616	WAA12	21.2	6,800 PSI	1145
Lead Shot	12	1 1/8 oz.	Internat'l	Fio. 616	WAA12	22	7,900 PSI	1200
Lead Shot	12	1 1/8 oz.	Internat'l	Fio. 616	WAA12	22.9	9,000 PSI	1255
Lead Shot	12	1 1/8 oz.	Universal	Ched. 209	Fed. 12S4	24.1	8,900 PSI	1200
Lead Shot	12	1 1/8 oz.	Universal	Ched. 209	Fed. 12S4	25.3	9,800 PSI	1255
Lead Shot	12	1 1/8 oz.	Universal	Ched. 209	Fed. 12S4	26.4	10,700 PSI	1310
Lead Shot	12	1 1/8 oz.	Universal	Ched. 209	G/BP CS12	24.8	8,300 PSI	1200
Lead Shot	12	1 1/8 oz.	Universal	Ched. 209	G/BP CS12	26	9,200 PSI	1255
Lead Shot	12	1 1/8 oz.	Universal	Ched. 209	G/BP CS12	27.2	10,100 PSI	1310
Lead Shot	12	1 1/8 oz.	Universal	Ched. 209	G/BP HCD21	25.2	7,800 PSI	1200
Lead Shot	12	1 1/8 oz.	Universal	Ched. 209	G/BP HCD21	26.3	8,600 PSI	1255
Lead Shot	12	1 1/8 oz.	Universal	Ched. 209	G/BP HCD21	27.4	9,300 PSI	1310
Lead Shot	12	1 1/8 oz.	Universal	Ched. 209	G/BP Z21	24.5	8,400 PSI	1200

Lead Shot	12	1 1/8 oz.	Universal	Ched. 209	G/BP Z21	25.6	9,100 PSI	1255
Lead Shot	12	1 1/8 oz.	Universal	Ched. 209	G/BP Z21	26.6	9,800 PSI	1310
Lead Shot	12	1 1/8 oz.	Universal	Ched. 209	Rem. FIG. 8	25	7,900 PSI	1200
Lead Shot	12	1 1/8 oz.	Universal	Ched. 209	Rem. FIG. 8	26.3	8,600 PSI	1255
Lead Shot	12	1 1/8 oz.	Universal	Ched. 209	Rem. FIG. 8	27.6	9,300 PSI	1310
Lead Shot	12	1 1/8 oz.	Universal	Ched. 209	Rem. FIG. 8	28.8	10,000 PSI	1365
Lead Shot	12	1 1/8 oz.	Universal	Ched. 209	WAA12	25	8,000 PSI	1200
Lead Shot	12	1 1/8 oz.	Universal	Ched. 209	WAA12	26.1	8,800 PSI	1255
Lead Shot	12	1 1/8 oz.	Universal	Ched. 209	WAA12	27.2	9,600 PSI	1310
Lead Shot	12	1 1/8 oz.	Universal	Fio. 616	Fed. 12S3	24.4	8,100 PSI	1200
Lead Shot	12	1 1/8 oz.	Universal	Fio. 616	Fed. 12S3	25.6	9,100 PSI	1255
Lead Shot	12	1 1/8 oz.	Universal	Fio. 616	Fed. 12S3	26.7	10,100 PSI	1310
Lead Shot	12	1 1/8 oz.	Universal	Fio. 616	Fed. 12S3	27.8	11,000 PSI	1365
Lead Shot	12	1 1/8 oz.	Universal	Fio. 616	G/BP CS12	24.5	8,000 PSI	1200
Lead Shot	12	1 1/8 oz.	Universal	Fio. 616	G/BP CS12	25.7	8,900 PSI	1255
Lead Shot	12	1 1/8 oz.	Universal	Fio. 616	G/BP CS12	27	9,900 PSI	1310
Lead Shot	12	1 1/8 oz.	Universal	Fio. 616	G/BP CS12	28.2	10,800 PSI	1365
Lead Shot	12	1 1/8 oz.	Universal	Fio. 616	G/BP HCD21	25	7,800 PSI	1200
Lead Shot	12	1 1/8 oz.	Universal	Fio. 616	G/BP HCD21	26.6	8,300 PSI	1255
Lead Shot	12	1 1/8 oz.	Universal	Fio. 616	G/BP HCD21	28	9,200 PSI	1310
Lead Shot	12	1 1/8 oz.	Universal	Fio. 616	G/BP Z21	25.1	7,700 PSI	1200
Lead Shot	12	1 1/8 oz.	Universal	Fio. 616	G/BP Z21	26.2	8,500 PSI	1255
Lead Shot	12	1 1/8 oz.	Universal	Fio. 616	G/BP Z21	27.3	9,400 PSI	1310
Lead Shot	12	1 1/8 oz.	Universal	Fio. 616	Rem. FIG. 8	26	7,600 PSI	1200
Lead Shot	12	1 1/8 oz.	Universal	Fio. 616	Rem. FIG. 8	27	8,300 PSI	1255
Lead Shot	12	1 1/8 oz.	Universal	Fio. 616	Rem. FIG. 8	28	9,000 PSI	1310
Lead Shot	12	1 1/8 oz.	Universal	Fio. 616	Rem. FIG. 8	29	9,700 PSI	1365
Lead Shot	12	1 1/8 oz.	Universal	Fio. 616	WAA12	25.1	7,800 PSI	1200
Lead Shot	12	1 1/8 oz.	Universal	Fio. 616	WAA12	26.3	8,600 PSI	1255
Lead Shot	12	1 1/8 oz.	Universal	Fio. 616	WAA12	27.4	9,300 PSI	1310
Lead Shot	12	1 1/8 oz.	Longshot	Ched. 209	Fed. 12S3	32.9	8,600 PSI	1420
Lead Shot	12	1 1/8 oz.	Longshot	Ched. 209	Fed. 12S3	34.4	9,600 PSI	1475
Lead Shot	12	1 1/8 oz.	Longshot	Ched. 209	Fed. 12S3	35.8	10,600 PSI	1530
Lead Shot	12	1 1/8 oz.	Longshot	Ched. 209	G/BP CS12	32.3	9,100 PSI	1420
Lead Shot	12	1 1/8 oz.	Longshot	Ched. 209	G/BP CS12	33.2	10,200 PSI	1475
Lead Shot	12	1 1/8 oz.	Longshot	Ched. 209	G/BP CS12	34.2	11,500 PSI	1530
Lead Shot	12	1 1/8 oz.	Longshot	Ched. 209	G/BP HCD21	32.7	8,700 PSI	1420
Lead Shot	12	1 1/8 oz.	Longshot	Ched. 209	G/BP HCD21	34.2	9,600 PSI	1475

Lead Shot	12	1 1/8 oz.	Longshot	Ched. 209	G/BP HCD21	35.7	10,500 PSI	1530
Lead Shot	12	1 1/8 oz.	Longshot	Ched. 209	G/BP HCD21	37.2	11,500 PSI	1585
Lead Shot	12	1 1/8 oz.	Longshot	Ched. 209	G/BP Z21	31.7	9,300 PSI	1420
Lead Shot	12	1 1/8 oz.	Longshot	Ched. 209	G/BP Z21	33.6	10,100 PSI	1475
Lead Shot	12	1 1/8 oz.	Longshot	Ched. 209	G/BP Z21	35.5	10,900 PSI	1530
Lead Shot	12	1 1/8 oz.	Longshot	Ched. 209	Rem. FIG. 8	32.5	8,400 PSI	1420
Lead Shot	12	1 1/8 oz.	Longshot	Ched. 209	Rem. FIG. 8	34.1	9,400 PSI	1475
Lead Shot	12	1 1/8 oz.	Longshot	Ched. 209	Rem. FIG. 8	35.7	10,400 PSI	1530
Lead Shot	12	1 1/8 oz.	Longshot	Ched. 209	Rem. FIG. 8	37.4	11,500 PSI	1585
Lead Shot	12	1 1/8 oz.	Longshot	Ched. 209	WAA12	33.4	8,400 PSI	1420
Lead Shot	12	1 1/8 oz.	Longshot	Ched. 209	WAA12	34.7	9,400 PSI	1475
Lead Shot	12	1 1/8 oz.	Longshot	Ched. 209	WAA12	36	10,400 PSI	1530
Lead Shot	12	1 1/8 oz.	Longshot	Ched. 209	WAA12	37.3	11,400 PSI	1585
Lead Shot	12	1 1/8 oz.	Longshot	Fio. 616	Fed. 12S3	33	9,100 PSI	1420
Lead Shot	12	1 1/8 oz.	Longshot	Fio. 616	Fed. 12S3	34.6	9,800 PSI	1475
Lead Shot	12	1 1/8 oz.	Longshot	Fio. 616	Fed. 12S3	36.1	10,500 PSI	1530
Lead Shot	12	1 1/8 oz.	Longshot	Fio. 616	G/BP CS12	32.6	9,000 PSI	1420
Lead Shot	12	1 1/8 oz.	Longshot	Fio. 616	G/BP CS12	34	9,800 PSI	1475
Lead Shot	12	1 1/8 oz.	Longshot	Fio. 616	G/BP CS12	36	10,800 PSI	1530
Lead Shot	12	1 1/8 oz.	Longshot	Fio. 616	G/BP HCD21	34.6	8,000 PSI	1420
Lead Shot	12	1 1/8 oz.	Longshot	Fio. 616	G/BP HCD21	35.7	9,000 PSI	1475
Lead Shot	12	1 1/8 oz.	Longshot	Fio. 616	G/BP HCD21	36.7	9,900 PSI	1530
Lead Shot	12	1 1/8 oz.	Longshot	Fio. 616	G/BP HCD21	38	11,200 PSI	1585
Lead Shot	12	1 1/8 oz.	Longshot	Fio. 616	G/BP Z21	33.9	8,100 PSI	1420
Lead Shot	12	1 1/8 oz.	Longshot	Fio. 616	G/BP Z21	35.4	9,100 PSI	1475
Lead Shot	12	1 1/8 oz.	Longshot	Fio. 616	G/BP Z21	36.8	10,000 PSI	1530
Lead Shot	12	1 1/8 oz.	Longshot	Fio. 616	G/BP Z21	38.5	11,200 PSI	1585
Lead Shot	12	1 1/8 oz.	Longshot	Fio. 616	Rem. FIG. 8	34.2	8,000 PSI	1420
Lead Shot	12	1 1/8 oz.	Longshot	Fio. 616	Rem. FIG. 8	35.4	9,000 PSI	1475
Lead Shot	12	1 1/8 oz.	Longshot	Fio. 616	Rem. FIG. 8	36.6	9,900 PSI	1530
Lead Shot	12	1 1/8 oz.	Longshot	Fio. 616	Rem. FIG. 8	38	11,300 PSI	1585
Lead Shot	12	1 1/8 oz.	Longshot	Fio. 616	WAA12	34.9	7,800 PSI	1420
Lead Shot	12	1 1/8 oz.	Longshot	Fio. 616	WAA12	35.9	8,700 PSI	1475
Lead Shot	12	1 1/8 oz.	Longshot	Fio. 616	WAA12	37	9,700 PSI	1530
Lead Shot	12	1 1/8 oz.	Longshot	Fio. 616	WAA12	38.1	10,800 PSI	1585
Lead Shot	12	1 1/4 oz.	Universal	Ched. 209	Fed. 12S4	24.7	10,100 PSI	1220
Lead Shot	12	1 1/4 oz.	Universal	Ched. 209	Fed. 12S4	25.9	11,100 PSI	1275
Lead Shot	12	1 1/4 oz.	Universal	Ched. 209	G/BP CE	25.4	9,200 PSI	1220

Lead Shot	12	1 1/4 oz.	Universal	Ched. 209	G/BP CE	27	10,400 PSI	1275
Lead Shot	12	1 1/4 oz.	Universal	Ched. 209	G/BP HCD18	25.7	9,300 PSI	1220
Lead Shot	12	1 1/4 oz.	Universal	Ched. 209	G/BP HCD18	26.9	10,400 PSI	1275
Lead Shot	12	1 1/4 oz.	Universal	Ched. 209	WAA12F114	24.7	9,900 PSI	1220
Lead Shot	12	1 1/4 oz.	Universal	Ched. 209	WAA12F114	26.2	11,000 PSI	1275
Lead Shot	12	1 1/4 oz.	Universal	Fio. 616	Fed. 12S4	25	9,800 PSI	1220
Lead Shot	12	1 1/4 oz.	Universal	Fio. 616	Fed. 12S4	26.1	10,900 PSI	1275
Lead Shot	12	1 1/4 oz.	Universal	Fio. 616	G/BP CE	25.6	9,400 PSI	1220
Lead Shot	12	1 1/4 oz.	Universal	Fio. 616	G/BP CE	26.7	10,400 PSI	1275
Lead Shot	12	1 1/4 oz.	Universal	Fio. 616	G/BP HCD18	26.1	9,100 PSI	1220
Lead Shot	12	1 1/4 oz.	Universal	Fio. 616	G/BP HCD18	27	10,100 PSI	1275
Lead Shot	12	1 1/4 oz.	Universal	Fio. 616	G/BP HCD18	28	11,200 PSI	1330
Lead Shot	12	1 1/4 oz.	Universal	Fio. 616	WAA12F114	25.2	9,700 PSI	1220
Lead Shot	12	1 1/4 oz.	Universal	Fio. 616	WAA12F114	26.5	10,700 PSI	1275
Lead Shot	12	1 1/4 oz.	Longshot	Ched. 209	Fed. 12S4	28.8	9,900 PSI	1330
Lead Shot	12	1 1/4 oz.	Longshot	Ched. 209	Fed. 12S4	30.7	10,600 PSI	1385
Lead Shot	12	1 1/4 oz.	Longshot	Ched. 209	G/BP CE	29.5	8,700 PSI	1330
Lead Shot	12	1 1/4 oz.	Longshot	Ched. 209	G/BP CE	31.2	10,000 PSI	1385
Lead Shot	12	1 1/4 oz.	Longshot	Ched. 209	G/BP CE	33	11,100 PSI	1440
Lead Shot	12	1 1/4 oz.	Longshot	Ched. 209	G/BP HCD18	30.4	9,000 PSI	1330
Lead Shot	12	1 1/4 oz.	Longshot	Ched. 209	G/BP HCD18	32	9,900 PSI	1385
Lead Shot	12	1 1/4 oz.	Longshot	Ched. 209	G/BP HCD18	33.5	10,800 PSI	1440
Lead Shot	12	1 1/4 oz.	Longshot	Ched. 209	WAA12F114	29.5	9,600 PSI	1330
Lead Shot	12	1 1/4 oz.	Longshot	Ched. 209	WAA12F114	30.9	10,700 PSI	1385
Lead Shot	12	1 1/4 oz.	Longshot	Ched. 209	WAA12F114	33	11,400 PSI	1440
Lead Shot	12	1 1/4 oz.	Longshot	Fio. 616	Fed. 12S4	30.4	9,100 PSI	1330
Lead Shot	12	1 1/4 oz.	Longshot	Fio. 616	Fed. 12S4	31.4	10,200 PSI	1385
Lead Shot	12	1 1/4 oz.	Longshot	Fio. 616	G/BP CE	30.3	8,900 PSI	1330
Lead Shot	12	1 1/4 oz.	Longshot	Fio. 616	G/BP CE	32	9,800 PSI	1385
Lead Shot	12	1 1/4 oz.	Longshot	Fio. 616	G/BP CE	33.7	10,700 PSI	1440
Lead Shot	12	1 1/4 oz.	Longshot	Fio. 616	G/BP HCD18	31.4	8,400 PSI	1330
Lead Shot	12	1 1/4 oz.	Longshot	Fio. 616	G/BP HCD18	32.7	9,500 PSI	1385
Lead Shot	12	1 1/4 oz.	Longshot	Fio. 616	G/BP HCD18	34	10,600 PSI	1440
Lead Shot	12	1 1/4 oz.	Longshot	Fio. 616	WAA12F114	31.1	8,800 PSI	1330
Lead Shot	12	1 1/4 oz.	Longshot	Fio. 616	WAA12F114	32.4	9,600 PSI	1385
Lead Shot	12	1 1/4 oz.	Longshot	Fio. 616	WAA12F114	34	11,200 PSI	1440
Lead Shot	12	1 3/8 oz.	Longshot	Ched. 209	G/BP CE	25.8	8,200 PSI	1185
Lead Shot	12	1 3/8 oz.	Longshot	Ched. 209	G/BP CE	27.4	9,200 PSI	1240

Lead Shot	12	1 3/8 oz.	Longshot	Ched. 209	G/BP CE	29	10,300 PSI	1295
Lead Shot	12	1 3/8 oz.	Longshot	Ched. 209	G/BP HCD18	25.8	8,000 PSI	1185
Lead Shot	12	1 3/8 oz.	Longshot	Ched. 209	G/BP HCD18	27.7	9,100 PSI	1240
Lead Shot	12	1 3/8 oz.	Longshot	Ched. 209	G/BP HCD18	29.5	10,100 PSI	1295
Lead Shot	12	1 3/8 oz.	Longshot	Ched. 209	G/BP HCD18	31.3	11,100 PSI	1350
Lead Shot	12	1 3/8 oz.	Longshot	Ched. 209	G/BP USE	24.5	8,700 PSI	1185
Lead Shot	12	1 3/8 oz.	Longshot	Ched. 209	G/BP USE	26.3	9,900 PSI	1240
Lead Shot	12	1 3/8 oz.	Longshot	Ched. 209	G/BP USE	28	11,500 PSI	1295
Lead Shot	12	1 3/8 oz.	Longshot	Ched. 209	Rem. SP12	27.6	7,300 PSI	1185
Lead Shot	12	1 3/8 oz.	Longshot	Ched. 209	Rem. SP12	29	8,300 PSI	1240
Lead Shot	12	1 3/8 oz.	Longshot	Ched. 209	Rem. SP12	30.4	9,300 PSI	1295
Lead Shot	12	1 3/8 oz.	Longshot	Ched. 209	Rem. SP12	31.9	10,300 PSI	1350
Lead Shot	12	1 3/8 oz.	Longshot	Fio. 616	G/BP CE	26.1	7,400 PSI	1185
Lead Shot	12	1 3/8 oz.	Longshot	Fio. 616	G/BP CE	27.4	8,600 PSI	1240
Lead Shot	12	1 3/8 oz.	Longshot	Fio. 616	G/BP CE	28.8	10,000 PSI	1295
Lead Shot	12	1 3/8 oz.	Longshot	Fio. 616	G/BP CE	30.1	11,300 PSI	1350
Lead Shot	12	1 3/8 oz.	Longshot	Fio. 616	G/BP HCD18	26.6	7,100 PSI	1185
Lead Shot	12	1 3/8 oz.	Longshot	Fio. 616	G/BP HCD18	28.4	8,200 PSI	1240
Lead Shot	12	1 3/8 oz.	Longshot	Fio. 616	G/BP HCD18	30.2	9,400 PSI	1295
Lead Shot	12	1 3/8 oz.	Longshot	Fio. 616	G/BP HCD18	32	10,700 PSI	1350
Lead Shot	12	1 3/8 oz.	Longshot	Fio. 616	G/BP USE	24.3	8,600 PSI	1185
Lead Shot	12	1 3/8 oz.	Longshot	Fio. 616	G/BP USE	26.3	9,700 PSI	1240
Lead Shot	12	1 3/8 oz.	Longshot	Fio. 616	G/BP USE	28.2	10,700 PSI	1295
Lead Shot	12	1 3/8 oz.	Longshot	Fio. 616	Rem. SP12	29	7,100 PSI	1185
Lead Shot	12	1 3/8 oz.	Longshot	Fio. 616	Rem. SP12	30	7,900 PSI	1240
Lead Shot	12	1 3/8 oz.	Longshot	Fio. 616	Rem. SP12	31	8,700 PSI	1295
Lead Shot	12	1 3/8 oz.	Longshot	Fio. 616	Rem. SP12	32	9,400 PSI	1350
Lead Shot	12	1 1/2 oz.	Longshot	Ched. 209	G/BP USE	25	11,400 PSI	1205
Lead Shot	12	1 1/2 oz.	Longshot	Ched. 209	Rem. RP12	26.1	9,800 PSI	1205
Lead Shot	12	1 1/2 oz.	Longshot	Ched. 209	Rem. RP12	28	10,600 PSI	1260
Lead Shot	12	1 1/2 oz.	Longshot	Ched. 209	WAA12R	26.6	9,000 PSI	1205
Lead Shot	12	1 1/2 oz.	Longshot	Ched. 209	WAA12R	28.2	10,400 PSI	1260
Lead Shot	12	1 1/2 oz.	Longshot	Fio. 616	G/BP USE	25.1	11,100 PSI	1205
Lead Shot	12	1 1/2 oz.	Longshot	Fio. 616	Rem. RP12	27.5	8,600 PSI	1205
Lead Shot	12	1 1/2 oz.	Longshot	Fio. 616	Rem. RP12	28.8	10,500 PSI	1260
Lead Shot	12	1 1/2 oz.	Longshot	Fio. 616	WAA12R	27	9,400 PSI	1205
Lead Shot	12	1 1/2 oz.	Longshot	Fio. 616	WAA12R	28.9	10,300 PSI	1260

Shell: 2 3/4" FEDERAL PAPER SHELLS

Load Type	Gauge	Shot Wt.	Powder	Primer	Wad	Powder Wt. (Gr.)	Pressure	Vel. (ft/s)
Lead Shot	12	7/8 oz.	Titewad	CCI 209M	Fed. 12S3	17.5	8,600 PSI	1250
Lead Shot	12	7/8 oz.	Titewad	CCI 209M	Fed. 12S3	19.2	10,800 PSI	1325
Lead Shot	12	7/8 oz.	Titewad	CCI 209M	WAA12SL	17.7	7,900 PSI	1250
Lead Shot	12	7/8 oz.	Titewad	CCI 209M	WAA12SL	19.6	9,300 PSI	1325
Lead Shot	12	7/8 oz.	Titewad	CCI 209M	WAA12SL	21.5	10,400 PSI	1400
Lead Shot	12	7/8 oz.	Titewad	Fed. 209A	Fed. 12S3	18.6	7,600 PSI	1250
Lead Shot	12	7/8 oz.	Titewad	Fed. 209A	Fed. 12S3	20.3	9,200 PSI	1325
Lead Shot	12	7/8 oz.	Titewad	Fed. 209A	Fed. 12S3	22	10,700 PSI	1400
Lead Shot	12	7/8 oz.	Titewad	Fed. 209A	WAA12SL	19.1	6,900 PSI	1250
Lead Shot	12	7/8 oz.	Titewad	Fed. 209A	WAA12SL	20.9	8,100 PSI	1325
Lead Shot	12	7/8 oz.	Titewad	Fed. 209A	WAA12SL	22.7	9,400 PSI	1400
Lead Shot	12	7/8 oz.	Titewad	Fed. 209A	WAA12SL	24.6	10,600 PSI	1475
Lead Shot	12	7/8 oz.	Titewad	Rem. 209P	G/BP SF12	18.4	8,000 PSI	1250
Lead Shot	12	7/8 oz.	Titewad	Rem. 209P	G/BP SF12	20	9,400 PSI	1325
Lead Shot	12	7/8 oz.	Titewad	Rem. 209P	G/BP SF12	21.5	11,100 PSI	1400
Lead Shot	12	7/8 oz.	Titewad	Rem. 209P	Rem. TGT12	18.4	7,100 PSI	1250
Lead Shot	12	7/8 oz.	Titewad	Rem. 209P	Rem. TGT12	20.1	8,400 PSI	1325
Lead Shot	12	7/8 oz.	Titewad	Rem. 209P	Rem. TGT12	21.8	9,800 PSI	1400
Lead Shot	12	7/8 oz.	Titewad	Rem. 209P	Rem. TGT12	23.5	11,100 PSI	1475
Lead Shot	12	7/8 oz.	Titewad	Rem. 209P	WAA12SL	18.1	7,200 PSI	1250
Lead Shot	12	7/8 oz.	Titewad	Rem. 209P	WAA12SL	20.1	8,400 PSI	1325
Lead Shot	12	7/8 oz.	Titewad	Rem. 209P	WAA12SL	22	9,600 PSI	1400
Lead Shot	12	7/8 oz.	Titewad	Rem. 209P	WAA12SL	24	11,300 PSI	1475
Lead Shot	12	7/8 oz.	Titewad	Win. 209	G/BP SF12	18.9	7,400 PSI	1250
Lead Shot	12	7/8 oz.	Titewad	Win. 209	G/BP SF12	20.9	8,700 PSI	1325
Lead Shot	12	7/8 oz.	Titewad	Win. 209	G/BP SF12	22.8	9,900 PSI	1400
Lead Shot	12	7/8 oz.	Titewad	Win. 209	Rem. TGT12	20.6	7,800 PSI	1325
Lead Shot	12	7/8 oz.	Titewad	Win. 209	Rem. TGT12	22.5	9,100 PSI	1400
Lead Shot	12	7/8 oz.	Titewad	Win. 209	Rem. TGT12	24	11,100 PSI	1475
Lead Shot	12	7/8 oz.	Titewad	Win. 209	WAA12SL	21	7,600 PSI	1325
Lead Shot	12	7/8 oz.	Titewad	Win. 209	WAA12SL	22.9	8,900 PSI	1400
Lead Shot	12	7/8 oz.	Titewad	Win. 209	WAA12SL	24.8	10,200 PSI	1475
Lead Shot	12	7/8 oz.	Clays	CCI 209M	Fed. 12S3	18.4	7,800 PSI	1250
Lead Shot	12	7/8 oz.	Clays	CCI 209M	Fed. 12S3	20.2	9,500 PSI	1325
Lead Shot	12	7/8 oz.	Clays	CCI 209M	Fed. 12S3	21.9	11,200 PSI	1400
Lead Shot	12	7/8 oz.	Clays	CCI 209M	WAA12	18.7	7,400 PSI	1250

Shot	Gauge	Load	Powder	Primer	Wad	Charge (gr)	Pressure	Velocity
Lead Shot	12	7/8 oz.	Clays	CCI 209M	WAA12	20.3	9,100 PSI	1325
Lead Shot	12	7/8 oz.	Clays	CCI 209M	WAA12	21.8	10,700 PSI	1400
Lead Shot	12	7/8 oz.	Clays	Fed. 209A	Fed. 12S3	18.2	8,100 PSI	1250
Lead Shot	12	7/8 oz.	Clays	Fed. 209A	Fed. 12S3	19.9	9,900 PSI	1325
Lead Shot	12	7/8 oz.	Clays	Fed. 209A	WAA12SL	18.4	7,200 PSI	1250
Lead Shot	12	7/8 oz.	Clays	Fed. 209A	WAA12SL	20.2	8,800 PSI	1325
Lead Shot	12	7/8 oz.	Clays	Fed. 209A	WAA12SL	21.9	10,300 PSI	1400
Lead Shot	12	7/8 oz.	Clays	Rem. 209P	G/BP Pisk	21.5	8,600 PSI	1325
Lead Shot	12	7/8 oz.	Clays	Rem. 209P	G/BP Pisk	22.7	10,600 PSI	1400
Lead Shot	12	7/8 oz.	Clays	Rem. 209P	Rem. Fig. 8	20.9	8,100 PSI	1325
Lead Shot	12	7/8 oz.	Clays	Rem. 209P	Rem. Fig. 8	22.5	9,300 PSI	1400
Lead Shot	12	7/8 oz.	Clays	Rem. 209P	WAA12	20.3	8,200 PSI	1325
Lead Shot	12	7/8 oz.	Clays	Rem. 209P	WAA12	22	9,800 PSI	1400
Lead Shot	12	7/8 oz.	Clays	Win. 209	G/BP Pisk	22.2	8,200 PSI	1325
Lead Shot	12	7/8 oz.	Clays	Win. 209	G/BP Pisk	23.6	9,500 PSI	1400
Lead Shot	12	7/8 oz.	Clays	Win. 209	Rem. Fig. 8	21.7	7,100 PSI	1325
Lead Shot	12	7/8 oz.	Clays	Win. 209	Rem. Fig. 8	23.2	8,600 PSI	1400
Lead Shot	12	7/8 oz.	Clays	Win. 209	WAA12	21.2	7,600 PSI	1325
Lead Shot	12	7/8 oz.	Clays	Win. 209	WAA12	22.6	9,300 PSI	1400
Lead Shot	12	7/8 oz.	Clays	Win. 209	WAA12	24	11,100 PSI	1475
Lead Shot	12	7/8 oz.	Internat'l	CCI 209M	Fed. 12S3	22.4	8,000 PSI	1325
Lead Shot	12	7/8 oz.	Internat'l	CCI 209M	Fed. 12S3	24	9,300 PSI	1400
Lead Shot	12	7/8 oz.	Internat'l	CCI 209M	Fed. 12S3	25.7	10,600 PSI	1475
Lead Shot	12	7/8 oz.	Internat'l	CCI 209M	WAA12	22.7	7,400 PSI	1325
Lead Shot	12	7/8 oz.	Internat'l	CCI 209M	WAA12	24	8,800 PSI	1400
Lead Shot	12	7/8 oz.	Internat'l	CCI 209M	WAA12	25.3	10,100 PSI	1475
Lead Shot	12	7/8 oz.	Internat'l	Fed. 209A	Fed. 12S3	22	8,100 PSI	1325
Lead Shot	12	7/8 oz.	Internat'l	Fed. 209A	Fed. 12S3	23.5	9,500 PSI	1400
Lead Shot	12	7/8 oz.	Internat'l	Fed. 209A	Fed. 12S3	25	11,300 PSI	1475
Lead Shot	12	7/8 oz.	Internat'l	Fed. 209A	WAA12	21.8	8,000 PSI	1325
Lead Shot	12	7/8 oz.	Internat'l	Fed. 209A	WAA12	23.4	9,400 PSI	1400
Lead Shot	12	7/8 oz.	Internat'l	Fed. 209A	WAA12	24.9	11,000 PSI	1475
Lead Shot	12	7/8 oz.	Internat'l	Rem. 209P	Fed. 12S3	22.8	7,500 PSI	1325
Lead Shot	12	7/8 oz.	Internat'l	Rem. 209P	Fed. 12S3	24.3	8,800 PSI	1400
Lead Shot	12	7/8 oz.	Internat'l	Rem. 209P	Fed. 12S3	25.8	10,000 PSI	1475
Lead Shot	12	7/8 oz.	Internat'l	Rem. 209P	WAA12	23.2	7,100 PSI	1325
Lead Shot	12	7/8 oz.	Internat'l	Rem. 209P	WAA12	24.5	8,600 PSI	1400
Lead Shot	12	7/8 oz.	Internat'l	Rem. 209P	WAA12	25.7	10,000 PSI	1475

Lead Shot	12	7/8 oz.	Internat'l	Win. 209	WAA12	23.1	7,400 PSI	1325
Lead Shot	12	7/8 oz.	Internat'l	Win. 209	WAA12	24.6	8,100 PSI	1400
Lead Shot	12	1 oz.	Titewad	CCI 209M	Fed. 12C1	17.5	8,200 PSI	1180
Lead Shot	12	1 oz.	Titewad	CCI 209M	Fed. 12C1	18.8	9,500 PSI	1235
Lead Shot	12	1 oz.	Titewad	CCI 209M	Fed. 12C1	20.1	10,800 PSI	1290
Lead Shot	12	1 oz.	Titewad	CCI 209SC	Windjammer	17.2	6,900 PSI	1180
Lead Shot	12	1 oz.	Titewad	CCI 209SC	Windjammer	19.1	8,300 PSI	1235
Lead Shot	12	1 oz.	Titewad	CCI 209SC	Windjammer	20.1	8,900 PSI	1290
Lead Shot	12	1 oz.	Titewad	CCI 209SC	Windjammer	21.5	10,200 PSI	1345
Lead Shot	12	1 oz.	Titewad	Fed. 209A	Fed. 12C1	17.7	7,900 PSI	1180
Lead Shot	12	1 oz.	Titewad	Fed. 209A	Fed. 12C1	18.9	9,200 PSI	1235
Lead Shot	12	1 oz.	Titewad	Fed. 209A	Fed. 12C1	20.1	10,500 PSI	1290
Lead Shot	12	1 oz.	Titewad	Fed. 209A	Fed. 12S3	18.1	7,500 PSI	1180
Lead Shot	12	1 oz.	Titewad	Fed. 209A	Fed. 12S3	19.5	8,400 PSI	1235
Lead Shot	12	1 oz.	Titewad	Fed. 209A	Fed. 12S3	20.6	9,700 PSI	1290
Lead Shot	12	1 oz.	Titewad	Fed. 209A	Fed. 12S3	22	11,100 PSI	1345
Lead Shot	12	1 oz.	Titewad	Fed. 209A	G/BP SRC	16.8	9,000 PSI	1180
Lead Shot	12	1 oz.	Titewad	Fed. 209A	G/BP SRC	18.3	10,300 PSI	1235
Lead Shot	12	1 oz.	Titewad	Rem. 209P	Fed. 12C1	17.1	8,500 PSI	1180
Lead Shot	12	1 oz.	Titewad	Rem. 209P	Fed. 12C1	18.6	9,900 PSI	1235
Lead Shot	12	1 oz.	Titewad	Rem. 209P	Fed. 12C1	20.1	11,300 PSI	1290
Lead Shot	12	1 oz.	Titewad	Rem. 209P	G/BP SRC	17.8	8,300 PSI	1180
Lead Shot	12	1 oz.	Titewad	Rem. 209P	G/BP SRC	19	9,800 PSI	1235
Lead Shot	12	1 oz.	Titewad	Rem. 209P	G/BP SRC	20.3	11,400 PSI	1290
Lead Shot	12	1 oz.	Titewad	Rem. 209P	Rem. Fig. 8	17.9	7,000 PSI	1180
Lead Shot	12	1 oz.	Titewad	Rem. 209P	Rem. Fig. 8	19.2	8,000 PSI	1235
Lead Shot	12	1 oz.	Titewad	Rem. 209P	Rem. Fig. 8	20.5	9,000 PSI	1290
Lead Shot	12	1 oz.	Titewad	Rem. 209P	Rem. Fig. 8	21.9	10,300 PSI	1345
Lead Shot	12	1 oz.	Titewad	Win. 209	Fed. 12C1	17.8	7,300 PSI	1180
Lead Shot	12	1 oz.	Titewad	Win. 209	Fed. 12C1	19.1	8,800 PSI	1235
Lead Shot	12	1 oz.	Titewad	Win. 209	Fed. 12C1	20.5	10,500 PSI	1290
Lead Shot	12	1 oz.	Titewad	Win. 209	WAA12	17.4	7,200 PSI	1180
Lead Shot	12	1 oz.	Titewad	Win. 209	WAA12	18.7	8,900 PSI	1235
Lead Shot	12	1 oz.	Titewad	Win. 209	WAA12	20	9,800 PSI	1290
Lead Shot	12	1 oz.	Titewad	Win. 209	WAA12	21.3	10,900 PSI	1345
Lead Shot	12	1 oz.	Clays	CCI 209M	Fed. 12C1	18.7	7,200 PSI	1180
Lead Shot	12	1 oz.	Clays	CCI 209M	Fed. 12C1	19.8	8,500 PSI	1235
Lead Shot	12	1 oz.	Clays	CCI 209M	Fed. 12C1	20.9	9,800 PSI	1290

Shot	Gauge	Load	Powder	Primer	Wad	Charge (gr)	Pressure	Velocity
Lead Shot	12	1 oz.	Clays	CCI 209M	Purple PC	18	6,900 PSI	1180
Lead Shot	12	1 oz.	Clays	CCI 209M	Purple PC	19.5	8,100 PSI	1235
Lead Shot	12	1 oz.	Clays	CCI 209M	Purple PC	20.5	9,800 PSI	1290
Lead Shot	12	1 oz.	Clays	Fed. 209A	Fed. 12C1	18.2	7,700 PSI	1180
Lead Shot	12	1 oz.	Clays	Fed. 209A	Fed. 12C1	19.4	9,100 PSI	1235
Lead Shot	12	1 oz.	Clays	Fed. 209A	Fed. 12C1	20.6	10,500 PSI	1290
Lead Shot	12	1 oz.	Clays	Fed. 209A	Fed. 12SO	18	7,100 PSI	1180
Lead Shot	12	1 oz.	Clays	Fed. 209A	Fed. 12SO	19.5	8,700 PSI	1235
Lead Shot	12	1 oz.	Clays	Fed. 209A	Fed. 12SO	21	10,900 PSI	1290
Lead Shot	12	1 oz.	Clays	Rem. 209P	Fed. 12C1	18.8	6,800 PSI	1180
Lead Shot	12	1 oz.	Clays	Rem. 209P	Fed. 12C1	20.1	7,800 PSI	1235
Lead Shot	12	1 oz.	Clays	Rem. 209P	Fed. 12C1	21.4	9,100 PSI	1290
Lead Shot	12	1 oz.	Clays	Rem. 209P	G/BP CS12	18.9	6,700 PSI	1180
Lead Shot	12	1 oz.	Clays	Rem. 209P	G/BP CS12	20	8,200 PSI	1235
Lead Shot	12	1 oz.	Clays	Rem. 209P	G/BP CS12	21.1	9,800 PSI	1290
Lead Shot	12	1 oz.	Clays	Rem. 209P	Rem. TGT 12	18.5	6,000 PSI	1180
Lead Shot	12	1 oz.	Clays	Rem. 209P	Rem. TGT 12	20	6,400 PSI	1235
Lead Shot	12	1 oz.	Clays	Rem. 209P	Rem. TGT 12	22	7,700 PSI	1290
Lead Shot	12	1 oz.	Clays	Win. 209	Fed. 12C1	20.6	7,700 PSI	1235
Lead Shot	12	1 oz.	Clays	Win. 209	Fed. 12C1	21.7	9,300 PSI	1290
Lead Shot	12	1 oz.	Clays	Win. 209	Fed. 12C1	22.7	10,800 PSI	1345
Lead Shot	12	1 oz.	Clays	Win. 209	G/BP CS12	18.6	6,900 PSI	1180
Lead Shot	12	1 oz.	Clays	Win. 209	G/BP CS12	19.9	8,300 PSI	1235
Lead Shot	12	1 oz.	Clays	Win. 209	G/BP CS12	21.3	9,800 PSI	1290
Lead Shot	12	1 oz.	Clays	Win. 209	WAA12SL	17.5	6,400 PSI	1180
Lead Shot	12	1 oz.	Clays	Win. 209	WAA12SL	19	8,300 PSI	1235
Lead Shot	12	1 oz.	Clays	Win. 209	WAA12SL	21	10,800 PSI	1290
Lead Shot	12	1 oz.	Clays	Win. 209	Windjammer	18	5,800 PSI	1180
Lead Shot	12	1 oz.	Clays	Win. 209	Windjammer	19.5	7,300 PSI	1235
Lead Shot	12	1 oz.	Clays	Win. 209	Windjammer	20.5	8,800 PSI	1290
Lead Shot	12	1 oz.	Internat'l	CCI 209M	Fed. 12C1	21.6	7,200 PSI	1235
Lead Shot	12	1 oz.	Internat'l	CCI 209M	Fed. 12C1	22.8	8,500 PSI	1290
Lead Shot	12	1 oz.	Internat'l	CCI 209M	Fed. 12C1	24	9,700 PSI	1345
Lead Shot	12	1 oz.	Internat'l	Fed. 209A	Fed. 12C1	20.7	8,100 PSI	1235
Lead Shot	12	1 oz.	Internat'l	Fed. 209A	Fed. 12C1	22	9,400 PSI	1290
Lead Shot	12	1 oz.	Internat'l	Fed. 209A	Fed. 12C1	23.2	10,600 PSI	1345
Lead Shot	12	1 oz.	Internat'l	Rem. 209P	Fed. 12C1	23.2	7,900 PSI	1290
Lead Shot	12	1 oz.	Internat'l	Rem. 209P	Fed. 12C1	24.2	9,300 PSI	1345

Lead Shot	12	1 oz.	Internat'l	Win. 209	Fed. 12C1	23.2	7,700 PSI	1290
Lead Shot	12	1 oz.	Internat'l	Win. 209	Fed. 12C1	24.4	9,100 PSI	1345
Lead Shot	12	1 1/8 oz.	Titewad	CCI 209M	Fed. 12C1	16.3	8,600 PSI	1090
Lead Shot	12	1 1/8 oz.	Titewad	CCI 209M	Fed. 12C1	17.5	9,800 PSI	1145
Lead Shot	12	1 1/8 oz.	Titewad	CCI 209M	Fed. 12C1	18.6	10,900 PSI	1200
Lead Shot	12	1 1/8 oz.	Titewad	CCI 209M	Rem. Fig. 8	15.9	8,000 PSI	1090
Lead Shot	12	1 1/8 oz.	Titewad	CCI 209M	Rem. Fig. 8	17.2	9,100 PSI	1145
Lead Shot	12	1 1/8 oz.	Titewad	CCI 209M	Rem. Fig. 8	18.6	10,300 PSI	1200
Lead Shot	12	1 1/8 oz.	Titewad	CCI 209M	WAA12	16	8,400 PSI	1090
Lead Shot	12	1 1/8 oz.	Titewad	CCI 209M	WAA12	17.1	9,500 PSI	1145
Lead Shot	12	1 1/8 oz.	Titewad	CCI 209M	WAA12	18.2	10,600 PSI	1200
Lead Shot	12	1 1/8 oz.	Titewad	CCI 209SC	WAA12F114	15.3	9,600 PSI	1090
Lead Shot	12	1 1/8 oz.	Titewad	CCI 209SC	WAA12F114	16.6	10,500 PSI	1145
Lead Shot	12	1 1/8 oz.	Titewad	CCI 209SC	WAA12F114	17.5	10,800 PSI	1200
Lead Shot	12	1 1/8 oz.	Titewad	Ched. 209	Fed. 12S3	15.9	8,300 PSI	1090
Lead Shot	12	1 1/8 oz.	Titewad	Ched. 209	Fed. 12S3	17.2	9,700 PSI	1145
Lead Shot	12	1 1/8 oz.	Titewad	Ched. 209	Fed. 12S3	18.6	11,300 PSI	1200
Lead Shot	12	1 1/8 oz.	Titewad	Ched. 209	Rem. Fig. 8	16.2	8,300 PSI	1090
Lead Shot	12	1 1/8 oz.	Titewad	Ched. 209	Rem. Fig. 8	17.5	9,600 PSI	1145
Lead Shot	12	1 1/8 oz.	Titewad	Ched. 209	Rem. Fig. 8	18.8	10,800 PSI	1200
Lead Shot	12	1 1/8 oz.	Titewad	Ched. 209	Windjammer	15.9	8,000 PSI	1090
Lead Shot	12	1 1/8 oz.	Titewad	Ched. 209	Windjammer	17.4	9,400 PSI	1145
Lead Shot	12	1 1/8 oz.	Titewad	Ched. 209	Windjammer	18.9	10,800 PSI	1200
Lead Shot	12	1 1/8 oz.	Titewad	Fed. 209A	Fed. 12C1	16.6	7,700 PSI	1090
Lead Shot	12	1 1/8 oz.	Titewad	Fed. 209A	Fed. 12C1	17.9	8,800 PSI	1145
Lead Shot	12	1 1/8 oz.	Titewad	Fed. 209A	Fed. 12C1	19.3	10,100 PSI	1200
Lead Shot	12	1 1/8 oz.	Titewad	Fed. 209A	Fed. 12S4	16.2	9,000 PSI	1090
Lead Shot	12	1 1/8 oz.	Titewad	Fed. 209A	Fed. 12S4	17.2	9,600 PSI	1145
Lead Shot	12	1 1/8 oz.	Titewad	Fed. 209A	Fed. 12S4	18.4	10,800 PSI	1200
Lead Shot	12	1 1/8 oz.	Titewad	Fed. 209A	Rem. Fig. 8	16.5	7,700 PSI	1090
Lead Shot	12	1 1/8 oz.	Titewad	Fed. 209A	Rem. Fig. 8	17.8	8,800 PSI	1145
Lead Shot	12	1 1/8 oz.	Titewad	Fed. 209A	Rem. Fig. 8	19	9,800 PSI	1200
Lead Shot	12	1 1/8 oz.	Titewad	Fed. 209A	Rem. Fig. 8	20.5	11,300 PSI	1255
Lead Shot	12	1 1/8 oz.	Titewad	Fed. 209A	WAA12	16.5	7,800 PSI	1090
Lead Shot	12	1 1/8 oz.	Titewad	Fed. 209A	WAA12	17.6	8,900 PSI	1145
Lead Shot	12	1 1/8 oz.	Titewad	Fed. 209A	WAA12	18.9	10,000 PSI	1200
Lead Shot	12	1 1/8 oz.	Titewad	Fio. 616	Hor. Versalite	16	8,000 PSI	1090
Lead Shot	12	1 1/8 oz.	Titewad	Fio. 616	Hor. Versalite	17	9,100 PSI	1145

Lead Shot	12	1 1/8 oz.	Titewad	Fio. 616	Hor. Versalite	18.4	10,500 PSI	1200
Lead Shot	12	1 1/8 oz.	Titewad	Rem. 209P	G/BP Z21	16.6	9,000 PSI	1090
Lead Shot	12	1 1/8 oz.	Titewad	Rem. 209P	G/BP Z21	17.4	9,900 PSI	1145
Lead Shot	12	1 1/8 oz.	Titewad	Rem. 209P	WAA12	16.4	7,600 PSI	1090
Lead Shot	12	1 1/8 oz.	Titewad	Rem. 209P	WAA12	17.7	8,800 PSI	1145
Lead Shot	12	1 1/8 oz.	Titewad	Rem. 209P	WAA12	19	10,000 PSI	1200
Lead Shot	12	1 1/8 oz.	Titewad	Rem. 209P	Windjammer	16.6	7,600 PSI	1090
Lead Shot	12	1 1/8 oz.	Titewad	Rem. 209P	Windjammer	18	8,700 PSI	1145
Lead Shot	12	1 1/8 oz.	Titewad	Rem. 209P	Windjammer	19.3	9,700 PSI	1200
Lead Shot	12	1 1/8 oz.	Titewad	Win. 209	Fed. 12C1	16.8	7,600 PSI	1090
Lead Shot	12	1 1/8 oz.	Titewad	Win. 209	Fed. 12C1	18	8,500 PSI	1145
Lead Shot	12	1 1/8 oz.	Titewad	Win. 209	Fed. 12C1	19.3	9,600 PSI	1200
Lead Shot	12	1 1/8 oz.	Titewad	Win. 209	G/BP Z21	16.2	8,100 PSI	1090
Lead Shot	12	1 1/8 oz.	Titewad	Win. 209	G/BP Z21	17.5	9,400 PSI	1145
Lead Shot	12	1 1/8 oz.	Titewad	Win. 209	G/BP Z21	18.8	10,700 PSI	1200
Lead Shot	12	1 1/8 oz.	Titewad	Win. 209	Red PC	16.4	7,800 PSI	1090
Lead Shot	12	1 1/8 oz.	Titewad	Win. 209	Red PC	17.9	8,900 PSI	1145
Lead Shot	12	1 1/8 oz.	Titewad	Win. 209	Red PC	19.4	9,900 PSI	1200
Lead Shot	12	1 1/8 oz.	Titewad	Win. 209	Red PC	21	11,300 PSI	1255
Lead Shot	12	1 1/8 oz.	Titewad	Win. 209	Rem. Fig. 8	16.3	7,200 PSI	1090
Lead Shot	12	1 1/8 oz.	Titewad	Win. 209	Rem. Fig. 8	17.7	8,200 PSI	1145
Lead Shot	12	1 1/8 oz.	Titewad	Win. 209	Rem. Fig. 8	19.2	9,300 PSI	1200
Lead Shot	12	1 1/8 oz.	Titewad	Win. 209	WAA12	16.4	7,500 PSI	1090
Lead Shot	12	1 1/8 oz.	Titewad	Win. 209	WAA12	17.4	8,400 PSI	1145
Lead Shot	12	1 1/8 oz.	Titewad	Win. 209	WAA12	18.8	10,000 PSI	1200
Lead Shot	12	1 1/8 oz.	Clays	CCI 209M	Fed. 12C1	17.6	7,500 PSI	1090
Lead Shot	12	1 1/8 oz.	Clays	CCI 209M	Fed. 12C1	18.5	8,700 PSI	1145
Lead Shot	12	1 1/8 oz.	Clays	CCI 209M	Fed. 12C1	19.4	9,900 PSI	1200
Lead Shot	12	1 1/8 oz.	Clays	CCI 209M	Rem. Fig. 8	17.4	6,900 PSI	1090
Lead Shot	12	1 1/8 oz.	Clays	CCI 209M	Rem. Fig. 8	18.3	7,800 PSI	1145
Lead Shot	12	1 1/8 oz.	Clays	CCI 209M	Rem. Fig. 8	19.2	8,700 PSI	1200
Lead Shot	12	1 1/8 oz.	Clays	CCI 209M	WAA12	17.5	7,700 PSI	1090
Lead Shot	12	1 1/8 oz.	Clays	CCI 209M	WAA12	18.1	8,300 PSI	1145
Lead Shot	12	1 1/8 oz.	Clays	CCI 209M	WAA12	19.5	10,400 PSI	1200
Lead Shot	12	1 1/8 oz.	Clays	CCI 209M	Windjammer	18.5	7,600 PSI	1145
Lead Shot	12	1 1/8 oz.	Clays	CCI 209M	Windjammer	19.4	8,700 PSI	1200
Lead Shot	12	1 1/8 oz.	Clays	Ched. 209	Rem. Fig. 8	16.8	5,800 PSI	1090
Lead Shot	12	1 1/8 oz.	Clays	Ched. 209	Rem. Fig. 8	18.4	8,100 PSI	1145

Lead Shot	12	1 1/8 oz.	Clays	Ched. 209	Rem. Fig. 8	19.8	10,300 PSI	1200
Lead Shot	12	1 1/8 oz.	Clays	Ched. 209	Windjammer	17.5	6,000 PSI	1090
Lead Shot	12	1 1/8 oz.	Clays	Ched. 209	Windjammer	18.7	7,800 PSI	1145
Lead Shot	12	1 1/8 oz.	Clays	Ched. 209	Windjammer	20	9,800 PSI	1200
Lead Shot	12	1 1/8 oz.	Clays	Fed. 209A	Fed. 12C1	17.3	7,500 PSI	1090
Lead Shot	12	1 1/8 oz.	Clays	Fed. 209A	Fed. 12C1	18.3	8,600 PSI	1145
Lead Shot	12	1 1/8 oz.	Clays	Fed. 209A	Fed. 12C1	19.3	9,700 PSI	1200
Lead Shot	12	1 1/8 oz.	Clays	Fed. 209A	Fed. 12S3	17	7,400 PSI	1090
Lead Shot	12	1 1/8 oz.	Clays	Fed. 209A	Fed. 12S3	18	8,700 PSI	1145
Lead Shot	12	1 1/8 oz.	Clays	Fed. 209A	Fed. 12S3	19.5	10,500 PSI	1200
Lead Shot	12	1 1/8 oz.	Clays	Fed. 209A	G/BP Z21	16.5	8,500 PSI	1090
Lead Shot	12	1 1/8 oz.	Clays	Fed. 209A	G/BP Z21	17.5	9,600 PSI	1145
Lead Shot	12	1 1/8 oz.	Clays	Fed. 209A	Rem. Fig. 8	17.4	7,200 PSI	1090
Lead Shot	12	1 1/8 oz.	Clays	Fed. 209A	Rem. Fig. 8	18.4	8,300 PSI	1145
Lead Shot	12	1 1/8 oz.	Clays	Fed. 209A	Rem. Fig. 8	19.4	9,300 PSI	1200
Lead Shot	12	1 1/8 oz.	Clays	Fed. 209A	WAA12	16.7	7,300 PSI	1090
Lead Shot	12	1 1/8 oz.	Clays	Fed. 209A	WAA12	17.9	8,700 PSI	1145
Lead Shot	12	1 1/8 oz.	Clays	Fed. 209A	WAA12	19.2	10,100 PSI	1200
Lead Shot	12	1 1/8 oz.	Clays	Fed. 209A	Windjammer	17.3	7,000 PSI	1090
Lead Shot	12	1 1/8 oz.	Clays	Fed. 209A	Windjammer	18.4	8,100 PSI	1145
Lead Shot	12	1 1/8 oz.	Clays	Fed. 209A	Windjammer	19.6	9,300 PSI	1200
Lead Shot	12	1 1/8 oz.	Clays	Fio. 616	Hor. Versalite	16.8	7,500 PSI	1090
Lead Shot	12	1 1/8 oz.	Clays	Fio. 616	Hor. Versalite	17.5	8,600 PSI	1145
Lead Shot	12	1 1/8 oz.	Clays	Fio. 616	Hor. Versalite	19	10,300 PSI	1200
Lead Shot	12	1 1/8 oz.	Clays	Rem. 209P	Fed. 12C1	19.3	7,300 PSI	1145
Lead Shot	12	1 1/8 oz.	Clays	Rem. 209P	Fed. 12C1	20	8,800 PSI	1200
Lead Shot	12	1 1/8 oz.	Clays	Rem. 209P	G/BP Z21	17.6	7,800 PSI	1090
Lead Shot	12	1 1/8 oz.	Clays	Rem. 209P	G/BP Z21	18.4	8,900 PSI	1145
Lead Shot	12	1 1/8 oz.	Clays	Rem. 209P	G/BP Z21	19.5	10,300 PSI	1200
Lead Shot	12	1 1/8 oz.	Clays	Rem. 209P	Rem. Fig. 8	18	5,900 PSI	1090
Lead Shot	12	1 1/8 oz.	Clays	Rem. 209P	Rem. Fig. 8	18.5	7,000 PSI	1145
Lead Shot	12	1 1/8 oz.	Clays	Rem. 209P	Rem. Fig. 8	19.5	9,200 PSI	1200
Lead Shot	12	1 1/8 oz.	Clays	Rem. 209P	WAA12	18.4	7,700 PSI	1145
Lead Shot	12	1 1/8 oz.	Clays	Rem. 209P	WAA12	19.5	9,100 PSI	1200
Lead Shot	12	1 1/8 oz.	Clays	Rem. 209P	Windjammer	19.4	7,200 PSI	1145
Lead Shot	12	1 1/8 oz.	Clays	Rem. 209P	Windjammer	20	8,600 PSI	1200
Lead Shot	12	1 1/8 oz.	Clays	Win. 209	Fed. 12C1	19.3	7,600 PSI	1145
Lead Shot	12	1 1/8 oz.	Clays	Win. 209	Fed. 12C1	20	8,300 PSI	1200

Lead Shot	12	1 1/8 oz.	Clays	Win. 209	WAA12	17	7,600 PSI	1090
Lead Shot	12	1 1/8 oz.	Clays	Win. 209	WAA12	18	8,800 PSI	1145
Lead Shot	12	1 1/8 oz.	Clays	Win. 209	WAA12	19	10,900 PSI	1200
Lead Shot	12	1 1/8 oz.	Clays	Win. 209	Windjammer	19.3	7,000 PSI	1145
Lead Shot	12	1 1/8 oz.	Clays	Win. 209	Windjammer	20	8,000 PSI	1200
Lead Shot	12	1 1/8 oz.	Internat'l	CCI 209M	Fed. 12C1	19.5	7,600 PSI	1145
Lead Shot	12	1 1/8 oz.	Internat'l	CCI 209M	Fed. 12C1	20.8	8,700 PSI	1200
Lead Shot	12	1 1/8 oz.	Internat'l	CCI 209M	Fed. 12C1	22.2	9,900 PSI	1255
Lead Shot	12	1 1/8 oz.	Internat'l	CCI 209M	Fed. 12C1	23.5	11,400 PSI	1310
Lead Shot	12	1 1/8 oz.	Internat'l	CCI 209M	Red PC	21.2	7,000 LUP	1145
Lead Shot	12	1 1/8 oz.	Internat'l	CCI 209M	Red PC	21.9	7,500 LUP	1200
Lead Shot	12	1 1/8 oz.	Internat'l	CCI 209M	Red PC	22.8	8,800 LUP	1255
Lead Shot	12	1 1/8 oz.	Internat'l	CCI 209M	WAA12	19.4	7,400 PSI	1145
Lead Shot	12	1 1/8 oz.	Internat'l	CCI 209M	WAA12	20.8	8,600 PSI	1200
Lead Shot	12	1 1/8 oz.	Internat'l	CCI 209M	WAA12	22.2	9,800 PSI	1255
Lead Shot	12	1 1/8 oz.	Internat'l	CCI 209M	WAA12	23.5	11,300 PSI	1310
Lead Shot	12	1 1/8 oz.	Internat'l	CCI 209M	Windjammer	20.1	7,100 PSI	1145
Lead Shot	12	1 1/8 oz.	Internat'l	CCI 209M	Windjammer	21.2	8,200 PSI	1200
Lead Shot	12	1 1/8 oz.	Internat'l	CCI 209M	Windjammer	22.3	9,200 PSI	1255
Lead Shot	12	1 1/8 oz.	Internat'l	CCI 209M	Windjammer	23.5	10,500 PSI	1310
Lead Shot	12	1 1/8 oz.	Internat'l	Ched. 209	Fed. 12C1	18.1	6,900 PSI	1090
Lead Shot	12	1 1/8 oz.	Internat'l	Ched. 209	Fed. 12C1	19.3	8,200 PSI	1145
Lead Shot	12	1 1/8 oz.	Internat'l	Ched. 209	Fed. 12C1	20.5	9,500 PSI	1200
Lead Shot	12	1 1/8 oz.	Internat'l	Ched. 209	Fed. 12C1	21.6	10,700 PSI	1255
Lead Shot	12	1 1/8 oz.	Internat'l	Ched. 209	Rem. Fig. 8	17.9	6,900 PSI	1090
Lead Shot	12	1 1/8 oz.	Internat'l	Ched. 209	Rem. Fig. 8	19.1	8,000 PSI	1145
Lead Shot	12	1 1/8 oz.	Internat'l	Ched. 209	Rem. Fig. 8	20.4	9,200 PSI	1200
Lead Shot	12	1 1/8 oz.	Internat'l	Ched. 209	Rem. Fig. 8	21.7	10,400 PSI	1255
Lead Shot	12	1 1/8 oz.	Internat'l	Ched. 209	Windjammer	18.5	6,700 PSI	1090
Lead Shot	12	1 1/8 oz.	Internat'l	Ched. 209	Windjammer	19.7	7,800 PSI	1145
Lead Shot	12	1 1/8 oz.	Internat'l	Ched. 209	Windjammer	20.9	8,800 PSI	1200
Lead Shot	12	1 1/8 oz.	Internat'l	Ched. 209	Windjammer	22.1	9,900 PSI	1255
Lead Shot	12	1 1/8 oz.	Internat'l	Fed. 209A	Fed. 12C1	19.6	7,800 PSI	1145
Lead Shot	12	1 1/8 oz.	Internat'l	Fed. 209A	Fed. 12C1	20.9	9,000 PSI	1200
Lead Shot	12	1 1/8 oz.	Internat'l	Fed. 209A	Fed. 12C1	22.1	10,200 PSI	1255
Lead Shot	12	1 1/8 oz.	Internat'l	Fed. 209A	Fed. 12S4	18.8	7,000 PSI	1090
Lead Shot	12	1 1/8 oz.	Internat'l	Fed. 209A	Fed. 12S4	19.5	7,500 PSI	1145
Lead Shot	12	1 1/8 oz.	Internat'l	Fed. 209A	Fed. 12S4	21	10,000 PSI	1200

Lead Shot	12	1 1/8 oz.	Internat'l	Fed. 209A	Fed. 12S4	22	11,200 PSI	1255
Lead Shot	12	1 1/8 oz.	Internat'l	Fed. 209A	Rem. Fig. 8	19.6	7,200 PSI	1145
Lead Shot	12	1 1/8 oz.	Internat'l	Fed. 209A	Rem. Fig. 8	21	8,300 PSI	1200
Lead Shot	12	1 1/8 oz.	Internat'l	Fed. 209A	Rem. Fig. 8	22.3	9,400 PSI	1255
Lead Shot	12	1 1/8 oz.	Internat'l	Fed. 209A	Rem. Fig. 8	23.5	11,100 PSI	1310
Lead Shot	12	1 1/8 oz.	Internat'l	Fed. 209A	WAA12	18.7	7,000 PSI	1145
Lead Shot	12	1 1/8 oz.	Internat'l	Fed. 209A	WAA12	20.3	8,500 PSI	1200
Lead Shot	12	1 1/8 oz.	Internat'l	Fed. 209A	WAA12	22	10,100 PSI	1255
Lead Shot	12	1 1/8 oz.	Internat'l	Fed. 209A	Windjammer	19.9	7,000 PSI	1145
Lead Shot	12	1 1/8 oz.	Internat'l	Fed. 209A	Windjammer	21.1	8,100 PSI	1200
Lead Shot	12	1 1/8 oz.	Internat'l	Fed. 209A	Windjammer	22.3	9,000 PSI	1255
Lead Shot	12	1 1/8 oz.	Internat'l	Fed. 209A	Windjammer	23.5	11,200 PSI	1310
Lead Shot	12	1 1/8 oz.	Internat'l	Fio. 616	Fio. TL1	19.9	6,800 LUP	1090
Lead Shot	12	1 1/8 oz.	Internat'l	Fio. 616	Fio. TL1	20.6	7,300 LUP	1145
Lead Shot	12	1 1/8 oz.	Internat'l	Fio. 616	Fio. TL1	22.5	7,900 LUP	1200
Lead Shot	12	1 1/8 oz.	Internat'l	Fio. 616	Fio. TL1	23.7	9,200 LUP	1255
Lead Shot	12	1 1/8 oz.	Internat'l	Rem. 209P	Fed. 12C1	21.8	7,800 PSI	1200
Lead Shot	12	1 1/8 oz.	Internat'l	Rem. 209P	Fed. 12C1	22.9	9,000 PSI	1255
Lead Shot	12	1 1/8 oz.	Internat'l	Rem. 209P	Rem. Fig. 8	21	7,000 PSI	1145
Lead Shot	12	1 1/8 oz.	Internat'l	Rem. 209P	Rem. Fig. 8	22	7,600 PSI	1200
Lead Shot	12	1 1/8 oz.	Internat'l	Rem. 209P	Rem. Fig. 8	22.9	8,500 PSI	1255
Lead Shot	12	1 1/8 oz.	Internat'l	Rem. 209P	WAA12	21.3	7,900 PSI	1200
Lead Shot	12	1 1/8 oz.	Internat'l	Rem. 209P	WAA12	22.6	9,500 PSI	1255
Lead Shot	12	1 1/8 oz.	Internat'l	Rem. 209P	WAA12	23.5	10,900 PSI	1310
Lead Shot	12	1 1/8 oz.	Internat'l	Rem. 209P	Windjammer	21.9	7,500 PSI	1200
Lead Shot	12	1 1/8 oz.	Internat'l	Rem. 209P	Windjammer	23.1	8,800 PSI	1255
Lead Shot	12	1 1/8 oz.	Internat'l	Win. 209	Fed. 12C1	21.9	7,600 PSI	1200
Lead Shot	12	1 1/8 oz.	Internat'l	Win. 209	Fed. 12C1	23.1	8,800 PSI	1255
Lead Shot	12	1 1/8 oz.	Internat'l	Win. 209	G/BP Z21	20.2	6,900 PSI	1145
Lead Shot	12	1 1/8 oz.	Internat'l	Win. 209	G/BP Z21	21.5	8,100 PSI	1200
Lead Shot	12	1 1/8 oz.	Internat'l	Win. 209	G/BP Z21	22.9	9,400 PSI	1255
Lead Shot	12	1 1/8 oz.	Internat'l	Win. 209	Rem. Fig. 8	22	7,200 PSI	1200
Lead Shot	12	1 1/8 oz.	Internat'l	Win. 209	Rem. Fig. 8	23.5	8,500 PSI	1255
Lead Shot	12	1 1/8 oz.	Internat'l	Win. 209	WAA12	20	6,400 LUP	1090
Lead Shot	12	1 1/8 oz.	Internat'l	Win. 209	WAA12	20.6	7,000 LUP	1145
Lead Shot	12	1 1/8 oz.	Internat'l	Win. 209	WAA12	21.6	7,500 LUP	1200
Lead Shot	12	1 1/8 oz.	Internat'l	Win. 209	WAA12	23.2	8,600 LUP	1255
Lead Shot	12	1 1/8 oz.	Internat'l	Win. 209	Windjammer	22.5	7,000 PSI	1200

Lead Shot	12	1 1/8 oz.	Internat'l	Win. 209	Windjammer	23.5	7,900 PSI	1255
Lead Shot	12	1 1/8 oz.	Longshot	CCI 209M	Fed. 12C1	33.7	8,500 PSI	1420
Lead Shot	12	1 1/8 oz.	Longshot	CCI 209M	Fed. 12C1	35.1	9,500 PSI	1475
Lead Shot	12	1 1/8 oz.	Longshot	CCI 209M	Fed. 12C1	36.4	10,500 PSI	1530
Lead Shot	12	1 1/8 oz.	Longshot	CCI 209M	Rem. R12H	33.8	8,000 PSI	1420
Lead Shot	12	1 1/8 oz.	Longshot	CCI 209M	Rem. R12H	35.1	8,900 PSI	1475
Lead Shot	12	1 1/8 oz.	Longshot	CCI 209M	Rem. R12H	36.4	9,900 PSI	1530
Lead Shot	12	1 1/8 oz.	Longshot	CCI 209M	WAA12F114	31.3	8,100 PSI	1365
Lead Shot	12	1 1/8 oz.	Longshot	CCI 209M	WAA12F114	32.6	9,100 PSI	1420
Lead Shot	12	1 1/8 oz.	Longshot	CCI 209M	WAA12F114	33.8	10,000 PSI	1475
Lead Shot	12	1 1/8 oz.	Longshot	CCI 209M	WAA12F114	35	10,900 PSI	1530
Lead Shot	12	1 1/8 oz.	Longshot	Fed. 209A	Fed. 12C1	33.1	8,500 PSI	1420
Lead Shot	12	1 1/8 oz.	Longshot	Fed. 209A	Fed. 12C1	34	9,800 PSI	1475
Lead Shot	12	1 1/8 oz.	Longshot	Fed. 209A	Fed. 12C1	34.9	11,200 PSI	1530
Lead Shot	12	1 1/8 oz.	Longshot	Fed. 209A	G/BP Z21	30.6	8,100 PSI	1365
Lead Shot	12	1 1/8 oz.	Longshot	Fed. 209A	G/BP Z21	31.4	9,400 PSI	1420
Lead Shot	12	1 1/8 oz.	Longshot	Fed. 209A	G/BP Z21	32.2	10,600 PSI	1475
Lead Shot	12	1 1/8 oz.	Longshot	Fed. 209A	Rem. R12H	33.7	8,000 PSI	1420
Lead Shot	12	1 1/8 oz.	Longshot	Fed. 209A	Rem. R12H	34.7	9,300 PSI	1475
Lead Shot	12	1 1/8 oz.	Longshot	Fed. 209A	Rem. R12H	35.6	10,800 PSI	1530
Lead Shot	12	1 1/8 oz.	Longshot	Fed. 209A	WAA12F114	32	8,000 PSI	1365
Lead Shot	12	1 1/8 oz.	Longshot	Fed. 209A	WAA12F114	32.8	8,900 PSI	1420
Lead Shot	12	1 1/8 oz.	Longshot	Fed. 209A	WAA12F114	33.6	10,100 PSI	1475
Lead Shot	12	1 1/8 oz.	Longshot	Rem. 209P	Fed. 12C1	33.6	8,500 PSI	1420
Lead Shot	12	1 1/8 oz.	Longshot	Rem. 209P	Fed. 12C1	34.6	9,500 PSI	1475
Lead Shot	12	1 1/8 oz.	Longshot	Rem. 209P	Fed. 12C1	35.5	10,300 PSI	1530
Lead Shot	12	1 1/8 oz.	Longshot	Rem. 209P	Rem. R12H	34.4	7,900 PSI	1420
Lead Shot	12	1 1/8 oz.	Longshot	Rem. 209P	Rem. R12H	35.4	9,000 PSI	1475
Lead Shot	12	1 1/8 oz.	Longshot	Rem. 209P	Rem. R12H	36.3	10,000 PSI	1530
Lead Shot	12	1 1/8 oz.	Longshot	Rem. 209P	WAA12F114	32.4	9,100 PSI	1420
Lead Shot	12	1 1/8 oz.	Longshot	Rem. 209P	WAA12F114	34.1	10,000 PSI	1475
Lead Shot	12	1 1/8 oz.	Longshot	Rem. 209P	WAA12F114	35.7	10,900 PSI	1530
Lead Shot	12	1 1/8 oz.	Longshot	Win. 209	WAA12F114	35.7	8,700 PSI	1475
Lead Shot	12	1 1/8 oz.	Longshot	Win. 209	WAA12F114	36.5	10,100 PSI	1530
Lead Shot	12	1 1/4 oz.	Universal	CCI 209M	Fed. 12S4	25.1	9,600 PSI	1220
Lead Shot	12	1 1/4 oz.	Universal	CCI 209M	Fed. 12S4	25.7	11,000 PSI	1275
Lead Shot	12	1 1/4 oz.	Universal	CCI 209M	Rem. SP12	26	8,700 PSI	1220
Lead Shot	12	1 1/4 oz.	Universal	CCI 209M	Rem. SP12	26.6	9,900 PSI	1275

Lead Shot	12	1 1/4 oz.	Universal	CCI 209M	Rem. SP12	27.1	10,800 PSI	1330
Lead Shot	12	1 1/4 oz.	Universal	Fed. 209A	Fed. 12S4	23.9	10,000 PSI	1220
Lead Shot	12	1 1/4 oz.	Universal	Fed. 209A	Fed. 12S4	24.9	11,400 PSI	1275
Lead Shot	12	1 1/4 oz.	Universal	Fed. 209A	Rem. SP12	24.9	9,200 PSI	1220
Lead Shot	12	1 1/4 oz.	Universal	Fed. 209A	Rem. SP12	25.8	10,400 PSI	1275
Lead Shot	12	1 1/4 oz	Universal	Rem. 209P	Fed. 12S4	25.3	9,400 PSI	1220
Lead Shot	12	1 1/4 oz.	Universal	Rem. 209P	Fed. 12S4	26.1	10,700 PSI	1275
Lead Shot	12	1 1/4 oz.	Universal	Rem. 209P	Rem. SP12	25.6	8,700 PSI	1220
Lead Shot	12	1 1/4 oz.	Universal	Rem. 209P	Rem. SP12	26.5	9,700 PSI	1275
Lead Shot	12	1 1/4 oz.	Universal	Rem. 209P	Rem. SP12	27.3	10,500 PSI	1330
Lead Shot	12	1 1/4 oz.	Universal	Win. 209	Fed. 12S4	26	9,400 PSI	1220
Lead Shot	12	1 1/4 oz.	Universal	Win. 209	Fed. 12S4	26.4	10,400 PSI	1275
Lead Shot	12	1 1/4 oz.	Universal	Win. 209	Rem. SP12	26.5	8,300 PSI	1220
Lead Shot	12	1 1/4 oz.	Universal	Win. 209	Rem. SP12	27.1	9,300 PSI	1275
Lead Shot	12	1 1/4 oz.	Longshot	CCI 209M	Fed. 12S4	30.1	9,200 PSI	1330
Lead Shot	12	1 1/4 oz.	Longshot	CCI 209M	Fed. 12S4	31.2	10,700 PSI	1385
Lead Shot	12	1 1/4 oz.	Longshot	CCI 209M	Rem. SP12	30.6	7,800 PSI	1330
Lead Shot	12	1 1/4 oz.	Longshot	CCI 209M	Rem. SP12	31.9	8,900 PSI	1385
Lead Shot	12	1 1/4 oz.	Longshot	CCI 209M	Rem. SP12	33.2	9,900 PSI	1440
Lead Shot	12	1 1/4 oz.	Longshot	CCI 209M	WAA12F114	29.5	8,800 PSI	1330
Lead Shot	12	1 1/4 oz.	Longshot	CCI 209M	WAA12F114	32.2	10,200 PSI	1385
Lead Shot	12	1 1/4 oz.	Longshot	CCI 209M	WAA12F114	32.9	10,900 PSI	1440
Lead Shot	12	1 1/4 oz.	Longshot	Fed. 209A	Fed. 12S4	30.1	9,200 PSI	1330
Lead Shot	12	1 1/4 oz.	Longshot	Fed. 209A	Fed. 12S4	30.8	10,600 PSI	1385
Lead Shot	12	1 1/4 oz.	Longshot	Fed. 209A	Rem. SP12	30.8	8,500 PSI	1330
Lead Shot	12	1 1/4 oz.	Longshot	Fed. 209A	Rem. SP12	31.6	9,200 PSI	1385
Lead Shot	12	1 1/4 oz.	Longshot	Fed. 209A	Rem. SP12	32.5	10,000 PSI	1440
Lead Shot	12	1 1/4 oz.	Longshot	Fed. 209A	WAA12F114	29.6	8,900 PSI	1330
Lead Shot	12	1 1/4 oz.	Longshot	Fed. 209A	WAA12F114	31.2	9,900 PSI	1385
Lead Shot	12	1 1/4 oz.	Longshot	Fed. 209A	WAA12F114	32.8	10,800 PSI	1440
Lead Shot	12	1 1/4 oz.	Longshot	Rem. 209P	Fed. 12S4	29.7	9,100 PSI	1330
Lead Shot	12	1 1/4 oz.	Longshot	Rem. 209P	Fed. 12S4	30.8	10,200 PSI	1385
Lead Shot	12	1 1/4 oz.	Longshot	Rem. 209P	Rem. SP12	30.2	8,300 PSI	1330
Lead Shot	12	1 1/4 oz.	Longshot	Rem. 209P	Rem. SP12	31.4	9,100 PSI	1385
Lead Shot	12	1 1/4 oz.	Longshot	Rem. 209P	Rem. SP12	32.6	10,000 PSI	1440
Lead Shot	12	1 1/4 oz.	Longshot	Rem. 209P	Rem. SP12	33.8	10,800 PSI	1495
Lead Shot	12	1 1/4 oz.	Longshot	Rem. 209P	WAA12F114	30.3	8,800 PSI	1330
Lead Shot	12	1 1/4 oz.	Longshot	Rem. 209P	WAA12F114	31.4	9,800 PSI	1385

Lead Shot	12	1 1/4 oz.	Longshot	Rem. 209P	WAA12F114	32.5	10,900 PSI	1440
Lead Shot	12	1 1/4 oz.	Longshot	Win. 209	Fed. 12S4	31.7	8,300 PSI	1330
Lead Shot	12	1 1/4 oz.	Longshot	Win. 209	Fed. 12S4	32.5	9,300 PSI	1385
Lead Shot	12	1 1/4 oz.	Longshot	Win. 209	Fed. 12S4	33.4	10,400 PSI	1440
Lead Shot	12	1 1/4 oz.	Longshot	Win. 209	WAA12F114	32.2	7,600 PSI	1330
Lead Shot	12	1 1/4 oz.	Longshot	Win. 209	WAA12F114	33.3	8,700 PSI	1385
Lead Shot	12	1 1/4 oz.	Longshot	Win. 209	WAA12F114	34.4	9,700 PSI	1440
Lead Shot	12	1 3/8 oz.	Longshot	CCI 209M	Rem. RP12	28.1	8,400 PSI	1240
Lead Shot	12	1 3/8 oz.	Longshot	CCI 209M	Rem. RP12	29.5	9,500 PSI	1295
Lead Shot	12	1 3/8 oz.	Longshot	CCI 209M	Rem. RP12	30.9	10,700 PSI	1350
Lead Shot	12	1 3/8 oz.	Longshot	CCI 209M	WAA12R	28.4	8,300 PSI	1240
Lead Shot	12	1 3/8 oz.	Longshot	CCI 209M	WAA12R	30.1	9,200 PSI	1295
Lead Shot	12	1 3/8 oz.	Longshot	CCI 209M	WAA12R	31.8	10,100 PSI	1350
Lead Shot	12	1 3/8 oz.	Longshot	Fed. 209A	Rem. RP12	27.6	8,700 PSI	1240
Lead Shot	12	1 3/8 oz.	Longshot	Fed. 209A	Rem. RP12	29	9,900 PSI	1295
Lead Shot	12	1 3/8 oz.	Longshot	Fed. 209A	WAA12R	27.9	8,700 PSI	1240
Lead Shot	12	1 3/8 oz.	Longshot	Fed. 209A	WAA12R	29.2	9,800 PSI	1295
Lead Shot	12	1 3/8 oz.	Longshot	Fed. 209A	WAA12R	30.5	11,500 PSI	1350
Lead Shot	12	1 3/8 oz.	Longshot	Rem. 209P	Rem. RP12	27.6	8,400 PSI	1240
Lead Shot	12	1 3/8 oz.	Longshot	Rem. 209P	Rem. RP12	29.4	9,500 PSI	1295
Lead Shot	12	1 3/8 oz.	Longshot	Rem. 209P	Rem. RP12	30.9	10,400 PSI	1350
Lead Shot	12	1 3/8 oz.	Longshot	Rem. 209P	WAA12R	28.4	8,000 PSI	1240
Lead Shot	12	1 3/8 oz.	Longshot	Rem. 209P	WAA12R	29.9	9,100 PSI	1295
Lead Shot	12	1 3/8 oz.	Longshot	Rem. 209P	WAA12R	31.4	10,300 PSI	1350
Lead Shot	12	1 3/8 oz.	Longshot	Win. 209	Rem. RP12	30	7,600 PSI	1240
Lead Shot	12	1 3/8 oz.	Longshot	Win. 209	Rem. RP12	30.6	8,800 PSI	1295
Lead Shot	12	1 3/8 oz.	Longshot	Win. 209	Rem. RP12	31.3	10,100 PSI	1350
Lead Shot	12	1 3/8 oz.	Longshot	Win. 209	WAA12R	32.8	8,100 PSI	1295
Lead Shot	12	1 3/8 oz.	Longshot	Win. 209	WAA12R	33.3	9,300 PSI	1350
Lead Shot	12	1 3/8 oz.	Longshot	Win. 209	WAA12R	33.7	10,600 PSI	1405
Lead Shot	12	1 1/2 oz.	Longshot	CCI 209M	Rem. RP12	26.9	9,400 PSI	1205
Lead Shot	12	1 1/2 oz.	Longshot	CCI 209M	Rem. RP12	28.6	10,600 PSI	1260
Lead Shot	12	1 1/2 oz.	Longshot	CCI 209M	WAA12R	27.2	9,200 PSI	1205
Lead Shot	12	1 1/2 oz.	Longshot	CCI 209M	WAA12R	28.8	10,400 PSI	1260
Lead Shot	12	1 1/2 oz.	Longshot	Fed. 209A	Rem. RP12	26.5	9,500 PSI	1205
Lead Shot	12	1 1/2 oz.	Longshot	Fed. 209A	Rem. RP12	28	11,000 PSI	1260
Lead Shot	12	1 1/2 oz.	Longshot	Fed. 209A	WAA12R	27	9,000 PSI	1205
Lead Shot	12	1 1/2 oz.	Longshot	Fed. 209A	WAA12R	28.6	10,500 PSI	1260

Lead Shot	12	1 1/2 oz.	Longshot	Rem. 209P	Rem. RP12	26.7	9,200 PSI	1205
Lead Shot	12	1 1/2 oz.	Longshot	Rem. 209P	Rem. RP12	28.6	10,400 PSI	1260
Lead Shot	12	1 1/2 oz.	Longshot	Rem. 209P	WAA12R	27.2	9,000 PSI	1205
Lead Shot	12	1 1/2 oz.	Longshot	Rem. 209P	WAA12R	28.9	10,200 PSI	1260
Lead Shot	12	1 1/2 oz.	Longshot	Win. 209	Rem. RP12	28	8,800 PSI	1205
Lead Shot	12	1 1/2 oz.	Longshot	Win. 209	Rem. RP12	29.5	10,100 PSI	1260
Lead Shot	12	1 1/2 oz.	Longshot	Win. 209	Rem. RP12	30.9	11,300 PSI	1315
Lead Shot	12	1 1/2 oz.	Longshot	Win. 209	WAA12R	29	8,100 PSI	1205
Lead Shot	12	1 1/2 oz.	Longshot	Win. 209	WAA12R	30.6	9,000 PSI	1260
Lead Shot	12	1 1/2 oz.	Longshot	Win. 209	WAA12R	32	10,400 PSI	1315

Shell: 3" REMINGTON STEEL SHOT PLASTIC SHELLS

Load Type	Gauge	Shot Wt.	Powder	Primer	Wad	Powder Wt. (Gr.)	Pressure	Vel. (ft/s)
Lead Buckshot	12	12-#00 LEAD BUCKSHOT	Universal	CCI 209M	Fed. 12S3	28	10,500 PSI	1250
Lead Buckshot	12	12-#00 LEAD BUCKSHOT	HS-6	CCI 209M	Fed. 12S3	34.5	8,500 PSI	1250
Lead Buckshot	12	12-#00 LEAD BUCKSHOT	HS-6	CCI 209M	Fed. 12S3	36	8,800 PSI	1300
Lead Buckshot	12	12-#00 LEAD BUCKSHOT	HS-6	CCI 209M	Fed. 12S3	37	9,900 PSI	1350
Lead Buckshot	12	12-#00 LEAD BUCKSHOT	HS-7	CCI 209M	Fed. 12S3	37	8,400 PSI	1250
Lead Buckshot	12	34-#4 LEAD BUCKSHOT	HS-6	CCI 209M	Fed. 12S4	34	10,500 PSI	1250
Lead Buckshot	12	34-#4 LEAD BUCKSHOT	HS-7	CCI 209M	Fed. 12S4	37	10,500 PSI	1250

Shell: 2 3/4" FIOCCHI PLASTIC SHELLS (BISMUTH SHOT)

Load Type	Gauge	Shot Wt.	Powder	Primer	Wad	Powder Wt. (Gr.)	Pressure	Vel. (ft/s)
Lead Shot	12	7/8 oz.	Clays	Fio. 617	Rem. TGT 12	21.1	6,000 PSI	1300

Shell: 2 3/4" WINCHESTER COMPRESSION-FORMED AA TYPE SHELLS (BISMUTH SHOT)

Load Type	Gauge	Shot Wt.	Powder	Primer	Wad	Powder Wt. (Gr.)	Pressure	Vel. (ft/s)
Bismuth	12	1 1/4 oz.	HS-6	Win. 209	WAA12R	29	10,700 PSI	1225
Bismuth	12	1 1/4 oz.	HS-7	Win. 209	WAA12R	32	10,500 PSI	1225
Bismuth	12	1 1/4 oz.	Longshot	CCI 209M	Rem. RP12	25.2	9,100 PSI	1250
Bismuth	12	1 1/4 oz.	Longshot	CCI 209M	Rem. RP12	26.6	10,100 PSI	1300
Bismuth	12	1 1/4 oz.	Longshot	CCI 209M	Rem. RP12	28.1	11,200 PSI	1350
Bismuth	12	1 1/4 oz.	Longshot	CCI 209M	WAA12R	25.2	9,200 PSI	1250
Bismuth	12	1 1/4 oz.	Longshot	CCI 209M	WAA12R	26.4	10,600 PSI	1300
Bismuth	12	1 1/4 oz.	Longshot	Fed. 209A	Rem. RP12	26.7	8,000 PSI	1250
Bismuth	12	1 1/4 oz.	Longshot	Fed. 209A	Rem. RP12	27.8	9,100 PSI	1300
Bismuth	12	1 1/4 oz.	Longshot	Fed. 209A	Rem. RP12	28.8	10,300 PSI	1350

Load Type	Gauge	Shot Wt.	Powder	Primer	Wad	Powder Wt. (Gr.)	Pressure	Vel. (ft/s)
Bismuth	12	1 1/4 oz.	Longshot	Fed. 209A	Rem. RP12	29.9	11,400 PSI	1400
Bismuth	12	1 1/4 oz.	Longshot	Fed. 209A	WAA12R	25.1	8,200 PSI	1250
Bismuth	12	1 1/4 oz.	Longshot	Fed. 209A	WAA12R	26.7	9,100 PSI	1300
Bismuth	12	1 1/4 oz.	Longshot	Fed. 209A	WAA12R	28.3	10,200 PSI	1350
Bismuth	12	1 1/4 oz.	Longshot	Fed. 209A	WAA12R	29.9	11,400 PSI	1400
Bismuth	12	1 1/4 oz.	Longshot	Rem. 209P	Rem. RP12	25.2	8,700 PSI	1250
Bismuth	12	1 1/4 oz.	Longshot	Rem. 209P	Rem. RP12	26.5	9,500 PSI	1300
Bismuth	12	1 1/4 oz.	Longshot	Rem. 209P	Rem. RP12	28.2	10,500 PSI	1350
Bismuth	12	1 1/4 oz.	Longshot	Rem. 209P	Rem. RP12	29.8	11,200 PSI	1400
Bismuth	12	1 1/4 oz.	Longshot	Rem. 209P	WAA12R	25	8,800 PSI	1250
Bismuth	12	1 1/4 oz.	Longshot	Rem. 209P	WAA12R	26.6	9,900 PSI	1300
Bismuth	12	1 1/4 oz.	Longshot	Rem. 209P	WAA12R	28.3	11,000 PSI	1350
Bismuth	12	1 1/4 oz.	Longshot	Win. 209	Rem. RP12	26.4	7,500 PSI	1250
Bismuth	12	1 1/4 oz.	Longshot	Win. 209	Rem. RP12	27.8	8,800 PSI	1300
Bismuth	12	1 1/4 oz.	Longshot	Win. 209	Rem. RP12	29.2	10,200 PSI	1350
Bismuth	12	1 1/4 oz.	Longshot	Win. 209	Rem. RP12	30.1	11,300 PSI	1400
Bismuth	12	1 1/4 oz.	Longshot	Win. 209	WAA12R	26.7	7,700 PSI	1250
Bismuth	12	1 1/4 oz.	Longshot	Win. 209	WAA12R	27.6	8,900 PSI	1300
Bismuth	12	1 1/4 oz.	Longshot	Win. 209	WAA12R	29	10,700 PSI	1350
Bismuth	12	1 1/4 oz.	Longshot	Win. 209	WAA12R	30.5	11,200 PSI	1400
Bismuth	12	1 3/8 oz.	Longshot	CCI 209M	Rem. RP12	25	11,300 PSI	1225
Bismuth	12	1 3/8 oz.	Longshot	CCI 209M	WAA12R	24.5	11,400 PSI	1225
Bismuth	12	1 3/8 oz.	Longshot	Fed. 209A	Rem. RP12	25.2	10,300 PSI	1225
Bismuth	12	1 3/8 oz.	Longshot	Fed. 209A	WAA12R	24.9	10,400 PSI	1225
Bismuth	12	1 3/8 oz.	Longshot	Rem. 209P	Rem. RP12	24.8	9,500 PSI	1225
Bismuth	12	1 3/8 oz.	Longshot	Rem. 209P	Rem. RP12	26.5	10,900 PSI	1275
Bismuth	12	1 3/8 oz.	Longshot	Rem. 209P	WAA12R	25	10,600 PSI	1225
Bismuth	12	1 3/8 oz.	Longshot	Win. 209	Rem. RP12	26	9,800 PSI	1225
Bismuth	12	1 3/8 oz.	Longshot	Win. 209	WAA12R	26	10,000 PSI	1225

Shell: 3" WINCHESTER POLYFORMED PLASTIC GAME SHELLS (PLASTIC BASE WAD) (HEVI-SHOT)

Load Type	Gauge	Shot Wt.	Powder	Primer	Wad	Powder Wt. (Gr.)	Pressure	Vel. (ft/s)
Hevi-Shot	12	1 1/8 oz. #4, #2, #BB	Longshot	Fed. 209A	TPS 322-7702 + 1-20ga 1/2" felt + 20gr #47 buffer + O.C.	25.2	10,300 PSI	1275
Hevi-Shot	12	1 1/8 oz. #4, #2, #BB	Longshot	Fed. 209A	TPS 322-7702 + 1-20ga 1/2" felt + 20gr #47 buffer + O.C.	26	10,800 PSI	1300
Hevi-	12	1 1/8 oz. #4, #2,	Longshot	Win. 209	TPS 322-7702 + 1-20ga 3/8" felt + 20gr #47	26.6	9,600 PSI	1300

	Shot		#BB			buffer + O.C.			
Hevi-Shot	12	1 1/8 oz. #4, #2, #BB	Longshot	Win. 209	TPS 322-7702 + 1-20ga 3/8" felt + 20gr #47 buffer + O.C.	27.4	10,100 PSI	1325
Hevi-Shot	12	1 1/8 oz. #4, #2, #BB	Longshot	Win. 209	TPS 322-7702 + 1-20ga 3/8" felt + 20gr #47 buffer + O.C.	28.3	10,700 PSI	1350
Hevi-Shot	12	1 1/4 oz. #4, #2, #BB	Longshot	Fed. 209A	TPS 322-7702 + 1-20ga 1/4" felt + 20gr #47 buffer + O.C.	23	10,300 PSI	1200
Hevi-Shot	12	1 1/4 oz. #4, #2, #BB	Longshot	Win. 209	TPS 322-7702 + 1-20ga 1/4" felt + 20gr #47 buffer + O.C.	23.7	9,100 PSI	1200
Hevi-Shot	12	1 1/4 oz. #4, #2, #BB	Longshot	Win. 209	TPS 322-7702 + 1-20ga 1/4" felt + 20gr #47 buffer + O.C.	25.3	10,300 PSI	1250

Shell: 3 1/2" REMINGTON STEEL SHOTSHELLS (BISMUTH SHOT)

Load Type	Gauge	Shot Wt.	Powder	Primer	Wad	Powder Wt. (Gr.)	Pressure	Vel. (ft/s)
Bismuth	12	1 7/8 oz.	Longshot	CCI 209M	Fed. 12S3	32.5	13,100 PSI	1200
Bismuth	12	1 7/8 oz.	Longshot	CCI 209M	Rem. Fig. 8	32	12,800 PSI	1200
Bismuth	12	1 7/8 oz.	Longshot	CCI 209M	Rem. Fig. 8	33.5	13,200 PSI	1225
Bismuth	12	1 7/8 oz.	Longshot	CCI 209M	WAA12	32	12,800 PSI	1200
Bismuth	12	1 7/8 oz.	Longshot	Fed. 209A	Fed. 12S3	32	13,300 PSI	1200
Bismuth	12	1 7/8 oz.	Longshot	Fed. 209A	WAA12	32	12,700 PSI	1200
Bismuth	12	1 7/8 oz.	Longshot	Rem. 209P	Fed. 12S3	32.5	12,800 PSI	1200
Bismuth	12	1 7/8 oz.	Longshot	Rem. 209P	Rem. Fig. 8	32	12,500 PSI	1200
Bismuth	12	1 7/8 oz.	Longshot	Rem. 209P	Rem. Fig. 8	33.5	13,200 PSI	1225
Bismuth	12	1 7/8 oz.	Longshot	Rem. 209P	WAA12	32.5	11,900 PSI	1200
Bismuth	12	1 7/8 oz.	Longshot	Rem. 209P	WAA12	33.5	12,800 PSI	1225
Bismuth	12	2 oz.	Longshot	Win. 209	Fed. 12S4	32	13,700 PSI	1175

Shell: 3 1/2" FEDERAL STEEL SHOT SHELLS (LEAD SHOT LOADS)

Load Type	Gauge	Shot Wt.	Powder	Primer	Wad	Powder Wt. (Gr.)	Pressure	Vel. (ft/s)
Lead Shot	12	1 7/8 oz.	HS-7	CCI 209M	Fed. 12SO + 1-20 Ga. .135" Card	42	10,700 PSI	1250
Lead Shot	12	1 7/8 oz.	HS-7	CCI 209M	WAA12SL + 1-20 Ga. .135" Card	42.5	11,200 PSI	1250
Lead Shot	12	1 7/8 oz.	HS-7	Fed. 209A	Fed. 12SO + 1-20 Ga. .135" Card	42	11,600 PSI	1250
Lead Shot	12	1 7/8 oz.	HS-7	Win. 209	Fed. 12SO + 1-20 Ga. .135" Card	42.5	10,500 PSI	1250
Lead Shot	12	1 7/8 oz.	HS-7	Win. 209	WAA12SL + 1-20 Ga. .135" Card	42	10,500 PSI	1250
Lead Shot	12	1 7/8 oz.	Longshot	Fed. 209A	Fed. 12SO + 1-20 Ga. .135" Card	36.3	12,200 PSI	1250
Lead Shot	12	1 7/8 oz.	Longshot	Fed. 209A	WAA12L + 1-20 Ga. .135" Card	37	12,300 PSI	1250
Lead Shot	12	1 7/8 oz.	Longshot	Fed. 209A	WAA12SL + 1-20 Ga. .135" Card	37	12,500 PSI	1250
Lead Shot	12	1 7/8 oz.	Longshot	Rem. 209P	Fed. 12SO + 1-20 Ga. .135" Card	37.8	11,400 PSI	1250

Load Type	Gauge	Shot Wt.	Powder	Primer	Wad	Powder Wt. (Gr.)	Pressure	Vel. (ft/s)
Lead Shot	12	1 7/8 oz.	Longshot	Rem. 209P	Fed. 12SO + 1-20 Ga. .135" Card	39.4	13,300 PSI	1300
Lead Shot	12	1 7/8 oz.	Longshot	Rem. 209P	WAA12L + 1-20 Ga. .135" Card	37.3	12,100 PSI	1250
Lead Shot	12	1 7/8 oz.	Longshot	Rem. 209P	WAA12L + 1-20 Ga. .135" Card	39.2	13,400 PSI	1300
Lead Shot	12	1 7/8 oz.	Longshot	Rem. 209P	WAA12SL + 1-20 Ga. .135" Card	36.8	12,400 PSI	1250
Lead Shot	12	1 7/8 oz.	Longshot	Rem. 209P	WAA12SL + 1-20 Ga. .135" Card	39	13,000 PSI	1300
Lead Shot	12	2 oz.	HS-7	CCI 209M	Fed. 12SO + 1-20 Ga. .135" Card	41.5	10,600 PSI	1200
Lead Shot	12	2 oz.	HS-7	CCI 209M	WAA12SL + 1-20 Ga. .135" Card	42	11,500 PSI	1200
Lead Shot	12	2 oz.	HS-7	Fed. 209A	Fed. 12SO + 1-20 Ga. .135" Card	41	11,600 PSI	1200
Lead Shot	12	2 oz.	HS-7	Fed. 209A	WAA12SL + 1-20 Ga. .135" Card	40	11,500 PSI	1200
Lead Shot	12	2 oz.	HS-7	Win. 209	Fed. 12SO + 1-20 Ga. .135" Card	42	10,600 PSI	1200
Lead Shot	12	2 oz.	HS-7	Win. 209	WAA12SL + 1-20 Ga. .135" Card	42.5	10,700 PSI	1200
Lead Shot	12	2 oz.	Longshot	Fed. 209A	Fed. 12S3 + 1-20 Ga. .135" Card	35	12,900 PSI	1200
Lead Shot	12	2 oz.	Longshot	Fed. 209A	WAA12SL	34.8	13,300 PSI	1200
Lead Shot	12	2 oz.	Longshot	Rem. 209P	Fed. 12S3 + 1-20 Ga. .135" Card	35.5	12,400 PSI	1200
Lead Shot	12	2 oz.	Longshot	Rem. 209P	WAA12SL	35.3	12,300 PSI	1200
Lead Shot	12	2 1/4 oz.	HS-7	CCI 209M	Fed. 12S4 + 1-20 Ga. .135" Card	38.5	11,800 PSI	1150
Lead Shot	12	2 1/4 oz.	HS-7	CCI 209M	Purple PC	41.5	9,200 PSI	1150
Lead Shot	12	2 1/4 oz.	HS-7	Fed. 209A	Activ TG30	38.5	10,400 PSI	1150
Lead Shot	12	2 1/4 oz.	HS-7	Fed. 209A	Fed. 12S4 + 1-20 Ga. .135" Card	39	12,500 PSI	1150
Lead Shot	12	2 1/4 oz.	HS-7	Win. 209	Fed. 12S4 + 1-20 Ga. .135" Card	40	12,600 PSI	1150
Lead Shot	12	2 1/4 oz.	HS-7	Win. 209	Purple PC	41	9,100 PSI	1150
Lead Shot	12	2 1/4 oz.	Longshot	Fed. 209A	Fed. 12S3	32	13,700 PSI	1150
Lead Shot	12	2 1/4 oz.	Longshot	Fed. 209A	Rem. RXP	31	13,200 PSI	1150
Lead Shot	12	2 1/8 oz.	Longshot	Fed. 209A	WAA12	31	13,700 PSI	1150
Lead Shot	12	2 1/4 oz.	Longshot	Rem. 209P	Fed. 12S3	33	12,900 PSI	1150
Lead Shot	12	2 1/4 oz.	Longshot	Rem. 209P	Rem. RXP	33	12,600 PSI	1150
Lead Shot	12	2 1/4 oz.	Longshot	Rem. 209P	WAA12	33	13,400 PSI	1150

16 Gauge Shot Shell

Shell: 2 3/4" WINCHESTER PLASTIC SHELLS (PLASTIC BASEWAD) (BISMUTH SHOT)

Load Type	Gauge	Shot Wt.	Powder	Primer	Wad	Powder Wt. (Gr.)	Pressure	Vel. (ft/s)
Bismuth	16	1 oz.	Longshot	Rem. 209P	Rem. SP16	26.6	7,700 PSI	1300
Bismuth	16	1 oz.	Longshot	Rem. 209P	Rem. SP16	27.1	8,500 PSI	1350
Bismuth	16	1 oz.	Longshot	Rem. 209P	Rem. SP16	27.6	9,300 PSI	1400
Bismuth	16	1 oz.	Longshot	Win. 209	Rem. SP16	27.4	8,000 PSI	1350

Shell: 2 3/4" REMINGTON SP PLASTIC SHELLS (BISMUTH SHOT)

Load Type	Gauge	Shot Wt.	Powder	Primer	Wad	Powder Wt. (Gr.)	Pressure	Vel. (ft/s)
Bismuth	16	1 oz.	Universal	Rem. 209P	Rem. SP16	18	11,100 PSI	1250
Bismuth	16	1 oz.	Universal	Win. 209	Rem. SP16	18	10,300 PSI	1200
Bismuth	16	1 oz.	Longshot	Rem. 209P	Rem. SP16	19.5	9,100 PSI	1200
Bismuth	16	1 oz.	Longshot	Rem. 209P	Rem. SP16	21.1	10,000 PSI	1250
Bismuth	16	1 oz.	Longshot	Rem. 209P	Rem. SP16	22.4	10,800 PSI	1300
Bismuth	16	1 oz.	Longshot	Win. 209	Rem. SP16	20.5	8,500 PSI	1200
Bismuth	16	1 oz.	Longshot	Win. 209	Rem. SP16	21.6	9,400 PSI	1250
Bismuth	16	1 oz.	Longshot	Win. 209	Rem. SP16	22.6	10,300 PSI	1300
Bismuth	16	1 oz.	Longshot	Win. 209	Rem. SP16	23.7	11,200 PSI	1350

Shell: 2 3/4" FEDERAL HI-POWER PLASTIC PAPER BASEWAD SHELLS

Load Type	Gauge	Shot Wt.	Powder	Primer	Wad	Powder Wt. (Gr.)	Pressure	Vel. (ft/s)
Lead Shot	16	1 oz.	Clays	Win. 209	BP G/BP	14.8	8,300 PSI	1075
Lead Shot	16	1 oz.	Clays	Win. 209	BP G/BP	15.3	9,200 PSI	1100
Lead Shot	16	1 oz.	700-X	CCI 209	BP G/BP	14	8,900 PSI	1075
Lead Shot	16	1 oz.	700-X	CCI 209	BP G/BP	14.7	9,300 PSI	1100
Lead Shot	16	1 oz.	700-X	CCI 209	BP G/BP	15	9,400 PSI	1125
Lead Shot	16	1 oz.	700-X	Win. 209	BP G/BP	14.1	8,300 PSI	1075
Lead Shot	16	1 oz.	700-X	Win. 209	BP G/BP	14.5	8,600 PSI	1100
Lead Shot	16	1 oz.	700-X	Win. 209	BP G/BP	15	9,000 PSI	1125
Lead Shot	16	1 oz.	PB	CCI 209	BP G/BP	18.3	6,900 PSI	1075
Lead Shot	16	1 oz.	PB	Fed. 209A	WAA16	21.5	11,000 PSI	1275
Lead Shot	16	1 oz.	PB	Rem. 209P	Rem. SP16	25	11,200 PSI	1350
Lead Shot	16	1 oz.	PB	Win. 209	BP G/BP	18.3	6,800 PSI	1075
Lead Shot	16	1 oz.	PB	Win. 209	WAA16	23.5	11,200 PSI	1325
Lead Shot	16	1 oz.	SR 7625	Fed. 209A	WAA16	24.5	11,000 PSI	1350
Lead Shot	16	1 oz.	SR 7625	Rem. 209P	Rem. SP16	26.5	10,400 PSI	1375
Lead Shot	16	1 oz.	SR 7625	Win. 209	WAA16	25	9,900 PSI	1325
Lead Shot	16	1 oz.	Universal	CCI 209M	Activ G-28	21.5	7,500 PSI	1165
Lead Shot	16	1 oz.	Universal	CCI 209M	Activ G-28	22.5	8,200 PSI	1220
Lead Shot	16	1 oz.	Universal	CCI 209M	Activ G-28	24.2	9,000 PSI	1275
Lead Shot	16	1 oz.	Universal	Fed. 209A	BPG/BP	21	7,400 PSI	1165
Lead Shot	16	1 oz.	Universal	Fed. 209A	BPG/BP	22	8,200 PSI	1220
Lead Shot	16	1 oz.	Universal	Fed. 209A	BPG/BP	23.5	9,200 PSI	1275
Lead Shot	16	1 oz.	Universal	Win. 209	WAA16	20.7	7,600 PSI	1165
Lead Shot	16	1 oz.	Universal	Win. 209	WAA16	22.3	8,200 PSI	1220
Lead Shot	16	1 oz.	Universal	Win. 209	WAA16	23.5	8,900 PSI	1275

Shot	Gauge	Load	Powder	Primer	Wad	Charge	Pressure	Velocity
Lead Shot	16	1 oz.	SR 4756	Fed. 209A	WAA16	25	8,500 PSI	1250
Lead Shot	16	1 oz.	SR 4756	Rem. 209P	Rem. SP16	27	6,400 PSI	1200
Lead Shot	16	1 oz.	SR 4756	Win. 209	WAA16	25	7,200 PSI	1200
Lead Shot	16	1 oz.	800-X	Fed. 209A	Rem. SP16	24	10,400 PSI	1375
Lead Shot	16	1 oz.	800-X	Rem. 209P	Rem. SP16	25	8,300 PSI	1350
Lead Shot	16	1 oz.	800-X	Win. 209	WAA16	24.5	10,200 PSI	1375
Lead Shot	16	1 oz.	Longshot	CCI 209M	BP/SPTG16	24.7	8,500 PSI	1300
Lead Shot	16	1 oz.	Longshot	CCI 209M	BP/SPTG16	26	9,400 PSI	1350
Lead Shot	16	1 oz.	Longshot	CCI 209M	BP/SPTG16	27.3	10,200 PSI	1400
Lead Shot	16	1 oz.	Longshot	CCI 209M	BP/SPTG16	28.6	11,100 PSI	1450
Lead Shot	16	1 oz.	Longshot	CCI 209M	WAA16	24	8,600 PSI	1300
Lead Shot	16	1 oz.	Longshot	CCI 209M	WAA16	25.3	9,500 PSI	1350
Lead Shot	16	1 oz.	Longshot	CCI 209M	WAA16	26.7	10,500 PSI	1400
Lead Shot	16	1 oz.	Longshot	CCI 209M	WAA16	27.9	11,400 PSI	1450
Lead Shot	16	1 oz.	Longshot	Fed. 209A	BP/SPTG16	24.5	8,300 PSI	1300
Lead Shot	16	1 oz.	Longshot	Fed. 209A	BP/SPTG16	26	9,300 PSI	1350
Lead Shot	16	1 oz.	Longshot	Fed. 209A	BP/SPTG16	27.5	10,400 PSI	1400
Lead Shot	16	1 oz.	Longshot	Fed. 209A	BP/SPTG16	28.5	11,200 PSI	1450
Lead Shot	16	1 oz.	Longshot	Fed. 209A	WAA16	24.7	8,400 PSI	1300
Lead Shot	16	1 oz.	Longshot	Fed. 209A	WAA16	25.8	9,600 PSI	1350
Lead Shot	16	1 oz.	Longshot	Fed. 209A	WAA16	26.9	10,700 PSI	1400
Lead Shot	16	1 oz.	Longshot	Fed. 209A	WAA16	28	11,200 PSI	1450
Lead Shot	16	1 oz.	Longshot	Rem. 209P	BP/SPTG16	24.5	8,100 PSI	1300
Lead Shot	16	1 oz.	Longshot	Rem. 209P	BP/SPTG16	25.9	9,100 PSI	1350
Lead Shot	16	1 oz.	Longshot	Rem. 209P	BP/SPTG16	27.3	10,200 PSI	1400
Lead Shot	16	1 oz.	Longshot	Rem. 209P	BP/SPTG16	28.6	11,200 PSI	1450
Lead Shot	16	1 oz.	Longshot	Rem. 209P	WAA16	25.9	8,400 PSI	1350
Lead Shot	16	1 oz.	Longshot	Rem. 209P	WAA16	27.4	9,800 PSI	1400
Lead Shot	16	1 oz.	Longshot	Rem. 209P	WAA16	28.8	11,000 PSI	1450
Lead Shot	16	1 oz.	Longshot	Win. 209	BP/SPTG16	26.5	7,700 PSI	1350
Lead Shot	16	1 oz.	Longshot	Win. 209	BP/SPTG16	28.2	8,700 PSI	1400
Lead Shot	16	1 oz.	Longshot	Win. 209	BP/SPTG16	29.8	9,700 PSI	1450
Lead Shot	16	1 oz.	Longshot	Win. 209	WAA16	26.7	8,100 PSI	1350
Lead Shot	16	1 oz.	Longshot	Win. 209	WAA16	27.8	9,100 PSI	1400
Lead Shot	16	1 oz.	Longshot	Win. 209	WAA16	28.9	10,200 PSI	1450
Lead Shot	16	1 1/8 oz.	PB	Rem. 209P	Rem. SP16	21	10,500 PSI	1200
Lead Shot	16	1 1/8 oz.	PB	Win. 209	Rem. SP16	20.5	11,000 PSI	1200
Lead Shot	16	1 1/8 oz.	SR 7625	Fed. 209A	Rem. SP16	22	11,000 PSI	1200

Load Type	Gauge	Shot Wt.	Powder	Primer	Wad	Powder Wt. (Gr.)	Pressure	Vel. (ft/s)
Lead Shot	16	1 1/8 oz.	SR 7625	Rem. 209P	Rem. SP16	23	9,000 PSI	1200
Lead Shot	16	1 1/8 oz.	SR 7625	Win. 209	Rem. SP16	23	10,800 PSI	1250
Lead Shot	16	1 1/8 oz.	800-X	Fed. 209A	Rem. SP16	22.5	11,000 PSI	1300
Lead Shot	16	1 1/8 oz.	800-X	Rem. 209P	Rem. SP16	24.5	10,100 PSI	1300
Lead Shot	16	1 1/8 oz.	800-X	Win. 209	Rem. SP16	22.5	10,800 PSI	1300
Lead Shot	16	1 1/8 oz.	Longshot	CCI 209M	BP/SPTG16	23	9,500 PSI	1240
Lead Shot	16	1 1/8 oz.	Longshot	CCI 209M	BP/SPTG16	24.6	10,800 PSI	1295
Lead Shot	16	1 1/8 oz.	Longshot	CCI 209M	Rem. SP16	24.3	9,500 PSI	1295
Lead Shot	16	1 1/8 oz.	Longshot	CCI 209M	Rem. SP16	26.4	11,100 PSI	1350
Lead Shot	16	1 1/8 oz.	Longshot	CCI 209M	WAA16	22.5	9,400 PSI	1240
Lead Shot	16	1 1/8 oz.	Longshot	CCI 209M	WAA16	24	10,200 PSI	1295
Lead Shot	16	1 1/8 oz.	Longshot	Fed. 209A	BP/SPTG16	23.5	9,100 PSI	1240
Lead Shot	16	1 1/8 oz.	Longshot	Fed. 209A	BP/SPTG16	24.6	10,600 PSI	1295
Lead Shot	16	1 1/8 oz.	Longshot	Fed. 209A	Rem. SP16	24.9	9,800 PSI	1295
Lead Shot	16	1 1/8 oz.	Longshot	Fed. 209A	Rem. SP16	26	11,300 PSI	1350
Lead Shot	16	1 1/8 oz.	Longshot	Fed. 209A	WAA16	22.9	9,300 PSI	1240
Lead Shot	16	1 1/8 oz.	Longshot	Fed. 209A	WAA16	24.4	10,500 PSI	1295
Lead Shot	16	1 1/8 oz.	Longshot	Rem. 209P	BP/SPTG16	23.3	9,100 PSI	1240
Lead Shot	16	1 1/8 oz.	Longshot	Rem. 209P	BP/SPTG16	25	10,700 PSI	1295
Lead Shot	16	1 1/8 oz.	Longshot	Rem. 209P	WAA16	23.4	8,600 PSI	1240
Lead Shot	16	1 1/8 oz.	Longshot	Rem. 209P	WAA16	24.8	10,200 PSI	1295
Lead Shot	16	1 1/8 oz.	Longshot	Win. 209	BP/SPTG16	24	8,800 PSI	1240
Lead Shot	16	1 1/8 oz.	Longshot	Win. 209	BP/SPTG16	25	9,500 PSI	1295
Lead Shot	16	1 1/8 oz.	Longshot	Win. 209	Rem. SP16	25	8,300 PSI	1240
Lead Shot	16	1 1/8 oz.	Longshot	Win. 209	Rem. SP16	26.8	8,600 PSI	1295
Lead Shot	16	1 1/8 oz.	Longshot	Win. 209	Rem. SP16	27.9	10,200 PSI	1350
Lead Shot	16	1 1/8 oz.	Longshot	Win. 209	WAA16	24	8,400 PSI	1240
Lead Shot	16	1 1/8 oz.	Longshot	Win. 209	WAA16	25	9,000 PSI	1295

Shell: 2 3/4" REMINGTON SP PLASTIC SHELLS

Load Type	Gauge	Shot Wt.	Powder	Primer	Wad	Powder Wt. (Gr.)	Pressure	Vel. (ft/s)
Lead Shot	16	7/8 oz.	Internat'l	Rem. 209P	DR 16	14.8	8,800 PSI	1150
Lead Shot	16	7/8 oz.	Internat'l	Rem. 209P	DR 16	15.7	10,100 PSI	1200
Lead Shot	16	7/8 oz.	Internat'l	Rem. 209P	DR 16	16.6	11,300 PSI	1250
Lead Shot	16	7/8 oz.	Internat'l	Win. 209	DR 16	14.7	9,300 PSI	1150
Lead Shot	16	7/8 oz.	Internat'l	Win. 209	DR 16	15.6	10,500 PSI	1200
Lead Shot	16	7/8 oz.	Internat'l	Win. 209	DR 16	16.5	11,500 PSI	1250
Lead Shot	16	7/8 oz.	PB	Rem. 209P	DR 16	15.9	7,500 PSI	1150

Lead Shot	16	7/8 oz.	PB	Rem. 209P	DR 16	17	8,800 PSI	1200
Lead Shot	16	7/8 oz.	PB	Rem. 209P	DR 16	18.1	9,900 PSI	1250
Lead Shot	16	7/8 oz.	PB	Rem. 209P	DR 16	19.2	11,300 PSI	1300
Lead Shot	16	7/8 oz.	PB	Win. 209	DR 16	15.9	7,400 PSI	1150
Lead Shot	16	7/8 oz.	PB	Win. 209	DR 16	17.1	8,900 PSI	1200
Lead Shot	16	7/8 oz.	PB	Win. 209	DR 16	18.2	10,100 PSI	1250
Lead Shot	16	1 oz.	Clays	CCI 209	BP G/BP	13.5	11,500 PSI	1075
Lead Shot	16	1 oz.	Clays	CCI 209	Rem. SP16	13.5	11,100 PSI	1075
Lead Shot	16	1 oz.	Clays	Win. 209	Rem. SP16	13	10,200 PSI	1075
Lead Shot	16	1 oz.	700-X	CCI 209	BP G/BP	13	10,300 PSI	1075
Lead Shot	16	1 oz.	700-X	CCI 209	BP G/BP	13.5	10,800 PSI	1100
Lead Shot	16	1 oz.	700-X	CCI 209	Rem. SP16	12.8	9,700 PSI	1075
Lead Shot	16	1 oz.	700-X	CCI 209	Rem. SP16	13.3	10,400 PSI	1100
Lead Shot	16	1 oz.	700-X	CCI 209	Rem. SP16	13.6	10,800 PSI	1125
Lead Shot	16	1 oz.	700-X	Win. 209	BP G/BP	13	10,700 PSI	1075
Lead Shot	16	1 oz.	700-X	Win. 209	BP G/BP	13.5	11,200 PSI	1100
Lead Shot	16	1 oz.	700-X	Win. 209	Rem. SP16	12.5	10,500 PSI	1075
Lead Shot	16	1 oz.	700-X	Win. 209	Rem. SP16	13.4	10,900 PSI	1100
Lead Shot	16	1 oz.	PB	CCI 209	BP G/BP	15.7	8,900 PSI	1075
Lead Shot	16	1 oz.	PB	CCI 209	BP G/BP	16	9,300 PSI	1100
Lead Shot	16	1 oz.	PB	CCI 209	BP G/BP	16.5	9,400 PSI	1125
Lead Shot	16	1 oz.	PB	CCI 209	Rem. SP16	15.5	8,400 PSI	1075
Lead Shot	16	1 oz.	PB	CCI 209	Rem. SP16	16	8,900 PSI	1100
Lead Shot	16	1 oz.	PB	CCI 209	Rem. SP16	16.5	9,300 PSI	1125
Lead Shot	16	1 oz.	PB	Fed. 209A	Rem. SP16	17.5	11,200 PSI	1200
Lead Shot	16	1 oz.	PB	Rem. 209P	Rem. SP16	20	10,700 PSI	1250
Lead Shot	16	1 oz.	PB	Win. 209	BP G/BP	16	8,500 PSI	1075
Lead Shot	16	1 oz.	PB	Win. 209	BP G/BP	16.5	9,100 PSI	1100
Lead Shot	16	1 oz.	PB	Win. 209	Rem. SP16	15.6	8,200 PSI	1075
Lead Shot	16	1 oz.	PB	Win. 209	Rem. SP16	16.5	8,300 PSI	1100
Lead Shot	16	1 oz.	PB	Win. 209	Rem. SP16	16.8	8800 PSI	1125
Lead Shot	16	1 oz.	PB	Win. 209	WAA16	19	11,000 PSI	1200
Lead Shot	16	1 oz.	SR 7625	Fed. 209A	Rem. SP16	21	11,200 PSI	1250
Lead Shot	16	1 oz.	SR 7625	Rem. 209P	Rem. SP16	23.5	11,200 PSI	1300
Lead Shot	16	1 oz.	SR 7625	Win. 209	WAA16	22.5	11,200 PSI	1300
Lead Shot	16	1 oz.	Universal	CCI 209M	BPG/BP	19.5	8,400 PSI	1165
Lead Shot	16	1 oz.	Universal	CCI 209M	BPG/BP	20.5	9,600 PSI	1220
Lead Shot	16	1 oz.	Universal	CCI 209M	BPG/BP	21.5	10,300 PSI	1275

Lead Shot	16	1 oz.	Universal	Win. 209	Rem. SP16	18.5	8,800 PSI	1165
Lead Shot	16	1 oz.	Universal	Win. 209	Rem. SP16	19.8	9,900 PSI	1220
Lead Shot	16	1 oz.	Universal	Win. 209	Rem. SP16	20.5	10,400 PSI	1275
Lead Shot	16	1 oz.	Universal	Win. 209	WAA16	18.5	9,000 PSI	1165
Lead Shot	16	1 oz.	Universal	Win. 209	WAA16	19.5	9,900 PSI	1220
Lead Shot	16	1 oz.	Universal	Win. 209	WAA16	20.5	10,400 PSI	1275
Lead Shot	16	1 oz.	SR 4756	Fed. 209A	Rem. SP16	23.5	11,000 PSI	1300
Lead Shot	16	1 oz.	SR 4756	Rem. 209P	Rem. SP16	29	10,100 PSI	1350
Lead Shot	16	1 oz.	800-X	Fed. 209A	Rem. SP16	20.5	11,200 PSI	1300
Lead Shot	16	1 oz.	800-X	Rem. 209P	Rem. SP16	24	11,100 PSI	1350
Lead Shot	16	1 oz.	800-X	Win. 209	WAA16	21.5	11,000 PSI	1300
Lead Shot	16	1 oz.	Longshot	CCI 209M	BP/SPTG16	21.2	9,700 PSI	1250
Lead Shot	16	1 oz.	Longshot	CCI 209M	BP/SPTG16	22.2	10,700 PSI	1300
Lead Shot	16	1 oz.	Longshot	CCI 209M	Rem. SP16	20.9	8,400 PSI	1250
Lead Shot	16	1 oz.	Longshot	CCI 209M	Rem. SP16	22.2	10,100 PSI	1300
Lead Shot	16	1 oz.	Longshot	CCI 209M	Rem. SP16	23.5	11,300 PSI	1350
Lead Shot	16	1 oz.	Longshot	CCI 209M	WAA16	21	9,200 PSI	1250
Lead Shot	16	1 oz.	Longshot	CCI 209M	WAA16	22	10,800 PSI	1300
Lead Shot	16	1 oz.	Longshot	Fed. 209A	BP/SPTG16	20.5	10,000 PSI	1250
Lead Shot	16	1 oz.	Longshot	Fed. 209A	BP/SPTG16	22	11,000 PSI	1300
Lead Shot	16	1 oz.	Longshot	Fed. 209A	Rem. SP16	21.7	10,900 PSI	1300
Lead Shot	16	1 oz.	Longshot	Fed. 209A	WAA16	20.9	9,600 PSI	1250
Lead Shot	16	1 oz.	Longshot	Fed. 209A	WAA16	21.8	11,100 PSI	1300
Lead Shot	16	1 oz.	Longshot	Rem. 209P	BP/SPTG16	20.6	8,400 PSI	1250
Lead Shot	16	1 oz.	Longshot	Rem. 209P	BP/SPTG16	22	10,800 PSI	1300
Lead Shot	16	1 oz.	Longshot	Rem. 209P	Rem. SP16	21.3	9,300 PSI	1250
Lead Shot	16	1 oz.	Longshot	Rem. 209P	Rem. SP16	22.1	10,200 PSI	1300
Lead Shot	16	1 oz.	Longshot	Rem. 209P	Rem. SP16	22.9	10,800 PSI	1350
Lead Shot	16	1 oz.	Longshot	Rem. 209P	WAA16	20.9	9,500 PSI	1250
Lead Shot	16	1 oz.	Longshot	Rem. 209P	WAA16	22	10,600 PSI	1300
Lead Shot	16	1 oz.	Longshot	Win. 209	BP/SPTG16	21.4	8,400 PSI	1250
Lead Shot	16	1 oz.	Longshot	Win. 209	BP/SPTG16	22.7	9,900 PSI	1300
Lead Shot	16	1 oz.	Longshot	Win. 209	Rem. SP16	22	8,900 PSI	1250
Lead Shot	16	1 oz.	Longshot	Win. 209	Rem. SP16	22.7	9,500 PSI	1300
Lead Shot	16	1 oz.	Longshot	Win. 209	Rem. SP16	24	10,500 PSI	1350
Lead Shot	16	1 oz.	Longshot	Win. 209	Rem. SP16	25.4	11,200 PSI	1400
Lead Shot	16	1 oz.	Longshot	Win. 209	WAA16	22	8,500 PSI	1250
Lead Shot	16	1 oz.	Longshot	Win. 209	WAA16	23.1	9,700 PSI	1300

Load Type	Gauge	Shot Wt.	Powder	Primer	Wad	Powder Wt. (Gr.)	Pressure	Vel. (ft/s)
Lead Shot	16	1 oz.	Longshot	Win. 209	WAA16	24.2	10,900 PSI	1350
Lead Shot	16	1 1/8 oz.	SR 7625	Rem. 209P	Rem. SP16	22	11,000 PSI	1200
Lead Shot	16	1 1/8 oz.	SR 7625	Win. 209	Rem. SP16	21	10,900 PSI	1175
Lead Shot	16	1 1/8 oz.	SR 4756	Fed. 209A	Rem. SP16	22	10,900 PSI	1175
Lead Shot	16	1 1/8 oz.	SR 4756	Rem. 209P	Rem. SP16	24	9,500 PSI	1175
Lead Shot	16	1 1/8 oz.	SR 4756	Win. 209	Rem. SP16	23.5	11,000 PSI	1225
Lead Shot	16	1 1/8 oz.	800-X	Fed. 209A	Rem. SP16	19	10,800 PSI	1200
Lead Shot	16	1 1/8 oz.	800-X	Rem. 209P	Rem. SP16	21	10,800 PSI	1225
Lead Shot	16	1 1/8 oz.	800-X	Win. 209	Rem. SP16	19.5	10,900 PSI	1225
Lead Shot	16	1 1/8 oz.	Longshot	CCI 209M	Rem. SP16	19.3	9,200 PSI	1185
Lead Shot	16	1 1/8 oz.	Longshot	CCI 209M	Rem. SP16	21	11,200 PSI	1240
Lead Shot	16	1 1/8 oz.	Longshot	Rem. 209P	Rem. SP16	19.7	9,600 PSI	1185
Lead Shot	16	1 1/8 oz.	Longshot	Rem. 209P	Rem. SP16	21.2	10,900 PSI	1240
Lead Shot	16	1 1/8 oz.	Longshot	Win. 209	Rem. SP16	20.2	8,900 PSI	1185
Lead Shot	16	1 1/8 oz.	Longshot	Win. 209	Rem. SP16	21.7	10,900 PSI	1240

Shell: 2 3/4" CHEDDITE PLASTIC SHELLS

Load Type	Gauge	Shot Wt.	Powder	Primer	Wad	Powder Wt. (Gr.)	Pressure	Vel. (ft/s)
Lead Shot	16	1 oz.	Universal	Ched. 209	G/BP 16	20.5	7,500 PSI	1165
Lead Shot	16	1 oz.	Universal	Ched. 209	G/BP 16	21.7	8,500 PSI	1220
Lead Shot	16	1 oz.	Universal	Ched. 209	G/BP 16	23	9,200 PSI	1275
Lead Shot	16	1 oz.	Universal	Ched. 209	WAA16	19.9	7,100 PSI	1165
Lead Shot	16	1 oz.	Universal	Ched. 209	WAA16	21.2	8,300 PSI	1220
Lead Shot	16	1 oz.	Universal	Ched. 209	WAA16	22.2	9,000 PSI	1275
Lead Shot	16	1 oz.	Universal	Fio. 616	G/BP 16	20.5	8,000 PSI	1165
Lead Shot	16	1 oz.	Universal	Fio. 616	G/BP 16	21.5	8,800 PSI	1220
Lead Shot	16	1 oz.	Universal	Fio. 616	G/BP 16	22.5	10,000 PSI	1275
Lead Shot	16	1 oz.	Universal	Fio. 616	WAA16	19.5	8,000 PSI	1165
Lead Shot	16	1 oz.	Universal	Fio. 616	WAA16	20.5	8,900 PSI	1220
Lead Shot	16	1 oz.	Universal	Fio. 616	WAA16	22	10,300 PSI	1275

Shell: 2 1/2" CHEDDITE PLASTIC SHELLS

Load Type	Gauge	Shot Wt.	Powder	Primer	Wad	Powder Wt. (Gr.)	Pressure	Vel. (ft/s)
Lead Shot	16	3/4 oz.	Internat'l	Ched. 209	DR 16	15.3	5,700 PSI	1100
Lead Shot	16	3/4 oz.	Internat'l	Ched. 209	DR 16	15.9	6,200 PSI	1150
Lead Shot	16	3/4 oz.	Internat'l	Ched. 209	DR 16	16.6	6,700 PSI	1200

Load Type	Gauge	Shot Wt.	Powder	Primer	Wad	Powder Wt. (Gr.)	Pressure	Vel. (ft/s)
Lead Shot	16	3/4 oz.	Internat'l	Nobel 209	DR 16	15.3	5,400 PSI	1100
Lead Shot	16	3/4 oz.	Internat'l	Nobel 209	DR 16	16.2	6,000 PSI	1150
Lead Shot	16	3/4 oz.	Internat'l	Nobel 209	DR 16	17	6,500 PSI	1200
Lead Shot	16	3/4 oz.	PB	Ched. 209	DR 16	16.1	5,400 PSI	1100
Lead Shot	16	3/4 oz.	PB	Ched. 209	DR 16	16.9	6,100 PSI	1150
Lead Shot	16	3/4 oz.	PB	Ched. 209	DR 16	17.7	6,600 PSI	1200
Lead Shot	16	3/4 oz.	PB	Nobel 209	DR 16	17.2	5,100 PSI	1100
Lead Shot	16	3/4 oz.	PB	Nobel 209	DR 16	18	5,600 PSI	1150
Lead Shot	16	3/4 oz.	PB	Nobel 209	DR 16	18.7	6,000 PSI	1200
Lead Shot	16	7/8 oz.	SR 7625	Ched. 209	BP/SPTG16	19.6	6,400 PSI	1125
Lead Shot	16	7/8 oz.	SR 7625	Ched. 209	BP/SPTG16	20.1	6,800 PSI	1150
Lead Shot	16	7/8 oz.	SR 7625	Ched. 209	BP/SPTG16	20.6	7,200 PSI	1175
Lead Shot	16	7/8 oz.	SR 7625	Nobel 209	BP/SPTG16	20	6,000 PSI	1125
Lead Shot	16	7/8 oz.	SR 7625	Nobel 209	BP/SPTG16	20.4	6,300 PSI	1150
Lead Shot	16	7/8 oz.	SR 7625	Nobel 209	BP/SPTG16	21	6,700 PSI	1175
Lead Shot	16	7/8 oz.	Universal	Ched. 209	BP/SPTG16	19.5	7,300 PSI	1125
Lead Shot	16	7/8 oz.	Universal	Ched. 209	BP/SPTG16	19.9	7,500 PSI	1150
Lead Shot	16	7/8 oz.	Universal	Nobel 209	BP/SPTG16	19.7	7,100 PSI	1125
Lead Shot	16	7/8 oz.	Universal	Nobel 209	BP/SPTG16	20.1	7,300 PSI	1150

Shell: 2 3/4" WINCHESTER X-PERT PLASTIC SHELLS

Load Type	Gauge	Shot Wt.	Powder	Primer	Wad	Powder Wt. (Gr.)	Pressure	Vel. (ft/s)
Lead Shot	16	7/8 oz.	Internat'l	Rem. 209P	DR 16	16.4	6,200 PSI	1150
Lead Shot	16	7/8 oz.	Internat'l	Rem. 209P	DR 16	17.4	7,200 PSI	1200
Lead Shot	16	7/8 oz.	Internat'l	Rem. 209P	DR 16	18.3	8,200 PSI	1250
Lead Shot	16	7/8 oz.	Internat'l	Rem. 209P	DR 16	19.2	9,100 PSI	1300
Lead Shot	16	7/8 oz.	Internat'l	Win. 209	DR 16	15.8	6,200 PSI	1150
Lead Shot	16	7/8 oz.	Internat'l	Win. 209	DR 16	16.9	7,300 PSI	1200
Lead Shot	16	7/8 oz.	Internat'l	Win. 209	DR 16	18	8,300 PSI	1250
Lead Shot	16	7/8 oz.	Internat'l	Win. 209	DR 16	19	9,500 PSI	1300
Lead Shot	16	7/8 oz.	PB	Rem. 209P	DR 16	18	6,100 PSI	1150
Lead Shot	16	7/8 oz.	PB	Rem. 209P	DR 16	19.1	6,900 PSI	1200
Lead Shot	16	7/8 oz.	PB	Rem. 209P	DR 16	20.2	7,700 PSI	1250
Lead Shot	16	7/8 oz.	PB	Rem. 209P	DR 16	21.5	8,600 PSI	1300
Lead Shot	16	7/8 oz.	PB	Win. 209	DR 16	17.4	5,900 PSI	1150
Lead Shot	16	7/8 oz.	PB	Win. 209	DR 16	18.7	6,800 PSI	1200
Lead Shot	16	7/8 oz.	PB	Win. 209	DR 16	20	7,600 PSI	1250
Lead Shot	16	7/8 oz.	PB	Win. 209	DR 16	21.3	8,500 PSI	1300

Load Type	Gauge	Shot Wt.	Powder	Primer	Wad	Powder Wt. (Gr.)	Pressure	Vel. (ft/s)
Lead Shot	16	1 oz.	PB	Fed. 209A	WAA16	19.5	11,200 PSI	1250
Lead Shot	16	1 oz.	PB	Rem. 209P	Rem. SP16	21	10,800 PSI	1250
Lead Shot	16	1 oz.	PB	Win. 209	WAA16	19	10,900 PSI	1200
Lead Shot	16	1 oz.	SR 7625	Fed. 209A	WAA16	20.5	10,900 PSI	1250
Lead Shot	16	1 oz.	SR 7625	Rem. 209P	Rem. SP16	23	11,200 PSI	1300
Lead Shot	16	1 oz.	SR 7625	Win. 209	WAA16	22	11,000 PSI	1250
Lead Shot	16	1 oz.	SR 4756	Fed. 209A	Rem. SP16	22.5	10,900 PSI	1250
Lead Shot	16	1 oz.	SR 4756	Rem. 209P	Rem. SP16	27	9,900 PSI	1350
Lead Shot	16	1 oz.	800-X	Fed. 209A	WAA16	22.5	10,800 PSI	1350
Lead Shot	16	1 oz.	800-X	Rem. 209P	Rem. SP16	24	9,000 PSI	1350
Lead Shot	16	1 oz.	800-X	Win. 209	WAA16	23	11,200 PSI	1350
Lead Shot	16	1 1/8 oz.	SR 7625	Rem. 209P	Rem. SP16	19.5	10,900 PSI	1150
Lead Shot	16	1 1/8 oz.	SR 7625	Win. 209	Rem. SP16	19	10,900 PSI	1150
Lead Shot	16	1 1/8 oz.	SR 4756	Fed. 209A	Rem. SP16	20.5	10,800 PSI	1150
Lead Shot	16	1 1/8 oz.	SR 4756	Rem. 209P	Rem. SP16	23	8,900 PSI	1150
Lead Shot	16	1 1/8 oz.	SR 4756	Win. 209	Rem. SP16	22.5	11,100 PSI	1200
Lead Shot	16	1 1/8 oz.	800-X	Fed. 209A	Rem. SP16	19	10,900 PSI	1200
Lead Shot	16	1 1/8 oz.	800-X	Rem. 209P	Rem. SP16	22	10,100 PSI	1250
Lead Shot	16	1 1/8 oz.	800-X	Win. 209	Rem. SP16	20	11,000 PSI	1200

Shell: 2 3/4" FEDERAL HI POWER PLASTIC PAPER BASE WAD SHELLS (BISMUTH SHOT)

Load Type	Gauge	Shot Wt.	Powder	Primer	Wad	Powder Wt. (Gr.)	Pressure	Vel. (ft/s)
Bismuth	16	1 oz.	Universal	Fed. 209A	Rem. SP16	19.5	8,800 PSI	1200
Bismuth	16	1 oz.	Universal	Fed. 209A	Rem. SP16	20.5	9,500 PSI	1250
Bismuth	16	1 oz.	Longshot	Fed. 209A	Rem. SP16	25	8,000 PSI	1300
Bismuth	16	1 oz.	Longshot	Fed. 209A	Rem. SP16	26	8,900 PSI	1350
Bismuth	16	1 oz.	Longshot	Fed. 209A	Rem. SP16	27	9,800 PSI	1400
Bismuth	16	1 oz.	Longshot	Rem. 209P	Rem. SP16	27	8,500 PSI	1350

Shell: 2 3/4" WINCHESTER POLYFORMED PLASTIC GAME SHELLS (PLASTIC BASEWAD)

Load Type	Gauge	Shot Wt.	Powder	Primer	Wad	Powder Wt. (Gr.)	Pressure	Vel. (ft/s)
Lead Shot	16	1 oz.	Clays	Win. 209	BP G/BP	13.9	9,000 PSI	1075
Lead Shot	16	1 oz.	Clays	Win. 209	BP G/BP	14.5	10,000 PSI	1100
Lead Shot	16	1 oz.	Clays	Win. 209	BP G/BP	15	10,900 PSI	1125
Lead Shot	16	1 oz.	700-X	CCI 209	BP G/BP	13.5	8,800 PSI	1075
Lead Shot	16	1 oz.	700-X	CCI 209	BP G/BP	13.8	9,500 PSI	1100
Lead Shot	16	1 oz.	700-X	CCI 209	BP G/BP	14.2	9,800 PSI	1125
Lead Shot	16	1 oz.	700-X	Win. 209	BP G/BP	13.5	8,500 PSI	1075

Shot	oz.	Ga.	Powder	Primer	Wad	Load gr.	Pressure	Velocity
Lead Shot	1 oz.	16	700-X	Win. 209	BP G/BP	14	9,000 PSI	1100
Lead Shot	1 oz.	16	700-X	Win. 209	BP G/BP	14.3	9,300 PSI	1124
Lead Shot	1 oz.	16	PB	CCI 209	BP G/BP	16.5	7,600 PSI	1075
Lead Shot	1 oz.	16	PB	CCI 209	BP G/BP	17	7,900 PSI	1100
Lead Shot	1 oz.	16	PB	CCI 209	BP G/BP	17.3	8,300 PSI	1125
Lead Shot	1 oz.	16	PB	Win. 209	BP G/BP	17	6,900 PSI	1075
Lead Shot	1 oz.	16	PB	Win. 209	BP G/BP	17.2	7,400 PSI	1100
Lead Shot	1 oz.	16	PB	Win. 209	BP G/BP	17.5	7,600 PSI	1125
Lead Shot	1 oz.	16	Longshot	CCI 209M	BP/SPTG16	25.3	8,900 PSI	1350
Lead Shot	1 oz.	16	Longshot	CCI 209M	BP/SPTG16	26.7	9,800 PSI	1400
Lead Shot	1 oz.	16	Longshot	CCI 209M	BP/SPTG16	28	10,700 PSI	1450
Lead Shot	1 oz.	16	Longshot	CCI 209M	WAA16	25.3	9,000 PSI	1350
Lead Shot	1 oz.	16	Longshot	CCI 209M	WAA16	26.5	10,000 PSI	1400
Lead Shot	1 oz.	16	Longshot	CCI 209M	WAA16	27.7	10,900 PSI	1450
Lead Shot	1 oz.	16	Longshot	Fed. 209A	BP/SPTG16	25.7	8,700 PSI	1350
Lead Shot	1 oz.	16	Longshot	Fed. 209A	BP/SPTG16	26.9	9,800 PSI	1400
Lead Shot	1 oz.	16	Longshot	Fed. 209A	BP/SPTG16	28	10,800 PSI	1450
Lead Shot	1 oz.	16	Longshot	Fed. 209A	WAA16	25	9,100 PSI	1350
Lead Shot	1 oz.	16	Longshot	Fed. 209A	WAA16	26.2	10,300 PSI	1400
Lead Shot	1 oz.	16	Longshot	Fed. 209A	WAA16	27.4	11,500 PSI	1450
Lead Shot	1 oz.	16	Longshot	Rem. 209P	BP/SPTG16	26	8,000 PSI	1350
Lead Shot	1 oz.	16	Longshot	Rem. 209P	BP/SPTG16	27.2	9,100 PSI	1400
Lead Shot	1 oz.	16	Longshot	Rem. 209P	BP/SPTG16	28.6	10,500 PSI	1450
Lead Shot	1 oz.	16	Longshot	Rem. 209P	BP/SPTG16	30	11,300 PSI	1500
Lead Shot	1 oz.	16	Longshot	Rem. 209P	WAA16	25	8,000 PSI	1350
Lead Shot	1 oz.	16	Longshot	Rem. 209P	WAA16	26	9,300 PSI	1400
Lead Shot	1 oz.	16	Longshot	Rem. 209P	WAA16	27	10,100 PSI	1450
Lead Shot	1 oz.	16	Longshot	Rem. 209P	WAA16	28.5	11,000 PSI	1500
Lead Shot	1 oz.	16	Longshot	Win. 209	BP/SPTG16	28	8,600 PSI	1400
Lead Shot	1 oz.	16	Longshot	Win. 209	BP/SPTG16	29.5	9,800 PSI	1450
Lead Shot	1 oz.	16	Longshot	Win. 209	WAA16	27	8,000 PSI	1400
Lead Shot	1 oz.	16	Longshot	Win. 209	WAA16	29.1	10,300 PSI	1450
Lead Shot	1 1/8 oz.	16	Longshot	Fed. 209A	BP/SPTG16	25	9,000 PSI	1295
Lead Shot	1 1/8 oz.	16	Longshot	Fed. 209A	BP/SPTG16	27	11,000 PSI	1350
Lead Shot	1 1/8 oz.	16	Longshot	Fed. 209A	Rem. SP16	19.3	9,200 PSI	1185
Lead Shot	1 1/8 oz.	16	Longshot	Fed. 209A	Rem. SP16	21	11,300 PSI	1240
Lead Shot	1 1/8 oz.	16	Longshot	Rem. 209P	BP/SPTG16	25	8,300 PSI	1295
Lead Shot	1 1/8 oz.	16	Longshot	Rem. 209P	BP/SPTG16	26.4	10,800 PSI	1350

Load Type	Gauge	Shot Wt.	Powder	Primer	Wad	Powder Wt. (Gr.)	Pressure	Vel. (ft/s)
Lead Shot	16	1 1/8 oz.	Longshot	Win. 209	BP/SPTG16	25.3	9,200 PSI	1295

Shell: 2 3/4" WINCHESTER COMPRESSION - FORMED AA & HS TYPE PLASTIC SHELLS

Load Type	Gauge	Shot Wt.	Powder	Primer	Wad	Powder Wt. (Gr.)	Pressure	Vel. (ft/s)
Lead Shot	16	1 oz.	Universal	Win. 209	Activ G-28	19	8,800 PSI	1165
Lead Shot	16	1 oz.	Universal	Win. 209	Activ G-28	20.3	9,700 PSI	1220
Lead Shot	16	1 oz.	Universal	Win. 209	Activ G-28	21.5	10,600 PSI	1275
Lead Shot	16	1 oz.	Universal	Win. 209	BPG/BP	19.5	9,100 PSI	1165
Lead Shot	16	1 oz.	Universal	Win. 209	BPG/BP	20	10,000 PSI	1220
Lead Shot	16	1 oz.	Universal	Win. 209	BPG/BP	21	10,700 PSI	1275
Lead Shot	16	1 oz.	Universal	Win. 209	WAA16	19	9,200 PSI	1165
Lead Shot	16	1 oz.	Universal	Win. 209	WAA16	20	10,300 PSI	1220
Lead Shot	16	1 oz.	Universal	Win. 209	WAA16	20.7	11,000 PSI	1275
Lead Shot	16	1 oz.	HS-6	CCI 209	WAA16	23.5	8,200 LUP	1165
Lead Shot	16	1 oz.	HS-6	CCI 209	WAA16	24.5	8,800 LUP	1220
Lead Shot	16	1 oz.	HS-6	Win. 209	WAA16	23	8,500 LUP	1165
Lead Shot	16	1 oz.	HS-6	Win. 209	WAA16	24	9,300 LUP	1220
Lead Shot	16	1 oz.	HS-7	CCI 209	WAA16	25	8,200 LUP	1165
Lead Shot	16	1 oz.	HS-7	CCI 209	WAA16	26.5	9,100 LUP	1220
Lead Shot	16	1 oz.	HS-7	Win. 209	WAA16	25	8,400 LUP	1165
Lead Shot	16	1 oz.	HS-7	Win. 209	WAA16	26.5	9,100 LUP	1220
Lead Shot	16	1 1/8 oz.	HS-6	Win. 209	Rem. SP16	26.5	8,600 LUP	1185
Lead Shot	16	1 1/8 oz.	HS-6	Win. 209	Rem. SP16	27.5	9,400 LUP	1240
Lead Shot	16	1 1/8 oz.	HS-6	Win. 209	WAA16	24.5	10,600 LUP	1185
Lead Shot	16	1 1/8 oz.	HS-7	Win. 209	WAA16	26	10,100 LUP	1185
Lead Shot	16	1 1/8 oz.	HS-7	Win. 209	WAA16	27	10,700 LUP	1240

Shell: 2 3/4" FIOCCHI PLASTIC SHELLS (BISMUTH SHOT)

Load Type	Gauge	Shot Wt.	Powder	Primer	Wad	Powder Wt. (Gr.)	Pressure	Vel. (ft/s)
Bismuth	16	1 oz.	Longshot	Ched. 209	G/BP 16	28	9,500 PSI	1400
Bismuth	16	1 oz.	Longshot	Fio. 616	G/BP 16	26	8,800 PSI	1350
Bismuth	16	1 oz.	Longshot	Fio. 616	G/BP 16	27.2	10,200 PSI	1400

20 Gauge Shot Shell

Shell: 2 3/4" FIOCCHI AND PMC PLASTIC SHELLS (BISMUTH SHOT)

Load Type	Gauge	Shot Wt.	Powder	Primer	Wad	Powder Wt. (Gr.)	Pressure	Vel. (ft/s)
Bismuth	20	7/8 oz.	Longshot	Ched. 209	Rem. SP20	22	9,700 PSI	1350

Shell: 3" REMINGTON NITRO STEEL PLASTIC SHELLS (LEAD SHOT)

Load Type	Gauge	Shot Wt.	Powder	Primer	Wad	Powder Wt. (Gr.)	Pressure	Vel. (ft/s)
Lead Shot	20	1 1/8 oz.	HS-7	Win. 209	WA20	27.5	10,900 PSI	1250
Lead Shot	20	1 1/8 oz.	Longshot	CCI 209M	BP2 Trap Com.	19.5	10,100 PSI	1175
Lead Shot	20	1 1/8 oz.	Longshot	CCI 209M	BP2 Trap Com.	20.5	11,100 PSI	1230
Lead Shot	20	1 1/8 oz.	Longshot	Rem. 209P	BP2 Trap Com.	19.6	9,300 PSI	1175
Lead Shot	20	1 1/8 oz.	Longshot	Rem. 209P	BP2 Trap Com.	21	10,800 PSI	1230
Lead Shot	20	1 1/8 oz.	Longshot	Win. 209	Fed. 2051	20.1	8,500 PSI	1175
Lead Shot	20	1 1/8 oz.	Longshot	Win. 209	Fed. 2051	21.4	9,800 PSI	1230
Lead Shot	20	1 1/8 oz.	Longshot	Win. 209	Fed. 2051	22.7	11,100 PSI	1285
Lead Shot	20	1 1/8 oz.	Longshot	Win. 209	Rem. RXP20	23	11,900 PSI	1285
Lead Shot	20	1 1/8 oz.	Longshot	Win. 209	WAA20	20	8,900 PSI	1175
Lead Shot	20	1 1/8 oz.	Longshot	Win. 209	WAA20	21.4	10,200 PSI	1230
Lead Shot	20	1 1/8 oz.	Longshot	Win. 209	WAA20	22.7	11,500 PSI	1285
Lead Shot	20	1 1/4 oz.	HS-7	Win. 209	Rem. RXP20	26.5	10,600 PSI	1185
Lead Shot	20	1 1/4 oz.	Longshot	CCI 209M	Fed. 2051	20	12,000 PSI	1185
Lead Shot	20	1 1/4 oz.	Longshot	CCI 209M	PC20	20.1	11,300 PSI	1185
Lead Shot	20	1 1/4 oz.	Longshot	CCI 209M	Rem. RXP20	20.2	11,500 PSI	1185
Lead Shot	20	1 1/4 oz.	Longshot	CCI 209M	WAA20	20	11,500 PSI	1185
Lead Shot	20	1 1/4 oz.	Longshot	Rem. 209P	Fed. 2051	20.5	10,900 PSI	1185
Lead Shot	20	1 1/4 oz.	Longshot	Rem. 209P	PC20	20.6	10,300 PSI	1185
Lead Shot	20	1 1/4 oz.	Longshot	Rem. 209P	RXP20	20.3	11,000 PSI	1185
Lead Shot	20	1 1/4 oz.	Longshot	Rem. 209P	WAA20	20.4	11,500 PSI	1185
Lead Shot	20	1 1/4 oz.	Longshot	Win. 209	Fed. 2051	20.5	11,500 PSI	1185
Lead Shot	20	1 1/4 oz.	Longshot	Win. 209	PC20	21	10,600 PSI	1185
Lead Shot	20	1 1/4 oz.	Longshot	Win. 209	PC20	22.4	12,000 PSI	1240
Lead Shot	20	1 1/4 oz.	Longshot	Win. 209	Rem. RXP20	20.7	11,100 PSI	1185
Lead Shot	20	1 1/4 oz.	Longshot	Win. 209	WAA20	20.7	11,300 PSI	1185

Shell: 3" WINCHESTER COMPRESSION-FORMED SUPER-X TYPE SHELLS

Load Type	Gauge	Shot Wt.	Powder	Primer	Wad	Powder Wt. (Gr.)	Pressure	Vel. (ft/s)
Lead Shot	20	1 1/8 oz.	HS-7	Rem. 209P	WAA20	27	11,200 LUP	1220
Lead Shot	20	1 1/8 oz.	HS-7	Win. 209	WAA20	27	11,100 LUP	1220
Lead Shot	20	1 1/8 oz.	Longshot	Rem. 209P	Rem. RXP20	18.4	11,200 PSI	1175
Bismuth	20	7/8 oz.	Longshot	Fio. 616	Rem. SP20	21.5	9,800 PSI	1350

Load Type	Gauge	Shot Wt.	Powder	Primer	Wad	Powder Wt. (Gr.)	Pressure	Vel. (ft/s)
Lead Shot	20	1 1/8 oz.	Longshot	Rem. 209P	WAA20	18	11,200 PSI	1175
Lead Shot	20	1 1/8 oz.	Longshot	Win. 209	Fed. 20S1	18.7	10,400 PSI	1175
Lead Shot	20	1 1/8 oz.	Longshot	Win. 209	Rem. RXP20	18.5	10,500 PSI	1175
Lead Shot	20	1 1/8 oz.	Longshot	Win. 209	Rem. RXP20	20	11,800 PSI	1230
Lead Shot	20	1 1/8 oz.	Longshot	Win. 209	WAA20	18.6	10,900 PSI	1175
Lead Shot	20	1 1/8 oz.	Longshot	Win. 209	WAA20	19.5	12,000 PSI	1230
Lead Shot	20	1 1/4 oz.	HS-7	Rem. 209P	WAA20	24	11,000 LUP	1135
Lead Shot	20	1 1/4 oz.	HS-7	Win. 209	WAA20	24	10,900 LUP	1135

Shell: 2 3/4" FIOCCHI AND PMC PLASTIC TARGET SHELLS (LOW BASE WAD)

Load Type	Gauge	Shot Wt.	Powder	Primer	Wad	Powder Wt. (Gr.)	Pressure	Vel. (ft/s)
Lead Shot	20	7/8 oz.	Internat'l	Fio. 616	Fed. 20S1	14.6	11,800 PSI	1200
Lead Shot	20	7/8 oz.	Internat'l	Fio. 616	Hor. Versalite	14.8	11,400 PSI	1200
Lead Shot	20	7/8 oz.	Internat'l	Fio. 616	PC20	14.8	11,000 PSI	1200
Lead Shot	20	7/8 oz.	Internat'l	Fio. 616	Rem. RXP20	15	10,700 PSI	1200
Lead Shot	20	7/8 oz.	Internat'l	Fio. 616	WAA20	14.8	11,700 PSI	1200
Lead Shot	20	7/8 oz.	Internat'l	Fio. 616	Windjammer	15	12,000 PSI	1200
Lead Shot	20	7/8 oz.	Universal	Ched. 209	Fed. 20S1	17.5	9,400 PSI	1200
Lead Shot	20	7/8 oz.	Universal	Ched. 209	Fed. 20S1	18	9,300 PSI	1225
Lead Shot	20	7/8 oz.	Universal	Ched. 209	GU 2025	18.1	8,600 PSI	1200
Lead Shot	20	7/8 oz.	Universal	Ched. 209	GU 2025	18.5	9,000 PSI	1225
Lead Shot	20	7/8 oz.	Universal	Ched. 209	GU 2025	19	9,500 PSI	1250
Lead Shot	20	7/8 oz.	Universal	Ched. 209	Rem. RXP20	18.5	8,700 PSI	1200
Lead Shot	20	7/8 oz.	Universal	Ched. 209	WAA20	18	9,000 PSI	1200
Lead Shot	20	7/8 oz.	Universal	Fio. 616	Fed. 20S1	16.6	9,800 PSI	1200
Lead Shot	20	7/8 oz.	Universal	Fio. 616	Fed. 20S1	17	10,600 PSI	1225
Lead Shot	20	7/8 oz.	Universal	Fio. 616	GU 2025	18.1	8,500 PSI	1200
Lead Shot	20	7/8 oz.	Universal	Fio. 616	GU 2025	18.5	9,000 PSI	1225
Lead Shot	20	7/8 oz.	Universal	Fio. 616	GU 2025	18.9	9,400 PSI	1250
Lead Shot	20	7/8 oz.	Universal	Fio. 616	GU 2025	19.3	9,800 PSI	1275
Lead Shot	20	7/8 oz.	Universal	Fio. 616	Hor. Versalite	17.2	9,300 PSI	1200
Lead Shot	20	7/8 oz.	Universal	Fio. 616	Hor. Versalite	17.6	10,600 PSI	1225
Lead Shot	20	7/8 oz.	Universal	Fio. 616	Hor. Versalite	17.9	10,900 PSI	1250
Lead Shot	20	7/8 oz.	Universal	Fio. 616	PC20	17	9,800 PSI	1200
Lead Shot	20	7/8 oz.	Universal	Fio. 616	Rem. RXP20	17.3	9,100 PSI	1200
Lead Shot	20	7/8 oz.	Universal	Fio. 616	Rem. RXP20	18	9,800 PSI	1225
Lead Shot	20	7/8 oz.	Universal	Fio. 616	WAA20	17	9,300 PSI	1200
Lead Shot	20	7/8 oz.	Universal	Fio. 616	WAA20	17.6	9,800 PSI	1225

Lead Shot	20	7/8 oz.	Universal	Fio. 616	WAA20	18	10,000 PSI	1250
Lead Shot	20	7/8 oz.	Universal	Fio. 616	Windjammer	17.5	9,400 PSI	1200
Lead Shot	20	7/8 oz.	Universal	Fio. 616	Windjammer	17.8	9,900 PSI	1225
Lead Shot	20	7/8 oz.	Universal	Fio. 616	Windjammer	18	10,200 PSI	1250
Lead Shot	20	7/8 oz.	Longshot	Ched. 209	Fed. 20S1	20.7	9,300 PSI	1300
Lead Shot	20	7/8 oz.	Longshot	Ched. 209	Fed. 20S1	21.8	9,300 PSI	1350
Lead Shot	20	7/8 oz.	Longshot	Ched. 209	Fed. 20S1	23	10,200 PSI	1400
Lead Shot	20	7/8 oz.	Longshot	Ched. 209	Fed. 20S1	24.1	11,000 PSI	1450
Lead Shot	20	7/8 oz.	Longshot	Ched. 209	GU 2025	20.4	8,200 PSI	1300
Lead Shot	20	7/8 oz.	Longshot	Ched. 209	GU 2025	21.6	9,200 PSI	1350
Lead Shot	20	7/8 oz.	Longshot	Ched. 209	GU 2025	22.8	10,200 PSI	1400
Lead Shot	20	7/8 oz.	Longshot	Ched. 209	GU 2025	24	11,600 PSI	1450
Lead Shot	20	7/8 oz.	Longshot	Ched. 209	Rem. RXP20	22	9,200 PSI	1350
Lead Shot	20	7/8 oz.	Longshot	Ched. 209	Rem. RXP20	23.5	10,500 PSI	1400
Lead Shot	20	7/8 oz.	Longshot	Ched. 209	Rem. RXP20	24.8	11,600 PSI	1450
Lead Shot	20	7/8 oz.	Longshot	Fio. 616	Fed. 20S1	21.2	9,100 PSI	1300
Lead Shot	20	7/8 oz.	Longshot	Fio. 616	Fed. 20S1	22.2	10,400 PSI	1350
Lead Shot	20	7/8 oz.	Longshot	Fio. 616	Fed. 20S1	23.2	11,600 PSI	1400
Lead Shot	20	7/8 oz.	Longshot	Fio. 616	GU 2025	20.7	8,100 PSI	1300
Lead Shot	20	7/8 oz.	Longshot	Fio. 616	GU 2025	21.7	9,300 PSI	1350
Lead Shot	20	7/8 oz.	Longshot	Fio. 616	GU 2025	22.7	10,400 PSI	1400
Lead Shot	20	7/8 oz.	Longshot	Fio. 616	GU 2025	23.7	11,500 PSI	1450
Lead Shot	20	7/8 oz.	Longshot	Fio. 616	Rem. RXP20	22	9,100 PSI	1350
Lead Shot	20	7/8 oz.	Longshot	Fio. 616	Rem. RXP20	23.2	10,000 PSI	1400
Lead Shot	20	7/8 oz.	Longshot	Fio. 616	Rem. RXP20	24.3	10,800 PSI	1450
Lead Shot	20	1 oz.	Longshot	Ched. 209	GU 2021	17.3	8,000 PSI	1165
Lead Shot	20	1 oz.	Longshot	Ched. 209	GU 2021	18.8	9,300 PSI	1220
Lead Shot	20	1 oz.	Longshot	Ched. 209	GU 2021	20.2	10,600 PSI	1275
Lead Shot	20	1 oz.	Longshot	Ched. 209	GU 2021	21.6	11,800 PSI	1330
Lead Shot	20	1 oz.	Longshot	Fio. 616	Fed. 20S1	18	8,900 PSI	1165
Lead Shot	20	1 oz.	Longshot	Fio. 616	Fed. 20S1	19.2	10,000 PSI	1220
Lead Shot	20	1 oz.	Longshot	Fio. 616	Fed. 20S1	20.4	11,200 PSI	1275
Lead Shot	20	1 oz.	Longshot	Fio. 616	GU 2021	17.4	8,000 PSI	1165
Lead Shot	20	1 oz.	Longshot	Fio. 616	GU 2021	18.9	9,100 PSI	1220
Lead Shot	20	1 oz.	Longshot	Fio. 616	GU 2021	20.5	10,200 PSI	1275
Lead Shot	20	1 oz.	Longshot	Fio. 616	GU 2021	22	11,300 PSI	1330
Lead Shot	20	1 oz.	Longshot	Fio. 616	WAA20	18.3	9,000 PSI	1165
Lead Shot	20	1 oz.	Longshot	Fio. 616	WAA20	19.4	9,900 PSI	1220

| Lead Shot | 20 | 1 oz. | Longshot | Fio. 616 | WAA20 | 20.5 | 10,800 PSI | 1275 |

Shell: 2 3/4" CHEDDITE PLASTIC SHELLS

Load Type	Gauge	Shot Wt.	Powder	Primer	Wad	Powder Wt. (Gr.)	Pressure	Vel. (ft/s)
Lead Shot	20	7/8 oz.	Universal	Ched. 209	Fed. 20S1	17	8,900 PSI	1200
Lead Shot	20	7/8 oz.	Universal	Ched. 209	Fed. 20S1	17.5	9,600 PSI	1225
Lead Shot	20	7/8 oz.	Universal	Ched. 209	Fed. 20S1	18.1	10,000 PSI	1250
Lead Shot	20	7/8 oz.	Universal	Ched. 209	G/BP20	18	9,100 PSI	1200
Lead Shot	20	7/8 oz.	Universal	Ched. 209	G/BP20	18.3	9,700 PSI	1225
Lead Shot	20	7/8 oz.	Universal	Ched. 209	G/BP20	18.6	9,900 PSI	1250
Lead Shot	20	7/8 oz.	Universal	Fio. 616	Fed. 20S1	16.7	9,200 PSI	1200
Lead Shot	20	7/8 oz.	Universal	Fio. 616	Fed. 20S1	17.1	9,700 PSI	1225
Lead Shot	20	7/8 oz.	Universal	Fio. 616	Fed. 20S1	17.5	10,300 PSI	1250
Lead Shot	20	7/8 oz.	Universal	Fio. 616	G/BP20	17	9,500 PSI	1200
Lead Shot	20	7/8 oz.	Universal	Fio. 616	G/BP20	17.5	9,700 PSI	1225
Lead Shot	20	7/8 oz.	Universal	Fio. 616	G/BP20	18	10,200 PSI	1250
Lead Shot	20	7/8 oz.	Longshot	Ched. 209	Fed. 20S1	21.4	9,000 PSI	1300
Lead Shot	20	7/8 oz.	Longshot	Ched. 209	Fed. 20S1	22.6	9,800 PSI	1350
Lead Shot	20	7/8 oz.	Longshot	Ched. 209	Fed. 20S1	23.7	10,600 PSI	1400
Lead Shot	20	7/8 oz.	Longshot	Ched. 209	Fed. 20S1	24.9	11,500 PSI	1450
Lead Shot	20	7/8 oz.	Longshot	Ched. 209	GU 2025	20.2	8,900 PSI	1300
Lead Shot	20	7/8 oz.	Longshot	Ched. 209	GU 2025	21.3	9,700 PSI	1350
Lead Shot	20	7/8 oz.	Longshot	Ched. 209	GU 2025	22.4	10,500 PSI	1400
Lead Shot	20	7/8 oz.	Longshot	Ched. 209	GU 2025	23.5	11,300 PSI	1450
Lead Shot	20	7/8 oz.	Longshot	Ched. 209	Rem. RXP20	21.3	7,800 PSI	1300
Lead Shot	20	7/8 oz.	Longshot	Ched. 209	Rem. RXP20	22.5	8,700 PSI	1350
Lead Shot	20	7/8 oz.	Longshot	Ched. 209	Rem. RXP20	23.6	9,400 PSI	1400
Lead Shot	20	7/8 oz.	Longshot	Ched. 209	Rem. RXP20	24.8	10,300 PSI	1450
Lead Shot	20	7/8 oz.	Longshot	Fio. 616	Fed. 20S1	20.7	8,700 PSI	1300
Lead Shot	20	7/8 oz.	Longshot	Fio. 616	Fed. 20S1	21.7	9,400 PSI	1350
Lead Shot	20	7/8 oz.	Longshot	Fio. 616	Fed. 20S1	22.8	10,200 PSI	1400
Lead Shot	20	7/8 oz.	Longshot	Fio. 616	Fed. 20S1	23.8	10,900 PSI	1450
Lead Shot	20	7/8 oz.	Longshot	Fio. 616	GU 2025	20.3	8,800 PSI	1300
Lead Shot	20	7/8 oz.	Longshot	Fio. 616	GU 2025	21.4	9,800 PSI	1350
Lead Shot	20	7/8 oz.	Longshot	Fio. 616	GU 2025	22.4	10,700 PSI	1400
Lead Shot	20	7/8 oz.	Longshot	Fio. 616	GU 2025	23.5	11,400 PSI	1450
Lead Shot	20	7/8 oz.	Longshot	Fio. 616	Rem. RXP20	21.1	9,100 PSI	1300
Lead Shot	20	7/8 oz.	Longshot	Fio. 616	Rem. RXP20	22.3	9,900 PSI	1350

Lead Shot	20	7/8 oz.	Longshot	Fio. 616	Rem. RXP20	23.4	10,700 PSI	1400
Lead Shot	20	7/8 oz.	Longshot	Fio. 616	Rem. RXP20	24.6	11,500 PSI	1450
Lead Shot	20	1 oz.	Longshot	Ched. 209	Fed. 20S1	17.8	9,200 PSI	1165
Lead Shot	20	1 oz.	Longshot	Ched. 209	Fed. 20S1	19	10,000 PSI	1220
Lead Shot	20	1 oz.	Longshot	Ched. 209	Fed. 20S1	20.2	10,900 PSI	1275
Lead Shot	20	1 oz.	Longshot	Ched. 209	GU 2021	17.5	7,700 PSI	1165
Lead Shot	20	1 oz.	Longshot	Ched. 209	GU 2021	18.9	8,900 PSI	1220
Lead Shot	20	1 oz.	Longshot	Ched. 209	GU 2021	20.2	10,100 PSI	1275
Lead Shot	20	1 oz.	Longshot	Ched. 209	GU 2021	21.6	11,400 PSI	1330
Lead Shot	20	1 oz.	Longshot	Ched. 209	WAA20	17.5	8,300 PSI	1165
Lead Shot	20	1 oz.	Longshot	Ched. 209	WAA20	19	9,600 PSI	1220
Lead Shot	20	1 oz.	Longshot	Ched. 209	WAA20	20.5	10,900 PSI	1275
Lead Shot	20	1 oz.	Longshot	Fio. 616	GU 2021	17.4	8,100 PSI	1165
Lead Shot	20	1 oz.	Longshot	Fio. 616	GU 2021	18.9	9,200 PSI	1220
Lead Shot	20	1 oz.	Longshot	Fio. 616	GU 2021	20.4	10,300 PSI	1275
Lead Shot	20	1 oz.	Longshot	Fio. 616	GU 2021	21.9	11,500 PSI	1330

Shell: 2 3/4" WINCHESTER COMPRESSION FORMED AA TYPE SHELLS (BISMUTH SHOT)

Load Type	Gauge	Shot Wt.	Powder	Primer	Wad	Powder Wt. (Gr.)	Pressure	Vel. (ft/s)
Bismuth	20	7/8 oz.	Longshot	CCI 209M	Rem. SP20	17.2	10,500 PSI	1250
Bismuth	20	7/8 oz.	Longshot	CCI 209M	Rem. SP20	18.2	11,700 PSI	1300
Bismuth	20	7/8 oz.	Longshot	Fed. 209A	Rem. SP20	17.3	10,900 PSI	1250
Bismuth	20	7/8 oz.	Longshot	Rem. 209P	Rem. SP20	17.6	10,600 PSI	1250
Bismuth	20	7/8 oz.	Longshot	Rem. 209P	Rem. SP20	18.6	11,700 PSI	1300
Bismuth	20	7/8 oz.	Longshot	Win. 209	Rem. SP20	18	10,000 PSI	1250
Bismuth	20	1 oz.	HS-6	CCI 209M	Rem. SP20	18.5	11,400 PSI	1150
Bismuth	20	1 oz.	HS-6	Win. 209	Rem. SP20	18.5	11,300 PSI	1150
Bismuth	20	1 oz.	HS-7	CCI 209M	Rem. SP20	21	11,300 PSI	1150
Bismuth	20	1 oz.	HS-7	Win. 209	Rem. SP20	21	10,600 PSI	1150

Shell: 3" REMINGTON PREMIER PLASTIC SHELLS

Load Type	Gauge	Shot Wt.	Powder	Primer	Wad	Powder Wt. (Gr.)	Pressure	Vel. (ft/s)
Lead Shot	20	1 1/8 oz.	800-X	Fed. 209A	Fed. 20S1	15.5	11,600 PSI	1100
Lead Shot	20	1 1/8 oz.	800-X	Fed. 209A	Rem. SP 20	15.5	11,800 PSI	1100
Lead Shot	20	1 1/8 oz.	800-X	Fed. 209A	WAA20	15.5	11,600 PSI	1100
Lead Shot	20	1 1/8 oz.	800-X	Rem. 209P	Fed. 20S1	17	11,600 PSI	1150
Lead Shot	20	1 1/8 oz.	800-X	Rem. 209P	Rem. SP 20	17	11,700 PSI	1150
Lead Shot	20	1 1/8 oz.	800-X	Rem. 209P	WAA20	16	11,100 PSI	1100

Load Type	Gauge	Shot Wt.	Powder	Primer	Wad	Powder Wt. (Gr.)	Pressure	Vel. (ft/s)
Lead Shot	20	1 1/8 oz.	800-X	Win. 209	Fed. 20S1	16.5	11,500 PSI	1100
Lead Shot	20	1 1/8 oz.	800-X	Win. 209	Rem. SP 20	16	11,600 PSI	1100
Lead Shot	20	1 1/8 oz.	800-X	Win. 209	WAA20	16	11,600 PSI	1100
Lead Shot	20	1 1/8 oz.	Longshot	CCI 209M	PC20	17.6	11,400 PSI	1175
Lead Shot	20	1 1/8 oz.	Longshot	CCI 209M	Rem. RXP20	17.7	11,500 PSI	1175
Lead Shot	20	1 1/8 oz.	Longshot	Rem. 209P	PC20	17.6	10,900 PSI	1175
Lead Shot	20	1 1/8 oz.	Longshot	Rem. 209P	Rem. RXP20	17.7	11,500 PSI	1175
Lead Shot	20	1 1/8 oz.	Longshot	Rem. 209P	WAA20	17.6	12,000 PSI	1175
Lead Shot	20	1 1/8 oz.	Longshot	Win. 209	Fed. 20S1	18.2	10,800 PSI	1175
Lead Shot	20	1 1/8 oz.	Longshot	Win. 209	PC20	18.3	10,500 PSI	1175
Lead Shot	20	1 1/8 oz.	Longshot	Win. 209	PC20	19.3	12,000 PSI	1230
Lead Shot	20	1 1/8 oz.	Longshot	Win. 209	Rem. RXP20	17.7	10,200 PSI	1175
Lead Shot	20	1 1/8 oz.	Longshot	Win. 209	WAA20	18.1	11,400 PSI	1175

Shell: 2 3/4" CHEDDITE PLASTIC SHELLS (BISMUTH SHOT)

Load Type	Gauge	Shot Wt.	Powder	Primer	Wad	Powder Wt. (Gr.)	Pressure	Vel. (ft/s)
Bismuth	20	7/8 oz.	Longshot	Ched. 209	Rem. SP20	21	9,300 PSI	1350
Bismuth	20	7/8 oz.	Longshot	Fio. 616	Rem. SP20	21	10,000 PSI	1350

Shell: 2 3/4" WINCHESTER POLYFORMED PLASTIC GAME SHELLS (PLASTIC BASEWAD)

Load Type	Gauge	Shot Wt.	Powder	Primer	Wad	Powder Wt. (Gr.)	Pressure	Vel. (ft/s)
Lead Shot	20	7/8 oz.	Internat'l	CCI 209	RXP20	15	9,200 PSI	1200
Lead Shot	20	7/8 oz.	Internat'l	CCI 209	WAA20F1	14.5	9,300 PSI	1200
Lead Shot	20	7/8 oz.	Internat'l	CCI 209	Windjammer	15	10,400 PSI	1200
Lead Shot	20	7/8 oz.	Internat'l	Fed. 209A	RXP20	14.7	11,100 PSI	1200
Lead Shot	20	7/8 oz.	Internat'l	Fed. 209A	Windjammer	14.7	11,000 PSI	1200
Lead Shot	20	7/8 oz.	Internat'l	Win. 209	RXP20	15.5	10,600 PSI	1200
Lead Shot	20	7/8 oz.	Internat'l	Win. 209	WAA20F1	15	10,700 PSI	1200
Lead Shot	20	7/8 oz.	Internat'l	Win. 209	Windjammer	15	11,200 PSI	1200
Lead Shot	20	7/8 oz.	Universal	CCI 209	RXP20	18.5	7,500 PSI	1200
Lead Shot	20	7/8 oz.	Universal	CCI 209	WAA20F1	18	7,900 PSI	1200
Lead Shot	20	7/8 oz.	Universal	Fed. 209A	RXP20	17.5	8,500 PSI	1200
Lead Shot	20	7/8 oz.	Universal	Fed. 209A	WAA20F1	17	8,500 PSI	1200
Lead Shot	20	7/8 oz.	Universal	Fed. 209A	Windjammer	17	8,700 PSI	1200
Lead Shot	20	7/8 oz.	Universal	Win. 209	RXP20	18	8,600 PSI	1200
Lead Shot	20	7/8 oz.	Universal	Win. 209	WAA20F1	17.5	8,300 PSI	1200
Lead Shot	20	7/8 oz.	Universal	Win. 209	Windjammer	17.5	8,500 PSI	1200
Lead Shot	20	1 oz.	Universal	Fed. 209A	SP20	16.5	9,400 PSI	1165

Load Type	Gauge	Shot Wt.	Powder	Primer	Wad	Powder Wt. (Gr.)	Pressure	Vel. (ft/s)
Lead Shot	20	1 oz.	Universal	Fed. 209A	WAA20F1	16.3	10,000 PSI	1165
Lead Shot	20	1 oz.	Universal	Fed. 209A	WAA20F1	17.2	11,200 PSI	1220
Lead Shot	20	1 oz.	Universal	Win. 209	WAA20F1	16.5	8,900 PSI	1165
Lead Shot	20	1 oz.	HS-6	Fed. 209A	SP20	20	9,600 PSI	1165
Lead Shot	20	1 oz.	HS-6	Fed. 209A	SP20	21.5	10,300 PSI	1220
Lead Shot	20	1 oz.	HS-6	Win. 209	WAA20F1	20	8,900 PSI	1165

Shell: 2 3/4" WINCHESTER COMPRESSION - FORMED AA & HS TYPE PLASTIC SHELLS

Load Type	Gauge	Shot Wt.	Powder	Primer	Wad	Powder Wt. (Gr.)	Pressure	Vel. (ft/s)
Lead Shot	20	3/4 oz.	Internat'l	CCI 209M	Fio. 20	12.2	9,700 PSI	1150
Lead Shot	20	3/4 oz.	Internat'l	CCI 209M	Fio. 20	13	10,800 PSI	1200
Lead Shot	20	3/4 oz.	Internat'l	CCI 209M	PC20	12.3	10,200 PSI	1150
Lead Shot	20	3/4 oz.	Internat'l	CCI 209M	PC20	13.1	11,900 PSI	1200
Lead Shot	20	3/4 oz.	Internat'l	CCI 209M	WAA20	12.1	10,100 PSI	1150
Lead Shot	20	3/4 oz.	Internat'l	CCI 209M	WAA20	12.7	11,500 PSI	1200
Lead Shot	20	3/4 oz.	Internat'l	Ched. 209	CB 1034-20	12.7	10,100 PSI	1150
Lead Shot	20	3/4 oz.	Internat'l	Ched. 209	CB 1034-20	13.8	11,900 PSI	1200
Lead Shot	20	3/4 oz.	Internat'l	Rem. 209P	CB 1034-20	12.5	9,000 PSI	1150
Lead Shot	20	3/4 oz.	Internat'l	Rem. 209P	CB 1034-20	13.7	11,200 PSI	1200
Lead Shot	20	3/4 oz.	Internat'l	Rem. 209P	Fio. 20	12.8	8,100 PSI	1150
Lead Shot	20	3/4 oz.	Internat'l	Rem. 209P	Fio. 20	13.8	10,200 PSI	1200
Lead Shot	20	3/4 oz.	Internat'l	Rem. 209P	Fio. 20	14.5	10,900 PSI	1250
Lead Shot	20	3/4 oz.	Internat'l	Rem. 209P	PC20	12.5	9,000 PSI	1150
Lead Shot	20	3/4 oz.	Internat'l	Rem. 209P	PC20	14	10,900 PSI	1200
Lead Shot	20	3/4 oz.	Internat'l	Rem. 209P	WAA20	12.1	9,000 PSI	1150
Lead Shot	20	3/4 oz.	Internat'l	Rem. 209P	WAA20	13.2	10,500 PSI	1200
Lead Shot	20	3/4 oz.	Internat'l	Win. 209	CB 1034-20	12.6	10,000 PSI	1150
Lead Shot	20	3/4 oz.	Internat'l	Win. 209	CB 1034-20	14	11,700 PSI	1200
Lead Shot	20	3/4 oz.	Internat'l	Win. 209	Fio. 20	12.3	9,000 PSI	1150
Lead Shot	20	3/4 oz.	Internat'l	Win. 209	Fio. 20	12.9	10,500 PSI	1200
Lead Shot	20	3/4 oz.	Internat'l	Win. 209	Fio. 20	14	11,800 PSI	1250
Lead Shot	20	3/4 oz.	Internat'l	Win. 209	PC20	12.2	10,400 PSI	1150
Lead Shot	20	3/4 oz.	Internat'l	Win. 209	PC20	13	11,300 PSI	1200
Lead Shot	20	3/4 oz.	Internat'l	Win. 209	WAA20	12	10,100 PSI	1150
Lead Shot	20	3/4 oz.	Internat'l	Win. 209	WAA20	13	11,700 PSI	1200
Lead Shot	20	3/4 oz.	Super Hcp	Ched. 209	CB 1034-20	12.5	9,900 PSI	1150
Lead Shot	20	3/4 oz.	Super Hcp	Ched. 209	CB 1034-20	13.5	11,000 PSI	1200
Lead Shot	20	3/4 oz.	Super Hcp	Ched. 209	CB 1034-20	14.5	12,000 PSI	1250

Lead Shot	20	3/4 oz.	Super Hcp	Rem. 209P	CB 1034-20	12.5	9,700 PSI	1150
Lead Shot	20	3/4 oz.	Super Hcp	Rem. 209P	CB 1034-20	13.5	10,900 PSI	1200
Lead Shot	20	3/4 oz.	Super Hcp	Rem. 209P	CB 1034-20	14.5	12,000 PSI	1250
Lead Shot	20	3/4 oz.	Super Hcp	Win. 209	CB 1034-20	12.5	9,700 PSI	1150
Lead Shot	20	3/4 oz.	Super Hcp	Win. 209	CB 1034-20	13.5	10,900 PSI	1200
Lead Shot	20	3/4 oz.	Super Hcp	Win. 209	CB 1034-20	14.5	12,000 PSI	1250
Lead Shot	20	3/4 oz.	PB	Ched. 209	CB 1034-20	14	9,300 PSI	1150
Lead Shot	20	3/4 oz.	PB	Ched. 209	CB 1034-20	15.5	10,500 PSI	1200
Lead Shot	20	3/4 oz.	PB	Ched. 209	CB 1034-20	16.7	11,400 PSI	1250
Lead Shot	20	3/4 oz.	PB	Rem. 209P	CB 1034-20	13.9	8,400 PSI	1150
Lead Shot	20	3/4 oz.	PB	Rem. 209P	CB 1034-20	15.8	10,300 PSI	1200
Lead Shot	20	3/4 oz.	PB	Rem. 209P	CB 1034-20	16.7	11,100 PSI	1250
Lead Shot	20	3/4 oz.	PB	Win. 209	CB 1034-20	14.2	9,200 PSI	1150
Lead Shot	20	3/4 oz.	PB	Win. 209	CB 1034-20	15.5	10,100 PSI	1200
Lead Shot	20	3/4 oz.	PB	Win. 209	CB 1034-20	16.9	11,000 PSI	1250
Lead Shot	20	7/8 oz. Lt.	Super Hcp	Ched. 209	WAA20	12.3	11,000 PSI	1100
Lead Shot	20	7/8 oz. Lt.	Super Hcp	Rem. 209P	WAA20	12.3	11,000 PSI	1100
Lead Shot	20	7/8 oz. Lt.	Super Hcp	Rem. 209P	WAA20	12.9	11,900 PSI	1150
Lead Shot	20	7/8 oz. Lt.	Super Hcp	Win. 209	WAA20	12.4	11,000 PSI	1100
Lead Shot	20	7/8 oz. Lt.	Super Hcp	Win. 209	WAA20	12.9	11,800 PSI	1150
Lead Shot	20	7/8 oz. Lt.	PB	Ched. 209	DRV-20	14.1	10,800 PSI	1100
Lead Shot	20	7/8 oz. Lt.	PB	Ched. 209	DRV-20	14.7	11,600 PSI	1150
Lead Shot	20	7/8 oz. Lt.	PB	Ched. 209	Rem. RXP20	14	9800 PSI	1100
Lead Shot	20	7/8 oz. Lt.	PB	Ched. 209	Rem. RXP20	14.8	10,800 PSI	1150
Lead Shot	20	7/8 oz. Lt.	PB	Rem. 209P	DRV-20	14.2	10,500 PSI	1100
Lead Shot	20	7/8 oz. Lt.	PB	Rem. 209P	DRV-20	14.8	11,600 PSI	1150
Lead Shot	20	7/8 oz. Lt.	PB	Rem. 209P	Rem. RXP20	14.3	9400 PSI	1100
Lead Shot	20	7/8 oz. Lt.	PB	Rem. 209P	Rem. RXP20	14.8	10,300 PSI	1150
Lead Shot	20	7/8 oz. Lt.	PB	Win. 209	DRV-20	14.2	10,900 PSI	1100
Lead Shot	20	7/8 oz. Lt.	PB	Win. 209	DRV-20	14.8	11,600 PSI	1150
Lead Shot	20	7/8 oz. Lt.	PB	Win. 209	Rem. RXP20	14.5	9700 PSI	1100
Lead Shot	20	7/8 oz. Lt.	PB	Win. 209	Rem. RXP20	15	10,700 PSI	1150
Lead Shot	20	7/8 oz. Lt.	Universal	Ched. 209	DRV-20	14.5	10,100 PSI	1100
Lead Shot	20	7/8 oz. Lt.	Universal	Ched. 209	DRV-20	15.5	11,800 PSI	1150
Lead Shot	20	7/8 oz. Lt.	Universal	Ched. 209	Rem. RXP20	15	9800 PSI	1100
Lead Shot	20	7/8 oz. Lt.	Universal	Ched. 209	Rem. RXP20	15.5	10,400 PSI	1150
Lead Shot	20	7/8 oz. Lt.	Universal	Rem. 209P	DRV-20	14.8	9900 PSI	1100
Lead Shot	20	7/8 oz. Lt.	Universal	Rem. 209P	DRV-20	15.5	11,500 PSI	1150

Lead Shot	20	7/8 oz. Lt.	Universal	Rem. 209P	Rem. RXP20	14.7	9100 PSI	1100
Lead Shot	20	7/8 oz. Lt.	Universal	Rem. 209P	Rem. RXP20	15	9700 PSI	1150
Lead Shot	20	7/8 oz. Lt.	Universal	Win. 209	DRV-20	14.5	10,500 PSI	1100
Lead Shot	20	7/8 oz. Lt.	Universal	Win. 209	DRV-20	15	11,400 PSI	1150
Lead Shot	20	7/8 oz. Lt.	Universal	Win. 209	Rem. RXP20	14.4	9600 PSI	1100
Lead Shot	20	7/8 oz. Lt.	Universal	Win. 209	Rem. RXP20	14.8	10,100 PSI	1150
Lead Shot	20	7/8 oz.	Internat'l	CCI 209	Hor. Versalite	14	11,000 PSI	1200
Lead Shot	20	7/8 oz.	Internat'l	Rem. 209P	Rem. RXP20	14	10,800 PSI	1200
Lead Shot	20	7/8 oz.	Internat'l	Win. 209	PC20	14	11,200 PSI	1200
Lead Shot	20	7/8 oz.	Internat'l	Win. 209	WAA20	14	11,800 PSI	1200
Lead Shot	20	7/8 oz.	PB	Fed. 209A	Rem. RXP20	16	11,900 PSI	1200
Lead Shot	20	7/8 oz.	PB	Fed. 209A	WAA20	15.5	11,700 PSI	1200
Lead Shot	20	7/8 oz.	PB	Fed. 209A	Windjammer	15.5	11,900 PSI	1200
Lead Shot	20	7/8 oz.	PB	Rem. 209P	CB 1078-20	16	11,900 PSI	1200
Lead Shot	20	7/8 oz.	PB	Rem. 209P	Rem. RXP 20	16	10,900 PSI	1200
Lead Shot	20	7/8 oz.	PB	Rem. 209P	WAA20	16	11,600 PSI	1200
Lead Shot	20	7/8 oz.	PB	Rem. 209P	Windjammer	16	11,300 PSI	1200
Lead Shot	20	7/8 oz.	PB	Win. 209	Rem. RXP 20	16	11,400 PSI	1200
Lead Shot	20	7/8 oz.	PB	Win. 209	WAA20	16	11,700 PSI	1200
Lead Shot	20	7/8 oz.	PB	Win. 209	Windjammer	16.5	11,800 PSI	1200
Lead Shot	20	7/8 oz.	SR 7625	Fed. 209A	CB 1078-20	16.5	11,700 PSI	1200
Lead Shot	20	7/8 oz.	SR 7625	Fed. 209A	Fed. 20S1	16.5	11,700 PSI	1200
Lead Shot	20	7/8 oz.	SR 7625	Fed. 209A	Rem. RXP20	17	10,800 PSI	1200
Lead Shot	20	7/8 oz.	SR 7625	Fed. 209A	WAA20	16.5	11,700 PSI	1200
Lead Shot	20	7/8 oz.	SR 7625	Fed. 209A	Windjammer	16.5	11,900 PSI	1200
Lead Shot	20	7/8 oz.	SR 7625	Rem. 209P	CB 1078-20	17	11,300 PSI	1200
Lead Shot	20	7/8 oz.	SR 7625	Rem. 209P	Fed. 20S1	16.5	11,100 PSI	1200
Lead Shot	20	7/8 oz.	SR 7625	Rem. 209P	RXP20	17	10,100 PSI	1200
Lead Shot	20	7/8 oz.	SR 7625	Rem. 209P	WAA20	17	10,900 PSI	1200
Lead Shot	20	7/8 oz.	SR 7625	Rem. 209P	Windjammer	17.5	10,300 PSI	1200
Lead Shot	20	7/8 oz.	SR 7625	Win. 209	CB 1078-20	16.5	10,800 PSI	1200
Lead Shot	20	7/8 oz.	SR 7625	Win. 209	Rem. RXP 20	17	10,600 PSI	1200
Lead Shot	20	7/8 oz.	SR 7625	Win. 209	WAA20	17	10,600 PSI	1200
Lead Shot	20	7/8 oz.	SR 7625	Win. 209	Windjammer	17	10,900 PSI	1200
Lead Shot	20	7/8 oz.	WSF	CCI 209	Fed. 20S1	16.5	11,400 PSI	1200
Lead Shot	20	7/8 oz.	WSF	CCI 209	Rem. RXP20	17.5	10,500 PSI	1200
Lead Shot	20	7/8 oz.	WSF	CCI 209	WAA20	16.5	11,300 PSI	1200
Lead Shot	20	7/8 oz.	WSF	Win. 209	Rem. RXP 20	17	10,700 PSI	1200

Lead Shot	20	7/8 oz.	WSF	Win. 209	WAA20	16.5	11,200 PSI	1200
Lead Shot	20	7/8 oz.	Universal	CCI 209SC	Fed. 20S1	14.6	11,800 PSI	1200
Lead Shot	20	7/8 oz.	Universal	CCI 209SC	Hor. Versalite	15.5	11,700 PSI	1200
Lead Shot	20	7/8 oz.	Universal	CCI 209SC	PC20	15.5	11,600 PSI	1200
Lead Shot	20	7/8 oz.	Universal	CCI 209SC	Rem. RXP20	15.3	11,100 PSI	1200
Lead Shot	20	7/8 oz.	Universal	CCI 209SC	WAA20F1	15.1	11,600 PSI	1200
Lead Shot	20	7/8 oz.	Universal	CCI 209SC	Windjammer	15.5	11,900 PSI	1200
Lead Shot	20	7/8 oz.	Universal	Fed. 209A	Fed. 20S1	14.3	12,000 PSI	1200
Lead Shot	20	7/8 oz.	Universal	Fed. 209A	Hor. Versalite	14.8	11,700 PSI	1200
Lead Shot	20	7/8 oz.	Universal	Fed. 209A	PC20	14.7	11,900 PSI	1200
Lead Shot	20	7/8 oz.	Universal	Fed. 209A	Rem. RXP20	14.8	11,400 PSI	1200
Lead Shot	20	7/8 oz.	Universal	Fed. 209A	WAA20F1	14.6	12,000 PSI	1200
Lead Shot	20	7/8 oz.	Universal	Fed. 209A	Windjammer	15.8	11,700 PSI	1200
Lead Shot	20	7/8 oz.	Universal	Rem. 209P	Fed. 20S1	15.3	11,500 PSI	1200
Lead Shot	20	7/8 oz.	Universal	Rem. 209P	Hor. Versalite	16	11,400 PSI	1200
Lead Shot	20	7/8 oz.	Universal	Rem. 209P	PC20	15.5	11,100 PSI	1200
Lead Shot	20	7/8 oz.	Universal	Rem. 209P	Rem. RXP20	15.8	9,800 PSI	1200
Lead Shot	20	7/8 oz.	Universal	Rem. 209P	WAA20F1	15.3	11,600 PSI	1200
Lead Shot	20	7/8 oz.	Universal	Rem. 209P	Windjammer	16	11,700 PSI	1200
Lead Shot	20	7/8 oz.	Universal	Win. 209	Fed. 20S1	14.7	12,000 PSI	1200
Lead Shot	20	7/8 oz.	Universal	Win. 209	Hor. Versalite	15	11,600 PSI	1200
Lead Shot	20	7/8 oz.	Universal	Win. 209	Rem. RXP20	15	11,000 PSI	1200
Lead Shot	20	7/8 oz.	Universal	Win. 209	WAA20	15.5	10,200 PSI	1200
Lead Shot	20	7/8 oz.	Universal	Win. 209	Windjammer	15	11,800 PSI	1200
Lead Shot	20	7/8 oz.	800-X	Fed. 209A	CB 1078-20	16	9,400 PSI	1200
Lead Shot	20	7/8 oz.	800-X	Fed. 209A	Fed. 20S1	16	9,700 PSI	1200
Lead Shot	20	7/8 oz.	800-X	Fed. 209A	Rem. RXP 20	16.5	8,800 PSI	1200
Lead Shot	20	7/8 oz.	800-X	Fed. 209A	WAA20	16.5	9,400 PSI	1200
Lead Shot	20	7/8 oz.	800-X	Fed. 209A	Windjammer	16.5	10,100 PSI	1200
Lead Shot	20	7/8 oz.	800-X	Rem. 209P	CB 1078-20	16.5	8,400 PSI	1200
Lead Shot	20	7/8 oz.	800-X	Rem. 209P	Fed. 20S1	16.5	8,200 PSI	1200
Lead Shot	20	7/8 oz.	800-X	Rem. 209P	Rem. RXP 20	16.5	7,500 PSI	1200
Lead Shot	20	7/8 oz.	800-X	Rem. 209P	WAA20	16.5	9,300 PSI	1200
Lead Shot	20	7/8 oz.	800-X	Rem. 209P	Windjammer	16.5	8,400 PSI	1200
Lead Shot	20	7/8 oz.	Longshot	CCI 209M	Fed. 20S1	17.3	11,000 PSI	1250
Lead Shot	20	7/8 oz.	Longshot	CCI 209M	PC20	17.4	11,000 PSI	1250
Lead Shot	20	7/8 oz.	Longshot	CCI 209M	PC20	18.5	11,800 PSI	1300
Lead Shot	20	7/8 oz.	Longshot	CCI 209M	Rem. RXP20	17.7	9,800 PSI	1250

Shot	Gauge	Load	Powder	Powder (grains)	Primer	Wad	Velocity (fps)	Pressure
Lead Shot	20	7/8 oz.	Longshot	18.5	CCI 209M	Rem. RXP20	1300	11,200 PSI
Lead Shot	20	7/8 oz.	Longshot	17.2	CCI 209M	WAA20	1250	10,900 PSI
Lead Shot	20	7/8 oz.	Longshot	18	CCI 209M	WAA20	1300	11,900 PSI
Lead Shot	20	7/8 oz.	Longshot	17.6	CCI 209M	Windjammer	1250	10,700 PSI
Lead Shot	20	7/8 oz.	Longshot	18.4	CCI 209M	Windjammer	1300	12,000 PSI
Lead Shot	20	7/8 oz.	Longshot	17.5	Fed. 209A	Fed. 20S1	1250	11,800 PSI
Lead Shot	20	7/8 oz.	Longshot	17.8	Fed. 209A	PC20	1250	11,000 PSI
Lead Shot	20	7/8 oz.	Longshot	18.4	Fed. 209A	PC20	1300	11,900 PSI
Lead Shot	20	7/8 oz.	Longshot	17.8	Fed. 209A	Rem. RXP20	1250	11,400 PSI
Lead Shot	20	7/8 oz.	Longshot	18.9	Fed. 209A	Rem. RXP20	1300	12,000 PSI
Lead Shot	20	7/8 oz.	Longshot	17.4	Fed. 209A	WAA20	1250	11,900 PSI
Lead Shot	20	7/8 oz.	Longshot	17.4	Fed. 209A	Windjammer	1250	11,200 PSI
Lead Shot	20	7/8 oz.	Longshot	18.5	Fed. 209A	Windjammer	1300	12,000 PSI
Lead Shot	20	7/8 oz.	Longshot	17.6	Rem. 209P	Fed. 20S1	1250	10,800 PSI
Lead Shot	20	7/8 oz.	Longshot	18.5	Rem. 209P	Fed. 20S1	1300	12,000 PSI
Lead Shot	20	7/8 oz.	Longshot	17.9	Rem. 209P	PC20	1250	10,900 PSI
Lead Shot	20	7/8 oz.	Longshot	18.6	Rem. 209P	PC20	1300	11,600 PSI
Lead Shot	20	7/8 oz.	Longshot	17.7	Rem. 209P	Rem. RXP20	1250	10,400 PSI
Lead Shot	20	7/8 oz.	Longshot	18.7	Rem. 209P	Rem. RXP20	1300	11,400 PSI
Lead Shot	20	7/8 oz.	Longshot	17.2	Rem. 209P	WAA20	1250	11,100 PSI
Lead Shot	20	7/8 oz.	Longshot	18.4	Rem. 209P	WAA20	1300	11,800 PSI
Lead Shot	20	7/8 oz.	Longshot	17.9	Rem. 209P	Windjammer	1250	10,700 PSI
Lead Shot	20	7/8 oz.	Longshot	18.5	Rem. 209P	Windjammer	1300	11,900 PSI
Lead Shot	20	7/8 oz.	Longshot	17.6	Win. 209	Fed. 20S1	1250	10,600 PSI
Lead Shot	20	7/8 oz.	Longshot	18.6	Win. 209	Fed. 20S1	1300	11,400 PSI
Lead Shot	20	7/8 oz.	Longshot	18.3	Win. 209	PC20	1250	9,600 PSI
Lead Shot	20	7/8 oz.	Longshot	19.4	Win. 209	PC20	1300	10,600 PSI
Lead Shot	20	7/8 oz.	Longshot	20.5	Win. 209	PC20	1350	11,600 PSI
Lead Shot	20	7/8 oz.	Longshot	18.4	Win. 209	Rem. RXP20	1250	9,800 PSI
Lead Shot	20	7/8 oz.	Longshot	19.3	Win. 209	Rem. RXP20	1300	10,700 PSI
Lead Shot	20	7/8 oz.	Longshot	17.8	Win. 209	WAA20	1250	10,600 PSI
Lead Shot	20	7/8 oz.	Longshot	18.6	Win. 209	WAA20	1300	11,700 PSI
Lead Shot	20	7/8 oz.	Longshot	18.4	Win. 209	Windjammer	1250	10,100 PSI
Lead Shot	20	7/8 oz.	Longshot	19.1	Win. 209	Windjammer	1300	11,000 PSI
Lead Shot	20	7/8 oz.	Longshot	20	Win. 209	Windjammer	1350	12,000 PSI
Lead Shot	20	1 oz.	HS-6	19.8	Rem. 209P	Rem. SP20	1165	11,900 PSI
Lead Shot	20	1 oz.	HS-6	19.5	Rem. 209P	WAA20F1	1165	11,800 PSI
Lead Shot	20	1 oz.	HS-6	23	Win. 209	Rem. SP20	1165	10,100 LUP

Load Type	Gauge	Shot Wt.	Powder	Primer	Wad	Powder Wt. (Gr.)	Pressure	Vel. (ft/s)
Lead Shot	20	1 oz.	HS-6	Win. 209	Rem. SP20	24	10,800 LUP	1220
Lead Shot	20	1 oz.	HS-6	Win. 209	WAA20F1	21.5	10,000 LUP	1165
Lead Shot	20	1 oz.	HS-6	Win. 209	WAA20F1	22.5	10,900 LUP	1220
Lead Shot	20	1 oz.	HS-7	Win. 209	Rem. SP20	23.5	9,400 LUP	1165
Lead Shot	20	1 oz.	HS-7	Win. 209	Rem. SP20	24.5	10,600 LUP	1220
Lead Shot	20	1 oz.	HS-7	Win. 209	WAA20F1	23.5	9,200 LUP	1165
Lead Shot	20	1 oz.	HS-7	Win. 209	WAA20F1	24.5	10,100 LUP	1220
Lead Shot	20	1 oz.	HS-7	Win. 209	WAA20F1	25.5	10,800 LUP	1250
Lead Shot	20	1 oz.	800-X	Fed. 209A	Rem. RXP 20	15	11,700 PSI	1150
Lead Shot	20	1 oz.	800-X	Fed. 209A	WAA20F1	14.5	11,800 PSI	1150
Lead Shot	20	1 oz.	800-X	Rem. 209P	Rem. RXP20	17	10,800 PSI	1200
Lead Shot	20	1 oz.	800-X	Rem. 209P	WAA20F1	17	11,500 PSI	1200
Lead Shot	20	1 oz.	800-X	Win. 209	Rem. RXP20	16	11,600 PSI	1150
Lead Shot	20	1 oz.	800-X	Win. 209	WAA20F1	15.5	11,500 PSI	1150
Lead Shot	20	1 oz.	Longshot	CCI 209M	Rem. SP20	16.7	11,700 PSI	1165
Lead Shot	20	1 oz.	Longshot	CCI 209M	WAA20F1	15.5	11,900 PSI	1165
Lead Shot	20	1 oz.	Longshot	Fed. 209A	WAA20F1	15.5	11,900 PSI	1165
Lead Shot	20	1 oz.	Longshot	Rem. 209P	Rem. SP20	16.3	11,800 PSI	1165
Lead Shot	20	1 oz.	Longshot	Rem. 209P	WAA20F1	15.8	11,800 PSI	1165
Lead Shot	20	1 oz.	Longshot	Win. 209	Rem. SP20	16.5	10,700 PSI	1165
Lead Shot	20	1 oz.	Longshot	Win. 209	Rem. SP20	18.1	12,000 PSI	1220
Lead Shot	20	1 oz.	Longshot	Win. 209	WAA20F1	15.7	10,900 PSI	1165
Lead Shot	20	1 oz.	Longshot	Win. 209	WAA20F1	17.2	12,000 PSI	1220

Shell: 3" FEDERAL PLASTIC SHELLS

Load Type	Gauge	Shot Wt.	Powder	Primer	Wad	Powder Wt. (Gr.)	Pressure	Vel. (ft/s)
Lead Shot	20	1 1/8 oz.	HS-6	Fed. 209A	Fed. 20S1	23.5	11,500 PSI	1220
Lead Shot	20	1 1/8 oz.	HS-6	Win. 209	WAA20F1	23	10,600 PSI	1220
Lead Shot	20	1 1/8 oz.	HS-7	Fed. 209A	Fed. 20S1	25.8	11,600 PSI	1220
Lead Shot	20	1 1/8 oz.	HS-7	Fed. 209A	Fed. 20S1	27.3	11,700 PSI	1250
Lead Shot	20	1 1/8 oz.	HS-7	Win. 209	Fed. 20S1	28	11,400 PSI	1250
Lead Shot	20	1 1/8 oz.	HS-7	Win. 209	WAA20F1	25.5	10,100 PSI	1220
Lead Shot	20	1 1/8 oz.	SR 4756	Fed. 209A	Fed. 20S1	21	11,400 PSI	1150
Lead Shot	20	1 1/8 oz.	SR 4756	Fed. 209A	Rem. SP 20	21.5	11,700 PSI	1200
Lead Shot	20	1 1/8 oz.	SR 4756	Fed. 209A	WAA20	20.5	11,700 PSI	1150
Lead Shot	20	1 1/8 oz.	SR 4756	Rem. 209P	Fed. 20S1	24	11,200 PSI	1250
Lead Shot	20	1 1/8 oz.	SR 4756	Rem. 209P	Rem. SP 20	24.5	11,200 PSI	1250
Lead Shot	20	1 1/8 oz.	SR 4756	Rem. 209P	WAA20	24	11,000 PSI	1250

Lead Shot	20	1 1/8 oz.	SR 4756	Win. 209	Fed. 20S1	21.5	11,300 PSI	1200
Lead Shot	20	1 1/8 oz.	SR 4756	Win. 209	Rem. SP 20	23	11,500 PSI	1200
Lead Shot	20	1 1/8 oz.	SR 4756	Win. 209	WAA20	22.5	11,700 PSI	1200
Lead Shot	20	1 1/8 oz.	800-X	Fed. 209A	Fed. 20S1	19	11,600 PSI	1200
Lead Shot	20	1 1/8 oz.	800-X	Fed. 209A	Rem. RXP20	19.5	11,500 PSI	1200
Lead Shot	20	1 1/8 oz.	800-X	Fed. 209A	WAA20	19.5	11,500 PSI	1200
Lead Shot	20	1 1/8 oz.	800-X	Rem. 209P	Fed. 20S1	22	11,700 PSI	1300
Lead Shot	20	1 1/8 oz.	800-X	Rem. 209P	Rem. SP20	21	11,600 PSI	1250
Lead Shot	20	1 1/8 oz.	800-X	Rem. 209P	WAA20	22	11,400 PSI	1300
Lead Shot	20	1 1/8 oz.	800-X	Win. 209	Fed. 20S1	19.5	11,600 PSI	1200
Lead Shot	20	1 1/8 oz.	800-X	Win. 209	Rem. SP 20	19.5	11,500 PSI	1200
Lead Shot	20	1 1/8 oz.	800-X	Win. 209	WAA20	19	11,400 PSI	1200
Lead Shot	20	1 1/8 oz.	Longshot	CCI 209M	Fed. 20S1	19.6	9,000 PSI	1175
Lead Shot	20	1 1/8 oz.	Longshot	CCI 209M	Fed. 20S1	21	10,300 PSI	1230
Lead Shot	20	1 1/8 oz.	Longshot	CCI 209M	Fed. 20S1	22.4	11,500 PSI	1285
Lead Shot	20	1 1/8 oz.	Longshot	CCI 209M	Rem. RXP20	19.4	9,000 PSI	1175
Lead Shot	20	1 1/8 oz.	Longshot	CCI 209M	Rem. RXP20	21	10,000 PSI	1230
Lead Shot	20	1 1/8 oz.	Longshot	CCI 209M	Rem. RXP20	22.6	10,900 PSI	1285
Lead Shot	20	1 1/8 oz.	Longshot	CCI 209M	WAA20	19.2	8,300 PSI	1175
Lead Shot	20	1 1/8 oz.	Longshot	CCI 209M	WAA20	20.7	10,600 PSI	1230
Lead Shot	20	1 1/8 oz.	Longshot	Fed. 209A	Fed. 20S1	19.3	9,300 PSI	1175
Lead Shot	20	1 1/8 oz.	Longshot	Fed. 209A	Fed. 20S1	20.6	10,900 PSI	1230
Lead Shot	20	1 1/8 oz.	Longshot	Fed. 209A	Fed. 20S1	21.9	12,000 PSI	1285
Lead Shot	20	1 1/8 oz.	Longshot	Fed. 209A	Rem. RXP20	19.6	9,000 PSI	1175
Lead Shot	20	1 1/8 oz.	Longshot	Fed. 209A	Rem. RXP20	21.1	10,600 PSI	1230
Lead Shot	20	1 1/8 oz.	Longshot	Fed. 209A	Rem. RXP20	22.7	11,000 PSI	1285
Lead Shot	20	1 1/8 oz.	Longshot	Fed. 209A	WAA20	19.6	9,700 PSI	1175
Lead Shot	20	1 1/8 oz.	Longshot	Fed. 209A	WAA20	20.7	10,900 PSI	1230
Lead Shot	20	1 1/8 oz.	Longshot	Rem. 209P	Fed. 20S1	19.4	9,000 PSI	1175
Lead Shot	20	1 1/8 oz.	Longshot	Rem. 209P	Fed. 20S1	20.3	10,300 PSI	1230
Lead Shot	20	1 1/8 oz.	Longshot	Rem. 209P	Fed. 20S1	22.2	11,600 PSI	1285
Lead Shot	20	1 1/8 oz.	Longshot	Rem. 209P	Rem. RXP20	19.5	8,600 PSI	1175
Lead Shot	20	1 1/8 oz.	Longshot	Rem. 209P	Rem. RXP20	21.1	9,900 PSI	1230
Lead Shot	20	1 1/8 oz.	Longshot	Rem. 209P	Rem. RXP20	22.7	11,200 PSI	1285
Lead Shot	20	1 1/8 oz.	Longshot	Rem. 209P	WAA20	19.4	9,100 PSI	1175
Lead Shot	20	1 1/8 oz.	Longshot	Rem. 209P	WAA20	20.3	10,400 PSI	1230
Lead Shot	20	1 1/8 oz.	Longshot	Rem. 209P	WAA20	22.1	11,600 PSI	1285
Lead Shot	20	1 1/8 oz.	Longshot	Win. 209	Fed. 20S1	20.6	8,200 PSI	1175

Load Type	Gauge	Shot Wt.	Powder	Primer	Wad	Powder Wt. (Gr.)	Pressure	Vel. (ft/s)
Lead Shot	20	1 1/8 oz.	Longshot	Win. 209	Fed. 20S1	21.7	9,500 PSI	1230
Lead Shot	20	1 1/8 oz.	Longshot	Win. 209	Fed. 20S1	22.7	10,600 PSI	1285
Lead Shot	20	1 1/8 oz.	Longshot	Win. 209	Rem. RXP20	20.3	8,500 PSI	1175
Lead Shot	20	1 1/8 oz.	Longshot	Win. 209	Rem. RXP20	21.7	9,600 PSI	1230
Lead Shot	20	1 1/8 oz.	Longshot	Win. 209	Rem. RXP20	23	10,600 PSI	1285
Lead Shot	20	1 1/8 oz.	Longshot	Win. 209	WAA20	19.6	8,800 PSI	1175
Lead Shot	20	1 1/8 oz.	Longshot	Win. 209	WAA20	21	10,100 PSI	1230
Lead Shot	20	1 1/8 oz.	Longshot	Win. 209	WAA20	22.4	11,300 PSI	1285
Lead Shot	20	1 1/4 oz.	HS-7	Fed. 209A	Rem. RXP20	25.5	11,000 PSI	1185
Lead Shot	20	1 1/4 oz.	800-X	Fed. 209A	Rem. SP 20	17.5	11,500 PSI	1100
Lead Shot	20	1 1/4 oz.	800-X	Fed. 209A	WAA20F1	18	11,700 PSI	1125
Lead Shot	20	1 1/4 oz.	800-X	Rem. 209P	Rem. SP 20	19.5	11,400 PSI	1150
Lead Shot	20	1 1/4 oz.	800-X	Rem. 209P	WAA20F1	20	11,000 PSI	1175
Lead Shot	20	1 1/4 oz.	800-X	Win. 209	Rem. SP 20	18	11,400 PSI	1100
Lead Shot	20	1 1/4 oz.	800-X	Win. 209	WAA20F1	18.5	11,400 PSI	1125
Lead Shot	20	1 1/4 oz.	Longshot	CCI 209M	Fed. 20S1	20.2	11,300 PSI	1185
Lead Shot	20	1 1/4 oz.	Longshot	CCI 209M	Rem. RXP20	21	11,000 PSI	1185
Lead Shot	20	1 1/4 oz.	Longshot	CCI 209M	WAA20F1	20.3	11,400 PSI	1185
Lead Shot	20	1 1/4 oz.	Longshot	Fed. 209A	Fed. 20S1	20.2	11,700 PSI	1185
Lead Shot	20	1 1/4 oz.	Longshot	Fed. 209A	Rem. RXP20	20.9	11,300 PSI	1185
Lead Shot	20	1 1/4 oz.	Longshot	Fed. 209A	WAA20F1	20.2	11,500 PSI	1185
Lead Shot	20	1 1/4 oz.	Longshot	Rem. 209P	Fed. 20S1	20.5	11,600 PSI	1185
Lead Shot	20	1 1/4 oz.	Longshot	Rem. 209P	Rem. RXP20	21.5	10,400 PSI	1185
Lead Shot	20	1 1/4 oz.	Longshot	Rem. 209P	WAA20F1	19.9	11,200 PSI	1185
Lead Shot	20	1 1/4 oz.	Longshot	Win. 209	Fed. 20S1	20.4	10,300 PSI	1185
Lead Shot	20	1 1/4 oz.	Longshot	Win. 209	Rem. RXP20	21.3	10,600 PSI	1185
Lead Shot	20	1 1/4 oz.	Longshot	Win. 209	WAA20F1	21.2	10,300 PSI	1185
Lead Shot	20	1 1/4 oz.	Longshot	Win. 209	WAA20F1	22.2	11,500 PSI	1240

Shell: 3" WINCHESTER COMPRESSION-FORMED SUPER-X TYPE SHELLS (BISMUTH SHOT)

Load Type	Gauge	Shot Wt.	Powder	Primer	Wad	Powder Wt. (Gr.)	Pressure	Vel. (ft/s)
Bismuth	20	1 oz.	HS-7	CCI 209M	WAA20	26.5	11,000 PSI	1300
Bismuth	20	1 oz.	HS-7	Win. 209	WAA20	26.5	10,800 PSI	1300

Shell: 2 3/4" REMINGTON RXP, PREMIER AND STS PLASTIC SHELLS (BISMUTH SHOT)

Load Type	Gauge	Shot Wt.	Powder	Primer	Wad	Powder Wt. (Gr.)	Pressure	Vel. (ft/s)
Bismuth	20	7/8 oz.	Longshot	CCI 209M	Rem. SP20	17.5	10,900 PSI	1250
Bismuth	20	7/8 oz.	Longshot	CCI 209M	Rem. SP20	18.5	11,400 PSI	1300

Load Type	Gauge	Shot Wt.	Powder	Primer	Wad	Powder Wt. (Gr.)	Pressure	Vel. (ft/s)
Bismuth	20	7/8 oz.	Longshot	Fed. 209A	Rem. SP20	17.5	11,000 PSI	1250
Bismuth	20	7/8 oz.	Longshot	Fed. 209A	Rem. SP20	18.2	11,600 PSI	1300
Bismuth	20	7/8 oz.	Longshot	Rem. 209P	Rem. SP20	17.7	10,100 PSI	1250
Bismuth	20	7/8 oz.	Longshot	Rem. 209P	Rem. SP20	18.7	11,500 PSI	1300
Bismuth	20	7/8 oz.	Longshot	Win. 209	Rem. SP20	19	10,500 PSI	1250
Bismuth	20	7/8 oz.	Longshot	Win. 209	Rem. SP20	19.5	11,400 PSI	1300

Shell: 2 3/4" FEDERAL PLASTIC TARGET SHELLS (BISMUTH SHOT)

Load Type	Gauge	Shot Wt.	Powder	Primer	Wad	Powder Wt. (Gr.)	Pressure	Vel. (ft/s)
Bismuth	20	7/8 oz.	Longshot	CCI 209M	Rem. SP20	21	9,600 PSI	1350
Bismuth	20	7/8 oz.	Longshot	Fed. 209A	Rem. SP20	21.5	10,000 PSI	1350
Bismuth	20	7/8 oz.	Longshot	Rem. 209P	Rem. SP20	22	9,400 PSI	1350
Bismuth	20	7/8 oz.	Longshot	Win. 209	Rem. SP20	22	8,500 PSI	1325
Bismuth	20	1 oz.	HS-6	Fed. 209A	WAA20F1	22	9,700 PSI	1200
Bismuth	20	1 oz.	HS-7	Fed. 209A	WAA20F1	24	8,700 PSI	1200

Shell: 2 3/4" REMINGTON RXP, PREMIER AND STS PLASTIC SHELLS

Load Type	Gauge	Shot Wt.	Powder	Primer	Wad	Powder Wt. (Gr.)	Pressure	Vel. (ft/s)
Lead Shot	20	3/4 oz.	Internat'l	CCI 209M	PC20	12.2	9,400 PSI	1150
Lead Shot	20	3/4 oz.	Internat'l	CCI 209M	PC20	13	10,800 PSI	1200
Lead Shot	20	3/4 oz.	Internat'l	CCI 209M	WAA20	12	9,200 PSI	1150
Lead Shot	20	3/4 oz.	Internat'l	CCI 209M	WAA20	13.1	10,700 PSI	1200
Lead Shot	20	3/4 oz.	Internat'l	Ched. 209	CB 1034-20	13	8,800 PSI	1150
Lead Shot	20	3/4 oz.	Internat'l	Ched. 209	CB 1034-20	13.9	10,400 PSI	1200
Lead Shot	20	3/4 oz.	Internat'l	Ched. 209	CB 1034-20	14.9	12,000 PSI	1250
Lead Shot	20	3/4 oz.	Internat'l	Rem. 209P	CB 1034-20	13.1	8,000 PSI	1150
Lead Shot	20	3/4 oz.	Internat'l	Rem. 209P	CB 1034-20	14	10,000 PSI	1200
Lead Shot	20	3/4 oz.	Internat'l	Rem. 209P	CB 1034-20	14.7	11,700 PSI	1250
Lead Shot	20	3/4 oz.	Internat'l	Rem. 209P	PC20	12.5	8,400 PSI	1150
Lead Shot	20	3/4 oz.	Internat'l	Rem. 209P	PC20	13.7	9,500 PSI	1200
Lead Shot	20	3/4 oz.	Internat'l	Rem. 209P	WAA20	12.5	8,600 PSI	1150
Lead Shot	20	3/4 oz.	Internat'l	Rem. 209P	WAA20	13.6	10,600 PSI	1200
Lead Shot	20	3/4 oz.	Internat'l	Win. 209	CB 1034-20	12.9	9,100 PSI	1150
Lead Shot	20	3/4 oz.	Internat'l	Win. 209	CB 1034-20	13.9	10,600 PSI	1200
Lead Shot	20	3/4 oz.	Internat'l	Win. 209	CB 1034-20	14.9	12,000 PSI	1250
Lead Shot	20	3/4 oz.	Internat'l	Win. 209	PC20	12.5	9,000 PSI	1150
Lead Shot	20	3/4 oz.	Internat'l	Win. 209	PC20	13.2	10,200 PSI	1200
Lead Shot	20	3/4 oz.	Internat'l	Win. 209	PC20	14.2	11,800 PSI	1250

Lead Shot	20	3/4 oz.	Internat'l	Win. 209	WAA20	12	9,000 PSI	1150
Lead Shot	20	3/4 oz.	Internat'l	Win. 209	WAA20	13.2	10,400 PSI	1200
Lead Shot	20	3/4 oz.	Super Hcp	Ched. 209	CB 1034-20	12.8	9,100 PSI	1150
Lead Shot	20	3/4 oz.	Super Hcp	Ched. 209	CB 1034-20	13.7	10,200 PSI	1200
Lead Shot	20	3/4 oz.	Super Hcp	Ched. 209	CB 1034-20	14.6	11,300 PSI	1250
Lead Shot	20	3/4 oz.	Super Hcp	Rem. 209P	CB 1034-20	12.7	8,900 PSI	1150
Lead Shot	20	3/4 oz.	Super Hcp	Rem. 209P	CB 1034-20	13.8	10,200 PSI	1200
Lead Shot	20	3/4 oz.	Super Hcp	Rem. 209P	CB 1034-20	14.8	11,500 PSI	1250
Lead Shot	20	3/4 oz.	Super Hcp	Win. 209	CB 1034-20	12.8	8,600 PSI	1150
Lead Shot	20	3/4 oz.	Super Hcp	Win. 209	CB 1034-20	13.8	9,900 PSI	1200
Lead Shot	20	3/4 oz.	Super Hcp	Win. 209	CB 1034-20	14.8	11,100 PSI	1250
Lead Shot	20	3/4 oz.	PB	Ched. 209	CB 1034-20	14.8	8,600 PSI	1150
Lead Shot	20	3/4 oz.	PB	Ched. 209	CB 1034-20	15.8	9,400 PSI	1200
Lead Shot	20	3/4 oz.	PB	Ched. 209	CB 1034-20	16.9	10,300 PSI	1250
Lead Shot	20	3/4 oz.	PB	Rem. 209P	CB 1034-20	14.8	8,200 PSI	1150
Lead Shot	20	3/4 oz.	PB	Rem. 209P	CB 1034-20	15.9	9,400 PSI	1200
Lead Shot	20	3/4 oz.	PB	Rem. 209P	CB 1034-20	16.9	10,400 PSI	1250
Lead Shot	20	3/4 oz.	PB	Win. 209	CB 1034-20	14.9	8,200 PSI	1150
Lead Shot	20	3/4 oz.	PB	Win. 209	CB 1034-20	16	9,400 PSI	1200
Lead Shot	20	3/4 oz.	PB	Win. 209	CB 1034-20	17	10,500 PSI	1250
Lead Shot	20	7/8 oz. Lt.	Internat'l	Ched. 209	Rem. RXP20	12.9	10,200 PSI	1100
Lead Shot	20	7/8 oz. Lt.	Internat'l	Ched. 209	Rem. RXP20	13.1	10,500 PSI	1150
Lead Shot	20	7/8 oz. Lt.	Internat'l	Rem. 209P	Rem. RXP20	12.9	9900 PSI	1100
Lead Shot	20	7/8 oz. Lt.	Internat'l	Rem. 209P	Rem. RXP20	13.4	11,000 PSI	1150
Lead Shot	20	7/8 oz. Lt.	Internat'l	Win. 209	Rem. RXP20	13.4	10,900 PSI	1150
Lead Shot	20	7/8 oz. Lt.	Super Hcp	Ched. 209	WAA20	12.4	10,700 PSI	1100
Lead Shot	20	7/8 oz. Lt.	Super Hcp	Ched. 209	WAA20	12.9	11,500 PSI	1150
Lead Shot	20	7/8 oz. Lt.	Super Hcp	Rem. 209P	WAA20	12.4	10,600 PSI	1100
Lead Shot	20	7/8 oz. Lt.	Super Hcp	Rem. 209P	WAA20	12.9	11,800 PSI	1150
Lead Shot	20	7/8 oz. Lt.	Super Hcp	Win. 209	WAA20	12.4	10,300 PSI	1100
Lead Shot	20	7/8 oz. Lt.	Super Hcp	Win. 209	WAA20	12.9	11,400 PSI	1150
Lead Shot	20	7/8 oz. Lt.	PB	Ched. 209	DRV-20	14.5	10,300 PSI	1100
Lead Shot	20	7/8 oz. Lt.	PB	Ched. 209	DRV-20	15	11,100 PSI	1150
Lead Shot	20	7/8 oz. Lt.	PB	Ched. 209	Rem. RXP20	14.4	9300 PSI	1100
Lead Shot	20	7/8 oz. Lt.	PB	Ched. 209	Rem. RXP20	15	10,100 PSI	1150
Lead Shot	20	7/8 oz. Lt.	PB	Rem. 209P	DRV-20	14.4	9700 PSI	1100
Lead Shot	20	7/8 oz. Lt.	PB	Rem. 209P	DRV-20	15	10,700 PSI	1150
Lead Shot	20	7/8 oz. Lt.	PB	Rem. 209P	Rem. RXP20	14.5	9300 PSI	1100

Lead Shot	20	7/8 oz. Lt.	PB	Rem. 209P	Rem. RXP20	15	9900 PSI	1150
Lead Shot	20	7/8 oz. Lt.	PB	Win. 209	DRV-20	14.5	10,200 PSI	1100
Lead Shot	20	7/8 oz. Lt.	PB	Win. 209	DRV-20	15	10,800 PSI	1150
Lead Shot	20	7/8 oz. Lt.	PB	Win. 209	Rem. RXP20	14.5	9200 PSI	1100
Lead Shot	20	7/8 oz. Lt.	PB	Win. 209	Rem. RXP20	15	10,100 PSI	1150
Lead Shot	20	7/8 oz. Lt.	Universal	Ched. 209	DRV-20	15	9300 PSI	1100
Lead Shot	20	7/8 oz. Lt.	Universal	Ched. 209	DRV-20	15.4	9700 PSI	1150
Lead Shot	20	7/8 oz. Lt.	Universal	Ched. 209	Rem. RXP20	15	8900 PSI	1100
Lead Shot	20	7/8 oz. Lt.	Universal	Ched. 209	Rem. RXP20	15.5	9500 PSI	1150
Lead Shot	20	7/8 oz. Lt.	Universal	Ched. 209	WAA20	14.5	9700 PSI	1100
Lead Shot	20	7/8 oz. Lt.	Universal	Rem. 209P	DRV-20	15	9200 PSI	1100
Lead Shot	20	7/8 oz. Lt.	Universal	Rem. 209P	DRV-20	15.7	9900 PSI	1150
Lead Shot	20	7/8 oz. Lt.	Universal	Rem. 209P	Rem. RXP20	15.2	9100 PSI	1100
Lead Shot	20	7/8 oz. Lt.	Universal	Rem. 209P	Rem. RXP20	15.6	9300 PSI	1150
Lead Shot	20	7/8 oz. Lt.	Universal	Rem. 209P	WAA20	14.5	9700 PSI	1100
Lead Shot	20	7/8 oz. Lt.	Universal	Win. 209	DRV-20	14.8	9500 PSI	1100
Lead Shot	20	7/8 oz. Lt.	Universal	Win. 209	DRV-20	15.3	10,100 PSI	1150
Lead Shot	20	7/8 oz. Lt.	Universal	Win. 209	Rem. RXP20	15	9300 PSI	1100
Lead Shot	20	7/8 oz. Lt.	Universal	Win. 209	Rem. RXP20	15.5	9500 PSI	1150
Lead Shot	20	7/8 oz. Lt.	Universal	Win. 209	WAA20	14.5	10,100 PSI	1100
Lead Shot	20	7/8 oz.	Internat'l	CCI 209	Hor. Versalite	14	11,400 PSI	1200
Lead Shot	20	7/8 oz.	Internat'l	Rem. 209P	RXP20	14	10,700 PSI	1200
Lead Shot	20	7/8 oz.	Internat'l	Win. 209	PC20	14	11,000 PSI	1200
Lead Shot	20	7/8 oz.	Internat'l	Win. 209	WAA20	14	11,900 PSI	1200
Lead Shot	20	7/8 oz.	PB	Fed. 209A	Rem. RXP 20	16	11,600 PSI	1200
Lead Shot	20	7/8 oz.	PB	Fed. 209A	WAA20F1	16	11,900 PSI	1200
Lead Shot	20	7/8 oz.	PB	Fed. 209A	Windjammer	15.5	11,900 PSI	1200
Lead Shot	20	7/8 oz.	PB	Rem. 209P	CB 1078-20	16	11,800 PSI	1200
Lead Shot	20	7/8 oz.	PB	Rem. 209P	Fed. 20S1	15.5	11,800 PSI	1200
Lead Shot	20	7/8 oz.	PB	Rem. 209P	Rem. RXP20	16	11,000 PSI	1200
Lead Shot	20	7/8 oz.	PB	Rem. 209P	WAA20F1	16	11,400 PSI	1200
Lead Shot	20	7/8 oz.	PB	Rem. 209P	Windjammer	16	11,700 PSI	1200
Lead Shot	20	7/8 oz.	PB	Win. 209	CB 1078-20	16	11,700 PSI	1200
Lead Shot	20	7/8 oz.	PB	Win. 209	Rem. RXP20	16	11,100 PSI	1200
Lead Shot	20	7/8 oz.	PB	Win. 209	WAA20F1	16	11,100 PSI	1200
Lead Shot	20	7/8 oz.	PB	Win. 209	Windjammer	16	11,700 PSI	1200
Lead Shot	20	7/8 oz.	SR 7625	Fed. 209A	CB 1078-20	16.5	11,400 PSI	1200
Lead Shot	20	7/8 oz.	SR 7625	Fed. 209A	Fed. 20S1	16.5	12,000 PSI	1200

Lead Shot	20	7/8 oz.	SR 7625	Fed. 209A	Rem. RXP 20	17	11,000 PSI	1200
Lead Shot	20	7/8 oz.	SR 7625	Fed. 209A	WAA20	16.5	12,000 PSI	1200
Lead Shot	20	7/8 oz.	SR 7625	Fed. 209A	Windjammer	16.5	11,400 PSI	1200
Lead Shot	20	7/8 oz.	SR 7625	Rem. 209P	CB 1078-20	17	11,000 PSI	1200
Lead Shot	20	7/8 oz.	SR 7625	Rem. 209P	Fed. 20S1	17	11,100 PSI	1200
Lead Shot	20	7/8 oz.	SR 7625	Rem. 209P	RXP20	17	10,100 PSI	1200
Lead Shot	20	7/8 oz.	SR 7625	Rem. 209P	WAA20	17	11,000 PSI	1200
Lead Shot	20	7/8 oz.	SR 7625	Rem. 209P	Windjammer	17	11,000 PSI	1200
Lead Shot	20	7/8 oz.	SR 7625	Win. 209	CB 1078-20	17	11,100 PSI	1200
Lead Shot	20	7/8 oz.	SR 7625	Win. 209	Fed. 20S1	17	11,800 PSI	1200
Lead Shot	20	7/8 oz.	SR 7625	Win. 209	Rem. RXP20	17	10,300 PSI	1200
Lead Shot	20	7/8 oz.	SR 7625	Win. 209	WAA20	17	10,900 PSI	1200
Lead Shot	20	7/8 oz.	SR 7625	Win. 209	Windjammer	17	10,800 PSI	1200
Lead Shot	20	7/8 oz.	WSF	CCI 209	Fed. 20S1	17.5	11,100 PSI	1200
Lead Shot	20	7/8 oz.	WSF	CCI 209	Rem. RXP20	17.5	9,700 PSI	1200
Lead Shot	20	7/8 oz.	WSF	CCI 209	WAA20	17	10,500 PSI	1200
Lead Shot	20	7/8 oz.	WSF	Win. 209	Fed. 20S1	17	11,300 PSI	1200
Lead Shot	20	7/8 oz.	WSF	Win. 209	Rem. RXP20	17.5	10,600 PSI	1200
Lead Shot	20	7/8 oz.	WSF	Win. 209	WAA20	17	10,500 PSI	1200
Lead Shot	20	7/8 oz.	Universal	CCI 209SC	Fed. 20S1	15.2	10,700 PSI	1200
Lead Shot	20	7/8 oz.	Universal	CCI 209SC	Fed. 20S1	15.6	11,500 PSI	1225
Lead Shot	20	7/8 oz.	Universal	CCI 209SC	Hor. Versalite	15.6	11,000 PSI	1200
Lead Shot	20	7/8 oz.	Universal	CCI 209SC	Hor. Versalite	16.1	11,400 PSI	1225
Lead Shot	20	7/8 oz.	Universal	CCI 209SC	Rem. RXP20	15.5	10,400 PSI	1200
Lead Shot	20	7/8 oz.	Universal	CCI 209SC	Rem. RXP20	16	11,000 PSI	1225
Lead Shot	20	7/8 oz.	Universal	CCI 209SC	Rem. RXP20	16.4	11,300 PSI	1250
Lead Shot	20	7/8 oz.	Universal	CCI 209SC	WAA20F1	15.4	10,700 PSI	1200
Lead Shot	20	7/8 oz.	Universal	CCI 209SC	WAA20F1	15.9	10,900 PSI	1225
Lead Shot	20	7/8 oz.	Universal	CCI 209SC	WAA20F1	16.2	11,900 PSI	1250
Lead Shot	20	7/8 oz.	Universal	CCI 209SC	Windjammer	15.4	10,700 PSI	1200
Lead Shot	20	7/8 oz.	Universal	CCI 209SC	Windjammer	15.8	11,400 PSI	1225
Lead Shot	20	7/8 oz.	Universal	Fed. 209A	Fed. 20S1	15	11,900 PSI	1200
Lead Shot	20	7/8 oz.	Universal	Fed. 209A	Hor. Versalite	15.2	11,400 PSI	1200
Lead Shot	20	7/8 oz.	Universal	Fed. 209A	Hor. Versalite	15.5	12,000 PSI	1225
Lead Shot	20	7/8 oz.	Universal	Fed. 209A	Rem. RXP20	15.4	10,700 PSI	1200
Lead Shot	20	7/8 oz.	Universal	Fed. 209A	Rem. RXP20	15.9	11,300 PSI	1225
Lead Shot	20	7/8 oz.	Universal	Fed. 209A	WAA20F1	15	11,200 PSI	1200
Lead Shot	20	7/8 oz.	Universal	Fed. 209A	WAA20F1	15.5	12,000 PSI	1225

Lead Shot	20	7/8 oz.	Universal	Rem. 209P	Fed. 20S1	16	10,700 PSI	1200
Lead Shot	20	7/8 oz.	Universal	Rem. 209P	Fed. 20S1	16.2	11,100 PSI	1225
Lead Shot	20	7/8 oz.	Universal	Rem. 209P	Fed. 20S1	16.5	11,400 PSI	1250
Lead Shot	20	7/8 oz.	Universal	Rem. 209P	Hor. Versalite	16	10,200 PSI	1200
Lead Shot	20	7/8 oz.	Universal	Rem. 209P	Hor. Versalite	16.5	10,900 PSI	1225
Lead Shot	20	7/8 oz.	Universal	Rem. 209P	Hor. Versalite	17	11,700 PSI	1250
Lead Shot	20	7/8 oz.	Universal	Rem. 209P	Rem. RXP20	15.8	9,900 PSI	1200
Lead Shot	20	7/8 oz.	Universal	Rem. 209P	Rem. RXP20	16.7	10,700 PSI	1225
Lead Shot	20	7/8 oz.	Universal	Rem. 209P	WAA20F1	15.6	10,500 PSI	1200
Lead Shot	20	7/8 oz.	Universal	Rem. 209P	WAA20F1	16	11,000 PSI	1225
Lead Shot	20	7/8 oz.	Universal	Rem. 209P	WAA20F1	16.5	11,200 PSI	1250
Lead Shot	20	7/8 oz.	Universal	Rem. 209P	Windjammer	16	10,600 PSI	1200
Lead Shot	20	7/8 oz.	Universal	Rem. 209P	Windjammer	16.5	11,200 PSI	1225
Lead Shot	20	7/8 oz.	Universal	Win. 209	Fed. 20S1	15.5	10,800 PSI	1200
Lead Shot	20	7/8 oz.	Universal	Win. 209	Fed. 20S1	16	11,500 PSI	1225
Lead Shot	20	7/8 oz.	Universal	Win. 209	Hor. Versalite	16	10,800 PSI	1200
Lead Shot	20	7/8 oz.	Universal	Win. 209	Hor. Versalite	16.5	11,900 PSI	1225
Lead Shot	20	7/8 oz.	Universal	Win. 209	Rem. RXP20	16	10,400 PSI	1200
Lead Shot	20	7/8 oz.	Universal	Win. 209	Rem. RXP20	16.7	11,400 PSI	1225
Lead Shot	20	7/8 oz.	Universal	Win. 209	WAA20	15.8	9,600 PSI	1200
Lead Shot	20	7/8 oz.	Universal	Win. 209	Windjammer	16	10,800 PSI	1200
Lead Shot	20	7/8 oz.	Universal	Win. 209	Windjammer	16.5	11,500 PSI	1225
Lead Shot	20	7/8 oz.	SR 4756	Fed. 209A	Rem. SP 20	17.5	10,600 PSI	1200
Lead Shot	20	7/8 oz.	SR 4756	Fed. 209A	WAA20F1	17.5	10,200 PSI	1200
Lead Shot	20	7/8 oz.	SR 4756	Rem. 209P	Rem. SP 20	18.5	10,200 PSI	1200
Lead Shot	20	7/8 oz.	SR 4756	Rem. 209P	WAA20F1	18.5	9,500 PSI	1200
Lead Shot	20	7/8 oz.	SR 4756	Win. 209	Rem. SP 20	18.5	10,300 PSI	1200
Lead Shot	20	7/8 oz.	SR 4756	Win. 209	WAA20F1	19	9,600 PSI	1200
Lead Shot	20	7/8 oz.	800-X	Fed. 209A	CB 1078-20	16	9,900 PSI	1200
Lead Shot	20	7/8 oz.	800-X	Fed. 209A	Fed. 20S1	16	10,000 PSI	1200
Lead Shot	20	7/8 oz.	800-X	Fed. 209A	Rem. RXP 20	16	9,100 PSI	1200
Lead Shot	20	7/8 oz.	800-X	Fed. 209A	WAA20	16	9,300 PSI	1200
Lead Shot	20	7/8 oz.	800-X	Fed. 209A	Windjammer	16	9,500 PSI	1200
Lead Shot	20	7/8 oz.	800-X	Rem. 209P	CB 1078-20	16	9,500 PSI	1200
Lead Shot	20	7/8 oz.	800-X	Rem. 209P	Fed. 20S1	16	9,600 PSI	1200
Lead Shot	20	7/8 oz.	800-X	Rem. 209P	Rem. RXP 20	16.5	9,100 PSI	1200
Lead Shot	20	7/8 oz.	800-X	Rem. 209P	WAA20	16.5	9,100 PSI	1200
Lead Shot	20	7/8 oz.	800-X	Rem. 209P	Windjammer	16.5	9,500 PSI	1200

Lead Shot	20	7/8 oz.	800-X	Win. 209	CB 1078-20	16	9,600 PSI	1200
Lead Shot	20	7/8 oz.	800-X	Win. 209	Fed. 20S1	16	9,600 PSI	1200
Lead Shot	20	7/8 oz.	800-X	Win. 209	Rem. RXP20	16.5	9,500 PSI	1200
Lead Shot	20	7/8 oz.	800-X	Win. 209	WAA20	16	9,300 PSI	1200
Lead Shot	20	7/8 oz.	800-X	Win. 209	Windjammer	16	9,500 PSI	1200
Lead Shot	20	7/8 oz.	Longshot	CCI 209M	Fed. 20S1	16.9	10,400 PSI	1250
Lead Shot	20	7/8 oz.	Longshot	CCI 209M	Fed. 20S1	18	11,600 PSI	1300
Lead Shot	20	7/8 oz.	Longshot	CCI 209M	PC20	17.7	9,500 PSI	1250
Lead Shot	20	7/8 oz.	Longshot	CCI 209M	PC20	18.4	10,600 PSI	1300
Lead Shot	20	7/8 oz.	Longshot	CCI 209M	PC20	19.6	12,000 PSI	1350
Lead Shot	20	7/8 oz.	Longshot	CCI 209M	Rem. RXP20	17.7	9,500 PSI	1250
Lead Shot	20	7/8 oz.	Longshot	CCI 209M	Rem. RXP20	18.7	10,800 PSI	1300
Lead Shot	20	7/8 oz.	Longshot	CCI 209M	Rem. RXP20	19.6	12,000 PSI	1350
Lead Shot	20	7/8 oz.	Longshot	CCI 209M	WAA20	17	10,700 PSI	1250
Lead Shot	20	7/8 oz.	Longshot	CCI 209M	WAA20	18.1	11,700 PSI	1300
Lead Shot	20	7/8 oz.	Longshot	CCI 209M	Windjammer	17.3	10,000 PSI	1250
Lead Shot	20	7/8 oz.	Longshot	CCI 209M	Windjammer	18.1	11,300 PSI	1300
Lead Shot	20	7/8 oz.	Longshot	Fed. 209A	Fed. 20S1	17.5	10,800 PSI	1250
Lead Shot	20	7/8 oz.	Longshot	Fed. 209A	Fed. 20S1	18.3	12,000 PSI	1300
Lead Shot	20	7/8 oz.	Longshot	Fed. 209A	PC20	17.6	10,200 PSI	1250
Lead Shot	20	7/8 oz.	Longshot	Fed. 209A	PC20	18.6	11,200 PSI	1300
Lead Shot	20	7/8 oz.	Longshot	Fed. 209A	Rem. RXP20	17.6	10,100 PSI	1250
Lead Shot	20	7/8 oz.	Longshot	Fed. 209A	Rem. RXP20	18.6	11,200 PSI	1300
Lead Shot	20	7/8 oz.	Longshot	Fed. 209A	WAA20	17.1	10,600 PSI	1250
Lead Shot	20	7/8 oz.	Longshot	Fed. 209A	WAA20	18.3	11,700 PSI	1300
Lead Shot	20	7/8 oz.	Longshot	Fed. 209A	Windjammer	17.2	10,400 PSI	1250
Lead Shot	20	7/8 oz.	Longshot	Fed. 209A	Windjammer	18.5	11,900 PSI	1300
Lead Shot	20	7/8 oz.	Longshot	Rem. 209P	Fed. 20S1	17.5	10,200 PSI	1250
Lead Shot	20	7/8 oz.	Longshot	Rem. 209P	Fed. 20S1	18.4	11,600 PSI	1300
Lead Shot	20	7/8 oz.	Longshot	Rem. 209P	PC20	17.7	9,500 PSI	1250
Lead Shot	20	7/8 oz.	Longshot	Rem. 209P	PC20	18.8	10,700 PSI	1300
Lead Shot	20	7/8 oz.	Longshot	Rem. 209P	PC20	19.9	11,900 PSI	1350
Lead Shot	20	7/8 oz.	Longshot	Rem. 209P	Rem. RXP20	17.6	9,600 PSI	1250
Lead Shot	20	7/8 oz.	Longshot	Rem. 209P	Rem. RXP20	18.9	11,200 PSI	1300
Lead Shot	20	7/8 oz.	Longshot	Rem. 209P	WAA20	17.3	10,300 PSI	1250
Lead Shot	20	7/8 oz.	Longshot	Rem. 209P	WAA20	18.5	11,800 PSI	1300
Lead Shot	20	7/8 oz.	Longshot	Rem. 209P	Windjammer	17.8	10,100 PSI	1250
Lead Shot	20	7/8 oz.	Longshot	Rem. 209P	Windjammer	18.9	11,200 PSI	1300

Lead Shot	20	7/8 oz.	Longshot	Win. 209	Fed. 2051	18.1	10,000 PSI	1250
Lead Shot	20	7/8 oz.	Longshot	Win. 209	Fed. 2051	19.1	11,100 PSI	1300
Lead Shot	20	7/8 oz.	Longshot	Win. 209	Fed. 2051	20.1	12,000 PSI	1350
Lead Shot	20	7/8 oz.	Longshot	Win. 209	PC20	18.8	8,700 PSI	1250
Lead Shot	20	7/8 oz.	Longshot	Win. 209	PC20	18.8	10,100 PSI	1300
Lead Shot	20	7/8 oz.	Longshot	Win. 209	PC20	20.7	11,300 PSI	1350
Lead Shot	20	7/8 oz.	Longshot	Win. 209	Rem. RXP20	18.2	9,100 PSI	1250
Lead Shot	20	7/8 oz.	Longshot	Win. 209	Rem. RXP20	19.4	10,300 PSI	1300
Lead Shot	20	7/8 oz.	Longshot	Win. 209	Rem. RXP20	20.6	11,500 PSI	1350
Lead Shot	20	7/8 oz.	Longshot	Win. 209	WAA20	17.9	9,900 PSI	1250
Lead Shot	20	7/8 oz.	Longshot	Win. 209	WAA20	19	11,200 PSI	1300
Lead Shot	20	7/8 oz.	Longshot	Win. 209	Windjammer	18.4	9,000 PSI	1250
Lead Shot	20	7/8 oz.	Longshot	Win. 209	Windjammer	19.4	10,500 PSI	1300
Lead Shot	20	7/8 oz.	Longshot	Win. 209	Windjammer	20.3	12,000 PSI	1350
Lead Shot	20	1 oz.	HS-6	CCI 209	Rem. SP20	20.5	11,500 PSI	1165
Lead Shot	20	1 oz.	HS-6	CCI 209	WAA20F1	20.5	11,900 PSI	1165
Lead Shot	20	1 oz.	HS-6	CCI 209	Windjammer	19.6	11,200 PSI	1165
Lead Shot	20	1 oz.	HS-6	CCI 209M	Fed. 2051	19.5	11,600 PSI	1165
Lead Shot	20	1 oz.	HS-6	CCI 209M	WAA20F1	19.7	11,300 PSI	1165
Lead Shot	20	1 oz.	HS-6	Fed. 209A	Rem. SP20	19.5	11,400 PSI	1165
Lead Shot	20	1 oz.	HS-6	Fed. 209A	WAA20F1	19.5	11,100 PSI	1165
Lead Shot	20	1 oz.	HS-6	Rem. 209P	Fed. 2051	20	10,900 PSI	1165
Lead Shot	20	1 oz.	HS-6	Rem. 209P	WAA20F1	20.4	10,900 PSI	1165
Lead Shot	20	1 oz.	HS-6	Rem. 209P	WAA20F1	21.6	11,700 PSI	1220
Lead Shot	20	1 oz.	HS-6	Rem. 209P	Windjammer	20.8	10,900 PSI	1165
Lead Shot	20	1 oz.	HS-6	Win. 209	Fed. 2051	19.7	11,500 PSI	1165
Lead Shot	20	1 oz.	HS-6	Win. 209	Rem. SP20	20	11,200 PSI	1165
Lead Shot	20	1 oz.	HS-6	Win. 209	WAA20F1	20.3	11,200 PSI	1165
Lead Shot	20	1 oz.	HS-6	Win. 209	Windjammer	20	11,200 PSI	1165
Lead Shot	20	1 oz.	HS-7	Rem. 209P	Rem. SP20	23	9,800 LUP	1165
Lead Shot	20	1 oz.	HS-7	Rem. 209P	Rem. SP20	25	10,800 LUP	1220
Lead Shot	20	1 oz.	SR 4756	Rem. 209P	Rem. SP 20	19.5	11,500 PSI	1200
Lead Shot	20	1 oz.	SR 4756	Win. 209	Rem. SP 20	18.5	11,700 PSI	1150
Lead Shot	20	1 oz.	800-X	Fed. 209A	Rem. SP 20	16	11,800 PSI	1175
Lead Shot	20	1 oz.	800-X	Fed. 209A	WAA20F1	15.5	11,800 PSI	1150
Lead Shot	20	1 oz.	800-X	Rem. 209P	Fed. 2051	16	11,200 PSI	1150
Lead Shot	20	1 oz.	800-X	Rem. 209P	Rem. SP 20	17.5	11,900 PSI	1200
Lead Shot	20	1 oz.	800-X	Rem. 209P	WAA20F1	17	11,700 PSI	1200

Load Type	Gauge	Shot Wt.	Powder	Primer	Wad	Powder Wt. (Gr.)	Pressure	Vel. (ft/s)
Lead Shot	20	1 oz.	800-X	Win. 209	Fed. 20S1	16	11,700 PSI	1150
Lead Shot	20	1 oz.	800-X	Win. 209	Rem. RXP 20	17	11,800 PSI	1200
Lead Shot	20	1 oz.	800-X	Win. 209	WAA20F1	16.5	11,800 PSI	1200
Lead Shot	20	1 oz.	Longshot	CCI 209M	Rem. SP20	16.5	11,700 PSI	1165
Lead Shot	20	1 oz.	Longshot	CCI 209M	WAA20F1	16.5	11,000 PSI	1165
Lead Shot	20	1 oz.	Longshot	Fed. 209A	WAA20F1	15.9	11,200 PSI	1165
Lead Shot	20	1 oz.	Longshot	Fed. 209A	WAA20F1	16.5	12,000 PSI	1220
Lead Shot	20	1 oz.	Longshot	Rem. 209P	Rem. SP20	16	11,100 PSI	1165
Lead Shot	20	1 oz.	Longshot	Rem. 209P	WAA20F1	15.9	10,900 PSI	1165
Lead Shot	20	1 oz.	Longshot	Rem. 209P	WAA20F1	17.3	12,000 PSI	1220
Lead Shot	20	1 oz.	Longshot	Win. 209	Rem. SP20	16	10,400 PSI	1165
Lead Shot	20	1 oz.	Longshot	Win. 209	Rem. SP20	17.8	12,000 PSI	1220
Lead Shot	20	1 oz.	Longshot	Win. 209	WAA20F1	16.3	9,900 PSI	1165
Lead Shot	20	1 oz.	Longshot	Win. 209	WAA20F1	18	12,000 PSI	1220

Shell: 2 3/4" FEDERAL PLASTIC TARGET SHELLS

Load Type	Gauge	Shot Wt.	Powder	Primer	Wad	Powder Wt. (Gr.)	Pressure	Vel. (ft/s)
Lead Shot	20	7/8 oz.	700-X	Fed. 209A	CB 1078-20	14	11,400 PSI	1200
Lead Shot	20	7/8 oz.	700-X	Fed. 209A	Fed. 20S1	14	11,900 PSI	1200
Lead Shot	20	7/8 oz.	700-X	Fed. 209A	Rem. RXP20	14.5	11,500 PSI	1200
Lead Shot	20	7/8 oz.	700-X	Fed. 209A	WAA20	14.5	11,700 PSI	1200
Lead Shot	20	7/8 oz.	700-X	Fed. 209A	Windjammer	14.5	11,800 PSI	1200
Lead Shot	20	7/8 oz.	700-X	Rem. 209P	CB 1078-20	14.5	11,300 PSI	1200
Lead Shot	20	7/8 oz.	700-X	Rem. 209P	Fed. 20S1	14.5	11,600 PSI	1200
Lead Shot	20	7/8 oz.	700-X	Rem. 209P	Rem. RXP 20	15	11,100 PSI	1200
Lead Shot	20	7/8 oz.	700-X	Rem. 209P	WAA20	14.5	11,300 PSI	1200
Lead Shot	20	7/8 oz.	700-X	Rem. 209P	Windjammer	14.5	11,400 PSI	1200
Lead Shot	20	7/8 oz.	700-X	Win. 209	CB 1078-20	14	11,000 PSI	1200
Lead Shot	20	7/8 oz.	700-X	Win. 209	Fed. 20S1	14.5	11,800 PSI	1200
Lead Shot	20	7/8 oz.	700-X	Win. 209	Rem. RXP 20	14.5	11,000 PSI	1200
Lead Shot	20	7/8 oz.	700-X	Win. 209	WAA20	14.5	11,200 PSI	1200
Lead Shot	20	7/8 oz.	700-X	Win. 209	Windjammer	14.5	11,200 PSI	1200
Lead Shot	20	7/8 oz.	Internat'l	CCI 209SC	Fed. 20S1	15	11,100 PSI	1200
Lead Shot	20	7/8 oz.	Internat'l	CCI 209SC	Fed. 20S1	15.6	11,800 PSI	1225
Lead Shot	20	7/8 oz.	Internat'l	CCI 209SC	Hor. Versalite	15.2	11,000 PSI	1200
Lead Shot	20	7/8 oz.	Internat'l	CCI 209SC	Hor. Versalite	15.8	11,500 PSI	1225
Lead Shot	20	7/8 oz.	Internat'l	CCI 209SC	PC20	14.7	10,400 PSI	1200
Lead Shot	20	7/8 oz.	Internat'l	CCI 209SC	Rem. RXP20	14.5	10,000 PSI	1200

Lead Shot	20	7/8 oz.	Internat'l	CCI 209SC	Rem. RXP20	15.5	10,700 PSI	1225
Lead Shot	20	7/8 oz.	Internat'l	CCI 209SC	WAA20F1	14.7	10,300 PSI	1200
Lead Shot	20	7/8 oz.	Internat'l	CCI 209SC	WAA20F1	15.3	11,600 PSI	1225
Lead Shot	20	7/8 oz.	Internat'l	CCI 209SC	Windjammer	15	10,700 PSI	1200
Lead Shot	20	7/8 oz.	Internat'l	CCI 209SC	Windjammer	15.5	11,800 PSI	1225
Lead Shot	20	7/8 oz.	Internat'l	Fed. 209A	Fed. 20S1	14.5	11,500 PSI	1200
Lead Shot	20	7/8 oz.	Internat'l	Fed. 209A	Hor. Versalite	14.7	11,600 PSI	1200
Lead Shot	20	7/8 oz.	Internat'l	Fed. 209A	Rem. RXP20	14.7	11,100 PSI	1200
Lead Shot	20	7/8 oz.	Internat'l	Fed. 209A	WAA20F1	14.5	11,500 PSI	1200
Lead Shot	20	7/8 oz.	Internat'l	Fed. 209A	Windjammer	14.5	11,300 PSI	1200
Lead Shot	20	7/8 oz.	Internat'l	Fed. 209A	Windjammer	14.9	12,000 PSI	1225
Lead Shot	20	7/8 oz.	Internat'l	Rem. 209P	Fed. 20S1	15.3	10,700 PSI	1200
Lead Shot	20	7/8 oz.	Internat'l	Rem. 209P	Hor. Versalite	15.5	10,200 PSI	1200
Lead Shot	20	7/8 oz.	Internat'l	Rem. 209P	Hor. Versalite	16	11,600 PSI	1225
Lead Shot	20	7/8 oz.	Internat'l	Rem. 209P	WAA20F1	15	10,200 PSI	1200
Lead Shot	20	7/8 oz.	Internat'l	Rem. 209P	WAA20F1	15.5	11,300 PSI	1225
Lead Shot	20	7/8 oz.	Internat'l	Rem. 209P	WAA20F1	16	11,500 PSI	1250
Lead Shot	20	7/8 oz.	Internat'l	Rem. 209P	Windjammer	15.3	10,700 PSI	1200
Lead Shot	20	7/8 oz.	Internat'l	Rem. 209P	Windjammer	16	11,400 PSI	1225
Lead Shot	20	7/8 oz.	Internat'l	Win. 209	Fed. 20S1	14.6	11,400 PSI	1200
Lead Shot	20	7/8 oz.	Internat'l	Win. 209	Hor. Versalite	14.6	11,000 PSI	1200
Lead Shot	20	7/8 oz.	Internat'l	Win. 209	PC20	15	11,200 PSI	1200
Lead Shot	20	7/8 oz.	Internat'l	Win. 209	Rem. RXP20	14.7	10,200 PSI	1200
Lead Shot	20	7/8 oz.	Internat'l	Win. 209	Rem. RXP20	15.3	11,300 PSI	1225
Lead Shot	20	7/8 oz.	Internat'l	Win. 209	WAA20F1	14.5	10,500 PSI	1200
Lead Shot	20	7/8 oz.	Internat'l	Win. 209	WAA20F1	15.1	11,500 PSI	1225
Lead Shot	20	7/8 oz.	Internat'l	Win. 209	Windjammer	14.5	10,800 PSI	1200
Lead Shot	20	7/8 oz.	PB	Fed. 209A	CB 1078-20	17	9,800 PSI	1200
Lead Shot	20	7/8 oz.	PB	Fed. 209A	Fed. 20S1	17.5	10,000 PSI	1200
Lead Shot	20	7/8 oz.	PB	Fed. 209A	Rem. RXP 20	17.5	9,300 PSI	1200
Lead Shot	20	7/8 oz.	PB	Fed. 209A	WAA20	17.5	9,400 PSI	1200
Lead Shot	20	7/8 oz.	PB	Fed. 209A	Windjammer	17.5	9,500 PSI	1200
Lead Shot	20	7/8 oz.	PB	Rem. 209P	CB 1078-20	17.5	9,300 PSI	1200
Lead Shot	20	7/8 oz.	PB	Rem. 209P	Fed. 20S1	17.5	9,400 PSI	1200
Lead Shot	20	7/8 oz.	PB	Rem. 209P	Rem. RXP 20	17.5	8,900 PSI	1200
Lead Shot	20	7/8 oz.	PB	Rem. 209P	WAA20	17.5	9,300 PSI	1200
Lead Shot	20	7/8 oz.	PB	Rem. 209P	Windjammer	18	9,500 PSI	1200
Lead Shot	20	7/8 oz.	PB	Win. 209	CB 1078-20	17.5	9,500 PSI	1200

Lead Shot	20	7/8 oz.	PB	Win. 209	Fed. 20S1	17.5	10,100 PSI	1200
Lead Shot	20	7/8 oz.	PB	Win. 209	Rem. RXP 20	18	9,000 PSI	1200
Lead Shot	20	7/8 oz.	PB	Win. 209	WAA20	17.5	9,400 PSI	1200
Lead Shot	20	7/8 oz.	PB	Win. 209	Windjammer	17.5	9,500 PSI	1200
Lead Shot	20	7/8 oz.	SR 7625	Fed. 209A	CB 1078-20	18.5	9,500 PSI	1200
Lead Shot	20	7/8 oz.	SR 7625	Fed. 209A	Fed. 20S1	18.5	8,700 PSI	1200
Lead Shot	20	7/8 oz.	SR 7625	Fed. 209A	Rem. RXP20	19	8,700 PSI	1200
Lead Shot	20	7/8 oz.	SR 7625	Fed. 209A	WAA20	18.5	9,200 PSI	1200
Lead Shot	20	7/8 oz.	SR 7625	Fed. 209A	Windjammer	18.5	8,600 PSI	1200
Lead Shot	20	7/8 oz.	SR 7625	Rem. 209P	CB 1078-20	18.5	8,600 PSI	1200
Lead Shot	20	7/8 oz.	SR 7625	Rem. 209P	Fed. 20S1	19	8,300 PSI	1200
Lead Shot	20	7/8 oz.	SR 7625	Rem. 209P	Rem. RXP 20	19.5	8,300 PSI	1200
Lead Shot	20	7/8 oz.	SR 7625	Rem. 209P	WAA20	18.5	8,500 PSI	1200
Lead Shot	20	7/8 oz.	SR 7625	Rem. 209P	Windjammer	19	8,300 PSI	1200
Lead Shot	20	7/8 oz.	SR 7625	Win. 209	CB 1078-20	18.5	9,000 PSI	1200
Lead Shot	20	7/8 oz.	SR 7625	Win. 209	Fed. 20S1	18.5	8,600 PSI	1200
Lead Shot	20	7/8 oz.	SR 7625	Win. 209	Rem. RXP20	18.5	8,500 PSI	1200
Lead Shot	20	7/8 oz.	SR 7625	Win. 209	WAA20	18.5	8,400 PSI	1200
Lead Shot	20	7/8 oz.	SR 7625	Win. 209	Windjammer	19	9,100 PSI	1200
Lead Shot	20	7/8 oz.	Universal	CCI 209SC	Fed. 20S1	17	9,500 PSI	1200
Lead Shot	20	7/8 oz.	Universal	CCI 209SC	Fed. 20S1	17.6	10,100 PSI	1225
Lead Shot	20	7/8 oz.	Universal	CCI 209SC	Hor. Versalite	17.1	9,300 PSI	1200
Lead Shot	20	7/8 oz.	Universal	CCI 209SC	Hor. Versalite	17.5	9,800 PSI	1225
Lead Shot	20	7/8 oz.	Universal	CCI 209SC	Hor. Versalite	18	10,200 PSI	1250
Lead Shot	20	7/8 oz.	Universal	CCI 209SC	PC20	17.5	9,500 PSI	1200
Lead Shot	20	7/8 oz.	Universal	CCI 209SC	Rem. RXP20	17.5	9,000 PSI	1200
Lead Shot	20	7/8 oz.	Universal	CCI 209SC	Rem. RXP20	18	9,800 PSI	1225
Lead Shot	20	7/8 oz.	Universal	CCI 209SC	Rem. RXP20	18.5	10,000 PSI	1250
Lead Shot	20	7/8 oz.	Universal	CCI 209SC	WAA20F1	17.2	9,200 PSI	1200
Lead Shot	20	7/8 oz.	Universal	CCI 209SC	WAA20F1	17.7	9,500 PSI	1225
Lead Shot	20	7/8 oz.	Universal	CCI 209SC	WAA20F1	18	10,000 PSI	1250
Lead Shot	20	7/8 oz.	Universal	CCI 209SC	Windjammer	17	9,500 PSI	1200
Lead Shot	20	7/8 oz.	Universal	CCI 209SC	Windjammer	17.6	9,800 PSI	1225
Lead Shot	20	7/8 oz.	Universal	CCI 209SC	Windjammer	18.2	10,300 PSI	1250
Lead Shot	20	7/8 oz.	Universal	Fed. 209A	Fed. 20S1	16.7	10,000 PSI	1200
Lead Shot	20	7/8 oz.	Universal	Fed. 209A	Fed. 20S1	17	10,700 PSI	1225
Lead Shot	20	7/8 oz.	Universal	Fed. 209A	Hor. Versalite	17	9,900 PSI	1200
Lead Shot	20	7/8 oz.	Universal	Fed. 209A	Hor. Versalite	17.5	10,700 PSI	1225

Lead Shot	20	7/8 oz.	Universal	Fed. 209A	Hor. Versalite	18	11,200 PSI	1250
Lead Shot	20	7/8 oz.	Universal	Fed. 209A	PC20	17	10,000 PSI	1200
Lead Shot	20	7/8 oz.	Universal	Fed. 209A	Rem. RXP20	17	9,800 PSI	1200
Lead Shot	20	7/8 oz.	Universal	Fed. 209A	Rem. RXP20	17.7	10,200 PSI	1225
Lead Shot	20	7/8 oz.	Universal	Fed. 209A	Rem. RXP20	18	10,400 PSI	1250
Lead Shot	20	7/8 oz.	Universal	Fed. 209A	WAA20F1	17	10,100 PSI	1200
Lead Shot	20	7/8 oz.	Universal	Fed. 209A	WAA20F1	17.5	10,500 PSI	1225
Lead Shot	20	7/8 oz.	Universal	Fed. 209A	WAA20F1	17.8	10,800 PSI	1250
Lead Shot	20	7/8 oz.	Universal	Fed. 209A	Windjammer	17	9,600 PSI	1200
Lead Shot	20	7/8 oz.	Universal	Fed. 209A	Windjammer	17.5	10,300 PSI	1225
Lead Shot	20	7/8 oz.	Universal	Fed. 209A	Windjammer	18	10,800 PSI	1250
Lead Shot	20	7/8 oz.	Universal	Rem. 209P	Fed. 20S1	18	9,300 PSI	1200
Lead Shot	20	7/8 oz.	Universal	Rem. 209P	Hor. Versalite	17.8	8,800 PSI	1200
Lead Shot	20	7/8 oz.	Universal	Rem. 209P	Hor. Versalite	18.6	9,500 PSI	1225
Lead Shot	20	7/8 oz.	Universal	Rem. 209P	Hor. Versalite	19.2	9,700 PSI	1250
Lead Shot	20	7/8 oz.	Universal	Rem. 209P	Rem. RXP20	18.5	8,400 PSI	1200
Lead Shot	20	7/8 oz.	Universal	Rem. 209P	Rem. RXP20	19	9,100 PSI	1225
Lead Shot	20	7/8 oz.	Universal	Rem. 209P	WAA20F1	17.8	8,700 PSI	1200
Lead Shot	20	7/8 oz.	Universal	Rem. 209P	WAA20F1	18.3	9,500 PSI	1225
Lead Shot	20	7/8 oz.	Universal	Rem. 209P	Windjammer	18	8,900 PSI	1200
Lead Shot	20	7/8 oz.	Universal	Rem. 209P	Windjammer	18.5	9,400 PSI	1225
Lead Shot	20	7/8 oz.	Universal	Win. 209	Fed. 20S1	17.4	9,600 PSI	1200
Lead Shot	20	7/8 oz.	Universal	Win. 209	Fed. 20S1	18	10,300 PSI	1225
Lead Shot	20	7/8 oz.	Universal	Win. 209	Hor. Versalite	17	9,600 PSI	1200
Lead Shot	20	7/8 oz.	Universal	Win. 209	Hor. Versalite	17.5	10,100 PSI	1225
Lead Shot	20	7/8 oz.	Universal	Win. 209	Hor. Versalite	18	10,300 PSI	1250
Lead Shot	20	7/8 oz.	Universal	Win. 209	PC20	17.5	9,400 PSI	1200
Lead Shot	20	7/8 oz.	Universal	Win. 209	Rem. RXP20	17.5	9,300 PSI	1200
Lead Shot	20	7/8 oz.	Universal	Win. 209	Rem. RXP20	18.2	9,800 PSI	1225
Lead Shot	20	7/8 oz.	Universal	Win. 209	WAA20	17	9,300 PSI	1200
Lead Shot	20	7/8 oz.	Universal	Win. 209	WAA20	17.5	9,900 PSI	1225
Lead Shot	20	7/8 oz.	Universal	Win. 209	WAA20	18	10,200 PSI	1250
Lead Shot	20	7/8 oz.	Universal	Win. 209	WAA20F1	17	10,000 PSI	1200
Lead Shot	20	7/8 oz.	Universal	Win. 209	WAA20F1	17.4	10,200 PSI	1225
Lead Shot	20	7/8 oz.	Universal	Win. 209	WAA20F1	17.9	10,400 PSI	1250
Lead Shot	20	7/8 oz.	Universal	Win. 209	Windjammer	17.5	9,200 PSI	1200
Lead Shot	20	7/8 oz.	Universal	Win. 209	Windjammer	18.2	9,900 PSI	1225
Lead Shot	20	7/8 oz.	Universal	Win. 209	Windjammer	18.5	10,400 PSI	1250

Lead Shot	20	7/8 oz.	SR 4756	Fed. 209A	Fed. 20S1	20.5	8,700 PSI	1200
Lead Shot	20	7/8 oz.	SR 4756	Fed. 209A	Rem. RXP20	21	7,800 PSI	1200
Lead Shot	20	7/8 oz.	SR 4756	Fed. 209A	WAA20F1	20.5	8,500 PSI	1200
Lead Shot	20	7/8 oz.	SR 4756	Fed. 209A	Windjammer	20.5	8,700 PSI	1200
Lead Shot	20	7/8 oz.	SR 4756	Rem. 209P	Fed. 20S1	21.5	7,600 PSI	1200
Lead Shot	20	7/8 oz.	SR 4756	Rem. 209P	Rem. RXP20	21.5	7,000 PSI	1200
Lead Shot	20	7/8 oz.	SR 4756	Rem. 209P	WAA20F1	21.5	7,900 PSI	1200
Lead Shot	20	7/8 oz.	SR 4756	Rem. 209P	Windjammer	21.5	7,900 PSI	1200
Lead Shot	20	7/8 oz.	SR 4756	Win. 209	Fed. 20S1	20.5	8,500 PSI	1200
Lead Shot	20	7/8 oz.	SR 4756	Win. 209	Rem. RXP 20	21	7,900 PSI	1200
Lead Shot	20	7/8 oz.	SR 4756	Win. 209	WAA20F1	20.5	8,200 PSI	1200
Lead Shot	20	7/8 oz.	SR 4756	Win. 209	Windjammer	20.5	8,300 PSI	1200
Lead Shot	20	7/8 oz.	800-X	Fed. 209A	CB 1078-20	17	7,800 PSI	1200
Lead Shot	20	7/8 oz.	800-X	Fed. 209A	Fed. 20S1	17	8,200 PSI	1200
Lead Shot	20	7/8 oz.	800-X	Fed. 209A	Rem. RXP20	17.5	7,600 PSI	1200
Lead Shot	20	7/8 oz.	800-X	Fed. 209A	WAA20	17.5	8,000 PSI	1200
Lead Shot	20	7/8 oz.	800-X	Fed. 209A	Windjammer	17.5	8,000 PSI	1200
Lead Shot	20	7/8 oz.	800-X	Rem. 209P	CB 1078-20	17.5	7,900 PSI	1200
Lead Shot	20	7/8 oz.	800-X	Rem. 209P	Fed. 20S1	17.5	7,900 PSI	1200
Lead Shot	20	7/8 oz.	800-X	Rem. 209P	Rem. RXP 20	18	7,600 PSI	1200
Lead Shot	20	7/8 oz.	800-X	Rem. 209P	WAA20	17.5	7,600 PSI	1200
Lead Shot	20	7/8 oz.	800-X	Rem. 209P	Windjammer	17	7,300 PSI	1200
Lead Shot	20	7/8 oz.	800-X	Win. 209	CB 1078-20	17	8,100 PSI	1200
Lead Shot	20	7/8 oz.	800-X	Win. 209	Fed. 20S1	17.5	8,300 PSI	1200
Lead Shot	20	7/8 oz.	800-X	Win. 209	Rem. RXP 20	17.5	8,000 PSI	1200
Lead Shot	20	7/8 oz.	800-X	Win. 209	WAA20	17.5	8,100 PSI	1200
Lead Shot	20	7/8 oz.	800-X	Win. 209	Windjammer	17.5	8,000 PSI	1200
Lead Shot	20	7/8 oz.	Longshot	CCI 209M	Fed. 20S1	20.5	8,900 PSI	1300
Lead Shot	20	7/8 oz.	Longshot	CCI 209M	Fed. 20S1	21.5	9,800 PSI	1350
Lead Shot	20	7/8 oz.	Longshot	CCI 209M	Fed. 20S1	22.6	10,900 PSI	1400
Lead Shot	20	7/8 oz.	Longshot	CCI 209M	Rem. RXP20	21.1	8,500 PSI	1300
Lead Shot	20	7/8 oz.	Longshot	CCI 209M	Rem. RXP20	22.1	9,200 PSI	1350
Lead Shot	20	7/8 oz.	Longshot	CCI 209M	Rem. RXP20	23.2	9,900 PSI	1400
Lead Shot	20	7/8 oz.	Longshot	CCI 209M	Rem. RXP20	24.2	10,700 PSI	1450
Lead Shot	20	7/8 oz.	Longshot	CCI 209M	WAA20	21	8,700 PSI	1300
Lead Shot	20	7/8 oz.	Longshot	CCI 209M	WAA20	21.7	9,700 PSI	1350
Lead Shot	20	7/8 oz.	Longshot	CCI 209M	WAA20	22.3	10,600 PSI	1400
Lead Shot	20	7/8 oz.	Longshot	Fed. 209A	Fed. 20S1	20.3	9,300 PSI	1300

Lead Shot	20	7/8 oz.	Longshot	Fed. 209A	Fed. 2051	21.3	10,200 PSI	1350
Lead Shot	20	7/8 oz.	Longshot	Fed. 209A	Fed. 2051	22.3	11,100 PSI	1400
Lead Shot	20	7/8 oz.	Longshot	Fed. 209A	Rem. RXP20	20.5	8,800 PSI	1300
Lead Shot	20	7/8 oz.	Longshot	Fed. 209A	Rem. RXP20	21.6	9,800 PSI	1350
Lead Shot	20	7/8 oz.	Longshot	Fed. 209A	Rem. RXP20	22.7	10,700 PSI	1400
Lead Shot	20	7/8 oz.	Longshot	Fed. 209A	Rem. RXP20	23.8	11,800 PSI	1450
Lead Shot	20	7/8 oz.	Longshot	Fed. 209A	WAA20	20.6	8,900 PSI	1300
Lead Shot	20	7/8 oz.	Longshot	Fed. 209A	WAA20	21.7	9,800 PSI	1350
Lead Shot	20	7/8 oz.	Longshot	Fed. 209A	WAA20	22.8	10,600 PSI	1400
Lead Shot	20	7/8 oz.	Longshot	Fed. 209A	WAA20	23.9	11,400 PSI	1450
Lead Shot	20	7/8 oz.	Longshot	Rem. 209P	Fed. 2051	20.6	8,800 PSI	1300
Lead Shot	20	7/8 oz.	Longshot	Rem. 209P	Fed. 2051	21.7	9,700 PSI	1350
Lead Shot	20	7/8 oz.	Longshot	Rem. 209P	Fed. 2051	22.8	10,500 PSI	1400
Lead Shot	20	7/8 oz.	Longshot	Rem. 209P	Fed. 2051	24	11,900 PSI	1450
Lead Shot	20	7/8 oz.	Longshot	Rem. 209P	Rem. RXP20	22.5	8,200 PSI	1300
Lead Shot	20	7/8 oz.	Longshot	Rem. 209P	Rem. RXP20	23.2	9,000 PSI	1350
Lead Shot	20	7/8 oz.	Longshot	Rem. 209P	Rem. RXP20	23.9	9,700 PSI	1400
Lead Shot	20	7/8 oz.	Longshot	Rem. 209P	Rem. RXP20	24.5	10,400 PSI	1450
Lead Shot	20	7/8 oz.	Longshot	Rem. 209P	WAA20	20.8	8,600 PSI	1300
Lead Shot	20	7/8 oz.	Longshot	Rem. 209P	WAA20	21.9	9,400 PSI	1350
Lead Shot	20	7/8 oz.	Longshot	Rem. 209P	WAA20	22.9	10,200 PSI	1400
Lead Shot	20	7/8 oz.	Longshot	Rem. 209P	WAA20	24	11,000 PSI	1450
Lead Shot	20	7/8 oz.	Longshot	Win. 209	Fed. 2051	21.5	8,100 PSI	1300
Lead Shot	20	7/8 oz.	Longshot	Win. 209	Fed. 2051	22.6	8,900 PSI	1350
Lead Shot	20	7/8 oz.	Longshot	Win. 209	Fed. 2051	23.7	9,700 PSI	1400
Lead Shot	20	7/8 oz.	Longshot	Win. 209	Fed. 2051	25	11,000 PSI	1450
Lead Shot	20	7/8 oz.	Longshot	Win. 209	Rem. RXP20	24.1	7,700 PSI	1350
Lead Shot	20	7/8 oz.	Longshot	Win. 209	Rem. RXP20	24.9	8,700 PSI	1400
Lead Shot	20	7/8 oz.	Longshot	Win. 209	Rem. RXP20	25.7	9,600 PSI	1450
Lead Shot	20	7/8 oz.	Longshot	Win. 209	WAA20	22.3	7,500 PSI	1300
Lead Shot	20	7/8 oz.	Longshot	Win. 209	WAA20	23.3	8,300 PSI	1350
Lead Shot	20	7/8 oz.	Longshot	Win. 209	WAA20	24.3	9,200 PSI	1400
Lead Shot	20	7/8 oz.	Longshot	Win. 209	WAA20	25	10,800 PSI	1450
Lead Shot	20	1 oz.	SR 7625	Rem. 209P	Rem. SP 20	21	11,400 PSI	1250
Lead Shot	20	1 oz.	SR 7625	Win. 209	WAA20F1	20.5	11,600 PSI	1250
Lead Shot	20	1 oz.	HS-6	CCI 209M	Rem. SP20	21.3	10,000 PSI	1165
Lead Shot	20	1 oz.	HS-6	CCI 209M	Rem. SP20	22.5	10,800 PSI	1220
Lead Shot	20	1 oz.	HS-6	CCI 209M	WAA20F1	21.5	9,800 PSI	1165

Lead Shot	20	1 oz.	HS-6	CCI 209M	WAA20F1	23	11,200 PSI	1220
Lead Shot	20	1 oz.	HS-6	Fed. 209A	Rem. SP20	21	10,100 PSI	1165
Lead Shot	20	1 oz.	HS-6	Fed. 209A	Rem. SP20	22.5	11,300 PSI	1220
Lead Shot	20	1 oz.	HS-6	Fed. 209A	WAA20F1	21	9,700 PSI	1165
Lead Shot	20	1 oz.	HS-6	Fed. 209A	WAA20F1	22.5	11,200 PSI	1220
Lead Shot	20	1 oz.	HS-6	Win. 209	Rem. SP20	21.5	9,900 PSI	1165
Lead Shot	20	1 oz.	HS-6	Win. 209	Rem. SP20	23	10,900 PSI	1220
Lead Shot	20	1 oz.	HS-6	Win. 209	Rem. SP20	24	11,700 PSI	1250
Lead Shot	20	1 oz.	HS-6	Win. 209	WAA20F1	21.5	10,100 PSI	1165
Lead Shot	20	1 oz.	HS-6	Win. 209	WAA20F1	23	11,700 PSI	1220
Lead Shot	20	1 oz.	800-X	Fed. 209A	Fed. 20S1	19	11,500 PSI	1250
Lead Shot	20	1 oz.	800-X	Fed. 209A	Rem. SP 20	18.5	11,600 PSI	1250
Lead Shot	20	1 oz.	800-X	Fed. 209A	WAA20F1	19	11,800 PSI	1275
Lead Shot	20	1 oz.	800-X	Rem. 209P	Fed. 20S1	20	11,100 PSI	1275
Lead Shot	20	1 oz.	800-X	Rem. 209P	Rem. SP 20	21	11,400 PSI	1325
Lead Shot	20	1 oz.	800-X	Rem. 209P	WAA20F1	21	11,600 PSI	1325
Lead Shot	20	1 oz.	800-X	Win. 209	Fed. 20S1	19.5	11,600 PSI	1275
Lead Shot	20	1 oz.	800-X	Win. 209	Rem. SP 20	20	11,700 PSI	1300
Lead Shot	20	1 oz.	800-X	Win. 209	WAA20F1	19.5	11,500 PSI	1300
Lead Shot	20	1 oz.	Longshot	CCI 209M	Fed. 20S1	17.7	9,200 PSI	1165
Lead Shot	20	1 oz.	Longshot	CCI 209M	Fed. 20S1	19.1	10,500 PSI	1220
Lead Shot	20	1 oz.	Longshot	CCI 209M	Fed. 20S1	20.5	11,800 PSI	1275
Lead Shot	20	1 oz.	Longshot	CCI 209M	Rem. SP20	19.5	10,400 PSI	1220
Lead Shot	20	1 oz.	Longshot	CCI 209M	Rem. SP20	20.6	11,800 PSI	1275
Lead Shot	20	1 oz.	Longshot	CCI 209M	WAA20F1	18.9	10,400 PSI	1220
Lead Shot	20	1 oz.	Longshot	CCI 209M	WAA20F1	20.5	11,800 PSI	1275
Lead Shot	20	1 oz.	Longshot	Fed. 209A	Fed. 20S1	16.8	9,400 PSI	1165
Lead Shot	20	1 oz.	Longshot	Fed. 209A	Fed. 20S1	18.5	10,600 PSI	1220
Lead Shot	20	1 oz.	Longshot	Fed. 209A	Fed. 20S1	20.3	11,800 PSI	1275
Lead Shot	20	1 oz.	Longshot	Fed. 209A	Rem. SP20	17.4	9,400 PSI	1165
Lead Shot	20	1 oz.	Longshot	Fed. 209A	Rem. SP20	18.9	10,500 PSI	1220
Lead Shot	20	1 oz.	Longshot	Fed. 209A	Rem. SP20	20.4	11,700 PSI	1275
Lead Shot	20	1 oz.	Longshot	Fed. 209A	WAA20F1	17.7	9,100 PSI	1165
Lead Shot	20	1 oz.	Longshot	Fed. 209A	WAA20F1	18.9	10,100 PSI	1220
Lead Shot	20	1 oz.	Longshot	Fed. 209A	WAA20F1	20.2	11,200 PSI	1275
Lead Shot	20	1 oz.	Longshot	Rem. 209P	Fed. 20S1	17.7	8,700 PSI	1165
Lead Shot	20	1 oz.	Longshot	Rem. 209P	Fed. 20S1	19	10,100 PSI	1220
Lead Shot	20	1 oz.	Longshot	Rem. 209P	Fed. 20S1	20.2	11,400 PSI	1275

Shell: 3" WINCHESTER PLASTIC SHELLS WITH PLASTIC BASEWAD (BISMUTH SHOT)

Load Type	Gauge	Shot Wt.	Powder	Primer	Wad	Powder Wt. (Gr.)	Pressure	Vel. (ft/s)
Bismuth	20	1 oz.	Longshot	Rem. 209P	Rem. RXP20	24	9,200 PSI	1325
Bismuth	20	1 oz.	Longshot	Rem. 209P	Rem. RXP20	24.5	9,800 PSI	1350
Bismuth	20	1 oz.	Longshot	Rem. 209P	Rem. RXP20	25.1	10,400 PSI	1375
Bismuth	20	1 oz.	Longshot	Rem. 209P	Rem. RXP20	25.6	10,900 PSI	1400
Bismuth	20	1 oz.	Longshot	Win. 209	WAA20	23.8	9,300 PSI	1325
Bismuth	20	1 oz.	Longshot	Win. 209	WAA20	24.4	9,800 PSI	1350
Bismuth	20	1 oz.	Longshot	Win. 209	WAA20	25	10,400 PSI	1375
Bismuth	20	1 oz.	Longshot	Win. 209	WAA20	25.6	10,900 PSI	1400
Bismuth	20	1 1/8 oz.	Longshot	CCI 209M	WAA20F1	21	10,200 PSI	1225
Bismuth	20	1 1/8 oz.	Longshot	CCI 209M	WAA20F1	21.6	11,000 PSI	1250
Bismuth	20	1 1/8 oz.	Longshot	CCI 209M	WAA20F1	22.3	11,900 PSI	1275
Bismuth	20	1 1/8 oz.	Longshot	Fed. 209A	WAA20F1	21	10,700 PSI	1225
Bismuth	20	1 1/8 oz.	Longshot	Fed. 209A	WAA20F1	21.5	11,200 PSI	1250
Bismuth	20	1 1/8 oz.	Longshot	Fed. 209A	WAA20F1	22	11,600 PSI	1275
Bismuth	20	1 1/8 oz.	Longshot	Rem. 209P	WAA20F1	20.8	10,400 PSI	1225
Bismuth	20	1 1/8 oz.	Longshot	Rem. 209P	WAA20F1	21.6	11,000 PSI	1250
Bismuth	20	1 1/8 oz.	Longshot	Rem. 209P	WAA20F1	22.4	11,300 PSI	1275
Bismuth	20	1 1/8 oz.	Longshot	Win. 209	WAA20F1	21.6	9,500 PSI	1225
Bismuth	20	1 1/8 oz.	Longshot	Win. 209	WAA20F1	22.2	10,000 PSI	1250
Bismuth	20	1 1/8 oz.	Longshot	Win. 209	WAA20F1	22.8	10,600 PSI	1275
Lead Shot	20	1 oz.	Longshot	Rem. 209P	Rem. RXP20	19	8,700 PSI	1165
Lead Shot	20	1 oz.	Longshot	Rem. 209P	Rem. RXP20	19.8	9,600 PSI	1220
Lead Shot	20	1 oz.	Longshot	Rem. 209P	Rem. RXP20	20.7	10,600 PSI	1275
Lead Shot	20	1 oz.	Longshot	Rem. 209P	WAA20F1	17.1	9,100 PSI	1165
Lead Shot	20	1 oz.	Longshot	Rem. 209P	WAA20F1	18.8	10,000 PSI	1220
Lead Shot	20	1 oz.	Longshot	Rem. 209P	WAA20F1	20.6	10,900 PSI	1275
Lead Shot	20	1 oz.	Longshot	Win. 209	Fed. 20S1	18.6	9,000 PSI	1165
Lead Shot	20	1 oz.	Longshot	Win. 209	Fed. 20S1	19.7	9,900 PSI	1220
Lead Shot	20	1 oz.	Longshot	Win. 209	Fed. 20S1	20.9	10,800 PSI	1275
Lead Shot	20	1 oz.	Longshot	Win. 209	Rem. RXP20	19.8	8,100 PSI	1165
Lead Shot	20	1 oz.	Longshot	Win. 209	Rem. RXP20	20.7	8,900 PSI	1220
Lead Shot	20	1 oz.	Longshot	Win. 209	Rem. RXP20	21.5	9,700 PSI	1275
Lead Shot	20	1 oz.	Longshot	Win. 209	WAA20F1	17.8	8,400 PSI	1165
Lead Shot	20	1 oz.	Longshot	Win. 209	WAA20F1	19.5	9,400 PSI	1220
Lead Shot	20	1 oz.	Longshot	Win. 209	WAA20F1	21	10,300 PSI	1275

Load Type	Gauge	Shot Wt.	Powder	Primer	Wad	Powder Wt. (Gr.)	Pressure	Vel. (ft/s)
Bismuth	20	1 1/8 oz.	Longshot	Win. 209	WAA20F1	23.5	11,100 PSI	1300

Shell: 3" FEDERAL PLASTIC SHELLS (BISMUTH SHOT)

Load Type	Gauge	Shot Wt.	Powder	Primer	Wad	Powder Wt. (Gr.)	Pressure	Vel. (ft/s)
Bismuth	20	1 oz.	HS-7	Fed. 209A	Fed. 20S1	26.5	10,400 PSI	1300
Bismuth	20	1 oz.	Longshot	CCI 209M	Fed. 20S1	21.7	10,100 PSI	1300
Bismuth	20	1 oz.	Longshot	CCI 209M	Fed. 20S1	22.4	11,200 PSI	1325
Bismuth	20	1 oz.	Longshot	CCI 209M	Fed. 20S1	23	12,000 PSI	1350
Bismuth	20	1 oz.	Longshot	Fed. 209A	Fed. 20S1	21.7	10,100 PSI	1300
Bismuth	20	1 oz.	Longshot	Fed. 209A	Fed. 20S1	21.5	11,200 PSI	1325
Bismuth	20	1 oz.	Longshot	Fed. 209A	Fed. 20S1	23.2	12,000 PSI	1350
Bismuth	20	1 1/8 oz.	Longshot	CCI 209M	Rem. SP20	19.5	10,600 PSI	1200
Bismuth	20	1 1/8 oz.	Longshot	CCI 209M	Rem. SP20	20.5	11,100 PSI	1225
Bismuth	20	1 1/8 oz.	Longshot	CCI 209M	Rem. SP20	21.5	11,900 PSI	1250
Bismuth	20	1 1/8 oz.	Longshot	CCI 209M	WAA20F1	19.9	9,300 PSI	1200
Bismuth	20	1 1/8 oz.	Longshot	CCI 209M	WAA20F1	20.6	10,900 PSI	1225
Bismuth	20	1 1/8 oz.	Longshot	CCI 209M	WAA20F1	21.3	11,700 PSI	1250
Bismuth	20	1 1/8 oz.	Longshot	Fed. 209A	Rem. SP20	19.2	10,200 PSI	1200
Bismuth	20	1 1/8 oz.	Longshot	Fed. 209A	Rem. SP20	19.9	11,100 PSI	1225
Bismuth	20	1 1/8 oz.	Longshot	Fed. 209A	Rem. SP20	20.7	12,000 PSI	1250
Bismuth	20	1 1/8 oz.	Longshot	Fed. 209A	WAA20F1	20.2	9,900 PSI	1200
Bismuth	20	1 1/8 oz.	Longshot	Fed. 209A	WAA20F1	20.6	11,200 PSI	1225
Bismuth	20	1 1/8 oz.	Longshot	Rem. 209P	Rem. SP20	19.9	9,100 PSI	1200
Bismuth	20	1 1/8 oz.	Longshot	Rem. 209P	Rem. SP20	21	10,700 PSI	1225
Bismuth	20	1 1/8 oz.	Longshot	Rem. 209P	Rem. SP20	22	11,500 PSI	1250
Bismuth	20	1 1/8 oz.	Longshot	Rem. 209P	WAA20F1	19.9	10,300 PSI	1200
Bismuth	20	1 1/8 oz.	Longshot	Rem. 209P	WAA20F1	20.6	10,900 PSI	1225
Bismuth	20	1 1/8 oz.	Longshot	Rem. 209P	WAA20F1	21.3	11,500 PSI	1250
Bismuth	20	1 1/8 oz.	Longshot	Win. 209	Rem. SP20	20.1	8,700 PSI	1200
Bismuth	20	1 1/8 oz.	Longshot	Win. 209	Rem. SP20	20.8	10,000 PSI	1225
Bismuth	20	1 1/8 oz.	Longshot	Win. 209	Rem. SP20	21.8	11,600 PSI	1250
Bismuth	20	1 1/8 oz.	Longshot	Win. 209	WAA20F1	20.3	9,100 PSI	1200
Bismuth	20	1 1/8 oz.	Longshot	Win. 209	WAA20F1	21.1	10,600 PSI	1225
Bismuth	20	1 1/8 oz.	Longshot	Win. 209	WAA20F1	21.9	11,500 PSI	1250

Shell: 3" REMINGTON NITRO MAGNUM PLASTIC SHELLS (BISMUTH SHOT)

Load Type	Gauge	Shot Wt.	Powder	Primer	Wad	Powder Wt. (Gr.)	Pressure	Vel. (ft/s)
Bismuth	20	1 oz.	Longshot	CCI 209M	Rem. SP20	17.6	10,600 PSI	1200

Bismuth	20	1 oz.	Longshot	CCI 209M	Rem. SP20	18.2	11,200 PSI	1225
Bismuth	20	1 oz.	Longshot	CCI 209M	Rem. SP20	19	12,000 PSI	1250
Bismuth	20	1 oz.	Longshot	Fed. 209A	Rem. SP20	17.8	11,000 PSI	1200
Bismuth	20	1 oz.	Longshot	Fed. 209A	Rem. SP20	18.4	11,600 PSI	1225
Bismuth	20	1 oz.	Longshot	Fed. 209A	Rem. SP20	19	11,900 PSI	1250
Bismuth	20	1 oz.	Longshot	Rem. 209P	Rem. SP20	18	10,500 PSI	1200
Bismuth	20	1 oz.	Longshot	Rem. 209P	Rem. SP20	18.5	11,100 PSI	1225
Bismuth	20	1 oz.	Longshot	Rem. 209P	Rem. SP20	19	11,800 PSI	1250
Bismuth	20	1 oz.	Longshot	Win. 209	Rem. SP20	18.3	10,300 PSI	1200
Bismuth	20	1 oz.	Longshot	Win. 209	Rem. SP20	18.8	10,800 PSI	1225
Bismuth	20	1 oz.	Longshot	Win. 209	Rem. SP20	19.3	11,200 PSI	1250
Bismuth	20	1 oz.	Longshot	Win. 209	Rem. SP20	19.7	11,600 PSI	1275

28 Gauge Shot Shell

Shell: 2 3/4" REMINGTON PREMIER UNIBODY SHELLS

Load Type	Gauge	Shot Wt.	Powder	Primer	Wad	Powder Wt. (Gr.)	Pressure	Vel. (ft/s)
Lead Shot	28	3/4 oz.	Universal	CCI 209	PC28	14	10,000 PSI	1200
Lead Shot	28	3/4 oz.	Universal	Rem. 209P	Rem. PT28	14.3	10,200 PSI	1200
Lead Shot	28	3/4 oz.	Universal	Win. 209	Fed. 28S1	14	11,400 PSI	1200
Lead Shot	28	3/4 oz.	Universal	Win. 209	WAA28	13.8	10,600 PSI	1200

Shell: 2 3/4" CHEDDITE PLASTIC SHELLS

Load Type	Gauge	Shot Wt.	Powder	Primer	Wad	Powder Wt. (Gr.)	Pressure	Vel. (ft/s)
Lead Shot	28	3/4 oz.	Universal	Ched. 209	Fed. 28S1	14.5	11,000 PSI	1200
Lead Shot	28	3/4 oz.	Universal	Ched. 209	Fed. 28S1	14.9	11,800 PSI	1225
Lead Shot	28	3/4 oz.	Universal	Ched. 209	GU 2838	14.4	10,300 PSI	1200
Lead Shot	28	3/4 oz.	Universal	Ched. 209	GU 2838	14.8	10,800 PSI	1225
Lead Shot	28	3/4 oz.	Universal	Ched. 209	Rem. PT28	14.5	10,700 PSI	1200
Lead Shot	28	3/4 oz.	Universal	Ched. 209	Rem. PT28	15.2	11,700 PSI	1225
Lead Shot	28	3/4 oz.	Universal	Ched. 209	Rem. PT28	15.4	12,300 PSI	1250
Lead Shot	28	3/4 oz.	Universal	Fio. 616	Fed. 28S1	14.2	11,300 PSI	1200
Lead Shot	28	3/4 oz.	Universal	Fio. 616	Fed. 28S1	14.4	12,400 PSI	1225
Lead Shot	28	3/4 oz.	Universal	Fio. 616	GU 2838	14.3	10,000 PSI	1200
Lead Shot	28	3/4 oz.	Universal	Fio. 616	GU 2838	14.7	10,400 PSI	1225
Lead Shot	28	3/4 oz.	Universal	Fio. 616	Rem. PT28	14.2	11,400 PSI	1200
Lead Shot	28	3/4 oz.	Universal	Fio. 616	Rem. PT28	14.5	12,400 PSI	1225
Lead Shot	28	3/4 oz.	Longshot	Ched. 209	Fed. 28S1	15.2	10,300 PSI	1225

Lead Shot	28	3/4 oz.	Longshot	Ched. 209	Fed. 28S1	15.6	10,800 PSI	1250
Lead Shot	28	3/4 oz.	Longshot	Ched. 209	Fed. 28S1	16	11,300 PSI	1275
Lead Shot	28	3/4 oz.	Longshot	Ched. 209	Fed. 28S1	16.4	11,800 PSI	1300
Lead Shot	28	3/4 oz.	Longshot	Ched. 209	GU 2838	14.7	9,000 PSI	1225
Lead Shot	28	3/4 oz.	Longshot	Ched. 209	GU 2838	15.2	9,500 PSI	1250
Lead Shot	28	3/4 oz.	Longshot	Ched. 209	GU 2838	15.8	10,100 PSI	1275
Lead Shot	28	3/4 oz.	Longshot	Ched. 209	Rem. PT28	14.9	9,600 PSI	1225
Lead Shot	28	3/4 oz.	Longshot	Ched. 209	Rem. PT28	15.5	10,100 PSI	1250
Lead Shot	28	3/4 oz.	Longshot	Ched. 209	Rem. PT28	16	10,600 PSI	1275
Lead Shot	28	3/4 oz.	Longshot	Ched. 209	Rem. PT28	16.6	11,100 PSI	1300
Lead Shot	28	3/4 oz.	Longshot	Fio. 616	Fed. 28S1	15	10,300 PSI	1225
Lead Shot	28	3/4 oz.	Longshot	Fio. 616	Fed. 28S1	15.5	10,900 PSI	1250
Lead Shot	28	3/4 oz.	Longshot	Fio. 616	Fed. 28S1	15.9	11,400 PSI	1275
Lead Shot	28	3/4 oz.	Longshot	Fio. 616	Fed. 28S1	16.4	12,100 PSI	1300
Lead Shot	28	3/4 oz.	Longshot	Fio. 616	GU 2838	14.9	9,100 PSI	1200
Lead Shot	28	3/4 oz.	Longshot	Fio. 616	GU 2838	15.5	9,500 PSI	1225
Lead Shot	28	3/4 oz.	Longshot	Fio. 616	GU 2838	16	9,900 PSI	1250
Lead Shot	28	3/4 oz.	Longshot	Fio. 616	GU 2838	16.5	10,300 PSI	1275
Lead Shot	28	3/4 oz.	Longshot	Fio. 616	Rem. PT28	15.1	9,400 PSI	1225
Lead Shot	28	3/4 oz.	Longshot	Fio. 616	Rem. PT28	15.6	10,000 PSI	1250
Lead Shot	28	3/4 oz.	Longshot	Fio. 616	Rem. PT28	16.1	10,500 PSI	1275
Lead Shot	28	3/4 oz.	Longshot	Fio. 616	Rem. PT28	16.6	11,100 PSI	1300
Lead Shot	28	13/16 oz.	Universal	Ched. 209	Fed. 28S1	14.5	12,400 PSI	1200
Lead Shot	28	13/16 oz.	Universal	Ched. 209	Rem. PT28	14.7	12,500 PSI	1200
Lead Shot	28	13/16 oz.	Longshot	Ched. 209	Fed. 28S1	15.2	10,800 PSI	1200
Lead Shot	28	13/16 oz.	Longshot	Ched. 209	Fed. 28S1	15.6	11,400 PSI	1225
Lead Shot	28	13/16 oz.	Longshot	Ched. 209	Fed. 28S1	16	12,100 PSI	1250
Lead Shot	28	13/16 oz.	Longshot	Ched. 209	Rem. PT28	15.2	10,000 PSI	1200
Lead Shot	28	13/16 oz.	Longshot	Ched. 209	Rem. PT28	15.7	10,500 PSI	1225
Lead Shot	28	13/16 oz.	Longshot	Ched. 209	Rem. PT28	16.2	11,000 PSI	1250
Lead Shot	28	13/16 oz.	Longshot	Ched. 209	Rem. PT28	16.7	11,600 PSI	1275
Lead Shot	28	13/16 oz.	Longshot	Fio. 616	Fed. 28S1	15	10,900 PSI	1200
Lead Shot	28	13/16 oz.	Longshot	Fio. 616	Fed. 28S1	15.5	11,700 PSI	1225
Lead Shot	28	13/16 oz.	Longshot	Fio. 616	Fed. 28S1	16	12,500 PSI	1250
Lead Shot	28	13/16 oz.	Longshot	Fio. 616	Rem. PT28	14.9	10,300 PSI	1200
Lead Shot	28	13/16 oz.	Longshot	Fio. 616	Rem. PT28	15.4	10,400 PSI	1225
Lead Shot	28	13/16 oz.	Longshot	Fio. 616	Rem. PT28	15.8	11,400 PSI	1250
Lead Shot	28	13/16 oz.	Longshot	Fio. 616	Rem. PT28	16.3	12,000 PSI	1275

Lead Shot	28	7/8 oz.	Longshot	Ched. 209	BP SG28 II	14.5	11,600 PSI	1175
Lead Shot	28	7/8 oz.	Longshot	Fio. 616	BP SG28 II	14.5	12,100 PSI	1175
Lead Shot	28	7/8 oz.	Lil'Gun	Ched. 209	BP SG28 II	23.5	9,400 PSI	1225
Lead Shot	28	7/8 oz.	Lil'Gun	Ched. 209	BP SG28 II	25.4	9900 PSI	1275
Lead Shot	28	7/8 oz.	Lil'Gun	Fio. 616	BP SG28 II	23.8	9,300 PSI	1225
Lead Shot	28	7/8 oz.	Lil'Gun	Fio. 616	BP SG28 II	25	10,200 PSI	1275

Shell: 2 3/4" REMINGTON STS PLASTIC SHELLS (BISMUTH SHOT)

Load Type	Gauge	Shot Wt.	Powder	Primer	Wad	Powder Wt. (Gr.)	Pressure	Vel. (ft/s)
Bismuth	28	3/4 oz.	Longshot	CCI 209M	PC28	14.5	11,600 PSI	1225
Bismuth	28	3/4 oz.	Longshot	CCI 209M	Rem. PT28	14.5	11,700 PSI	1225
Bismuth	28	3/4 oz.	Longshot	CCI 209M	WAA28	14.5	12,000 PSI	1225
Bismuth	28	3/4 oz.	Longshot	Fed. 209A	PC28	14.5	12,300 PSI	1225
Bismuth	28	3/4 oz.	Longshot	Fed. 209A	Rem. PT28	14.5	11,900 PSI	1225
Bismuth	28	3/4 oz.	Longshot	Fed. 209A	WAA28	14.5	12,200 PSI	1225
Bismuth	28	3/4 oz.	Longshot	Rem. 209P	PC28	14.5	11,300 PSI	1225
Bismuth	28	3/4 oz.	Longshot	Rem. 209P	Rem. PT28	14.5	11,500 PSI	1225
Bismuth	28	3/4 oz.	Longshot	Rem. 209P	WAA28	14.1	11,300 PSI	1225
Bismuth	28	3/4 oz.	Longshot	Rem. 209P	WAA28	14.5	11,800 PSI	1250
Bismuth	28	3/4 oz.	Longshot	Win. 209	WAA28	14.5	10,900 PSI	1225

Shell: 2 3/4" WINCHESTER AAHS AND SUPER-X HS PLASTIC SHELLS

Load Type	Gauge	Shot Wt.	Powder	Primer	Wad	Powder Wt. (Gr.)	Pressure	Vel. (ft/s)
Lead Shot	28	3/4 oz.	SR 7625	CCI209M	PC28	14.3	12,400 PSI	1200
Lead Shot	28	3/4 oz.	SR 7625	CCI209M	Rem. PT28	14.6	12,200 PSI	1200
Lead Shot	28	3/4 oz.	SR 7625	Fed. 209A	Rem. PT28	14.2	12,500 PSI	1200
Lead Shot	28	3/4 oz.	SR 7625	Rem. 209P	Fed. 28S1	14.4	12,100 PSI	1200
Lead Shot	28	3/4 oz.	SR 7625	Rem. 209P	PC 28	15.2	12,200 PSI	1225
Lead Shot	28	3/4 oz.	SR 7625	Rem. 209P	PC28	14.7	11,800 PSI	1200
Lead Shot	28	3/4 oz.	SR 7625	Rem. 209P	Rem. PT28	14.7	11,300 PSI	1200
Lead Shot	28	3/4 oz.	SR 7625	Rem. 209P	Rem. PT28	15.2	11,900 PSI	1225
Lead Shot	28	3/4 oz.	SR 7625	Win. 209	Fed. 28S1	14.5	12,400 PSI	1200
Lead Shot	28	3/4 oz.	SR 7625	Win. 209	PC 28	14.9	11,800 PSI	1200
Lead Shot	28	3/4 oz.	SR 7625	Win. 209	PC28	15.4	12,500 PSI	1225
Lead Shot	28	3/4 oz.	SR 7625	Win. 209	Rem. PT28	14.7	11,200 PSI	1200
Lead Shot	28	3/4 oz.	SR 7625	Win. 209	Rem. PT28	15.3	11,700 PSI	1225
Lead Shot	28	3/4 oz.	Universal	CCI 209M	BP SG 28	14.3	11,000 PSI	1200
Lead Shot	28	3/4 oz.	Universal	CCI 209M	BP SG 28	14.6	11,800 PSI	1225

Lead Shot	28	3/4 oz.	Universal	CCI 209M	Fed. 28S1	14.2	12,400 PSI	1200
Lead Shot	28	3/4 oz.	Universal	CCI 209M	Rem. PT28	14.1	10,200 PSI	1200
Lead Shot	28	3/4 oz.	Universal	CCI 209M	Rem. PT28	14.7	11,300 PSI	1225
Lead Shot	28	3/4 oz.	Universal	CCI 209M	WAA28HS	14.2	12,100 PSI	1200
Lead Shot	28	3/4 oz.	Universal	Rem. 209P	BP SG 28	14.2	10,400 PSI	1200
Lead Shot	28	3/4 oz.	Universal	Rem. 209P	BP SG 28	14.7	11,100 PSI	1225
Lead Shot	28	3/4 oz.	Universal	Rem. 209P	Fed. 28S1	13.8	11,600 PSI	1200
Lead Shot	28	3/4 oz.	Universal	Rem. 209P	Fed. 28S1	14.5	12,000 PSI	1225
Lead Shot	28	3/4 oz.	Universal	Rem. 209P	Rem. PT28	14.5	10,500 PSI	1200
Lead Shot	28	3/4 oz.	Universal	Rem. 209P	WAA28HS	14	11,300 PSI	1200
Lead Shot	28	3/4 oz.	Universal	Win. 209	BP SG 28	14.3	11,400 PSI	1200
Lead Shot	28	3/4 oz.	Universal	Win. 209	Fed. 28S1	14.1	11,500 PSI	1200
Lead Shot	28	3/4 oz.	Universal	Win. 209	Rem. PT28	14.3	10,700 PSI	1200
Lead Shot	28	3/4 oz.	Universal	Win. 209	Rem. PT28	14.7	11,300 PSI	1225
Lead Shot	28	3/4 oz.	Universal	Win. 209	Rem. PT28	15.1	12,000 PSI	1250
Lead Shot	28	3/4 oz.	Universal	Win. 209	WAA28HS	14.1	12,200 PSI	1200
Lead Shot	28	3/4 oz.	HS-6	CCI 209M	BP SG 28	18	10,100 PSI	1200
Lead Shot	28	3/4 oz.	HS-6	CCI 209M	WAA28HS	17.5	10,400 PSI	1200
Lead Shot	28	3/4 oz.	HS-6	Fed. 209A	BP SG 28	17.5	10,600 PSI	1200
Lead Shot	28	3/4 oz.	HS-6	Fed. 209A	WAA28HS	17.5	11,000 PSI	1200
Lead Shot	28	3/4 oz.	HS-6	Rem. 209P	BP SG 28	18	9,600 PSI	1200
Lead Shot	28	3/4 oz.	HS-6	Rem. 209P	WAA28HS	18	10,600 PSI	1200
Lead Shot	28	3/4 oz.	HS-6	Win. 209	BP SG 28	18	9,700 PSI	1200
Lead Shot	28	3/4 oz.	HS-6	Win. 209	WAA28HS	18	10,600 PSI	1200
Lead Shot	28	3/4 oz.	SR 4756	CCI209M	Fed. 28S1	14.9	10,800 PSI	1175
Lead Shot	28	3/4 oz.	SR 4756	CCI209M	Fed. 28S1	15.5	11,400 PSI	1200
Lead Shot	28	3/4 oz.	SR 4756	CCI209M	Fed. 28S1	16	12,000 PSI	1225
Lead Shot	28	3/4 oz.	SR 4756	CCI209M	PC28	16.3	10,500 PSI	1200
Lead Shot	28	3/4 oz.	SR 4756	CCI209M	PC28	16.6	10,900 PSI	1225
Lead Shot	28	3/4 oz.	SR 4756	CCI209M	PC28	17	11,500 PSI	1250
Lead Shot	28	3/4 oz.	SR 4756	CCI209M	PC28	17.4	12,100 PSI	1275
Lead Shot	28	3/4 oz.	SR 4756	CCI209M	Rem. PT28	15.9	10,400 PSI	1200
Lead Shot	28	3/4 oz.	SR 4756	CCI209M	Rem. PT28	16.3	10,900 PSI	1225
Lead Shot	28	3/4 oz.	SR 4756	Fed. 209A	Fed. 28S1	15.3	11,600 PSI	1200
Lead Shot	28	3/4 oz.	SR 4756	Fed. 209A	Fed. 28S1	15.7	12,200 PSI	1225
Lead Shot	28	3/4 oz.	SR 4756	Fed. 209A	PC28	15.7	11,500 PSI	1200
Lead Shot	28	3/4 oz.	SR 4756	Fed. 209A	PC28	16.1	12,000 PSI	1225
Lead Shot	28	3/4 oz.	SR 4756	Fed. 209A	PC28	16.5	12,400 PSI	1250

Lead Shot	28	3/4 oz.	SR 4756	Fed. 209A	Rem. PT28	15.7	10,900 PSI	1200
Lead Shot	28	3/4 oz.	SR 4756	Fed. 209A	Rem. PT28	16.2	11,600 PSI	1225
Lead Shot	28	3/4 oz.	SR 4756	Rem. 209P	PC28	16.1	10,400 PSI	1200
Lead Shot	28	3/4 oz.	SR 4756	Rem. 209P	PC28	16.4	10,800 PSI	1225
Lead Shot	28	3/4 oz.	SR 4756	Rem. 209P	PC28	16.8	11,300 PSI	1250
Lead Shot	28	3/4 oz.	SR 4756	Win. 209	Fed. 28S1	15.5	11,100 PSI	1200
Lead Shot	28	3/4 oz.	SR 4756	Win. 209	PC28	16.1	10,600 PSI	1200
Lead Shot	28	3/4 oz.	SR 4756	Win. 209	PC28	16.6	11,100 PSI	1225
Lead Shot	28	3/4 oz.	SR 4756	Win. 209	PC28	17	11,400 PSI	1250
Lead Shot	28	3/4 oz.	800-X	CCI 209M	WAA28HS	13.5	11,600 PSI	1200
Lead Shot	28	3/4 oz.	800-X	CCI 209M	WAA28HS	14	12,300 PSI	1225
Lead Shot	28	3/4 oz.	800-X	CCI209M	BP SG 28	13.5	10,200 PSI	1200
Lead Shot	28	3/4 oz.	800-X	CCI209M	BP SG 28	14.1	11,200 PSI	1225
Lead Shot	28	3/4 oz.	800-X	CCI209M	BP SG 28	14.6	12,100 PSI	1250
Lead Shot	28	3/4 oz.	800-X	CCI209M	Fed. 28S1	13.6	11,000 PSI	1200
Lead Shot	28	3/4 oz.	800-X	CCI209M	Fed. 28S1	14.1	11,700 PSI	1225
Lead Shot	28	3/4 oz.	800-X	CCI209M	Fed. 28S1	14.5	12,200 PSI	1250
Lead Shot	28	3/4 oz.	800-X	CCI209M	PC28	13.5	10,200 PSI	1200
Lead Shot	28	3/4 oz.	800-X	CCI209M	PC28	14	10,900 PSI	1225
Lead Shot	28	3/4 oz.	800-X	CCI209M	PC28	14.5	11,500 PSI	1250
Lead Shot	28	3/4 oz.	800-X	CCI209M	PC28	15.1	12,300 PSI	1275
Lead Shot	28	3/4 oz.	800-X	CCI209M	Rem. PT28	13.8	10,100 PSI	1200
Lead Shot	28	3/4 oz.	800-X	CCI209M	Rem. PT28	14.3	10,700 PSI	1225
Lead Shot	28	3/4 oz.	800-X	CCI209M	Rem. PT28	14.8	11,300 PSI	1250
Lead Shot	28	3/4 oz.	800-X	CCI209M	Rem. PT28	15.3	11,900 PSI	1275
Lead Shot	28	3/4 oz.	800-X	Fed. 209A	BP SG 28	13.5	10,000 PSI	1200
Lead Shot	28	3/4 oz.	800-X	Fed. 209A	BP SG 28	13.9	11,500 PSI	1225
Lead Shot	28	3/4 oz.	800-X	Fed. 209A	BP SG 28	14.3	12,500 PSI	1250
Lead Shot	28	3/4 oz.	800-X	Fed. 209A	Fed. 28S1	13.2	11,500 PSI	1200
Lead Shot	28	3/4 oz.	800-X	Fed. 209A	Fed. 28S1	13.8	12,200 PSI	1225
Lead Shot	28	3/4 oz.	800-X	Fed. 209A	PC28	13.3	11,000 PSI	1200
Lead Shot	28	3/4 oz.	800-X	Fed. 209A	PC28	13.8	11,400 PSI	1225
Lead Shot	28	3/4 oz.	800-X	Fed. 209A	PC28	14.3	11,800 PSI	1250
Lead Shot	28	3/4 oz.	800-X	Fed. 209A	PC28	14.8	12,200 PSI	1275
Lead Shot	28	3/4 oz.	800-X	Fed. 209A	Rem. PT28	13.6	10,900 PSI	1200
Lead Shot	28	3/4 oz.	800-X	Fed. 209A	Rem. PT28	14	11,400 PSI	1225
Lead Shot	28	3/4 oz.	800-X	Fed. 209A	Rem. PT28	14.4	12,100 PSI	1250
Lead Shot	28	3/4 oz.	800-X	Fed. 209A	WAA28HS	13.3	12,000 PSI	1200

Lead Shot	28	3/4 oz.	800-X	Rem. 209P	BP SG 28	14	10,200 PSI	1200
Lead Shot	28	3/4 oz.	800-X	Rem. 209P	BP SG 28	14.5	11,000 PSI	1225
Lead Shot	28	3/4 oz.	800-X	Rem. 209P	BP SG 28	15	11,700 PSI	1250
Lead Shot	28	3/4 oz.	800-X	Rem. 209P	Fed. 28S1	13.7	11,200 PSI	1200
Lead Shot	28	3/4 oz.	800-X	Rem. 209P	Fed. 28S1	14.2	11,900 PSI	1225
Lead Shot	28	3/4 oz.	800-X	Rem. 209P	PC28	13.7	10,000 PSI	1200
Lead Shot	28	3/4 oz.	800-X	Rem. 209P	PC28	14.2	10,500 PSI	1225
Lead Shot	28	3/4 oz.	800-X	Rem. 209P	PC28	14.8	11,200 PSI	1250
Lead Shot	28	3/4 oz.	800-X	Rem. 209P	PC28	15.3	11,700 PSI	1275
Lead Shot	28	3/4 oz.	800-X	Rem. 209P	Rem. PT28	13.9	10,400 PSI	1200
Lead Shot	28	3/4 oz.	800-X	Rem. 209P	Rem. PT28	14.4	10,900 PSI	1225
Lead Shot	28	3/4 oz.	800-X	Rem. 209P	Rem. PT28	14.8	11,200 PSI	1250
Lead Shot	28	3/4 oz.	800-X	Rem. 209P	Rem. PT28	15.3	11,700 PSI	1275
Lead Shot	28	3/4 oz.	800-X	Rem. 209P	WAA28HS	13.7	11,500 PSI	1200
Lead Shot	28	3/4 oz.	800-X	Rem. 209P	WAA28HS	14.1	11,900 PSI	1225
Lead Shot	28	3/4 oz.	800-X	Rem. 209P	WAA28HS	14.5	12,300 PSI	1250
Lead Shot	28	3/4 oz.	800-X	Win. 209	BP SG 28	14.3	11,500 PSI	1225
Lead Shot	28	3/4 oz.	800-X	Win. 209	BP SG 28	14.8	12,000 PSI	1250
Lead Shot	28	3/4 oz.	800-X	Win. 209	Fed. 28S1	13.8	11,100 PSI	1200
Lead Shot	28	3/4 oz.	800-X	Win. 209	Fed. 28S1	14.2	11,500 PSI	1225
Lead Shot	28	3/4 oz.	800-X	Win. 209	Fed. 28S1	14.6	12,000 PSI	1250
Lead Shot	28	3/4 oz.	800-X	Win. 209	Fed. 28S1	15	12,300 PSI	1275
Lead Shot	28	3/4 oz.	800-X	Win. 209	PC28	13.7	10,500 PSI	1200
Lead Shot	28	3/4 oz.	800-X	Win. 209	PC28	14.2	10,900 PSI	1225
Lead Shot	28	3/4 oz.	800-X	Win. 209	PC28	14.7	11,400 PSI	1250
Lead Shot	28	3/4 oz.	800-X	Win. 209	PC28	15.2	11,900 PSI	1275
Lead Shot	28	3/4 oz.	800-X	Win. 209	Rem. PT28	13.6	9,800 PSI	1200
Lead Shot	28	3/4 oz.	800-X	Win. 209	Rem. PT28	14.2	10,400 PSI	1225
Lead Shot	28	3/4 oz.	800-X	Win. 209	Rem. PT28	14.8	11,100 PSI	1250
Lead Shot	28	3/4 oz.	800-X	Win. 209	Rem. PT28	15.4	11,700 PSI	1275
Lead Shot	28	3/4 oz.	800-X	Win. 209	WAA28HS	13.5	11,700 PSI	1200
Lead Shot	28	3/4 oz.	800-X	Win. 209	WAA28HS	14	12,200 PSI	1225
Lead Shot	28	3/4 oz.	Longshot	CCI 209M	BP SG 28	13.9	9,700 PSI	1200
Lead Shot	28	3/4 oz.	Longshot	CCI 209M	BP SG 28	14.5	10,400 PSI	1225
Lead Shot	28	3/4 oz.	Longshot	CCI 209M	BP SG 28	15	10,900 PSI	1250
Lead Shot	28	3/4 oz.	Longshot	CCI 209M	BP SG 28	15.5	11,500 PSI	1275
Lead Shot	28	3/4 oz.	Longshot	CCI 209M	Fed. 28S1	14	10,200 PSI	1200
Lead Shot	28	3/4 oz.	Longshot	CCI 209M	Fed. 28S1	14.5	10,900 PSI	1225

Lead Shot	28	3/4 oz.	Longshot	CCI 209M	Fed. 28S1	14.9	11,500 PSI	1250
Lead Shot	28	3/4 oz.	Longshot	CCI 209M	Rem. PT28	14.2	9,200 PSI	1200
Lead Shot	28	3/4 oz.	Longshot	CCI 209M	Rem. PT28	14.7	9,900 PSI	1225
Lead Shot	28	3/4 oz.	Longshot	CCI 209M	Rem. PT28	15.1	10,200 PSI	1250
Lead Shot	28	3/4 oz.	Longshot	CCI 209M	Rem. PT28	15.6	11,200 PSI	1275
Lead Shot	28	3/4 oz	Longshot	CCI 209M	WAA28HS	14.1	10,700 PSI	1200
Lead Shot	28	3/4 oz.	Longshot	CCI 209M	WAA28HS	14.5	11,200 PSI	1225
Lead Shot	28	3/4 oz.	Longshot	CCI 209M	WAA28HS	15	11,900 PSI	1250
Lead Shot	28	3/4 oz.	Longshot	Fed. 209A	BP SG 28	14	9,700 PSI	1200
Lead Shot	28	3/4 oz.	Longshot	Fed. 209A	BP SG 28	14.6	10,200 PSI	1225
Lead Shot	28	3/4 oz.	Longshot	Fed. 209A	BP SG 28	15.2	10,800 PSI	1250
Lead Shot	28	3/4 oz.	Longshot	Fed. 209A	Fed. 28S1	14.1	10,000 PSI	1200
Lead Shot	28	3/4 oz.	Longshot	Fed. 209A	Fed. 28S1	14.6	10,900 PSI	1225
Lead Shot	28	3/4 oz.	Longshot	Fed. 209A	Fed. 28S1	15	11,000 PSI	1250
Lead Shot	28	3/4 oz.	Longshot	Fed. 209A	Rem. PT28	14.1	9,200 PSI	1200
Lead Shot	28	3/4 oz.	Longshot	Fed. 209A	Rem. PT28	14.6	10,000 PSI	1225
Lead Shot	28	3/4 oz.	Longshot	Fed. 209A	Rem. PT28	15	10,600 PSI	1250
Lead Shot	28	3/4 oz.	Longshot	Fed. 209A	Rem. PT28	15.5	11,400 PSI	1275
Lead Shot	28	3/4 oz.	Longshot	Fed. 209A	WAA28HS	13.9	10,500 PSI	1200
Lead Shot	28	3/4 oz.	Longshot	Fed. 209A	WAA28HS	14.4	11,200 PSI	1225
Lead Shot	28	3/4 oz.	Longshot	Fed. 209A	WAA28HS	14.9	12,000 PSI	1250
Lead Shot	28	3/4 oz.	Longshot	Rem. 209P	BP SG 28	14.5	9,200 PSI	1200
Lead Shot	28	3/4 oz.	Longshot	Rem. 209P	BP SG 28	15	9,800 PSI	1225
Lead Shot	28	3/4 oz.	Longshot	Rem. 209P	BP SG 28	15.5	10,400 PSI	1250
Lead Shot	28	3/4 oz.	Longshot	Rem. 209P	Fed. 28S1	14.4	9,500 PSI	1200
Lead Shot	28	3/4 oz.	Longshot	Rem. 209P	Fed. 28S1	14.9	10,200 PSI	1225
Lead Shot	28	3/4 oz.	Longshot	Rem. 209P	Fed. 28S1	15.4	10,800 PSI	1250
Lead Shot	28	3/4 oz.	Longshot	Rem. 209P	Fed. 28S1	15.9	11,400 PSI	1275
Lead Shot	28	3/4 oz.	Longshot	Rem. 209P	Rem. PT28	14.7	8,700 PSI	1200
Lead Shot	28	3/4 oz.	Longshot	Rem. 209P	Rem. PT28	15.1	9,400 PSI	1225
Lead Shot	28	3/4 oz.	Longshot	Rem. 209P	Rem. PT28	15.6	10,200 PSI	1250
Lead Shot	28	3/4 oz.	Longshot	Rem. 209P	Rem. PT28	16	10,800 PSI	1275
Lead Shot	28	3/4 oz.	Longshot	Rem. 209P	WAA28HS	14.5	9,900 PSI	1200
Lead Shot	28	3/4 oz.	Longshot	Rem. 209P	WAA28HS	14.9	10,600 PSI	1225
Lead Shot	28	3/4 oz.	Longshot	Rem. 209P	WAA28HS	15.4	11,400 PSI	1250
Lead Shot	28	3/4 oz.	Longshot	Win. 209	BP SG 28	14.4	9,200 PSI	1200
Lead Shot	28	3/4 oz.	Longshot	Win. 209	BP SG 28	14.9	9,700 PSI	1225
Lead Shot	28	3/4 oz.	Longshot	Win. 209	BP SG 28	15.5	10,200 PSI	1250

Shot Type	Gauge	Shot Wt.	Powder	Primer	Wad	Powder Wt.	Pressure	Velocity
Lead Shot	28	3/4 oz.	Longshot	Win. 209	BP SG 28	16	10,800 PSI	1275
Lead Shot	28	3/4 oz.	Longshot	Win. 209	Fed. 28S1	14.5	9,500 PSI	1200
Lead Shot	28	3/4 oz.	Longshot	Win. 209	Fed. 28S1	14.9	10,100 PSI	1225
Lead Shot	28	3/4 oz.	Longshot	Win. 209	Fed. 28S1	15.3	10,700 PSI	1250
Lead Shot	28	3/4 oz.	Longshot	Win. 209	Fed. 28S1	15.7	11,200 PSI	1275
Lead Shot	28	3/4 oz.	Longshot	Win. 209	Rem. PT28	14.6	8,900 PSI	1200
Lead Shot	28	3/4 oz.	Longshot	Win. 209	Rem. PT28	15.1	9,600 PSI	1225
Lead Shot	28	3/4 oz.	Longshot	Win. 209	Rem. PT28	15.6	10,300 PSI	1250
Lead Shot	28	3/4 oz.	Longshot	Win. 209	Rem. PT28	16	10,800 PSI	1275
Lead Shot	28	3/4 oz.	Longshot	Win. 209	WAA28HS	14.6	9,800 PSI	1200
Lead Shot	28	3/4 oz.	Longshot	Win. 209	WAA28HS	14.9	10,100 PSI	1225
Lead Shot	28	3/4 oz.	Longshot	Win. 209	WAA28HS	15.5	11,100 PSI	1250
Lead Shot	28	13/16 oz.	SR 4756	CCI 209M	PC28	15.1	10,800 PSI	1150
Lead Shot	28	13/16 oz.	SR 4756	CCI 209M	PC28	15.6	11,500 PSI	1175
Lead Shot	28	13/16 oz.	800-X	CCI 209M	Fed. 28S1	13.4	12,200 PSI	1175
Lead Shot	28	13/16 oz.	800-X	CCI 209M	Fed. 28S1	13.8	12,500 PSI	1200
Lead Shot	28	13/16 oz.	800-X	CCI 209M	PC28	13.6	10,800 PSI	1175
Lead Shot	28	13/16 oz.	800-X	CCI 209M	PC28	14.1	11,400 PSI	1200
Lead Shot	28	13/16 oz.	800-X	CCI 209M	Rem. PT28	13.8	10,800 PSI	1175
Lead Shot	28	13/16 oz.	800-X	Fed. 209A	Fed. 28S1	13.5	12,300 PSI	1175
Lead Shot	28	13/16 oz.	800-X	Fed. 209A	PC28	13.3	11,300 PSI	1175
Lead Shot	28	13/16 oz.	800-X	Fed. 209A	PC28	13.9	12,300 PSI	1200
Lead Shot	28	13/16 oz.	800-X	Fed. 209A	Rem. PT28	13.6	11,400 PSI	1175
Lead Shot	28	13/16 oz.	800-X	Fed. 209A	Rem. PT28	14.1	12,000 PSI	1200
Lead Shot	28	13/16 oz.	800-X	Rem. 209P	Fed. 28S1	13.3	11,800 PSI	1175
Lead Shot	28	13/16 oz.	800-X	Rem. 209P	Fed. 28S1	13.9	12,500 PSI	1200
Lead Shot	28	13/16 oz.	800-X	Rem. 209P	PC28	13.6	10,900 PSI	1175
Lead Shot	28	13/16 oz.	800-X	Rem. 209P	PC28	14.2	11,600 PSI	1200
Lead Shot	28	13/16 oz.	800-X	Rem. 209P	Rem. PT28	13.7	10,800 PSI	1175
Lead Shot	28	13/16 oz.	800-X	Rem. 209P	Rem. PT28	14.1	11,200 PSI	1200
Lead Shot	28	13/16 oz.	800-X	Rem. 209P	Rem. PT28	14.6	11,600 PSI	1225
Lead Shot	28	13/16 oz.	800-X	Win. 209	Fed. 28S1	13.5	12,300 PSI	1175
Lead Shot	28	13/16 oz.	800-X	Win. 209	PC28	13.7	11,200 PSI	1175
Lead Shot	28	13/16 oz.	800-X	Win. 209	PC28	14.2	11,700 PSI	1200
Lead Shot	28	13/16 oz.	800-X	Win. 209	Rem. PT28	13.8	10,700 PSI	1175
Lead Shot	28	13/16 oz.	800-X	Win. 209	Rem. PT28	14.3	11,400 PSI	1200
Lead Shot	28	13/16 oz.	Longshot	CCI 209M	BP SG 28	14	10,800 PSI	1175
Lead Shot	28	13/16 oz.	Longshot	CCI 209M	Fed. 28S1	14	11,700 PSI	1175

Load Type	Gauge	Shot Wt.	Powder	Primer	Wad	Powder Wt. (Gr.)	Pressure	Vel. (ft/s)
Lead Shot	28	13/16 oz.	Longshot	CCI 209M	Rem. PT28	14.5	10,400 PSI	1175
Lead Shot	28	13/16 oz.	Longshot	CCI 209M	Rem. PT28	14.8	11,200 PSI	1200
Lead Shot	28	13/16 oz.	Longshot	CCI 209M	WAA28HS	14	12,000 PSI	1175
Lead Shot	28	13/16 oz.	Longshot	Fed. 209A	BP SG 28	14	11,100 PSI	1175
Lead Shot	28	13/16 oz.	Longshot	Fed. 209A	Fed. 28S1	14	11,800 PSI	1175
Lead Shot	28	13/16 oz.	Longshot	Fed. 209A	Fed. 28S1	14.2	12,200 PSI	1200
Lead Shot	28	13/16 oz.	Longshot	Fed. 209A	Rem. PT28	14.2	10,600 PSI	1175
Lead Shot	28	13/16 oz.	Longshot	Fed. 209A	WAA28HS	14	12,100 PSI	1175
Lead Shot	28	13/16 oz.	Longshot	Rem. 209P	BP SG 28	14.2	10,300 PSI	1175
Lead Shot	28	13/16 oz.	Longshot	Rem. 209P	Fed. 28S1	14.2	11,200 PSI	1175
Lead Shot	28	13/16 oz.	Longshot	Rem. 209P	Rem. PT28	14.3	9,900 PSI	1175
Lead Shot	28	13/16 oz.	Longshot	Win. 209	BP SG 28	14.2	10,400 PSI	1175
Lead Shot	28	13/16 oz.	Longshot	Win. 209	Fed. 28S1	14.3	11,400 PSI	1175
Lead Shot	28	13/16 oz.	Longshot	Win. 209	Rem. PT28	14.5	9,700 PSI	1175
Lead Shot	28	13/16 oz.	Longshot	Win. 209	WAA28HS	14.2	11,700 PSI	1175
Lead Shot	28	7/8 oz.	Lil'Gun	Rem. 209P	BP SG28 II	23.9	9,600 PSI	1225
Lead Shot	28	7/8 oz.	Lil'Gun	Rem. 209P	BP SG28 II	25	10,600 PSI	1275
Lead Shot	28	7/8 oz.	Lil'Gun	Win. 209	BP SG28 II	23.7	9,600 PSI	1225
Lead Shot	28	7/8 oz.	Lil'Gun	Win. 209	BP SG28 II	25	10,500 PSI	1275

Shell: 2 3/4" CHEDDITE PLASTIC SHELLS (BISMUTH SHOT)

Load Type	Gauge	Shot Wt.	Powder	Primer	Wad	Powder Wt. (Gr.)	Pressure	Vel. (ft/s)
Bismuth	28	3/4 oz.	Longshot	Ched. 209	Fed. 28S1	15	9,900 PSI	1225
Bismuth	28	3/4 oz.	Longshot	Ched. 209	Fed. 28S1	15.5	10,500 PSI	1250
Bismuth	28	3/4 oz.	Longshot	Ched. 209	Fed. 28S1	16	11,100 PSI	1275
Bismuth	28	3/4 oz.	Longshot	Ched. 209	Fed. 28S1	16.7	12,000 PSI	1300
Bismuth	28	3/4 oz.	Longshot	Ched. 209	Rem. PT28	15.4	9,100 PSI	1225
Bismuth	28	3/4 oz.	Longshot	Ched. 209	Rem. PT28	16	9,800 PSI	1250
Bismuth	28	3/4 oz.	Longshot	Ched. 209	Rem. PT28	16.6	10,500 PSI	1275
Bismuth	28	3/4 oz.	Longshot	Fio. 616	Fed. 28S1	15	10,300 PSI	1225
Bismuth	28	3/4 oz.	Longshot	Fio. 616	Fed. 28S1	15.4	11,000 PSI	1250
Bismuth	28	3/4 oz.	Longshot	Fio. 616	Fed. 28S1	15.8	11,700 PSI	1275
Bismuth	28	3/4 oz.	Longshot	Fio. 616	Fed. 28S1	16.2	12,300 PSI	1300
Bismuth	28	3/4 oz.	Longshot	Fio. 616	Rem. PT28	15.3	9,200 PSI	1225
Bismuth	28	3/4 oz.	Longshot	Fio. 616	Rem. PT28	15.8	9,900 PSI	1250
Bismuth	28	3/4 oz.	Longshot	Fio. 616	Rem. PT28	16.3	10,400 PSI	1275

Shell: 2 3/4" FIOCCHI PLASTIC TARGET SHELLS

Load Type	Gauge	Shot Wt.	Powder	Primer	Wad	Powder Wt. (Gr.)	Pressure	Vel. (ft/s)
Lead Shot	28	3/4 oz.	Universal	Ched. 209	GU 2838	14.2	10,300 PSI	1200
Lead Shot	28	3/4 oz.	Universal	Ched. 209	GU 2838	14.7	11,100 PSI	1225
Lead Shot	28	3/4 oz.	Universal	Fio. 616	Fed. 28S1	14.3	11,200 PSI	1200
Lead Shot	28	3/4 oz.	Universal	Fio. 616	Fed. 28S1	14.6	11,800 PSI	1225
Lead Shot	28	3/4 oz.	Universal	Fio. 616	Fed. 28S1	15	12,300 PSI	1250
Lead Shot	28	3/4 oz.	Universal	Fio. 616	GU 2838	14.3	10,700 PSI	1200
Lead Shot	28	3/4 oz.	Universal	Fio. 616	GU 2838	14.7	11,100 PSI	1225
Lead Shot	28	3/4 oz.	Universal	Fio. 616	PC28	14.2	10,900 PSI	1200
Lead Shot	28	3/4 oz.	Universal	Fio. 616	PC28	14.8	11,300 PSI	1225
Lead Shot	28	3/4 oz.	Universal	Fio. 616	PC28	15.2	11,800 PSI	1250
Lead Shot	28	3/4 oz.	Universal	Fio. 616	Rem. PT28	14.2	10,600 PSI	1200
Lead Shot	28	3/4 oz.	Universal	Fio. 616	Rem. PT28	14.8	11,000 PSI	1225
Lead Shot	28	3/4 oz.	Universal	Fio. 616	Rem. PT28	15.1	11,900 PSI	1250
Lead Shot	28	3/4 oz.	Longshot	Ched. 209	Fed. 28S1	14.9	10,200 PSI	1225
Lead Shot	28	3/4 oz.	Longshot	Ched. 209	Fed. 28S1	15.4	10,900 PSI	1250
Lead Shot	28	3/4 oz.	Longshot	Ched. 209	Fed. 28S1	15.9	11,600 PSI	1275
Lead Shot	28	3/4 oz.	Longshot	Ched. 209	Fed. 28S1	16.5	12,300 PSI	1300
Lead Shot	28	3/4 oz.	Longshot	Ched. 209	GU 2838	15	9,300 PSI	1225
Lead Shot	28	3/4 oz.	Longshot	Ched. 209	GU 2838	15.4	10,000 PSI	1250
Lead Shot	28	3/4 oz.	Longshot	Ched. 209	GU 2838	15.8	10,700 PSI	1275
Lead Shot	28	3/4 oz.	Longshot	Ched. 209	GU 2838	16.2	11,400 PSI	1300
Lead Shot	28	3/4 oz.	Longshot	Ched. 209	Rem. PT28	15.1	9,800 PSI	1225
Lead Shot	28	3/4 oz.	Longshot	Ched. 209	Rem. PT28	15.6	10,400 PSI	1250
Lead Shot	28	3/4 oz.	Longshot	Ched. 209	Rem. PT28	16.1	10,900 PSI	1275
Lead Shot	28	3/4 oz.	Longshot	Ched. 209	Rem. PT28	16.5	11,400 PSI	1300
Lead Shot	28	3/4 oz.	Longshot	Fio. 616	Fed. 28S1	15.1	10,700 PSI	1225
Lead Shot	28	3/4 oz.	Longshot	Fio. 616	Fed. 28S1	15.5	11,300 PSI	1250
Lead Shot	28	3/4 oz.	Longshot	Fio. 616	Fed. 28S1	15.9	11,800 PSI	1275
Lead Shot	28	3/4 oz.	Longshot	Fio. 616	Fed. 28S1	16.2	12,300 PSI	1300
Lead Shot	28	3/4 oz.	Longshot	Fio. 616	GU 2838	15	9,600 PSI	1225
Lead Shot	28	3/4 oz.	Longshot	Fio. 616	GU 2838	15.5	10,100 PSI	1250
Lead Shot	28	3/4 oz.	Longshot	Fio. 616	GU 2838	16	10,600 PSI	1275
Lead Shot	28	3/4 oz.	Longshot	Fio. 616	GU 2838	16.5	11,200 PSI	1300
Lead Shot	28	3/4 oz.	Longshot	Fio. 616	Rem. PT28	15.2	10,000 PSI	1225
Lead Shot	28	3/4 oz.	Longshot	Fio. 616	Rem. PT28	15.6	10,400 PSI	1250
Lead Shot	28	3/4 oz.	Longshot	Fio. 616	Rem. PT28	16.1	11,000 PSI	1275
Lead Shot	28	3/4 oz.	Longshot	Fio. 616	Rem. PT28	16.6	11,500 PSI	1300

Load Type	Gauge	Shot Wt.	Powder	Primer	Wad	Powder Wt. (Gr.)	Pressure	Vel. (ft/s)
Lead Shot	28	13/16 oz.	Universal	Fio. 616	Fed. 28S1	14.5	12,400 PSI	1225
Lead Shot	28	13/16 oz.	Universal	Fio. 616	PC28	14.5	12,100 PSI	1225
Lead Shot	28	13/16 oz.	Universal	Fio. 616	Rem. PT28	15	11,900 PSI	1225
Lead Shot	28	13/16 oz.	Longshot	Ched. 209	Fed. 28S1	14.7	11,300 PSI	1200
Lead Shot	28	13/16 oz.	Longshot	Ched. 209	Fed. 28S1	15.2	11,900 PSI	1225
Lead Shot	28	13/16 oz.	Longshot	Ched. 209	Fed. 28S1	15.7	12,500 PSI	1250
Lead Shot	28	13/16 oz.	Longshot	Ched. 209	Rem. PT28	15.3	10,700 PSI	1200
Lead Shot	28	13/16 oz.	Longshot	Ched. 209	Rem. PT28	15.6	11,100 PSI	1225
Lead Shot	28	13/16 oz.	Longshot	Ched. 209	Rem. PT28	16	11,700 PSI	1250
Lead Shot	28	13/16 oz.	Longshot	Ched. 209	Rem. PT28	16.5	12,300 PSI	1275
Lead Shot	28	13/16 oz.	Longshot	Fio. 616	Fed. 28S1	14.8	11,300 PSI	1200
Lead Shot	28	13/16 oz.	Longshot	Fio. 616	Fed. 28S1	15.3	11,800 PSI	1225
Lead Shot	28	13/16 oz.	Longshot	Fio. 616	Fed. 28S1	15.9	12,500 PSI	1250
Lead Shot	28	13/16 oz.	Longshot	Fio. 616	Rem. PT28	15	10,600 PSI	1200
Lead Shot	28	13/16 oz.	Longshot	Fio. 616	Rem. PT28	15.4	11,200 PSI	1225
Lead Shot	28	13/16 oz.	Longshot	Fio. 616	Rem. PT28	15.8	11,800 PSI	1250
Lead Shot	28	13/16 oz.	Longshot	Fio. 616	Rem. PT28	16.2	12,400 PSI	1275
Lead Shot	28	7/8 oz.	HS-7	Rem. 209P	PC28	19	10,100 PSI	1200
Lead Shot	28	7/8 oz.	HS-7	Win. 209	Rem. PT28	19.5	11,100 PSI	1200
Lead Shot	28	7/8 oz.	Longshot	Ched. 209	BP SG28 II	14.5	12,200 PSI	1175
Lead Shot	28	7/8 oz.	Longshot	Fio. 616	BP SG28 II	15	12,500 PSI	1175
Lead Shot	28	7/8 oz.	Lil'Gun	Ched. 209	BP SG28 II	24.1	9,400 PSI	1225
Lead Shot	28	7/8 oz.	Lil'Gun	Ched. 209	BP SG28 II	25.4	10,100 PSI	1275
Lead Shot	28	7/8 oz.	Lil'Gun	Ched. 209	BP SG28 II	26.8	10,900 PSI	1325
Lead Shot	28	7/8 oz.	Lil'Gun	Fio. 616	BP SG28 II	24.1	9,300 PSI	1225
Lead Shot	28	7/8 oz.	Lil'Gun	Fio. 616	BP SG28 II	25.5	10,100 PSI	1275
Lead Shot	28	7/8 oz.	Lil'Gun	Fio. 616	BP SG28 II	26.9	10,900 PSI	1325
Lead Shot	28	1 oz.	Lil'Gun	Ched. 209	BP HV28	23	11,700 PSI	1200
Lead Shot	28	1 oz.	Lil'Gun	Fio. 616	BP HV28	23.5	12,000 PSI	1200

Shell: 2 3/4" REMINGTON PLASTIC TARGET SHELLS

Load Type	Gauge	Shot Wt.	Powder	Primer	Wad	Powder Wt. (Gr.)	Pressure	Vel. (ft/s)
Lead Shot	28	3/4 oz.	Universal	Rem. 209P	Rem. PT28	13.8	11,600 PSI	1200
Lead Shot	28	3/4 oz.	Universal	Win. 209	PC28	13.7	10,900 PSI	1200

Shell: 2 3/4" REMINGTON STS PLASTIC SHELLS

Load Type	Gauge	Shot Wt.	Powder	Primer	Wad	Powder Wt. (Gr.)	Pressure	Vel. (ft/s)

Lead Shot	28	3/4 oz.	PB	Rem. 209P	PC28	13	12,100 PSI	1200
Lead Shot	28	3/4 oz.	PB	Rem. 209P	Rem. PT28	13	12,500 PSI	1150
Lead Shot	28	3/4 oz.	PB	Rem. 209P	WAA28	13.5	12,300 PSI	1200
Lead Shot	28	3/4 oz.	SR 7625	Rem. 209P	Fed. 28S1	13.5	12,400 PSI	1200
Lead Shot	28	3/4 oz.	SR 7625	Rem. 209P	PC28	14	11,700 PSI	1200
Lead Shot	28	3/4 oz.	SR 7625	Rem. 209P	Rem. PT28	13.5	12,400 PSI	1200
Lead Shot	28	3/4 oz.	SR 7625	Rem. 209P	WAA28	14	11,800 PSI	1200
Lead Shot	28	3/4 oz.	SR 7625	Win. 209	PC28	14	12,200 PSI	1200
Lead Shot	28	3/4 oz.	SR 7625	Win. 209	Rem. PT28	14	12,500 PSI	1200
Lead Shot	28	3/4 oz.	SR 7625	Win. 209	WAA28	14	12,200 PSI	1200
Lead Shot	28	3/4 oz.	Universal	CCI 209SC	PC28	13.6	12,200 PSI	1200
Lead Shot	28	3/4 oz.	Universal	CCI 209SC	Rem. PT28	13.8	12,100 PSI	1200
Lead Shot	28	3/4 oz.	Universal	CCI 209SC	WAA28	13.8	11,600 PSI	1200
Lead Shot	28	3/4 oz.	Universal	Fed. 209A	WAA28	13.5	12,200 PSI	1200
Lead Shot	28	3/4 oz.	Universal	Rem. 209P	PC28	13.6	12,000 PSI	1200
Lead Shot	28	3/4 oz.	Universal	Rem. 209P	Rem. PT28	13.8	12,000 PSI	1200
Lead Shot	28	3/4 oz.	Universal	Rem. 209P	WAA28	13.9	11,700 PSI	1200
Lead Shot	28	3/4 oz.	Universal	Win. 209	PC28	13.5	12,400 PSI	1200
Lead Shot	28	3/4 oz.	Universal	Win. 209	Rem. PT28	13.8	12,100 PSI	1200
Lead Shot	28	3/4 oz.	Universal	Win. 209	WAA28	13.8	11,500 PSI	1200
Lead Shot	28	3/4 oz.	HS-6	CCI 209SC	Rem. PT28	17	10,900 PSI	1200
Lead Shot	28	3/4 oz.	HS-6	CCI 209SC	WAA28	17	10,300 PSI	1200
Lead Shot	28	3/4 oz.	HS-6	Fed. 209A	Rem. PT28	16.7	11,700 PSI	1200
Lead Shot	28	3/4 oz.	HS-6	Fed. 209A	WAA28	16.7	11,000 PSI	1200
Lead Shot	28	3/4 oz.	HS-6	Rem. 209P	Rem. PT28	17.1	11,000 PSI	1200
Lead Shot	28	3/4 oz.	HS-6	Rem. 209P	WAA28	17.1	10,400 PSI	1200
Lead Shot	28	3/4 oz.	HS-6	Win. 209	Rem. PT28	17	11,500 PSI	1200
Lead Shot	28	3/4 oz.	HS-6	Win. 209	WAA28	17	10,700 PSI	1200
Lead Shot	28	3/4 oz.	SR 4756	Fed. 209A	Fed. 28S1	14	12,300 PSI	1200
Lead Shot	28	3/4 oz.	SR 4756	Fed. 209A	PC28	14.5	12,200 PSI	1200
Lead Shot	28	3/4 oz.	SR 4756	Fed. 209A	Rem. PT28	14	12,500 PSI	1200
Lead Shot	28	3/4 oz.	SR 4756	Rem. 209P	Fed. 28S1	14	10,300 PSI	1150
Lead Shot	28	3/4 oz.	SR 4756	Rem. 209P	PC28	15	9,900 PSI	1150
Lead Shot	28	3/4 oz.	SR 4756	Win. 209	Fed. 28S1	14	11,500 PSI	1150
Lead Shot	28	3/4 oz.	SR 4756	Win. 209	PC28	15	11,200 PSI	1200
Lead Shot	28	3/4 oz.	SR 4756	Win. 209	Rem. PT28	14	11,000 PSI	1150
Lead Shot	28	3/4 oz.	800-X	Fed. 209A	CB 1034-28	13	10,800 PSI	1200
Lead Shot	28	3/4 oz.	800-X	Fed. 209A	Fed. 28S1	13	11,700 PSI	1200

Lead Shot	28	3/4 oz.	800-X	Fed. 209A	PC28	13	11,400 PSI	1200
Lead Shot	28	3/4 oz.	800-X	Fed. 209A	Rem. PT28	13	11,400 PSI	1200
Lead Shot	28	3/4 oz.	800-X	Fed. 209A	WAA28	13	11,000 PSI	1200
Lead Shot	28	3/4 oz.	800-X	Rem. 209P	CB 1034-28	13.5	10,300 PSI	1200
Lead Shot	28	3/4 oz.	800-X	Rem. 209P	Fed. 28S1	13.5	11,600 PSI	1200
Lead Shot	28	3/4 oz.	800-X	Rem. 209P	PC28	13	10,300 PSI	1200
Lead Shot	28	3/4 oz.	800-X	Rem. 209P	Rem. PT28	13.5	10,700 PSI	1200
Lead Shot	28	3/4 oz.	800-X	Rem. 209P	WAA28	13.5	10,300 PSI	1200
Lead Shot	28	3/4 oz.	800-X	Win. 209	CB 1034-28	13.5	10,800 PSI	1200
Lead Shot	28	3/4 oz.	800-X	Win. 209	Fed. 28S1	13	11,300 PSI	1200
Lead Shot	28	3/4 oz.	800-X	Win. 209	PC28	13	10,300 PSI	1200
Lead Shot	28	3/4 oz.	800-X	Win. 209	Rem. PT28	13.5	11,100 PSI	1200
Lead Shot	28	3/4 oz.	800-X	Win. 209	WAA28	13	10,400 PSI	1200
Lead Shot	28	3/4 oz.	Longshot	CCI 209M	PC28	14.4	12,000 PSI	1225
Lead Shot	28	3/4 oz.	Longshot	CCI 209M	PC28	14.9	12,300 PSI	1250
Lead Shot	28	3/4 oz.	Longshot	CCI 209M	Rem. PT28	14.1	11,100 PSI	1225
Lead Shot	28	3/4 oz.	Longshot	CCI 209M	Rem. PT28	14.6	11,900 PSI	1250
Lead Shot	28	3/4 oz.	Longshot	CCI 209M	WAA28	14.4	11,500 PSI	1225
Lead Shot	28	3/4 oz.	Longshot	CCI 209M	WAA28	14.9	11,900 PSI	1250
Lead Shot	28	3/4 oz.	Longshot	CCI 209M	WAA28	15.4	12,400 PSI	1275
Lead Shot	28	3/4 oz.	Longshot	Fed. 209A	PC28	14.3	12,000 PSI	1225
Lead Shot	28	3/4 oz.	Longshot	Fed. 209A	Rem. PT28	14	11,700 PSI	1225
Lead Shot	28	3/4 oz.	Longshot	Fed. 209A	Rem. PT28	15.3	12,500 PSI	1250
Lead Shot	28	3/4 oz.	Longshot	Fed. 209A	WAA28	14.2	11,200 PSI	1225
Lead Shot	28	3/4 oz.	Longshot	Fed. 209A	WAA28	14.7	12,000 PSI	1250
Lead Shot	28	3/4 oz.	Longshot	Rem. 209P	PC28	14.5	11,200 PSI	1225
Lead Shot	28	3/4 oz.	Longshot	Rem. 209P	PC28	15	11,800 PSI	1250
Lead Shot	28	3/4 oz.	Longshot	Rem. 209P	PC28	15.5	12,300 PSI	1275
Lead Shot	28	3/4 oz.	Longshot	Rem. 209P	Rem. PT28	14.3	11,300 PSI	1225
Lead Shot	28	3/4 oz.	Longshot	Rem. 209P	Rem. PT28	14.9	12,000 PSI	1250
Lead Shot	28	3/4 oz.	Longshot	Rem. 209P	Rem. PT28	15.4	12,500 PSI	1275
Lead Shot	28	3/4 oz.	Longshot	Rem. 209P	WAA28	14.3	11,000 PSI	1225
Lead Shot	28	3/4 oz.	Longshot	Rem. 209P	WAA28	14.8	11,600 PSI	1250
Lead Shot	28	3/4 oz.	Longshot	Rem. 209P	WAA28	15.2	12,000 PSI	1275
Lead Shot	28	3/4 oz.	Longshot	Rem. 209P	WAA28	15.6	12,400 PSI	1300
Lead Shot	28	3/4 oz.	Longshot	Win. 209	PC28	14.9	10,900 PSI	1225
Lead Shot	28	3/4 oz.	Longshot	Win. 209	PC28	15.4	11,600 PSI	1250
Lead Shot	28	3/4 oz.	Longshot	Win. 209	PC28	15.8	12,100 PSI	1275

Load Type	Gauge	Shot Wt.	Powder	Primer	Wad	Powder Wt. (Gr.)	Pressure	Vel. (ft/s)
Lead Shot	28	3/4 oz.	Longshot	Win. 209	Rem. PT28	14.7	10,900 PSI	1225
Lead Shot	28	3/4 oz.	Longshot	Win. 209	Rem. PT28	15.3	11,300 PSI	1250
Lead Shot	28	3/4 oz.	Longshot	Win. 209	Rem. PT28	15.9	11,900 PSI	1275
Lead Shot	28	3/4 oz.	Longshot	Win. 209	Rem. PT28	16.4	12,300 PSI	1300
Lead Shot	28	3/4 oz.	Longshot	Win. 209	WAA28	14.5	10,700 PSI	1225
Lead Shot	28	3/4 oz.	Longshot	Win. 209	WAA28	15.1	11,200 PSI	1250
Lead Shot	28	3/4 oz.	Longshot	Win. 209	WAA28	15.6	11,600 PSI	1275
Lead Shot	28	3/4 oz.	Longshot	Win. 209	WAA28	16.2	12,200 PSI	1300
Lead Shot	28	7/8 oz.	Lil'Gun	Rem. 209P	BP SG28 II	22.7	10,600 PSI	1225
Lead Shot	28	7/8 oz.	Lil'Gun	Rem. 209P	BP SG28 II	24	11,700 PSI	1275
Lead Shot	28	7/8 oz.	Lil'Gun	Win. 209	BP SG28 II	22.6	10,500 PSI	1225
Lead Shot	28	7/8 oz.	Lil'Gun	Win. 209	BP SG28 II	24	11,000 PSI	1275

Shell: 2 3/4" FEDERAL PLASTIC TARGET SHELLS

Load Type	Gauge	Shot Wt.	Powder	Primer	Wad	Powder Wt. (Gr.)	Pressure	Vel. (ft/s)
Lead Shot	28	3/4 oz.	PB	Fed. 209A	CB 1034-28	13	12,100 PSI	1150
Lead Shot	28	3/4 oz.	PB	Fed. 209A	Rem. PT28	13	12,300 PSI	1150
Lead Shot	28	3/4 oz.	PB	Fed. 209A	WAA28	13	12,400 PSI	1150
Lead Shot	28	3/4 oz.	PB	Rem. 209P	Fed. 28S1	14	12,200 PSI	1200
Lead Shot	28	3/4 oz.	PB	Rem. 209P	PC 28	14.5	11,500 PSI	1200
Lead Shot	28	3/4 oz.	PB	Rem. 209P	Rem. PT28	14.5	11,700 PSI	1200
Lead Shot	28	3/4 oz.	PB	Rem. 209P	WAA28	14.5	11,400 PSI	1200
Lead Shot	28	3/4 oz.	PB	Win. 209	Fed. 28S1	14	12,500 PSI	1200
Lead Shot	28	3/4 oz.	PB	Win. 209	PC 28	14.5	12,000 PSI	1200
Lead Shot	28	3/4 oz.	PB	Win. 209	Rem. PT28	14.5	12,100 PSI	1200
Lead Shot	28	3/4 oz.	PB	Win. 209	WAA28	14.5	11,900 PSI	1200
Lead Shot	28	3/4 oz.	SR 7625	Fed. 209A	CB 1034-28	14	12,000 PSI	1200
Lead Shot	28	3/4 oz.	SR 7625	Fed. 209A	Fed. 28S1	14	12,000 PSI	1200
Lead Shot	28	3/4 oz.	SR 7625	Fed. 209A	PC28	14	11,900 PSI	1200
Lead Shot	28	3/4 oz.	SR 7625	Fed. 209A	Rem. PT28	15.5	11,800 PSI	1200
Lead Shot	28	3/4 oz.	SR 7625	Fed. 209A	WAA28	14.5	12,300 PSI	1200
Lead Shot	28	3/4 oz.	SR 7625	Rem. 209P	Fed. 28S1	14.5	10,800 PSI	1200
Lead Shot	28	3/4 oz.	SR 7625	Rem. 209P	PC28	15	10,100 PSI	1200
Lead Shot	28	3/4 oz.	SR 7625	Rem. 209P	Rem. PT28	15	10,200 PSI	1200
Lead Shot	28	3/4 oz.	SR 7625	Rem. 209P	WAA28	14.5	10,500 PSI	1200
Lead Shot	28	3/4 oz.	SR 7625	Win. 209	Fed. 28S1	15	11,200 PSI	1200
Lead Shot	28	3/4 oz.	SR 7625	Win. 209	PC28	15	10,900 PSI	1200
Lead Shot	28	3/4 oz.	SR 7625	Win. 209	Rem. PT28	15	11,100 PSI	1200

Lead Shot	28	3/4 oz.	SR 7625	Win. 209	WAA28	14.5	10,800 PSI	1200
Lead Shot	28	3/4 oz.	Universal	CCI 209SC	Fed. 28S1	14.3	10,600 PSI	1200
Lead Shot	28	3/4 oz.	Universal	CCI 209SC	Fed. 28S1	15.1	11,400 PSI	1225
Lead Shot	28	3/4 oz.	Universal	CCI 209SC	Fed. 28S1	15.3	11,800 PSI	1250
Lead Shot	28	3/4 oz.	Universal	CCI 209SC	Rem. PT28	14.5	10,000 PSI	1200
Lead Shot	28	3/4 oz.	Universal	CCI 209SC	Rem. PT28	15	10,900 PSI	1225
Lead Shot	28	3/4 oz.	Universal	CCI 209SC	Rem. PT28	15.5	11,100 PSI	1250
Lead Shot	28	3/4 oz.	Universal	Fed. 209A	Rem. PT28	14.2	11,400 PSI	1200
Lead Shot	28	3/4 oz.	Universal	Win. 209	Fed. 28S1	14.5	10,700 PSI	1200
Lead Shot	28	3/4 oz.	Universal	Win. 209	Fed. 28S1	15	11,500 PSI	1225
Lead Shot	28	3/4 oz.	Universal	Win. 209	Fed. 28S1	15.5	12,400 PSI	1250
Lead Shot	28	3/4 oz.	Universal	Win. 209	PC28	14.8	10,700 PSI	1200
Lead Shot	28	3/4 oz.	Universal	Win. 209	PC28	15.2	11,300 PSI	1225
Lead Shot	28	3/4 oz.	Universal	Win. 209	PC28	15.6	11,900 PSI	1250
Lead Shot	28	3/4 oz.	Universal	Win. 209	Rem. PT28	14.5	10,200 PSI	1200
Lead Shot	28	3/4 oz.	Universal	Win. 209	Rem. PT28	15.2	10,900 PSI	1225
Lead Shot	28	3/4 oz.	Universal	Win. 209	Rem. PT28	15.8	11,700 PSI	1250
Lead Shot	28	3/4 oz.	SR 4756	Fed. 209A	Fed. 28S1	15.5	11,900 PSI	1200
Lead Shot	28	3/4 oz.	SR 4756	Fed. 209A	PC 28	15.5	11,400 PSI	1200
Lead Shot	28	3/4 oz.	SR 4756	Fed. 209A	Rem. PT28	15.5	11,400 PSI	1200
Lead Shot	28	3/4 oz.	SR 4756	Rem. 209P	Fed. 28S1	16.5	9,800 PSI	1200
Lead Shot	28	3/4 oz.	SR 4756	Rem. 209P	PC 28	16	9,600 PSI	1200
Lead Shot	28	3/4 oz.	SR 4756	Rem. 209P	Rem. PT28	17	10,300 PSI	1150
Lead Shot	28	3/4 oz.	SR 4756	Win. 209	Fed. 28S1	16	10,600 PSI	1200
Lead Shot	28	3/4 oz.	SR 4756	Win. 209	PC 28	16	10,300 PSI	1200
Lead Shot	28	3/4 oz.	SR 4756	Win. 209	Rem. PT28	16	10,500 PSI	1200
Lead Shot	28	3/4 oz.	800-X	Fed. 209A	CB 1034-28	13.5	10,000 PSI	1200
Lead Shot	28	3/4 oz.	800-X	Fed. 209A	Fed. 28S1	13.5	11,000 PSI	1200
Lead Shot	28	3/4 oz.	800-X	Fed. 209A	PC28	13.5	10,600 PSI	1200
Lead Shot	28	3/4 oz.	800-X	Fed. 209A	Rem. PT28	13.5	10,700 PSI	1200
Lead Shot	28	3/4 oz.	800-X	Fed. 209A	WAA28	13.5	10,100 PSI	1200
Lead Shot	28	3/4 oz.	800-X	Rem. 209P	CB 1034-28	14	9,800 PSI	1200
Lead Shot	28	3/4 oz.	800-X	Rem. 209P	Fed. 28S1	14	10,400 PSI	1200
Lead Shot	28	3/4 oz.	800-X	Rem. 209P	PC28	14	9,600 PSI	1200
Lead Shot	28	3/4 oz.	800-X	Rem. 209P	Rem. PT28	14	9,900 PSI	1200
Lead Shot	28	3/4 oz.	800-X	Rem. 209P	WAA28	14.5	9,500 PSI	1200
Lead Shot	28	3/4 oz.	800-X	Win. 209	CB 1034-28	13.5	9,800 PSI	1200
Lead Shot	28	3/4 oz.	800-X	Win. 209	Fed. 28S1	13.5	10,500 PSI	1200

Lead Shot	28	3/4 oz.	800-X	Win. 209	PC 28	13.5	9,900 PSI	1200
Lead Shot	28	3/4 oz.	800-X	Win. 209	Rem. PT28	13.5	10,100 PSI	1200
Lead Shot	28	3/4 oz.	800-X	Win. 209	WAA28	14	10,000 PSI	1200
Lead Shot	28	3/4 oz.	Longshot	CCI 209M	Fed. 28S1	15.3	10,000 PSI	1225
Lead Shot	28	3/4 oz.	Longshot	CCI 209M	Fed. 28S1	15.8	10,600 PSI	1250
Lead Shot	28	3/4 oz.	Longshot	CCI 209M	Fed. 28S1	16.3	11,200 PSI	1275
Lead Shot	28	3/4 oz.	Longshot	CCI 209M	Fed. 28S1	16.8	11,800 PSI	1300
Lead Shot	28	3/4 oz.	Longshot	CCI 209M	Rem. PT28	15.5	9,900 PSI	1225
Lead Shot	28	3/4 oz.	Longshot	CCI 209M	Rem. PT28	15.9	10,600 PSI	1250
Lead Shot	28	3/4 oz.	Longshot	CCI 209M	Rem. PT28	16.3	11,200 PSI	1275
Lead Shot	28	3/4 oz.	Longshot	CCI 209M	Rem. PT28	16.6	11,700 PSI	1300
Lead Shot	28	3/4 oz.	Longshot	Fed. 209A	Fed. 28S1	15.2	11,000 PSI	1225
Lead Shot	28	3/4 oz.	Longshot	Fed. 209A	Fed. 28S1	15.6	11,600 PSI	1250
Lead Shot	28	3/4 oz.	Longshot	Fed. 209A	Fed. 28S1	15.9	12,000 PSI	1275
Lead Shot	28	3/4 oz.	Longshot	Fed. 209A	Rem. PT28	15.3	10,400 PSI	1225
Lead Shot	28	3/4 oz.	Longshot	Fed. 209A	Rem. PT28	15.8	11,000 PSI	1250
Lead Shot	28	3/4 oz.	Longshot	Fed. 209A	Rem. PT28	16.2	11,400 PSI	1275
Lead Shot	28	3/4 oz.	Longshot	Fed. 209A	Rem. PT28	16.7	12,000 PSI	1300
Lead Shot	28	3/4 oz.	Longshot	Rem. 209P	Fed. 28S1	15.1	10,500 PSI	1225
Lead Shot	28	3/4 oz.	Longshot	Rem. 209P	Fed. 28S1	15.6	11,100 PSI	1250
Lead Shot	28	3/4 oz.	Longshot	Rem. 209P	Fed. 28S1	16	11,500 PSI	1275
Lead Shot	28	3/4 oz.	Longshot	Rem. 209P	Fed. 28S1	16.5	12,000 PSI	1300
Lead Shot	28	3/4 oz.	Longshot	Rem. 209P	Rem. PT28	15.1	9,800 PSI	1225
Lead Shot	28	3/4 oz.	Longshot	Rem. 209P	Rem. PT28	15.6	10,400 PSI	1250
Lead Shot	28	3/4 oz.	Longshot	Rem. 209P	Rem. PT28	16.1	11,100 PSI	1275
Lead Shot	28	3/4 oz.	Longshot	Rem. 209P	Rem. PT28	16.6	11,800 PSI	1300
Lead Shot	28	3/4 oz.	Longshot	Win. 209	Fed. 28S1	15.7	10,200 PSI	1225
Lead Shot	28	3/4 oz.	Longshot	Win. 209	Fed. 28S1	16.1	10,800 PSI	1250
Lead Shot	28	3/4 oz.	Longshot	Win. 209	Fed. 28S1	16.5	11,400 PSI	1275
Lead Shot	28	3/4 oz.	Longshot	Win. 209	Fed. 28S1	16.9	11,900 PSI	1300
Lead Shot	28	3/4 oz.	Longshot	Win. 209	Rem. PT28	15.8	9,600 PSI	1225
Lead Shot	28	3/4 oz.	Longshot	Win. 209	Rem. PT28	16.2	10,000 PSI	1250
Lead Shot	28	3/4 oz.	Longshot	Win. 209	Rem. PT28	16.6	10,400 PSI	1275
Lead Shot	28	3/4 oz.	Longshot	Win. 209	Rem. PT28	17	10,800 PSI	1300
Lead Shot	28	13/16 oz.	Universal	CCI 209SC	Fed. 28S1	14.9	12,100 PSI	1200
Lead Shot	28	13/16 oz.	Universal	CCI 209SC	PC28	15	12,400 PSI	1200
Lead Shot	28	13/16 oz.	Universal	CCI 209SC	Rem. PT28	15.1	11,100 PSI	1200
Lead Shot	28	13/16 oz.	Universal	Win. 209	Fed. 28S1	14.9	12,300 PSI	1200

Load Type	Gauge	Shot Wt.	Powder	Primer	Wad	Powder Wt. (Gr.)	Pressure	Vel. (ft/s)
Lead Shot	28	13/16 oz.	Universal	Win. 209	PC28	14.9	12,000 PSI	1200
Lead Shot	28	13/16 oz.	Universal	Win. 209	Rem. PT28	14.9	11,600 PSI	1200
Lead Shot	28	13/16 oz.	Longshot	CCI 209M	Fed. 28S1	15.5	11,400 PSI	1200
Lead Shot	28	13/16 oz.	Longshot	CCI 209M	Rem. PT28	15.3	10,600 PSI	1200
Lead Shot	28	13/16 oz.	Longshot	CCI 209M	Rem. PT28	15.8	11,300 PSI	1225
Lead Shot	28	13/16 oz.	Longshot	CCI 209M	Rem. PT28	16.5	12,000 PSI	1250
Lead Shot	28	13/16 oz.	Longshot	Fed. 209A	Fed. 28S1	14.9	11,900 PSI	1200
Lead Shot	28	13/16 oz.	Longshot	Fed. 209A	Fed. 28S1	15.4	12,500 PSI	1225
Lead Shot	28	13/16 oz.	Longshot	Fed. 209A	Rem. PT28	15.2	10,900 PSI	1200
Lead Shot	28	13/16 oz.	Longshot	Fed. 209A	Rem. PT28	15.6	11,500 PSI	1225
Lead Shot	28	13/16 oz.	Longshot	Fed. 209A	Rem. PT28	16	12,200 PSI	1250
Lead Shot	28	13/16 oz.	Longshot	Rem. 209P	Fed. 28S1	14.7	11,800 PSI	1200
Lead Shot	28	13/16 oz.	Longshot	Rem. 209P	Fed. 28S1	15	12,200 PSI	1225
Lead Shot	28	13/16 oz.	Longshot	Rem. 209P	Rem. PT28	15.5	11,000 PSI	1200
Lead Shot	28	13/16 oz.	Longshot	Rem. 209P	Rem. PT28	15.9	11,400 PSI	1225
Lead Shot	28	13/16 oz.	Longshot	Rem. 209P	Rem. PT28	16.3	11,800 PSI	1250
Lead Shot	28	13/16 oz.	Longshot	Win. 209	Fed. 28S1	15.2	11,000 PSI	1200
Lead Shot	28	13/16 oz.	Longshot	Win. 209	Fed. 28S1	15.5	12,300 PSI	1225
Lead Shot	28	13/16 oz.	Longshot	Win. 209	Rem. PT28	15.7	10,200 PSI	1200
Lead Shot	28	13/16 oz.	Longshot	Win. 209	Rem. PT28	16.1	10,900 PSI	1225
Lead Shot	28	13/16 oz.	Longshot	Win. 209	Rem. PT28	16.5	11,500 PSI	1250
Lead Shot	28	7/8 oz.	HS-7	Rem. 209P	Rem. PT28	19.5	10,900 PSI	1200
Lead Shot	28	7/8 oz.	HS-7	Win. 209	PC28	19.2	10,700 PSI	1200
Lead Shot	28	7/8 oz.	Lil'Gun	Fed. 209A	BP SG28 II	23.4	9,900 PSI	1225
Lead Shot	28	7/8 oz.	Lil'Gun	Fed. 209A	BP SG28 II	25	10,600 PSI	1275
Lead Shot	28	7/8 oz.	Lil'Gun	Win. 209	BP SG28 II	24	9,100 PSI	1225
Lead Shot	28	7/8 oz.	Lil'Gun	Win. 209	BP SG28 II	25.2	9,900 PSI	1275

Shell: 2 3/4" FEDERAL PLASTIC SHELLS (BISMUTH SHOT)

Load Type	Gauge	Shot Wt.	Powder	Primer	Wad	Powder Wt. (Gr.)	Pressure	Vel. (ft/s)
Bismuth	28	3/4 oz.	Universal	CCI 209M	Rem. PT28	13.5	12,000 PSI	1200
Bismuth	28	3/4 oz.	Universal	Win. 209	Fed. 28S1	13.5	12,200 PSI	1200
Bismuth	28	3/4 oz.	Universal	Win. 209	Rem. PT28	13.5	11,200 PSI	1200
Bismuth	28	3/4 oz.	HS-6	CCI 209M	Rem. PT28	17.5	9,700 PSI	1200
Bismuth	28	3/4 oz.	HS-6	Win. 209	Rem. PT28	17.5	9,900 PSI	1200
Bismuth	28	3/4 oz.	Longshot	CCI 209M	Fed. 28S1	14.8	11,200 PSI	1225
Bismuth	28	3/4 oz.	Longshot	CCI 209M	Fed. 28S1	15.5	11,900 PSI	1250
Bismuth	28	3/4 oz.	Longshot	Fed. 209A	Fed. 28S1	14.9	11,400 PSI	1225

Load Type	Gauge	Shot Wt.	Powder	Primer	Wad	Powder Wt. (Gr.)	Pressure	Vel. (ft/s)
Bismuth	28	3/4 oz.	Longshot	Fed. 209A	Fed. 28S1	15.3	11,900 PSI	1250
Bismuth	28	3/4 oz.	Longshot	Rem. 209P	Fed. 28S1	14.4	11,300 PSI	1225
Bismuth	28	3/4 oz.	Longshot	Rem. 209P	Fed. 28S1	15	11,800 PSI	1250
Bismuth	28	3/4 oz.	Longshot	Rem. 209P	Fed. 28S1	15.5	12,200 PSI	1275
Bismuth	28	3/4 oz.	Longshot	Win. 209	Fed. 28S1	15.1	10,800 PSI	1225
Bismuth	28	3/4 oz.	Longshot	Win. 209	Fed. 28S1	15.5	11,300 PSI	1250

Shell: 2 3/4" FIOCCHI PLASTIC SHELLS (BISMUTH SHOT)

Load Type	Gauge	Shot Wt.	Powder	Primer	Wad	Powder Wt. (Gr.)	Pressure	Vel. (ft/s)
Bismuth	28	3/4 oz.	Universal	CCI 209M	PC28	13.5	11,900 PSI	1200
Bismuth	28	3/4 oz.	Universal	CCI 209M	Rem. PT28	13.8	11,200 PSI	1200
Bismuth	28	3/4 oz.	Universal	Win. 209	PC28	13.5	12,000 PSI	1200
Bismuth	28	3/4 oz.	Universal	Win. 209	Rem. PT28	14	11,800 PSI	1200
Bismuth	28	3/4 oz.	HS-6	CCI 209M	PC28	17.5	10,200 PSI	1200
Bismuth	28	3/4 oz.	HS-6	CCI 209M	Rem. PT28	17.5	10,100 PSI	1200
Bismuth	28	3/4 oz.	HS-6	Win. 209	PC28	17.5	10,200 PSI	1200
Bismuth	28	3/4 oz.	HS-6	Win. 209	Rem. PT28	17.5	10,000 PSI	1200
Bismuth	28	3/4 oz.	Longshot	Ched. 209	PC28	15	9,800 PSI	1225
Bismuth	28	3/4 oz.	Longshot	Ched. 209	PC28	16	10,600 PSI	1250
Bismuth	28	3/4 oz.	Longshot	Fio. 616	PC28	15	10,000 PSI	1225
Bismuth	28	3/4 oz.	Longshot	Fio. 616	PC28	16	11,300 PSI	1250

Shell: 2 3/4" WINCHESTER AA PLASTIC SHELLS

Load Type	Gauge	Shot Wt.	Powder	Primer	Wad	Powder Wt. (Gr.)	Pressure	Vel. (ft/s)
Lead Shot	28	3/4 oz.	SR 7625	Rem. 209P	CB 1034-28	14	12,300 PSI	1200
Lead Shot	28	3/4 oz.	SR 7625	Rem. 209P	Fed. 28S1	13.5	12,400 PSI	1150
Lead Shot	28	3/4 oz.	SR 7625	Rem. 209P	PC28	13.5	12,000 PSI	1150
Lead Shot	28	3/4 oz.	SR 7625	Rem. 209P	WAA28	14	12,300 PSI	1200
Lead Shot	28	3/4 oz.	Universal	CCI 209SC	PC28	13	12,000 PSI	1200
Lead Shot	28	3/4 oz.	Universal	CCI 209SC	Rem. PT28	13.2	12,200 PSI	1200
Lead Shot	28	3/4 oz.	Universal	CCI 209SC	WAA28	13	12,400 PSI	1200
Lead Shot	28	3/4 oz.	Universal	Rem. 209P	Rem. PT28	13.2	11,900 PSI	1200
Lead Shot	28	3/4 oz.	Universal	Win. 209	PC28	13.2	11,900 PSI	1200
Lead Shot	28	3/4 oz.	Universal	Win. 209	WAA28	13	10,800 PSI	1200
Lead Shot	28	3/4 oz.	HS-6	CCI 209SC	WAA28	16.6	11,500 PSI	1200
Lead Shot	28	3/4 oz.	HS-6	Rem. 209P	PC28	16.4	12,400 PSI	1200
Lead Shot	28	3/4 oz.	HS-6	Rem. 209P	WAA28	17.1	10,900 PSI	1200
Lead Shot	28	3/4 oz.	HS-6	Rem. 209P	WAA28	17.5	11,800 PSI	1225

Lead Shot	28	3/4 oz.	HS-6	Rem. 209P	WAA28	17.8	12,100 PSI	1250
Lead Shot	28	3/4 oz.	HS-6	Win. 209	Rem. PT28	16.7	12,000 PSI	1200
Lead Shot	28	3/4 oz.	HS-6	Win. 209	WAA28	17.1	10,900 PSI	1200
Lead Shot	28	3/4 oz.	HS-6	Win. 209	WAA28	17.5	11,600 PSI	1225
Lead Shot	28	3/4 oz.	HS-6	Win. 209	WAA28	17.9	12,300 PSI	1250
Lead Shot	28	3/4 oz.	SR 4756	Rem. 209P	CB 1034-28	14	12,000 PSI	1150
Lead Shot	28	3/4 oz.	SR 4756	Rem. 209P	PC28	14.5	12,200 PSI	1200
Lead Shot	28	3/4 oz.	SR 4756	Rem. 209P	WAA28	14	11,500 PSI	1150
Lead Shot	28	3/4 oz.	SR 4756	Win. 209	CB 1034-28	14	12,100 PSI	1150
Lead Shot	28	3/4 oz.	SR 4756	Win. 209	Fed. 28S1	14	12,500 PSI	1150
Lead Shot	28	3/4 oz.	SR 4756	Win. 209	PC28	14.5	12,000 PSI	1200
Lead Shot	28	3/4 oz.	SR 4756	Win. 209	WAA28	14	11,400 PSI	1150
Lead Shot	28	3/4 oz.	800-X	Fed. 209A	CB 1034-28	12.5	11,700 PSI	1200
Lead Shot	28	3/4 oz.	800-X	Fed. 209A	Fed. 28S1	12	12,000 PSI	1150
Lead Shot	28	3/4 oz.	800-X	Fed. 209A	PC28	13	12,300 PSI	1200
Lead Shot	28	3/4 oz.	800-X	Fed. 209A	WAA28	12.5	11,600 PSI	1200
Lead Shot	28	3/4 oz.	800-X	Rem. 209P	CB 1034-28	13.5	10,200 PSI	1200
Lead Shot	28	3/4 oz.	800-X	Rem. 209P	Fed. 28S1	13.5	11,500 PSI	1200
Lead Shot	28	3/4 oz.	800-X	Rem. 209P	PC28	13	11,400 PSI	1200
Lead Shot	28	3/4 oz.	800-X	Rem. 209P	WAA28	14	9,700 PSI	1200
Lead Shot	28	3/4 oz.	800-X	Win. 209	CB 1034-28	13	11,200 PSI	1200
Lead Shot	28	3/4 oz.	800-X	Win. 209	Fed. 28S1	12.5	12,200 PSI	1200
Lead Shot	28	3/4 oz.	800-X	Win. 209	PC28	13	12,000 PSI	1200
Lead Shot	28	3/4 oz.	800-X	Win. 209	WAA28	13	11,400 PSI	1200
Lead Shot	28	3/4 oz.	Longshot	CCI 209M	PC28	14.1	12,200 PSI	1225
Lead Shot	28	3/4 oz.	Longshot	CCI 209M	Rem. PT28	14.1	12,000 PSI	1225
Lead Shot	28	3/4 oz.	Longshot	CCI 209M	WAA28	14.1	12,100 PSI	1225
Lead Shot	28	3/4 oz.	Longshot	Fed. 209A	PC28	14.2	12,100 PSI	1225
Lead Shot	28	3/4 oz.	Longshot	Fed. 209A	Rem. PT28	14.4	12,300 PSI	1225
Lead Shot	28	3/4 oz.	Longshot	Fed. 209A	WAA28	14	11,900 PSI	1225
Lead Shot	28	3/4 oz.	Longshot	Rem. 209P	PC28	14	12,300 PSI	1225
Lead Shot	28	3/4 oz.	Longshot	Rem. 209P	Rem. PT28	14.2	11,300 PSI	1225
Lead Shot	28	3/4 oz.	Longshot	Rem. 209P	Rem. PT28	14.6	12,200 PSI	1250
Lead Shot	28	3/4 oz.	Longshot	Rem. 209P	WAA28	14.2	11,900 PSI	1225
Lead Shot	28	3/4 oz.	Longshot	Win. 209	PC28	14.6	11,700 PSI	1225
Lead Shot	28	3/4 oz.	Longshot	Win. 209	PC28	15	12,300 PSI	1250
Lead Shot	28	3/4 oz.	Longshot	Win. 209	Rem. PT28	14.4	11,300 PSI	1225
Lead Shot	28	3/4 oz.	Longshot	Win. 209	Rem. PT28	15	12,000 PSI	1250

Load Type		Shot Wt.	Powder	Primer	Wad	Powder Wt. (Gr.)	Pressure	Vel. (ft/s)
Lead Shot	28	3/4 oz.	Longshot	Win. 209	Rem. PT28	15.5	12,300 PSI	1275
Lead Shot	28	3/4 oz.	Longshot	Win. 209	WAA28	14.3	11,300 PSI	1225
Lead Shot	28	3/4 oz.	Longshot	Win. 209	WAA28	15.1	12,100 PSI	1250

410 Shot Shell

Shell: 3" WINCHESTER COMPRESSION-FORMED PLASTIC SHELLS

Load Type	Gauge	Shot Wt.	Powder	Primer	Wad	Powder Wt. (Gr.)	Pressure	Vel. (ft/s)
Lead Shot	410 Bore	11/16 oz.	Lil'Gun	CCI 209	Orange PC	12.2	13,300 PSI	1100
Lead Shot	410 Bore	11/16 oz.	Lil'Gun	CCI 209	WAA41	11.6	13,400 PSI	1100
Lead Shot	410 Bore	11/16 oz.	Lil'Gun	Rem. 209P	Orange PC	12.3	13,500 PSI	1100
Lead Shot	410 Bore	11/16 oz.	Lil'Gun	Rem. 209P	Rem. SP410	12	13,300 PSI	1100
Lead Shot	410 Bore	11/16 oz.	Lil'Gun	Rem. 209P	WAA41	11.8	13,500 PSI	1100
Lead Shot	410 Bore	11/16 oz.	H110	Fed. 209A	Fed. 410SC	14.1	13,400 PSI	1135
Lead Shot	410 Bore	11/16 oz.	H110	Rem. 209P	Rem. SP410	14.3	12,500 PSI	1135
Lead Shot	410 Bore	11/16 oz.	H110	Win. 209	WAA41	13.5	10,900 PSI	1135
Lead Shot	410 Bore	11/16 oz.	296	Win. 209	WAA41	13.5	10,800 LUP	1135

Shell: 3" FEDERAL PLASTIC GAME SHELLS

Load Type	Gauge	Shot Wt.	Powder	Primer	Wad	Powder Wt. (Gr.)	Pressure	Vel. (ft/s)
Lead Shot	410 Bore	11/16 oz.	Lil'Gun	Fed. 209A	Fed. 410SC	13	13,400 PSI	1135
Lead Shot	410 Bore	11/16 oz.	Lil'Gun	Fed. 209A	WAA41	13	12,400 PSI	1135
Lead Shot	410 Bore	11/16 oz.	Lil'Gun	Rem. 209P	Rem. SP410	13.1	12,900 PSI	1135
Lead Shot	410 Bore	11/16 oz.	Lil'Gun	Win. 209	Fed. 410SC	12.9	13,500 PSI	1135
Lead Shot	410 Bore	11/16 oz.	Lil'Gun	Win. 209	WAA41	12.8	12,900 PSI	1135
Lead Shot	410 Bore	11/16 oz.	H110	Fed. 209A	Fed. 410SC	14.9	12,300 PSI	1135
Lead Shot	410 Bore	11/16 oz.	H110	Win. 209	WAA41	15	11,800 PSI	1135

Shell: 2 1/2" FEDERAL TARGET SHELLS

Load Type	Gauge	Shot Wt.	Powder	Primer	Wad	Powder Wt. (Gr.)	Pressure	Vel. (ft/s)
Lead Shot	410 Bore	1/2 oz.	Lil'Gun	CCI 209SC	Fed. 410SC	12.9	11,800 PSI	1200
Lead Shot	410 Bore	1/2 oz.	Lil'Gun	CCI 209SC	Rem. SP410	12.8	11,400 PSI	1200
Lead Shot	410 Bore	1/2 oz.	Lil'Gun	CCI 209SC	WAA41	12.8	11,700 PSI	1200
Lead Shot	410 Bore	1/2 oz.	Lil'Gun	Fed. 209A	Fed. 410SC	12.9	11,800 PSI	1200
Lead Shot	410 Bore	1/2 oz.	Lil'Gun	Fed. 209A	Rem. SP410	13	11,700 PSI	1200
Lead Shot	410 Bore	1/2 oz.	Lil'Gun	Fed. 209A	WAA41	13	11,100 PSI	1200

Load Type	Gauge	Shot Wt.	Powder	Primer	Wad	Powder Wt. (Gr.)	Pressure	Vel. (ft/s)
Lead Shot	410 Bore	1/2 oz.	Lil'Gun	Rem. 209P	Fed. 410SC	13	11,000 PSI	1200
Lead Shot	410 Bore	1/2 oz.	Lil'Gun	Rem. 209P	Rem. SP410	13.1	11,200 PSI	1200
Lead Shot	410 Bore	1/2 oz.	Lil'Gun	Rem. 209P	WAA41	13.1	10,800 PSI	1200
Lead Shot	410 Bore	1/2 oz.	Lil'Gun	Win. 209	Fed. 410SC	12.9	11,600 PSI	1200
Lead Shot	410 Bore	1/2 oz.	Lil'Gun	Win. 209	Orange PC	12.8	11,500 PSI	1200
Lead Shot	410 Bore	1/2 oz.	Lil'Gun	Win. 209	Rem. SP410	12.8	11,700 PSI	1200
Lead Shot	410 Bore	1/2 oz.	Lil'Gun	Win. 209	WAA41	12.8	11,700 PSI	1200
Lead Shot	410 Bore	1/2 oz.	H110	Fed. 209A	Fed. 410SC	15	10,200 PSI	1200
Lead Shot	410 Bore	1/2 oz.	H110	Fed. 209A	Fed. 410SC	15.8	11,600 PSI	1250
Lead Shot	410 Bore	1/2 oz.	H110	Fed. 209A	Fed. 410SC	17	12,400 PSI	1300
Lead Shot	410 Bore	1/2 oz.	H110	Fed. 209A	Orange PC	15.5	8,500 PSI	1200
Lead Shot	410 Bore	1/2 oz.	H110	Fed. 209A	WAA410HS	15.5	9,200 PSI	1200
Lead Shot	410 Bore	1/2 oz.	H110	Fed. 209A	WAA410HS	16.5	10,700 PSI	1250
Lead Shot	410 Bore	1/2 oz.	H110	Fed. 209A	WAA410HS	17.5	11,200 PSI	1300
Lead Shot	410 Bore	1/2 oz.	H110	Win. 209	Fed. 410SC	15	10,300 PSI	1200
Lead Shot	410 Bore	1/2 oz.	H110	Win. 209	Fed. 410SC	16	11,300 PSI	1250
Lead Shot	410 Bore	1/2 oz.	H110	Win. 209	Fed. 410SC	17	12,300 PSI	1300
Lead Shot	410 Bore	1/2 oz.	H110	Win. 209	Orange PC	15.5	8,400 PSI	1200
Lead Shot	410 Bore	1/2 oz.	H110	Win. 209	WAA410HS	15.9	9,000 PSI	1200
Lead Shot	410 Bore	1/2 oz.	H110	Win. 209	WAA410HS	17	9,800 PSI	1250
Lead Shot	410 Bore	1/2 oz.	H110	Win. 209	WAA410HS	18	10,600 PSI	1300
Lead Shot	410 Bore	1/2 oz.	IMR 4227	Fed. 209A	CB 1050-41	17.5	12,200 PSI	1200
Lead Shot	410 Bore	1/2 oz.	IMR 4227	Fed. 209A	Fed. 410SC	17.5	12,200 PSI	1200
Lead Shot	410 Bore	1/2 oz.	IMR 4227	Fed. 209A	PC410	17	12,500 PSI	1150
Lead Shot	410 Bore	1/2 oz.	IMR 4227	Fed. 209A	Rem. SP410	17	12,000 PSI	1150
Lead Shot	410 Bore	1/2 oz.	IMR 4227	Rem. 209P	Rem. SP410	18.5	10,700 PSI	1200
Lead Shot	410 Bore	1/2 oz.	IMR 4227	Win. 209	CB 1050-41	18	11,300 PSI	1150
Lead Shot	410 Bore	1/2 oz.	IMR 4227	Win. 209	PC410	18.5	11,800 PSI	1200
Lead Shot	410 Bore	1/2 oz.	IMR 4227	Win. 209	Rem. SP410	18	12,000 PSI	1200

Shell: 2 1/2" WINCHESTER AA HS PLASTIC SHELLS

Load Type	Gauge	Shot Wt.	Powder	Primer	Wad	Powder Wt. (Gr.)	Pressure	Vel. (ft/s)
Lead Shot	410 Bore	1/2 oz.	Lil'Gun	CCI 209M	Fed. 410SC	13.2	12,300 PSI	1200
Lead Shot	410 Bore	1/2 oz.	Lil'Gun	CCI 209M	Orange PC	13.3	11,500 PSI	1200
Lead Shot	410 Bore	1/2 oz.	Lil'Gun	CCI 209M	Rem. SP410	13.2	11,700 PSI	1200
Lead Shot	410 Bore	1/2 oz.	Lil'Gun	CCI 209M	WAA410HS	13.3	12,100 PSI	1200
Lead Shot	410 Bore	1/2 oz.	Lil'Gun	Fed. 209A	Fed. 410SC	13.3	11,900 PSI	1200
Lead Shot	410 Bore	1/2 oz.	Lil'Gun	Fed. 209A	Orange PC	13.4	11,000 PSI	1200

Shot	Bore	Load	Powder	Primer	Wad	Charge	Pressure	Velocity
Lead Shot	410 Bore	1/2 oz.	Lil'Gun	Fed. 209A	Rem. SP410	13.3	11,600 PSI	1200
Lead Shot	410 Bore	1/2 oz.	Lil'Gun	Fed. 209A	WAA410HS	13.7	11,900 PSI	1200
Lead Shot	410 Bore	1/2 oz.	Lil'Gun	Rem. 209-4	Fed. 410SC	14	11,900 PSI	1200
Lead Shot	410 Bore	1/2 oz.	Lil'Gun	Rem. 209-4	PC410	14.3	10,800 PSI	1200
Lead Shot	410 Bore	1/2 oz.	Lil'Gun	Rem. 209-4	Rem. SP410	14	10,900 PSI	1200
Lead Shot	410 Bore	1/2 oz.	Lil'Gun	Rem. 209-4	WAA410HS	14	10,500 PSI	1200
Lead Shot	410 Bore	1/2 oz.	Lil'Gun	Rem. 209P	Fed. 410SC	13.5	11,800 PSI	1200
Lead Shot	410 Bore	1/2 oz.	Lil'Gun	Rem. 209P	Orange PC	13.3	10,600 PSI	1200
Lead Shot	410 Bore	1/2 oz.	Lil'Gun	Rem. 209P	Rem. SP410	13.5	11,200 PSI	1200
Lead Shot	410 Bore	1/2 oz.	Lil'Gun	Rem. 209P	WAA410HS	13.8	11,600 PSI	1200
Lead Shot	410 Bore	1/2 oz.	Lil'Gun	Win. 209	Fed. 410SC	13.2	11,500 PSI	1200
Lead Shot	410 Bore	1/2 oz.	Lil'Gun	Win. 209	Orange PC	13.3	10,900 PSI	1200
Lead Shot	410 Bore	1/2 oz.	Lil'Gun	Win. 209	Rem. SP410	13.3	11,100 PSI	1200
Lead Shot	410 Bore	1/2 oz.	Lil'Gun	Win. 209	WAA410HS	13.5	11,700 PSI	1200
Lead Shot	410 Bore	1/2 oz.	H110	CCI 209M	Fed. 410SC	14.3	10,100 PSI	1200
Lead Shot	410 Bore	1/2 oz.	H110	CCI 209M	Fed. 410SC	15.1	11,600 PSI	1250
Lead Shot	410 Bore	1/2 oz.	H110	CCI 209M	Fed. 410SC	16.1	12,000 PSI	1300
Lead Shot	410 Bore	1/2 oz.	H110	CCI 209M	Rem. SP410	14.5	9,600 PSI	1200
Lead Shot	410 Bore	1/2 oz.	H110	CCI 209M	Rem. SP410	15.2	10,100 PSI	1250
Lead Shot	410 Bore	1/2 oz.	H110	CCI 209M	Rem. SP410	16.2	11,900 PSI	1300
Lead Shot	410 Bore	1/2 oz.	H110	CCI 209M	WAA410HS	14.5	9,900 PSI	1200
Lead Shot	410 Bore	1/2 oz.	H110	CCI 209M	WAA410HS	15.1	10,700 PSI	1250
Lead Shot	410 Bore	1/2 oz.	H110	CCI 209M	WAA410HS	16	11,700 PSI	1300
Lead Shot	410 Bore	1/2 oz.	H110	Fed. 209A	Fed. 410SC	14.6	9,600 PSI	1200
Lead Shot	410 Bore	1/2 oz.	H110	Fed. 209A	Fed. 410SC	15.3	10,200 PSI	1250
Lead Shot	410 Bore	1/2 oz.	H110	Fed. 209A	Fed. 410SC	16.3	11,300 PSI	1300
Lead Shot	410 Bore	1/2 oz.	H110	Fed. 209A	Orange PC	15.2	8,600 PSI	1200
Lead Shot	410 Bore	1/2 oz.	H110	Fed. 209A	Orange PC	15.7	9,300 PSI	1250
Lead Shot	410 Bore	1/2 oz.	H110	Fed. 209A	Orange PC	16.8	10,200 PSI	1300
Lead Shot	410 Bore	1/2 oz.	H110	Fed. 209A	Rem. SP410	14.6	8,600 PSI	1200
Lead Shot	410 Bore	1/2 oz.	H110	Fed. 209A	Rem. SP410	15.3	9,400 PSI	1250
Lead Shot	410 Bore	1/2 oz.	H110	Fed. 209A	Rem. SP410	16.3	10,400 PSI	1300
Lead Shot	410 Bore	1/2 oz.	H110	Fed. 209A	WAA410HS	14.6	9,600 PSI	1200
Lead Shot	410 Bore	1/2 oz.	H110	Fed. 209A	WAA410HS	15.3	10,200 PSI	1250
Lead Shot	410 Bore	1/2 oz.	H110	Fed. 209A	WAA410HS	16.5	10,800 PSI	1300
Lead Shot	410 Bore	1/2 oz.	H110	Rem. 209P	Rem. SP410	16	6,900 PSI	1200
Lead Shot	410 Bore	1/2 oz.	H110	Rem. 209P	Rem. SP410	16.5	8,400 PSI	1250
Lead Shot	410 Bore	1/2 oz.	H110	Rem. 209P	Rem. SP410	17.4	9,300 PSI	1300

Lead Shot	410 Bore	1/2 oz.	H110	Rem. 209P	WAA410HS	16	7,400 PSI	1200
Lead Shot	410 Bore	1/2 oz.	H110	Rem. 209P	WAA410HS	16.5	9,000 PSI	1250
Lead Shot	410 Bore	1/2 oz.	H110	Rem. 209P	WAA410HS	17.6	9,900 PSI	1300
Lead Shot	410 Bore	1/2 oz.	H110	Win. 209	Fed. 410SC	15.2	9,400 PSI	1200
Lead Shot	410 Bore	1/2 oz.	H110	Win. 209	Fed. 410SC	15.7	10,000 PSI	1250
Lead Shot	410 Bore	1/2 oz.	H110	Win. 209	Fed. 410SC	16.3	11,000 PSI	1300
Lead Shot	410 Bore	1/2 oz.	H110	Win. 209	Orange PC	15.5	8,100 PSI	1200
Lead Shot	410 Bore	1/2 oz.	H110	Win. 209	Orange PC	16.1	8,600 PSI	1250
Lead Shot	410 Bore	1/2 oz.	H110	Win. 209	Orange PC	17	9,800 PSI	1300
Lead Shot	410 Bore	1/2 oz.	H110	Win. 209	Rem. SP410	15	8,300 PSI	1200
Lead Shot	410 Bore	1/2 oz.	H110	Win. 209	Rem. SP410	15.5	9,200 PSI	1250
Lead Shot	410 Bore	1/2 oz.	H110	Win. 209	Rem. SP410	16.7	10,100 PSI	1300
Lead Shot	410 Bore	1/2 oz.	H110	Win. 209	WAA410HS	15.3	8,900 PSI	1200
Lead Shot	410 Bore	1/2 oz.	H110	Win. 209	WAA410HS	16.3	9,300 PSI	1250
Lead Shot	410 Bore	1/2 oz.	H110	Win. 209	WAA410HS	16.7	10,400 PSI	1300
Lead Shot	410 Bore	1/2 oz.	296	CCI 209M	Fed. 410SC	14.3	10,100 PSI	1200
Lead Shot	410 Bore	1/2 oz.	296	CCI 209M	Fed. 410SC	15.1	11,600 PSI	1250
Lead Shot	410 Bore	1/2 oz.	296	CCI 209M	Fed. 410SC	16.1	12,000 PSI	1300
Lead Shot	410 Bore	1/2 oz.	296	CCI 209M	Rem. SP410	14.5	9,600 PSI	1200
Lead Shot	410 Bore	1/2 oz.	296	CCI 209M	Rem. SP410	15.2	10,100 PSI	1250
Lead Shot	410 Bore	1/2 oz.	296	CCI 209M	Rem. SP410	16.2	11,900 PSI	1300
Lead Shot	410 Bore	1/2 oz.	296	CCI 209M	WAA410HS	14.5	9,900 PSI	1200
Lead Shot	410 Bore	1/2 oz.	296	CCI 209M	WAA410HS	15.1	10,700 PSI	1250
Lead Shot	410 Bore	1/2 oz.	296	CCI 209M	WAA410HS	16	11,700 PSI	1300
Lead Shot	410 Bore	1/2 oz.	296	Fed. 209A	Fed. 410SC	14.6	9,600 PSI	1200
Lead Shot	410 Bore	1/2 oz,	296	Fed. 209A	Fed. 410SC	15.3	10,200 PSI	1250
Lead Shot	410 Bore	1/2 oz.	296	Fed. 209A	Fed. 410SC	16.3	11,300 PSI	1300
Lead Shot	410 Bore	1/2 oz.	296	Fed. 209A	Orange PC	15.2	8,600 PSI	1200
Lead Shot	410 Bore	1/2 oz.	296	Fed. 209A	Orange PC	15.7	9,300 PSI	1250
Lead Shot	410 Bore	1/2 oz.	296	Fed. 209A	Orange PC	16.8	10,200 PSI	1300
Lead Shot	410 Bore	1/2 oz.	296	Fed. 209A	Rem. SP410	14.6	8,600 PSI	1200
Lead Shot	410 Bore	1/2 oz.	296	Fed. 209A	Rem. SP410	15.3	9,400 PSI	1250
Lead Shot	410 Bore	1/2 oz.	296	Fed. 209A	Rem. SP410	16.3	10,400 PSI	1300
Lead Shot	410 Bore	1/2 oz.	296	Fed. 209A	WAA410HS	14.6	9,600 PSI	1200
Lead Shot	410 Bore	1/2 oz.	296	Fed. 209A	WAA410HS	15.3	10,200 PSI	1250
Lead Shot	410 Bore	1/2 oz.	296	Fed. 209A	WAA410HS	16.5	10,800 PSI	1300
Lead Shot	410 Bore	1/2 oz.	296	Rem. 209P	Rem. SP410	16	6,900 PSI	1200
Lead Shot	410 Bore	1/2 oz.	296	Rem. 209P	Rem. SP410	16.5	8,400 PSI	1250

Load Type	Gauge	Shot Wt.	Powder	Primer	Wad	Powder Wt. (Gr.)	Pressure	Vel. (ft/s)
Lead Shot	410 Bore	1/2 oz.	296	Rem. 209P	Rem. SP410	17.4	9,300 PSI	1300
Lead Shot	410 Bore	1/2 oz.	296	Rem. 209P	WAA410HS	16	7,400 PSI	1200
Lead Shot	410 Bore	1/2 oz.	296	Rem. 209P	WAA410HS	16.5	9,000 PSI	1250
Lead Shot	410 Bore	1/2 oz.	296	Rem. 209P	WAA410HS	17.6	9,900 PSI	1300
Lead Shot	410 Bore	1/2 oz.	296	Win. 209	Fed. 410SC	15.2	9,400 PSI	1200
Lead Shot	410 Bore	1/2 oz.	296	Win. 209	Fed. 410SC	15.7	10,000 PSI	1250
Lead Shot	410 Bore	1/2 oz.	296	Win. 209	Fed. 410SC	16.3	11,000 PSI	1300
Lead Shot	410 Bore	1/2 oz.	296	Win. 209	Orange PC	15.5	8,100 PSI	1200
Lead Shot	410 Bore	1/2 oz.	296	Win. 209	Orange PC	16.1	8,600 PSI	1250
Lead Shot	410 Bore	1/2 oz.	296	Win. 209	Orange PC	17	9,800 PSI	1300
Lead Shot	410 Bore	1/2 oz.	296	Win. 209	Rem. SP410	15	8,300 PSI	1200
Lead Shot	410 Bore	1/2 oz.	296	Win. 209	Rem. SP410	15.5	9,200 PSI	1250
Lead Shot	410 Bore	1/2 oz.	296	Win. 209	Rem. SP410	16.7	10,100 PSI	1300
Lead Shot	410 Bore	1/2 oz.	296	Win. 209	WAA410HS	15.3	8,900 PSI	1200
Lead Shot	410 Bore	1/2 oz.	296	Win. 209	WAA410HS	16.3	9,300 PSI	1250
Lead Shot	410 Bore	1/2 oz.	296	Win. 209	WAA410HS	16.7	10,400 PSI	1300

Shell: 2 1/2" REMINGTON-PETERS "SP" PLASTIC SHELLS

Load Type	Gauge	Shot Wt.	Powder	Primer	Wad	Powder Wt. (Gr.)	Pressure	Vel. (ft/s)
Lead Shot	410 Bore	1/2 oz.	Lil'Gun	Rem. 209P	Rem. SP410	13	10,900 PSI	1200
Lead Shot	410 Bore	1/2 oz.	Lil'Gun	Rem. 209P	WAA41	13.1	10,200 PSI	1200
Lead Shot	410 Bore	1/2 oz.	Lil'Gun	Win. 209	Rem. SP410	12.7	11,700 PSI	1200
Lead Shot	410 Bore	1/2 oz.	Lil'Gun	Win. 209	WAA41	12.8	11,600 PSI	1200
Lead Shot	410 Bore	1/2 oz.	H110	Rem. 209P	Fed. 410SC	15	9,500 PSI	1200
Lead Shot	410 Bore	1/2 oz.	H110	Rem. 209P	Orange PC	16.5	7,000 PSI	1200
Lead Shot	410 Bore	1/2 oz.	H110	Rem. 209P	Rem. SP410	15	9,400 PSI	1200
Lead Shot	410 Bore	1/2 oz.	IMR 4227	Fed. 209A	CB 1050-41	18	12,500 PSI	1200
Lead Shot	410 Bore	1/2 oz.	IMR 4227	Fed. 209A	Fed. 410SC	17.5	12,400 PSI	1200
Lead Shot	410 Bore	1/2 oz.	IMR 4227	Fed. 209A	PC410	17.5	12,500 PSI	1200
Lead Shot	410 Bore	1/2 oz.	IMR 4227	Win. 209	CB 1050-41	18	11,000 PSI	1150
Lead Shot	410 Bore	1/2 oz.	IMR 4227	Win. 209	PC410	17.5	11,200 PSI	1150

Shell: 2 1/2" CHEDDITE PLASTIC SHELLS

Load Type	Gauge	Shot Wt.	Powder	Primer	Wad	Powder Wt. (Gr.)	Pressure	Vel. (ft/s)
Lead Shot	410 Bore	1/2 oz.	Lil'Gun	Ched. 209	Fed. 410SC	13	11,100 PSI	1200
Lead Shot	410 Bore	1/2 oz.	Lil'Gun	Ched. 209	Fed. 410SC	13.3	12,000 PSI	1225
Lead Shot	410 Bore	1/2 oz.	Lil'Gun	Ched. 209	Rem. SP410	12.8	11,400 PSI	1200
Lead Shot	410 Bore	1/2 oz.	Lil'Gun	Ched. 209	Rem. SP410	13.1	11,800 PSI	1225

Load Type	Gauge	Shot Wt.	Powder	Primer	Wad	Powder Wt. (Gr.)	Pressure	Vel. (ft/s)
Lead Shot	410 Bore	1/2 oz.	Lil'Gun	Fio. 616	Fed. 410SC	13	11,600 PSI	1200
Lead Shot	410 Bore	1/2 oz.	Lil'Gun	Fio. 616	Fed. 410SC	13.3	11,900 PSI	1225
Lead Shot	410 Bore	1/2 oz.	Lil'Gun	Fio. 616	Rem. SP410	12.7	11,200 PSI	1200
Lead Shot	410 Bore	1/2 oz.	Lil'Gun	Fio. 616	Rem. SP410	13	12,300 PSI	1225
Lead Shot	410 Bore	1/2 oz.	H110	Ched. 209	Fed. 410SC	15.7	8,700 PSI	1200
Lead Shot	410 Bore	1/2 oz.	H110	Ched. 209	Fed. 410SC	16	9,900 PSI	1225
Lead Shot	410 Bore	1/2 oz.	H110	Ched. 209	Rem. SP410	15.5	8,800 PSI	1200
Lead Shot	410 Bore	1/2 oz.	H110	Ched. 209	Rem. SP410	15.7	9,800 PSI	1225

Shell: 3" WINCHESTER SUPER-X HS PLASTIC SHELLS

Load Type	Gauge	Shot Wt.	Powder	Primer	Wad	Powder Wt. (Gr.)	Pressure	Vel. (ft/s)
Lead Shot	410 Bore	5/8 oz.	H110	CCI 209	WAA410HS	16.9	12,100 PSI	1225
Lead Shot	410 Bore	5/8 oz.	H110	CCI 209	WAA410HS	17.3	12,600 PSI	1250
Lead Shot	410 Bore	5/8 oz.	H110	Rem. 209P	Fed. 410SC	16.3	13,500 PSI	1225
Lead Shot	410 Bore	5/8 oz.	H110	Rem. 209P	WAA410HS	17	12,300 PSI	1225
Lead Shot	410 Bore	5/8 oz.	H110	Rem. 209P	WAA410HS	17.5	13,400 PSI	1250
Lead Shot	410 Bore	5/8 oz.	H110	Win. 209	Fed. 410SC	16.3	13,000 PSI	1225
Lead Shot	410 Bore	5/8 oz.	H110	Win. 209	WAA410HS	17	12,400 PSI	1225
Lead Shot	410 Bore	5/8 oz.	H110	Win. 209	WAA410HS	17.5	12,900 PSI	1250
Lead Shot	410 Bore	5/8 oz.	296	CCI 209	WAA410HS	16.9	12,100 PSI	1225
Lead Shot	410 Bore	5/8 oz.	296	CCI 209	WAA410HS	17.3	12,600 PSI	1250
Lead Shot	410 Bore	5/8 oz.	296	Rem. 209P	Fed. 410SC	16.3	13,500 PSI	1225
Lead Shot	410 Bore	5/8 oz.	296	Rem. 209P	WAA410HS	17	12,300 PSI	1225
Lead Shot	410 Bore	5/8 oz.	296	Rem. 209P	WAA410HS	17.5	13,400 PSI	1250
Lead Shot	410 Bore	5/8 oz.	296	Win. 209	Fed. 410SC	16.3	13,000 PSI	1225
Lead Shot	410 Bore	5/8 oz.	296	Win. 209	WAA410HS	17	12,400 PSI	1225
Lead Shot	410 Bore	5/8 oz.	296	Win. 209	WAA410HS	17.5	12,900 PSI	1250
Lead Shot	410 Bore	11/16 oz.	H110	CCI 209	Fed. 410SC	15	13,200 PSI	1125
Lead Shot	410 Bore	11/16 oz.	H110	CCI 209	Orange PC	14.8	12,100 PSI	1125
Lead Shot	410 Bore	11/16 oz.	H110	CCI 209	Orange PC	15.3	12,900 PSI	1150
Lead Shot	410 Bore	11/16 oz.	H110	CCI 209	Orange PC	15.8	13,500 PSI	1175
Lead Shot	410 Bore	11/16 oz.	H110	CCI 209	Rem. SP410	15	13,200 PSI	1125
Lead Shot	410 Bore	11/16 oz.	H110	CCI 209	WAA410HS	15	12,200 PSI	1125
Lead Shot	410 Bore	11/16 oz.	H110	CCI 209	WAA410HS	15.5	12,800 PSI	1150
Lead Shot	410 Bore	11/16 oz.	H110	CCI 209	WAA410HS	16.1	13,400 PSI	1175
Lead Shot	410 Bore	11/16 oz.	H110	Fed. 209A	Orange PC	14.5	12,400 PSI	1125
Lead Shot	410 Bore	11/16 oz.	H110	Fed. 209A	Orange PC	15.5	13,500 PSI	1150
Lead Shot	410 Bore	11/16 oz.	H110	Fed. 209A	Rem. SP410	14.8	13,000 PSI	1125

Lead Shot	410 Bore	11/16 oz.	H110	Fed. 209A	WAA410HS	14.5	12,400 PSI	1125
Lead Shot	410 Bore	11/16 oz.	H110	Fed. 209A	WAA410HS	15.5	13,300 PSI	1150
Lead Shot	410 Bore	11/16 oz.	H110	Rem. 209P	Fed. 410SC	14.5	13,100 PSI	1125
Lead Shot	410 Bore	11/16 oz.	H110	Rem. 209P	Orange PC	15	12,200 PSI	1125
Lead Shot	410 Bore	11/16 oz.	H110	Rem. 209P	Orange PC	15.5	13,300 PSI	1150
Lead Shot	410 Bore	11/16 oz.	H110	Rem. 209P	Rem. SP410	15.1	13,300 PSI	1125
Lead Shot	410 Bore	11/16 oz.	H110	Rem. 209P	WAA410HS	14.8	11,200 PSI	1125
Lead Shot	410 Bore	11/16 oz.	H110	Rem. 209P	WAA410HS	15.3	12,700 PSI	1150
Lead Shot	410 Bore	11/16 oz.	H110	Rem. 209P	WAA410HS	16	13,500 PSI	1175
Lead Shot	410 Bore	11/16 oz.	H110	Win. 209	Fed. 410SC	14.8	13,000 PSI	1125
Lead Shot	410 Bore	11/16 oz.	H110	Win. 209	Orange PC	15	11,600 PSI	1125
Lead Shot	410 Bore	11/16 oz.	H110	Win. 209	Orange PC	15.8	12,500 PSI	1150
Lead Shot	410 Bore	11/16 oz.	H110	Win. 209	Orange PC	16.3	13,100 PSI	1175
Lead Shot	410 Bore	11/16 oz.	H110	Win. 209	Rem. SP410	14.8	12,600 PSI	1125
Lead Shot	410 Bore	11/16 oz.	H110	Win. 209	Rem. SP410	15.3	13,500 PSI	1150
Lead Shot	410 Bore	11/16 oz.	H110	Win. 209	WAA410HS	15.3	12,200 PSI	1125
Lead Shot	410 Bore	11/16 oz.	H110	Win. 209	WAA410HS	15.8	12,800 PSI	1150
Lead Shot	410 Bore	11/16 oz.	H110	Win. 209	WAA410HS	16.3	13,500 PSI	1175
Lead Shot	410 Bore	11/16 oz.	296	CCI 209	Fed. 410SC	15	13,200 PSI	1125
Lead Shot	410 Bore	11/16 oz.	296	CCI 209	Orange PC	14.8	12,100 PSI	1125
Lead Shot	410 Bore	11/16 oz.	296	CCI 209	Orange PC	15.3	12,900 PSI	1150
Lead Shot	410 Bore	11/16 oz.	296	CCI 209	Orange PC	15.8	13,500 PSI	1175
Lead Shot	410 Bore	11/16 oz.	296	CCI 209	Rem. SP410	15	13,200 PSI	1125
Lead Shot	410 Bore	11/16 oz.	296	CCI 209	WAA410HS	15	12,200 PSI	1125
Lead Shot	410 Bore	11/16 oz.	296	CCI 209	WAA410HS	15.5	12,800 PSI	1150
Lead Shot	410 Bore	11/16 oz.	296	CCI 209	WAA410HS	16.1	13,400 PSI	1175
Lead Shot	410 Bore	11/16 oz.	296	Fed. 209A	Orange PC	14.5	12,400 PSI	1125
Lead Shot	410 Bore	11/16 oz.	296	Fed. 209A	Orange PC	15.5	13,500 PSI	1150
Lead Shot	410 Bore	11/16 oz.	296	Fed. 209A	Rem. SP410	14.8	13,000 PSI	1125
Lead Shot	410 Bore	11/16 oz.	296	Fed. 209A	WAA410HS	14.5	12,400 PSI	1125
Lead Shot	410 Bore	11/16 oz.	296	Fed. 209A	WAA410HS	15.5	13,300 PSI	1150
Lead Shot	410 Bore	11/16 oz.	296	Rem. 209P	Fed. 410SC	14.5	13,100 PSI	1125
Lead Shot	410 Bore	11/16 oz.	296	Rem. 209P	Orange PC	15	12,200 PSI	1125
Lead Shot	410 Bore	11/16 oz.	296	Rem. 209P	Orange PC	15.5	13,300 PSI	1150
Lead Shot	410 Bore	11/16 oz.	296	Rem. 209P	Rem. SP410	15.1	13,300 PSI	1125
Lead Shot	410 Bore	11/16 oz.	296	Rem. 209P	WAA410HS	14.8	11,200 PSI	1125
Lead Shot	410 Bore	11/16 oz.	296	Rem. 209P	WAA410HS	15.3	12,700 PSI	1150
Lead Shot	410 Bore	11/16 oz.	296	Rem. 209P	WAA410HS	16	13,500 PSI	1175

Load Type	Gauge	Shot Wt.	Powder	Primer	Wad	Powder Wt. (Gr.)	Pressure	Vel. (ft/s)
Lead Shot	410 Bore	11/16 oz.	296	Win. 209	Fed. 410SC	14.8	13,000 PSI	1125
Lead Shot	410 Bore	11/16 oz.	296	Win. 209	Orange PC	15	11,600 PSI	1125
Lead Shot	410 Bore	11/16 oz.	296	Win. 209	Orange PC	15.8	12,500 PSI	1150
Lead Shot	410 Bore	11/16 oz.	296	Win. 209	Orange PC	16.3	13,100 PSI	1175
Lead Shot	410 Bore	11/16 oz.	296	Win. 209	Rem. SP410	14.8	12,600 PSI	1125
Lead Shot	410 Bore	11/16 oz.	296	Win. 209	Rem. SP410	15.3	13,500 PSI	1150
Lead Shot	410 Bore	11/16 oz.	296	Win. 209	WAA410HS	15.3	12,200 PSI	1125
Lead Shot	410 Bore	11/16 oz.	296	Win. 209	WAA410HS	15.8	12,800 PSI	1150
Lead Shot	410 Bore	11/16 oz.	296	Win. 209	WAA410HS	16.3	13,500 PSI	1175
Lead Shot	410 Bore	3/4 oz.	H110	CCI 209	Orange PC	15	13,100 PSI	1100
Lead Shot	410 Bore	3/4 oz.	H110	CCI 209	WAA410HS	15	12,600 PSI	1100
Lead Shot	410 Bore	3/4 oz.	H110	Fed. 209A	Orange PC	14.7	13,400 PSI	1100
Lead Shot	410 Bore	3/4 oz.	H110	Fed. 209A	WAA410HS	14.7	13,500 PSI	1100
Lead Shot	410 Bore	3/4 oz.	H110	Rem. 209P	Orange PC	14.7	13,400 PSI	1100
Lead Shot	410 Bore	3/4 oz.	H110	Rem. 209P	WAA410HS	15	13,200 PSI	1100
Lead Shot	410 Bore	3/4 oz.	H110	Win. 209	Orange PC	15	13,400 PSI	1100
Lead Shot	410 Bore	3/4 oz.	H110	Win. 209	WAA410HS	15	13,100 PSI	1100
Lead Shot	410 Bore	3/4 oz.	296	CCI 209	Orange PC	15	13,100 PSI	1100
Lead Shot	410 Bore	3/4 oz.	296	CCI 209	WAA410HS	15	12,600 PSI	1100
Lead Shot	410 Bore	3/4 oz.	296	Fed. 209A	Orange PC	14.7	13,400 PSI	1100
Lead Shot	410 Bore	3/4 oz.	296	Fed. 209A	WAA410HS	14.7	13,500 PSI	1100
Lead Shot	410 Bore	3/4 oz.	296	Rem. 209P	Orange PC	14.7	13,400 PSI	1100
Lead Shot	410 Bore	3/4 oz.	296	Rem. 209P	WAA410HS	15	13,200 PSI	1100
Lead Shot	410 Bore	3/4 oz.	296	Win. 209	Orange PC	15	13,400 PSI	1100
Lead Shot	410 Bore	3/4 oz.	296	Win. 209	WAA410HS	15	13,100 PSI	1100

Shell: 2 1/2" WINCHESTER COMPRESSION-FORMED AA TYPE SHELLS

Load Type	Gauge	Shot Wt.	Powder	Primer	Wad	Powder Wt. (Gr.)	Pressure	Vel. (ft/s)
Lead Shot	410 Bore	1/2 oz.	Lil'Gun	CCI 209SC	Fed. 410SC	11.9	12,300 PSI	1200
Lead Shot	410 Bore	1/2 oz.	Lil'Gun	CCI 209SC	Orange PC	12.4	11,800 PSI	1200
Lead Shot	410 Bore	1/2 oz.	Lil'Gun	CCI 209SC	Rem. SP410	12.3	12,000 PSI	1200
Lead Shot	410 Bore	1/2 oz.	Lil'Gun	CCI 209SC	WAA41	12.3	12,000 PSI	1200
Lead Shot	410 Bore	1/2 oz.	Lil'Gun	Fed. 209A	Fed. 410SC	12.2	12,400 PSI	1200
Lead Shot	410 Bore	1/2 oz.	Lil'Gun	Fed. 209A	Orange PC	12.6	11,700 PSI	1200
Lead Shot	410 Bore	1/2 oz.	Lil'Gun	Fed. 209A	Rem. SP410	12.6	11,800 PSI	1200
Lead Shot	410 Bore	1/2 oz.	Lil'Gun	Fed. 209A	WAA41	12.6	11,500 PSI	1200
Lead Shot	410 Bore	1/2 oz.	Lil'Gun	Rem. 209P	Fed. 410SC	12.5	12,400 PSI	1200
Lead Shot	410 Bore	1/2 oz.	Lil'Gun	Rem. 209P	Orange PC	12.5	11,100 PSI	1200

Load Type	Gauge	Shot Wt.	Powder	Primer	Wad	Powder Wt. (Gr.)	Pressure	Vel. (ft/s)
Lead Shot	410 Bore	1/2 oz.	Lil'Gun	Rem. 209P	Rem. SP410	12.6	11,500 PSI	1200
Lead Shot	410 Bore	1/2 oz.	Lil'Gun	Rem. 209P	WAA41	12.5	11,700 PSI	1200
Lead Shot	410 Bore	1/2 oz.	Lil'Gun	Win. 209	Fed. 410SC	12	12,400 PSI	1200
Lead Shot	410 Bore	1/2 oz.	Lil'Gun	Win. 209	Orange PC	12.5	11,600 PSI	1200
Lead Shot	410 Bore	1/2 oz.	Lil'Gun	Win. 209	Rem. SP410	12.5	12,200 PSI	1200
Lead Shot	410 Bore	1/2 oz.	Lil'Gun	Win. 209	WAA41	12.2	12,300 PSI	1200
Lead Shot	410 Bore	1/2 oz.	H110	Fed. 209A	Orange PC	15	9,000 PSI	1200
Lead Shot	410 Bore	1/2 oz.	H110	Win. 209	Fed. 410SC	14	9,100 LUP	1200
Lead Shot	410 Bore	1/2 oz.	H110	Win. 209	Orange PC	14	9,500 PSI	1200
Lead Shot	410 Bore	1/2 oz.	H110	Win. 209	WAA41	14	9,900 LUP	1200
Lead Shot	410 Bore	1/2 oz.	296	Win. 209	WAA41	13.5	9,100 LUP	1150
Lead Shot	410 Bore	1/2 oz.	296	Win. 209	WAA41	14	9,900 LUP	1200

Shell: 3" REMINGTON "SP" PLASTIC SHELLS

Load Type	Gauge	Shot Wt.	Powder	Primer	Wad	Powder Wt. (Gr.)	Pressure	Vel. (ft/s)
Lead Shot	410 Bore	11/16 oz.	Lil'Gun	Rem. 209P	Rem. SP410	12.8	12,900 PSI	1135
Lead Shot	410 Bore	11/16 oz.	Lil'Gun	Win. 209	WAA41	12.7	13,500 PSI	1135
Lead Shot	410 Bore	11/16 oz.	H110	Rem. 209P	Rem. SP410	15	11,800 PSI	1135
Lead Shot	410 Bore	11/16 oz.	H110	Win. 209	WAA41	14.5	12,800 PSI	1135
Lead Shot	410 Bore	11/16 oz.	296	Rem. 209P	Rem. SP410	15	11,800 PSI	1135
Lead Shot	410 Bore	11/16 oz.	296	Win. 209	WAA41	14.5	12,800 PSI	1135
Lead Shot	410 Bore	11/16 oz.	IMR 4227	Fed. 209A	Rem. SP410	19	13,300 PSI	1175
Lead Shot	410 Bore	11/16 oz.	IMR 4227	Rem. 209P	Rem. SP410	19	10,900 PSI	1125
Lead Shot	410 Bore	11/16 oz.	IMR 4227	Win. 209	Rem. SP410	19	11,600 PSI	1125

Shell: 2 1/2" REMINGTON-PETERS "STS" PLASTIC SHELLS

Load Type	Gauge	Shot Wt.	Powder	Primer	Wad	Powder Wt. (Gr.)	Pressure	Vel. (ft/s)
Lead Shot	410 Bore	1/2 oz.	Lil'Gun	CCI 209SC	Fed. 410SC	12.9	11,800 PSI	1200
Lead Shot	410 Bore	1/2 oz.	Lil'Gun	CCI 209SC	Orange PC	13	11,300 PSI	1200
Lead Shot	410 Bore	1/2 oz.	Lil'Gun	CCI 209SC	Rem. SP410	12.9	11,600 PSI	1200
Lead Shot	410 Bore	1/2 oz.	Lil'Gun	CCI 209SC	WAA41	12.8	11,300 PSI	1200
Lead Shot	410 Bore	1/2 oz.	Lil'Gun	Fed. 209A	Fed. 410SC	12.9	11,600 PSI	1200
Lead Shot	410 Bore	1/2 oz.	Lil'Gun	Fed. 209A	Orange PC	13.1	11,000 PSI	1200
Lead Shot	410 Bore	1/2 oz.	Lil'Gun	Fed. 209A	Rem. SP410	12.9	10,900 PSI	1200
Lead Shot	410 Bore	1/2 oz.	Lil'Gun	Fed. 209A	WAA41	12.9	11,200 PSI	1200
Lead Shot	410 Bore	1/2 oz.	Lil'Gun	Rem. 209-4	Fed. 410SC	14.5	12,000 PSI	1200
Lead Shot	410 Bore	1/2 oz.	Lil'Gun	Rem. 209-4	PC410	14.6	10,600 PSI	1200
Lead Shot	410 Bore	1/2 oz.	Lil'Gun	Rem. 209-4	Rem. SP410	14.5	10,900 PSI	1200

Lead Shot	410 Bore	1/2 oz.	Lil'Gun	Rem. 209-4	WAA410HS	15	11,800 PSI	1200
Lead Shot	410 Bore	1/2 oz.	Lil'Gun	Rem. 209P	Fed. 410SC	13	11,000 PSI	1200
Lead Shot	410 Bore	1/2 oz.	Lil'Gun	Rem. 209P	Orange PC	13.3	10,400 PSI	1200
Lead Shot	410 Bore	1/2 oz.	Lil'Gun	Rem. 209P	Rem. SP410	13.2	10,800 PSI	1200
Lead Shot	410 Bore	1/2 oz.	Lil'Gun	Rem. 209P	WAA41	13	10,600 PSI	1200
Lead Shot	410 Bore	1/2 oz.	Lil'Gun	Win. 209	Fed. 410SC	12.6	11,800 PSI	1200
Lead Shot	410 Bore	1/2 oz.	Lil'Gun	Win. 209	Orange PC	12.9	11,100 PSI	1200
Lead Shot	410 Bore	1/2 oz.	Lil'Gun	Win. 209	Rem. SP410	12.6	11,600 PSI	1200
Lead Shot	410 Bore	1/2 oz.	Lil'Gun	Win. 209	WAA41	12.9	11,500 PSI	1200
Lead Shot	410 Bore	1/2 oz.	H110	Fed. 209A	Fed. 410SC	14.2	10,600 PSI	1200
Lead Shot	410 Bore	1/2 oz.	H110	Rem. 209P	Fed. 410SC	14.7	9,600 PSI	1200
Lead Shot	410 Bore	1/2 oz.	H110	Rem. 209P	Orange PC	15.2	9,300 PSI	1200
Lead Shot	410 Bore	1/2 oz.	H110	Rem. 209P	Rem. SP410	14.8	8,900 PSI	1200
Lead Shot	410 Bore	1/2 oz.	H110	Rem. 209P	Rem. SP410	16.5	9,200 PSI	1250
Lead Shot	410 Bore	1/2 oz.	H110	Rem. 209P	Rem. SP410	17.5	10,200 PSI	1300
Lead Shot	410 Bore	1/2 oz.	H110	Rem. 209P	WAA410HS	15.9	8,500 PSI	1200
Lead Shot	410 Bore	1/2 oz.	H110	Rem. 209P	WAA410HS	17	9,600 PSI	1250
Lead Shot	410 Bore	1/2 oz.	H110	Rem. 209P	WAA410HS	18	10,600 PSI	1300
Lead Shot	410 Bore	1/2 oz.	H110	Win. 209	Rem. SP410	15.1	8,800 PSI	1200
Lead Shot	410 Bore	1/2 oz.	H110	Win. 209	Rem. SP410	16	10,100 PSI	1250
Lead Shot	410 Bore	1/2 oz.	H110	Win. 209	Rem. SP410	17	11,600 PSI	1300
Lead Shot	410 Bore	1/2 oz.	H110	Win. 209	WAA410HS	15.8	10,100 PSI	1200
Lead Shot	410 Bore	1/2 oz.	H110	Win. 209	WAA410HS	16.3	10,300 PSI	1250
Lead Shot	410 Bore	1/2 oz.	H110	Win. 209	WAA410HS	17.2	11,200 PSI	1300
Lead Shot	410 Bore	1/2 oz.	296	Fed. 209A	Fed. 410SC	14.2	10,600 PSI	1200
Lead Shot	410 Bore	1/2 oz.	296	Rem. 209P	Fed. 410SC	14.7	9,600 PSI	1200
Lead Shot	410 Bore	1/2 oz.	296	Rem. 209P	Orange PC	15.2	9,300 PSI	1200
Lead Shot	410 Bore	1/2 oz.	296	Rem. 209P	Rem. SP410	14.8	8,900 PSI	1200
Lead Shot	410 Bore	1/2 oz.	296	Rem. 209P	Rem. SP410	16.5	9,200 PSI	1250
Lead Shot	410 Bore	1/2 oz.	296	Rem. 209P	Rem. SP410	17.5	10,200 PSI	1300
Lead Shot	410 Bore	1/2 oz.	296	Rem. 209P	WAA410HS	15.9	8,500 PSI	1200
Lead Shot	410 Bore	1/2 oz.	296	Rem. 209P	WAA410HS	17	9,600 PSI	1250
Lead Shot	410 Bore	1/2 oz.	296	Rem. 209P	WAA410HS	18	10,600 PSI	1300
Lead Shot	410 Bore	1/2 oz.	296	Win. 209	Rem. SP410	15.1	8,800 PSI	1200
Lead Shot	410 Bore	1/2 oz.	296	Win. 209	Rem. SP410	16	10,100 PSI	1250
Lead Shot	410 Bore	1/2 oz.	296	Win. 209	Rem. SP410	17	11,600 PSI	1300
Lead Shot	410 Bore	1/2 oz.	296	Win. 209	WAA410HS	15.8	10,100 PSI	1200
Lead Shot	410 Bore	1/2 oz.	296	Win. 209	WAA410HS	16.3	10,300 PSI	1250

Load Type	Gauge	Shot Wt.	Powder	Primer	Wad	Powder Wt. (Gr.)	Pressure	Vel. (ft/s)
Lead Shot	410 Bore	1/2 oz.	296	Win. 209	WAA410HS	17.2	11,200 PSI	1300

Shell: 3" WINCHESTER PLASTIC SHELLS (BISMUTH SHOT)

Load Type	Gauge	Shot Wt.	Powder	Primer	Wad	Powder Wt. (Gr.)	Pressure	Vel. (ft/s)
Bismuth	410 Bore	5/8 oz.	Lil'Gun	Win. 209	WAA41	13.1	13,200 PSI	1175
Bismuth	410 Bore	5/8 oz.	H110	Win. 209	Orange PC	16	13,300 PSI	1200

Shell: 3" FEDERAL PLASTIC SHELLS (BISMUTH SHOT)

Load Type	Gauge	Shot Wt.	Powder	Primer	Wad	Powder Wt. (Gr.)	Pressure	Vel. (ft/s)
Bismuth	410 Bore	5/8 oz.	Lil'Gun	Fed. 209A	Fed. 410SC	13.4	12,700 PSI	1175
Bismuth	410 Bore	5/8 oz.	H110	Fed. 209A	Fed. 410SC	16	12,600 PSI	1200

Shell: 3" REMINGTON PLASTIC SHELLS (BISMUTH SHOT)

Load Type	Gauge	Shot Wt.	Powder	Primer	Wad	Powder Wt. (Gr.)	Pressure	Vel. (ft/s)
Bismuth	410 Bore	5/8 oz.	Lil'Gun	Rem. 209P	Rem. SP410	13.2	12,600 PSI	1175
Bismuth	410 Bore	5/8 oz.	H110	Rem. 209P	Rem. SP410	17	11,000 PSI	1225